정 부
통제론

정우일 · 금재덕 · 박선경
양승범 · 이영균 · 이희선
하재룡 · 하현상 · 황성수

박영사

머 리 말

1995년 행정통제가 초판으로 발행된 이래 2013년 정부통제로 발행되기까지 18년이란 세월이 흘렀다. 행정학과 동료교수의 제안도 있었고, 행정통제보다 본 저서의 목적에 적합하다고 생각한 제목이 정부통제이기에 수정과 보완을 거쳐 정부통제로 탄생하게 된 것을 기쁘게 생각한다. 사실 행정 관료제만 통제한다고 모든 공직자들의 권력남용을 통제할 수 있는 것은 아니다. 행정통제가 다른 외부 정치체제의 내부통제를 가져올 수 있다면 그것이 훌륭한 정부통제라고 볼 수 있기 때문이다.

그동안 변변치 못한 책을 교재로 채택하여 주신 교수님과 학생들, 그리고 읽어주신 일반 독자 여러분에게 감사드리며, 기대에 미치지 못한 것을 저자의 천학 비재한 탓으로 돌리면서 독자에게 양해를 구하고자 한다.

이 책의 주제는 정부통제이다. 행정을 통제함으로써 결국 정부가 통제되어 민주주의 정부를 실현할 수 있는 내부민주통제모델을 제안하고 있다.

이 연구가 시작된 것은 1970년대 초라고 생각한다. 1960년대 후반기에 비교행정의 분야에서 많은 행정학자들이 개발도상국가의 발전에 기여하였던 발전행정이 민주주의 국가가 아니라 오히려 권위주의적인 행정 독재국가를 만들어내는 결과를 가져와 미국은 국내·외에서 온갖 수난을 겪게 되면서 학계에 대한 비판이 잇따라 결국 비교행정그룹(Comparative Administration Group)의 해체를 초래하게 되었다. 그 당시 비교행정학은 학문으로서 정체성의 위기와 도덕성의 문제로 도전을 받고 있었다. 이러한 위기를 만회하고자 Fred Riggs 교수는 균형정부를 위한 연구를 시작하여 견제와 균형체제를 갖춘 민주정부를 구현하는 데 공헌하려 하였다. 그러나 CAG가 해체되기 2년 전까지 Rigss의 균형정부에 대한 연구가 계속되다가 그 이후엔 괄목할 만한 연구가 없었다. 이것이 이 책을 집필하게 된 동기라고 생각한다.

오늘날 관료제는 정치적 권한과 권위의 중심이며, 정부의 정책결정권이 점증적으로 관료제 내로 옮겨지고 있다. 그 결과 행정학은 관료의 권력팽창과 병행할 수 있는 효율적인 행정통제 방안을 모색하려는 도전을 지속적으로 직면할 것으로 보인다. 그러므로 본 저서에서는 관료 국가화의 경향을 억제하고 견제와 균형이 제대로 잘 갖추어진 민주주의 국가를 실현하기 위하여 내부민주통제모델을 발전시켰다.

다른 통제이론과는 달리 본 저서에서는 관료제 내부 및 외부통제를 별개로 보기보다는 이들 간의 상호작용을 고려하면서 관료제와 외부통제기관의 권력남용을 통제하는 내부민주통제모델을 발전시켰다. 내부민주통제체제는 사후통제보다 사전통제를 강조하기 때문에 외부통제기관과 정치적 마찰을 초래할 수 있는 기회를 감소시킬 수 있는 장점이 있으며, 더욱이 이 모델은 관료제와 외부통제기관의 통제능력을 서로 향상시켜 주어 결국 민주국가를 위한 정부통제를 위하여 기여할 수 있다는 것이다.

정부통제론에서 제시하는 내부민주통제모델이 민주국가를 실현하는 데 중요한 역할을 하기 위하여 본 모델에 대한 연구가 계속 진행될 것이다. 특히 본 모델이 제시하는 정부통제는 통제 체제들 간의 상호작용을 고려하면서 외부통제기관과 관료제의 권력남용을 통제하는 내부민주통제모델을 발전시켰다는 데 의의가 있다. 다시 말하여 통제의 방향을 정부체제들 간의 상호작용에서 찾았다는 점이다.

이 책을 내면서 저자의 천학과 능력의 한계로 인하여 미흡한 곳이 적지 않아 마음속에 송구스러움을 가눌 길이 없다. 앞으로 여러분의 기대에 부응하고자 최선을 다할 것을 다짐한다.

박사학위논문을 완성하느라고 분주함에도 불구하고 나의 조교였던 최송이 양의 헌신적인 도움이 없었다면 제한된 시간 내에 출판하기는 어려웠을 것이다. 특히 최양은 컴퓨터로 도표와 그림을 그리는 솜씨가 능란하고 그리고 강한 책임감을 가지고 있어 지금도 생생하게 기억하고 감사한다.

이 기회를 빌려 항상 변함없이 지원을 아끼지 않은 박영사의 안종만 회장님, 노현 부장님, 박세기 과장님 그리고 항상 친절하고 명랑한 목소리와 성실한 자세로 편집을 맡아 주시고 있는 전채린 선생님에게 진심으로 감사를 드린다.

2013. 2. 10

저자 일동

행정통제론 신정판 머리말

이 책의 초판이 발간된 지 9년째로 접어들면서도 저자의 천학 비재한 탓으로 별로 학문발전에 크게 기여를 하지 못하고 신정판을 다시 출판하게 되어 송구스러운 맘 그지없다. 그럼에도 불구하고 그동안 교재로 선택하여 주신 교수님과 학생들, 그리고 읽어 주신 독자 여러분에게 진심으로 감사드리며, 여러분에게 보답하여야 된다는 일념으로 주어진 시간 내에 나름대로 수정·보완은 하였으나 저자 자신도 만족하지 않아 여러분의 넓은 양해를 구하고자 할 따름이다. 항상 재판을 낼 때마다 다음엔 지식이 더 풍부한 책으로 독자 여러분에게 보답하여야 한다는 마음가짐은 잊지 않으나 행동이 따라 주지 않아 이번에도 부끄러움을 감출 수는 없다.

그러나 본 저서를 집필하면서 저자의 의도하는 바를 학형 여러분에게 솔직히 밝힘으로써 많은 정성어린 지도와 질타를 기대하고자 외람되게 집필 동기를 설명하여 도움을 청하는 저자의 우매함을 용서하여 주기 바란다. 특히 본 저서는 행정학을 전공으로 하는 학생들과 정부에서 재직하고 계시는 공직자에게 정치적 감각을 더욱 갖도록 하고, 그리고 정부를 합리적으로 운영하는 방안을 모색하는 데 조금이나마 도움이 되고자 쓰여졌다.

언제인가 크리스마스 이브에 미국에 유학하고 있는 제자들이 한자리에 모여서 술을 마시면서 토론을 하고 있다는 전화를 받은 적이 있었다. 토론의 내용은 "왜 교수님은 미국에 다니러 오실 때마다 제자들에게 공부를 열심히 하란 말씀은 한 번도 안하시고 언제나 좋은 인격을 갖추라고 하시는지 그 이유를 모르겠다고" 이것이 토론의 주제였다고 하였다. 저자는 전화로 이 질문을 받고 내심 기쁨을 감추지 못하면서 이렇게 답을 하였다. "자네들이 학위도 받지 못하고 귀국을 하면 다른 사람들이 자네들을 보고 뭐라고 할 것 같은가? 석두라고 할 터인데 그 소리는 듣기 싫지 않은가. 그러니 공부 열심히 하란 말은 하지 않아도 자네들은 열심히 공부할 걸세, 그러나 행정학을 전공으로 하는 자네들이 공부를 끝내고 귀국하여 언제인가 권력의 칼자루를 잡을 터인데 만약 자네들이 좋은 인격을 형성하면 많은 사람들에게 선정을 베풀 것이고, 그와 반대로 좋은 인격을 갖추지 못하면 나를 포함하여 많은 사람에게 고통을 줄 수 있으니, 인격이란 것이 얼마나 중요한가를 주장하였다. 이어서 이 세상에서 소위 성공하고 출세하는 데 3가지의 조건을 충족시켜야 된다고 한때 믿은 적이 있었네. 즉, 남보다 월등히 나은 지식을 쌓는 것, 돈이 많은 것과 권력자와 인척인 것, 이 3가지가 다인 줄 알았는데, 그보다 더 중요한 것이 인격이라는 4번째 조건이 있다는 것을 늦게나마 깨달았네," 이것이 저자와 제자 사이의 전화통화였다. 그러한 결과인지 본인의 제자들은 참으로 좋은 인격을 형성하여 저자도 이들을 통하여 많이 배우고 있는 실정이다.

이러한 주장을 제자들에게 한 배경에는 Lasswell의 주장과 같이 행정가들이 한손에는 정책 결정과 다른 한손에는 집행의 권력을 장악하고 있는 현실에서 기인된 것이다. 물론 이러한 경고성 주장은 Weber 이래 계속 들어오면서 행정학이 한때는 마술학문이요 행정가는 마술사라고 비유할 만큼 행정학은 우리 사회의 모든 문제를 해결할 수 있다는 자신과 의욕을 가지고 성장하였다. 더욱 사회가 복잡하고 과학화되어 가면서 전문지식으로 무장한 행정가들의 자유재량의 폭은 넓어지면서 권력의 추는 행정가에게 넘어가고 있는 것이 오늘의 세계적인 현상이다. 21세기 세계는 정보통신기술을 매개로 거미줄 같이 엉켜 있는 수많은 인터넷 망으로 감싸여진 하나의 촌락이 되고, 전 세계의 시장은 하나의 세계시장으로 거의 완전하게 통합되어, 이를 다루어야 하는 행정 관료들의 임무와 책임은 어느 때보다도 더욱 가중되리라고 보는 것이 저자만의 근심은 아닐 것이다. 왜 행정가 혹은 관료들이 좋은 인격을 형성하여야 되는지 아무리 주장하여도 지나치지는 않을 것이기에 틈만 있으면 제자들에게 말하곤 한다.

그러나 우리는 행정가들의 인격에만 매달릴 수는 없다. 본 저서는 Montesquieu가 민주주의의 필수불가결한 제도적 장치로서 삼권분립을 주장한 이래, 현대는 관료제의 권력이 입법, 사법 및 대통령의 권력을 합친 것보다 더욱 강력한 관료우위의 시대에 견제와 균형을 이룬 정부를 구성하는 방안을 제시하려고 노력을 하였다. 특히 기존의 통제모형들과는 달리 한쪽의 민주화는 다른 곳의 민주화로 확산할 수 있다는 순환논리를 적용하여 내부민주통제모델을 제시하였다. 본 모델은 21세기에 적응하기 위하여 성장하는 관료제 및 외부통제기관들을 억제하는 것이 해결방안이 아니고, 오히려 각 정치체제들이 마음껏 성장·발달하는 것을 촉진하나 스스로 권력을 자제하고 남용할 수 없는 분위기를 조성하여 미리 정치적 비용을 줄이면서 견제와 균형을 이루어 나가는 데 목적이 있다. 본 저서는 미국의 관료제 및 다른 정치체제들을 설명하는 것이 목적은 아니다. 통제모델을 만드는 것이 목적이며, 본 모델을 만드는 데 미국의 사례를 활용한 것은 저자가 문헌 혹은 실례들을 수집하기 수월하였기 때문이다. 솔직히 본 저서를 쓰는 동안 다양한 각종의 자료들이 숨김 없이 그리고 가감 없이 정직하게 기술되어 있는 많은 자료들을 보고 부러워하였던 때가 있었다. 앞으로 저자에게 기회가 주어진다면 저자의 희망은 한국의 관료제 및 외부통제기관들을 분석하면서 한국에 적합한 통제모형을 만들든지 혹은 본 저서에서 개발한 모델을 적용하여 본 모델의 적합성을 검증하여 보려는 마음이다.

본 저서는 다른 또 하나의 목적이 있다. 행정학의 이원론 전통의 영향이 커서인지 행정학의 curriculum들은 관리적·경제적·심리적·사회학적 관점에 너무 지나치게 편파적인 반면, 정치학적인 측면에는 등한시한 결과를 가져왔다. 그 결과 정치의 장에서 활동하고 있는 행정학을 전공한 행정가들이 이론과 실제의 차이를 실감하고 있다는 말을 들을 때마다 교수로서 당혹감을 감추지 못하곤 하였다. 분명히 관료는 가치를 결정하는 정치활동을 한다. 관료들이 활동하는 곳도 정치의 장이기에 관료는 정치의 감각을 가져야 그들에게 맡겨진 임무를 성숙하게 달성할 수 있을 것이다. 그러므로 본 저서는 행정학의 정치적 측면 혹은 관료들의 정치활동을 강조하여 정치적 감각을 새기도록 하였다.

당연히 우리는, 관료는 민주사회의 시민이며 민주주의의 규범에 따라야 한다고 주장한다. 그러나 저자를 놀라게 하는 것은 관료의 세계는 민주규범의 실현 혹은 정치적 문제의 해결보다는 오히려 행정업무 자체가 전문성을 요구함으로써 관료들 자신들도 전문성에 지나치게 집착하고 있다는 점이다. 이러한 환경하에서는 관료들이 민주주의의 가치를 습득할 기회를 가지긴 거의 어려우며, 자연히 민주주의의 개념과 거리가 멀어질 수밖에 없다. 더욱이 정치·행정 이원론자들의 주장처럼 관료는 행정적이고 전문적인 업무들을 수행하여야 하는 집행자이며 정책결정자가 아니라는 사실을 고집하는 한 우리의 관료들에게 민주주의를 기대하기는 어려울 것이다. 따라서 본 저서에서는 행정을 하는 관료들이 다른 정치인과 같이 정치활동을 하는 정치인으로서 정치적 지식을 습득하도록 그들을 모두 정치인들로서 그들의 상호작용을 분석하였다.

신정판에서는 개정증보판과는 달리 장·절 편성을 새롭게 하였고, 각 장마다 새로운 이론들과 절을 첨가하였으며, 설명이 필요한 부분은 알기 쉽게 풀어서 이해를 돕도록 노력을 하였다. 그리고 책의 크기도 달라져 읽는 데 편리하게 하였다. 그러나 저자의 천학과 능력의 한계로 인하여 부족한 것이 너무 많아 앞으로 더욱 노력하여 보완을 다짐하면서 선배·동학의 기탄 없는 질정이 있기를 바란다.

끝으로 항상 형제와 같은 변함 없는 마음으로 지원을 아끼지 않는 박영사 안종만 회장, 황인욱 전무, 편집에서 색인작업까지 온갖 정성을 가지고 돌보아 주시는 박규태 편집위원, 그리고 영업부의 박노일 차장에게 진심으로 감사드린다.

2004년 1월

연구실에서

著 者 識

행정통제론 개정증보판 머리말

이 책의 初版이 발간된 지 2년째 접어들고 있다. 그동안 변변치 못한 책을 教材로 채택하여 주신 교수님과 학생들, 그리고 읽어주신 일반 독자 여러분에게 감사드리며, 아울러 송구스러운 마음을 금할 길이 없다. 저자도 이 책을 가르치면서 여러 곳에서 발견되는 오자·탈자, 매끄럽지 않은 문장, 읽어도 이해할 수 없을 정도로 애매한 문장 등을 접할 때마다 식은 땀이 날 정도로 죄송한 마음뿐이었다. 이 모든 것을 저자의 천학비재한 탓으로 돌리면서 독자에게 양해를 구하고자 한다.

독자에게 보답해야 한다는 희망 속에서 개정증보판이 나올 때를 기다렸으나, 막상 출판사로부터 1996년 10월 15일 개정을 부탁받을 당시는 준비가 충분치 않았다. 그러나 그동안 새로 첨가하고 싶은 내용도 생겼고, 여러 부분에서 수정할 곳이 발견되어, 죄송한 마음을 조금이나마 덜어보고자 짧은 기간에 최선을 다하여 개정증보판을 내기로 하였다.

개정증보판에서는 初版과는 달리 章·節 편성을 새롭게 하였으며, 또한 각 章·節의 내용도 부분적으로 수정·보완하였다. 제2장 '官僚制의 責任性과 責務性'을 새로 첨가하였고, 제3장 제2절 '관료제의 성장'에서 새로운 통계를 첨부하였으며, 제4절의 '開放體制'를 삭제하는 대신 '官僚制의 政治性'으로 대치하였다. 제4장의 내용 가운데 William Scott의 '조직정부에 대한 이론'을 수정하였으며, 제4장의 결론을 이해하기 쉽게 다시 풀어보았다.

제5장의 제1절 '대통령'에서 '대통령의 정보확보전략'에 대하여 첨가하였고, 제2절 '의회'에서는 'Ombudsman제도'를 간단한 비평과 더불어 보완하였다. 제6장 제2절에서는 '리더십의 현대이론'들을 첨가하였고, 제6장의 序頭와 結論을 보완하였으며, 전반적으로 고르지 않은 문장을 다듬었다. 제7장에서는 내용을 특별히 보완하지는 않았으나 주로 문장을 다듬어서 이해를 돕도록 하였다. 제8장 제1절에서는 그동안 행정통제에 대한 비교행정학의 연구동향을 검토하면서 이 책을 쓰게 된 동기를 첨가하였으며, 제2절에서는 결론을 보완하는 정도로 수정하였다.

이 개정증보판이 여러 사람들의 도움이 없었다면 초판의 경지에서 크게 벗어나지 못하였으리라 믿어 도움을 주신 여러분께 감사함을 전하고 싶다. 특히 선문대학교의 하재룡 교수는 그의 풍부하고 뛰어난 어휘력과 문장력 및 정확한 내용파악능력을 가지고 교정을 위하여 연말과 연초를 잊어가면서까지 수고를 아끼지 않았다. 만약 그의 노력이 없었다면, 이 개정증보판을 내는 데 어려움이 많았으리라 생각되어 특히 고마움을 전한다. 대진대학교의 박희봉 교수는 이 책의 장과 절을 새롭게 편성할 것을 제안하였고, 제2장 제4절 '책임성과 대중' 및 제3장 제4절 '관료의 정치성'을 첨가하여야 된다는 의견을 제시하면서 본 저서의 전반적인 내용과 일치하는 자료수집과 節들의 완성에 이르기까지 많은 도움을 주었다. 경원대학교의 이영균 교수의 자료제공과 교정 덕분에 제2장 '관료제의 책임성과 책무성'을 완성할 수 있었다.

한양대학교 행정학과 석사인 정현주 양이 이 책을 교정하면서 희생한 시간과 노고에 대하여 감사하며, 약 3개월간 거의 매일 저자와 함께 늦은 시간까지 연구실에서 교정과 색인 작업을 하며 행당의 어둠을 밝혔던 한양대학교 대학원 행정학 석사과정에 있는 금재덕 군에게 감사함을 전한다.

막상 이 개정증보판을 내고 보니 저자의 淺學과 能力의 한계로 인하여 미흡한 곳이 적지 않아 이 저서를 펴내는 마음 속에 송구스러움을 가눌 길이 없다. 앞으로 여러분의 기대에 부응하고자 최선의 노력을 다할 것을 다짐하면서 先輩·同學의 기탄 없는 叱正이 있기를 바란다.

이 기회를 빌려 항상 변함 없이 지원을 아끼지 않은 박영사의 안종만 사장, 함승철 국장, 황인욱 국장 그리고 편집에서 색인작업에 이르기까지 온갖 성의를 다바친 편집부 노현 선생의 노고에 감사드린다.

1997년 1월
著 者 識

행정통제론 초판 머리말

유학 간 첫 학기에 Robert Michels의 논문 "과두제의 철칙"을 읽으며 민주국가의 실현이 이토록 어려운 것인가를 고민하던 때가 있었다. 그 이론에 관련된 서적들과 비판한 논문들을 체계적으로 분석하면서 나름대로 내린 결론은 "민주국가는 없고 민주주의로 향하는 국가는 있다"라는 생각이었다.

이러한 생각은 박사학위 종합시험이 끝났던 1975년 미국 국무성이 주최한 International Leadership Seminar에 참석하여, 미국의 입법·사법·행정부 및 백악관을 각각 방문하며 정치인, 고위관료, 외교관, 성공한 기업가들 그리고 백악관의 대통령비서들과 국내·외 문제에 대하여 토론을 하면서 다시 의문이 일어나기 시작하였다. 이 지구상에서 민주주의가 가장 발달한 미국에서도 견제와 균형의 논리가 지배하는 민주국가를 실현하는 데 역시 많은 문제점을 가지고 있음을 발견하고 "민주국가는 없고 역시 민주주의로 향하는 국가는 있다"라는 결론을 내릴 수밖에 없었다.

그렇다면 우리가 할 수 있는 유일한 방법은 민주국가로 향하는 길을 알아내는 것이다. 그러나 완벽한 해답을 찾아낸다는 것은 문제의 발생보다 항상 뒤늦었기 때문에 앞서가는 사회의 문제들을 미리 해결한다는 것은 보장할 수 없는 일이다. 만약 반대로 우리의 지식 속도가 사회변화의 속도보다 빠를 수 있다면 불행한 역사는 있을 수 없고, 민주주의로 향하는 국가는 역시 있을 수 없고 단지 우리가 원하는 완벽한 민주주의 국가가 존재할 수 있으며, 아울러 행정통제에 관련된 연구는 있을 필요도 없을 것이다. 우리가 우리 사회에서 끊임없이 발생하고 있는 문제들을 미리 해결하기가 어렵다는 것을 잘 알고 있음에도 불구하고, 지속적인 학문발전을 위하여 끊임없이 지식을 쌓으려고 노력하는 이유는 무엇인가? 이러한 모든 노력이 우매한 것일까? …… 그렇지는 않다. 이 세상에서 무엇이 가장 빠르냐고 묻는다면 저자는 변화라고 대답하고, 두 번째로 빠른 것이 무엇이냐고 묻는다면 지식이라고 말할 것이다. 인류의 역사가 존속하는 것을 보면 분명히 지식의 발전속도는 1위는 못 되어도 적어도 2위를 지키고 있는 것 같다. 만약 지식의 발전속도가 3위 혹은 4위로 떨어지기 시작한다면 우리는 풀지 못하는 너무나 많은 문제에 휩싸여 인류의 역사는 아마 이 지구상에서 자취를 감추기 시작할 것이다. 역시 학문의 존재의의도 없을 것이다. 그러나 다행히도 인간의 지식 속도가 힘겹게 2위를 유지하고 있기 때문에 그나마 지혜로운 동물이다. 따라서 언젠가는 사회의 변화속도를 따라 잡으려는 희망을 가지고 끊임없이 학문의 연구를 계속하여야 한다. 그나마 하지 않으면 인류는 영원히 추락할 가능성이 있기 때문에 학문을 발전시켜야 하는 것은 우리 인간들의 책임이다. 본 저서는 변화속도에 있어 적어도 2위는 지켜 보자는 겸손한 자세로 민주국가로 향하는 방안을 모색하려고 노력하였다.

"우리가 무엇을 하고 있는지를 외부가 모를 때 우리를 통제한다는 것은 거의 불가능하다"라는 어느 백악관 관리의 표현은 미국과 같이 민주주의가 잘 발달된 나라에서도 관료제를 통제하는 데 한계가 있다는 것을 함축적으로 의미하고 있다. James Madison(1751~1836)이 관료제에 대한 내부 및 외부 통제의 필요성을 지적한 이래 1940년대 Friedrich와 Finer가 각각 내부와 외부 통제의 필요성을 체계적으로 주장하였으며, 그 이후 1960년대 후반기에 비교행정의 분야에서 개발도상국가에 주도하였던 발전행정이 오히려 권위주의적인 행정독재국가를 만들어 내는 결과를 초래하여 학내·외부의 비판에 따라 급기야는 비교행정그룹(Comparative Administration Group)의 해체위기에 직면하였었다. 그 당시 비교행정학은 학문으로서 정체성의 위기와 도덕성의 문제로 도전을 받고 있던 때 이러한 위기를 만회하고자 다행히 Fred Riggs 교수는 균형정부를 위한 연구를 시작하여 견제와 균형체제를 갖춘 민주정부를 구현하는 데 공헌하려 하였다. 그러나 CAG가 해체되기 2년 전까지 Rigss의 균형정부에 대한 연구가 계속되다가 그 이후엔 괄목할 만한 연구가 없었다. 그럼에도 불구하고 행정의 전반적인 분석이 목적을 실현하기 위한 가장 좋은 집행방법에 관한 연구로부터 관료제의 통제문제로 전환하고 있다고 많은 학자들이 주장하고 있으며, 1980년대 초반부터 관료제의 권력남용을 억제하기 위하여 우선 관료제를 축소하려는 방향에서 민영화(privatization)에 관한 연구가 추진되고 있었다.

오늘날 관료제는 정치적 권한과 권위의 중심이며, 정부의 권한인 정책결정권이 관료제 내로 옮겨지고 있다. 특히 현대사회가 필요로 하는 전문성, 계속성 및 권위에 대한 관료제의 독점으로 정치인들의 정책결정 역할은 더욱 축소될 것이라고 많은 학자들이 지적하고 있다. 그 결과 행정주도국가화 경향이 불가피하게 지속되는 한 행정학은 관료의 권력팽창과 병행할 수 있는 효율적인 행정통제

방안을 모색하려는 도전을 지속할 것으로 보인다. 그러므로 행정독재 혹은 관료제 국가화의 경향을 억제하고 견제와 균형이 제대로 잘 갖추어진 민주주의 국가를 실현하는 데 흥미를 가지고 있는 행정학이나 정치학을 공부하는 학부 및 대학원 학생, 관료제와 입법·사법 그리고 행정부 간의 정치적 역학관계를 이해하여야 되는 공무원 및 일반인들에게 도움을 주기 위하여 본 저서를 쓰게 되었다.

그렇다면 책임 있는 관료제를 확보하는 수단은 무엇인가? 통제라는 용어는 긍정적인 것과 부정적인 통제를 포함하는데, 본 저서는 관료의 공·사적 권한의 남용을 방지하기 위한 부정적 의미의 통제에 관심을 두게 될 것이다. 실제로 행정학의 거의 모든 이론들이 행정통제의 목적과 일치되는 것은 통제개념 자체가 행정학의 의사결정, 능률성, 개방성과 민주성의 개념과 깊은 관계를 가지고 있기 때문이다. 그러나 Friedrich, Finer, Maass, Redford, Rourke, Dwight Waldo, Roscoe Martin, Frederich Mosher 및 William Mosher는 민주주의의 틀 속에 관료제를 맞추기 위하여 노력하였으며, 그들은 내부 및 외부 통제 어느 하나만으로는 관료제의 권력남용을 완전히 통제할 수 없다는 것을 분명히 인정하였다. 뿐만 아니라 본 저서에도 기술하였듯이, 각 통제모형들은 장·단점을 가지고 있다. 즉 상황에 따라 어떤 통제기구가 더욱 유리한지 다소 차이는 있겠지만, 모든 상황에서나 적절하고 이상적인 관료제에 대한 통제체제란 없는 것 같다. 이리하여 관료제를 통제함에 있어 내부 및 외부 통제모형들의 장점과 단점이 상호 보완되지 않으면 안 된다. 1960년 후반기에 Friedrich와 Finer가 내부·외부 통제의 상호보완성을 주장한 것은 다행한 일이라고 본다.

균형정부를 위한 Riggs의 접근법과는 달리 본 저서에서 제시하려는 내부 민주통제체제 모델의 명제는 관료제가 정책을 형성하기 위하여 많은 자유재량을 가지고 있는 정치기구이며, 정치적 환경에서 고립될 수도 없으며, 그리고 외부의 정치체제들에 의하여 둘러싸여 있다는 데서 시작하였다. 실제로 공공관료제를 이해하기 위해서는 관료적 조직보다 관료적 정치에 더욱 관심을 두어야 하며, 특히 관료제와 관료제 이외의 정치체제들과의 상호작용에 대한 이해가 필요하리라고 본다.

그러므로 본 저서에서 행정통제는 내부 및 외부 통제를 별개로 보기보다는 이들 간의 상호작용을 고려하면서 외부 통제기관과 관료제의 권력남용을 통제하는 내부 민주통제모델을 발전시켰다. 내부 민주통제체제는 사후통제보다 사전통제를 강조하기 때문에 외부 통제기관과 정치적 마찰을 초래할 수 있는 기회를 감소시킬 수 있는 장점이 있으며, 더욱이 이 모델은 관료제의 권력남용을 견제하기 위한 외부 통제기관의 통제능력을 향상시켜 주는 역할을 할 수 있다. 외부 통제체제 역시 내부 민주통제체제를 발전시키는 중요한 역할을 하며, 그리고 관료제 내에서 활동하고 있는 다양한 통제기관들 간에 통제의 경쟁이나 분화를 활성화하는 데 도움을 준다는 것이다. 따라서 어떠한 외부 통제기관들이 서로 관료제를 지배할 수 없도록 상호 경쟁하며, 그 결과 관료제 내에서도 견제와 균형의 논리가 지배할 수 있다는 것이다. 특히 본 저서는 내부 민주통제체제와 외부 통제체제의 정치적 역학관계를 강조하였다.

특히 본 저서의 연구대상으로 미국을 선택하게 된 이유는, 첫째 관료제의 권력남용을 막고 관료제와 외부통제체제 간의 견제와 균형을 가져올 수 있는 통제이론은 비교적 다원주의와 민주주의가 발전된 나라에서 성숙될 가능성이 많다는 것이다. 만약 민주주의가 어느 정도 발전한 나라에서도 효율적인 통제모델을 찾을 수 없다면 그렇지 않은 개발도상국가에서 통제모델을 발전시킬 가능성은 매우 희박하다고 생각하지 않을 수 없다. 둘째, 문화적인 차이에서 발생하는 관료제에 대한 영향을 제외한다면, 모든 국가는 관료제를 가지고 있고, 서로 유사한 관료제의 목적과 기능을 가지고 있기 때문에 미국과 한국 간에도 서로 공통적인 많은 부분이 있다고 보았다. 셋째, 대체로 미국과 같이 개방화된 사회에서 비교적 정확한 경험적인 자료를 얻는 데 보다 유리하였다. 넷째, 미국의 다원주의 사회와 정도의 차이는 있지만, 한국 역시 1987년 6·29 선언 이래 다원주의 사회로 접어드는 많은 특징들이 나타나고 있다.

따라서 미국의 다원주의는 한국의 미래 다원주의의 많은 특징을 예견하여 줄 수 있다고 생각하였다.

다원주의 체제는 민주주의와 합치되고, 이익집단들 사이에 권력이 분산되며, 이익집단들 간의 견제와 균형, 집단 간의 갈등해결과 의사결정을 하는 데 협상과 타결, 대중들을 위한 이익집단의 대표성 등을 가정하기 때문에 민주주의의 기본적인 이념과 조화를 이룬다. 따라서 다원주의 체제는 곧 민주주의 체제라 해도 과언이 아니다. 또한 다원주의는 현대와 같이 다양한 사회적 집단과 이익집단들이 존재하는 복잡·다원화된 사회에 보다 적합한 체제라는 것이다. 또한 다원주의의 이러한 긍정적인 측면이 있는 반면에, 이익집단이 정치체제에 끼치는 영향은 중요하기 때문에 다원주의의 부정적인 측면을 분석하여 앞으로 한국의 다원주의의 긍정적인 방향을 유도하는 데 도움이 되어야 한다고 생각한다.

여기서 지금까지 대략 밝혀진 다원론에 대한 부정적인 측면을 간략하게 살펴보면, 첫째, 일반 대중들은 이익집단에 의하여 대표되지 못하며, 그리고 거대화된 이익집단에 대한 통제권을 상실하고 있다는 것이다. 둘째, 각 이익집단 간의 권력균형이 어느 정도 이루어지기보다는 경제적으로 지배적인 이익집단에 의하여 권력이 독점되고 있다. 셋째, 국가는 이익집단들 간의 공평한 중재자가 아니라 지배적인 이익집단의 이익을 위하여 대변할 수밖에 없는 환경에 처한다는 것이다.

이러한 점에 비추어, 관료제에 대한 통제모형이 오늘날 정치적으로 중요한 역할을 하고 있는 이익집단의 지배적인 영향력을 억제할 수 있느냐에 따라서 견제와 균형체제를 보장할 수 있다는 것이다. 물론 한국사회가 아직까지 소수 지배 엘리트들이 권력을 독점하고 대중을 지배하고 있는 사회라고 주장하는 견해도 있다. 가장 민주적인 나라일지라도 소수 엘리트의 지배는 보편적인 현상이라고 엘리트 옹호자들은 주장한다. 심지어 다원주의를 옹호하는 학자들조차도 다원주의에 엘리트주의를 결합시켜 엘리트들에 의한 다원주의를 주장하기도 한다. 그러나 한국도 엘리트들의 다양한 사회적 배경과 영역에서 등장할 가능성이 확산됨에 따라 모든 엘리트들이 단일한 이익을 위하여 응집한다고 보는 것은 무리이다. 더욱이 정치적 엘리트들이 대중을 지배하여 대중이 아무런 영향력을 발휘하지 못한다고 하나 민주주의 사회에서 선거정치와 여론의 역할을 무시하는 것은 경솔한 판단이다. 엘리트주의자들에 의하면 대중은 무능력하고 자기 자신을 책임질 의지가 없다고 하나 사회적 지위, 부, 교육수준 등이 상승할수록 자연히 관심과 참여율이 증가하게 되므로 대중을 모두 무관심하고 무능력하게 보는 것은 역시 지나친 논리다. 다원론주의와 엘리트주의 가운데 어떤 것이 한국사회를 설명하기 위하여 더욱 타당할 것인가를 묻기보다는 후기 다원주의를 고려하여야 되기 때문에 본 저서에서는 이익집단의 정치개입을 중요하게 다루었다.

이 책을 출판하는 데 도움을 주신 여러분께 감사를 드리지 않을 수 없다. 특히 바쁜 가운데에도 번역, 교정, 편집 등을 맡아가며 밤늦게까지 거의 저자와 같이 생활을 하였던 미국 Temple 대학교에서 행정학 박사학위를 받고 현재 한양대학교 행정학과 강사인 이영균 박사에게 깊은 감사를 표하지 않을 수 없다.

역시 미국 Temple 대학교에서 행정학 박사학위를 받고 한양대학교 행정학과에서 강의를 하면서 한양대학교 지방자치연구소의 연구원인 박희봉 박사, 현재 유학준비중에 있는 행정학 석사인 김명환 군과 강동근 군에게 강매하다시피 교정을 부탁한 데 미안한 생각이 그지 없으며, 아울러 그들의 노고에 고마운 뜻을 전한다. 또한 이 책의 출간을 허락하여 주신 박영사의 안종만 사장님과 황인욱 부장님, 일천한 문장들을 꼼꼼히 교정보느라고 애쓰신 편집부의 정숙진 양과 편집부의 여러분께 진심으로 감사함을 표한다.

이 책을 끝내고 나서 너무나 부족한 점이 많다는 생각을 지워 버릴 수 없다. 물론 이 책의 부족한 모든 부분은 저자가 책임져야 할 일이나 역시 더욱 연구하고 배우는 자세로 독자들의 협조를 기대하며 계속 연구하여 수정·보완할 것을 약속한다. 끝으로 이 책을 발간하도록 용기를 주었던 동료교수 및 제자들에게 역시 감사를 드린다.

1995년 1월 20일
한양대학교 연구실에서
著　者

내부민주통제유형(순환과정모델)

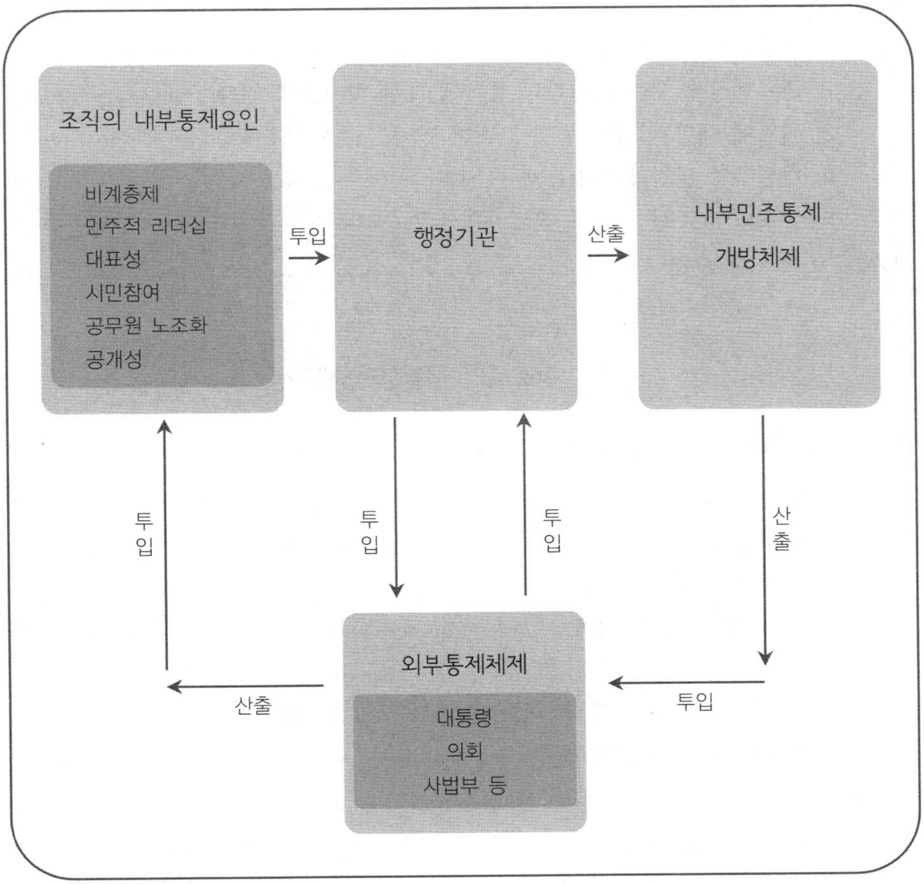

차 례

제 1 장 연구의 배경과 목적

제 2 장 관료제의 책임성과 책무성

제 3 장 관료제화와 관료의 정치성

제 4 장 관료제 통제에 관한 제 이론과 비판 및 기타 통제기법

제 5 장 외부통제체제들의 통제역량과 한계

제 6 장 내부민주통제체제의 구성변수와 정부통제의 역할

제 7 장 통제기관간의 상호작용과 내부민주통제모델의 발전

제1장

연구의 배경과 목적

제1장

연구의 배경과 목적

제1절 연구의 배경

현대사회는 조직화된 사회이다. 현대사회에 거의 모든 조직은 관료제와 같이 구조화되어 있다. 친목단체 이외에 관료제의 형태를 띠고 있지 않은 조직을 찾기도 어렵다.

행정국가화된 현대사회에 있어서 행정의 기능이 확대되고 행정권한의 강화 및 행정재량권의 확대가 두드러지면서 행정통제의 중요성이 중요시되고 있는데, 이에 따라 행정책임확보의 수단으로서 행정통제의 중요성이 현대사회에서 더욱 부각되고 있는 실정이다. 즉 행정 권력의 확대 및 강화현상이 필연적으로 관료권력의 비대화를 초래하게 되어 자연히 권력남용의 가능성에 대한 통제가 필요하게 되었고, 그에 따라서 행정책임론이 대두된 것이다. 사실상 어느 나라의 경우를 막론하고 정도의 차이는 있겠으나 행정 권력이 다른 외부 정치체제들보다 상대적으로 강화되고 있으며, 또 행정인의 재량의 범위가 점점 더 커져가고 있으므로 행정책임과 통제의 문제는 더욱 중요시되고 있다.

따라서 본 연구의 목적은 현대행정국가에서 권력남용의 방안으로 중요시되고 있는 행정통제의 의의와 유형에 대해 알아보고 더 나아가 효율적인 행정통제의 발전방안을 제시하는 것이다. 실제로 본 저서에서 제시하는 행정통제의 방안은 관료의 권력남용을 통제하는 것뿐만 아니라 궁극적으로 정부의 권력남용을 통제하는 견인력 역할을 할 수 있기 때문에 중요하다.

현대 행정이란 앞서 말한 행정국가에서의 행정을 의미한다. 19세기 말 의회 우위 시대의 입법국가에 대응하여 20세기 행정이 기능과 권한이 크게 확대

강화된 행정부 우위의 행정국가시대의 행정이라고 정의할 수 있으며 그러한 강화된 행정부 우위의 행정국가시대의 행정이라고 정의할 수 있다. 그러한 행정의 기능과 권한의 확대가 현대행정의 특징이라고 볼 수 있다.

18세기에 Montesquieu가 민주주의의 필수불가결한 제도적 장치로서 삼권분립을 주장한 이래, 현대 산업사회에 있어 관료제[1]는 의도한 바는 아니지만 입법부, 사법부, 대통령과 대통령실의 권한을 합한다고 하더라도 보다 많은 권한을 가지게 되었다. 이러한 현상은 사회가 복잡하고 과학화됨에 따라 피할 수 없으며, 미래 관료제의 자유재량은 더욱 강화될 것이라고 많은 학자들이 예측하고 있다.

Norton Long의 지적처럼, "관료제는 오늘날 정치적 권한과 권위의 중심이며, 정부의 제4부가 아니라 오히려 지배적인 위치를 차지하고 있다고 한다."[2] 또한 Kranz와 많은 다른 학자들이 주장하는 것과 같이, 현대국가는 정치국가(political state)라기보다 오히려 관료국가(bureaucratic state)로서 관료제의 영향력이 지속적으로 증가하고 있다. 이러한 경향은 결코 놀라운 사실이 아니라고 Long은 주장한다.[3]

뿐만 아니라 정부의 핵심적인 권한인 정책결정권이 의회에서부터 점차로 관료제로 옮겨지고 있으며, 현대사회가 필요로 하는 지속성, 전문지식, 그리고 권위를 관료제가 독점함으로써 정치인들의 정책결정 역할은 더욱 축소되고 있는 실정이다.

심지어 민주주의가 가장 잘 발달되어 있다고 하는 미국에서도 거대화한 관료제가 정부의 전횡적인 권한을 독점하게 됨에 따라 헌법이 규정한 '견제와 균형'(check and balance)의 원리가 무력해지고 있다. 이러한 점에서 Wood와 Waterman은 관료제의 정책결정 역할은 헌법을 초월하여 발생한다고 주장한다.[4] 관료제는 입법, 사법, 그리고 행정의 삼권 권력분립하의 헌법체계에 4부(四

---

1 관료의 정의는 제3장에서 언급하겠으나 서론에서는 간단히 행정부 내에 신분보장이 되어 있는 국장급 및 국장급 이하 공무원을 주로 의미한다. 한편 행정부를 포괄적으로 말할 때는 대통령, 대통령의 비서실, 내각의 장관, 정치적으로 임명된 공무원, 그리고 신분보장이 된 공무원들을 포함한다.

2 Norton Long, "Bureaucracy and Constitutionalism," *American Political Science Review* 46 (September 1952), p. 818.

3 Harry Kranz, *The Participatory Bureaucracy* (Lexington, Mass.: D. C. Heath and Co., 1976), pp. 14-20.

4 B. Dan Wood & Richard W. Waterman, *Bureaucratic Dynamics* (Boulder, Colorado: Westview

部: fourth dimension)로 관료제를 추가했다고 많은 학자들이 지적하고 있다. 미국은 헌법을 만들 당시 관료제의 권한이 강화될 수 있다는 것을 예측하지 못하였기 때문에 미국의 헌법 틀 속에서도 관료제의 통제는 언급되지 않았다. 그러한 결과 정부의 행정권한의 팽창은 견제와 균형을 근간으로 하고 있는 민주주의 발전에 막대한 장애로 등장하고 있다.

그러나 우리의 고민은 효율적인 행정을 하는 관료제 없이 정부가 민주주의를 발전할 수 있다는 것은 거의 불가능하므로 효율적인 관료제의 필요와 관료제의 효율적인 통제의 불가피함 가운데 이들 간에 상호균형을 유지하는 것이 무엇보다도 중요하다고 강조하고 있다. 실제로 효율적인 관료제의 발전 없이 경제발전을 기대하기 어려우며 아울러 경제발전 없이는 민주주의 발전을 기대하기 어렵다.

많은 사회과학자들은 “관료제화(bureaucratization)는 필연적인 것은 아니며 또한 좋은 것도 아니다”라고 주장한다. 세계는 이미 관료제화되고 있다고 하는 주장을 강하게 비평하는 지적은 다음과 같다. 관료제가 발달함에 따라 사람들은 자기 자신의 운명을 더 이상 자신들 스스로 결정할 수 없게 된다고 한다. 그 대신 관료제는 자신들이 만들은 규제, 법, 규정, 그리고 절차 등에 의하여 모든 것을 결정한다. 이러한 이유 때문에 미국과 같이 자신의 일들은 스스로 결정하고 싶어하는 자유주의적인 사람들은 관료제의 팽창을 더욱 싫어하고 있다. 두 번째로 강한 지적은 관료제화된 사회에서 사람들은 중앙정부에 의해 더욱 통제되고, 더 많은 지시를 받게 되고, 그리고 인간성 발달을 저해한다는 것이다. 그 결과 사람들은 중앙정부의 규제와 조작으로부터 벗어날 수 없을 뿐만 아니라 결국에는 관료제에 더 많이 의존하게 되는 것을 피할 수 없게 된다. 더욱이 강력한 행정 권력의 폐쇄성과 날로 강해지는 보이지 않는 통제력은 사람들의 두려움과 불만을 낳게 될 것이라고 우려하고 있다.

반면에 관료제화를 찬성하는 사람들은 관료제가 발달함에 따라 우리의 자유가 보장을 받고 있다는 사실을 사람들은 인식하지 못하고 있다고 지적한다. 예를 들어 경찰이 음주운전을 단속함에 따라 우리는 안전하게 운전할 수 있지 않은가. 관료제화된 경찰이 법과 규정을 가지고 다른 사람들에게 피해를 줄 수

Press, 1994), p. 25

있는 음주운전을 단속하기 때문이다.

위의 찬·반 논리는 내용 속에서 계속 논의될 것이다.

어쨌든 많은 비판을 받고 있는 관료제는 민주주의 국가뿐만 아니라 모든 다른 형태의 정치체제하에서도 정책을 실현하는 데 필수불가결한 수단이라는 주장에 동의하는 것 같다. 다시 말하여 관료제의 고유 업무는 정책을 집행하는 권한이며 관료제 없이는 정책을 실현시키기 어려울 것이다. 그러나 절대적 권력은 절대적으로 남용하게 되기 때문에 관료제가 집행 업무는 물론 정책결정에 많은 영향력을 갖게 되므로 관료제를 통제해야 된다는 주장이 자주 등장하고 있다. 그럼에도 불구하고 민주주의 정부를 확보하려는 명분하에 관료제를 강하게 통제한다면 정부서비스의 양과 질을 떨어뜨리는 오류를 발생할 수 있다. 그렇다고 해서 관료의 자율규제에만 의존한다는 것은 더욱 위험한 일이 될 수 있으며 효과적일 수도 없는 애매한 현실을 직면하고 있는 것이 사실이다.

그럼에도 불구하고, 피할 수 없는 현실이지만, 관료제는 정부의 필요에 의해서 존재한다. 정부가 존속하는 한 관료제는 존재할 수밖에 없다.

고전 관료제 학자들이 주장하는 관료제의 장점으로는 관료제가 업무수행에 있어 능률성과 합리성을 발휘하며, 관료들의 신분보장을 보장하고, 외부의 정치적 통제에 대해 순응하며, 민주적 또는 대표제적 정부와 조화를 이룰 수 있다고 한다. 만약 이러한 주장을 긍정적으로 받아들인다면, 우리의 논의대상은 관료제의 팽창이 필연적으로 조직의 민주주의 종말을 의미하는 것이 아니라, 어느 다른 제도나 체제에서와 같이 단지 몇 가지 중요한 재조정이 필요하다는 것으로 요약할 수 있다.

실제로 어떤 학자는 관료제의 절대적 필요성을 언급하면서 선거에 의하여 선출된 정부의 공직자들, 의원들 그리고 사법부의 법관들은 관료제의 도움 없이는 효과적으로 업무를 수행할 수 없지만[5] 관료들은 다른 부처의 도움 없이도 법을 제안하고, 채택하고, 집행하며, 해석하고, 강화하며 그리고 폐기할 수 있다는 지적은 납득할 만하다. 이러한 주장이 현실적으로 타당성이 있는 것이라면 우리는 더욱더 관료제를 통제하여 현대사회에 적합하게 발전시켜야 될 것이다.

---

5 여기서 관료제(bureaucracy)는 행정 관료제를 말한다. 가정하자면, 의회나 사법부 없이 행정 관료제만으로 국가를 운영할 수 있으나, 행정 관료제 없이는 국가를 운영할 수 없을 정도로 행정 관료제의 절대적인 필요성을 강조한 것이다.

그 이외에도 의회에서 의원들 간에 발생하는 갈등이 공익에 대한 통일된 개념을 산출하는 데 얼마나 도움을 주고 있는지 의문스러운 경우가 많다. 선거직 공직자들은 당선을 위하여 투표수를 확보하기 위해 서로 경쟁하기 때문에 다른 이해관계를 가진 개인이나 집단과 갈등을 피하긴 어려울 것이다. 어찌하든 관료제는 다양한 집단 간의 의견 차이를 조정하고, 의회심의과정을 통하여 형성되는 경제적·사회적인 타협안들을 효과적으로 수행해야 하는 책임은 우선적으로 관료들에게 있다. 관료들은 전문지식, 자원에 대한 통제, 고객과의 일상적인 접촉 등으로 인하여 이러한 업무를 수행하는 데 의원들보다 전문성을 확보하거나 국민의 지지를 얻는 데 더욱 유리한 위치에 있는 것은 분명하다. 그 결과 이러한 기능을 수행할 수 있는 광범위한 권한을 가진 거대한 관료제가 탄생하게 된 것은 당연한 귀결로 볼 수 있다.

1. 행정통제의 불가피한 환경

현대 관료제는 입법부, 사법부보다 우월한 행정부가 법적권한을 확대하고 국민생활에 직접 관련되는 보호, 규제, 지원활동을 수행하면서 그 역할을 증대하고 있다. 이와 같은 행정권의 변화는 정책결정과 계획, 집행과정에서 필연적으로 행정 권력의 확대를 가져오게 되었으며, 이는 권력남용이라는 문제를 야기시켜 행정의 책임확보라는 과제를 대두시키게 되었다. 따라서 행정책임을 확보하기 위한 방법으로 행정통제가 불가피하고 필연적이라고 인식되는 요인들은 다음과 같다.[6]

첫째, 산업사회에서 국민의 다양한 욕구와 적극적인 복지행정을 실현하기 위해서는 준입법권, 준사법권을 위임받은 행정부의 권한이 더욱 확대되고 강화되면서 봉사, 조적, 지원 등의 적극적인 행정활동이 현저하게 나타난다.

둘째, 사회가 고도의 산업화, 도시화, 과학화되면서 행정업무도 분업화되고 전문화 경향이 심화되었다. 이에 따라 행정 관료도 다양한 경험과 전문지식을 바탕으로 행정권의 독점화 현상을 보이면서 행정의 오류, 착오에서부터 위법, 부당사례가 발생하게 되었으나, 전문화된 행정영역을 접할 수 없고 감시할 능력

6 남주성, 공무원 권력남용 방지방안, 2012 학기말 리포트, p.6

이 일반 국민들에게는 없다.

셋째, 행정은 복잡해 짐에 따라 실행목표가 추상적이거나 집행기준이 구체적이지 못한 경우가 많다. 세부기준을 행정부에 위임함에 따라 재량권이 넓어져 가는 경향이 있고, 재량권의 확대는 권력남용의 가능성이 높아짐에 따라 적절한 통제 장치가 요구된다.

넷째, 민주정치의 역사가 짧은 우리와 같은 발전도상국가의 경우 관료의 권력이 계속 강화되는 경향이 있다.

2. 관료팽창에 대한 불안감과 통제에 대한 학자들의 견해

각 국가마다 행정학 분야에서 날로 권한이 증대하고 있는 관료제의 통제에 대한 논쟁이 끊임없이 지속되어 왔으나 해결점을 찾지 못하고 있다. 더욱더 심각한 문제는 해결의 실마리조차 찾지 못한 것으로 보인다.

산업화 및 기술발달에 따라 사회의 복잡성이 증대함에 따라 행정의 전문성이 제고되면서 행정 관료의 재량권의 범위가 크게 확대되었고 이에 따라 재량권의 일탈 또는 남용에 대한 적절한 필요성 역시 증대하고 있다. 앞으로 재량권의 확대는 더욱 확대되리라는 징조는 여러 곳에서도 나타나고 있다. 이와 같은 행정통제의 당위성은 기본적으로 민주사회에서 행정이 주권자인 국민의 의사에 부합하여야 한다는 데에서 찾을 수 있다. 이러한 요청은 공직자가 선출되었는가의 여부를 따지지 아니한다. 즉 행정관료 역시 국민으로부터 직접 선출되지 않았더라도 선출된 공직자에 의하여 업무를 수임받은 입장에서 역시 국민에 대하여 책임지고 행정을 수행하여야 하는 것은 당연하다. 따라서 행정책임을 확보하기 위한 수단으로서 행정통제가 중요시된다. 구체적으로 행정통제는 행정책임을 이행하는 데 행정 관료의 일탈행위를 억제하는 조치를 말한다. 구체적으로 행정통제에는 행정행위에 대한 평가와 발견된 일탈행위에 대한 시정조치의 전제조건이며, 시정조치는 평가를 전제로 한다는 점에서 양자는 불가분의 관계에 있다. 그러므로 여기에서도 양자를 포괄하는 용어로서 통제를 사용한다.

아래 학자들의 몇 가지 예를 들어 본다면 흥미롭고 현실성이 있는 주장들이 관료제의 현실을 파악하는 데 도움을 줄 수 있을 것이다.

1929년 Lord Hewart는 행정 권력을 '신 전제주의'(New Despotism)를 창조

하는 원천으로 규정함으로써 많은 사람들을 놀라게 했다.[7] 그러나 21세기에 들어오면서 그의 주장이 잘 못되었다고 말하는 사람은 찾기 어렵다. 더욱이 그는 점증하고 있는 위임입법권한과 판결권한이 현대 행정업무에 귀속됨으로써 자연히 관료제를 통제해야 된다는 문제가 불가피하게 발생하는 것으로 보고 있다.

그 후 James Burnham은 그의 저서 「*Managerial Revolution*」에서 사회의 새로운 과두제로서 공·사 분야의 지배계급으로 경영인 혹은 관료 계급의 출현을 예견하였다.[8] 1940년대의 그의 주장이 오늘 날 놀랄 정도로 경영인 혹은 관료들이 사회의 중추적인 역할을 하고 있는 것을 미리 앞서 본 것은 탁월한 통찰력이다. 물론 Lipset은 Burnham의 주장을 비판하면서 사회는 지배하는 계급이 출현하도록 허용치 않을 것이라고 하였으나 어느 정도 사회를 지배해야만 사회가 허용하지 않는지에 대해서는 언급하지 않았다.

Robert Michels는 모든 조직에 있어 민주적 통제를 제한하려는 경향으로서 '과두제의 철칙'(Iron Law of Oligarchy)에 대해 기술했다.[9] 사회의 기득권층이 자신들의 권익을 보호하기 위해 혼자권력을 장악한다는 것은 불가능하기 때문에 소수에게 권력을 분배하고 이들로 하여금 강한 관료제화를 강화하여 저항자들을 견제하며 권력을 유지하려 한다. 이러한 과정과 현상이 정권을 유지하기 위하여 반복적으로 순환하면서 발생한 것이 역사의 과정이었다. 지난 역사의 과정에서 보았듯이 이러한 악순환이 지속적으로 일어난다면, 건전한 민주주의의 발전을 기대할 수 있는 가능성은 점점 더 희박해질 것이라고 Michels는 우려한다. 그는 독일 학자로서 우리나라의 조직론 서적에서 목표의 대치현상을 설명하는데 그를 많이 인용하고 있으나 그보다 더 그가 주장하고 싶었던 것은 정부나 정치의 구조적 흐름을 역사적 관점에서 설명하는 통찰력을 주었다고 본다.[10]

Hayek와 Mises는 현대 복지국가에서 다행히 국민들이 자유를 얻는 기회를 쟁취하였으나 불행하게도 새로운 관료제의 출현에 의해 국민의 자유가 질식되고 있다고 지적한다.[11]

---

7 Lord Hewart, *The New Despotism* (London: Ernest Benn Limited, 1929), Chapters 1, 3, 4, and 6.

8 James Burnham, *The Managerial Revolution* (Bloomington: Indiana University Press, 1960), pp. 96-111.

9 Robert Michels, *Political Parties* (New York: Collier Books, 1962).

10 정우일 (2011), 공공조직론, 제3판, 박영사 pp. 290-292.

11 F. A. Hayek, *The Road to Serfdom* (Chicago: Univ. of Chicago Press, 1944), pp. 32-42, 134-152; Ludwig Von Mises, *Bureaucracy* (New Haven, Conn.: Yale University Press, 1944), pp.

1920년대 이래 많은 학자들이 관료제의 권한이 계속적으로 팽창됨으로 인하여 발생하는 위기를 언급하면서 관료들의 권한을 통제하는 방안의 필요성을 주장하면서 많은 학자들은 각기 서로 다른 의견들이 제시하는 논문을 발표했다.

그 중 1940년대에서 1967년까지 행정학 분야에서 주로 논쟁을 주도한 통제이론은 Friedrich의 내부통제이론과 Finer의 외부통제이론이었다. 이 두 학자들은 자신들의 이론이 관료들의 권력남용을 통제하는 데 적절하다고 주장한다. 특히 이들 논쟁의 내용들은 행정 통제를 연구하는 학자, 학생, 그리고 실무 정치인들에게 정책방향을 설정하는 데 많은 영향을 주었던 것은 사실이다.

내부통제는 행정관료 자신들에 의하여 행하여지는 것으로 감독기능으로 간주되며, 내부통제 유형에도 행정수반의 의한 통제, 감찰통제, 정책과 기획통제, 사업계획의 운영통제, 공무원의 자질통제, 예산통제, 인력의 정원통제, 사무통제 등 중앙기관의 통제와 중앙 및 지방행정기관 나름대로의 통제, 즉 기관장에 의한 통제, 기획관리담당부서와 감사담당부서 및 기타 사무담당부서에 의한 통제가 있다. 외부 통제는 국민, 입법부, 사법부에 의해 행해지는 것으로 정치적 압력과정에 해당한다. 이외에 주로 선거, 여론, 이익집단, 정당, 민원행정제도 등에 의한 통제가 있고, 옴부즈맨 제도 등이 있다.

양자는 각각 통제의 주안점이 다르겠으나, 대체로 전자는 행정능률과 지도성에, 후자는 행정의 적법절차, 즉 합법성과 민주적 요구에 대한 대응성이 중첩이 된다.

다음 장에서 이 두 학자의 논쟁을 자세히 언급하겠지만 간단히 설명하면 Friedrich는 관료의 권한을 제한하기 위한 유일한 방법을 관료 내부의 자율통제로 보는 반면, Finer는 민주주의의 발달을 위해선 견제와 균형의 중요성을 주장하고 관료제를 통제하기 위해 대통령, 입법부, 그리고 사법부 등에 의한 외부통제의 중요성을 강조하고 있다. 따라서 Finer와 다른 학자들은 관료의 자율 규제적 통제를 불신하고, 관료제가 민주주의 국가를 위한 적절한 통치제도인지에 대해 깊은 회의를 표시한다.

이제까지 여러 권위 있는 학자들의 비판에서 주장한 것과 같이, 대통령과 그의 보좌관들, 의원들, 그리고 엄격한 법원도 합법적으로 관료들의 권한을 적

40-56.

절히 통제하는 것은 거의 불가능하다고 한다. 그럼에도 불구하고 Herman Finer는 "모든 시대의 정치적·행정적 역사는 효율적으로 규제할 수 있는 외부의 통제가 결여되었을 때 권력의 남용이 불가피하게 발생하였다는 것을 증명하였듯이, 관료의 양심에 맡기는 것은 권력남용의 공범자인 관료에 의존하는 것과 같을 것"이라고[12] 주장하면서 외부 통제의 필요성을 강조하였다. 그러나 관료를 통제한다는 것은 그리 쉬운 일은 아니다. 일례를 들면 관료들은 정치적 임용이나 파면을 금지하는 실적주의 공무원법의 적용을 받으며, 신분이 보장되어 있기 때문에 행정의 안정 및 능률을 증진시킬 수 있다는 장점이 있는 반면, 웬만한 법적 하자를 저지르지 않는 한 해임당할 위험이 없다는 단점도 있다. 따라서 관료들은 민주 혹은 민중통제를 어렵지 않게 피할 수 있다.

물론 이들의 주장이 다 옳다고 볼 수는 없으나 관료를 통제한다는 것이 쉽지 않을 것이라고 주장하는 데는 학자들도 동의를 하고 있다.

그러면 관료란 대체 어떤 사람이기에 불안감을 떨쳐버릴 수 없는지 관료들의 실체를 파악해 보는 것은 중요하다. 관료외부에서 관료를 바라보는 관점은 어떠한지 또는 관료들이 자신들을 어떠한 사람으로 바라보는지를 이해한다면 효율적인 통제 방안을 찾는 데 도움을 줄 수 있을 것이다.

3. 관료에 대한 인식과 통제에 대한 인식의 차이

관료는 관료적으로 구조화된 조직의 구성원이며, 역시 민주사회의 민주시민이라고 주장한다. 따라서 그들도 행정기관의 정책이나 민주주의의 규범에 따라야 하는 것은 말할 필요 없을 것이다. 그러나 관료들은 민주주의라는 추상적 개념보다는 업무 자체의 특성에 더욱 영향을 받고 있다는 사실을 간과할 수 없다.

관료의 세계는 민주규범을 실현한다든지 혹은 정치적 문제의 해결보다는 오히려 전문성을 요구하는 행정문제, 기술업무, 정책계획, 직무만족과 불만족 등과 같은 문제로 꽉 차 있다.

Gruber가 행한 면접조사에 의하면, 관료들이 외부 통제기관이나 민주통제에 부응하여야 된다고 믿기는 하지만, 효과적이고 능률적으로 행정업무를 처리

12 Herman Finer, "Administrative Responsibility in Democratic Government," *Public Administration Review* (Summer 1941), p. 336.

해야 하는 지적인 차원에서는 지나치게 민주통제의 필요성을 느끼지 않고 있다.[13] 오히려 민주통제가 전문적이고 복잡한 행정업무를 효과적으로 수행하는데 방해가 될 수도 있다고 생각할 수 있다. 이러한 상반된 개념을 나타내는 관료들의 행태는 관료들이 업무를 수행하는 환경과 업무 자체의 특성이 일반적으로 민주주의의 규범을 중요하게 고려하지 않는다는 사실에서 발견할 수 있다.

또한 Gruber는 관료들이 정치가나 정치지도자들과는 거의 의사소통할 기회를 가지고 있지 않으며 직접적으로 접촉할 기회도 별로 없기 때문에, 관료들에게 자문을 자주 요구하는 사람은 정치가나 시민이 아니라 기껏해야 동료나 다른 행정기관의 관료들이라는 조사결과를 발표하였다.[14] 이러한 사실은 전문성에 몰입하고 있는 관료들이 정치인들이나 외부의 시민들로 부터 민주주의 가치를 습득할 기회를 거의 가지고 있지 않다는 것을 의미한다. 따라서 관료들은 민주주의 개념과는 어느 정도 거리가 멀다고 볼 수 있다. 더욱이 관료들이 수행하는 행정적이고 전문적인 업무들의 대부분은 광범위한 정치적 문제와 관련이 별로 없으며, 전통적으로 정치·행정 이원론자들의 주장처럼 관료들이 정책결정자가 아니라 집행자라는 사실을 상기할 때, 관료들에게 민주주의를 기대하기는 더욱 어려울 것이다. 그러므로 관료에 대한 행정통제의 필연성이 계속 주장되는 이유이다.

그러나 이와는 달리 Norton Long에 의하면, 정치가들은 일반적으로 지역구의 이익을 대변하기 위한 정치적 이해관계에 좌우되어, 공익 혹은 국익을 실현하는 데 어려움이 많으며, 또한 전문성을 결여한 부적절한 통치자들이기 때문에 그들이 관료제에 대한 통제의 권한을 소유하는 것을 부정적인 시각으로 바라보는 학자도 있다.[15] 물론 이러한 주장이 반드시 옳다고 보지는 않으나 반면에 현대사회 관료들의 역할이 중요하게 대두된 관계로 깊이 고려할 문제라고 본다. Long의 주장을 지지하는 관료들은 능률적으로 국가를 운영하는 것은 민주주의 가치와 양립될 수 있다고 생각한다. 이러한 주장은 능률적으로 국가를 운영하지 못하는 국가에서는 민주주의가 실현되기 어렵다는 근거에서 나온 주장이다. 국

---

13 Judith E. Gruber, *Controlling Bureaucracies: Dilemmas in Democratic Governance* (Berkley, Calif.: University of California Press, 1987), p. 99.

14 *Ibid.*

15 Norton Long, *op. cit.*, pp.. 818–820.

가가 능률적으로 그리고 합리적으로 운영되지 못한다면 경제발전은 이루어지기 어려우며, 경제발전이 달성되지 않는다면 국가는 혼란과 부패에 쉽게 빠지게 된다. 이러한 곳에서 민주주의가 발전하기 어렵다. 그래서 경제발전과 민주주의가 밀접한 상관관계를 가지고 있다는 것이다.

행정 관료들이 정치인들보다 유리한 점은 관료들은 시민들과 밀접한 접촉을 할 기회가 더 용이하기 때문에 시민들의 행태를 더 잘 관찰할 수 있어 대중이 무엇을 가장 선호하는지 판단할 능력이 정치인들보다 더 유리하다는 것이다. 관료들은 투표수를 확보하기 위하여 지역구의 이익을 추구하려는 정치가들과는 달리 지역구가 없기 때문에 지역주민의 이익에만 지나치게 부응할 필요가 없어 국가 전체의 공익을 보호할 수 있는 주체로서 자신들의 역할을 부각시키고 있다. 실제로 우리의 현실에서 보듯이 정치인들은 모든 수단과 방법을 동원하여 재선하려고 지역의 이익을 우선시 하여 국가 전체의 국익을 무시하는 경우를 종종 볼 수 있다.

그러면 관료들은 자신들에게 적합하다고 하는 민주주의 규범 및 민주통제에 대하여 우리가 이해할 수 없는 견해를 가지고 있는지 혹은 가지고 있다면 그것이 무엇인지 이해하는 것은 관료들을 이해하기 위하여 중요하다. 다시 말하여 관료들이 바라보는 민주주의에 대한 그들의 관점을 이해한다면 관료 및 행정기관에 대한 효과적인 통제를 실현하는 데 도움이 될 것이다. 모든 정치인들이 같은 견해를 가지고 있지 않듯이 관료들도 서로 같은 견해를 갖지 않을 수도 있다. 예를 들어 관료들이라도 서로 다른 정책 영역에서 근무하는 경우, 업무의 특성상 혹은 각기 다른 기술적·환경적인 상황에 사회화되어 자신들만의 독특한 업무태도가 형성될 수도 있다. 문제는 이러한 각기 다르게 형성된 관료들의 업무행태가 세계를 바라보는 필터(filter)역할을 할 수 있어 객관적이지 못한 정책이 만들어 질 수 있다는 것이다. 결론적으로 문제는 민주주의에 대한 다른 시각을 가질 수 있다는 점이다.

이러한 필터의 역할은 사물을 조망하는 데 편견을 갖게 되어, 어떤 통제는 비합리적이며 위협적이기에 수용할 수 없다든지 혹은 어떤 통제는 수용할 수 있다는 다른 판단을 할 수 있다는 것이다. 예를 들어 전문인들은 업무의 특성이나 혹은 의미 있는 중요한 문제를 해결하는 데에서 직무의 만족을 얻는다고 한다면, 일반시민들은 정책문제에 대한 전문지식이 없음은 물론, 전문인이 아니고 전문인을 충분히 이해하지 못하기 때문에 서로 갈등을 가져올 수도 있고 또한 전문인을 통제한다는 것 자체를 불가능하다고 여길 수 있다. 이러한 경우 관료들이나 일반시민들이 서로 공감을 가져올 수 있는 통제방안을 찾아낸다는 것은 어려울 수밖에 없다. 관료나 일반시민들이 서로 수긍할 수 있는 적합한 통제를 적용하지 못하는 경우 통제의 저항을 야기할 수 있다. 따라서 관료나 정치인들이 서로 자신들을 보는 시각을 서로 이해하게 하는 것은 통제에 대한 객관적인 통제방안을 수립하는 데 도움이 될 것이다.

관료제 통제의 어려운 점은 사회의 변화나 정치적 가치의 변화에 따라 통제의 초점이 달라져 왔다는 것이다. 예를 들어 1960년대는 행정의 능률이 지배적인 가치였다면 1970년대는 민주주의가 지배적인 가치였다. 이러한 서로 다른 지배적인 가치관에 따라 행정을 통제하는 관점은 달라질 수밖에 없다. 1960년대 행정을 통제하는 가치는 능률인 반면 1970년대는 민주주의였다. 비근한 예로 우리 사회가 진보 혹은 보수로 양분되어 있다면 관료들은 어느 가치기준에 따라 정책을 수립할 수 있는가? 당연히 좌파 정부 때는 진보적 가치가 통제의 기준이며 우파 정부 때는 보수적 가치가 통제의 기준이 될 수밖에 없다.

행정학 이론들의 변화 가운데서 예를 찾아본다면, 공무원의 전문화나 혹은 과학적 관리(Scientific Management) 가운데 어느 것도 관료를 효율적으로 통제하는 데 기여하지 못하였다. 왜냐하면 통제의 기준이 전문성이나 능률성의 가치를 초월하여 공개성, 민주성, 대표성, 그리고 윤리성의 가치를 포함하고 있다는 점이다. 예를 들어 능률이 통제를 위한 가치였다면, 과학적 관리가 통제를 위하여 효과성을 발휘하였을 것이다. 행정이 비전문화되었을 때 전문화는 주요한 통제수단이 될 수 있다. 하지만 전문화가 많은 문제를 발생할 때 이를 해결하는 방법을 찾아야 할 것이다. 관료제의 대표성을 주장하는 대표관료제가 하나의 중요한 통제 방안이 될 수 있다고 믿었을 때, 관료제가 전체 국민의 대표성을 획득하였다면 통제문제는 그리 어렵지는 않을 것이라고 생각했다. 물론 이론적으로 가능하나 실무적으로 어렵기 때문에 그리 크게 발전하지는 못하였지만, 관료제 내에 전체국민의 의견이 반영된다면 자연히 통제문제는 쉽게 사라질 수 있다.

4. 다원주의 관점과 행정통제

Allen Schick에 의하면 미국 관료제의 대표성에 관하여 다원주의자들이 공통적으로 주장하는 것을 다음과 같이 지적했다. 다원주의는 국민에게 권력이 분산되어 있는 것을 의미한다. 국민에게 주권이 분배되어 있다는 이 정의는 현실성이 없는 것으로 1961년 Robert Presthus는 그의 저서 「*Man at the Top*」에서 다원주의를 권력이 집단에게 분산되어 있는 것으로 수정, 제안했다. 개인은 권력 혹은 주권이 없는 것은 시청 앞에 가서 내가 이 나라의 주인이니 시장 나오라고 한다면 아무도 나오지 않는다. 허나 투표에 영향을 미칠 수 있고 든든한 정치자금이 모아 있다면 시장을 당장 나와 만날 것이다. 이것은 무엇을 의미하는가?

"관료국가에서 관료제와 국민 사이에서 활동하는 이익집단들이 관료제와 국민을 연계하고, 정치와 행정을 통합하는 데 크게 기여한 것은 사실이다. 또한 이익집단의 역할이 공공업무를 사기업의 영역으로 끌어들여 공공업무를 개방화하는 결과를 초래한 것도 큰 공헌이다. 그로 인해 서로 이해관계에 따라 고객-의회-관료제 간의 복잡한 삼각관계 혹은 삼두마차라고 불리는 동맹관계가 자연히 형성되었다."[16] 문제는 이러한 동맹관계가 정부를 포로로 할 수 있다는 것이다. 강력한 이익집단은 모든 정책을 자신들에게 유리하게 동맹관계를 활용함으로써 모든 국민의 의견이 관료제 내에서 적절히 반영하는 데 심각한 장애를 초래할 수 있다는 것이다. 민주주의 발전을 위해 이익집단의 활동은 필수적이기에 민주주의가 발전한 나라에서 이익집단의 활동이 활발하다. 그러나 문제는 강력한 이익집단의 역할이 과도하게 정치력을 발휘하여 지나치게 이기적일 때에는 오히려 민주주의 발전을 저해할 수 있다는 것이다. 이러한 정치문화에서 효과적인 행정통제가 발전할 수 있다는 것을 기대하기 어려울 것이다.

Mosher도 관료제의 다원주의적 견해에 대해 위험과 한계가 있다고 분명히 지적하고 있다.[17] 이익집단이 시민의 욕구를 대변하기 위한 중요한 메커니즘으

---

16 Allen Schick, "Toward the Cybernetic State," ed. Dwight Waldo, *Public Administration in a Time of Turbulence* (Scranton: Chandler Publishing Co., 1971), p. 219.

17 Frederick C. Mosher, *Democracy and the Public Service* (New York: Oxford University Press, 1968), pp. 89-90.

로서 기여하는 장점이 있는 반면, 단점으로 관료제는 보다 광범위한 대중의 대표성을 망각하고 불가피하게 소수 이익집단들의 공격적인 활동에 의해 포로가 될 수 있다. 대중을 위한 것이 아니라 이익집단을 위한 행정으로 추락할 수 있다는 것이다. 현대 다원주의 사회에서 이러한 일들이 종종 일어나고 있기 때문에 대중을 위하여 행정업무를 수행해야 되는 정부 관료제의 능력을 약화시킬 수 있다는 것이다.

우리나라는 이조시대서부터 이익집단의 활동이 활발한 문화를 가지고 있다. 예를 들면, 남인북인 노론소론의 붕당정치가 활발하였으나 조선의 세도정치가 등장하면서 붕당정치는 끝이 났다. 붕당정치는 나쁜 것은 아니고 이익집단들 간에 타협을 가져오는 멋진 정치라고 할 수 있다.

그런 다음 노태우 정부 이래 점진적으로 다원주의 사회로 접어들기 시작했다. 아직 우리나라에는 이익집단의 역할이 활발하지는 않지만 이익집단의 지나친 이기주의, 이익집단들 간의 조화, 그리고 정부와 이익집단들 간의 성숙한 자세 등이 해결되지 않는다면, 이익집단의 활동의 역기능이 발생하고 있는 선진국들의 경우가 우리에게도 발생하지 않는다고 보장할 수는 없을 것이다.

민주주의 발전을 위한 필수적인 이익집단 활동에 대하여 우려하는 다음과 같은 지적들이 있다. 관료제에 대한 의회의 통제가 바람직하지만, 반면에 공익에 종사하는 관료들에 방해가 되는 경우도 종종 발생하고 있다. 왜냐하면 관료들이 공익을 위한 행위가 의원들 자신의 지역구 이익에 반하는 경우에 압력을 행사하거나 혹은 의회 또는 의회의 상임위원 역시 공익을 저버리고 어떤 특정한 이익집단의 포로가 될 수 있기 때문이다. 실제로, 이익집단들이 의회 의원들의 투표에 지대한 영향을 미칠 수 있기 때문에 이들의 압력에서 벗어난다는 것은 현실적으로 불가능한 일이다.

Joseph Harris는 그의 논문 "행정에 대한 의회의 통제"(Congressional Control of Administration)에서, 연방 행정 관료들은 주로 의회의 강력한 위원회를 이끄는 몇몇 위원장들의 이익에 부합되는 정책을 결정한다고 주장하였다.[18] 이러한 현상은 의회의 상임원회 위원장, 이익집단, 그리고 관료들이 서로를 위한 동맹관계를 형성했기 때문에 서로를 위한 정책을 결정한다는 것은 자연적으

18 Joseph P. Harris, *Congressional Control of Administration* (Washington, D.C.: Brookings Institution, 1964), pp. 213-217.

로 일어날 수 있다. 이러한 문제가 현대 다원론 사회에서 부정적으로 나타나고 있다.

위의 간단한 예들을 보더라도 공익을 증진한다는 이유만으로 관료제를 통제할 수 있다고 믿는 것은 설득력을 갖기 어렵다. 관료가 자신의 정치적 안전을 위해 정치적 소용돌이에 휘말릴 수밖에 없는 정치적 분위기를 우선 고려해야 할 것이다. 서로가 서로를 도울 수 있는 의회-관료-이익집단의 삼각관계 혹은 삼각동맹관계를 이해한다면 관료들이 정치적인 이해관계에서 벗어나기는 어려울 것이다.

더욱 우려되는 것은 불필요한 통제로 관료의 손을 묶는 것은 비효율성과 무능을 초래할 수 있다. Schumpeter가 예견하는 위험은 관료제의 정치활동을 제한하는 것이 문제가 아니라, 정치가들이 행정을 바르게 이해하지 못하기 때문에 발생하는 것이다.[19] 이러한 주장은 정치와 행정의 분리를 주장한 논리적 근거는 정치가 행정이 합리적이고 효율적으로 활동할 수 없을 정도로 제대로 행정을 보호하지 못한 결과라는 사실을 뒷받침한다.

행정체제가 비효율적이 되면 국민들은 양질의 서비스를 얻지 못할 것이다. 또한 정부가 제공하는 서비스의 비용이 증가하고 비효율적일수록 국민을 위한 또 다른 새로운 프로그램들을 착수할 가능성은 적어진다. 이와 같이 관료제가 비능률적이면 자연히 관료제의 규모가 팽창하게 되고, 규모가 커질수록 규모가 큰 관료제를 통제하는 데 더욱 어려움이 많아질 것이다.

이러한 결과 발전할 수 있는 것은 발전을 위한 행정이 아니라 행정을 위한 행정에 관심을 쓴다는 것 자체가 조직을 위해 불행한 일이다. 국가 발전을 위해 다양한 발전계획을 수립하는 것은 국가를 위해 좋은 일이다. 허나 이미 비대해진 관료제가 발전과 개혁에 몰두하는 것이 아니라, 관료제 내에서 일어나는 구성원 간의 갈등과 각종의 불협화음을 해결하는 행정 자체에 너무 집착한다면 대단히 소모적인 행정이 될 것이며, 과도한 비효율성이 장기적으로 지속된다면 궁극적으로 민주체제를 훼손하게 될 것이다. 왜냐하면 민주주의는 행정발전과 밀접한 관련이 있기 때문이다. 따라서 행정팽창은 감독과 조정하는 어려움뿐만 아니라 통제하는 방법에 있어서도 부작용을 고려해야 할 것이다.

---

19 Joseph A. Schumpeter, *Capitalism, Socialism and Democracy* (New York: Harper & Row, 1962), p. 261.

5. 통제의 효과성 비용과 집행비용

끝으로 행정의 권력남용을 막으려고 행정 통제를 연구하는 학생들이나 실무자들이 관심을 두어야 할 부분은 통제기관의 통제가 관료들의 행정능력을 저해하면서까지 관료들을 통제하려 할 때 효과성비용(effectiveness cost)[20]이 발생한다는 것을 염두에 두어야 할 것이다. 관료들이 성공적으로 업무를 수행하는 데 지장을 초래할 정도로 부당하게 통제하는 경우는 바람직하지 않다. 따라서 통제기관들이 행정 관료를 통제하려 할 때 부작용이 발생하지 않도록 고려해야 할 것이다.

관료를 통제할 때 역시 집행비용(enforcement cost)을 고려해야만 한다. 관료들에게 어떠한 방법으로 업무를 집행하도록 명령을 하나 상황이 변하였기 때문에 이미 존재하고 있는 절차, 규정, 그리고 법 자체가 현실 문제를 처리하는 데 적절하지 못한 경우가 있다. 그러한 경우에라도 관료들로 하여금 명령에 복종하게 하기 위하여 통제하는 방법들은 집행비용을 초래할 수 있다.[21] 그 결과 발생할 수 있는 부작용은 관료들의 사기저하, 목적과 수단의 대치현상, 혹은 관료들이 통제기관들의 명령이 업무를 집행하는 데 방해된다고 믿을 때 그 명령에 저항하거나 혹은 회피하려는 현상들이 나타난다.

만약 관료들이 사기가 저하되고, 왜곡된 행동을 하고, 그리고 책임을 무시하고, 관료들이 자신들의 책임을 포기하게 된다면 자연히 최고관료의 강제적인 통제(enforcement of constraints)를 초래할 것이다. 그러나 강압적인 통제는 행정기관에게 관료제의 효과성비용을 더욱 가중시킬 위험이 따른다. 물론 권력을 남용할 수 있는 행정을 통제한다는 것은 바람직하지만 통제의 효과성비용과 집행비용을 고려하는 것이 더욱 중요할 것이다.

행정을 통제한다는 것은 관료의 권력남용을 통제하는 것이지 관료제의 바람직한 성장을 저해해서는 안 된다. 행정이 팽창하고 성장한다면, 행정을 통제하기 어려워지고 행정이 권력을 장악하는 데 유리하기 때문에 행정이 독주할 가능성이 두려운 것이지 행정의 성장을 저해해서는 안 된다. 행정의 성장은 국가의 번영을 가져올 수 있고, 민주주의 발전을 가져오는 데 행정의 성장은 필수적

20 Gruber, *op. cit.*, pp. 62–63.
21 *Ibid.*, pp. 63–68.

인 조건이다. 행정의 성장은 그만한 이유가 있으며, 행정의 권력남용을 저지할 수 있는 행정의 성장은 최선의 방법이라 할 수 있다. 인간의 신체 일부분이 성장한다고 이를 막는 것은 신체의 균형적인 발전을 저해하는 것과 같이 관료의 발전과 성장을 저해하는 것은 사회의 성장을 저해하는 것과 같은 논리다. 결론적으로 관료의 성장을 저해하지 않으면서 이에 걸맞게 행정을 통제하는 방안을 찾는 것이 본 저서의 목적이다.

제2절 본 저서의 목적

20세기 초부터 행정 관료들의 권한이 비대하고 팽창되어 감에 따라 행정의 권력남용 문제를 우려하는 학자들의 논문들이 발표되었으며 특히 20세기 중반부터는 개발도상 국가들의 행정주도화 현상들이 심각한 문제로 야기되었다.

절대적인 권력은 절대적으로 부패한다고 하는 Acton 경의 말과 같이 절대적인 권력을 장악한 개발도상 국가들의 독재는 자연히 부패하여 쿠데타, 폭동, 데모 등을 유도하였다. 그 결과 20세기 말 개발도상 국가들이 전복되거나 민주국가에서 공산화되는 사례들이 종종 발생했다. 이러한 전환현상은 미·소 간의 냉전체제하에선 중요한 국제적 이슈였었다. 이 당시 미국에서는 세계 도처에 산재되어 있는 개발도상국가의 발전을 위하여 경제원조 및 군사원조를 무상으로 제공하였고 많은 비교행정학자들이 파견되어 이 나라들의 발전을 위한 발전행정 분야에 관심을 갖고 연구하였다. 미국의 행정학자들은 개발 도상국가들의 발전을 도왔으나 결국 이 나라들의 부패와 독재를 제어하고 민주화를 발전하는 데 역부족이었던 것을 인정하였다. 1970년 중반 비교행정학회에서 이러한 사태발생을 반성하는 많은 연구 논문들을 발표하기에 이르렀다. 그러한 결과 비교행정학회는 존속할 의미가 없다는 비난을 받게 되는 수난을 겪으면서 Ford Foundation의 지원은 중단되어 결국에는 1973년에 비교행정학회는 해체되었다. 비교행정학자인 Loveman과 Lapalombara는 미국이 민주주의에 대한 철학을 수출하지 않았고 단지 민주주의를 위한 know－how만 수출한 결과 이 국가들의 민주화를 발전하지 못하였다고 반성하였다. 민주주의는 상호 존중하는 가운데 발전하는 것이지, 단지 선거를 한다고 해서 민주주의가 달성된다고 믿는 것은 어리석은 것이다. 예를 들어 어떠한 선거를 하는지를 검토해 보는 것은 중요하다.

물론 늦은 감이 있지만 비교행정학회에서는 1960년 말부터 1970년 초까지 개발도상국가들의 발전보다는 민주화를 위해 균형정부 및 행정권력 남용에 대한 통제 연구를 계속하였으나 이미 비교행정학회를 비난하는 방향을 전환하지는 못했다. 실제로 오늘날 모든 정부, 즉 후진국, 개발도상국, 그리고 선진국을 포함해서 행정이 권력을 장악하지 않은 국가는 찾기 힘들 것이다. 그러나 아무리 행정이 권력을 장악했다고 하더라도 행정 권력을 남용하기 어렵게 하는 그 나라의 정치, 행정, 사회, 그리고 경제문화가 조성되어 있다는 사실을 비교행정학회는 파악했어야 했다. 본 연구는 비교행정학회가 해체될 만큼 중요한 계기를 분석하면서 행정의 권력남용을 감소시킬 수 있는 방법을 찾으려고 연구를 시작했다. 왜냐하면 행정학이 학문으로 발전하기 위해 비교행정학회의 존속이 필요하다고 저자는 믿기 때문이다. 1947년 Robert Dahl은 행정학의 과학화란 논문에서 학문의 이론을 만들기 위해 세 가지 조건을 언급하였는데 이들은 행태주의, 비교, 그리고 일반이론을 제시했다. 이와 같이 비교를 거치지 않은 이론은 만들어질 수 없을 것이다.

현대사회가 가속적으로 변화하고 복잡화됨에 따라 관료제의 환경은 불확실성이 증대하고 있으며, 이 불확실성은 더 많은 효과성비용 및 집행비용을 요구하게 한다. 그러나 외부 통제기관들이 관료들의 목적을 성공적으로 달성할 수 있도록 구체적으로 관료의 행위를 통제하는 방안을 제시할 수 있다면 집행비용을 줄일 수 있다. 그러나 이러한 집행비용을 줄이는 전략이 지나치게 구체화되는 경우에 자율성과 융통성을 저해하여 오히려 효과성비용이 상대적으로 증가할 위험이 높아질 수도 있다. 실제로 관료의 외부 행정적 및 정치적 환경은 예측할 수 없을 정도로 급속히 변화하기 때문에 집행을 위한 능률적인 방안을 구체적으로 수립한다는 것은 보장하기 어려운 문제일 것이다. 그러므로 관료들이 공공정책을 효과적으로 달성할 수 있는 관료의 능력과 민주적인 통제라고 지칭하는 외부통제기관들의 통제 간에 갈등이 발생할 수 있다는 것을 쉽게 가정할 수 있다. 이러한 갈등은 바람직하지도 않으며 정책실현의 혼선을 초래할 것이다.

그 외에도 외부통제기관들이 행정을 통제하려 할 때, 행정기관이 다른 행정기관이나 정치체제 및 집단들과 서로 광범위한 연계를 가지고 있거나 동맹관계를 구성하고 있을 때, 다른 외부통제기관들이 동맹관계를 구성하고 있는 행정기관을 통제하는 것이 더욱 어려워질 수 있다. 이들 행정기관을 통제하기 위해서 동맹관계를 가지고 있는 이익집단이나 다른 행정기관 및 의회의 관련 상임위원장과 마찰을 각오해야 되기 때문이다.

뿐만 아니라 서로 다른 외부통제기관들이 정책목표에 대하여 서로 다른 시각을 가지고 있는 경우에는 행정을 효과적으로 통제하는 것이 불가능하며 오히려 행정기관의 효과성문제에 부정적인 영향을 미칠 것이다. 예를 들어 대통령의 의견과 의회의 주장이 다를 경우 행정기관들은 어떤 의견을 따라야 하는지 난감해 질 수 있다.

따라서 효과성 비용이나 집행비용을 지불하지 않고서도 관료제의 책임성을 확보하기 위해 관료를 통제할 수 있는 방안은 무엇인가? 관료제에 대한 외부통제기관들의 정치적 통제가 관료들의 자율통제에 어떠한 영향을 미칠 것인가? 관료제나 외부정치체제에 서로 갈등이나 장애를 가져오지 않으면서 통제의 목적을 달성할 수 있는 방안은 있는가? 과거의 통제방안들을 검토하면서 어떤 통제방식도 그 자체의 단점이나 한계를 지니고 있다는 것을 쉽게 발견할 수 있다. 이러한 통제는 바람직하지 않다. 이러한 단점이나 한계를 극복하는 방안은 무엇인가?

치료행위가 본래의 병보다 더 많은 손상을 입히는 경우가 종종 있듯이 통제방법을 잘못 선택하면 득보다 실이 많은 경우가 있으므로 통제방법을 선택할 때 신중을 기할 필요가 있다. 예를 들면 행정부와 입법부의 견해에 차이가 있을 때, 서로 엇갈린 통제로 인하여 관료들이 혼란에 빠질 수 있기 때문에 정부 관료제를 통제하는 데 대통령과 입법부 간의 견해 차이를 어떻게 조정할 수 있을까가 우선 고려되어야 할 근본적인 문제이다.

실제로 어떤 학자들의 의견에 의하면 오늘날 행정의 전반적인 연구경향이 사회의 목적 실현을 위한 가장 능률적이고 합리적인 집행방법이 무엇인가에 관한 연구가 학계에서 오랫동안 지속되어 왔지만 오늘날 권력이 팽창되고 남용되는 관료제에 대한 통제연구로 불가피하게 전환되고 있는 것을 보아 행정통제의 중요성을 이해할 만하다. 이러한 전환은 학문의 연구주제가 그 시대의 가치관의 반영이란 것을 감안한다면 학문의 흐름을 쉽게 판단할 수 있을 것이다. 실제로 모든 행정학이 행정통제란 관문을 통하지 않은 영역은 없다. 다시 말하여 행정학의 연구 주제를 고려할 때, 관료들의 권력이 팽창하여 권력의 남용을 우려하게 됨으로써 행정통제가 연구의 주요한 대상으로 발전하였듯이 행정의 비능률, 비합리성, 비민주성, 사기 저하, 등등이 발생한다면 행정학은 또다시 이들을 통제하는 연구가 잇따라 진행된 것을 보아도 행정학은 행정통제의 관문을 통과하지 않은 영역이 없다는 것을 발견할 수 있다.

Gortner의 지적처럼, "우리가 직면한 문제는 관료제의 책임성 및 부응성과 관료제의 통제 간에 존재하는 차이를 정의하는 것이다."[22] 특히 사회가 복잡해지고 과학화됨에 따라 행정주도국가화 경향이 불가피하게 지속될 것이란 주장을 동의한다면, 행정학은 관료의 권력과 업무영역의 팽창을 자연현상으로 이해하고 이와 병행할 수 있는 효율적인 행정 통제방안을 모색하는 노력을 하는 것이 현실적인 문제가 될 것이다.

인구가 증가하고, 사회가 복잡해 짐에 따라 관료제의 팽창을 대체할 수 있는 방법 없이 관료제의 성장을 막는다면 오히려 국민의 욕구를 충족시킬 수 없는 부작용을 초래하게 될 것이다. 다른 말로 표현한다면 관료제의 책임성을 증진하려 한다면 관료의 자율성이 어느 정도 보장되어야 하는데 엄격한 규정으로 통제한다면 관료의 효과성을 보장하지 못할 것이다. 반면에 관료의 능률성을 보장하기 위하여 통제를 약화시킨다면 권력남용을 초래하는 위험이 있다. 그래서 이들 간에 적절한 정의가 필요할 것으로 보인다.

따라서 본 저서의 목적은 행정을 통제함으로써 발생할 수 있는 우리의 우려를 해소하는 데 주안점을 두고 시작했다. 간단히 예를 든다면, 행정통제가 행정의 책임성을 증진하는 데 방해가 된다면 이것은 우리가 원하는 통제방안이 아니며 행정의 성장을 촉진하면서 정치체제들이 서로 보완하면서 스스로 통제할 수 있는 방안을 찾아야 한다. 또한 행정을 통제할 때 발생하는 집행비용과 효과성비용을 지불하지 않더라도 행정의 효율성을 증진하고 통제의 목적을 달성하고 통제하는 통제방안을 찾는 것이 진정한 행정 통제방안이란 것을 본 저서에서는 주장하고 있다. 외부 통제기관들의 부적절한 통제와 이들 간의 이견과 충돌이 행정통제의 혼란을 자아내며, 오히려 관료제의 권력남용을 더 부추길 수 있다. 실제로 행정통제 방안이 행정의 권력남용만을 통제하는 것뿐만 아니라 외부통제기관들의 부적절한 통제를 시정하고, 그리고 자주 발생할 수 있는 외부통제

22 Harold F. Gortner, *Administration in the Public Sector* (New York: John Wiley & Sons, 1977), p. 76.

기관들 간의 이견을 감소하여 통제하는 것이 바람직한 통제 방안이라고 본 저서에서 주장하고 있다.

이를 위해서 본 저서는 관료제의 내부민주통제체제모델을 제안했으며, 이 모델의 목적은 관료제를 스스로 통제하게 하여 관료의 권한남용을 줄이고, 그리고 외부통제기관들이 스스로 자신들을 통제하도록 외부통제기관들을 활성화하여 더 나은 내부민주통제 방안을 모색하는 것이다. 특히 이 모델은 관료제와 외부통제기관들의 상호작용에 관심을 가지고 상호 통제하는 가운데 더 나은 통제 방안이 발견될 수 있다는 논리를 발전시켰다. 이 모델의 근본적인 명제는 한 쪽의 민주화는 다른 쪽의 민주화를 이끌어 낼 수 있다는 논리를 적용했다. 다시 말하여 관료제의 민주화는 더 나아가 상호작용하는 외부통제기관들의 민주화를 이끌어 낼 수 있다는 논리에 관심을 두었다.

다시 강조하건데 관료제를 통제하려고 발전한 내부민주통제체제모델이 관료제와 상호작용하는 외부통제체제들의 내부에 민주통제체제모델을 이끌어내고, 그리고 관료제와 외부통제기관들이 서로 상호작용함으로써 더 나은 내부민주통제모델을 발전시키게 되므로 자연히 정부통제가 이루어진다는 논리이다.

1940년대 이래로 통제이론의 주축을 형성하였던 Finer와 Friedrich는 관료제의 책임성 확보를 위하여 외부통제 방안과 내부통제 방안을 각각 제시하였으나 행정통제 방안으로선 충분치 않았다고 본다. 이 모델들이 간과한 것은 행정기관이나 외부통제기관들이 진공 속에서 존재한 것이 아니라 이들 간의 상호작용하고 있다는 사실에는 관심을 두지 않았다. 그 결과 서로 자신들의 주장이 옳다는 장점은 볼 수 있어도 단점을 볼 수 없다. 더욱이 Friedrich나 Finer의 통제방안들이 서로 상호작용하고 있다는 사실을 간과하였기 때문에 이들의 통제방안들이 서로 상호작용하는 가운데 더 나은 통제방안을 모색할 수 있는 가능성엔 관심을 두지 않았다는 사실이다.

더욱이 신속하게 변화하는 현대사회에서 능률을 추구하려는 전통적인 통제이론을 가지고 관료제를 적절히 통제한다는 것은 어려운 일이 될 것이며, 또한 사회 가치관의 다양한 변화 가운데 행정의 권력남용현상을 파악하는 데에도 한계가 있을 것이다.

그러한 복잡한 변화를 해결하는 데 현대사회는 팽창하고 있는 복잡한 관료제를 통제하기 위하여 내부적·자율적 통제에 의존하고 있는 것으로 많은 학자들이 동의하고 있는 것은 사실이다.

따라서 본 저서에서 내부 민주통제모델을 제시하여 내부적·자율적 통제의 장점을 발전시키고 Finer가 우려하는 내부통제의 단점을 보완하려 하였다.

특히 이 모델은 사후(ex post facto)에 권력남용의 사실을 개선하는 사후통제가 아니라, 미리 발생하기 전에 남용을 방지할 수 있다는 면에서 가장 비용이 적게 드는 사전통제 방안이라는 데 특색이 있다. 다시 말하여 내부 민주통제모델은 관료제 내에서 상호견제를 촉진함으로써 내부의 민주통제모델을 발전시킬 수 있을 뿐만 아니라, 상호작용하는 외부통제체제 기관에 내부민주통제모델을 투입하여 외부통제기관 내부의 민주화를 촉진함으로 외부통제기관의 내부민주통제모델도 발전시킬 수 있다는 장점을 본 저서에서 밝히고자한다. 이는 다시 행정 관료제에 투입하여 관료제의 내부민주통제모델을 더욱 발전시킬 수 있다는 순환논리를 활용하였으며, 이 순환논리는 한 쪽의 민주화는 다른 쪽으로 확산하여 다른 쪽의 민주화를 발전시킨다는 명제에 근거하고 있다.

반면에 이 모델을 적용하는 데 따르는 어려운 점은 비효율적이고 폐쇄적인 외부통제기관들은 관료제의 내부민주통제체제의 투입과 발달을 방해할 수 있다는 것이다. 그러나 한 쪽의 개방화는 다른 쪽의 개방화를 발전시킬 수 있으며, 외부통제기관들의 폐쇄성은 지속하기 어려울 것이다.

또한 외부통제기관들의 행정에 대한 지나친 통제는 관료의 권력남용을 막는 중요한 대안이 되기도 하지만 오히려 부적절하게 자유재량과 유연성을 제한할 수 있는 것으로 볼 수 있다. 더욱 주의를 요하는 문제는 외부의 공식적 또는 비공식적 통제의 증가는 관료조직의 계층제에 의한 통제를 강화할 수 있다는 점이다.

따라서 외부통제기관의 개방화는 내부민주통제체제를 발전하는 데 필수적이며 관료제의 내부민주통제도 활성화시켜준다는 장점을 가지고 있다. 외부통제가 관료제를 효과적으로 견제하지 못하고 이들의 통제가 치유하고자 의도했던 병보다 오히려 손상을 입히는 결과로 나타날 수 있음을 감안할 때 관료제나 외부통제기관들의 내부민주통제 메커니즘의 중요성이 본 저서에서 심도 있게 논의될 것이다.

특히 행정 통제를 연구하는 데 항상 관심을 두어야 하는 문제는 하나의 통제가 또 다른 통제를 낳는다는, 즉 통제가 또 다른 통제의 필요성을 발생시키는 통제의 악순환(vicious cycle of control)의 가능성을 어떻게 제거하느냐이다. 물론 같은 논리이지만 Crozier가 프랑스의 조폐공장을 행태적 접근방법으로 연구하면서 발견한 이론은 관료제가 고칠 수 없는 병으로 규율의 악순환이론, 권력의 악순환이론 혹은 권위의 악순환이론이었다. 이러한 악순환이론을 제거하기 위해 내부민주통제체제의 논리를 적용한다면 악순환이론을 근본적으로 치유할 수 있는 방안을 발견하게 될 것이라고 본다. 일반적으로 악순환이론은 한 쪽이 다른 쪽을 압도하기 위해 더 강한 규율, 더 강한 권력, 혹은 더 높은 권위를 확보하려는 경쟁 가운데 발생한다. 그러나 한 쪽의 민주화는 다른 쪽의 민주화를 낳을 수 있는 내부민주통제모델을 도입함으로써 악순환의 고리를 끝을 수 있을 것이다.

마지막으로 본 저서는 내부민주통제모형을 도입함으로써 결국 균형정부를 가져오기 위한 대안적 모형을 제시한다. 왜냐하면 균형정부는 행정권의 팽창을 초래하는 행정주도국가를 면할 수 있기 때문이다. 이를 위해 두 변수(dimensions)인 민주적(개방체제: open system)과 비민주적(폐쇄체제: close system)을 기준으로 정부형태를 4가지 정체(polity)로 분류(typology)하고, 이를 통해 비균형정부에서 균형정부(외부통제기관들과 관료제가 견제와 균형을 이루는 정부)로 발전하는 전략을 모색하고자 하였다.

외부통제기관과 관료제와의 상호작용을 고려하면서 정체를 비교할 수 있는 체계적이고 포괄적인 연역적 방법은 지금까지 기존연구에서 이루어지지 않았다는 점에서 더욱 의의가 있다고 본다. 그러나 비교연구가 본 저서의 주된 목적은 아니고, 4가지 분류 가운데 하나에 속하는 어떤 국가의 관료체제가 어떻게 균형잡힌 정체(balanced polity)로 발전해 갈 수 있을까 하는 점을 검토하는 것이 본 저서의 또 다른 주된 목적이다.

이 연구의 중요한 가치는 관료제에 대한 내부통제와 외부통제 간의 상호균형을 가져오기 위한 기존연구가 거의 없기 때문에 본 저서가 관료제와 외부정치체제와의 상호작용에 연구의 초점을 두고 있다는 점이다. 실제로 관료제와 외부정치체제와의 상호작용을 고려하지 않고는 균형이 잘 잡힌 민주적으로 통제된 관료제를 구축하는 것이 불가능하기 때문이다.

제2장

관료제의 책임성과 책무성

제2장

관료제의 책임성과 책무성

실제로 본 저서의 실질적인 첫 장에서 관료의 책임성과 책무성을 논하는 이유가 있다. 관료의 권력이 계속 팽창함에 따라 관료들의 권한은 확대되고 있으므로 자연히 관료들의 책임성과 책무성을 확보하는 문제가 심각히 부각되고 있다. 실제로 관료에게 책임성과 책무성을 묻기 위해선 책임성과 책무성의 개념을 파악하는 것이 무엇보다 중요하다. 그러나 사회의 변화에 따라 책임성과 책무성의 개념도 변하여 왔기 때문에 이들의 개념을 정확히 정의한다는 것은 어려울 것이다. 그럼에도 불구하고 만약 이들의 정의를 좀 더 구체적으로 제시하여 주지 못할 경우 책임을 져야 할 관료들이 다양한 이유를 말하면서 책임을 모면하려는 상황이 발생할 수도 있다. 따라서 관료들의 건전한 책임성과 책무성을 확보하는 데 많은 어려움이 발생할 것이기 때문에 이들의 개념들을 좀 더 자세히 논하고자 하였다.

민주주의 국가에서 모든 행정은 국가와 국민의 이익을 위하여 수행되어야 하며, 모든 관료는 국민을 위하여 봉사하여야 하는 의무를 가지게 되고, 행정의 결과에 대하여 국민에게 책임을 지게 되는 것이다. 행정책임이란 행정인이 맡은 바 역할 또는 직무를 수행하는 데 있어서 일정한 행위규범에 따라 행위해야 할 의무 또는 다른 의미로 법률과 윤리규범에 따라 행위해야 할 의무로 집약된다. 이러한 행정책임은 법적, 공식적 의미로 사용되는 책무성과 구별된다.

행정학자들이 관료들을 평가하는 데 사용하는 가장 중요한 개념 중의 하나는 책임성이다. 그러나 이 개념은 학자들마다 다른 견해가 있으며, 때로는 책무성과도 정확히 구별하지 않고 사용하는 경향이 있다. 그러므로 본 저서에서는 책임성에 대한 학자들의 다양한 개념정의를 소개하고, 이와 유사한 개념들의 관계와 변화에 대하여 논하고자 한다.

행정책임성은 행정역할의 윤리를 발전시켜 나가는 데 매우 중요한 개념이다. 그래서 Fredrich Mosher는 책임성은 그것이 공공행정이든 사 행정이든 관계없이 모든 행정에 있어서 가장 중요한 개념이라고 주장하였다. 그러나 이러한 중요성에도 불구하고 매우 모호한 개념이라는 지적을 피하기는 어려울 것이다.

행정의 책임성과 책무성에 대한 정치적·법적·행정적 고민들은 주로 통치자와 피통치자 사이에 통제와 권한 간의 균형을 달성하는 논쟁이었다. 다시 말하여 누가 더 책임성을 갖고 누가 더 책무성을 갖느냐의 투쟁은 지속되어 오고 있다. 왜냐하면 많은 권한과 적은 통제는 부패와 권력남용을 가져왔고, 많은 통제와 적은 신뢰는 오히려 정부를 무능하게 만들고, 융통성을 저해하였으며, 이러한 이유는 책임성보다 책무성이 더 강해지기 때문이다. 불행하게도 현대정부에 이르기까지 이 통제와 권한의 균형을 가져오기 위한 투쟁에서 유리한 위치를 점해 온 쪽은 대략 통치자들이었다. 그 결과 세계는 책임성과 책무성의 균형을 가져오기 위한 투쟁의 역사를 이어오고 있다. 다시 말하여 Spiro가 말하듯이 지나친 자유를 의미하는 지나친 원심력과 경직된 법과 통제를 의미하는 지나친 구심력의 균형을 이룬 정부가 가장 좋은 정부라고 할 수 있다.

제2차 세계대전 이래 선진국이나 후진국을 막론하고 정부의 활동들이 급격히 증가하고 있다. 특히 국민의 요구에 부응하고 사회의 악을 치유하기 위하여 정부는 국민생활에 깊숙이 개입하게 됨에 따라 정부의 권력은 더욱 팽창하게 되었다. 뿐만 아니라, 현대국가의 복잡성과 다양성은 정부의 권력을 한층 더 증가시켜 주는 결과를 가져오고 있다. 따라서 사회의 집단 요구를 만족시키는 것은 물론 사회생활의 거의 모든 영역에서 정부의 영향력이 미치게 되었다.

이러한 결과 사회는 행정 중심적으로 되어 가기에 많은 권력이 자연히 각료나 관료에게 집중되고 있는 불가피한 상황에 직면하고 있다. 좀 더 구체적으로 말한다면, 관료들은 사회정의를 실현하여야 하고, 공공정책을 통해 사회변화를 주도하면서 위기관리를 한다든지, 공직자, 공공관계 전문가, 그리고 경제 및 은행의 규제자 등과 같은 광범위한 역할을 피할 수 없게 되었다. 물론 이러한 역할은 법과 질서를 유지하고, 교육·사회복지와 보건 프로그램을 관리한다든지, 혹은 교통·대중매체 및 문화에 관련된 정책을 수립하는 정부의 전통적인 역할과는 질적으로 성질이 다른 것들이다.

따라서 관료들이 지나치게 많은 권력을 행사하게 되어 대중들의 우려를 자아내었고 견제의 필요성을 느끼게 되었다. 실제로 증가일로에 있는 권력의 남용 사건도 이러한 견제의 심리를 더욱 자극하고 있다.

관료들은 그들이 행사하는 공권력에 대하여 책임성과 책무성을 져야 한다. 따라서 오늘날 국가의 주요한 관심은 관료들에게 자신들의 권력행위에 대해 어떻게 책임을 지도록 할 것이며, 그들의 책무성을 어떻게 보장하는가에 모아지고 있다.

종종 상호 교환적으로 사용하는 개념들이지만 '책임성'(responsibility), '책무성'(accountability) 그리고 '의무'(liability) 등의 개념이 공직사회를 언급할 때 많이 거론되고 있다. 이 개념들의 전통적인 설명은 설명한 것을 간단히 다음과 같다.

책임성이란 "행위를 하는 권한, 통제하기 위한 권력, 옳고 그름을 판단하려할 때 합리성·신뢰성·일관성을 갖추고 행위를 스스로 하는 능력을 소유한 것"을 의미한다.

책무성이란 "자신들의 행위에 대하여 해명하고, 보고하고, 설명하고, 이유를 제기하고, 외부의 판단에 순응하는 것"을 의미한다.

의무란 "지시를 받은 책임을 성공적으로 달성하고, 옳지 못한 판단을 원상복귀시키고 보상하는 의무를 맡는 것"이다.

관료의 행동에서 이 세 가지 개념이 골고루 조화를 이루는 것이 대단히 바람직하다. 공공의 이름하에 달성하는 모든 행위에 대하여 책무성(accountability)을 가진 공직자는 그들이 공직에 있는 동안 달성하였거나, 혹은 실패하였던 모든 것에 대하여 외부의 정치체제에 해명해야 할 의무가 있다. 또한 내적으로나 외적으로 잘못 판단한 행위에 대하여 법적으로 혹은 도덕적으로 시정하고 보상할 의무가 있다.

위의 세 가지 중에서 어느 한 가지라도 공직자들이 지키지 못할 때 대중은 행정기관의 행위에 대하여 만족하지 못할 것이다. 이 두 개념의 정의를 밝혀 보는 중요한 이유는 관료들이 정책을 실패하였을 경우나 권력을 남용하여 발생한 실책에 대하여 그 책임이나 책무의 소재를 분명히 밝혀 그에 걸맞는 제제를 가해야 되기 때문이다. 만약 부당한 제제나 형벌이 주어질 경우 본인에게는 물론 행정 발전에 장애를 가져올 수 있다. 예를 들어 관료들이 사건 발생에 기여하지 않았는데도 불구하고 부당하게 책임을 지고 해고되었다면 어느 관료가 소신과 신념을 가지고 공공정책을 수행할 수 있겠는가? 자연히 관료들은 무사안일주의에 빠져 오직 아무 일도 발생하지 않는데만 급급할 것이다.

책임의 소재를 분명히 밝히는 미국의 경우 장관들은 대통령의 임기와 거의 같이 가기 때문에 장기적 정책의 수립과 일관성이 지켜지기 용이하다. 그러나 우리나라의 경우는 장관들이 애매한 책임을 지고 물러나는 경우가 많아 항시 정책은 수립단계를 넘지 못하는 상황이다. 예를 들면, 놀라운 점은 장관이 자주 바뀔 때마다 전 장관의 정책을 백지화하고 본인이 공을 세우기 위한 새로운 정책을 제안하고 얼마 못 가 교체되는 경우 자연히 정책의 수립단계를 넘어서기는 쉽지 않을 것이다. 전 장관이 재직하는 동안 제안한 정책이 국가와 사회에 기여하는 바가 크다면 지속적으로 실현하는 것이 마땅하다. 그러나 그 정책을 백지화하지 않는다면 그 정책실현으로 발생한 공적은 자연히 그 정책을 처음에 제안한 전 장관에게 돌아가기 때문에 자신의 공적을 위해 백지화시키고 다른 새로운 자신의 정책을 제안하는 현상은 임기가 있는 어느 조직에서나 흔히 볼 수 있는 예들이다. 정책을 제안하는 사람이나 정책을 실현하는 사람이 같은 명예나 공적을 누릴 수 있다면 행정 발전에 크게 공헌하리라 본다.

따라서 이 장에서는 책임성과 책무성에 대한 개념을 정의하고 이들 간의 차이를 구별하는 것은 관료들의 행위에 대한 실책을 묻는 데 커다란 의미가 있을 것이다.

제1절 책임성(Responsibility)의 개념

오늘날 행정의 기능이 확대되고 행정권이 강화되어 행정인들이 많은 재량권을 갖게 되면서 권력남용에 대한 우려가 늘어나고 있다. 이 재량권이 공익목적에 적합한 것인지를 판단하는 재량이며, 그 재량을 그르친 행위는 원칙적으로 부당행위가 되는데 법원의 심사대상이 되거나 징계 등 통제의 대상이 된다.

행정 책임성의 문제가 중요하게 발생되는 이유는 행정특성상 재량성의 필요성이 인정되거나 불가피하게 확대되는 경향이 있으므로 국민의 권익보호 측면에서 유용하고도 적절한 행정행위기준의 설정과 자율적인 통제가 더욱 요구되기 때문이다.

1. 세 학자들의 견해

본 절에서 논하려 하는 것은 주로 관료 혹은 공직자의 책임성에 관한 것이다. 책임성의 개념을 정리하기 위해 세 학자들의 예를 들었다. 오늘날 본 연구의 주제가 중요해 짐에 따라 더 많은 학자들의 연구를 참고하려 하였지만 다양한 연구를 발견하지 못한 것은 저자도 놀라웠다. 정의론 분야의 세계적 학자인 Michael Sandel이 정의의 개념에 다각적인 방향에서 설명해 주듯이 책임성에 대한 심도 있는 논의가 있었으면 한다.

계약에 따른 의무를 지고 있다고 하여, 모든 관료가 책임성을 가졌다고 볼 수 있는 것은 아니다.[1] 의무와 책임성 간의 차이는 전자가 의무만을 부과하는 것이라면 후자는 의무와 더불어 그에 상응하는 권력, 즉 결정권을 부여하는 것이라는 점이다.[2]

만약 내가 관료에게 "이것을 하시오" 하고 명령을 하였다면 나는 그에게 책임을 맡긴 것이 아니라 단지 의무만을 준 것이다. 그러나 내가 그에게 목적을 달성하기 위하여 관료에게 어떤 것이든지 최상의 방법을 택하는 데 자율적으로 판단할 수 있는 권한을 주었다면 나는 그 관료에게 책임성을 주고 있다고 말할 수 있다. 그러나 이때 관료가 부여받은 권력은 단순한 권력이 아니라 그 목적과 관련된 권력을 의미한다.

다른 말로 표현하자면 관료가 주어진 의무를 수행하기 위하여 자유재량을 활용할 수 있도록 최소한의 권력이 주어지는 것을 말한다. 관료에게 부여하는 권력은 의무가 확대되지 않더라도 늘어날 수 있지만, 의무는 그 의무를 수행하는 최소한의 권력을 확대하지 않고는 늘어날 수 없다.

책임성을 확보하기 위해서는 의무 및 권력 이외에도 책무성이 요구된다. 그래서 책임성과 책무성은 서로 상호보완관계가 있다는 것이다. 책무성은 다음 절에서 자세히 논하기 때문에 여기서는 간단히 언급할 것이다. 책무성은 주어진 책임성을 수행하거나 책임으로부터의 이탈을 방지하여 주는 역할을 한다. 다시 말하여 법과 질서가 확립된 사회일수록 관료들이 상식에서 벗어난 자유재량을

---

1 H. F. Summers, "The Idea of Responsibility in Government," *Public Administration*, vol. XXXVIII (Summer 1950), p. 97. Prize Winning Essay in Haldane Competition for 1949.

2 *Ibid.*, p. 97.

행사하지 않을 것이다. 그러나 책임을 물을 때는 책임을 수행하기 위한 결정권 혹은 필요한 자원이 이미 주어졌기 때문에 행위의 결과에 대하여 원인을 요구할 수 있다.

1) Cooper

그는 책임성은 행위와 행위자 간의 인과관계를 의미하는 개념이며, 그렇기 때문에 행위와 행위자의 내부의 가치판단을 적용한다고 한다.[3] 그는 객관적 책임성을 법, 조직, 사회적 요구 등으로 설명하고, 주관적 책임성을 충성, 양심, 일체화와 같은 경험으로 말하고 있다.[4] 그리고 다른 학자들이 책무성으로 부르는 개념을 그는 객관적 책임성으로 명명하고 일반적인 책임성 개념을 주관적 책임성으로 규정하고 있는 것이다. 따라서 Cooper의 주관적 책임성은 행위의 근원이 상관이나 법에 의하기보다는 내부의 동기에 의하여 기인하는 것으로 보고 있다. 그러므로 다른 학자들이 책임성이라고 부르는 것을 그는 주관적 책임성이라고 부르는 것이 다르다.

2) Pennock

Pennock는 책임성이 두 가지 의미를 가지고 있다고 설명한다.[5]

첫째, 책임성이 그의 행위에 대하여 어느 누구에게 책임을 진다는 의미로 사용할 때는 책무성이라고 한다. 예를 들어 선거에 의하여 탄생한 정부는 제한된 시간 내에 국민에게 책무성을 진다. 장관은 국회의 동의를 받았기 때문에 장관은 국회에 책무성을 지고 있다. 그러나 정부가 국민에게 책무를 진다라는 말로는 충분히 설명했다고 볼 수 없다. 왜냐하면 정부의 기능은 많은 책임 있는 부서로 위임되고, 위임받은 부서는 자신들의 행위 및 잘못에 대하여 위임하여 준 기관에 책무를 져야 하기 때문이다.

둘째, 책임성은 설명력(excitability)이 있어야 한다. 만약 관료가 합리성에 의거해 행동했고, 행위의 목적을 달성하기 위하여 관련된 필요한 정보를 철저히

---

3 Gibson Winter, *Elements for a Social Ethics* (Macmillan, 1966).

4 Cooper, *op. cii.*, p. 41.

5 J. Ronald Pennock, "Responsiveness, Responsibility and Majority Rule," *American Political Science Review* (Sept. 1952), Vol. 46, pp. 796–797.

수집·분석하고, 심사숙고하며, 그리고 정당한 의도를 가지고 행동할 수 있도록 조건이 충족되어진 상태에서 행위를 결정하였다면, 그 관료의 행위는 책임성이 있다고 볼 수 있다. 반면에 충동적이거나 그의 행위에 대한 결과에 충분히 고려하지 않고, 또한 관심도 없이 행위를 하였다면 그 관료의 행위는 무책임하다고 부를 수 있다.

3) Spiro

Spiro는 그의 저서 「*Responsibility in Government: Theory and Practice*」에서 책임성과 책무성개념을 비교적 명확하게 구별하였으며, 더욱이 책임성과 책무성의 상호관계에서도 위의 두 학자들보다 더 설득력 있게 설명했다. 더욱이 Spiro가 제시한 예는 책임성을 보다 잘 이해하는 데 도움을 준다.

Rusk 장관의 재직하는 동안 동남아시아에서 미국의 외교정책이 실패한 것을 예로 들면, 그 실패가 장관의 직접적 행동으로 인한 것일 때는 예외 없이 책임을 져야 한다.

그러나 장관의 직접적 행동이 없었다 하더라도 그에게 실패에 대한 책임을 물을 수 있다고 한다면 이해하기 어려울 것이다. 왜냐하면 Rusk 장관은 당연히 동남아시아에서 미국의 외교정책 방향을 결정하는 데 인과적인 기여를 할 수 있는 위치를 점하고 있기 때문이다. 그럼에도 불구하고 그가 미국의 외교정책에 고의적 혹은 의도적으로 기여를 하지 않았다면 분명히 장관에게 명시적인 인과책임(explicit causal responsibility)이 있다고 볼 수 있다.[6]

명시적인 책임을 맡기기 위해서는 자원, 지식, 선택 및 목적과 같은 4가지의 명시적 구성요소를 충족시켜 주어야 한다.[7] 즉, 정책을 성공적으로 수행하기 위하여 필요한 자원, 그 정책을 이행하는 데 요구되는 관련지식, 전략을 독립적으로 수립할 수 있는 권한 및 정책을 수행하기 위하여 목적을 결정할 수 있는 재량이 주어진 가운데 책임을 떠맡겨야 한다는 것이다. 그러나 위의 4가지 요소 중 어느 하나라도 충족하여 주지 못하였을 때 이러한 상황을 암묵적(implicit)인 인과책임이라고 부른다. 이러한 경우는 책임을 물을 수 있는 정도로 충분한 권

6 Herbert J. Spiro, *Responsibility in Government: Theory and Practice* (Lipton Educational Publishing, Inc., 1969), pp. 15-16.

7 *Ibid.*, p. 16.

한과 자유재량을 주지 못한 상황이다. 이러한 경우 실패할 가능성이 많기 때문에 아무도 책임을 맡으려 하지 않을 것이다. 우리 주변에서 흔히 볼 수 있는 일이다. 예를 들어 대통령이 자신의 비서실장을 임명하려 할 때, 비서실장 후보자는 자신에게 주어진 임무를 달성하기 위하여 적어도 필요한 몇 가지의 조건을 제시하였다고 하자. 만약 대통령이 그가 제시한 조건들을 충족하여 주지 않았다면 그 후보자는 그에게 주어진 임무를 충분히 달성하기 어려울 것이라고 판단하고 비서실장직을 포기할 것을 결정했다. 왜냐하면 그 후보자가 요구한 조건이 충족되지 않은 상황에서 비서실장직을 맡았을 경우 성공적으로 수행한다는 것은 거의 불가능하기 때문이다.

어떤 사람이 책무성이 있다고 말할 때 항상 그렇지는 않지만 그가 그 사건에 인과적인 기여를 하였다고 가정할 수 있다. 예를 들어 "Rusk 국무장관이 20,000명의 미군의 사망에 대하여 책임이 있다"고 한 상원의원이 주장하였다고 하자. 그 상원의원의 주장은 두 가지 의미를 모두 포함하고 있다.

첫째, Rusk는 의회에 대해 책무성을 가지고 있다는 의미이다. 왜냐하면 Rusk는 상부의 지시와 명령을 철저히 따르지 않은 결과 인명의 손실을 가져왔다고 주장할 수 있기 때문이다.

둘째, Rusk가 책임을 이행할 수 있는 충분한 자원, 지식, 권한, 그리고 자유재량을 부여 받았는데도 불구하고 인명의 손실을 가져왔다면, 미군의 사망에 대한 인과적인 기여를 이유로 Rusk에게 책임성을 물을 수 있다는 의미이다.

만약 그 상원의원이 Rusk가 실패에 기여한 정도만큼 정확히 Rusk에게 의회에 대한 책무성을 지게 해야 한다고 주장하였다면, Rusk가 동남아외교정책을 수행하는 데 책임성을 물을 수 있을 정도로 위의 4가지 요소가 충족되어졌고, 그리고 동시에 의회는 Rusk가 외교정책을 수행하는 데 어느 정도 지침이 주어졌다는 것을 의미한다. 이때 Rusk의 외교정책실패에 대해 책무성과 책임성과의 관계나 비율을 따져 보아야 한다. 그러나 그의 책무성과 책임성 간의 관계 및 비율을 찾아낸다는 것은 대단히 어려울 것이다. 이것이 책임성에 대한 정확한 정의를 제시하는 데 혼란을 가지고 있다는 점이다.

민주주의 사회에서는 책임성의 두 가지 측면인 책무성과 인과적인 책임성 간의 공정한 균형을 가져오도록 노력하여야 한다. 이 말은 민주사회를 두 가지 개념으로 설명한 깊은 뜻을 가지고 있다. 예를 든다면, 관료제가 경직될 정도로 책무성에 묶여 있다는 것은 엄격한 법과 규정에 사로잡혀 행정의 능률을 저해할 수 있다는 것을 의미한다. 반면에 관료제가 지나치게 권한과 자유재량을 받을 수 있을 정도로 책임성이 주어졌다면 때로는 지나친 권력을 장악한 관료들이 권력남용을 유발하는 경우도 발생한다는 것이다. 그런 이유 때문에 적절한 책무성과 적절한 책임성이 조화를 이룬 사회가 바람직한 사회일 것이다. 다시 말하여 구심력과 원심력이 조화를 이룬 사회를 의미한다.

명시적이든지 혹은 암시적이든지 Rusk는 그가 행한 정책에 대하여 책무성을 물으려고 한다면 구체적이고 명시적인 책무성을 공표한 연후에 그가 명시적 책무성 조건을 인지하였음에도 불구하고 정책실패를 가져왔다면 그에게 책무성을 물을 수 있을 것이다. 예를 들어 법과 규칙을 어겼을 때 그에 상응하는 벌을 받게 될 것이라고 시민들에게 법과 규칙을 공표한 후 집행하는 것이 일반적인 절차이다.

인과적인 책임성이 책무성과 공정한 균형을 이루고 있을 때 책임성과 책무성이 건전한 상황에 있다고 말할 수 있다.

책임성을 의무로 간주하는 경향이 있다.[8] 그에게 주어진 임무를 달성하기 위해 권한이 위임되어 책무성이 주어지는 경우, 인과적인 책임성을 가지고 임무를 달성하기 위하여 최대한 노력을 하는 것이 그의 의무이다. 동남아시아에서 미국의 외교정책이 실패하였다고 하더라도 Rusk는 반드시 의회에 보고하여야 된다는 것을 이미 알고 있다. 또는 그에게 주어진 임무를 성공적으로 달성하기 위하여 최선을 다하여야 된다는 것을 안다. 이것이 Rusk의 의무로서 책임이다.

만약 화산이 폭발하여 수없이 많은 사람의 생명을 앗아갔고 재산의 손실을 보았다고 하자. 그 사건은 고의적인 것이 아니기 때문에 특정한 개인에게 도덕적인 책임을 묻기는 어렵다. 그러나 한 사람의 성인이 다른 사람을 살해하였다면 그것은 분명히 그 사람의 고의적인 행위이기 때문에 살해행위에 책임을 묻는 것은 마땅하다.

화산과 마찬가지로 사람이 아닌 실체인 국가의 행위에 대하여 국가에 책임을 물어야 되는지 의문을 제기할 수 있다. 국가는 화산과 마찬가지로 사람이 아니지만 분명히 국가의 행위는 국가를 위하여 행동하는 개인들에 의하여 발생한

8 *Ibid.*, p. 18.

행위이기 때문에 책임을 물을 수 있다.

정책에 대하여 국가가 책임을 지는 것은 당연하나 그 이외에도 잘못된 자문에 의하여 불공정하고 잘못된 정책을 초래하였다면 그 정책을 입안한 개인은 해명을 해야 할 책무성(accountability)을 진다. 실제로 윤리적인 문제는 행정가의 책임을 물을 때 중요한 문제로 등장하게 된다. 왜냐하면 비록 행정가가 의사결정을 할 때 윤리적인 문제를 무시한다고 하더라도, 윤리적 문제와 관련되어 있는 것을 볼 수 있기 때문이다. 더욱이 윤리적 책임과 행정적 책임의 구별이 분명하지 않은 경우가 많다.

2. 책임성의 다양한 의미

1) 책임성과 윤리문제

어떠한 사건에 전혀 인과적인 기여를 하지 않았는데 관료에게 책임성을 묻는 것도 윤리적이지 않다. 이미 지적하였듯이 우리가 흔히 볼 수 있는 상황이지만 장관, 경찰청장, 그리고 고위공직자들이 사건이 일어나도록 기여하지 않았는데도 불구하고 해임되었다면 정당하지도 않고 개인에게 윤리적이지도 않다. 불행한 것은 이 관료들이 사고가 없기만 바라는 아주 소극적인 마인드를 가질 수밖에 없다. 책임의 소재를 분명히 밝혀 책임성을 묻는 문화를 조성하는 것이 정치와 행정이 발전하는 데 도움이 될 것이다.

또한 사건에 기여한 정도 이상으로 무거운 책무성을 지게 한다는 것도 공평한 것은 아니다. 합리성이 결여된 법치만능주의 사회도 바람직하지 않기 때문에 합리적이고 상식적인 법제도하에서 적절한 책무성을 지게 하는 것이 바람직하다.

Cooper는 불확실하고 복잡하며 갈등이 내재된 행정문제를 결정하려 할 때 윤리적인 문제가 개입된다고 보고, 윤리를 이해하는 준거 틀을 제시하였다.[9]

9 Terry L. Cooper, *The Responsible Administrator: An Approach to Ethics for the Administrative Role* (National University Publications, Kennikat Press, 1982), pp. 13–26.

① 표현단계(The Expressive Level): 긍정적·부정적 감정의 표현단계.
② 도덕적 규칙의 단계(The Level of Moral Rules): 제기된 문제에 대한 평가는 사실적으로 이루어지지만 기대되는 행동대안의 산출은 대략적으로 도덕적 가이드의 역할을 하는 속담에 의하여 이루어진다(예: 진리는 승리할 것이다. 정직이 최선의 정책이다).
③ 윤리적 분석 단계(The Level of Ethical Analysis): 도덕규칙이나 속담이 실제적으로 비효과적이라고 증명되어 문제해결이 그만큼 어렵고 심오한 경우에 윤리적 원칙을 재평가하지 않을 수 없다. 예를 들어 조직에 충성해야 하는 의무와 공공이익을 지켜야 하는 의무가 충돌하는 상황에서 기본적인 통제원칙인 공공이익에 비중을 둔 상태에서 신중하고 정확하게 행동할 것이 요구된다. 합법적이고 효과적인 문제해결의 기회를 찾을 것이 요구된다. 이때 합리적인 절차가 희생될 수도 있다.
④ 후기 윤리적 단계(The Post-Ethical Level): 윤리적 분석 단계에서 해결하지 못한 경우, 이 단계에서 제기된 가치들에 대한 과감한 판단이 필요하다. 이 단계는 매우 역동적인 단계가 될 수 있으며 새로운 도덕적 규칙을 발견할 수도 있다. 이 단계에서는 윤리적 원칙이 왜 중요한가라는 철학적·종교적 성찰이 이루어지기도 한다.

행정책임을 심도 있게 논의할 때 이러한 윤리 과정을 고려하여야 한다. 우리가 어느 단계에서 고민하며 실천하고 있는지를 파악해야 한다. 그러나 이 단계들은 상당히 유동적이기 때문에 시간의 경과, 사람의 가치 등에 따라 변화하기 쉽다. 무엇이 올바른 행정역할인가를 알기 위해서는 그 사회가 가지고 있는 문화적 관점을 이해하지 않으면 안 된다. 합리적인 문화, 다양성, 상대주의, 다원화의 문화를 가지고 있는 사회에서 중요한 행정윤리가 다른 나라와 다르게 해석될 수 있다는 것을 이해해야 한다.[10]

현대사회에서 행정은 예외 없이 정치적이라는 견해에 의문을 제기하는 사람은 없을 것이다. 정치와 행정을 분리하던 사고는 이미 현실에서는 존재하지 않는다. 이와 같이 현대사회행정의 역할이 정치적이며 관료의 자유재량이 불가피한 것이라면 관료들의 윤리문제는 피할 수 없을 것이다.

2) 정치와 행정의 분리와 통합에 따른 책임성

책임성에 대한 개념은 사회화 과정에서 사람마다 달리 형성될 수도 있다. 고전 행정의 시대 행정의 책임성과 현대사회의 행정책임은 다르다는 것은 행정학도들이라면 이해할 것이다. 사람들의 가치관은 가정, 학교, 종교, 친구, 전문성

10 Cooper, *op. cit*, pp. 27-32.

및 조직으로부터 영향을 받는다. 따라서 책임성의 한계와 범위는 정도의 차이는 있으나 각 사회 문화의 특색에 따라 영향을 받게 마련이다.

현대사회가 복잡하고 전문화됨에 따라 행정은 불가피하게 책임성을 떠맡으면서 행동해야 하는 관료들의 복잡한 입장은 충분히 이해할 만하다. 선진국과 후진국 간의 정치적 책임성(political responsibility)의 개념이 서로 다르다. 예를 들면 선진국에서 책임 있는 행정이란 관료의 중립성, 정부의 책임, 관료의 익명성, 일상적인 일에 대한 부처나 행정기관의 불간섭, 인사정책의 실적주의 원칙 등의 기반에서 고려될 수 있다. 특히 정치가와 행정가 사이의 상호협조나 존중이 서로의 역할을 돕기 위해 고무되고 있다.

선진국의 대중들은 관료의 자유재량은 공평하고 객관적이며, 채용이나 승진에 있어서도 실적제의 활용, 그리고 공공프로그램에서 각료들의 불간섭 등을 믿고 있다. 그러나 후진국에서는 대체적으로 행정 관료를 활용해 사회 및 경제의 발전을 촉진하려 하기 때문에 선진국 행정에서 볼 수 있는 가치들이 방해가 될 수 있다.

우리나라에서도 행정이 주도적으로 경제 발전시킨 것을 보면 사회에서 바라보는 행정에 대한 가치관이 선진국과 후진국이 다를 수 있다.

Weber에서 Wilson, Goodnow, White, Gulick에 이르기까지 행정과 정치가 분리된 이원론시대라고 하는데 이때 행정 관료들의 주요한 임무는 관리하는 것이며 관리는 과학적 원칙을 적용하여 능률성을 달성하는 것이라고 이해되어 왔다. 이러한 원칙은 정치와 행정의 일원론을 주장하는 정치적 · 사회적·문화적 변화에 의하여 쇠퇴하기 시작하였다. 능률성을 강조하는 행정이 한때 공공서비스를 표준화하는 경향이 있으나, 변화가 신속하게 일어나는 21세기엔 과학적 원칙이 공공서비스의 표준화된다는 것이 비현실적인 것으로 인식되기 시작하였으며, 시민들의 다양한 가치관을 충족시키기 위하여 민주성, 형평성, 공정성, 등을 고려하지 않으면 안 된다. 20세기 후반부터 민주주의 가치관이 강화되면서 행정기관과 시민 사이에 새로운 관계가 구축되었으며, 행정기관이 더욱 효과적인 활력기관이 되도록 개방체제로 변화하여야 하고, 환경변화에 민감하여야 된다는 인식이 서서히 뿌리를 내리고 있었다.

때로는 관료의 전문성이 정치인들의 아마추어리즘보다 비교적 더 중요한 가치가 있는 것은 분명하지만, 전문성과 정치 간의 갈등 속에서 정치는 한 나라의 정부를 운영하는 데 전문성 못지않게 중요한 가치임엔 틀림없다.

특히 개발도상국에서 흔히 있는 일이지만, 정치인들은 이익집단의 브로커 역할을 하거나 법 적용에 있어서도 정치적 판단을 개입시킨다든지, 때로는 정부에 유리하게 언론매체를 조작하기도 하고, 자신들에게 충직한 관료들을 임명하기 위하여 정부에 영향력을 행사하든지, 또는 정보를 오용하는 방법을 통해 자신의 이기적 욕망을 충족시킬 수 있는 여러 가지 수단을 지니고 있다. 그러한 환경들은 자연히 관료들의 행태나 태도에 영향을 끼치고 있으며, 그 결과 관료들은 정치인의 권력과 권위 남용의 희생양이 되고 있다. 이러한 분위기하에서는 책임 있고 책무적인 행정이 발전되기 어렵다.

관료제가 내적 및 외적으로 정치적 상호작용이 빈번해짐에 따라 부패, 비능률, 그리고 권력의 남용 등의 가능성은 점차 높아져 갈 것이다. 예를 들어 정당은 행정기관에 부당한 압력을 가하면서 자신들의 이익을 위해 관료들이 공익을 저버리는 행위를 하도록 강요할 수도 있다.

행정기관들 사이의 관계에서도 권력투쟁이 벌어지면서 행정능률을 손상시킬 수 있다. 요즈음 흔히 있는 일로 관료와 이익집단 간의 관계에서 부패의 문제가 심각하게 발생하고 있다. 이익집단은 관료에게 호의를 제공하고 관료는 이익집단의 호의를 보답한다. 공익을 책임져야 할 관료가 이익집단의 호의에 보답하기 위해 직무수행을 왜곡한다면 심각한 책임문제를 불러일으킬 것이다.

책임성은 필연적으로 신뢰가 있고, 자유로운 사회에서 발전할 수 있는 특성을 가지고 있다. 오늘날 다원주의 사회에서는 권력이 개인보다는 집단, 특히 이익집단들에 분산되는 특징이 있다. 개인에게 권력이 분산되어 있는 사회는 더 이상 인정을 받지 못하고 있다. 그 결과 책임성은 개인보다는 집단에게 부과되기 시작했다.

자유로운 사회는 대중들의 신뢰에 의존하여 운영된다. 경찰국가는 신뢰성보다는 공권력에 의존한다. 만약 우리가 어떤 관료를 신뢰할 경우 우리는 그에게 자유재량을 겸한 책임성을 주지만 우리가 그를 불신할 경우에는 우리는 무력이나 법과 규정 등에 의존하는 책무성을 부여한다. 믿을 수 없는 사람에게 일을 맡길 수 없을 뿐더러 책임을 줄 수 없는 것과 같다.

이와 같이 책임성은 신뢰성이 존재하고 있는 사회에서 번성하게 된다는 것을 Summers는 지적을 하고 있다.[11] 물론 경찰국가에서도 책임성이 완전히 존재할 수 없는 것은 아니다. 상관이 부하에게 임무를 부여할 때 부하를 신뢰할 수 있을 만큼 임무에 필요한 자유재량을 주기 때문에 책임성은 그 이상 발전할 수 없다.

요약하면 책임성은 권력을 집중시키기보다는 분산시키는 수단이라고 말할 수 있다. 따라서 책임이 많은 사람들에게 분산되어 있을수록 민주주의 사회라고 부른다. 결국 책임성은 자유로운 사회의 자연적인 현상으로 볼 수 있다.

제2절 책무성(Accountability)의 개념

1. 책무성의 의의

1) 책무성의 정의

책무성의 개념은 오늘날 더욱 복잡해지고 있다. 앞으로 책무성은 지속적으로 연구해야 할 개념이다. 오늘의 제도, 법, 절차 등은 사회나 사람들의 가치관의 변화에 따라 신속하게 변하고 있으며 반면에 책무성의 개념도 변할 수 있다. 만약 의회가 관료들에게 모호한 골격입법이나 자유재량을 줄 것이 아니라 결정한 정책에 대하여 세부적으로 지시할 수 있다면 의회의 행정통제 문제는 어느 정도 해결될 것이다. 예를 들면 의회가 관료들에게 세부적 지시사항을 구체적으로 제시할 수 있는 능력이 부족하기 때문에 의회가 관료에게 책무성을 물을 수 있는 데 어려움이 있다.

책무성 개념은 행위나 행태에 대하여 해명 혹은 변명을 요구하는 것을 의미한다. 책무성은 목적을 달성하는 수단으로 보는 것이 바람직하다.[12] 물론 그 목적은 국민의 의지 및 요구를 담고 있어야 한다. 책무성은 법, 규칙, 규정과 법원명령에 의하여 공식화되며 때로는 비공식적인 형태인 직접대면에 의한 견제와 균형, 소문, 반대자의 위협 등과 같은 방법에 의존할 수도 있다.[13]

일반적으로 책무성은 통제의 제도(an institution of control)로도 볼 수 있으

---

11 Summers, "The Idea of Responsibility of Government," pp. 97–98.

12 Pennock, *op. cit.*, p. 807.

13 Harold F. Gortner, *Administration in the Public Sector* (John Wiley & Sons, Inc., 1977), p. 67.

며, 다른 말로 책임을 묻는 것이다.[14] 자신들이 행한 행동의 질, 공급 및 공공서비스를 행한 결과에 대하여 누가 누구에게 책무를 지는 공식적인 관계를 의미한다. 책무성은 단지 설명 혹은 해명을 할 수 있다는 정도가 아니라 일종의 지켜야 되는 의무라고 할 수 있다.

Alan Lawton과 Aidan Rose 역시 책무성은 한 사람이나 집단이 행한 행동과 방법에 대하여 설명이 요구되는 과정이라고 하였다.[15] 설명하는 방법은 일련의 규칙에 따라야 한다. 책무성이 복잡한 이유는 그것이 다른 환경 혹은 문화가 다름에 따라 다르게 적용될 수 있기 때문이다. 이 점은 앞으로 심도 있게 논의될 것이다.

Spiro에 의하면, 책임성이 책무성, 동기 혹은 원인, 그리고 의무와 같은 3가지의 의미를 포함하고 있다고 한다.[16] 예를 들어 국무장관은 외교관계에서 그가 행한 행위에 대하여 대통령에게 해명을 해야 된다고 말할 때 우리는 국무장관이 행한 외교관계의 방법에 대하여 대통령에게 책무성이 있다고 말한다.

Spiro는 책무성에는 명시적인(explicit) 것과 묵시적인(implicit) 것이 있다고 하였다. 예를 들어 Rusk가 주어진 공식적인 임무를 충실히 이행하지 못하였을 때 그는 그의 직위에서 해고당한다든지 혹은 정책을 수행하기 위하여 필요한 예산이 삭감될 것이란 사실을 사전에 분명히 알고 있었을 때에는, 명시적 책무성을 지고 있다고 말할 수 있다.

반면에 그가 해명해야 할 행위나 결과의 범위 및 한계에 대하여 사전지식을 가지고 있지 못했을 때, 혹은 그 행위의 결과가 그에게 주어질 형벌에 관하여 사전에 알지 못하는 경우, 책무성은 묵시적이라고 하였다. 예를 들면 한 직원이 자신도 모르는 사이에 투자자들의 투기행위 때문에 직업을 잃었다고 하자. 그러한 경우 그 직원은 그들의 행위에 대하여 묵시적 책무가 있다고 말할 수 있다. 왜냐하면 그가 그들의 투기행위에 대하여 몰랐고, 알기 위하여 최선을 다하지 않았기 때문이다. 어느 정도 책무성을 피할 수 없을 것이다.

---

14 Stewart Ranson & John Stewart, *Management for the Public Domain: Enabling the Learning Society* (London: St. Martin' Press, 1994), p. 222.

15 Alan Lawton and Aidan Rose, *Organization and Management in the Public Sector*, second edition (London: Pitman Publishing, 1994), p. 19.

16 Herbert J. Spiro, *Responsibility in Government: Theory and Practice* (Litton Educational Publishing, Inc., 1969), p. 15.

2) 책무성의 설명력

우리는 정치인 혹은 관료에게 그들이 행한 직무의 수행방법에 대하여 설명하여 줄 것을 요구할 수 있다. 그러나 그들이 설명하지 못할 경우도 종종 있다. 왜냐하면 의회가 그들의 활동을 조사할 수 있는 세부적인 규정을 효과적으로 제시하지 못하였을 때 책무성을 물을 수 있는 근거가 없기 때문이다.[17]

특히, 사영역과 달리 공공영역에서 공직자들에게 책무를 묻는다는 것은 간단하지 않다. 왜냐하면 공공조직은 서비스를 국민들에게 제공하고, 사조직은 대체로 물건을 만드는 제조업에 종사하여 그들의 업적을 양적으로 평가할 수 있는 측정 방법이 비교적 정확하기 때문이다. 공공조직에서 제공하는 서비스를 양적으로 평가할 수 있는 방법이 대체로 모호한 경우 그들에게 책무성을 묻는 것이 어렵다.

뿐만 아니라, 공공조직의 목적은 하나가 아니고 몇 개로 형성되거나 하나의 목적이라도 구체적으로 분명치 않기 때문에 공직자들의 업적을 양적으로 평가한다는 것은 더욱 어려운 일이다. 이러한 상황에서 공공관료들에게 책무성을 물을 수 있도록 책무성의 의미가 더욱 복잡해지고 있다.

그러하기 때문에 관료나 행정기관은 그들의 행위가 법적으로 해명될 수 있을 정도만 책무성을 진다고 한다. 전통적인 협의의 책무성 개념도 오늘날 행정행위의 적법성 여부에 혼란을 초래할 수 있다. 그러므로 책무성의 개념이 변화되어 온 것을 논의할 것이다.

3) 객관적 책임성과 전통적 책무성

Cooper가 지적하는 법에 대한 책임인 객관적 책임성(objective responsibility)은[18] 다른 학자들의 책무성과 유사한 개념이다. 즉 상관의 명령에 따라 행동하여야 된다는 것을 의미한다. 이때 책무성의 근원은 상관의 명령이다. 그러나 이 전통적인 근원이 사회의 변화에 따라 다양하게 책무성을 물어야 되는 근원들이 나타나고 있다. 아래 설명들은 책무성이 단지 적법성에만 제한되어 있다고 믿는 초기의 책무성의 정의가 변화하고 있다는 것을 이해하는 데 도움을

17 *Ibid.*, p. 9.
18 Cooper, *op. cii.*, pp. 43–51.

줄수 있다고 믿는다.

Cooper가 말하는 객관적인 책임성은 업무달성에 대한 특정한 기준이나 방법에 대하여 나 이외의 어떤 사람에 대해 의무를 지는 것이다. 실제로 의무의 근원이 나 이외의 다른 사람에게 놓여 있다는 점에서 책무성과 유사하다.

또한, 행정가들은 법률 이외의 다른 객관적인 책임성 혹은 책무성을 져야 하는 다른 근원들이 존재하고 있다는 사실이 책무성을 적절히 이해하는 것을 어렵게 만들며, 더욱이 사회의 변화에 따라 책무성의 의미도 변할 수 있다는 것을 이해하여야 된다.

전통적으로 책무성의 근원은 조직의 규칙이나 정책, 공무원의 공식적 직무기술, 전문적인 표준화 등을 포함한다. 이들 가운데 조직의 계층제는 분명히 객관적인 책임성의 일종이며 공식적인 구조이다. 그러므로 부하의 행위에 대한 책임성은 계층제의 최고 지위에 있는 사람에게 놓여 있다. 그러나 주의하여야 할 점은 조직의 계층제에 의하여 행정 관료에게 영향을 미치는 객관적인 책임성이 항상 위에서 아래로 흐르는 것만은 아니라는 점이다. 아래의 부하들이 위의 상관들의 의사결정에 영향을 미칠 수 있는 다양한 방법이 있다. Weber가 관료제의 이상형이라고 말하는 계층제는 오늘날 한계에 직면하고 있다. 오늘날 권위가 황혼 길에 접어들었다고 주장하는 학자들의 말처럼 무조건 명령에 복종하는 시대는 지나갔다.

실제로, 조직은 상하계층 간에도 협동과 조언이 이루어질 수 있는 복잡하고 동태적인 것으로 이미 변모해왔다. 그러므로 전통적 의미의 책무성은 현실에 적합하지 않을 뿐더러 책무성 개념 자체도 계속 변화를 거듭하고 있다. 예를 들어 명령사슬(hierarchical chain)을 따라 위에서 내려 온 명령을 수동적으로 수용할 수도 있다. 조직의 전 과정을 통하여 상급자의 의사결정에 영향을 미칠 수 있는 정보를 자신들에게 유리하게 의도적으로 여과하여 위로 전달할 수 있는 동태적인 측면을 고려한다면, 조직의 책무성이 변화하지 않으면 안 되는 이유를 이해하는 데 도움이 될 것이다.

민주주의 사회에서는 권위와 책임성을 지닌 사람들이 책무성을 확보하기 위하여 관련 기술적 정보, 여론동향, 그리고 부하의 결정에 관한 지식을 갖추고 있어야 한다. 그렇게 해야만 상급자는 부하들에게 명확한 책무성을 명령할 수 있고 또한 책무성을 따질 수도 있다. 이와 같이 책무성을 확보 및 유지하기 위하여 조직의 상급자들은 복잡한 조건들을 파악해야 할 것이다.

4) 책무성과 공익

책무성의 또 다른 모습은 역시 공익에 봉사하여야 한다는 것이다. 무엇이 공익인지 공익을 정의하는 것은 대단히 어려운 일이다. 가장 유력하다고 학자들 사이에 동의하는 공익이론은 과정론의 관점에서 공익을 정의하는 것이다. 다양한 이익집단들이 사회에 존재하고 이들이 서로 이익을 조정하면서 타협을 이룬다면 이것이 공익이라는 주장이다. 허나 이익잡단에 속하지 않은 사람들의 이익은 누가 보장하며, 강한 이익집단이 그 이외 다른 이익집단을 지배할 경우 공정한 조정이 이루어 질 수 있는가 하는 문제점들이 남는다.

그럼에도 불구하고 Lawls의 철학은 공익에 봉사해야 할 관료들의 기본적인 태도를 제시하고 있다. "사회의 자원은 사회에서 가장 빈곤한 자의 행복을 최대한 보장해 주는 방향으로 배분되어야 한다"는 것이다.

책무성은 전적으로 공공영역의 소유물만은 아니다. 사영역에서도 자신들에게 주어진 책임을 잘 이행하고 있는지, 혹은 조직의 재정적인 업무가 제대로 수행되고 있는지, 책무성을 묻는 경우가 허다하다. 그러나 이 책에서 우리가 논하고자 하는 것은 주로 공공조직의 책무성에 관한 것이다.

2. 책무성의 요소

책무성이 단지 적법성에만 제한되어 있다고 믿는 초기의 책무성의 정의는 이제 변화하고 있다. 대중들의 관점에서 볼 때 행정공무원의 책무성이 조직적 및 전문적 행태, 정치적 가치와 행정행위의 도덕성 등을 포함해야 하는 것은 당연할 것이다. 이렇게 볼 때 책무성은 적어도 다섯 가지 요소, 즉 조직적 및 행정적, 법적·전문적·정치적·도덕적 요소를 갖추고 있어야 한다고 한다.[19]

그 이외에도 소비자나 고객의 욕구불만을 해소하고 책임성 있는 행정을 발전시키기 위하여 소비자나 고객을 위한 책무성 제고방안을 포함하였다. 다시 정

---

19 O. P. Dwivei and Joseph G. Jabbra, "Public Service Responsibility and Accountability," in Joseph G. Jabbra and O. P. Dwivei, ed., *Public Service Accountability: A Comparative Perspective* (Kumarian Press, Inc., 1989), pp. 3–8.

의를 하자면 공직의 책무성은 행정기관이나 관료가 그들의 의무를 이행하는 방법과 그리고 그들의 행위에 대한 해명이 요구되는 과정을 포함한다.

1) 행정 및 조직적 책무성

조직의 책무성은 행정기관 내에서 관료들이 명확하게 구조화되어 있는 계층제를 따라야 된다는 것을 의미한다. 계층제의 관계는 공식적인 조직의 규정이나 비공식 조직의 상호관계 가운데에서도 분명히 제시되어 있다. 만약 명령체계를 무시한다면 해고까지 당할 수도 있다.

그러나 그 명령이 부적절한 경우에는 책무성을 피할 수 있는 경우도 있다. 허나 노조화가 활발해지면서 조직의 계층제적 책무성이 약화되는 경향이 있다. 이러한 예는 우리 주변에서도 쉽게 찾아볼 수 있다. 또한 노조들이 자신들의 이익을 위해 단체행동을 한다든지 상관의 지시나 명령을 따르지 않는 경우가 많아 건전한 발전을 위해 책무성이 약화된다는 것은 반드시 좋은 현상은 아니다. 물론 노조화가 조직의 경직된 계층제를 완화시켜줄 수 있다는 장점이 있는 것은 사실이다. 그러나 노조가 구성원을 위해 무분별하게 개입하여 책무성의 혼란을 야기하는 것은 바람직하지 않다.

정치적 책무성이 주로 외부의 정치체제나 대중에게 해명해야 할 책무를 지고 있다면 행정 및 조직의 책무성은 조직 내부의 과정에 관심을 두고 있다는 점에서 차이가 있다. 내부과정은 주로 비용의 효과성, 능률성, 예산통제, 감독업무 등을 강조하고 있다.

조직의 내부과정에 관심을 두지만 제대로 책무성을 묻기 어려운 일선관료들의 상황을 예로 들 수 있다. 실제로 일선관료들이 언제 어디서 어떠한 상황에 직면할지는 책무성을 물을 수 있는 상급자들이 예상하기 어렵기 때문에 불가피하게 그들에게 자유재량을 주는 것이 필요할 것이다. 고객에게 책무성을 증진시키기 위해서 서비스를 제공하는 일선관료에게 서비스 제공과 관련된 정책결정을 신속하게 할 수 있도록 자유재량을 주어 책임을 이행하는 것이 바람직할 것으로 보인다.

그러나 정책결정책임을 위임받은 일선관료의 정책이 정치인들이 의도하였던 대로 결정되거나 집행되지 않을 수 있다. 그러할 경우 일선관료들이 책임을 지고 있는 업무에 대하여 해명하여야 되는 책무성을 지게 하는 것은 당연한 일이다. 그렇게 하기 위하여 책무성을 물을 수 있는 상급자나 기관에서 미리 일선 관료의 업무를 면밀히 조사하고 분석하여 명시적 책무성을 물을 수 있도록 지시를 하는 것이 방안이 될 수 있다.

이미 서문에서 지적하였듯이 관료는 상관이나 정치인들이 시키는 대로 무조건 따르는 가치중립(value-free)적인 존재가 아니다. 상관의 명령이 자신들이 소속된 행정기관의 목적과 양립될 수 없는 목적들이 발생할 때 관료의 책임성과 책무성을 기대하기 어려울 것이다. 왜냐하면 각 목적들 간에 서로 나름대로 정당성을 갖고 있기 때문에 이들 간에 정당성을 찾기 위하여 마찰은 불가피 하기 때문이다. 예를 들어 의회, 대통령실, 사법부 등이 서로 다른 목적 때문에 갈등과 혼란을 야기할 때 관료들은 누구의 명령을 따라야 되는지 혼란을 가져와 행정 관료에게 책무성을 기대한다는 것은 거의 불가능한 일이다.

오늘날 공공영역의 규모가 점점 확대되면서 행정기관과 관료에 대한 책무성이 절대적으로 필요하며 그에 대한 요구가 늘어나고 있는 것은 당연한 일이다. 예를 들어 행정기관의 예산이 대폭적으로 증대하고 그에 따라 예산의 낭비가 발생한다면 우선적으로 관리의 책무성(managerial accountability)을 묻게 되는 것이다.[20]

2) 법적 책무성

관료의 책무성이 관료제 내부의 법, 규정, 그리고 절차와 같은 통제수단에 의존한다면, 법적 책무성은 관료가 이미 제정된 입법 및 사법적 과정과 절차를 따라야 된다는 것을 의미한다. 이러한 절차를 따르지 않은 관료들의 행정행위는 사법적 검토를 받게 되며 역시 법적 책무성을 지게 된다.

공공행정의 모든 행위는 법의 구속을 받는다고 볼 수 있다. 관료들이 그들에게 주어진 권력을 남용하였을 경우 법의 도전을 받게 된다.

그러나 법원은 사회의 급격한 변화나 행정결정의 전문성에 적절히 대응할 수 없을 정도로 관료들이 만드는 정책결정은 복잡하고 과학화되어 있어 법적 책무성을 묻는데는 한계가 있다. 원래 사법부는 관료들의 정책결정의 공정성, 합리성, 민주성, 부적절 등을 판단하는 임무를 가지고 태어났으나 복잡한 행정의

---

20 Lawton and Rose, *op. cit.*, pp. 22-23.

전문성을 이해하는 데 많은 어려움이 있어 행정을 통제하는 임무를 포기하고 법죄인들을 다루는 역할로 전락하였다고 주장하는 학자들이 있다.

따라서 자연히 관료들의 정책결정이 법의 한계를 넘어서는 상황도 발생하고, 충분히 법적 책무성을 묻지 못하는 경우가 종종 일어나고 있다고 한다. 또한 정부가 예산을 집행하는 데 있어서도 역시 통제의 틀 내에서 이를 운영해야 하는데, 예산통제의 틀 또한 분명치 못하여 법적 책무성의 한계가 문제화되고 있다.[21]

그럼에도 불구하고 대중들은 팽창하고 있는 행정활동에서 안전을 추구하려는 욕구가 늘어나는 것은 당연한 현상이다. 오늘날 정부는 개인생활에 개입이 지속적으로 늘어나고, 또는 대중이나 이익집단들의 욕구를 충족시켜주지 못하기에 자연히 사법부에 호소하는 예가 증가하고 있다. 정당의 역할은 이익집단 간의 갈등을 슬기롭게 협의를 가져와 정책에 반영하도록 정부에 제안해야 되는데 이러한 역할을 거의 하지 않아 정부가 해결하기보단 스스로 이해 당사자들이 해결하려고 헌법재판소에 도움을 청하는 사례가 늘고 있다. 또한 사법부가 복잡하고 이해관계가 얽힌 문제를 해결할 수 있는지간에 마지막으로 선택할 수 있는 방법은 고소한다든지 헌법재판소에 의존하는 것은 우리나라에서도 종종 일어나고 있다. 그러나 문제는 사법부가 이들의 욕구를 해결하여 줄 수 있을 정도로 전문성을 획득하여 명시적 책무성을 구축할 수 있을 것이라고 믿기는 어렵다.

3) 정치적 책무성

최근에 정치적 책무성의 중요성이 크게 부각되고 있다. 예를 들어 정치적 책무성은 관료가 장관에게 책임을 지고, 장관은 대통령이나 의회에 책임을 지는 것과 같은 책무성체제를 말하며, 이러한 체제는 공공영역의 범위가 비교적 좁고 단순하였을 때 적합하였다.[22]

오늘날 국가의 기능이 확대되고 복잡해짐에 따라 책무성 모델 또한 복잡해질 것으로 예상된다. 실제로 정부는 많은 정책을 만들어야 하기 때문에 한 사람의 장관이 부하들이 하는 모든 행위에 책임을 진다는 것은 현실적으로 불가능하다. 또한 한 사람이 정책의 모든 면을 잘 안다는 것도 기대하기 어려울 정도로

---

21 *Ibid.*, p. 24.
22 *Ibid.*, p. 21.

복잡하다. 문제는 부하들의 행위에 장관이 기여했느냐가 중요하다. 다시 말하여 쉬운 일은 아닐 수 있으나 부하가 실패하는 데 기여했는지를 찾아내는 것이 중요하다. 이러한 이유가 정치적 책무성의 한계이다. 장관은 관료들이 책임을 지게끔 구체적인 지시를 하였는지? 대통령과 의회는 장관이 책무를 질 정도로 구체적이고 명확한 목적과 지시를 했는지? 공공기관의 목적이 애매한 점은 없는지? 공공기관의 목적 달성을 측정할 수 있는 구체적 방법이 있는지? 공공기관은 서비스를 제공하는 조직이고 사 조직은 제조물을 생산하는 조직이라 공공조직의 목적을 양적으로 측정하기는 쉽지 않다고 한다. 이러한 문제들이 정치적 책무성을 이행하는 데 한계이다.

예를 들어, 지방의회 의원들이 책무성을 지우게 할 수 있는 기준 혹은 법과 규정을 명확하게 만들어야 하나 쉬운 일이 아니다. 지방자치단체장은 지방의회 의원들이 책무성을 지도록 기준이나 규정을 명확하게 만들 수 있는지? 관료들이 정치적 책무성을 지도록 명확한 규정을 만든다는 것도 어렵다. 비록 기준 혹은 규정이 명확하다고 해도 정태적인 것이 아니고 항상 변할 수 있는 것이다.

행정조직은 의회로부터 공공프로그램의 합법성과 책임을 부여받아야 생존할 수 있다는 것은 일종의 정치적 책무성의 문제다. 대통령이나 의회는 행정부서에 합법성과 권위를 주어 권한을 행사하게 할 수 있기 때문에 정치체제에 책무성을 지고 있는 것은 당연하다. 합법성과 권위를 걷어 들이면 자연히 행정부서는 해체하게 될 것이다.

민주적인 정치체제하에서 행정 관료들은 정치적 권위를 인정하고, 정치체제의 의지를 반영하여 규제하고, 정책의 우선순위를 책정하며, 그리고 자원을 배분하고, 명령에 순종해야 할 정치적 책무성을 지고 있다. 선거에 의하여 당선된 정치인은 정책을 달성할 책임(responsibility)을 지고 있기 때문에 정치적 책무성은 행정적 및 조직적 책무성을 의미할 수도 있다.

오늘날 대부분의 정치인들은 정책결정을 관료들에게 위임하는 경향이 흔히 일어나고 있다. 왜냐하면 정치인들은 정책문제를 연구할 충분한 시간을 갖고 있지 못하며, 그 이외에도 정책결정은 항상 지지하는 층과 반대하는 층이 있게 마련인데 정치인들은 자신들이 만든 정책으로 피해를 보는 유권자들의 표를 인식하여 정책결정을 기피하는 경향이 있다. 인기를 얻고 싶으나 정책실패의 비난을 회피하기 위해 책임을 행정 관료들에게 전가하는 습성이 있기 때문에 관료들이 정치적 책무성을 정치화하는 경향을 초래하고 있다. 물론 관료들의 정책결정의 권력을 차지하고 있다는 것은 관료들이 정치활동을 하고 있다는 것을 인정하는 것이기에 바람직하지는 않지만 오늘날 불가피한 현상으로 동의하고 있는 편이다. 반면에 관료들의 정치적 책무성을 질 수 있도록 명확한 법, 지시, 그리고 절차 등이 구체화되어야 할 것이다.

4) 전문적 책무성

공공분야와 조직의 전문성이 확대됨에 따라 전문적으로 훈련된 관료들은 업무수행이나 공익실현을 위해서 많은 재량권을 갖게 되었다. 동시에 관료들은 그들에게 부여된 업무를 충분히 전문적으로 이행하지 못하였을 때에는 어떤 종류의 징계를 받을 수밖에 없도록 되어 있다. 문제를 판단하는 데 충분히 전문적 지식에 따라 행위를 하였는지가 책무성에 대한 결정적인 기준이 될 것이다. 그러나 전문성 기준도 고려해야 할 문제가 없을 정도로 단순하지 않다.

전문화가 증대해 가는 현대사회에서 공익을 지키는 일은 불가피하게 전문인의 몫이 되는 것은 당연할 것이다. 그러나 공익이 소수의 편협한 전문지식을 가지고 있는 전문인들에 의하여 결정된다는 것은 문제가 될 수 있다는 것을 고려해야 할 것이다. 전문인들은 각기 다른 자신들의 견해로 세상을 바라보기 때문에 전문인들 간에 갈등이 발생하는 것을 흔히 볼 수 있다. 결국 이러한 현상이 정책을 왜곡시킬 가능성이 많다. 따라서 궁극적으로는 공익은 전문인의 책임성과 책무성의 관계에서 풀어나가야 한다.

때때로 정치적 상관이 원하는 정책과 전문집단인 관료들이 원하는 것이 서로 다를 수 있는 일이 발생할 수 있다. 그러나 이들 사이에 갈등이 발생하면 대부분은 전문인의 의도대로 해결되는 경향이 많다. 과학적인 전문지식을 갖추지 못한 정치인들이 방사능 유출과 같은 전문지식을 요하는 문제를 통제하지 않으려 하는 것은 이해할 수 있다.

5) 도덕적 책무성

문제의 성질에 따라 적절한 사람에게 그 판단을 맡기는 것은 옳은 일이지만, 그러한 판단이 정치적 책무성을 묻는 데 도덕적인 판단을 참고하여야 되는 경우가 종종 있을 수 있다. 예를 들어 복지정책 가운데서도 특히 장애인 복지에 더 많은 예산을 배정하는 결정은 정치적 책무성에 속한다. 왜, 어떻게, 무엇 때문에 이러한 결정을 해야만 했었는가!를 묻는 것이 정치적 책무성이다.

정부는 법적으로나 도덕적으로 관료들의 행위에 대하여 책임을 져야 한다. 그러므로 정부의 모든 행위는 도덕적인 행위이다. 따라서 국민이 관료나 행정기관에 대해 도덕적인 행위를 요구하는 것은 당연하다고 볼 수 있다. 실제로 정치인이나 관료의 부패는 점점 더 악화되고 있어 관료의 도덕적 책임은 심각한 실정이다. 따라서 관료의 도덕성은 관료의 책무성을 판단하는 중요한 기준이다.

도덕적인 관료란 맹목적으로 법에 복종하는 것이 아니라, 관료제의 규범 내에서 양심과 국민을 위해 행위하는 것을 말한다. 물론 도덕 개념은 간단한 것은 아니다. 도덕이 수준 높은 청렴성, 정직성, 공정성, 그리고 정당성을 포함할 때 관료는 대중의 신뢰와 확신을 불러일으킬 수 있어 도덕적인 정부라고 말할 수 있을 것이다. 더욱이 행정적, 법적, 정치적, 그리고 전문적인 책무성을 갖춘 경우 도덕적 책무성은 더욱 가능해질 것이며, 도덕적인 정부라고 부를 것이다.

6) 소비자와 고객에 대한 책무성

오늘날 행정결정에 대해 만족할 정도로 구체적으로 자세히 조사할 수 있는 정치체제는 거의 없다. 따라서 책무성이 있는 정부로 발전하기 위해 만약 행정결정에 피해를 본 대중이 있다면 이들의 불만을 해소할 행정기구의 발전이 계속 요구되고 있다. 예를 들어 사법재판소나 혹은 옴부즈맨제도와 같은 기구들로 하여금 고충처리임무를 맡게 하여 증가하고 있는 공공영역의 행정결정들의 남용을 막기 위하여 계속 노력하고 있는 이유이다.

1980년대 이래 관료제에 대한 소비자의 욕구불만이 더욱 빠른 속도로 증가하면서 관료제에 대한 비난이 거세지고 있다. 비난의 화살이 관료제에 집중되고 있다. 소비자들의 욕구를 해결해 주어야 할 의회, 사법부 및 정당들이 제대로 기능하지 못하기 때문에 대중이 쉽게 접할 수 있는 관료제에 무조건 의존하려는 경향이 심화되고 있다.

그 결과 정부나 사회단체들은 고객들의 요구에 부응하고 책임 있는 서비스를 제공할 수 있는 행정기구를 만들기 위하여 각별한 노력을 해야 한다는 주장들이 사회 각처에서 일어나고 있다. 따라서 대중들의 불만이 쉽게 관계당국에 전달되는 방법을 연구하든지 혹은 불만을 철저하게 조사하여 고객의 요구를 반영하는 행정기구 및 제도들이 늘어나고 있는 것은 당연한 일이다. 그렇게 노력함으로써 정부는 발생할 수 있는 소비자와 고객에 대한 책무성을 충실히 지켜나가는지 판단기준이 될 것이다.

지금까지 책무성을 검토하여 본 결과 책무성(accountability)은 복잡한 현상이라는 것을 인식하게 된다. 책무성이 단순히 계층제적 책무성에만 의존하고 있지 않은 것은 다행한 일이며 제대로 책무성을 묻기 위해 많은 연구가 더 필요할 것이라고 본다. 특히 행정기관의 책무성은 정치적 책무성, 행정 및 운영 책무성, 법적 및 전문적 책무성과 같은 기준을 포함할 정도로 복잡한 것임을 알 수 있다. 전문가들이 전문적 책무성을 지키려 할 때 일반 대중에 대한 책무성에 손상을 입힐 수 있으며, 능률적이고 즉각적인 공공서비스를 전달하려는 관료들의 책무성이 상관의 세부적이고 구체적인 조사에 의하여 희생될 수도 있다. 어쨌든 책무성은 그와 같은 갈등 속에서 진행하고 있는 문제라고 볼 수 있다.

제3절 책임성과 대중

관료제는 국가를 유지하고 관리하기 위해 필수적인 존재이다. 그런데 민주주의 원리상 국가의 유지 및 관리가 완전히 관료제의 몫은 아니며, 절차상 관료제는 주권자인 국민 또는 대중의 의지를 실현하기 위해 위임된 책임을 수행하며 정치적으로 선출된 공직자, 장관 및 법원에 책무성을 지게 되어 있다. 결과적으로 관료는 대중에게 책무성을 지고 있는 것이다.

다시 말하여 관료제는 대중의 의사에 따라 국가를 관리하도록 되어 있는 것이다. 따라서 관료제의 역할을 이해하기 위해서는 대중의 의사가 무엇인지를 명확하게 알 필요가 있으며, 그 이전에 대중이란 누구를 말하는가에 대한 논의가 우선 필요하다.

대통령이나 의회의 의원으로 출마하려는 어떤 후보자도 나는 대중을 위해 일할 것이라고 말한다. 하지만 대중이 누구인가를 묻는다면 정확한 답변을 하지 못한다.

이제부터 대중에 대한 정의와 대중의 역할에 대해 논의함으로써 관료제의 책임성과 책무성을 이해하는 데 도움을 주고자 한다.

1. 다원주의의 관점에서 본 이익집단으로서의 대중

다원주의자들은 민주주의를 '경쟁적인 정치체제'로 정의하며, 이것을 모든 대중이 국가정책결정에 참여할 수 있는 수단으로 본다. Dahl의 주장에 따르면 합리적인 시민들은 자신의 의사를 정책에 반영시키기 위해 자신의 견해에 동조하는 사람들을 규합하여 조직을 형성하고 이 조직의 힘으로 국가의 정책결정과정에 영향력을 행사하여 마침내 자신의 의사를 관철한다고 한다.[23] 즉, 다원주의에서는 이익집단이 자연발생적으로 발전하며, 개인들과 같이 이익을 추구하려고 하는 관심을 갖고 행위한다고 설명한다. 이익집단들은 서로 경쟁하면서 자기집단에 소속해 있는 개인의 이익을 정부의 의사결정과정에 최대한 반영시키기 위해 많은 노력을 한다.

다원주의에서는 개인이 자신들의 이익을 보호하기 위해 이익집단을 구성하는 것을 시민의 권리로 생각한다. 따라서 대중은 집단 간의 관계와 의사결정과정에서 두각을 나타내려고 할 것이다. 다원주의에서는 개인들이 자신의 능력과 상황 및 이익을 잘 파악하고 있다고 가정하기 때문에, 대의민주체제하에서 대중의 의사가 국정에 잘 반영될 것으로 생각한다.

그러나 다원주의는 Lowi의 비판처럼 의견의 합의가 이루어지지 않고, 이기적으로 분산된 사회에서 강력한 이익집단이 국가를 포로화할 수 있기 때문에 전체 정부체제의 통합을 위협할 수 있다는 문제가 있다.[24]

Yates는 다원주의적 민주주의의 가치와 행정의 효율성은 때로는 서로 대립된다고 하였다.[25] 그에 따르면 다원주의자들은 권력의 분산을 선호하지만 행정의 효율성을 위해서는 권력의 집중이 필요하다는 것이다.[26] 다원주의자들의 견해가 옳다면 관료들도 권력의 분산을 선호해야 한다.

그러나 다원주의자들은 자신들의 이익에 방해가 되는 경우 대통령의 권력을 포함하여 어떠한 형태의 권력집중도 선호하지 않는 것은 이해할 만하다. 반면 관료들은 대중을 위한 공공정책을 수행하기 위해서 소수의 강력한 이익집단

---

23 Robert Dahl, *Who Governs?* (New Haven: Yale University Press, 1961), p. 89.

24 Theodore J. Lowi, *The End of Liberalism* (New York: Norton, 1979).

25 D. Yates, *Bureaucratic Democracy: The Search for Democracy and Efficiency in American* Government (Cambridge: Harvard University Press, 1982).

26 *Ibid.*

을 견제할 수 있는 충분한 권력이 필요하다는 점을 느끼고 있다. 또한 다원주의자들은 정치적 타협과 협상을 선호하지만, 행정 관료들은 행정을 통하여 정책이 일관되게 추진되는 것을 선호한다. 행정은 정책의 합리적 결정과 집행이 타협의 대상은 아니라고 믿는다.

이익집단을 통해서 대중의 이익이 보호될 수 있다고 믿는 다원주의자의 견해와 다원주의만으로는 대중의 이익을 완전히 보호할 수 없다고 믿어 행정이 개입해야 된다고 하는 주장간의 차이를 보이고 있다. 실제로 다원주의자와 행정인들 간에 대중에 대한 개념정의와 현실인식이 극명한 차이를 보이고 있는 것을 볼 수 있다. 즉 다원주의에서는 개인 이익의 총합이 전체의 이익이라고 주장하지만, 관료들은 대중의 이익이 개인의 이익의 총합보다 크다고 본다.

결론적으로 다원주의 또는 이익집단이론이 대중에 관하여 적합한 정의를 하고 있다고 볼 수 없다. 다원주의는 이익집단에 속하지 않은 대중의 의지 또는 관심이 사회에 잘 반영되지 못하고 있다는 증거는 많이 있다. 일례로 대중의 이익과 밀접하게 관련 있는 국가정책들 가운데 복잡한 전문성이 요구되는 상당한 부문들이 대중의 의사와 상관없이 해당 분야의 소수 전문인들이나 이익집단들에 의해서 결정되고 수행되는 경우가 많이 있다. 실제로 다원주의가 잘 발달된 미국에서도 국민의 단지 10% 정도만 이익집단에 속해 있다고 말하듯이, 그러면 나머지 90% 국민의 이익은 누가 보호할 것인가에 대한 의문이 남는다. 즉 대중의 이익을 잘 파악하고, 반영하고 있다고 주장하는 다원주의의 가정에 근본적인 한계가 있다는 것을 이미 많은 학자들이 지적하였다. 결국 대중을 이익집단으로, 이익집단을 대중으로 보는 데 타당성이 없다고 지적되고 있다.

더욱이 대중이 자신들의 이익을 가장 잘 파악하고 있다고 하더라도 현대 정치체제하에서는 대중이 조직화의 어려움을 갖고 있기 때문에, 다수 시민의 선호, 태도, 그리고 요구는 잘 표현될 수 없으며, 하물며 정책결정에 반영되기를 기대한다는 것은 더욱 어려울 것이다.

따라서 관료제가 이익집단에 속한 대중의 이익과 이익집단에 속하지 않은 대중의 이익을 어떻게 밝혀낼 수 있는가? 그리고 밝혀낸 두 이익 간에 어느 정도 책임성을 분배하는 것이 바람직한가? 그리고 책임성이 지켜지도록 책무성을 어떻게 구체화할 것인가는 현대사회의 중요한 문제로 부각될 것으로 보인다.

2. 공공선택이론의 관점: 소비자로서의 대중

다원주의와 공공선택이론은 대중에 대한 관점에 있어서 매우 유사하다. 다원주의와 공공선택이론은 모두 개인주의에 초점을 두고 있다. 공공선택이론은 개인을 공리주의적 관점에서 최대한의 이익을 추구하는 실체로 보고 있으며, 윤리 또는 선, 공공의 이익 등과 같은 사회적 가치 또는 개념을 고려하지 않는 것으로 본다.

개인들의 이기주의적 가정은 시장에선 소비자로 또는 소비자로서 대중에게도 적용된다. 개인의 이익은 각각 성향에 따라 서로 다르게 나타나지만 기본적으로 개인은 자신에게 이익이 되는 방향으로만 행동한다는 것이다. 모든 개인은 자신의 이익을 보장하기 위해 합리적으로 계산한다는 것이다.

Downs는 공무원 역시 소비자로서 개인들과 마찬가지로 자신의 이익을 위한 합리적인 판단기준을 가지고 공직을 수행한다며 다음과 같이 지적하였다.[27]

① 공직자의 행동은 자신에게 이익이 되는 경우에 긍정적으로 강조하고, 그에 따른 비용을 축소하려 한다.
② 공공서비스의 확대는 바람직한 것이고 어떤 축소도 바람직하지 않은 것으로 본다.
③ 공공서비스는 특수한 이익집단을 위한 것이 아니라, 전체 사회를 위하여 제공한다는 점을 강조한다.
④ 현재의 공무원의 효과성이 높은 수준임을 강조한다.
⑤ 공직자의 업적 및 능력을 강조하고, 실패 또는 무능력은 무시 또는 최소화한다.

공공선택이론도 다원주의와 같이 대중의 이익이 이익집단의 적극적인 활동을 통해 보호될 수 있다고 가정한다. 물론 이것은 전반적으로 반드시 정확한 것은 아니다. 이익집단의 이익이 대중의 이익과 갈등을 가져올 수도 있고, 때로는 대중의 이익에 대한 이익집단의 관심이 없을 수도 있다. 또한 대중의 이익이 사회의 여론에 의해 달성되기도 한다.

하지만 많은 공직자 또는 이익집단이 공익을 추구하고 있는 경우가 많이 있다는 것도 사실이다.

27 Anthony Downs, *Inside Bureaucracy* (Boston: Little, Brown, 1966).

관료들은 자신들의 이익과 권력을 보호하기 위해 정치적 활동에 개입하는 경우가 많아 공공선택이론은 공익을 위한다고 주장하는 관료의 의도를 전적으로 믿지는 않는다. 그럼에도 불구하고 기본적으로 관료들이 정치인들보다 비교적 공익을 위해 노력하는 경우가 더 많다. 왜냐하면, 정치인들은 재선을 위해 정치적 계산에 의해 활동하기 때문에 때로는 대중을 위한 공익을 소홀히 하는 반면 선거구가 없는 관료들과는 달리 자신의 지역구의 이익에 관심을 더 쓸 수밖에 없기 때문이다.

그러나 공공선택이론이 대중에 대하여 가지고 있는 문제점은 사회에서 자신의 이익을 보호할 수 없는 소외계층에 대한 고려가 별로 없다는 것이다. 소외계층의 사람들이 사고 팔 자원을 가지고 있다면 그들은 시장에서 나름대로 기능할 수 있을 것이다. 그러나 이러한 자원이 없는 개인이 존재하는 경우라면 시장은 자원이 있는 사람들에 의해 지배될 수밖에 없다.

예를 들면 오늘날 미국 사회에서와 같이, 자원이 있는 자는 교외로 나가서 범죄를 피하고, 좋은 학교시설과 사회적·경제적 동질성을 누릴 선택권을 가지지만, 이러한 선택권은 누구에게나 주어지는 것이 아니기 때문에, 이러한 체제에서는 자원이 없는 대중의 의사는 반영되기 어렵다. 이와 같이 공공선택이론은 자신의 이익을 합리적으로 실현할 수 있는 사람들의 개인주의에 초점을 두고 있기 때문에 소외계층인 소비자 혹은 대중을 보는 개념엔 한계에 직면한다는 것이다.

더욱이 이러한 선택할 수 있는 부유한 사람들은 교외로 빠져 나가기 때문에 이들이 떠난 공립학교의 질은 떨어지게 되고, 결국에는 공공서비스의 공급을 제한하는 결과를 가져온다. 따라서 공공선택이론이나 이익집단이론이 소외계층에 제공할 수 없는 한계를 보듯이 관료들이 소외계층에 대한 책임성을 어떻게 그리고 얼마나 보장할 수 있는지에 대하여 신중한 논의가 있어야 할 것이다.

3. 법률 형성적 접근방법: 대표선임자로서의 대중

대부분의 경우 민주정부는 직접적이라기보다는 간접적으로 시민의 대표자에 의하여 구성된다. 선거에 의해 선출된 공직자들은 직접적으로 대중을 대표하기 때문에 대중의 이익을 주장을 하게 된다. 그리고 행정은 의원들이 결정한 정책에 따라 수행해야 되기 때문에, 결국 행정 관료들은 대중을 위해 일하게 되는 결과를 가져온다.

그러나 인구가 늘어남에 따라 행정은 팽창하고, 행정업무는 복잡하고 과학화되어 관료들이 정책이나 법의 취지를 수행함에 있어서 많은 재량권을 갖게 되는 것이 불가피하다. 더욱이 법령이 대개는 모호하고, 이중적으로도 해석할 수 있으며, 때때로 모순될 수도 있고, 법원의 재판 및 해석은 때 늦은 경우가 많기 때문이다. 다시 말하여 관료들은 재량권을 가지고 정책이나 법을 자신에게 유리하다고 판단하는 쪽으로 해석할 가능성을 배제할 수 없을 것이다.

Redford는 "행정에 있어서 이상적인 민주주의의 실현이란 종종 다수의 의사가 반영되는 것인데 이보다 정책결정자들 간의 상호 이해관계에 의해 독단적으로 이루어지는 경우가 더 많다"고 주의를 환기시키고 있다.[28]

즉 대중의 의사는 합법적으로 의원들을 위한 투표와 이익집단의 활동에 의하여 겨우 표현될 수 있을 뿐이다. 선거할 권리를 가진 대중은 단지 투표하는 당일만 주권을 가지는 것에 불과하다고 주장한다. 그러나 현대 민주사회에서 발생하는 중요한 문제는 투표율이 전체 유권자의 50% 미만으로 떨어지고 있어 민주주의 발전에 커다란 장애에 직면하고 있다는 것이다. 왜 유권자들은 선거에 무관심하는가? 이들의 무관심은 무엇을 의미하는가를 물어야 할 때가 되었다. 선진국뿐만 아니라 우리나라에서도 선거 때만 되면 투표율을 걱정하는 문제이다.

만일 대중이 권리를 충분히 이행하지 않고, 또한 대중이 투표 권리를 포기하거나, 공적인 일에 소극적으로 행동한다면, 대중의 권리는 정부에 의해 보장받을 수 없을지도 모른다.

대중은 선거 날만 주권을 가진다든지, 혹은 대표성이 무색할 정도로 매년 투표율이 낮아 민주정부실현의 강한 의구심을 가지고 있던 차에, Barber는 "대표성은 자치정부와 자치라는 이름하에 선거에서 당선된 대표자들이 대중의 정치적 의지를 소외시키기 때문에 대중의 자유를 보장하지 못한다. 저조한 투표율을 가지고 선거에서 당선된 대표자들은 진정으로 대중의 이익을 대변하지 못하기 때문에 대표성이 적절하게 실현되었다고 볼 수 없을 것이다. 문제는 높은 투표율 가운데에서 진정한 대표성이 나올 수 있다는 것이다. 만일 대중들이 자신들의 삶을 결정하는 정책수립과정에서 사고, 결정, 그리고 행동을 통해 자신들

28 E. S. Redford, *Democracy in the Administrative State* (New York: Oxford University Press, 1981), p. 44.

의 의지를 반영할 수 없다면 대중들은 전혀 자유롭다고 할 수 없어 대표자에 의한 대중의 의견수렴능력을 부정했다."29 위의 문제들이 시정되지 않는 한 수십 년 동안 발전해 온 민주주의의 큰 시련은 극복되기 어려울 뿐만 아니라 더욱 심각해질 것이라고 사려된다.

요약하면, 선거로 선출된 공직자들이 보통 시민들 또는 시민집단들을 효과적으로 대표하지 못하는 것이 사실이다. 따라서 법률 형성적 접근방법 역시 행정에 필요한 대중에 관한 정보를 얻는 데 만족할 만한 수단은 아니다.

선거에서 선출된 공직자들이 대중의 이익을 충분히 대표하지 못하는 상황에서 관료들이 대중의 이익과 권리를 보호해 주기 어렵다. 그러한 가운데에서도 관료들은 대중이 무엇을 원하는지 적극적으로 탐색하여 그들에 대한 책임성과 책무성을 져야 한다. 이것이 현대 민주주의사회의 딜레마이다.

4. 고객으로서의 대중

개인 또는 집단들인 고객은 '일선관료'(street-level bureaucrats)들에 의해 서비스를 제공받는 사람들을 지칭한다. 이를테면 피교육자인 아동들은 교사, 상담자, 교장, 장학사 및 교육위원들의 고객이다. 범죄의 희생자들은 경찰의 고객이다. 모든 시민들은 정도와 빈도에 따라서 다르지만 어떤 방식으로든 정부의 고객이다. 따라서 공공서비스를 제공받는 대중은 수많은 공직자들의 고객이 된다. 이러한 대중은 서로 알지 못하고, 널리 분산되어 있으며, 당연히 상호 연결되어 있지 않아 이익집단으로 정의되기보다는 훨씬 자유스럽고 구속되지 않은 대중이라고 할 수 있다.

또한 일선관료들은 대중을 가까이에서 봉사하기 때문에 대중을 잘 이해하며, 따라서 대중이 필요로 하는 것을 우선적으로 고려하여 자신들의 고객인 대중의 봉사자로서 역할하게 되는 것이다.

그러나 일선관료들은 자신의 이타적인 행위를 뒷받침할 만한 충분한 자원을 가지고 있지 못한 경우가 많다. 또한 그들의 업무량과 상대하여야 할 고객이 너무도 많아 현실적으로 고객의 이익을 충분히 보호할 수도 없다. 실제로 일선

29 Benjamin Barber, *Strong Democracy: Participatory Politics for a New Age* (Berkely: University of California Press, 1988), pp. 145–146.

관료들은 자신의 업무에 소외되어 있다. 그들의 업무는 너무도 세분화되어 있고 업무에 대한 결정권이 너무도 미약하기 때문에 고객을 위해 일할 수 있는 범위도 한정되어 있고, 따라서 고객 역시 일선관료들에게 큰 역할을 기대하지 않는 것이 일반적인 경향이다.

Lipsky는 "공공서비스 제공자들은 보다 많은 임금 및 혜택을 요구하면서 국가의 총생산에 대한 그들의 몫을 증가시키고, 그들 집단의 협상 압력을 증가시키며, 전문화와 자동화를 가져와 고객에 대한 책임을 분산시키려고 노력한다. 일선관료들도 정치체제 내 그들의 지위를 향상시키기 위해 전념함에 따라 고객과 직접 대면하면서 인간적인 차원에서 서비스를 제공해야 되는 것을 등한시하게 됨에 따라, 자연히 고객의 입장에서 활동하여야 하는 그들의 지위를 망각하게 된다고"[30] 지적하였다.

사실 일반 관료들도 하나의 이익집단으로 조직화되어 정치적 과정을 통해 자신들의 이익을 주장하며, 어떤 경우에는 고객의 비용으로 자신들의 이익을 추구한다. 따라서 다원주의 모델에서 볼 수 있는 경우와 같이 이기적인 자신만의 이익을 우선시한다. 이렇게 되면, 대중을 위하여 존재하고, 봉사하도록 요구되는 관료집단이 자신들의 이익을 위해 대중이 존재하게 되는 것 같이 착각하게 된다.

흔히 발표하는 뉴스이지만 복지기관의 예산 중 많은 부분이 정작 수혜를 받아야 할 생활보호대상자를 위해 쓰이기보다는 해당 기관의 유지를 위해 쓰이고 있다는 사실은 대중이 고객으로만 정의될 수 없는 단적인 예라 할 수 있다.

따라서 일선관료들이 고객들의 이익을 위하여 봉사할 수 있는 분위기를 조성하여 주어야 하며 고객들로 구성된 이익집단의 활성화를 추구하여야 된다. 뿐만 아니라 일선관료들의 책임성과 책무성을 구체적으로 명시하여 주는 외부 정치체제의 역할이 중요하다.

5. 시민으로서의 대중

시민이라는 개념은 근대 행정학 분야의 기원과 밀접한 관계가 있다. 공직자

30 M. Lipsky, "Advocacy and Alienation in Street-Level Work," in C. T. Goodsell(ed.), *The Pulbic Encounter: Where State and Citizen Meet* (Bloomington: Indiana University Press, 1981), pp. 69-82.

의 선발은 전문적인 교육을 받고 전문지식이 있는 사람을 요구하던 미국의 개혁시대 이래로, 교육받은 시민들은 공공분야에서 활동적으로 행동하고 헌법정신을 이해해야 하였다. 이러한 시민성의 개념은 대중의 목적이 단지 자신들의 이익을 보호하는 것뿐만 아니라, 대중의 전체적인 이익을 보호하여야 한다는 것을 포함한다.[31]

행정학에서 시민에 대한 관심이 근래 발전하게 된 동기는 활동적인 시민들이 참여한다면 행정의 효율성이 증진된다는 데 있다. 시민성이론은 능동적이고 효과적인 시민의 존재가 정부의 효과적인 행정수행에 필수적이라는 점을 강조한다.[32]

Barber는 시민사회의 건설을 위해 시민들의 적극적인 참여를 촉구했다. 즉 그는 "강력한 민주주의는 시민이 직접 개입하여 자치정부를 운영할 것을 요구한다. 이것은 개인이 지역 및 국가 차원에서 공동 대화(common talk), 공동 의사결정(common decision-making) 및 정치적 결정, 공동 행동(common action)에 적극적으로 개입할 수 있는 기관의 형성을 의미한다고"[33] 하였다.

시민성에 대한 실질적인 연구는 미국의 도시에서 발생되었다. 도시의 정책을 결정하는 데 시민이 참여하는 모델은 중앙정부에서 지원을 받았다. 1980년대 중반에 시민참여는 정책결정분야의 중심 이슈가 되었으며, 민주행정의 중요한 특징이 되었다. 이러한 경향은 결국 권력을 시민집단에 돌려주는 일을 성취했지만 권력 투쟁과 남용으로 인한 혼잡을 야기하여 손실도 가져다 주었다.

Ventriss가 예견하는 바와 같이 가까운 장래에는 직접적인 시민참여가 더욱 증가하게 될 것이다.[34] 인권과 민권이 더욱 거세게 요구됨에 따라 완전한 참여를 계속 요하며, 더욱이 전자정부의 출현으로 완전 참여를 위한 발전을 가속화시킬 것이라고 보고 있다.

그렇다면 대중적 접근방법으로 시민을 대중으로 정의하는 것은 공동의 이익을 위해 참여를 나눔으로써 대중의 동기를 유발시키고, 따라서 능력이 제고된

---

31 H. George Frederickson, "Toward A Theory of the Public for Public *Administration," Administration and Society* (February 1991), Vol. 22, No. 4, p. 402.

32 H. G. Frederickson and R. C. Chandler, "Citizenship and Public Administration," Special Issue, *Public Administration Review* (1984), Vol. 45.

33 B. Barber, *op. cii.*, p. 261.

34 C. Ventriss, "Emerging Perspectives on Citizen Participation," *Public Administration Review* (1984), Vol. 45, pp. 433-440.

대중의 잠재력을 끌어낸다는 장점을 가지고 있다.

그러나 이 접근방법의 단점은 대중적 이슈의 복잡성과 전문가의 절대적 필요성, 리더십의 필요성, 대중을 참여하게 유도하는 문제점 등을 심각하게 인식하는 데 실패하였다는 데 있다.[35] 즉 대중이 실질적인 권리의 주체자라는 정의를 내린 점에 있어서는 큰 의미가 있지만, 대중의 권리를 현실적으로 실현하는 차원에서는 이렇다 할 대안을 제시하지 못한 것도 사실이다. 그러므로 시민을 정치의식화하여 관료들의 정책결정에 참여케 함으로써 관료들의 전문성이 시민들의 이익을 위하여 봉사하도록 유도하여야 된다. 그 결과 관료들의 책임성과 책무성은 제고될 것이다.

6. 참여 민주주의적 접근방법: 권리의 주체로서의 대중

참여민주주의(Participatory Democracy)자들은 대중을 단순한 시민으로 규정하는 것을 넘어서 대중은 모두 국가권력의 주체이므로 국가가 대중의 권리행사에 적극적으로 협조하여 대중이 진정한 권리의 주체가 되도록 해야 한다고 주장한다. 현대의 대의민주제는 각 계층 간의 참여기회가 균등하지 못해 주권자의 의사가 고르게 정책에 반영되지 않기 때문에 진정한 민주주의를 실현하지 못하고 있다고 보는 것이다.

Mill은 시민참여의 확대가 개인의 완성된 모습을 가장 잘 가꾸어 주는 역할, 즉 민주주의 교육을 통해 민주시민으로서의 개인의 발전을 가져올 수 있다고.[36] 하면서 국가정책에 일반시민이 적극적으로 참여할 수 있도록 국가가 노력해야 한다는 점을 강조하였다.

Mcpherson은 민주주의란 단순히 정치 리더를 선택하는 메커니즘 또는 정부에 권위를 부여하는 제도가 아니라, 시민들이 사회를 만들어 가는 것을 보여주어야 하는 제도[37]라고 보고, 민주주의에 있어서 평등의 원칙은 '한 사람 한 표'(one man, one vote)를 준수하는 것뿐만 아니라 "그 사람이 완전한 인간으로

35 H. G. Frederickson, *op. cii.*, p. 406.

36 Peter Bachrach and Aryeh Botwinick, *Power and Empowerment: A Radical Theory of Participatory Democracy* (Philadelphia: Temple University Press, 1992), p. 10.

37 C. B. Mcpherson, *Democratic Theory: Essays in Retrieval* (New York: Oxford University Press, 1973), p. 51.

서 살아갈 수 있도록 '모든 사람이 평등한 권리'(one man, one equal right)를 가지고 있다는 사실을 충족시켜야 한다고"[38] 주장했다.

Pateman은 민주주의를 실현하기 위하여 국가 활동에 대한 참여뿐만 아니라, 노동자들이 대부분의 시간을 보내고 있는 산업현장에 있어서까지 참여를 강조하였는데,[39] 이는 사회의 모든 영역에서 시민참여가 이루어져야 진정한 대중의 권리가 실현될 수 있다는 것을 의미한다.

참여민주주의자들의 궁극적인 목표는 모든 시민들이 국가 활동에 참여할 권리가 있다는 선언이나 형식적인 참여의 보장, 또는 참여 자체를 위한 사회 제 영역의 민주화만이 아니다. 이들에게 있어서의 민주주의의 기본적인 기준은 모든 시민들이 살아가는 데 있어서 자신이 원하는 만큼 충분히 현실적으로 평등한 권리가 제공되고 있는가와 모든 개인이 자신을 위해서 권리를 사용하고 있는가 하는 것이다.

그러나 대중에 의한 참여민주주의의 정의 역시 보완해야 할 요소가 있다. 즉 대중의 권리확대를 위해 정부가 적극적으로 개입하는 데 대한 현실적인 합의가 아직은 이루어지고 있지 않다.

정부가 공정하게 개입하는 것에 대한 이론의 여지가 없겠으나, 앞에서도 지적하였듯이 관료제가 완전히 중립적인 위치에서 대중을 위해 활동하지 않을 때 정부의 개입은 또 다른 대중의 권리침해가 될 가능성이 높기 때문이다. 따라서 실질적인 참여민주주의 활성화가 관료들의 책임성과 책무성을 제고시켜 주는 관건이 될 것이다.

7. 대중에 관한 일반론

앞에서 살펴본 바와 같이 대중을 정의하고 대중의 권리를 확보하기 위해 제시된 각 이론들은 나름대로의 합리성과 한계를 포함하고 있다. 어느 한 이론이라도 대중이 누구인지 명확한 정의를 내리지 못하고 있다. 정치인이나 관료들이 항상 대중을 위해 일한다고 주장하나 대중이 누구냐고 묻는다면 망설이게 되

---

38 *Ibid.*, p. 32.

39 Carole Pateman, *Participation and Democratic Theory* (London: Cambridge University Press, 1970), pp. 50-51.

나 그 대답에 따라 책임성과 책무성을 물을 수밖에 없을 정도로 애매한 면이 있다. 따라서 여기에서는 대중에 대한 이해를 증진하기 위해서 Frederickson을 들어 보고자 한다.

대중에 관한 일반론을 위한 요소에 관하여 Frederickson이 제시한 헌법, 덕망 있는 시민(virtuous citizen), 대중에 대한 반응, 그리고 자비와 사랑 등의 4가지 요소들[40]을 고려해 보는 것도 의미 있을 것이다.

첫째, 대중과 대중의 권리에 대한 정의는 헌법에 기초를 두고 있다. Rohr는 정부의 가장 기본적인 목적은 모든 시민들에게 기초적인 가치를 보장하는 것이라고[41] 하였다. 이것은 목적 그 자체라기보다는 이러한 목적을 위해 민주주의를 활용해야 한다는 것이다. 공직자들은 다수에 의한 결정의 상위에 있는 원칙인 헌법질서에 의해 통제된다. 따라서 공직자의 제일 중요한 도덕적 의무는 모든 시민의 기본적인 가치를 보호하고 보장하는 것이다.

둘째, 대중에 대한 일반론을 위해서는 시민성의 개념을 어떻게 발전시키느냐 하는 것이다. Hart는 덕망 있는 시민의 특징을 4가지로 설명했다.[42]

① 시민은 기본적인 문서를 이해하고, 도덕철학을 수행할 수 있어야 한다. 시민은 철학적으로 올바른 판단을 하면서 시민생활을 영위해야 하는 것이다.

② 덕망 있는 시민의 두 번째 특징은 믿음이다. 시민의 본질적인 가치가 시민들의 정치적 가치로서 진실 되고 옳다는 것과, 이러한 철학적 가치가 단순이 이상에 그치는 것이 아님을 신뢰하여야 한다.

③ 덕망 있는 시민의 세 번째 특징은 개인적인 도덕적 책임을 받아들이는 것이다. 덕망 있는 시민은 이러한 정치적 가치를 보호하기 위해 행동할 것이 요구된다. 이것은 우리 모두가 서로의 본질적이고도 기본적인 권리를 보호하기 위해 개인적으로 도덕적 책임을 져야 함을 의미한다.

④ 마지막으로 시민성은 법률 및 제 요구들이 다른 사람의 자유를 침해하지 않을 정도로 최소한으로 유지되어야 하며, 사람들이 만든 어떠한 기관으로부터도 너무 많은 것을 기대하지 말아야 하는 인내를 포함한다. 이러한 덕망 있는

---

40 Frederickson, *op. cit.*, pp. 407–411.

41 J. Rohr, *To Run a Constitution: The Legacy of the Administrative State* (Lawrence: University Press of Kansas, 1986).

42 D. K. Hart, "The Virtuous Citizen, the Honorable Bureaucrat and Public Administration," *Public Administration Review*, Vol. 44, pp. 501–508.

시민을 양성하는 것도 공직자의 책임이며 책무이다.

셋째, 집단은 물론 개인으로서 대중의 반응이 어떠한지 고려해야 한다는 것이다. 대중에 대한 일반이론을 확립하기 위해서는 이익집단을 형성한 대중뿐만 아니라, 자신의 권리를 찾지 못하는 대중의 이익에 귀를 기울이고 반응할 수 있는 체제와 과정을 발전시키고 유지해야 한다. 헌법구조와 합법적 원칙, 덕망 있는 시민의식을 고려하면서 관료들은 권리의식이 없는 대중에 대해서도 책임을 져야 한다.

헌법체제하에서 각각의 시민들은 결국 법의 평등한 보호를 받아야 하는 것이다. 따라서 행정 관료는 효율성 및 경제성뿐만 아니라 사회적 형평성도 추구해야 한다.

넷째, 대중에 관한 접근은 자비와 사랑이 있어야 한다.

Smith는 국가에 대한 사랑이 두 가지 원칙을 포함한다고 한다.[43]

① 현실적으로 존재하는 헌법 또는 정부형태에 대해 각별한 자긍심 내지는 경애심을 갖는 것이며,

② 가능한 한 동료 시민들이 안전하고 사랑받으며 행복한 삶을 살도록 정성껏 바라는 것이다. 정부의 책임은 모든 시민을 보호하고, 시민에게 정치적 가치가 돌아가게 하는 것이다. 자비에 기초하여 대중의 개념을 생각하는 것이 국가의 목적이기 때문이다.

지금까지 살펴본 바와 같이 대중은 정의하기 매우 어려운 부분들을 안고 있다고 할 수 있다. 물론 대중을 단순히 국가 내 모든 시민으로 정의할 수 있다. 그러나 문제는 이러한 모든 시민이 권리의 주체자요 주권자로서 국가의 정책결정에 평등하게 참여하고, 국가의 책임성을 증진시킴으로써 반사적으로 대중들이 이익을 균등하게 분배받을 수 있느냐라는 실질적인 문제에 접할 때 발생한다.

이러한 문제는 관료들의 책임성과 책무성의 문제로 볼 수 있다. 최소한 대중이 권리의 주체자로 인식되기 위해서는 모든 국가 활동에 있어서 모든 대중에게 기회가 균등하게 돌아가야 할 것이다. 현실적으로 '대중을 위하여'라는 구호는 항상 존재하지만 내용상에서 그렇지 않은 경우를 더 많이 발견할 수 있다.

여기에서 우리는 대중이 권리의 주체자라고 정의함에 있어서 이에 수반되

43 Frederickson, *op. cit.*, p. 410.

는 대중의 책임도 생각해 볼 수 있다. 즉 대중이 자신의 권리를 인식한 만큼 실질적인 권리가 보장되는 것이 아닐까? Weber도 대중이 권리자로서 대중 자신을 위하여 끊임없이 개발하는 시민의식을 강조하였다.

이러한 시민들은 시민으로서의 가치와 의미를 더욱 발전시켜 나가기 때문에[44] 실질적인 주권자의 역할을 할 수 있을 것이다. 즉 대중은 권리의 주체자이지만, 현실적으로 권리의 주체가 되기 위해서는 정치체제하에서 책임과 의무를 다 해야 하는 것이다. 이것이 오늘날 행정책임을 보장하는 데 중요한 담보가 될 수 있다.

제4절 책임성과 책무성의 관계

책임성과 책무성은 서로 관련된 개념으로 서로 보완 관계에 있을 수도 있고 때로는 서로 갈등을 가져올 수도 있다. Day와 Klein이 상기시켜 주듯이, 어떠한 일을 하도록 책임을 부여받지 않았다면 그에게 설명하라고 요구할 수 있는 책무성도 있을 수 없다.[45]

1. 책임성과 책무성의 보완관계

Simon 등은 책임에 대한 정의를 합법적인 권위, 도덕적인 의무, 그리고 대중의 가치를 부응하는 것이라고 하였다.

이 가운데 대중의 가치에 부응하는 것이 책임성이라고 본다면 책무성은 관료들이 행정정책과정에서 대중이 가치를 반영시킬 수 있도록 방법, 절차를 세우고, 때로는 대중의 참여를 강요하는 것으로 정의할 수 있다. 즉 책무성은 책임성을 이행하게 하는 수단이라고 볼 수 있다.[46] 책무성의 힘이 약하다면 책임을 이행하려는 의지가 약해질 수 있다는 의미이다. 우리가 책임 있는 정부 혹은 책임

---

44 Max Weber, *General Economics History, tran. by F. H. Knight* (Glencoe: The Free Press).

45 P. Day and Klein, R., *Accountabilities: Five Public Services* (London: Tavistock, 1987), p. 5.

46 H. A. Simon, Smithburg, D. W. and Thompson, V. A., *Public Administration* (New York: Alfred A. Knopf, 1950), p. 513.

있는 행정을 달성하려고 할 때 자주 책무성에 대하여 언급하는 이유이다. 다시 말하여 책무성은 책임성을 달성하는 수단인 것과 같이 목적을 달성하는 수단인 것과 같다.

우리가 공금이 어떻게 쓰이고 있으며, 조직이 법의 영역 내에서 활동하는지 물을 때는 초기형태의 단순한 책무성을 의미한다. 이런 전통적인 책무성의 개념 정의도 정당성이 없는 것은 아니나, 앞에서 살펴보았듯이 사회의 가치나 문화 환경이 변화함에 따라 책무성이 손상될 수도 있고 심지어 개념 자체가 변화할 수도 있다.

예를 든다면 가치관은 사람들의 행위를 결정하는 역할을 하기도 한다. 우리가 인간의 존엄성이나 생명의 귀중함을 인식하는 가치관을 가지고 있다면 그러한 가치관은 법이 규정한 경직된 책무성에 어느 정도 손상을 입히는 경우가 있더라도 인간의 존엄을 보장하려는 방향으로 행위를 유도하는 기능을 하게 된다.

반면에 책임성은 책무성을 강화시키기도 한다. 책임성은 행정가들이 어떠한 비도덕적인 유혹으로부터 자신들을 억제하려는 개인의 도덕적 힘이다. 유혹으로부터 자신이 행위를 통제하지 못하였을 때 우리는 그를 무책임한 사람이라고 부른다. 그러므로 책임 있는 사람의 행위는 규칙 및 법의 요구에 일치하기 마련이다. 다시 말하여 책임 있는 사람은 준법정신이 강하다는 의미이다.

행동하는 것과 말 하는 것 사이에 갈등이 발생한다면 우리는 그를 성실성이 없거나 신뢰할 수 없다고 한다. 따라서 책임성은 행정과정에서 일관성이 있고 올바른 윤리성을 지속하게 하는 수단이며 행정가들의 책무성을 수행하기 위하여 책임성은 필수적이다.

사회가 복잡해짐에 따라 관료들에게 권한이 위임되는 경우가 늘어나고 있다. 관료들에게는 어떤 특정한 목적을 위하여 책임이 위임되기 때문에, 그들이 수행해야 하는 의무의 내용은 비교적 분명하다. 이 의무의 내용은 인과적인 책임성과 책무성의 관계를 정의하여 준다. 그러나 시민의 의무는 민주정부나 독재정부 등 체제마다 시민에게 요구하는 것이 다를 수 있기 때문에 시민의 의무가 무엇인지를 정확히 말할 수 없다.

예를 들어보면 민주사회나 전제주의 혹은 독재체제하에서 시민에 대한 기대는 서로 다를 것이다. 독재정부하에 살고 있는 시민은 정부의 정책결정에 참여할 수도 없고 정부가 하라는 대로 해야 되기 때문에 정부가 하는 행위에 대하여 책임질 필요는 없다. 뿐만 아니라 누구를 선출할 선택권도 없으므로 더욱 책임을 질 필요도 없다. 이러한 사회에서 책무성과 인과적인 책임성 간에 어떠한 관계가 존재한다고 보기 어려울 것이다.

2. 책임성과 책무성의 균형관계

우리는 모든 사람들이 책무성과 책임성 간의 균형을 가져오기 위하여 가능한 한 자신의 운명에 대하여 스스로 책임을 지는 사회를 원한다. 이러한 경우 책임성의 상황은 좋다고 말할 수 있다. 책임성 혹은 위임된 의무를 성공적으로 달성하기 위하여 필요한 자원, 지식, 선택의 자유, 그리고 인과적인 책임에 적합한 요소들이 충족되어져야 한다. 또한 의무의 이행에 실패하였을 때 자신에게 어느 정도 그리고 어떠한 징계가 주어질 것을 미리 알 수 있도록 암시적 책무성은 명시적 책무성으로 전환되어야 한다. 정책의 실패나 성공이 공정하게 분석되기 위해서는 정책에 대한 개방 및 공개성이 필수적이다.

책무성이 책임성보다 더 강해서도 안 된다. 규정과 자유재량이 어느 정도 균형을 유지하지 못한다면 행정의 능률성 및 효과성에 지장을 초래한다. 책무성이 강하다는 것은 법, 규정, 그리고 절차 등이 강하여 독재적인 성향과 유사하다는 것을 의미한다. 물론 책임성이 책무성보다 강해서도 안 된다. 책임성이 강하다는 것은 스스로 판단할 수 있는 자유재량이 많다는 것을 의미하며, 지나친 자유재량은 남용을 가져올 수 있어 바람직하지 않다. 따라서 이 둘 사이에는 어느 정도 균형을 유지해야 한다.

대중에게 건전한 책임성을 부여한 정부는 책임성이 대중에게 주어지지 않은 정부보다 생존능력이 강하다는 것은 당연하다. 왜냐하면 건전한 책임성은 신뢰가 있는 민주사회에서만 가능하기 때문이다. 독재정부의 사회에선 서로 신뢰를 하지 못하기 때문에 책임을 부여하기 어려우며 단지 책무성과 같은 지시만이 있을 뿐이다.

또한 책무성이 책임성보다 강한 사회에선 사람들이 저지를 수 있는 실패의 공포 속에서 시달리게 될 것이다. 이러한 환경하에서 최상의 업적이 달성되지 못하는 것은 당연하다. 최고의 업적은 책무성과 책임성이 적절히 균형을 이룰 때 증진될 수 있다.

Rousseau에 의하면 정치적 권력의 합법성은 한 군주에 의하여 독점되는 것이 아니라, 모든 시민이 공유할 수 있도록 권력을 나누고 그리고 또 쪼개는 가운데 달성될 수 있다고 한다.[47] 그에 의하면 사람은 자유롭게 태어나지만 속박과 구속에서 벗어나지 못한다고 한다.

사람들은 자신들이 다른 사람들의 주인이라고 생각하기도 한다. 그리하여 이 사회에는 우리가 상상하는 것보다 더 많은 노예들이 있다. 이러한 상황을 시정하기 위해 Rousseau는 권력의 분산을 주장했다. 그는 모든 사람들이 권력을 공유하지 못하고, 한 군주가 권력을 장악하도록 허용한 것은 모든 사람들의 책임이라고 주장한다. 권력의 합법성은 모든 시민들이 권력을 공유할 수 있을 때까지 달성될 수 없다.

Rousseau의 말을 빌리면 정치는 정치체제를 통하여 책임의 분산을 결정하는 과정이며, 정부는 책임의 구조라고 할 수 있다. 정부는 법을 위반하는 사람에게 책무성을 지우는 기준을 만들 뿐만 아니라 인과적인 책임성을 결정한다. 예를 들어 누가 누구의 결정에 따르고, 어떤 자원을 통제하며, 누가 영향을 받게 될 것인지 등을 결정한다. 그와 같이 정치과정은 책임성과 책무성 간의 관계를 구조화한다. 사람들은 민주적인 정치과정을 거쳐 건전한 책임성의 상태를 만들어 낼 수 있다.

건전한 책임성이란 스스로 자신의 운명을 결정할 수 있는 책임과 권한이 조화를 이룬 상태를 말한다. 이러한 책임성의 상태는 정부의 제도 속에서 법과 같이 구체화된다. 따라서 정치는 물론 항상 그런 것은 아니지만 책무성과 책임성의 균형을 가능하게 만들어 준다.

합헌적이고 민주적인 견지에서 책임성의 두 측면 사이에 어떠한 균형이 존재하는가? 책임성과 책무성의 적절한 균형이 어떻게 잘 제도화될 수 있는가? 책임성이 대중들 사이에 어떻게 평등하게 분배될 수 있는가? 이러한 질문들은 민주사회 내지 민주국가를 구축하는 데 중요한 과제이며 책임성과 책무성이 조화를 이룬 국가가 가장 민주적으로 발전된 국가라고 말할 수 있다.

---

47 Jean Jacques Rousseau, *The Social Contract and Discourses* (New York: E. P. Dutton & Co., 1947), Book I, ch. 1.

제5절 책임성과 책무성의 한계

대통령은 관료제와 관료들이 책무성을 지키도록 강제할 수 있는 많은 수단을 가지고 있다. 예를 들면 대통령은 임명권과 해임권, 의회에서 위임된 권한, 대통령의 비서실 및 보좌관 등을 이용하여 관료제를 통제하고 있다. 의회는 관료제에 대해 권한과 합법성의 부여한다든지, 관료제의 입법통제 및 예산통제를 할 수 있으며, 그리고 관료제를 통제하기 위하여 다양한 보좌기관을 설립하여 관료제의 책무성을 제고하고 있다.

관료제는 그들의 모든 정책행위에 대하여 법원에 책무성을 지고 있다. 실제로 법원은 관료제의 모든 정책결정과 집행행위를 조사하고 정책의 정당성과 합법성을 판단할 수 있다. 실제로 법원은 행정통제의 권한을 가지고 있다. 그러나 이러한 정부의 견제와 균형체제로도 관료제에 대해 만족할 만한 책무성을 적절히 유지하도록 제제 역할을 못하고 있다는 것이 일반적인 평가이다.

관료제의 책임성과 책무성 확보를 더욱 어렵게 만드는 중요한 원인은 관료제가 입법부나 사법부에 비교할 수 없을 정도로 규모가 방대하며 더욱이 전문인으로 구성되어 있어 감독책임을 가지고 있는 외부정치체제들의 감독능력을 능가하고 있다는 점이다. 이에 대한 설명을 아래 할 것이다.

1. 권력의 분립체제와 책무성

권력의 분립체제는 관료제의 책임성을 더욱 복잡하게 만든다.[48] 대통령은 법의 집행을 책임지고 있으며, 의회는 관료제를 신설하고, 예산을 책정하며, 그리고 인사문제를 결정한다.

따라서 대통령이나 의회의 협조 없이 갈등 한다면 관료제의 책무성을 달성하기는 어려울 것이다. 왜냐하면 대통령이나 의회가 다른 선거구를 가지고 있고, 역할도 다르며, 동기부여 등 이해관계도 다르기 때문에 대통령과 의회가 쉽게 합의를 도출한다는 것은 대단히 어려운 문제이기 때문이다. 오히려 대통령과

48 Helene V. Smookler, "Accountability of Public Officials in the United States," Jabbra and Dwive(ed.), *op. cii.*, pp. 42–43.

의회는 자주 갈등을 가져오는 예는 흔하게 볼 수 있다. 그 결과 대통령이나 의회가 포괄적이고 체계적인 정책지침을 행정 관료에게 내릴 가능성은 희박하다.

행정 관료들은 이러한 상황에서 대통령이나 의회 가운데 누구의 말을 따라야 할지 결정하기는 어려울 것이다. 뿐만 아니라 민주주의 정치체제는 권력분산을 요구하기 때문에 일반적으로 집권화된 정책결정기구를 가지고 있지 않은 것이 현실이다. 그 결과 관료제가 책무성을 지키는 데 한계가 있다.

권력분립 현상은 반드시 단점만 있는 것은 아니다. 긍정적인 면으로 본다면, 책무성이 여러 채널들을 통하여 요구되고 서로 견제 될 수 있기 때문에 책무성의 확보를 위하여 유리할 수도 있는 반면, 부정적인 면에서 보면 관료제 내에서 여러 외부세력들 간의 갈등이 벌어져 관료제가 책무성을 지키기 어려운 환경에 직면하며, 자연히 관료들의 책임성이 모호해질 수 있다는 약점이 있다.

권력의 분립론은 민주주의의 기본원칙이지만 각 부서들의 분산된 정책결정권은 오히려 관료들로 하여금 자유재량을 임의로 활용할 수 있는 여지를 주고 있다. 권력이 분산됨에 따라 각 부처나 부서들이 상호 조정이 가능하지 않을 경우 관료들에게 위임하는 경우는 흔한 일이다. 그러나 현대 법치주의에서는 공직자들의 판단기능은 그에게 주어진 자유 재량권 내에서 해야 되며, 그 기능이 그의 의무에 속하고, 그리고 신뢰와 합리적인 바탕에서 자신의 의무를 수행하였다면, 그 관료는 만약 일어날 수 있는 사고나 재산피해에 대하여 책무성을 질 필요는 없다.

2. 다원주의 관점에서 행정책임

부하의 행동에 대한 상관의 책임은 Weber의 이념형 관료제에서도 잘 나타나 있다. 즉 상관은 조직의 목적을 달성하기 위하여 부하에 명령과 지시를 내리는 동시에 부하의 행동에 대하여 책임을 져야 한다. 독재나 전제정치하에서라면 부하들은 단지 주어진 과제를 달성하는 데 있어 가장 좋은 방법을 생각할 뿐 그 이외에는 부하가 책임질 필요는 없었다. 부하는 단지 상관의 도구로서 조직목표를 달성하는 데에만 전념하면 된다.

하지만 오늘날 행정책임에 대한 전체주의적 관점은 다원주의적 관점으로 바뀌고 있다. 따라서 부하는 상관에 대하여 책임을 지고 있는 동시에 법률, 헌법, 인간성, 그리고 시민에 대한 책임을 아울러 져야 한다. 즉 상관의 명령에 따랐다고 하여 그 책임을 면하는 것은 아니다.

상관에 대한 책임성과 책무성은 현대 조직사회에서 매우 중요한 것이다. 그러나 상관에 대한 책임성은 법률에 대한 책임성이나 시민에 대한 책임성과 때로는 갈등을 가져오기도 한다. 이러한 갈등이 상관에 대한 책임성의 한계로 작용한다.

상관의 명령을 무조건 복종하였다고 해서 책무성을 면하는 것이 아니고 비합리적이라고 생각할 수 있는 명령을 따르지 않았다고 해서 무조건 책무성을 지는 것도 아니다. 예를 들면 대통령, 의회, 시민 등을 위한 책무성 가운데 지시한 명령들의 합리성을 논의하는 과정이 바람직할 것이다.

실제로 조직의 계층제 내에서 비윤리적이거나 불법적인 지시를 직면한 경우, 조직의 계층제에 따른 명령을 따르지 않는 것은 매우 위험하다. 만약 조직의 계층제의 책임성을 어기고 이외에 다른 책임성을 중요시한다면 당연히 보복차원에서 임금, 승진, 고용존속 등에 상당한 불이익을 감수하게 될 수도 있다. 다시 말하여 조직을 따르느냐 자신의 양심을 따르느냐는 참으로 결정하기 힘든 문제일 것이다. 예를 든다면, 1945년 나치 전범에 대한 누렌버그 판결은 개인적인 책임성의 변화를 잘 보여준 사건이다. 이 재판에서 Jodie 장군의 변호사는 전쟁수행 여부에 대한 결정은 정치가가 하고 전쟁수행방식은 군인이 하는 것이라고 하면서 군인은 명령에 따라 책임을 다 했을 뿐이라고 주장하였다. 유태인학살을 위해 가스실을 지은 나치 SS 건축가 에이크만은 자신은 명령에 따랐을 뿐이라고 주장하였다. 에이크만을 연구한 아렌트는 에이크만을 “그가 잘못을 저지르고 있음을 느끼지 못하는 환경하에서 범죄를 행한 범죄인”의 대표적 유형이라고 하면서 하급자도 그 행동의 결과에 대하여 책임을 져야 한다고 주장하였다. 달리 표현하자면 법적으론 책임을 지지 않는 경우도 결국 양심에 대해 책임을 져야 한다는 것이다.

이것은 공공관료들이 개인적으로 비윤리적 행동을 조직 내에서 요구당하는 경우 공공관료들이 대처할 수 있는 행위의 준거 틀을 고려하는 데 도움을 준다. 예를 들어, 이러한 부당한 요구를 거부하거나, 해서는 안 되는 일은 대중에게 공개하고, 적어도 부정행위나 파괴적 영향을 감소시킬 책임이 있다는 것을 의미한다. 특히, 조직이 지향하는 바를 법규로 명문화함으로써, 관료들이 조직의 계층제에 대한 충성의 한계를 판단하는 데 준거를 삼을 수 있도록 하고, 나아가 윤리적 행위를 하는 데 도움을 줄 수 있어야 한다. 또한 개인적 책임을 보장하여 주기 위하여 책무성의 일종인 개인적 권리를 보장할 법적·제도적 메커니즘을 수립하는 것이 중요하며 아울러 조직도 개인의 가치, 권리, 필요성을 인식하는 것이 중요하다.

3. 관료제와 관료의 목적 간의 대립

행정기관은 법, 정부, 상관, 동료, 부하 그리고 대중 등과 같이 다양한 대상에 책임져야 할 의무를 지고 있는데, 이들 간에 갈등이 있을 수 있다. 또한 관료인 각 개인의 이익에는 가치, 믿음 및 자아실현 등이 있기 때문에 항상 행정기관과 개인으로서의 관료의 목적 간에는 대립이 있을 수 있으며, 이러한 경우 양자 간의 타협을 찾는 것이 중요하다.

특히 정치적 책무성과 관리적·운영적 책무성의 불가피한 마찰이 일어날 가능성은 매우 높다. 즉 행정기관을 감독하는 상위계층의 요구와 정책의 결정과 집행을 위임받은 하부기관의 관리적 책무성 사이에 갈등이 발생하여 상호간의 긴장이 계속적으로 일어날 수 있다. 이와 유사한 현상은 의사결정의 분권화에서도 볼 수 있다. 같은 논리로 지방주민의 요구에 부응하려고 하는 지방정부의 책무성과 헌법과 국익을 고수하려는 중앙정부의 책무성 사이의 갈등도 고려할 수 있다.

이외에도 관리적 책무성이 소위 합리적이고 과학적인 관리기법에 기준을 두고 있다면, 정치적 책무성은 가치의 조정, 정당의 의도 등 합리성보다는 정치적 편견을 더 많이 고려하는 편이다.

요즈음 흔히 발생하는 문제는, 산업이 국유화된다든지 혹은 공공영역에 행정이 깊숙이 개입함으로써 얻게 되는 무역에 관련된 자료나 개인의 사생활에 관한 정보 혹은 국익에 관련된 정보는 비공개를 원칙으로 하는 반면에, 국민이 무역이나 혹은 상업적 기밀을 알고자 하는 경우 국민의 알 권리(the Freedom of Information Act)를 충족시켜 주어야 하는 대중에 대한 책무성(public accountability)을 지고 있기 때문에 이 두 가지 요구 사이에 갈등이 발생할 수 있다는 것이다.[49]

이에 관련된 예를 들어 본다면 일반적으로 정부기업이 사기업체와 경쟁을 벌이고 있다든지, 새로운 생산기술 혹은 투자계획 등을 수립하고 있다든지 하는 것은 비밀을 요하는 정보이다. 그러나 행정기관이 경쟁력 제고를 위하여 정부의 지원을 얻으려고 할 때 가지고 있는 기밀사항을 임의로 제출하여야 되는 상황이 발생할 수 있다. 따라서 책무성과 책임성 간의 상호보완적인 관계뿐만 아니라 서로 배타적인 관계가 발생할 수 있다.

책무성에는 많은 종류가 있다. 즉, 복종의 책무성, 전통적 책무성, 과정 책무성, 프로그램 책무성, 사회적 책무성 등이 그것이다. 이들 책무성 간에는 갈등이 발생할 수도 있다. 예를 들어 어떤 관료가 행정기관 내에서 전적으로 경력지향적인 성공을 생각하고 있다고 하자. 한편 다른 관료는 고객들에게 어떻게 하면 좋은 서비스를 제공할 수 있는지에만 관심을 가지고 있다고 하면, 이들 관료가 따르려는 책무성들 간에 갈등과 불균형이 발생하게 된다.

일반적으로 자주 발생하는 책무성 간의 갈등은 정치인이나 일반대중과는 달리 관료들의 도덕적 책무성보다는 법적 딜레마, 공익보다는 전문적 이익에, 그리고 사회적인 책무성보다는 조직의 목적달성을 더욱 강조하는 데서 발생하는 것이다.[50]

Caiden은 계속하여 관료들의 책무성이 잘 지켜지지 못하는 이유를 다음과 같이 흥미롭게 지적하고 있다.[51] 즉 행정통제가 왜 성공적으로 이루어 지지 못하는가를 의미하는 것과 유사하다.

① **외부 통제체제의 무능력:** 전통적인 책무체제는 대중의 대표자들에 의하여 감독을 받고 있다. 문제는 대중의 대표자인 정치인들은 관료들의 포로가 되기 쉽다는 것이다. 일반적으로 정치인들은 부패를 발본색원하거나 대중의 불만을 극복할 수 있는 개선안을 제시하기보다는 자신들의 정치적 경력을 발전시키는 데에만 온 정성을 쏟고 있다. 오히려 잘못을 공개하여 시정하기보다는 잘못을 숨기려고 노력할 수도 있다. 그들은 가능한 한 모든 것을 정치화한다. 이러한 상황에서 관료제를 통제한다는 것은 어려운 일이다.

② **공직자의 부패:** 공직자들이 공직을 재산증식의 기회로 사용하는 것을 의미한다. 공직자들은 의심스럽고 신뢰할 수 없으며, 자기 이익을 추구하는 데 천재적인 소질을 가지고 있다. 공

49 Lawton and Rose, *op. cii.*, p. 23.
50 Caiden, *The Problem of Ensuring the Public Accountability of Public Officials*, p. 24.
51 *Ibid.*, pp. 26–28.

익은 생각조차 하지 않고 그들 스스로 대중에 대해 책임이 있다고도 느끼지 않는다. 외부 정치체제가 약하기 때문에 할 수 있는 일은 관료를 갈아치우는 것이나, 그렇게 갈아치웠다고 하더라도 같은 부패현상이 계속 일어난다면 무슨 의미가 있겠는가?

③ **비민주적 풍조**: 공직을 수행하는 정신이 대단히 비민주적일 수 있다. 기본적인 인권이나 개인의 권리가 침해되고 있으며, 공직자는 대중을 존경하지 않는다. 물론 대중의 불만도 심각하게 받아들이려 하지 않으며 불만자는 말썽꾸러기로 간주한다. 대중에 대한 책무성은 공직자들이 공직을 담당하기에는 무능력하고 부적합하기에 지켜지기 어렵다.

④ **관료제적 타성**: 현 관료의 능력수준은 업무를 증진하기에 부족하며 행정기관을 변경시킬 능력은 더욱 없다. 생존에는 어려움이 없기 때문에 행정기관은 관료들의 병리현상을 치유하기 위하여 그들 스스로 노력하지도 않는다. 창의성을 발휘한다거나 장기적인 계획을 수립하려 들지도 않으며, 경력발전에는 별로 신경을 쓰지 않는다. 대중에게 책무성을 지기 위하여 관료들은 더 많은 경영상의 재량권 및 융통성을 가지고 있어야 하며, 자신들의 업적은 물론 부하들의 업적까지도 책임져야 한다.

⑤ **익 명 성**: 행정 관료의 익명성은 자신들의 행위의 결과에 대하여 방패막이의 역할을 할 수 있다. 익명성은 관료들로 하여금 자신들의 감정을 숨기고, 공식적인 지시에 따라 움직이며 조직의 이면에서 역할을 하도록 허용하기 때문에 대중에 대한 책무성을 증진시키는 데 방해가 된다. 따라서 익명성을 극복하기 위하여 공직자들의 업무를 구체화하여 책임분담을 분명히 하고 그들의 업무를 대중에게 공개하여야 하며 역시 내부의 잘못을 고발할 경우 조직의 보복으로부터 고발 자를 보호하는 제도가 마련되어야 한다.

권력이 관료에게 많이 주어지면 주어질수록 공권력을 행사하는 관료에게 더욱 많은 책임성을 부여해야 한다. 또한 관료의 권력에 의한 대중의 피해를 줄이기 위하여 관료의 권력이 제대로 활용되고 있는지 관료들에 대한 통제를 게을리 해서도 안 된다. 관료들의 공공책무성을 추구하기 위하여 외부의 통제체제의 통제능력이 아무리 약하더라도 포기하지 않고 대중과 직접면담, 투서함, 특별검사제, 핫라인의 설치, 의사공개법(Sunshine Act) 등과 같은 모든 방법을 사용하여 관료의 책무성을 제고하여야 한다.

관료들의 공공책무성을 제고하기 위해서 고려하여야 할 문제는 헌법적, 사법적, 준사법적, 절차적, 경제적, 상업적 및 전문적 책무성 개념을 사용하지만 이들 간의 갈등을 피할 수는 없다는 것이다. 또한 관료들이 책임을 져야 하는 대통령, 의회, 이익집단, 사법부, 전문기관, 언론매체, 규제기관 및 고객들 사이에 마찰이 생기면 관료들은 이러한 갈등을 슬기롭게 해결하지 않으면 안 된다. 그러나 관료가 자신의 태만으로 결과에 영향을 미쳤을 때, 또는 그들의 행위나 태만이 충동이나 무지에 의하여 일어났다면 그 관료는 결과에 대하여 도덕적 책임을 져야 한다.[52] 그와 같이 책임이 있을 때는 책무성이 따라야 한다.

제6절 책임성 있는 행정의 구성요소

1. 관료의 필수적인 수행조건

행정의 윤리성은 사회의 각 분야에서 노력하지 않는다면 효과적으로 발전될 수도 없으며 유지될 수도 없다. Cooper는 행정윤리가 지켜질 수 있도록 사회의 주변 분위기가 우호적이 되어야 한다는 것을 지적하면서 우호적인 사회분위기는 구체적으로 대중 참여, 법과 정책, 규정된 내부의 특성과 조직의 상호보완성에 의해 형성된다고 언급하였다. 아래에서 Cooper의 구성요소에 대하여 설명하고자 한다.[53]

1) 대중의 참여(Public Participation)

행정적 윤리나 책임성은 대중의 참여 없이는 발전하기 어렵다. 특히 현대사회에서 정치인들이 충분히 대중의 이익을 보호하지 못하였기 때문에 1970년대 이래로 대중의 참여 목소리가 커가고 있다. 대중들의 요구도 다양해지고, 대중을 위한 공공프로그램이 복잡하여짐에 따라 관료들이 수동적으로 대중의 의견을 기다리는 자세보다는 대중의 참여가 확대되어야 한다는 사실을 실감하고 있다.

행정책임성을 확보하기 위해서는 대중 참여를 활성화함으로써 일반적으로 참여에 관심이 적은 전문 관료들의 마음속에 대중의 중요성을 인식시키는 것이 무엇보다 중요하다. 그 이외에도 대중이 의사결정과정에 참여한다면 그들의 선호와 요구가 정책에 반영되어 확대일로에 있는 관료의 자유재량과 대중의 이익을 위한 법과 정책이 일치될 가능성이 보다 높아질 것이다. 실제로 참여는 행정의 책임을 확보하는 데 유리하다. 대중 참여는 행정목적을 달성하기 위한 필수적인 수단이다. 폭넓은 참여가 허용된다면 그들의 가치와 특성뿐만 아니라 지역

---

52 Dennis Thompson, "Moral Responsibility of Public Officials: The Problems of Many Hands," *American Political Science Review*, 74(1980), pp. 905–916.

53 Cooper, *op. cii.*, pp. 123–138.

상황에 대한 정보도 관료제에 제공될 것이다. 따라서 행정책임성은 청문회 이외의 다양한 대중 참여 기법을 어떻게 개발하여 활성화하느냐에 달려 있다.

2) 법과 정책(Law and Policies)

행정책임을 언급할 때 법과 정책은 두 가지 의미 있는 기능을 한다. 예를 들어 법과 정책은 행정 관료들의 자유재량의 한계를 규정하고 관료들은 그 틀 내에서만 책임을 지도록 한다. 뿐만 아니라 행정기관도 법에 준하는 정책설립을 통하여 행정활동의 반경을 정하여 준다.

정책은 관료들에게 입법부의 의도를 집행하게 하는 기준, 절차 및 규정을 의미한다. 그 외에도 법과 정책은 정부의 입법, 사법 및 행정부에 대한 행정적 책임과 연관되어 있다.

아무리 지난 반세기 동안 관료의 권력이 급속히 성장하여 왔다고 하더라도 관료의 권력은 궁극적으로는 입법부에 의하여 합법성과 권한이 부여된다는 것을 잊어서는 안 된다. 그러므로 관료들도 자신들을 보호하기 위해 다양한 방법을 활용한다. 예를 들어 관료들이 입법과정에서 의원들의 호의를 얻으려 한다거나 혹은 교묘히 의회의 상임위원장, 이익집단과 더불어 서로 상부상조하는 동맹관계를 형성하여 서로를 만족시키는 긴밀한 협조관계가 이루어지도록 한다. 바로 이러한 삼두마차의 관계(제5장에서 설명)가 한편으로 관료들의 합법성과 권한을 보호하여 주는 역할을 하지만, 다른 한편으로 이러한 삼두마차의 역할은 관료의 권력과 한계를 초월하는 기회를 제공한다.

3) 내부의 규정된 속성(Prescribed Inner Quality)

법과 정책에 따라 관료제의 내부 속성은 제한된 자유재량의 범위 내에서 자질, 정신적 태도, 그리고 윤리적 동기부여 요인을 발전해야 한다. 이러한 관료제의 내부 속성은 윤리적 과정을 위한 주요한 구성요소들인 가치나 태도들을 결정하는 데 중요한 역할을 한다. 물론 이러한 특성이 다양한 문화나 방법에 따라 변화할 수 있다는 것을 인식하는 것은 관료제의 적절한 책임성을 확보하는 데 유리하며 이에 따라 균형잡힌 책무성을 설정하는 데 도움이 될 것이다. 실제로 문화는 관료제의 내부 속성을 결정하여 주는 주요한 결정요인이다.

Stephen Bailey는 모든 공직자들의 갖추어야 할 정신적 태도에 대하여 다

음과 같이 언급하고 있다.54

① 모든 사람과 정책의 도덕적인 모호성을 인정하고 모든 인간이 이기적인 요소와 이타적인 요소를 동시에 갖고 있듯이 모든 정책도 반드시 좋은 것만 있는 것이 아니라 나쁜 면도 있기 때문에 민주사회의 공공행정은 개방정책을 추진하여 대중과 타협 하는데 융통성을 발휘하여야 한다.
② 공공서비스의 우선순위를 결정짓는 요인들이 있다는 것을 인정하여야 한다. 주어진 상황에서 더욱 중요한 가치를 위하여 다른 가치와 우선순위를 바꿀 수 있다는 사실들을 인정하여야 한다.
③ 절차의 모순을 인정하여야 한다. 표준화된 절차는 관료의 변덕과 편견을 막기 위하여 유리하지만 때로는 현실과 적응하기 어려운 위협이 될 수도 있다.

Bailey는 이어서 이러한 태도를 올바르게 지켜나가기 위하여 관료들은 그들의 속성으로 공익을 추구하기 위하여 포기하지 않는 낙관성, 부당한 압력에 저항하려는 용기 그리고 공평성을 갖추어야 한다고 주장한다. 법과 내부의 규칙만으로 관료가 직면하는 모든 사항에 대처한다는 것은 불가능하다. 대중의 참여로도 혹시 일어날 수 있는 부작용을 막기 위하여 세부적인 사항까지 견제한다는 것은 어렵다. 단지 깊이 내재되어 있는 도덕적 자질과 정신적 태도가 조직의 목표와 일치되어야 한다.

4) 필수적인 조직(Requisite Organization)

인간은 조직 구성원들 간의 상호호혜적인 관계를 유지함으로써 생존이 가능하였다. 이러한 관계에는 의사소통, 신뢰, 확신, 사랑 등이 포함된다. 만약 이러한 가치들이 없었더라면 가족, 공동체, 재화와 용역의 생산, 그리고 정치체제의 존재는 불가능하였을 것이다.

조직은 여러 가지 면에서 행정책임에 공헌한다. 먼저 조직의 계층제와 같은 객관적인 책임이 모든 단계에서 명확하고, 직접적으로 책임을 분할하고, 위임을 통해 관료의 책임성을 강화한다. 조직에 있어서 직무수행을 위한 명령은 계층제

54 Stephen K. Bailey, "The Relationship between Ethics and Public Service," in Roscoe C. Martin, ed., *Public Administration and Democracy: Essays in Honour of Paul Appleby* (Syracuse University Press, 1965).

를 통하여 관리자와 부하에게 전달된다. 따라서 행동과 환류가 혼돈과 정체됨이 없이 흐르게 되며, 자기가 취해야 할 행동이 불분명한 경우 부하는 자기가 누구와 상담을 해야 할지 알고 있다. 즉 관료에게 주어진 임무를 달성하는 책임성은 책임을 이행하지 못하였을 경우 관료에게 물을 수 있는 책무성에 의하여 강화된다.

책임성의 범위를 확대하고 책임의 한계를 명확히 하기 위하여, 조직의 구성원들이 조직의 의사결정과정에 참여하게 한다면 구성원들이 더욱 책임을 느끼도록 자극을 줄 수 있다는 것은 책임성과 책무성을 발전시키기 위한 조직의 장점이다.

5) 통합구조(The Structure of Integration)

책임 있는 행정을 유지하려면 위에서 열거한 네 가지 중요한 구성요소의 통합이 필요하다. 이를 위해 법과 정책에 의한 시민참여와 위에서 지적한 관료제의 내적 특성과 상호작용을 하는 것이 필요하다. 대중의 참여는 민주주의 사회를 보장하여 주며, 법과 정책은 관료들의 행동반경을 설정하여 준다. 또한 대중의 참여는 관료들이 시민의 공복이 되도록 도와주며 동시에 그들에게 대중과 관련된 정보를 제공하여 주기도 한다.

이미 위에서 언급한 것과 같이 관료의 내적 특성과 조직 간의 상호보완적인 관계가 중요하다. 왜냐하면, 조직의 계층제하에서 상·하 간의 조화는 구성원의 내적 특성에 거의 전적으로 영향을 받기 때문이다. 관료제의 내적 특성은 일종의 조직의 문화이다. 문화는 조직구성원의 행태를 결정하여 주기도 한다.

조직은 조직의 목적을 달성하기 위하여 조직의 특성에 적합한 관료의 내적 특성을 발전시킨다. 우리는 이를 조직의 사회화과정이라고 부른다. 관료의 내적 특성과 조직의 구조적인 제도는 서로를 강화하여 준다. 결코 어느 하나만으로는 책임 있는 행동을 만들 수 없다.

실제로 책임 있는 행정은 위의 조건들 간에 상호연계가 잘 구축될 때 달성될 수 있는 것으로 본다. 이것은 네 가지 구성요소 간의 연계가 균형잡힌 형태속에서 상호 보완하는 그러한 상태이다. 물론 공익을 위하여 위에서 제시한 조건들의 균형 잡힌 상호작용과정에서 사기업의 이익이 침해를 받을 수도 있으나 항상 그러한 것만은 아닐 것이다. 때때로 조직은 대중의 이익을 저버릴 수도 있으며, 혹은 관료들이 대중과 신의를 지키기 위하여 조직이나 조직의 상관들에게 저항하는 경우도 발생할 수 있다. 그러나 그러한 경우는 그리 흔치 않다.

2. 관료제의 책무성 제고

초기 행정학의 중요한 문제는 관료들이 어떻게 하면 군주에게 책무성을 잘 지키게 할 수 있을까 하는 것이었다. 따라서 그 당시에는 집단이나 각 관료에게 정확한 직무를 맡김으로써 책무성의 한계를 명확히 하였었다. 그 결과 모든 직무를 잘 규제하는 합리적인 계층제가 발전하게 되었다.

이와 같이 행정책임의 핵심은 행정의 책무성이며, 이 책무성을 강화시키는 수단을 찾는 데 있다. 그러나 민주주의 국가가 발전하면서 관료제의 책임성은 시민의 책임성과 함께 복잡한 문제가 되고 있다.

다시 말하여 군주에게 일방적으로 책무성을 지는 문제에서 누구에게 책무성을 지는 것이 정당한가의 문제로 변하였으며, 그 결과 일방적인 책무성에 전적으로 사로잡혀 있었던 사회에서 관료들의 자유재량의 폭이 넓어짐에 따라 인과적인 책임성으로 관심이 옮겨가고 있는 것은 당연한 결과인 것 같다.

사실 인과적 책임성은 책무성보다 훨씬 어려운 문제다. Friedrich는 인과적 책임성을 고려하기 위하여 정신, 지식, 관료제의 절차 및 관료의 전문성을 들고 있고,[55] Summers는 3가지 조건인 의무, 자유 재량권 및 그에 적합한 책무성을 제시하고 있다.[56]

현대사회가 직면하고 있는 중요한 문제 중 하나는 관료제를 본질적으로 비민주적이라고 생각한다는 것이다. 그러므로 대중이 관료제에 대하녀 느끼는 불안의식과 관료제에 대한 민주적 통제가 거의 한계에 도달하였다는 우려를 해소하는 것이라고 본다.

물론 이러한 불안을 일으키는 원인은 관료제가 정책결정에 깊숙이 개입하면서 점점 더 중요한 역할을 하고 있다는 사실에서 찾을 수 있다. 이에 따라 관료제의 책무성은 더욱 중요해졌다.

O'Loughlin은 관료제, 정부의 대표기관, 그리고 비정부기관 간의 효과적인

---

55 Carl J. Friedrich, *Constitutional Government and Democracy: Theory and Practice in Europe and America* (Boston: Ginn & Co., 1950), p. 408.

56 Summers, *op. cii.*, ch. Ⅱ.

책무성을 발전시키기 위하여 세 가지의 기본적인 요소를 고려하는 것이 필요하다고 하였다.57

① 관료제의 설명, 행위, 그리고 결정의 정당성들이 외부세계에 잘 전달될 수 있는 효과적인 의사전달체계,
② 관료제의 정책결정에 대한 외부정치체제의 영향
③ 의사결정에 대한 관료제의 재량권과 비재량권의 명확한 한계가 중요한 요소라고 지적한다.

이론적으로 말하면, 관료제의 주요한 권력의 원천이 분명하지는 않더라도, 외부정치체제가 구체적이고, 세부적인 조사나 혹은 관료들의 행정행위에 대한 해명을 요구함으로써 어느 정도는 관료제의 권력남용을 견제할 수 있다. 책무성은 외부의 정치체제나 관료제의 상관이 관료가 행한 정책결정에 대하여 의문을 갖고 영향력을 발휘하려고 할 때에 존재한다. 지속적으로 관료의 행위를 조사하면서 의문을 끝까지 풀어보려고 노력한다면 어느 정도 관료의 권력남용의 문제를 완화시킬 수 있을 것이다.

1) 책무성을 위한 재량권과 비재량권의 균형

재량권과 비재량권의 한계를 명확히 정의해 주었을 때만 건전한 책무성의 상태가 유지된다. 그러나 재량권과 비재량권의 한계를 명확히 정의하는 것은 대단히 어려운 문제다. 어떤 결정은 관료들의 재량영역이 되어야 하고 어떤 결정은 관료제와 외부 정치체제가 서로 공유하여야 한다.

책무성 관계는 정책결정의 양면을 포함하여야 한다. 만약 능률적이고 기술적인 전문성이 최대한 발휘되기를 원한다면 바람직한 정책결정을 하는 데 필요한 재량권을 가능한 한 폭넓게 보장하여 주어야 한다. 관료제의 필요성과 유용성은 공공문제를 능률적으로 처리할 수 있는 전문적인 능력에 있다는 것을 잊어서는 안 된다. 그럼에도 불구하고 분명한 것은 중요한 정책결정일수록 책무성이 강하게 요구되며, 이러한 정책일수록 비재량권영역에 속하는 경우가 많다. 중요한 정책일수록 관료들에게 위임하기보단 정책을 책임지는 상급자가 직접 챙기

57 Michael G. O'Loughlin, "What is Bureaucratic Accountability and How can We Measure It?" *Administration & Society* (November 1990), Vol. 22, No. 3, pp. 275-302.

기 때문에 비재량권 영역에 속하게 된다. 어떤 특정한 결정이 현재 비재량권 영역에 속한다고 하더라도 상황이 변화하면 다시 재량권 영역으로 이전될 수도 있고 그 반대도 성립된다.

이와 같은 논리는 조직의 전문화의 경우에도 적용된다. 조직은 항상 전문화하는 것이 아니다. 어느 시점에 가서 조직의 전문화가 루틴화 혹은 표준운영절차에 속하는 정태적인 상황으로 변화하게 된다. 그러나 조직은 정태적인 상황에서 자연히 개혁과 발전을 다시 요구하게 되므로 전문화의 필요성을 갖게 되어 전문화를 시작한다.

그러므로 조직은 항상 전문화 내지 루틴화 속에서 있을 수 없으며, 전문화와 루틴화를 순환하면서 발전하여 왔다.

결국, 민주정치의 실현은 민주적인 정책결정과 능률적인 행정 사이의 균형을 어떻게 가져올 수 있느냐에 달려 있을 것이다. 다시 말하여 재량권과 비재량권의 균형을 이루는 것이 효과적인 정책실현에 도움이 될 것이다.

2) 책무성과 대중의 기대

전통적으로 책무성은 단지 변명 혹은 해명할 수 있는 책임(answerability)으로서 이해되어 왔다. 그러나 Romzek와 Dubnick에 의하면 이와 같은 책무성의 정의는 이제는 설득력이 없다고 한다.[58] 오늘날 공공행정의 책무성은 해명할 수 있는 전통적인 책임보다 행정의 과정에서 더욱 포괄적이고 중요한 역할을 한다.

전통적인 책무성 개념은 관료제가 대중의 기대를 충분히 실현(management of expectation)[59]해야만 한다는 점을 고려하지 않았다는 데 한계가 있다. 만약 우리가 대중의 기대를 충족시키는 것을 책무성 개념에 포함시킨다면 우리는 전통적 책무성 개념을 더 넓은 의미로 확대해야만 한다.

Dwivei, Jabbra, Lawton과 Rose가 주장하였듯이 Romzek과 Dubnik도 책무성을 단지 해명할 수 있는 책임을 책무성으로 보기보다는 오늘날 더욱 복잡한 의미를 지니고 있다고 하면서 관료제적·법적·전문적·정치적 책무성 등을 묻게 된다고 한다. 예를 들어 효과적인 책무성(effective accountability)은 관료들이 얼

58 B. S. Romzekand and M. J. Dubnick, "Accountability in the Public Sector: Lessions from the Challenger Tragedy," *Public Administration Review*, 47, pp. 227–238.
59 O'Loughlin, *op. cii.*, p. 281.

마나 대중의 기대를 효과적으로 만족시켜 주느냐가 될 것이다.

O'Laughlin에 의하면 책무성체제를 형성하여 주는 두 가지 중요한 조건은 통제의 권위주의적 근원(authoritative source of control)과 통제의 정도(degree of control)라고 한다.[60] 통제의 내부적 근원은 관료제의 계층제에 따르면 되나 관료제에 영향을 발휘할 수 있는 외부적 근원은 공식적 및 비공식적인 정치체제를 의미할 수 있다. 공식적인 통제의 근원은 대통령, 의회, 그리고 법원 등으로 말할 수 있고 비공식적 정치체제는 정당, 이익집단, 그리고 각종의 NGO 등으로 관료제를 통제하는 권력의 근원으로 볼 수 있다. 대중은 그 의미 자체가 모호하며 다양한 통제기구를 포함할 수 있기 때문에 통제는 광의의 근원을 말할 것이다.

관료제의 정책결정과 활동은 외부로부터 많은 통제를 받는데 외부의 통제가 강하면 관료제의 재량권은 줄어들 것이고, 외부의 통제가 약하면 관료제의 재량권은 늘어날 것이다. 실제로 어려운 문제는 행정의 책무성을 지키기 위하여 관료제의 재량성이 적당히 필요하다는 데 있다.

정책결정은 정치적 과정이기 때문에 대중의 의사와 괴리가 생겨서도 안 된다. 실제로 관료제가 효과적으로 업적달성을 하였다고 하더라도 정당성이 부인되거나 시민정서가 무시되면 업적달성의 효과성은 의미를 잃게 된다. 따라서 책무성은 정부와 대중 간의 대화나 의사전달의 과정으로 설명할 수 있다. 민주주의 사회의 목적은 사회, 대중, 그리고 통치자와 피통치자 간의 합법적인 관계를 위한 토대를 마련하여 사회의 질서를 형성하는 것이다. 이것이 책무성의 원칙이다.

오늘날 사회는 책무성을 발전시키기 어려운 요소들을 내재하고 있다. 대체로 정부는 관료제에 의하여 지배적인 영향을 받고 있으며, 대중들도 소극적이기 때문에 거대한 관료제가 대중을 무시하는 경향이 있고 대중은 정치로부터 소외되곤 한다. 다시 말하여 시민들은 선거 때 이외엔 자신들의 정치적 의견을 피력할 기회도 많지 않으며, 관료제는 변화하는 정치상황을 설득하려는 대중의 정치참여를 별로 좋아하지 않는 경향이 있다. 실제로 현대 정부의 책무성은 부적절하고 더 정확히 표현한다면 불완전하다. 따라서 책무성을 발전시키기 위해서는 책임을 지지 못하는 대중의 무능력과 전문 관료들의 무책임성을 극복해야만 한다.

60 *Ibid.*, p. 228.

3) 책무성의 측정

관료제의 책무성관계를 무엇으로 어떻게 측정하는 것이 가능한가?

첫째로 관료제와 외부 정치체제의 상호작용에서 볼 수 있다. 정책결정과정에서 누구의 의사가 반영되는가? 외부 정치체제가 관료들에게 영향을 가하기 위하여 어느 정도의 제재와 동기부여를 사용할 수 있는가? 다시 말하여 관료제의 정책결정과정에서 외부 정치체제의 참여 빈도수를 참고할 수 있다.

목적에 있어 외부 정치체제와 관료제가 서로 일치될 때 관료제에 대한 외부 통치체제의 영향력이 강하다고 할 수 있다. 그 이외에도 외부의 제재나 유인책이 관료제를 자극함으로써 정책의 효과성을 가져왔다면 역시 외부의 책무성은 강하다고 볼 수 있다.

둘째, 외부정치체제들이 관료제를 통제할 수 있는 중요한 방법은 관료제에 대한 정보를 확보하는 것이다. 관료제가 무엇을 하고 있는지를 파악하고 있지 못할 때 관료제를 통제한다는 것은 불가능하다.

일반적으로 관료제는 정보를 독점하고 있기 때문에 외부정치체제들이 얻어낼 수 있는 정보의 양과 질에 따라 관료제에 대한 영향력의 크기가 달라진다. 정보의 정확성도 관료제 통제에 영향을 미친다. 뿐만 아니라 시기(timing)도 중요한데 적절한 시기에 외부기관들이 관료들을 통제하지 못해 관료들이 반응할 수 있는 기회를 놓친다면 역시 책무성은 실패로 돌아갈 가능성이 있다.

건전한 책무성을 조성하기 위하여 외부 정치체제의 정책영역과 합리적이고 능률적인 행정을 위한 재량권영역이 어느 정도 구분되어 있어야 하는 것은 당연하다. 어떤 정책결정이 공공영역에 속하며, 그 이외에 다른 영역은 행정을 위한 관료제의 재량에 놓여 있어야 되는지를 구분할 수 있다면 책무성을 발전시키는데 도움이 될 것이다.

셋째, 외부 정치체제의 영향력이 강하면 관료제의 책무성은 강화될 것이다. 반대로 외부정치체제가 관료제의 행위를 감시할 능력을 결여하고 있다면 관료제에 대한 책무성을 묻는 데는 한계가 있게 될 것이다.

O'Loughlin은 관료제에 대한 외부정치체제의 책무성을 다음과 같이 분류하였다.[61]

---

61 *Ibid.*, p. 289.

① **약한 책무성**
ⅰ 중요한 결정에 대한 미약한 영향력
ⅱ 의사전달의 취약성
ⅲ 외부 정치체제와 관료제의 정책영역에 대한 구분의 모호성
② **산발적인 책무성**
ⅰ 정기적으로 선택한 정책에 대한 강력한 영향력
ⅱ 선택한 정책에 대한 의사전달의 원활
ⅲ 외부 정치체제와 관료제의 정책영역 사이에 비교적 명확한 구분
③ **강한 책무성**
ⅰ 중요한 결정에 대한 강력한 영향력
ⅱ 의사전달체제의 탁월성
ⅲ 두 영역 사이의 정책구분에 대한 명확하고 적절한 구분

그 이외에도, 관료제의 책무성을 증진시키기 위하여 관료제의 업적을 평가하거나 혹은 측정할 수 있는 방안을 모색하는 것이 중요하다. 사영역에서는 판매실적을 기준으로 업적측정이 용이하지만, 공공영역에서는 서비스를 제공하기 때문에 시장에 팔 물건이 없어 평가기준이 더 광범위하고 모호하다. 특히 관료제의 공공정책에 대한 업적평가에서는 그 업적달성이 정당한가? 혹은 부당한가, 평등한가? 혹은 불평등한가?, 강요적인가?, 자유 선택적이었는가?, 대표성이 있는가?, 혹은 없는가? 등의 사항이 고려되어야 한다. 이러한 문제들이 공공영역에서의 적절한 평가를 어렵게 만든다. 하물며, 관료제의 정책이 사회에 어떠한 영향을 가져올 것인가를 측정한다는 것은 더욱 어려운 문제일 것이다.

그러나 관료제의 업적평가에 관련된 본질적인 어려움이 무엇인지 파악하는 일은 관료제의 책무성을 제고하는 데 도움이 될 것이다. 그러한 문제들은 다음과 같다:[62]

① 어느 측정치들이라도 완전한 것으로 간주할 수는 없다. 사영역에선 어느 정도 적절한 측정기준은 만들 수 있으나 특히, 공공영역에서는 적절성이 자주 논쟁의 대상이 될 수 있다. 예를 들어 공공영역에선 목적이 다양하고 모호하기 때문에 측정지표를 정확히 찾아낸다는 것은 어렵다. 더욱이 양적 지표를 찾아낸다는 것은 쉽지 않다.

62 Stewart Ranson & John Stewart, *op. cii.*, p. 23.

② 공공영역에서 업적평가는 많은 기준을 가지고 있는데, 어떠한 기준도 관계가 없다고 말할 수 없을 정도이다. 이 모든 기준을 만족시킨다는 것은 거의 불가능하다. 예를 들어 합리성, 능률성, 형평성, 민주성, 정당성 등 이 모든 것을 포함할 때를 예상한다면 기준도 복잡한 것을 볼 수 있다.
③ 서로 다른 측정치를 통합할 수 있으나 가중치를 주어야 하는 문제가 있다. 가중치를 측정변수들에 부여한다는 것은 쉬운 일이 아니다.
④ 공공영역의 규칙과 규정을 사영역의 판매량과 같은 것으로 업적을 측정하기는 하나, 단순히 그렇게 하도록 결정하는 데 불가능한 점은 많은 기술적 어려움을 가지고 있다는 것을 반영한다.
⑤ 궁극적인 평가는 조직의 범위를 초월할 수 있다. 즉 대중이 판단한 삶의 질에 의하여 평가된다. 우선 대중이 누구를 의미하는 것인지가 중요하다.
⑥ 서로 다른 집단은 서로 다른 점을 강조하기 때문에 모두 똑같은 업적을 요구하지 않는다. 음식점의 지배인이나 대학총장의 강조점이 서로 다르기 때문에 업적이 다른 것은 분명하다.

위에서 보듯이 공공영역에서 완전한 업적평가 방법을 만든다는 것이 얼마나 어려운가를 보여준다. 만약 완전한 방법을 찾을 수 없다면 불완전하고 불확실하지만 제한된 범위 안에서 적용할 수 있는 대체방안이라도 만들어야 한다. 그것이 완전한 대체방안은 아닐지라도 최소한 판단의 기초자료는 제공해 줄 것이다. 현실적으로 계량적인 평가측정방법들이 관료의 정책결정에 도움을 주는 것은 사실이나 그러한 측정방법들이 아직까지 만족할 만한 정도로 개발되지 못하였으며, 설혹 그러한 측정방법이 발견되었다고 하더라도 관료제의 정치상황은 관료제가 정책결정을 하는 데 반드시 경제적인 모델을 따르도록 허용하지 않는다.

이러한 점은 정책분석과 체제분석 간의 차이에서도 볼 수 있다. 이 문제를 해결하기 위해서는 정치적 변수를 계량화할 수 있는 연구가 더욱 발전되어야만 할 것이다.

3. 관료제의 책임성과 책무성을 제고하기 위한 문제점

책무성은 통치과정의 기반이며, 통치과정의 효과성은 권위를 가진 사람들이 헌법적 및 법적 책임을 수행하는 방법을 어떻게 구체화할 수 있느냐에 달려 있다. 책무성은 위임된 권력의 남용을 막고 가능한 한 능률, 효과, 정직 및 신중하게 국가의 목적을 달성하는 데 권력이 제대로 활용되고 있는지를 확인하는 데

근본적인 목적이 있다.[63]

그러한 목적을 위하여 관료들은 법의 정신에 입각하여 활동하여야 하며 전횡적으로 행동해서는 안 된다. 공직은 대중의 신뢰를 바탕으로 공익을 추구하여야 한다. 공익을 위하여 관료들은 대중의 이익을 보호하고 증진하여야 하며 성실성과 책임성을 가지고 행동해야 하고 그들에게 수탁된 직무를 충실히 이행하고 있다는 것을 해명할 수 있어야 한다.

1) 통제를 위한 전문지식의 필요

관료들은 그들의 행위에 대하여 규칙적으로 보고하고 정직하게 답변해야 하며, 모든 정책결정에 대하여 정당하고, 설명할 수 있어야 한다. 또한 관료들은 법의 정신과 공공업무에 대한 능률성과 효과성 기준을 따르는 것은 물론, 공직의 오용과 공금의 횡령이나 그들의 행위로 인하여 발생하는 잘못에 대하여 책임을 져야 한다. 이러한 환경이 이루어지면 어느 정도 책무성을 확보하는 데 도움이 될 것이다.

공공관료제에 대한 정치적·법적·행정적 통제는 기대에 못 미치고 있으며, 행정기관은 상상하지 못할 정도로 성장하고 있어 외부통제기관들이 행정기관을 통제한다는 것이 거의 불가능하기 때문에, 사실상 관료제가 외부통제의 밖에 존재하는 것과 같은 인상을 대중에게 주고 있다. 그리하여 관료들의 행위를 비판하는 사람들은 관료들이 독재적이고, 부패하고, 무책임하며 야비한 전체주의 징후를 가지고 있다고 주장한다.

정치적 상관들과 고위공직자들은 행정기관 내에서 일어나고 있는 일들에 대해 알아야 하나 책임을 질 수 있는 전문지식이 부족하기 때문에 임명된 전문관료에 의하여 포로가 되고 있으며, 전반적으로 무책임한 권력과 책무성이 범람하는 행정관리의 측면을 노정하고 있다.[64]

대중은 전문성이 부족하고 관료들의 업적을 평가하거나 통제하기 위한 효과적인 수단을 가지고 있지 못하다. 이러한 상황하에서 어떻게 행정기관이 대중

---

63 Canada, Royal Commission on Financial Management and Accountability, *Final Report* (Ottawa: Supply and Services, 1979), p. 21.

64 V. Subramaniam, "Public Accountability: Context, Career and Confusions of a Concept," *The Indian Journal of Public Administration* (1983), Vol. 29, No. 3, p. 453.

에게 책무성이 있다고 말할 수 있는가?

더욱이 정부가 헌법을 준수하지 않고, 사법부가 대통령의 시녀 역할을 하며, 의회가 대통령의 의도대로 움직일 때, 대중은 그러한 정부에게 책무성을 기대하기는 어려울 것이다.

중요한 것은 민주적인 기풍, 순수한 시민문화, 공복의 이념 및 공직의 윤리체제 확립과 같은 기반이 국가 내에 조성될 때 대중에 대한 책무성은 증진될 것이다. 뿐만 아니라 대중이나 외부정치체제들이 관료의 통제를 위한 전문성을 확보하지 않는다면 책무성을 물을 수 있는 가능성은 적을 것이다.

2) 책무성과 국민의 알 권리

개방정부와 국민의 알 권리가 책무성을 보장하는 데는 필수적이다. 물론 개방성의 정도는 국가에 따라 차이가 있지만, 일반적으로 국가의 안전, 군사의 배치정보, 무역에 관한 정보, 경찰정보, 기업의 세금기록, 외교에 관한 정보, 개인의 건강기록 등은 비공개를 원칙으로 하고 있다. 그러나 최소한의 필요한 정보마저 대중의 접근이 불가능하다면 대중은 정부를 통제할 수 없을 것이다.

다행히도 오늘날 정부는 비밀 정보를 분류하여 국가안전상의 중요도에 따라 공개의 시기를 정하고 있다. 그러나 정보를 아주 중요한 것에서 비교적 중요한 비밀정보로 분류하는 기준과 분류하는 관료들의 기준에 대한 객관성이 모호하기 때문에 국민의 알 권리가 침해되고 있다는 비난이 자주 일어나고 있다. 그 결과 관료들이 대중에게 알리고 싶지 않은 정보를 숨길 수 있는 가능성은 여전히 존재하고 있으며, 이러한 상황에서 대중은 어떠한 잘못된 정책이 시행되고 있는지 알 길이 없다. 실제로 국민의 알 권리는 많은 문제점을 드러내고 있다. 물론 알 권리를 보완하기 위해 후속 조치로 의사공개법이 1976년에 제정되었지만 관료들의 책무성을 묻기 위해 계속 연구하는 것이 바람직할 것이다.

3) 책임성과 책무성을 저해하는 이익집단의 역할

특히 다원주의 사회에서 발생하기 쉬운 현상은 이익집단에 의하여 정부 혹은 주민의 대표자들이 포로화되는 현상이다. 이익집단의 포로가 된 정부는 공익을 효과적으로 수행할 수 없다. 더욱이, 이익집단들이 공익을 위해 자기이익을 기꺼이 희생하려 하지 않을 것이다. 정부는 이익집단들이 갈등하고 서로 경쟁적으로 이익을 추구하려고 하는 집단들과 타협을 끌어내기 어려울 것이다. 이러한 상황에 정책이 마비되는 경우가 허다하다. 자연히 대중은 정부에 실망하게 되고 특정한 이익집단에 의하여 공익이 희생될 가능성이 많아진다.

정부가 대중에 대한 책무성을 지키려고 한다면 책무성은 공익개념의 소생, 로비활동과 이익집단활동의 공개, 그리고 공익을 추구하는 행정기관의 활성화에 의하여 소생될 수 있다.

정부가 대중에게 책무성을 지키지 못하도록 방해하는 것은 특정한 이익집단이 아니라 공공 관료제 자체라고 주장하는 일부의 사람들이 있다. 그들의 주장은 정부가 관료들에 의하여 포로가 되고 있다는 것이다. 관료의 권력은 팽창하고 있으며, 관료들이 그 권력을 영구화시키려는 책략과 핑계를 정치인들이나 대중이 발견하기는 어려운 일이다. 관료들은 문제를 해결하여 주는 대가로 고객들에게서 정치적 지지를 얻고 있으며, 많은 정책영역에 합법적으로 개입하고, 더욱이 강력한 이익집단의 요구를 충족시켜 줌으로써 관료제의 합법성과 권력이 정당화되고 있다. 이러한 현상은 관료가 권력을 장악하는 데 유리할 것으로 보인다.

국민의 대표자들은 쉽게 관료제나 이익집단에 흡수되기도 한다. 이율배반적인 현상은 관료들의 권력남용을 막고, 관료들의 책무성을 보장하기 위하여 책무성 확보를 위한 관료기구를 다시 만들 수밖에 없다는 점이다. 또다시 이미 설립된 행정기구의 책무성을 확보하기 위하여 다른 행정기구를 설치하여야 되는 행정기구의 악순환은 지속될 것으로 예상된다. 결국 책무성을 확보하기 위한 행정기관은 이와 같이 늘어나는데 책무성은 오히려 낮은 수준을 면할 수 없는 악순환이 계속될 것이다. 이에 대한 완전한 해결책은 아니지만 그래도 관료제의 권력 팽창을 저지하고 행정기구를 민영화시키면서, 관료－의회－이익집단으로 구성된 삼두마차의 부정적 고리를 끊는 데 있다.

4) 책무성 강화와 재량권의 필요

현대사회가 과학화되고 지속적으로 복잡해지기 때문에 법으로 모든 것을 해결할 수 없고 오히려 관료 자신들의 판단에 따를 수밖에 없는 정책의 영역이 계속 넓어지고 있다. 물론 관료의 자유재량이 필요한 것은 사실이나 어떻게 책무성 확보를 위해 재량권이 손상시키지 않을 수 있느냐가 문제이다. 아직까지 관료의 재량권 제한에 대한 논의는 학자들 간에 의견의 일치를 보지 못하고 있다.

오늘날 현대사회의 정부를 위해 전문인들은 정책결정에 있어 중요한 역할을 할 뿐 아니라 전문인들은 불필요한 정부의 간섭으로부터 자신들을 보호하려고 노력한다. 특히 정책결정과 공공재원이 어떻게 분배되어야 하는지에 대하여 전문지식으로 무장된 전문인들의 독립적인 정책결정권이 늘어나는 반면, 정책목표나 우선순위를 정하는 외부 정치체제의 결정능력은 상대적으로 감소되고 있다. 그 결과 전문인들의 책무성이 대중에게 중요하게 부각되고 있다는 것이다.

전문인들의 결정이 실패로 돌아갔을 때 누가 누구에게 책임을 져야 하는지? 어디에서 전문인들이 어느 정도 독립적이 되어야 하고 어디에서는 대중의 통제에 구속을 받아야 되는지가 중요하다. 근본적인 문제는 전문인들이 대중에게 책무성을 지게 하는 방법을 찾아야 한다는 것이다.

전문 관료들의 권력남용을 저지하기 위해 많은 행정기능은 공사(public enterprises)라든지 혹은 정부와의 계약(contracted government)에 의하여 정부의 기능을 대행하고 있는 사례가 점차 늘고 있다. 이러한 방법은 분명히 관료의 권력팽창을 막고 사기업체의 능률성을 활용할 수 있다는 장점이 있으나 정부는 그들의 경제적 역할, 가격정책, 독점, 고객의 요구에 대한 부응성, 능률성, 효과성, 장기계획, 사회비용 등에 대하여 국민의 소유인 공기업에게 모든 재량권을 주는 것은 바람직하지 않다. 단지 이들에게도 능률성을 제한하지 않는 정도로 책무성을 부여하는 것이 바람직할 것이다.

또한 권력의 집중을 막고 잠재적인 부정을 막기 위하여 분권화, 정부의 계층(layer)분화 및 권위의 분화 등과 같은 방법도 강구하면서 모든 공직자들에게 그들이 행한 권력에 대하여 항상 해명할 수 있도록 책무를 지게 하여 견제와 균형이 조화를 이룬 정부를 만들어 나가는 것이 시급한 과제이다.

관료제의 책임성을 확보하기 위한 방안에 대해서는 책무성이 엄격히 집행될 수 있도록 책무성의 내용, 수단 및 방향 등을 구체적으로 정의하여야 한다고 주장하는 학파가 있는가 하면 합헌적이고 민주적인 관점에서 행정의 책무성을 엄격하게 정의하는 것이 가능하지도 않고 바람직하지도 않다고 주장하는 학파도 있다.

책무성의 엄격하고 구체적인 정의를 반대하는 학파는 관료들의 자유재량의 필요성을 강조한다. 그러나 자유재량이 남용되지 않도록 의회, 법원, 공직자의 전문성, 그리고 영향을 받는 시민들의 집단 등에 책무성을 지켜야 한다고 주장한다. 이러한 논쟁은 결국엔 견제와 균형의 논리로 결론을 내놓고 있으나 어느 정도 책임성, 어느 정도 책무성은 계속 논의되고 있는 주제인 것은 틀림없다.

Maass도 행정 관료들이 책무성을 져야 하는 권위대상으로 전체국민, 이익집단, 입법부, 대통령, 전문성, 그리고 사법부를 지적하면서 일의 특성과 정도의 차이는 있지만 대체로 전체 국민에게 책무성을 져야 한다고 주장하였다.[65]

관료들은 복잡한 행정문제를 수행하기 위하여 자유재량이 필요하다는 것을 잘 알고 있다. 단순반복적인 업무를 제외하고는 자유 재량권과 자유선택권이 없이 관료들의 책임성을 효과적으로 지킬 수 있다는 것은 기대하기 어렵다. 물론 재량권만을 가지고 책임성과 책무성의 균형을 달성할 수 있다든지 혹은 관료들을 위한 건전한 책임 상태를 충분히 발전시킬 수 있다고도 볼 수는 없다.

그 이외에도 임무를 수행하기 위한 자원, 그의 결정이나 결과에 대한 사전지식 및 일관성 있는 목적이 필요하다. 뿐만 아니라, 그 임무를 적절히 달성하거나 못하였을 때 징계나 동기부여와 같이 그 자신에게 무슨 일이 일어날 것인가에 대하여 미리 안다면 그 관료는 건전한 책임성 상태에 있다고 할 수 있다. 때때로 적절한 자원을 공급하지 않고 관료들에게 책임만을 부여하는 경우도 종종 있다. 이러한 경우 인과적인 책임성과 책무성이 적절히 균형을 이루지 못하였기 때문에 건전한 책임성 상태라고 부를 수 없다.

대체로 관료들의 책임성은 위원회에서 공동 결정하는 것과 같이 여러 사람들에게 분할되기도 하다. 권한의 위임(delegation)에 의하여 책임성이 분할되기도 한다. 때로는 상관이 자신의 부하에게 그의 임무 일부와 그에 따른 권한을 위임할 수도 있다. 때로는 그의 임무의 전체를 위임할 수도 있으나 그렇다고 하여 그 상관의 책임성이 모두 없어진 것은 아니다. 상관은 그의 모든 임무를 그의 부하에게 위임한 책임을 지게 되는 것이다.

민주주의 정부체제하에서 모든 시민들은 일반적으로 자신들의 인과적 책임을 입법부, 사법부, 시민의 대표자 및 행정 관료에게 위임한다. 이러한 인과적 책임이 위임되었을 때 책무성에는 어떤 일이 일어날 수 있는가?

Summers가 지적한 것과 같이 권한의 위임이 증가하면 책임성의 양도 증가

65 Arthur Maass, "Gauging Administrative4 Resposibility," *op. cii.*, pp. 2–5.

한다.[66] 책임을 위임받은 관료들은 이전에 갖지 못하였던 정보와 자원을 지원받게 된다. 관료들은 위임받은 책임만큼 상관, 전문성, 법원 등에 책무성을 져야 하기 때문에 책무성의 양은 책임량에 비례하여 증가하게 된다.

인과적인 책임성을 확보하기 위하여 새로운 관료기구들을 구축하려 한다면 각 행정기구마다 법과 규정을 만들어야 하기 때문에 책무성은 줄어들지 않을 것이다.

반면 권한의 위임이 반드시 책임성의 양을 증가시키지 않을 수도 있다. 책임을 위임함으로써 부서의 장은 책무성을 지고 있는 부하들에게 잘못을 범할 수 있는 기회까지도 위임하게 된다. 그러한 경우 책임성의 양은 늘어나지 않을 수 있다. 따라서 부서장의 인과적 책임성이 강화된다고 하더라도 책임을 물을 수 있는 부하들은 한정되어 있기 때문에 책무성의 범위는 일정할 수 있다.

인간의 능력과 시간의 제약 때문에 분야를 분할함으로써 그 분야의 책임성을 분할하는 방법도 있는데, 이 경우 책임성의 조정이 문제가 될 수 있다. 그 이외에도 정부 프로그램의 예를 볼 때 관료들이 대규모 분야에서 책임을 수행하고 다른 한편 이를 서로 간섭하고 비토 할 수 있는 책임을 가진 경우를 생각할 수 있다. 물론 이러한 경우도 책임성의 분할로 볼 수 있으며, 책임성의 갈등이 일어나 부정적인 결과를 가져오는 경우도 있을 수 있다.

재량권이 견제와 간섭을 많이 받게 되면 책임성을 수행하려는 의욕은 상대적으로 감퇴될 수 있다. 또한 권한의 위임이 책임의 전체적 양을 증가시킨다면 책임을 완수하려는 동기부여가 증가할 것이다.

결론적으로 관료들은 자유재량을 활용할 수 있는 능력을 키워야 한다. 관료들에게 권한을 위임함으로써 관료들의 인과적인 책임이 늘어나게 하는 것은 건전한 책임성을 발전시키는 데 유리하다.

Riggs가 원심력(분화)과 구심력(통합)이 균형을 이룬 정부가 최상의 정부라고 하였듯이, 책임성과 책무성이 균형을 이루도록 노력하여야 한다.

관료들은 지위가 높아지면 질수록 더욱 많은 위임을 받을 것이다. 최고위층으로 올라가면 그에 비례해서 책무성도 대단히 무거워질 것이다. 이것을 건전한 관료제의 책임성의 상태라고 말할 수 있다.

---

66 Summers, "The Idea of Responsibility in Government," p. 100.

관료들은 그에게 위임된 책임에 책무를 져야 한다. 궁극적으로 위임은 국민이 부여하였기 때문에 국민에게 책무를 져야 한다. 책임은 의회, 사법부, 장관 혹은 관료제를 통하여 그에게 책임이 위임되었기에 책무성은 이들이 강화시켜야 한다. 간단히 말하여 관료제가 책무성을 지키도록 하는 것은 관료제를 규제하는 데 그 목적이 있는 것이다.

제3장

관료제화와 관료의 정치성

제3장

관료제화와 관료의 정치성

이 장에서는 통제연구의 대상이 되는 관료제의 개념은 무엇이며, 왜, 그리고 어떻게 성장하는지를 논의하고자 한다. 아울러 현대사회에 있어서 관료들이 정책결정과 집행의 능력을 장악하게 되는 원인은 무엇이며, 그로 인하여 획득하게 되는 관료의 권력이 사회에 어떠한 영향을 주게 될 것인가? 이와 더불어 관료제가 개방체제의 특성을 가지고 있기 때문에 정치적 환경에 고립되어 있기보다는 오히려 행정이 정치적 특징들에 둘러싸여 있다는 주장을 주로 논의할 것이다.

제1절 관료제의 기원과 관료제의 특성

1. 관료제의 기원과 바른 이해

관료제는 지난 세기 후반 40~50년 동안 미국과 유럽의 사회학자들 사이에 극도로 많은 관심을 가져왔으며, 관료제 연구에 관심을 가지고 있는 미국의 학자들로서는 주로 C. Wright Mill, Philip Selznick, Robert Merton, Reinhard Bendix, Peter Blau, Alvin Gouldner, Talcott Parsons 등이 Weber가 창시한 관료제에 대하여 사고, 해석, 평가, 지지, 및 실험하는 데 많은 노력을 기울였다. 실로 Weber가 미국의 사회학에 끼친 영향은 지대하며 관료제에 대한 이론 및 경험적 평가들이 속속들이 산출되기 시작하였다.

1950년대로부터 미국의 행정학에서 행정관리주의 견해가 강조되면서 관료제를 복잡하고 대규모 조직의 안정과 능률을 유지하는 데 적합한 관리방식으로 인정하면서 발전하기 시작했다. 즉 관료제는 서구사회의 개인주의와 합리주의의 산물이라고 볼 수 있다.

Weber가 창시한 관료제에 대한 오해를 바로잡고 관료제를 정확히 이해하는 것이 중요하다. 관료제의 기원을 본다면 Weber는 관료제를 조직의 관점에서 창시한 것이 아니라는 것을 이해한다면 관료제를 정확히 파악할 수 있을 것이다.

관료제의 기원은 Cardinal Richelieu가 프랑스의 왕국을 통일하기 위한 계획과 Frederick대제가 빈곤하고 육지로 둘러싸인 Prussia를 능률적인 군대를 소유한 강력한 국가로 만드는 데서 찾을 수 있다. Weber는 관료제를 1862년 빌헬름 1세 때 독일을 통일한 정치가로, 독일 제국의 첫 수상인 철혈 재상 Bismark가 독일을 통일하는 마지막 단계에 있을 때 저술하고 있었다.[1] 그는 냉철한 현실주의자였으며, '오늘날의 큰 문제는 언론이나 다수결이 아닌 철과 피와 의해 결정된다'는 의회를 무시하는 철혈정책의 연설로 의회와 충돌을 일으키며 헌법 투쟁을 하였다. 또한 제국 통일을 위해 의회에 반대에도 불구하고 군비 확장을 추진하여 '철혈 재상'이란 명칭이 붙었다.

Weber가 보기에 독일이 문화적으로는 통일이 되었으나 정치적으로는 분열되고 오만하고 강력한 때로는 우둔한 봉건 영주 혹은 귀족계급에 의하여 지배되고 영주는 대내적으로 토지소유를 기초로 하여 농민을 지배하였고, 봉건 지대를 징수하였다. Weber는 이러한 사회에서, 몰인간적이고 규칙을 준수하고, 능률적이고 실적에 기반을 두고 있는 관료들이 공익을 더 확실히 수행할 수 있다고 믿었다.[2] 모든 국민은 법 앞에 평등하다는 민주주의의 근간을 수립하였다. 또한 카리스마의 권위를 가지고 있는 지도자의 임의로 법을 집행하는 것이 아니라 법은 합리성에 의하여 기반을 두어야 하고, 관료제의 합리성은 정치체제의 비현실성을 상쇄하고 궁극적으로는 사회에 유리할 것으로 믿었다.

Weber의 관료제 모델을 단지 조직 관리의 능률성과 효과성을 가져오기 위한 도구로서만 본다면 관료제에 대한 많은 오해를 하게 된다. 예를 들어 사회학자들이 능률적이고 효과성측면에서 관료제를 이해한다면 관료제가 가져올 수 있는 역기능 혹은 예기치 않은 결과 등 부정적인 측면들은 피할 수 없을 것이다. 이와 같이 사회학자들이 주로 관료제의 내부적 요소들에 관심을 갖고 있는

1 정우일(2011), 공공조직론, 박영사, p. 59.

2 Nicholas Henry, *Public Administration and Public Affairs.*, Englewood Cliffs, New Jersey 07632, 6th ed. 1995, p. 55.

것은 관료제의 역기능의 소용돌이 속에서 헤어나오기 어려울 것이다. 반면에 정치·행정학자들은 이러한 관점보다는 관료제와 다른 정치체제인 의회, 대통령, 사법부, 이익집단, 정당 등과의 상호 관계를 연구하는 경향이 있다. 다행스럽게도 이들은 공공관료제를 관료제의 특징을 가지고 있는 정부기관들로 간결하게 정의하고 있어 정치체제들 간의 상호관계에 초점을 두고 있다. 그 결과 정치체제들 간의 상호 견제와 균형을 이루는 연구에 초석을 쌓고 있다고 볼 수 있다.

Fry도 지적하듯이 Weber는 관료제를 조직관리 차원에서만 본 것이 아니라 행정을 넓은 역사적인 맥락에 놓고 보았고 관료제화의 과정을 서구세계의 합리적 과정과 연결하여 보았다는 점이다.[3] 자연히 그러한 관료제는 기술적인 기능, 지식, 실적주의, 정당성, 정당한 과정 그리고 현대 전문화된 관리와 관련된 모든 가치를 강조하게 되는 것이 Weber의 천재성을 나타낸 것이라고 주장한다.

사회학자들이 보듯이 관료제를 조직 차원에서 본다면 관료제의 특징들 간의 모순 때문에 역기능에 지나치게 집착하게 되는 것을 피할 수 없을 것이다. 이러한 모순은 앞으로 지적한 관료제의 역기능속에 나타난다.

Robert Miewald는 Bennis의 논문을 반박하면서 관료제는 변화하고 동태적인 환경에 적응할 수 있다고 주장한다.[4] 그에 의하면 관료제에 대한 우리의 관점은 Weber가 지적한 관료제의 특징에 너무나 사로 잡혀있다. 관료제를 방어하는 Miewald에 의하면 Weber는 천재이기는 하지만 예언자는 아니고 관료제의 특징들이 가져올 수 있는 모든 상황을 예측할 수 없는 것은 당연하다. 그에 의하면 Weber의 관료제 모델은 산업화에 적응할 수 있는 사회의 조직문제를 분석하는 데 필요하고 지극히 중요한 도구를 제시하였다고 본다.

관료제가 소위 새로운 시대에 적응 할 수 있을까? Weber는 그의 이상적 형태가 보편적이고 영구 불멸한 형태라고는 언급한 적은 없다. 단지 그의 의도는 사람들의 업무가 합리적인 기대에 따르게 하는 것이다. Weber가 19세기의 기술 및 독일의 권위주의적인 경향에 익숙한 점을 감안한다면 그가 관료제를 기계적

---

3 Fry, *op. cit.*, *Mastering Public Administration: From Max Weber to Dwight Waldo* p. 42. Jreisat, Public Organization Management(재인용). p. 85. 정우일, *ibid.*, p. 59.(재인용)

4 Robert D. Miewald, "The Greatly Exaggerated Death of Bureaucracy," *California Management Review*, Winter 1970, pp. 65–69. Stephen P. Robbins, Organization Theory: Structure, Design, and Applications, 3rd ed. Prentice-Hall, Inc. Englewood Cliffs, New Jersey 07632, 1990. pp. 320–321(재인용)

으로 생각하게 된 것은 너무나 당연할런지 모른다. 그러나 Weber가 요즘에 사람의 행태를 통제하는 새로운 방법이 고안되었다는 것을 안다고 하더라도 그리 놀라지는 않을 것이다. 관료제는 능률성의 상징이며 그가 한 것은 과학적으로 능률의 개념을 도출하는 것이었다. 그 당시 그는 기계적인 관료제가 합리성을 조직에 적용하기 위한 가장 능률적인 방법이라고 믿었다. 모든 구조 가운데 기계적인 구조가 과학적으로 최대한 올바른 의사결정을 약속하여 줄 것이라고 믿었다.

관료제를 비난하였던 Bennis도 사회에서 직업을 갖고, 일상 경험을 하고 난 후 결국 관료제는 죽지 않는다고 실토하였던 것은 의미 있는 주장이다. 만약 Weber가 오늘날 이 세상에 있다면 그는 관료제는 대단히 건전하게 존재하고 있다고 말할 것이다. 그의 모델의 몇 가지 요소들은 오늘날 맞지 않는 것은 사실이다. 그러나 상황이 변하였다는 사실을 이해한다면 어느 정도 쉽게 용인할 수 있는 문제다. 그러면 어떻게 세상은 변하였는가? 권위가 계층보다는 지식에 기초하고 있는 조직을 다루기 위한 새로운 모형이 만들어져야 하며 만들어지고 있는 것이 사실이다.

Weber의 중요한 목적은 합리적이고 효과적인 형태를 창조하는 것이다. 그것이 관료제에 의한 것이다. Weber의 관료제 모델이 우리에게 준 가장 커다란 공헌은 관료제 모델이 현대사회의 조직의 지배적인 형태가 되었다는 것이다. 그는 논리적으로 정확하고, 능률적이며 일관성이 있고 합리적으로 설계되었다는 것이다. 반면에 현실사회에서 발견되지 않는 이상적(ideal type model)인 관료제를 제시하여 모델로 삼았다. 실로 공공조직 혹은 사조직 또는 어떠한 대규모 조직이든지 간에 관료제의 법적이고 합리적인 모형의 특징이 발견되지 않은 조직은 친목단체 이외에는 거의 없을 것이다. 관료제는 지금까지 알려진 행정 가운데 가장 능률적인 형태며 가까운 미래에 우리가 제시할 수 있는 어떠한 조직의 형태보다도 우월하다고 지적한다.[5]

Weber는 독일의 사회학자로서 관료제 이외에도 많은 다른 분야에도 공헌을 하였다. 그는 완전히 이상적이고 최대의 능률성을 줄 수 있는 조직을 만들기 위하여 노력하였다.[6] 그의 책은 1921년에야 비로서 영어로 번역되었고 Weber의

5 Charles Perrow, *Complex Organizations: A Critical Essay*, 3rd ed.Glenview, IL: Scott, Foresman, 1984, p. 5

관료제의 이상형("ideal type" of bureaucracy)은 모든 조직이론의 기초가 되었다.[7] 그러나 Weber의 관료제모델은 대부분의 조직이 어떻게 구조화되어 있는가의 사실적인 기술보다는 오히려 가설적이다.

2. 관료 조직과 정치

특히 오늘날 정치 및 행정학자들이 정부 혹은 공공관료제를 이해하려 할 때 관료적 조직(bureaucratic organization)보다는 관료적 정치(bureaucratic politics)에 관한 이론연구에 그들의 정열을 쏟고 있는 것을 보더라도[8] 관료제와 관료제 이외의 다른 정치체제인 대통령, 의회 및 사법부 간의 정치적 상호작용에 대한 연구가 중요할 것으로 본다. 이러한 관점이 사회학자나 경제학자와 달리 정치나 행정학자들이 관료제를 보는 관점이다.

관료제는 의회와 대통령에 의하여 설립되며, 관료제의 역할과 특징은 관료제 설립자들의 권력, 그들 가치의 우선순위, 그리고 자신들을 위한 전략에 따라 결정된다. 자연히 이들 설립자들은 자신들의 이해관계에 따라 경쟁과 마찰들이 일어나기 때문에 관료들이나 행정기구는 자신들의 생존을 위하여 정치 활동에 불가피하게 개입할 수밖에 없다. 결국 행정 관료는 자연히 정치인(political actors)이 되며, 때로는 그들에게 주어진 공식적인 임무가 그들의 의도와 일치하지 않더라도 경력이나 혹은 생존을 위해 다른 정치적 이해관계에 흥미를 가질 수도 있다. 그리고 자신들의 생존을 위해 정치적 지지를 확보하기 위해 노력하는 정치인이 된다.

관료들은 전문성 및 권한위임과 같은 강력한 자원을 가지며, 자신들을 위해 유리하게 이들 자원들을 이기적인 목적을 위하여 사용하기도 한다. 사실상 관료들은 자신들의 이익이나 자원을 가지고 정치적 게임을 변경시킬 수 있는 새로운

---

6 R. M. Weiss, "Weber on Bureaucracy: Management Consultant or Political Theorist?" *Academy of Management Review*, April 1983, pp. 242–48.

7 *From Max Weber: Essay in Sociology*, ed. and trans. H. H. Gerth and C. W. Mills (New York: Oxford University Press, 1946), p. 214.

8 Terry M. Moe, "The Politics of Structural Choice: Toward a Theory of Public Bureaucracy," Olliver E. Williamson(ed.), *Organization Theory: Chester Barnard to the Present and Beyond* (N.Y.: Oxford University Press, 1990), p. 116.

정치인들이다. 관료들은 정치적으로 임명된 정무직 관료와 신분이 보장된 순수한 관료의 두 종류로 구분될 수 있다. 물론 관료가 된 출신은 다르나 그들의 궁극적인 목적은 생존에 있는 것은 공통적이다.

관료들이 업무를 수행할 때 그들은 효과적으로 조직의 목적을 수행하는 데 필요한 기술적 지식을 가지고 있을 뿐만 아니라, 다른 정치인들이 직면하고 있는 정치적 불확실성도 직면하기도 한다. 관료들은 정치적으로 권력관계의 변화로부터 위협을 느끼며, 예산삭감, 자유재량권의 축소, 명예의 실추, 또는 자신들의 원하는 바가 묵살될 수 있다는 등의 불확실성에 항상 직면하고 있다. 그러므로 관료들은 이러한 불확실성을 감소시키기 위한 행동을 취하려고 한다. 이를 위하여 관료들 스스로를 고립시키기보다는, 계속적으로 그들의 안전을 보호하여 줄 수 있는 각종 관련자들에게 그들이 필요로 하는 이익을 줄 수 있다는 기대를 심어 주어야 하며, 이익을 위한 상호교환관계를 유지하여 관료들을 위한 지지기반을 넓히는 데 노력하여야 한다. 때때로 규제기관이 자신들의 설립을 위해 노력한 의회의원들에게 이익집단들이 영향력을 행사하여 규제기관의 존립에 위협을 가할 수 있기 때문에 규제기관들은 피 규제집단인 이익집단들의 비위를 맞출 수밖에 없는 환경에 직면할 수 있다. 이와 같이 행정기관도 그들을 설립한 사람들의 의도와 다르게 자신들의 안전을 위해 행동할 수도 있다.

예를 들면 대통령, 장관들과 같이 교체될 가능성이 많은 공직자들은 장기적으로 안정적인 관계를 유지할 수 있는 신뢰할 만한 동맹관계를 맺는 데 불리하다. 그렇기 때문에 행정기관은 대통령과 항상 좋은 관계를 유지하는 데 어려움이 따른다. 일반적으로 정치적으로 임명된 자들은 신분보장이 이루어지지 않아 교체가 빈번히 일어나기 때문에 장기적인 관계를 지속하는 데는 신뢰할 수 있는 동맹자들이 못 되기에 행정 관료들과 지속적인 삼각동맹관계가 이루어지지 않는다.

3. 관료의 폐쇄적 경향

관료들이 위협적인 정치적 환경을 피할 수도 없고, 정치적 소용돌이에 불리하게 휩쓸릴 가능성이 있다면 자신의 생존을 위해 가능한 한 폐쇄체제로 전향할 것이다. 이를 위해 관료들은 더욱더 전문화를 증진시키며, 관료들 서로 더욱 의존하고, 의사결정 절차를 더욱 공식화하여 관료제를 방어하려 할 것이다. 그러므로 그들의 의사결정은 전문 기술적 지식, 운영경험 및 선례에 의존하여 행정기관 중심적인 방향으로 이루어질 것이다. 더욱더 시간이 흐름에 따라 관료들은 자율성(autonomy)을 확보하는 데 유리한 입장에 서게 될 것이다. 관료들은 그들의 정상적인 업무를 통하여 전문성을 얻게 됨에 따라 자신들의 목적을 달성하는 데 권력을 갖게 되어 결국 그들의 자율성을 팽창시키게 된다. 결국 지식은 힘이다.

현대사회의 복잡성은 관료의 편에 서 있다고 보아도 지나치지는 않을 것이다. 정치인들은 자신들이 선택한 관료들을 지배하려고 하지만 이미 관료들은 기술적인 문제에 있어 더욱 유리한 입장에 서 있는 것을 발견하게 된다. 이러한 방향과 흐름을 저지할 수 있는 정치인들의 명분을 찾기 어려울 것이다.

이러한 자율성의 문제를 견제할 만한 방법은 없는가? 이 문제에 대한 근본적인 대답은 정치인들이 관료제에 대해 무엇을 기대하느냐에 따라 달라질 수 있다는 것이다. 예를 들면 정치인들이 자신들의 필요와 목적을 달성하기 위하여 관료들의 자율성을 증진시키려 한다면, 관료제의 구조적 변화나 축소를 요구하려고 하지 않을 것이다. 의회가 학원폭력에 대한 전쟁을 선포하고 관료들에게 그 정책을 실현하도록 권한 위임하였다고 하자. 의원들은 그 정책의 성공과 실패가 자신들에게 정치적으로 중요하기 때문에 그 정책 실현이 가능하도록 관료들에게 관료들의 수나 예산을 확보하는 데 최선을 다 할 것이다.

또한 대통령이 더욱 강력한 계층제적 통제를 밀고 나가거나, 정치인들도 정치적 통제가 가능하도록 관료제의 개방을 강조하여 관료제의 자율성을 축소시킬 수도 있다. 그러나 관료들은 자신들을 통제하는 데 필요한 정보를 독점하여 정치적 환경으로부터 자신들을 방어하려 할 것이다.

실제로 행정기관을 정치 환경으로부터 독립된 폐쇄체제로 간주하는 것은 잘못된 주장이다. 물론 그렇게 되지도 않을 뿐더러 그렇게 되더라도 오래 지속될 수는 없다. 관료제는 이익의 증진 및 보호를 위하여 다른 정치인들과 연합을 이룰 수도 있으며, 정치인들과 동맹을 맺을 수 있다. 위의 모든 상황을 고려할 때 앞으로는 행정기관과 행정기관의 관료들이 정치영역에서 더욱더 적극적인 정치적 역할을 할 것으로 보인다.

4 공공관료제의 이해

지금까지 정치세계에서 활동하고 있는 관료들의 정치적 역할에 대하여 간단히 언급하였다. 공공관료제를 이해하기 위해 정치·행정학자들은 일반 조직이론에 의존한 것은 사실이다. 물론 이러한 접근은 정치나 행정을 연구하는 학생들에게 더욱 바람직하지 않다. 일반 조직이론은 사회학자, 사회심리학자 그리고 경제학자들에 의하여 발전되어 사조직을 이해하는 데 유익할 수 있으나 정부의 정치적 환경을 이해하고 설명하는 데 한계를 가지고 있다.

경제이론을 고려하고 있는 조직이론은 가능한 한 능률적으로 사람들과의 관계를 구조화하나, 정치이론은 전적으로 경제학적 능률에만 관심을 두고 있지 않으며, 정치체제의 비능률성을 불가피하게 인정하는 경우도 많다. 따라서 조직이론은 정치이론을 고려하는 것이 필요하다.

예를 들어 행정학자들이 관심을 두고 있는 이익집단이 정부를 포로화하고 있다는 포로이론(Capture Theory), 하위정부이론(Subgovernment Theory), 그리고 예산에 관련된 이론들은 현재 공공관료제를 이해하기 위하여 일반조직이론으로는 충분히 설명할 수 없는 것들이다.

그럼에도 불구하고 정치와 조직을 접목시켜 주는 기본적인 연구가 아직까지 체계적으로 이루어지지 못하고 있는 실정이다. 그러나 다행스럽게 1990년 초에 간헐적으로 공공조직이론에 관심을 가지면서 일반조직이론에 정치적 및 행정적 특성을 고려하고 있는 것은 다행한 일이다.[9] 따라서 본 저서는 관료를 목적, 전술과 자원을 가진 행위자(actors), 이익집단이나 정치인들과 같이 정치의 참여자, 관료 자신들의 이익을 추구하기 위하여 정치력을 발휘하는 정치행위자들로 이해하고자 한다.

---

9 Hal G. Rainey, *Understanding & Managing Public Organizations*, 2nd Edition, Jossey-Bass, San Francisco, CA. 1997, and Jamil E. Jreisat, *Public Organization Management: The Development of Theory and Process*, 1999, Praeger Publishers, Westport CT. 06881.

5. 공·사 관료제의 정치적 차이점[10]

공공관료제와 사 관료제와의 차이점은 무엇인가? 이 차이점은 관료제를 접근하는 방향을 제시하여 줄 것이다. 이러한 차이점을 연구하는 것은 최근의 현상이며, 공공관료제를 연구하는 데 다행한 일이라고 사려된다.

공공조직과 사조직 간에 유사성도 있고 차이점도 있다.[11] 특히 관리기능면에선 공공조직이나 사조직도 유사성이 있는 것은 사실이다. 가장 빈번하게 지적되는 차이점은 공공조직이 국민에게 서비스를 제공하는 반면 사조직은 시장에 팔 물건을 제조한다. 사조직은 소비자가 원하는 것을 가장 능률적인 방법으로 생산하려는 자극을 받는다.

공공조직의 이해를 촉진하기 위해 정치적으로 공공조직이 사조직 간에 어떠한 차이점이 있는지를 발견하는 것은 중요할 것이라고 판단한다. 중요한 특징만을 지적할 것이다.

① 사조직을 집중적인 근간으로 태동한 조직이론은 상대적으로 폐쇄적인 관점을 가지고 있다. 안정과 합리성과 능률이 강조되는 반면 불안정성, 권력, 갈등은 거의 관심을 받지 못하였다. 공공조직의 현실을 강조하는 조직이론은 공공조직과 장치적 환경과의 상호관계를 보아야 할 것이다.

② 사조직과는 달리 대부분의 공공조직은 그들의 결과물을 시장에 팔지 않으며 시장에서 받는 자극과 같은 정보는 공공조직에서는 약하거나 결핍되어 있다. 따라서 많은 사람들이 믿고 있는 바와 같이 공공조직은 능률적 및 효과적으로 운영함으로써 비용을 절감하려는 자극이 부족하다고 한다. 시장이 없는 대신 정부의 통제를 강화하기 위하여 법적 및 공식적 제약을 사용하고 있다. 비공식적으로 이익집단, 대중매체, 국민의 여론, 정부에 의한 비공식적 흥정 및 압력들은 그들의 정치적 영향력을 행사하고 있다. 사조직보다 정부는 더욱 많은 영향력을 가지고 더 독점적이고 강요적이며 그의 영향력을 피할 수 없다. 그러므로 정부조직은 공공의 감시하에 운영되며 특히 국민의 기대인 공정성, 공개성, 책임성 및 정직성 등이 촉구된다.

③ 의회는 정치적으로 서로 타협 가능한 입법을 추진 할 수밖에 없기 때문

10 정우일(2011), 공공조직론, pp. 141-50 (요약).
11 백완기 (2004), 행정학, 박영사, P. 8.

에 애매한 정책을 수립하는 경우가 허다하다. 이러한 정책을 집행하여야 할 공공조직은 입법의 애매성이 광범위하기 때문에 구체적인 정책을 수립하고 집행하는 데 공공관리자들에게 많은 책임과 권력을 행사할 수 있는 기회를 주고 있다. 따라서 행정적인 자유재량이 날로 증가하고 있는 현상은 불가피한 것 같이 보인다.

④ 공공조직은 본질적으로 정부의 성격을 가지고 있다. 그들은 정치과정을 피할 수는 없다. 공공정책을 집행하거나 강화시키기 위하여 존재의 의의를 가지고 있다. 사조직에 비하여 공공조직의 정치적인 내용과 성격은 공공조직을 관리 및 운영하는 데 다른 가치와 기술이 필요하다는 것을 나타낸다. 공공조직은 중요한 관점인 목적설정, 목적의 애매성, 다양성, 고객과 이익집단과의 관계 및 관리자의 역할 등에 있어서 사조직과는 분명히 다른 요인을 가지고 있다. 이와 같이 공공조직과 사조직의 산출은 같은 기준으로 분류할 수는 없다.

⑤ 공공조직은 외부의 통제를 피하기 위하여 인사, 예산 및 조달을 위한 고도로 구조화되고 중앙집권적인 규율을 포함하여 엄격한 계층제를 유지하여 조직을 폐쇄화시키는 경향을 가지게 된다. 그러므로 공공조직 내부에 발생하는 모든 업무의 내용들이 외부로 흘러나가는 것을 차단한다.

⑥ 고위직의 빈번한 교체로 인하여 고위 공직자는 조직 내부에 관심을 두는 것이 아니라 외부의 정치적 집단에 관심을 가지게 된다. 반면에 중간관리층과 하위직은 공식적이고 엄격한 절차와 규칙에 시달리게 되며 경제적인 보상체계를 등한시하여 자연히 사기는 저하되기 마련이다.

지금까지 검토하여 본 문헌이나 연구를 보면서 공공조직과 사조직에 대한 단순하고 간단한 비교보다는 그들의 주장에 대한 더 나은 평가와 이해를 가져오기 위하여 두 조직의 실체를 파악하여 보는 것이 필요할 것이다.

제2절 관료제의 정의와 순기능과 역기능

1. 관료제의 정의

관료제를 어원상의 의미로 살펴보면 불어의 bureau(사무실)과 cratie(지배)

가 결합하여 하나의 통치방식인 관료제의 지배를 의미한다. 일반적으로 구조적 측면과 기능적 측면에서 관료제를 논하는 경향이 있다.

오늘날 대규모 조직은 거의 관료제 조직 형태를 취하고 있다. 관료제 형태를 띠고 있지 않은 조직을 찾기도 어렵다. 관료제의 형태를 띠고 있는 정부조직을 공공관료제(public bureaucracy)라고 부르고, 관료제 형태를 띠고 있는 민간조직을 사조직(private bureaucracy)이라고 말한다. 관료제를 보는 시각은 정치 행적학적 측면, 사회학 분야 측면, 그리고 경제학적 측면에서 다르다. 이 가운데 정치 및 행정학적 측면에서 보는 관료제는 계층제, 몰인간성, 전문화의 특징을 가지고 있는 정보조직으로 정의하며 주로 정부 관료제와 대통령, 의회, 법원, 이익집단 등과의 상호관계를 연구한다. 사회학 분야에선 주로 관료제의 내부 속성을 연구의 대상으로 보기 때문에 내부 속성의 장점과 단점의 연구에서 벗어나기 어렵다. 경제학적 측면에서는 관료제가 능률적인 조직이라고 정의하면서 더 나은 능률성을 추구하려고 노력한다.

정부 관료제는 민간 관료제에 비하여 관료제의 속성이 상대적으로 더 강하고 다르다. 민간 기업은 시장에 팔 수 있는 상품을 생산하는 것이기에 성과를 측정하는 데는 정부조직보다 수월하여 구성원들의 업적을 평가하는 데 법, 규제, 절차 등으로 구속할 필요가 없다. 반면에 정부조직은 산출물로서 서비스를 제공하는 조직이기에 성과를 측정하기엔 민간 기업과 같이 수월하지 않아 구성원들을 평가하는 데 법, 규제, 그리고 절차 등의 강한 형태를 띠는 것이 불가피하다. 그러므로 사조직과 달리 공공관료제는 상대적으로 기계적 관료제, 형식화, 표준운영절차화, 집권화 등의 경향이 강한 것을 볼 수 있다.

그럼에도 불구하고, 관료제는 우리가 지금까지 발견한 조직의 형태로서 가장 우수한 조직이라고 Bennis도 인정한다. 관료제의 장점으로 능률성, 합리성, 예측성, 전문성 측면에서 우수한 조직의 형태로서 산업화 단계의 사회 발전에 큰 기여를 하였다. 반면에 관료제 조직의 속성이 장점인 동시에 약점의 원천이 될 수 있듯이 관료제에 대한 경직성, 비융통성, 수단에 대한 강조 및 비인간성은 Weber 관료제에 항상 붙어 다니는 비평들이다. 예를 들면, 앞서 말하였듯이 주요한 관료제의 특징인 계층제, 전문화, 몰인간성 등은 장점을 주지만 동시에 이들이 약점의 원천이 된다는 것이다. 계층제의 여러 단계를 거치면서 정보의 왜곡을 가져온다든지, 전문화는 편협한 시각과 지루함을 준다든지, 몰인간성은 업무처리의 객관적 자세는 좋은 장점이나 고객을 다루는 자세가 냉담함을 면치 못하는 것은 단점인 경우이다. 관료제의 순기능과 역기능을 다룰 때 더 자세히 설명할 것이다.

그러나 Weber는 관료제에 대한 비난을 방어하면서 Weber 자신이 가지고 있는 사회적 맥락에서 자주 무시하거나 병행하여 고려하지는 않았다.[12] 따라서 Weber의 관료제 모델을 단지 조직 관리의 능률성과 효과성을 가져오기 위한 도구로서만 본다면 관료제에 대한 많은 의미를 볼 수 없을 것이다. 능률적이고 효과성측면에서만 관료제를 본다면 특히 사회학자들이 지적하고 있는 것과 같이 관료제가 가져올 수 있는 역기능 혹은 예기치 않은 결과 등 부정적인 측면들은 피할 수 없을 것이다. 그러나 Weber는 관료제를 조직 관리차원에서만 본 것이 아니라 Fry가 지적한 것과 같이 Weber의 특이한 천재성은 행정을 넓은 역사적인 맥락에 놓고 보았고 관료제화의 과정을 서구세계의 합리적 과정과 연결하여 보았다는 점이다.[13] 이것이 관료제를 창시한 Weber의 근원적사고이다.

관료제라는 용어는 많은 의미를 내포하고 있으며, 관료제에 대한 개념정의에 관하여 사회과학자들 사이에 합의가 이루어지지 못하고 있는 실정이다.

Martin Albrow는 관료제의 개념을 1745년까지 거슬러 올라가서 일곱 가지의 범주로 다음과 같이 개념정의를 하고 있다.

① 합리적 조직(Max Weber, Peter Blau, W. Richard Scott, Peter Leonard, F. E. Rourke 등): 관료제를 합리적 조직으로 정의하였다.

② 조직의 비능률성(Marshall Dimock, E. Strauss, Robert Merton, M. Crozier 등)

관료제를 비능률적인 조직이라고 정의한 예이며 이들에 속하는 학자들은 주로 사회학자들이다.

③ 관료에 의한 지배(Harold Laski, Herman Finer, W. R. Sharp, Daniel Warnotte, Robert Michels, Arnold Brecht, Karl Wittfogel, Harold Lasswell, Arbraham Kaplan, Norton E. Long, Harry Kranz 등).

④ 공공행정(Taylor Cole, Morstein Marx, S. N. Eisenstadt, Joseph LaPalom－bara, J. T. Dorsey, Fred W. Riggs, Gabriel Almond 등): 관료제가 국가행정을 지배

12 Henry, *Ibid.*,

13 Fry, *op. cit.*, *Mastering Public Administration: From Max Weber to Dwight Waldo* p. 42. Jreisat, Public Organization Management(재인용). p. 85.

한 경우를 보고 정의 한 것을 말한다.

⑤ 관료에 의한 행정(Reinhard Bendix, Wallace Sayre, Karl Renner, H. P. Bahradt 등).

⑥ 조직(Peter Blau, W. Richard Scott, Carl Friedrich, Talcott Parsons, C. S. Hyneman, Herbert Simon, Robert Presthus, Amitai Etzioni, Ferrel Heady, Dennis Warwick, N. P. Mouzelis 등).

⑦ 현대사회(Gaetano Mosca, James Burnham, Karl Wittfogel, Karl Mannheim 등).[14]

오늘날 관료제라는 용어의 사용으로 야기되는 혼란과 모호성은 부분적으로 관료제의 이상형(ideal type)에 내재하고 있는 모순과 여러 학자들이 관료제라는 용어를 무비판적으로 적용하고 변형한 데서 기인된다고 볼 수 있다.

Weber는 관료제의 특징으로 다음과 같이 서술하였다.[15]

① 고정되고 공식적인 업무의 관할 영역
② 서면으로 작성된 법, 규칙과 규정
③ 명백한 업무의 분활
④ 권위에 따른 책임부여
⑤ 세분화와 전문성을 중요시
⑥ 권위의 계층제
⑦ 전문성과 능력에 따른 직원의 임명
⑧ 전임제
⑨ 사적 고려를 배제한 관리의 통일성과 몰인간성

이러한 특징들은 Weber의 이상적(ideal type)인 관료제 형태인 합리적이고 능률적인 조직으로 설명한다. 목적은 분명하고 지위는 조직의 상위계층으로 올라갈수록 권위가 증가하는 피라미드형 계층으로 구조화되어 있다. 권위는 그 지위의 사람에 있는 것이 아니라 지위에 있다. 채용은 자격에 토대를 두고 있으며 누구를 아느냐는 고려되지 않는다. 결정은 단지 객관적인 기준에 의하여 만들어지며 정치적, 감정적 개입은 배제되며 목적 그리고 효과성을 정의하기 위한 어

14 Martin Albrow, *Bureaucracy* (New York: Praeger Publishers, 1970), pp. 84–105.
15 *Ibid.*, pp. 196–204.

떠한 기준에 대한 갈등도 인정되지 않는다. 사실 우리는 이러한 조직을 본 일은 없다. 그런고로 Weber는 이상적인 형태, 즉 최고의 능률기계의 특징을 언급한 것이다.

Weber가 예측한 바와 같이 관료제는 산업사회에 있어 조직구조들 가운데 가장 우월한 조직형태가 되었으며 더욱더 그는 관료제의 특징을 제대로 잘 지키기만 하면 가장 능률적인 조직이 된다고 하는 관료제의 이상형을 발표하였다. 지금까지도 관료제를 대체할 수 있는 조직을 개발하지 못한 것이 사실이다.

Thompson에 의한 관료제의 특징들은 Weber의 것과 비슷하나 얼마간 다른 강조점을 가지고 있다.[16]

① 과학과 기술에 의한 합리성의 정신
② 실적에 의하여 임명된 높게 훈련 받은 전문인
③ 조직 활동의 일상성(routinization)
④ 조직의 전체 목표를 다른 부서에 따라 하위 목표로 분해(분업)
⑤ 목표와 수단의 전환(조직의 전체목표가 잊혀지고 하위목표가 목적이 되는 현상)
⑥ 공식적 몰인간성
⑦ 전문가의 요구에 따른 자료의 분류
⑧ 차별을 최소화하기 위한 고객의 분류
⑨ 변화에 대한 저항과 계층제에 집착
⑩ 상관과 부하의 관계, 권위와 책임, 계층제를 합법화하는 강한 강조를 가지고 획일적인 사고의 관심. 그와 같이 조직의 갈등, 다양한 이익들은 합법성이 결여된 것으로 간주된다.

2. 관료제의 병리현상

Thompson은 어느 학자들보다 관료제의 병리(bureaucratic pathology)적 행태에 관심을 가지고 있었다. 그에 의하면, 일상화, 하위목적에 강한 집착, 몰인간성과 변화에 대한 저항 등과 같은 병리적 행태는 조직의 목적을 달성하는 데 저해가 되기 때문에 관료병(bureaucratic disease)이라고 불렀다.

현대 조직의 가장 의미 있는 불안의 근원은 계층제 권위와 조직에서 발생하는 전문적 권위와 계층적 권위 간의 간격이 점점 넓어지면서 다양한 문제가

16 Victor Thompson, *Modern Organization*, New York: Knopf, 1969, 정우일, *ibid.*, pp. 61-5.

발생한다는 것이다. 계층제의 권위에 있는 사람들은 조직의 목적을 달성하기 위하여 부하들이나 전문가들에 의존하는 경향이 증가하고 있다. 상관들은 자신들의 계층 지위를 유지하는 데 더욱더 불안을 느끼게 된다. 이와 같은 불안을 극복하기 위해 상관은 부하들을 통제하여 권위를 유지하려는 딜레마에 사로잡히게 된다.

Thompson은 그의 저서 마지막 장인 Dramaturgy[17]에서 조직은 역시 계층제 권위가 필요하다는 것을 인정하고, 계층제의 역할을 보호하는 방법으로 dramaturgical 기술이 점점 더 필요하다고 주장한다. 그에 의하면 계층제 권위가 무너진다면 조직이 질서를 지키지 못하고 혼란에 빠진다는 것에 동의하는 것 같다. 따라서 그는 실제적 권위와 기대된 권위 간의 불일치를 숨기기 위하여 다음과 같은 기술이 조직을 살리기 위하여 필요하다고 하였다.

1) 부하들을 대상으로 한 Dramaturgy

① 의사소통의 통제는 비공식적 의사소통의 발전을 초래하여 상관에 의존하게 된다.

② 전문가를 통제하기 위해서는 그의 결제를 수차례 받도록 한다. 그러면 상관을 두려워하게 될 것이다.

③ 현대 조직에서 계층제적 성공의 기회는 감명을 주는 관리에 종사할 수 있는 능력과 기꺼움에 대단히 의존하고 있다. 이러한 종류의 행태는 전문화의 중요성이 증가하는 가운데 계층제 역할의 합법성을 유지하기 위한 도구로서 중요하다.

2) 상관의 Dramaturgy

① 전문가의 가치를 떨어뜨려라. 그리고 상관은 계층제에서 자신의 역할을 보호하라.

② 지위를 존경케 하기 위하여 사무실에 양탄자를 깔아서 위엄 있게 보이게 하라.

② 부하들과 친숙하게 지내지 않는 충고를 받아야 한다.

---

17 *Ibid*., pp. 138–151.

③ 성과의 질이 낮다고 하더라고 업무수행을 배당할 수 있는 권리는 비판으로부터 자유로울 수 있다. 수행할 업무과제를 주지 않는다면 부하들은 틀림없이 긴장하게 되어 상관의 지시에 복종하게 될 것이다.

3) 관리차원에서 Dramaturgy

① 부하들이 서로 경쟁하도록 유도하라.

② 부하들의 의견을 품위손상하게 하고 비인격화 하라.

③ 부하에 대한 동정적인 행위를 피하라.

④ 적절한 사람을 선택하라.

결과적으로 계층제의 역할은 기술적인 자격만 의존함으로서 수행되지는 못할 것이다.

관료제의 특징에 대한 그 이외 다른 학자들의 특징을 다음과 같이 제시하였다.[18]

① 권한과 관할범위의 규정이 명확하다.

② 계층적 구조를 가지고 있다.

③ 일반규칙에 의해 몰인간적으로 임무가 수행된다.

④ 조직구성원의 전문화와 전임화를 지향한다.

이상과 같은 특징을 내포한 관료제 조직은 기본적으로 내부적 효율성 내지 내부운영의 효율성을 확보할 수 있도록 설계된 조직형태이다. 관료제의 주요한 특징들 가운데 계층제, 전문화, 몰인간성 등의 특징은 행정기제(administrative machine)의 원활한 작동을 가능케 한다. 이는 조직의 각 부분이 할당된 기능을 정확하게 수행하도록 설계되고 논리적 구조로 배열되어 있어 중앙집권적 지시 하에 통합된 수 있기 때문이다. 이러한 조직설계는 질서, 루틴, 예측가능성, 책임성 등을 담보하는 반면, 복잡성, 특이성(idiosyncrasy), 예측불허 등을 배제하고자 한다. 공공부문과 민간부문을 막론하고 현재도 관료제 조직형태가 여전히 지배적인 것은 바로 이들 강점 때문이라고 할 수 있다.[19]

---

18 오석홍(2003) 조직이론, 서울 박영사, pp. 408-409, Johnston,Kenneth(1993), *Beyond Bureaucracy*, Homewood, Ill: Business One Iron, p. 22, 박천오, 상게서, pp. 87-88(재인용).

19 Hales,Colin(1993), *Managing through Organization*, New York: Routledge, p. 104, 박천오(2012), 한국정부 관료제, 법문사, p. 88(재인용).

3. 관료제의 순기능과 역기능

1) 관료제의 순기능

① 채용을 위한 객관적 기준설립

② 독단적인 권위의 행사에 대한 직원을 보호하기 위한 정년보장

③ 직원을 공정하게 대우하며 그리고 지속적으로 안전을 보호하기 위한 규율과 규칙의 설립

④ 권위의 분명한 한계를 확실하게 하고 결정과 결정에 대한 책임이 유지되는 수직적 계층제의 확립

⑤ Bennis도 인정한 예측성, 정확성, 능률성, 안정성, 객관성, 일관성, 실적, 그리고 합리성을 관료제는 가져다준다고 인정함.

그의 관료제 모델은 순기능에서 보는 바와 같이 정실을 배제하고 편견과 차별을 없애려고 노력하였다. 이것은 인권법이 입법화하기 약 50년 전의 일인 것은 놀라운 일이 아닐 수 없다. 특히 관료제의 장점은 고용자 채용을 위한 객관적 기준을 만들어 의사결정자에 의한 친족등용 혹은 정실주의를 감소시키며 능력본위로 대체했다는 것이다. 대체로 정년이 보장되어 근로자들에게 안전감을 준다. 그러나 그러한 장점은 조직에 대한 충성, 상관의 독단적인 행위에 대한 보호, 전문성 및 기술의 연마를 위한 유인 등을 포함할 수 있다.

이외에도 관료제를 찬성하는 이론을 가지고 있는 학자들도 많이 있다. 관료제는 모든 인간을 평등하게 다룬다. 예전 우리나라는 양반만 과거시험을 볼 수 있었으나 하류 계층인 쌍놈은 허용되지 않았다. 그러나 관료제가 발달함에 따라 그들도 과거시험을 볼 수 있는 것은 좋은 현상이다.

과거관료제의 역기능에 대한 비판과는 달리 "정부기능의 팽창이 인간의 자유를 실제로 증진시켜 왔다"는 증거가 있다.[20] 예를 들어 Downs는 시장개방(open market)의 결점 때문에 정부 관료제가 창조된다는 것을 지적하였다.[21] 시장개방체제하에서 국토방위와 같은 서비스는 그 서비스를 받은 사람들에게 한 사람도 빠짐없이 그 대가를 지불하도록 강제하는 것이 불가능하기 때문에 시장

20 Reinhard Bendix, "Bureaucracy and the Problem of Power," *Public Administration Review* (Summer 1945), pp. 194–209.

21 Anthony Downs, *Inside Bureaucracy* (Chicago: University of Chicago Press, 1965), p. 37.

개방체제를 통하여 공급될 수 없다.[22] 경찰이 음주단속을 하여 줌으로써 시민들이 안전하게 운전을 하고 다닐 수 있다는 것도 좋은 예로 볼 수 있다. 공공의 기대에 부응하지 못하는 대규모 공공산업들은 더 엄격한 규제를 받거나 또는 민영화 등으로 인한 위협을 피하기 어려울 것이다. 뿐만 아니라 수입과 부의 전반적인 재분배와 국가의 획일적인 서비스의 제공을 위하여 공공기관에 평등주의가 불가피하게 요구된다. 물론 사조직의 경우 비교적 평등주의와 공평성이 요구되지 않는다.

따라서 관료제를 정부권력의 남용과 동일시하거나, 관료제의 성장이 항상 개인의 자유에 대해 압제적인 효과를 가지고 있다고 가정하는 것은 잘못된 생각이다. 사회보장의 제공과 마찬가지로, 정부의 간섭이 때때로 개인의 자유를 신장시켜 온 것[23]도 사실이다.

2) 관료제의 역기능

일반적으로 관료제에 대한 비판은 주로 사회학자들에 의하여 주장되었는데 아래 제시하는 사회학자들은 비판과 역기능을 제시하였다. 관료제 조직은 기본적으로 내부적 효율성내지 내부운영의 효율성을 확보할 수 있도록 설계된 조직형태이다. 그러나 관료제의 특징들이 역기능을 다음과 같이 초래한다.

① 관료제는 자주 동조과잉현상과 목표의 대치현상을 장려한다고 주로 사회학자들에 의하여 비난을 받고 있다. 즉 조직의 목적이 절차 혹은 하위목표 및 개인의 목표로 대치된다는 것을 의미한다.

▪ Robert Merton: 그는 규칙 및 비인간성이 높은 정도의 신뢰성과 예측성을 가져온다는 것을 인정하면서도 규칙에 지나치게 집착하는 동조과잉현상은 융통성을 저해하여 결국 조직에 도움이 안 된다고 지적을 하였다. 규칙과 규정이 너무 강조되어 실지로 봉사하기 위한 목적보다 더 중요하게 생각한다면 그 결과 목표의 대치현상이 발생하고 조직효과성의 감소를 가져온다는 것이다.[24]

---

22 *Ibid.*, p. 39.
23 John C. Buechner, *Public Administration* (Calif.: Dickenson Publishing Co., 1968), p. 52.
24 Robert K. Merton, "Bureaucratic Structure and Personality," *Social Forces*, 18(1940), pp. 560-568.

이러한 주장은 Robert Michels의 "과두제의 철칙(Iron Law of Oligarchy)"에서도 목표의 대치현상을 설명하고 있다.[25]

▪ Philip Selznick: 다른 관점에서 수단이 목적이 될 수 있다고 역시 관료제를 비난을 한다. 그에 의하면 세분화(specialization)와 분화(differentiation)는 각기 다른 목적을 가진 하위 단위들을 만들 수 있다고 한다. 각기 다른 하위 단위들의 목적은 그 하위단위에 속한 구성원들에게 중요하기 때문에 결국엔 할거주의가 발생하게 된다. 이 하위 단위들 사이의 갈등의 결과로서 발생하는 것은 하위단위의 목적 달성이 조직 전체의 목적달성보다 더 중요하다고 생각하며 그 결과 전체조직의 목적달성에는 차질이 발생하게 된다.[26]

▪ Alvin Gouldner: 그는 목표대치현상을 역시 다른 관점에서 지적한다. 규칙이나 규정은 바람직하지 않은 행태를 분명히 할 뿐만 아니라 최소한의 업적을 달성한다고 지적한다. 만약 조직의 목적이 고용자들의 마음속에 내면화되어 있지도 않고, 고용자들의 마음에 내키지 않아 적극적인 행태를 유발하지 못한다면, 이를 달성하려는 규칙들은 오히려 냉담을 자극하게 된다. 즉 사람들은 규칙을 최소한 문제가 발생하지 않을 정도로 지키려고 할 것이다.

그러므로 이러한 경우에 규칙이 바람직하지 못한 행태를 명확히 확인하는 역할보다는 최소한의 업적을 달성하는 역할로 해석될 수 있다는 것이다. 예를 들어 요즘 학생들에게 학점을 줄 때 pass 혹은 fail로 주는 경우가 가끔 있다. 이러한 경우 교수는 합격이냐 혹은 불합격이냐를 나누는 데 관심의 초점이 있게 될 것이다. 반면에 학생들은 합격성적을 받는 그 이상으로 노력을 하려하지는 않을 것이다.[27]

② 규칙의 잘못된 적용

목표 대치현상의 문제와 밀접하게 관련이 되어 있는 비판은 공식적인 규칙과 절차를 부적절하게 적용함으로써 바람직하지 못한 결과를 자아내고 있다는 것이다. 관료들이 상황이 변한 것은 생각지 못하고 맹목적으로 예전에 일상적으

---

25 Robert Michels, *Political Parties*, Eden Paul and Cedar Paul trans. (Glencoe, Ill.: The Free Press, 1949) 참조.

26 Philip Selznick, *TVA and the Grass Roots* (Berkeley: University of California Press, 1949).

27 A. W. Gouldner, *Patterns of Industrial Bureaucracy* (Glencoe, Ill.: The Free Press, 1954).

로 하여 왔던 것과 같이 결정을 반복하는 그러한 분위기를 관료제는 지속적으로 만들어 나가고 있다고 비난을 한다. 결론은 관료제의 높은 공식화는 변화하는 환경에 적응하는 것을 어렵게 만들고 있다고 볼 수 있다.

③ 피고용자의 사기 저하

관료제가 주는 가장 큰 희생 가운데 하나는 피고용자들을 소외시킨다는 것이다. 피고용자들은 그들 자신과 직무가 가깝다는 느낌을 가질 수 없도록 조직으로부터 몰인간적인 대우를 받는다. 때로는 바퀴의 하찮은 한 톱니와 같이 중요한 존재가 아니기 때문에 조직에 헌신하는 주인의식이 생기지 않는다. 업무는 역시 너무 세분화되어 있어 다른 사람도 쉽게 배울 수 있으며 언제고 교체가 가능하여 무력하게 되며 직업에 대한 안정성을 갖지 못한다. 아울러 업무의 전문성을 확보하기 어려우며 업무에 대한 긍지를 가지지 못한다. 따라서 관료제가 너무 공식화되면 고용자들의 소외는 높아질 것이 분명하다.

④ 고전이론이 가장 많은 비난을 받는 것은 인간의 동기부여를 모든 욕구를 배제하고 경제적인 욕구에만 제한하였다는 점이다. 이러한 경제적인 동기부여가 세계공황이 일어나던 때에는 비교적 적합성이 높을 수 있으나 기본적으로 인간의 욕구가 다양하다는 것을 인식하지 못하였다는 데 비난을 받고 있다. 현대 조직이론은 작업의 내용과 관련된 성취욕구, 인정, 책임감 또는 승진기회도 경제적인 욕구 못지 않게 동기부여의 요소로 고려하고 있다.

⑤ 조직관리의 고전이론은 많은 비평을 받았다. 특히 1945년에 처음으로 발간된 Simon이 저술한 *Administrative Behavior*에서 비평한 내용들은 많은 관심을 끌었었다. 고전이론들이 제시한 행정의 원리는 격언과 같다는 치명적인 결함을 지적하였고 더욱이 거의 모든 원리에게서도 가능하고 용인할 수 있는 모순이론을 발견할 수 있다고 하였다.

⑥ 고전 모델들은 환경적인 영향을 고려하지 않는 관계로 환경과의 상호작용 및 상호의존을 고려하지 못하는 폐쇄체제에 의존한다. 환경과의 상호작용은 조직이 생존하기 위하여 필요한 inputs를 공급을 받고 outputs를 산출한다. 또한 feedback mechanism을 통하여 조직은 필요한 정보를 얻으며 의사소통을 할 수 있기 때문에 시민들에 책임, 책무와 부응성을 지켜나가는 데 유리하다. 그러나 고전이론은 폐쇄체제이기 때문에 이러한 장점을 활용할 수는 없다.

⑦ 관료제는 변화나 개혁에 있어 둔감하다는 것이다. 관료제는 순응성이

강하고, 작업의 표준화 및 일상화를 찾기 때문에 관료제는 융통성이 부족하고 변화를 원하지 않는 경향이 있다는 것이다. 대규모 조직은 작은 조직보다도 움직이는 데 민첩하지 못하기 때문에 변화에 적응하기 어렵다. 그러므로 21세기 변화의 신속함에 따라 조직의 슬림(slim)화는 불가피하며, 작은 것이 아름답다는 말은 공공조직에서도 자주 거론되고 있다. 프랑스의 행정학자인 Michel Crozier는 조폐공장의 직원들을 대상으로 행태적 접근한 그는 규율(혹은 권위)의 악순환 이론(Vicious Cycle of Rules or Authority)을 발표하고 관료제는 잘못을 인정하나 고칠 수 없는 조직이라고 결론을 내리고 있다.[28] 즉 조직이 엄격한 규율이나 계층에 의하여 운영된다면 조직은 경직될 수밖에 없으며 자연히 비융통성 및 변화에 둔감한 분위기를 조성하여 결국에는 비능률성, 비생산성을 초래한다는 것이다. 따라서 조직은 이러한 비능률성을 시정하기 위하여 새로운 규칙이나 권위가 필요하나 결국에는 더욱 높은 비능률성을 낳기 때문에 이를 시정하기 위하여 더욱 강하고 엄격한 규율을 만들어야 하는 악순환을 거듭한다는 것이다. 그는 역시 변화는 조직에 위험을 가져올 수 있기 때문에 강력한 중앙집권을 불러올 수 있으며 더욱더 조직의 몰인간성을 조장할 수 있다고 경고하였다. 관료제는 높은 계층 조직(tall organization)인 관계로 지연, 결제를 받기 위하여 거쳐야 하는 계층적 통로, 의사전달의 왜곡 및 저항들로 인하여 변화는 기대하기 어렵다.

▪ Warren Bennis: 관료제에 대한 가장 비판적인 논쟁으로 가장 잘 알려진 "관료제는 그 운명을 다했다"는 사회심리학자인 Warren Bennis[29]의 논문 주제이다. 그리고 논문을 다시 수정하였으나 역시 관료제를 비판하는 분석을 하였다.[30] 다음은 Bennis가 주요한 논쟁을 다루었기 때문에 관료제는 시대에 뒤떨어진 구식이며 사라지고 있다는 논쟁점을 요약하였다.

이미 지적하였듯이 사람들은 시대의 요구 및 가치관에 알맞는 조직의 형태를 발전시킨다. 19세기와 20세기 첫 중반을 거의 지배하였던 조직의 형태는 관료제로 알려졌다. 이 관료제모델은 산업혁명초기에 관리관행으로 거의 통용되었

---

28 Michel Crozier, *The Bureaucratic Phenomenon*, Chicago, IL: University of Chicago Press, 1964.
29 Warren G. Bennis, "The Coming Death of Bureaucracy" *Think*, November-December 1966, pp. 30-35.
30 Warren G. Bennis, "A Funny Thing Happened on the Way to the Future," *American Psychologist*, July 1970, pp. 595-608.

던 개인적인 종속, 연고자 편중 및 잔인성, 그리고 일관성이 없고 주관적인 판단에 반대하면서 발전하기 시작하였다. 관료제는 질서, 정확성 공정한 대우를 위한 근로자의 요구를 위해 조직의 필요에 의하여 만들어졌다. 그러나 이 조직의 형태는 빅토리안 시대(Victorian era)에 적합한 조직의 형태이나 오늘날 시대의 상황은 그 당시와 일치하지 않으며 많이 변하여 왔다.

그는 관료제의 문제점으로 다음 4가지를 지적하였다.

ⅰ 빠르고 예측할 수 없는 변화: 관료제의 장점은 안정하고 예측할 수 있는 환경에서 일어나는 일상적이고 예측할 수 있는 업무를 능률적으로 해결할 수 있는 능력을 가지고 있다. 그러나 명확한 명령계통, 규칙 및 경직성의 특징을 가지고 있는 관료제는 환경이 요구하는 빠른 변화에는 적응하기 어렵다.

ⅱ 규모의 성장: 규모가 증가하면 항상 복잡한 요인들이 개입되고 실제적으로 관료제의 피라미드 구조는 제한 없이 높아간다. 규모가 늘어나면서 증가된 행정계층, 엄격한 통제, 더욱 강한 몰인간성, 그리고 낡은 규칙들, 즉 조직의 성장을 둔화시키는 이러한 요인들이 일어난다.

ⅲ 다양성의 증가: 오늘날의 직업들은 다양하고 고도의 전문적 능력을 가진 사람을 요구한다. 재촉하는 성장, 빠른 변화, 그리고 복잡해져 가는 전문성 등은 관료제의 명확한 명령계통, 엄격한 규칙 및 절차 그리고 몰인간성 등과는 양립되지 않는다.

ⅳ 관리행태의 변화: 관리자들은 철학에 있어서 미묘하나 지각할 수 있는 변화를 경험하고 있다. 이러한 변화는 관료제의 이념과 일치하지 않는다. 특히 관리자들은 관료제의 기계적인 인간관과 다른 복잡하고 변화하는 욕구를 가지고 있는 새로운 인간관의 개념으로 변화하고 있다. 권력도 강압과 위협에 토대를 두고 있는 권력의 모델이 아니라 협조와 이성에 근거를 두고 있는 새로운 권력의 개념으로 변하고 있다. 조직의 가치도 관료제의 비인간적이고 기계적인 가치체제에서 인간적이고 민주적인 이상에 기초하는 것으로 변화하고 있다. 따라서 관료제는 이러한 변화의 추세에 적응하여야 한다.

결론적으로 Bennis는 관료제구조는 현대조직의 요구를 위하여 너무 기계적이라고 보았다. 그리고 관료제 구조는 안정적인 환경에 적합하고 현대는 변화에 효과적으로 반응하기 위하여 설계된 구조가 적합하기 때문에 사라질 수밖에 없다고 지적을 한다.

제3절 관료제 성장의 불가피성과 양적 성장

1. 관료제 성장의 불가피성

1970년대 관료제는 이미 죽었다고 말한 Bennis는 행정경험을 가진 후 관료제는 불가피하고, 크고 복잡한 조직에서 관료제는 필요하다고 주장했다. 물론 임시체제는 나름대로 그 역할을 하나 방대하거나 혹은 대규모 조직에서 제대로 작용하지 못했다. Bennis에 의하면 언제나 관료제는 존재할 것이며 태양은 관료제를 위하여 그 빛을 더욱 발할 것이라고 지적했다.[31] 관료제가 우리 주변 도처에 산재되어 있다는 것은 무엇을 상징하는가? 무엇 때문에 관료제가 왜 그러한지 아래 밝혀볼 것이다.[32]

1) 조직의 우수성

기술, 환경 등에 관계없이, 조직적인 활동을 하는, 즉 기업, 병원, 학교 및 대학, 군 등 관료제의 형태를 띠지 않은 조직은 없다. 이러한 경향을 보아 관료제는 가까운 장래에 우리가 발견할 수 있는 어떠한 조직보다도 우수하다고 인정할 수 있다고 주장하는 학자도 있다.

2) 대규모

성공하고 생존하는 조직은 대규모화하는 경향이 있다. 얼마 전까지 학계는 물론 우리사회에서 조그만 것이 아름답다(Is Small Really so Beautiful?)는 말이 유행어처럼 퍼져 있었으나 21세기 정보사회로 접어들고 경제는 하나로 통합되어 현실에 큰 것이 아름답다(Fat is Beautiful)는 말도 설득력이 있는 것으로 대두되고 있다. 조직의 성장은 신속성만이 중요한 변수인 것만은 아니다. 오히려 경쟁력을 확보하기 위하여 대규모 조직이 유리할 수도 있다. 실로 Newton에 의하면, 민주주의는 조그만 조직보다 재원이 풍부한 대규모 조직에서 주민이 필요한

---

31 Warren G. Bennis(1974), Conversion with Warren Bennis, *Organization Dynamics*, 2(3), p. 57, 정우일, 공공조직론, p. 730(재인용).

32 정우일, 공공조직론, pp. 78-80(재인용).

서비스를 제공하며, 대중매체를 발전하여 정보를 서로 널리 그리고 쉽게 공유할 수 있도록 의사소통을 용이하게 한 조직에서 더 발전한다는 연구결과도 있다.[33] 조그만 조직은 만들어지고 소멸되고 하였으나 대규모 조직은 그대로 생존하는 경향이 있다. 예를 들어 참새나 쥐가 오래 사는지 혹은 코끼리나 기린이 더 오래 사는지를 묻는다면 큰 동물이 더 오래 사는 것은 무엇을 의미하는가?[34] 당연히 관료제는 능률적인 대규모 조직이다. 구조를 결정하여 주는 지배적인 기준은 규모이고 규모가 증가하면 관료제의 형태를 취하게 된다.

3) 경쟁의 우월성

우리 사회에는 다양한 조직의 형태가 있다. 모두 서로 다르지만 그들은 효과적이고 다른 조직의 형태와 경쟁하기 위하여 각기 유리하다고 생각하는 요소들을 포함한다. 이러한 조직 가운데 관료제의 구조적 특징이 결과를 달성하는 데 성공적이기 때문에 자연적으로 관료제가 선택된 것이다. 반면에 비관료적 조직 형태는 경쟁력을 확보하지 못하여 경쟁에서 탈락되었다. 따라서 관료제는 결국에 우리 사회를 지배할 것이고 모든 다른 조직 형태와는 달리 관료제는 가장 능률적이며 역시 다른 형태를 따르는 조직은 경쟁에서 제외될 것이라고 본다.

4) 변하지 않는 사회적 가치

관리자의 철학이 인간주의로 변하고 있다는 주장을 한 Bennis와는 달리 북아메리카 사람들의 가치는 법과 통제를 좋아한다. 전통적으로 그들은 목적 지향적이고 권위적인 구조에 익숙하다. 부모는 가정을 통제하고, 교회는 질서와 합리성, 학교는 질서, 규칙성을 강요한다. 북아메리카 사람들은 강하게 개인의 자유를 믿는 반면 자유는 규칙과 규정에 대한 복종을 요구한다는 것을 인정한다. 관료제는 질서와 통제의 가치와 일치한다.

5) 격동적 환경의 극복

더욱 자세히 관찰하여 본다면 변화는 어느 역사의 시대보다도 동태적이지 않다. 조직에 대한 불확실한 환경의 영향은 관리전략의 발달로 극복하고 있다.

---

33 Herbert M. Levine, *Public Administration Debated*, Prentice Hall, 1988, pp. 101–113.

34 *Ibid.*, pp. 102–3.

6) 전문 관료제의 탄생

Weber의 기계적 관료제가 하였던 것과 같이 전문적 관료제도 거의 비슷한 정도로 표준화를 제공한다. 그러나 전문적 관료제는 조직의 기술적 전문성, 지식기반 산업의 급속한 팽창으로 인하여 지식 필요성의 증가는 전문 관료제의 발전을 초래하였다. 관료제는 지식의 혁명과 같은 어떠한 위험에도 수정·보완하면서 잘 적응하는 능력을 발휘하여 왔다.

7) 관료제의 통제 유지

높은 표준화는 통제를 가능하게 하여 준다. 권력과 통제적인 관점에서 우리는 관료제가 대규모 조직의 통제를 유지하기 위하여 구조적으로 가장 효과적인 수단이기 때문에 가장 선호하는 조직이다.

결론적으로 모든 이러한 주장들을 감안하여 볼 때 관료제가 사라질 가능성은 희박하다.

관료제는 노동의 분업, 권위의 계층, 높은 공식화, 몰 인간성, 실적주의, 경력 과정, 사적 및 공적의 분명한 구별 등의 특징을 가지고 있는 조직의 형태이다. 기본적으로 두 가지 형태의 관료제가 있다. Weber의 기계적 관료제는 높은 복잡성, 공식화, 집권화 등의 특징이 있으며, 전문 관료제는 조직이 고도의 전문성을 가진 전문인을 채용하였을 때를 의미한다. 전문 관료제는 Weber의 모델이 추구하는 것과 같은 목적을 달성하나 전문 관료제는 방법에 있어서 내면화된 전문성을 토대로 한 광범위한 분권과 상호 존중 문화의 대체에 의존한다.

2. 관료제의 성장

정부활동의 모든 수준에서 공공관료제의 성장은 최근 몇 년 동안에 있었던 중요한 사회적 현상 중의 하나이다. 관료제의 규모, 책임성과 권한은 지난 몇 세대 동안에 눈부시게 성장하여 왔다. 아래 [그림 3-1]는 우리나라 공무원의 전체의 수와 각 부에 속한 공무원의 수를 알기 쉽게 보여 준다. 특히 행정관료와 입법부 및 사법부에 속한 관료들의 수와 현격한 차이는 이미 관료국가화 현상을

그림 3-1
전체 공무원 정원 분석표

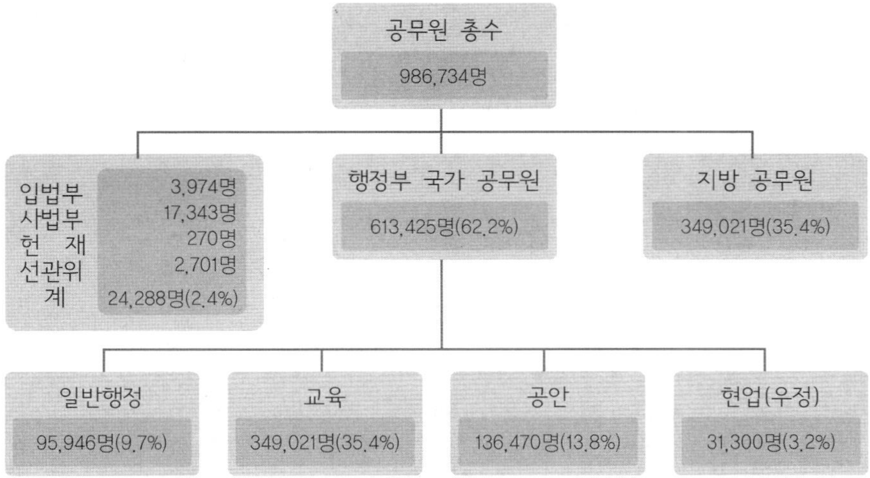

* 군인 및 군무원, 국가정보원 직원 제외.
* 지방공무원(2012.6.30. 기준)=지방자치단체장 224명, 교육자치단체장 16명 제외.
* 지방공무원=지방자치단체 286,219명+교육자치단체 62,802명.
* 공안=법무 27,074명+경찰 109,139명+소방 257명.

짐작하게 한다.

아래 제시하는 관료제의 공무원수와 재정에 관한 통계는 관료들의 성장을 나타낸다. 특히 인구가 늘어나고 사회가 복잡해지고 과학화됨에 따라 정부에 대한 국민의 요구가 늘어나면서 관료의 수가 증대되어 왔다. 이와 같이 관료제의 성장은 공무원의 수가 늘어나는 것과 예산의 증가에서 판단할 수 있다.

[표 3-1]과 [표 3-2]는 선진국과 개발도상국 간의 관료수의 성장에 차이가 있음을 보여준다. 일반적으로 반 관료제 문화를 가지고 있는 선진국에서 인구대비 관료의 수가 개발도상국의 그것보다 크다는 사실은 무엇을 의미하는가? 자못 흥미로운 질문이 아닐 수 없다. 따라서 관료의 수와 국민이 제공받는 공공서비스의 질적 수준 사이에 상관관계가 존재하는지를 조사한 경험적 연구들이 있다. 예를 들어 국민에게 서비스를 제공하는 경찰의 수가 많을수록 국민에게 보다 질 좋은 서비스를 제공하는 것이 가능해 진다. 실제로 경찰들이 도보든지 순찰차로 주변을 자주 감시한다면 범죄발생을 억제할 수 있는 것은 당연할 것이다.

표 3-1 인력규모와 관련한 OECD의 일반정부 규모

구 분	한 국	일 본	미 국	독 일	프랑스
인 구 수(천명) (A)	48,297 ('06년)	127,451 ('06년)	311,666 ('08년)	82,343 ('07년)	61,373 ('06년)
정부규모(천명) (B)	1,342 ('06년)	4,449 ('06년)	22,500 ('08년)	4,060 ('07년)	6,033 ('06년)
인구1000명당 공무원 수(명)	27.8명	34.9명	72.2명	49.3명	98.3명
공무원 1인당 인구수(명) (A/B)	36.0명	28.6명	13.9명	20.3명	10.2명

※ 미국의 정부규모: Publicly owned enterprises 포함.

표 3-2 각 국가별 인구천명당 전체(국가와 지방) 공무원수

연도 국가	1990	1991	1992	1993	1994	1995	1996	1997	1998	1999	2000	2001	2002	2003	평균
미국	71.22	70.77	70.73	70.45	70.52	70.19	69.69	69.48	69.42	69.70	70.40	72.00	74.70	–	70.71
일본	31.91	31.95	32.00	32.10	32.07	31.93	28.00	24.64	24.58	24.55	–	–	–	–	29.37
프랑스	80.53	73.64	73.76	74.46	–	–	–	–	–	–	–	–	82.80	–	77.04
영국	75.64	75.51	74.89	70.85	67.58	67.57	–	–	–	–	–	–	–	–	73.57
스페인	46.36	46.38	46.50	47.57	50.46	48.97	50.30	50.86	51.65	52.75	50.01	52.61	–	–	49.54
독일	54.20	65.23	64.14	61.57	59.69	58.02	–	55.83	56.70	57.31	–	–	–	–	59.19
이탈리아	–	92.96	91.97	88.70	86.36	83.93	81.95	80.17	78.62	76.91	75.36	–	–	–	83.69
한국	18.76	19.41	19.96	20.08	20.08	19.73	19.98	19.97	18.81	18.40	18.10	17.95	18.28	18.71	19.16

자료: 각국의 통계청(통계국)의 자료를 인용.
주1) 2002년의 자료는 행자부(2004)를 인용.
주2) 영국의 경우, 지방공무원숫자가 포함됨.
출처: 진종순(2005)

선진국과 개발도상국의 인구대비 공무원수의 경우 선진국이 그 수가 훨씬 많으며 늘어나고 있다. 선진국과 개발도상국 사이의 중요한 차이점은 선진국의 경우 지방공무원수가 중앙공무원수보다 더 많으나, 개발도상국의 경우 중앙공무원의 수가 더 많은 점이다. 즉, 달리 말하면 선진국의 경우 규모는 크지만 분권화되어 있으며, 개발도상국의 경우 규모는 작으나 집권화되어 있다는 것을 의미한다. 선진국으로 진입하려는 한국의 경우와 같이 분권화과정에 있으나 아직 중앙공무원의 수가 압도적이다([표 3−3]).

관료의 총 숫자를 고려하여 볼 때 선진국의 경우 개발도상국에 비해서 증가하는 국민의 요구가 관료제에 의해 더 신속하게 수행되고 있으며, 대통령 선거에서 대통령 후보자가 주장한 선거공약을 실천하기 위하여 관료의 수가 더욱 팽창한다고 보는 것은 그리 잘못된 견해는 아닐 것이다. 관료의 수를 줄이겠다

표 3-3 연정부공무원 직원(2012)

연도	총계	행정부			입법부	사법부	기타 (현재·선관위)
		소계	국가	지방			
2001	868,120	850,032	548,003	302,029	3,211	12,817	2,060
2002	889,993	871,066	562,373	308,693	3,211	13,463	2,253
2003	915,945	896,579	579,448	317,131	3,086	14,005	2,275
2004	936,387	916,265	589,148	327,117	3,176	14,407	2,539
2005	930,759	910,186	571,982	338,204	3,176	14,852	2,545
2006	956,946	935,896	590,169	345,727	3,176	15,109	2,765
2007	975,012	953,896	604,714	348,376	3,469	15,636	2,817
2008	968,684	946,063	607,628	348,435	3,469	16,273	2,879
2009	970,690	947,967	609,573	338,394	3,451	16,393	2,879
2010	979,583	955,890	612,672	343,218	3,848	16,933	2,912
2011	981,927	957,721	611,968	345,753	3,957	17,306	2,943

* 지방: 지방자치단체 + 교육자치단체
* 지방: 지방자치단체장, 교육감 미포함
자료: 행정안전부 통계연보.

는 선거공약은 선진국에선 지켜지지 않는 것 같다.

초기 미국 연방행정의 주요 활동은 우편업무, 세금징수, 외교 및 초보적인 국방업무였으나 현재는 우주탐사, 건강 및 복지와 관련된 수많은 분야, 광대한 자원보존과 오락 프로그램, 자연과학 및 사회과학에 대한 연구개발, 육(陸)·해(海)·공(空) 각 지역에서의 수송 및 통신시설의 개발과 세계적인 방위임무 등 다양한 업무를 수행하고 있다. 그리하여 정부의 중요성과 성격은 극적으로 변화해 왔다. 이러한 유사한 현상은 모든 국가에서 일어나고 있는 보편적인 현상이다.

정부와 공공관료제의 성장을 설명하려는 노력이 몇몇 학자들에게서 있었으며, 이를 요약하면 다음과 같다.[35]

첫째, 관료제는 본래 욕심이 강하며 대체로 인적·조직적 이유로 인하여 일상생활에 영향력을 확장하려 한다.

둘째, 정부에 의해 수행되는 업무의 성격(복잡성, 기술적인 내용, 업무량 등)에 의하여 관료제는 팽창한다.

셋째, 의사결정 권한을 둘러싸고 관료제와 경쟁 상태에 있다고 추정되는 다른 정치체제들(의회, 사법부 등)의 약화가 점차로 분명하다는 것이다. 관료제가 정치가들 및 정치기관들이 포기하고 떠난 빈자리를 채우고 있다는 논쟁은 타당

35 B. Guy Peters, *The Politics of Bureaucracy: A Comparative Perspective* (New York: Longman, Inc., 1978), p. 16.

한 것 같다.

그러므로 혹자는 관료제가 복잡성을 감소하는 데 기여하며, 현대생활을 보다 관리하기 쉽게 만든다고 주장하여 왔다. 즉 관료제는 점점 증가하고 있는 사회, 경제 및 정치적 활동들을 흡수하고 지배하는 경향이 있다. 예를 들어 현재 시민들은 그들 생활의 모든 영역에서 관료제와 관련되어 있으며, 더구나 공공서비스에 대한 요구는 보다 더 증가하고 있다.

무엇보다도 먼저 정부예산의 증가가 관료제의 팽창에 대한 가장 좋은 지표 중의 하나이다. [표 3-4]는 예산지출이 계속해서 증가하는 경향을 보여주고 있다.

[표 3-5]에서 보듯이 미국의 연방재정도 엄청난 속도로 증가하고 있다.

한국의 세출과 세입의 추이를 보더라도 바른 속도로 증가하고 있는 것을 볼 수 있다.

미국의 공무원수는 제2차 세계대전 이후 급속하게 증가하여 왔다. 관료제는 단순히 크기와 수만으로도 정치역할 면에서 막대한 힘(leverage)을 발휘하고 있다. [표 3-6]은 미국 공무원수가 19세기 초부터 빠른 속도로 증가하고 있으며, 그 중에서 가장 빠른 비율로 증가하고 있는 부처는 행정부임을 보여주고 있다. 공무원들은 거대한 행정부를 구성하고 있는 갖가지 행정기관(agency), 부처(department), 부서(bureaus), 규제위원회 및 공기업 등에서 활동하고 있다. 국가공무원의 총원은 1816년에 약 5,000명, 1921년에는 약 56만명에서, 1940년에는 약 100만명, 1945년 제2차 세계대전 중에 약 400만명으로 급속하게 증가하였다가, 1950년에는 약 200만 명으로 감소한 이후 1991년에는 약 310만 명으로 꾸준히 증가하였다. 그 중 행정부 공무원 수는 1991년 현재 전체 연방공무원수의 97.9%를 차지하여, 행정부의 규모가 방대함을 알 수 있다. 행정부소속 공무원의 증가 현상은 한국정부에서도 나타난다([표 3-3]).

예산과 공무원 수의 증가는 시민 개인이 관료제와 접촉할 기회를 확대시키며, 보다 중요하게는 개인의 행태가 관료제와의 접촉에 의해 더 많은 영향을 받게 되거나, 규제를 당하게 된다는 것을 의미한다. 이것은 관료제의 정치적 영향력이 증가하고 있음을 보여 주는 예다. [표 3-3], [표 3-4], [표 3-5], [표 3-6]은 인구의 증가, 공공서비스에 대한 새로운 요구, 그들의 경제적 자원 등을 반영함에 따른 전반적인 행정행위의 특성에 관한 변화를 정부의 세출예산으로 설명하고 있다.

표 3-4 한국 세출예산규모(1985-2006)

(단위: 백만원)

연도 (구성비)	구 분							
	1.방위비	2.교육비	3.사회개발	4.경제개발	5.일반행정	6.지방재정지원	7.채무상환및기타	합계
1996	12,944,951	11,029,826	5,021,080	13,122,903	6,282,409	6,377,734	3,701,914	58,480,817
	22.1	18.9	8.6	22.4	10.7	10.9	6.4	100.0
1997	13,653,221	12,067,851	5,899,254	16,281,404	6,821,830	6,798,732	2,439,808	63,962,100
	21.3	18.9	9.2	25.4	10.7	10.7	3.8	100.0
1998	14,161,956	12,130,975	7,204,020	22,190,889	7,304,761	7,039,226	3,194,155	73,225,982
	19.3	16.6	9.8	30.3	10.0	9.6	4.4	100.0
1999	14,336,764	11,476,535	9,243,095	22,513,730	7,765,987	6,710,770	11,638,423	83,635,123
	17.1	13.7	11.0	26.9	9.3	8.0	13.9	100.0
2000	15,043,195	12,097,801	9,738,387	22,995,294	7,998,785	7,671,634	10,928,910	85,474,007
	17.4	14.0	11.3	26.6	9.2	8.9	12.7	100.0
2001	16,064,683	17,801,652	13,510,782	24,660,417	9,130,991	12,288,991	5,722,550	99,180,065
	16.2	17.2	13.6	24.9	9.2	12.4	5.7	100.0
2002	17,106,006	18,460,852	13,900,886	27,454,506	10,040,519	11,821,170	7,092,731	105,876,671
	16.2	17.9	13.1	25.9	9.5	11.2	6.7	100.0
2003	18,310,701	20,709,146	14,996,379	30,289,799	12,572,013	14,910,674	6,343,608	118,132,320
	15.5	17.5	12.7	25.6	10.6	12.6	5.4	100.0
2004	19,790,439	22,046,332	16,024,650	29,476,616	11,372,787	14,159,640	5,485,582	118,356,045
	16.7	18.6	13.5	24.9	9.6	12.0	4.7	100.0
2005	22,020,476	27,438,045	17,779,505	28,060,533	14,607,042	20,135,831	5,174,154	135,215,587
	16.3	20.3	13.1	20.8	10.8	14.9	3.8	100.0
2006	23,511,696	28,540,223	19,347,715	28,303,225	17,101,586	21,366,498	6,636,667	144,807,610
	16.2	19.7	13.4	19.5	11.8	14.8	4.6	100.0

1) 일반회계 세출규모임.
2) 각 연도의 세출예산은 추경포함 최종예산임.
출처: 기획예산처 홈페이지.

표 3-5 미국의 연방정부 재정 증가추이

[Unit: Million of Dollars]

YEAR	Outlays, total	National defense	Social Security	Income Security	Medicare	Health	Education
1971	210,172	78,872	35,812	22,936	6,622	6,843	9,849
1972	230,681	79,174	40,157	27,638	7,479	8,974	12,529
1973	245,707	76,681	49,090	28,264	8,052	9,356	12,745
1974	269,359	79,347	55,867	33,699	9,639	10,733	12,457
1975	332,332	86,509	64,658	50,160	12,875	12,930	16,022
1976	371,792	89,619	73,899	60,784	15,834	15,734	18,910
1977	409,218	97,241	85,061	61,044	19,345	17,302	21,104
1978	458,746	104,495	93,861	61,488	22,768	18,524	26,710
1979	504,032	116,342	104,073	66,359	26,495	20,494	30,223
1980	590,947	133,995	118,547	86,540	32,090	23,169	31,843
1981	678,249	157,513	139,584	99,723	39,149	26,866	33,709
1982	745,755	185,309	155,964	107,717	46,567	27,455	27,029
1983	808,380	209,903	170,724	122,598	52,588	28,641	26,606
1984	851,846	227,413	178,223	112,668	57,540	30,417	27,579
1985	946,391	252,748	188,623	128,200	65,822	33,542	29,342
1986	990,336	273,375	198,757	119,796	70,164	35,936	30,585
1987	1,003,911	281,999	207,353	123,250	75,120	39,967	29,724
1988	1,064,140	290,361	219,341	129,332	78,878	44,487	31,938
1989	1,143,172	303,559	232,542	136,031	84,964	48,390	36,674
1990	1,252,705	299,331	248,623	147,022	98,102	57,716	38,755
1991	1,323,441	273,292	269,015	170,276	104,489	71,183	43,354
1992	1,380,856	298,350	287,585	196,948	119,024	89,497	45,248
1993	1,408,675	291,086	304,585	207,250	130,552	99,415	50,012
1994	1,460,914	281,563	319,565	214,036	144,747	107,122	46,307
1995	1,538,920	271,600	336,149	223,006	157,288	115,098	56,065
1996	1,572,411	265,556	350,924	228,342	177,586	121,211	54,131
1997	1,631,016	267,176	367,713	238,855	194,256	127,630	51,291
1998	1,667,815	264,112	381,499	239,349	198,135	131,772	55,114
1999	1,727,071	276,730	392,608	243,130	204,982	143,095	60,065
2000	1,789,562	290,636	406,625	251,289	202,513	154,227	63,397
2001	1,865,200	299,100	433,600	262,600	219,300	175,300	65,300
2002	2,011,000	348,600	456,400	312,500	230,900	196,500	70,500
2003	2,140,400	376,300	478,500	330,100	244,700	223,100	86,300
2004	2,293,000	455,900	495,900	333,100	269,400	241,100	87,900
2005	2,472,200	495,300	523,300	345,800	298,600	250,600	97,500
2006	2,708,700	535,900	554,700	360,600	343,000	268,800	109,700

출처: U. S. Office of Management and Budget, Historical Tables, annual.

표 3-6 연방정부의 공무원의 수; 1816~1991

연도	총 수	행정부	입법부	사법부
1816	4,837	4,479	243	115
1851	26,274	25,713	384	177
1881	100,020	94,679	2,579	2,762
1901	239,476	231,056	5,690	2,730
1921	561,142	550,020	9,202	1,920
1930	601,319	588,951	10,620	1,748
1940	1,042,420	1,022,853	17,099	2,468
1945	3,816,310	3,786,645	26,959	2,706
1950	1,960,708	1,934,040	22,886	3,772
1955	2,397,309	2,371,462	21,711	4,136
1960	2,398,704	2,370,826	22,886	4,996
1965	2,527,915	2,496,064	25,947	5,904
1970	2,921,909	2,884,307	30,715	6,887
1975	2,850,448	2,803,678	36,851	9,919
1980	2,875,866	2,820,978	39,710	15,178
1985	3,020,531	2,963,542	38,764	18,225
1990	3,128,267	3,067,167	37,495	23,605
1991	3,111,912	3,047,603	38,504	25,805

출처: U. S. Department of Commerce, *Bureau of Census, Historical Statististics of the United States: Colonial Times to 1957*(Washington, D.C.: Government Printing Office, 1957), p. 710; U.S., Department of Commerce, Bureau of Census, *Statistical Abstract of the U.S.*, 1975, p. 243, 1978, p. 278, and *Statistical Abstract of the United States*, 100th ed., National Data Bank Guide and Source(Washington, D.C.: Government Printing Office, 1979), p. 277; Bureau of the Census, *Statistical Abstract of the U.S., 1992*, 1993.

Note: As of July 31. Includes 33,480 appointments under Youth Opportunity Company. As of January 31.

대공황, 1·2차대전과 전후복구가 연방, 주 및 지방정부의 행정체제에 상이한 영향을 주었다는 것을 우리는 알고 있다. 예를 들어 2차대전과 한국 전쟁중 특히 주 및 지방정부에서 국내문제를 해결하기 위한 재원의 감소가 불가피했을 것이다. 그 감소는 군동원에 의해 야기된 물자의 부족과 결핍을 반영했다. 전후에는 고속도로와 학교 등의 건설 요구를 충족시키기 위하여 인력, 자본 및 물자의 사용이 가증되었을 것은 분명하다. 그 결과 정부지출과 인원 면에서 증가가 있었을 것이다. 또한 연방의 원조가 주와 지방정부의 성장에 공헌하여 왔다. 물론 그러한 원조가 성장의 1차적인 자극이 되어 온 것은 아니다. 또한 베트남 전쟁 기간 동안에 다른 형태의 관료제 성장이 있음을 보여준다. 즉 베트남 전쟁기간 동안 초기의 전시와는 대조적으로, 정부가 동남아시아에서의 전쟁뿐만 아니라 국내에 있어 '빈곤과의 전쟁'(war on poverty)을 수행하였다. 1932년부터 1944년까지, 연방정부의 지출이 전체지출 중에서 차지하는 비중은 13.6%에서 58.0%로 증가하였다. 1944년에서 1975년까지는 경직성예산지출에 대한 연방의 지분이 58%에서 30%(1965년)로까지 감소했다가 36.7%로 증가하였다. 이 시기 동안에 국내 영역에서 주와 지방정부활동은 늘어났다. 그러나 1974년에서 1975년 사이(그리고 1930년대 초반)에 경험했던 것처럼, 연방정부의 지출의 증가와 주와 지방정부의 지출의 감소는 경제쇠퇴에 따른 것이다. 연방정부가 이러한 반응에 대응하는 것은 역순환 재정(counter-cyclical financing)에 대한 연방정부의 역할에 의문을 제기하는 것과 같을 수 있다.

[표 3-4], [표 3-7]에서 보는 것 같이, 일반적으로 정부는 일단 채택된 기능을 축소시키지 않으려는 경향이 있으며, 계속 증가하는 상황을 볼 수 있다. 그 결과 국민생활의 모든 면에서 정부의 관여가 증가하여 왔다. "정책을 유지하는 것보다 변화를 갖는 것이 일반적으로 더 어려운 것과 같이"[36] 전쟁과 관련된 조세의 대부분은 잉여세입을 새로운 분야로 돌리는 "대체효과"를 가지고 여전히 유지하고 있다.

또한, 세출의 기능적 요소들을 설명함으로써 세출증가를 분석하는 다른 방법이 있다. 예를 들면 [표 3-4]와 [표 3-5]는 방위비가 정부지출 중에서 큰 부분을 차지하고 있음을 보여주고 있다. 방위비는 GDP대비로 볼 때 제2차 세계대전중인 1945년에 39.1%, 한국전쟁중이던 1953년에는 14.5%이던 것이 1993년에는 4.7%로 감소하였다. 그렇지만 실제 지출면에서는 1945년의 82,965백만 달러, 1953년의 52,802백만 달러에서 1993년에는 290,617백만 달러로 증가하였다. 한국의 경우도 남과 북의 대치 가운데 방위비 증가는 불가피한 것으로 보인다.

한국과 미국에서 다같이 의료 및 복지관련 분야에서의 정부지출의 비율은 계속 증가추세이다.

복지국가는 시민들의 사회, 경제적 복지를 제공하는 데 더욱 개입하고 있다. 넓은 의미로 정의하자면, 복지기능이란 사회보장, 공공복지, 의료, 교육 및 심지어는 전통적인 지방정부의 서비스 등의 분야를 포함할 수 있으며, 박근혜

---

36 Alan T. Peacock and Jack Wiseman, *The Growth of Public Expenditures in the United Kingdom*, 2nd ed. (London: George Allen & Urwin, Ltd., 1976), pp. xxxiv, 63.

표 3-7 국가와 지방 연도별·회계별 예산현황

	국가			지방		
	합계	일반회계	특별회계	합계	일반회계	특별회계
2002	1,459,602	842,075	617,527	713,933	540,900	173,033
2003	1,556,659	921,166	635,493	781,425	604,912	176,513
2004	1,594,343	983,508	610,835	872,840	666,495	206,345
2005	1,673,186	1,136,953	536,233	923,673	717,504	206,169
2006	1,753,882	1,448,076	305,806	1,013,522	786,877	226,645
2007	1,767,561	–	–	1,119,864	865,209	254,655
2008	1,951,003	1,523,038	427,965	1,249,666	984,446	265,220
2009	2,174,723	1,688,922	485,801	1,375,349	1,094,510	280,839
2010	2,259,413	1,772,835	486,577	1,398,565	1,134,229	264,336
2011	2,355,574	1,874,484	481,090	1,410,393	1,085,386	325,007
2012	2,486,125	2,231,079	255,046	1,510,950	1,222,957	287,994

출처: 행정안전부 「지방자치단체예산개요」
* 작성기준일: 매년 1월 1일

지표 개념
- 동 지표는 국가예산 대비 지방예산의 비율을 나타내는 지표로 국가와 지방자치단체의 본예산 편성액을 기준으로 분석.

국가예산 대비 지방예산 비율 추이
- '12년 국가와 지방예산 구성비율은 62.2:37.8로 국가에 비해 지방재정규모 취약.
- '04년 이후 국가예산은 연평균 5.7% 증가(159.4조 → 248.6조), 지방예산은 연평균 7.1% 증가(87.3조 → 151.1조)
- 국가균형발전특별회계신설등재정분권화노력에따라지방의재정사용액지속적증가
- '12년 기준 국가 대 지방(지방교육예산 포함)의 총 재정사용액 비율은 42.8: 57.2('01년 51.6: 48.4)로 지방이 국가보다 많음.

※ '05년부터 총 재정사용액이 정부의 재정분권화 노력에 따라 지방이 국가를 추월
('04년 재정사용액 비중 국가: 지방 = 48.4%: 51.6%)

※ 2012년 예산기준 국가 대 지방 재정 비율은 62.2: 37.8 은 지방교육재정은 포함하지 않은 것임.
- 교육재정을 포함할 경우 국가예산:지방자치단체예산:지방교육예산은 55.5:33.8:10.7임.
예산규모: 매년당초예산세입순계를기준으로작성(시군구포함)
특별회계: 기타특별회계및공기업특별회계포함.
기획재정부, 지방자치단체 예산편성결과 취합분석(행정통계)

정부에서 전체 공공지출 가운데 복지부문이 차지하는 비중은 계속 늘어날 전망이다.

위의 통계자료는 관료들의 세력확산을 이해하는 데 도움이 된다. 행정활동의 범위의 증가와 더불어 자유재량의 행사도 증가하여 왔다. 다시 말해서, 입법, 행정 및 사법부가 행정관료들의 행위를 지배하기 위한 모든 가능한 조건들을 상세히 설명하기보다는 차라리 많은 정책문제들을 행정가들의 손 안에 남겨 두어 왔던 것이다.

아래 지방정부의 대부분은 적어도 어느 정도 조세 및 정책결정 권한을 가지고 있다. 물론 정부와 공공정책결정이 그 지방의 주민들에게 가깝게 느껴질

수 있다면, 이러한 분열된 지방정부의 상황은 민주주의 이론의 견지에서 볼 때 바람직한 것이다. 그러나 이러한 장점에도 불구하고, 정부단위와 행정기관(agency)들의 극단적인 분열과 난립은 관료제에 대한 통제를 보다 어렵게 만들고 있다.

제4절 관료제의 권력과 권력분산

1. 관료의 권력획득과 정치와 행정의 일원론

1) 권력획득 요인

모든 형태의 조직과 마찬가지로 공공관료제도 인간과 사회의 필요성에 의해 출현하였다. 대규모의 관료제 조직이 다양한 환경적·사회적 압력의 직접적인 결과인 것은 분명하다.

Caiden은 관료제의 성장에 기여한 것으로 다음과 같은 요인들을 들 수 있다.[37]

① 관료제에 대한 국민의 다양한 요구와 갈등하는 요구들 간에 조정과 타협을 함으로써 권한을 축적.
② 한때 많은 임무를 담당했던 관료제 이외의 다른 정치체제들 즉 대통령, 의회, 법원의 영향력 감소.
③ 공공행정기능의 수적 증가 및 기능의 다양성과 복잡성.
④ 기술의 발전과 지역사회의 요구를 충족시킬 수 있는 공공 프로그램의 불가피한 팽창.
⑤ 국민이 요구하는 업무의 질적 향상과 보다 나은 행정서비스.

이미 앞에서 지적한 대로 현대사회에서 관료제의 성장에 기여한 모든 요소들은 관료제가 정치권력을 획득하는 과정에서 중요한 자원이 되고 있다. 즉 외부 통제기관들이 자신들에게 부여된 권한을 관료에게 위임함으로써 자연히 관료의 정책결정과 집행권이 증대하였다. 이로 인해 관료의 자유재량의 폭이 확대

37 Gerald E. Caiden, *The Dynamics of Public Administration: Guidelines to Current Transformations in Theory and Practice*(New York: Holt, Rinehart and Wiston, 1971), pp. 14–25.

되었으며, 불가피하게 관료제의 권한의 성장이 초래되었다.

행정학적인 관점에서 관료제의 성장과정을 역사적으로 관찰하여 볼 때, 정부 관료제의 성장은 진보적인 개혁운동(Progressive Reform Movement)을 하는 사람들의 지지를 받았다.[38] 개혁주의자들의 궁극적인 목표는 행정과정으로부터 정치를 분리시키고 객관적인 관리 및 관료제의 합리성을 공공영역에 도입하는 것이었다.

관료제에 대하여 공통적으로 우려되는 점은 권력이다. 거대한 정부란 시민들의 자유를 위협하는 과도한 권력을 사용하는 거대하고 경직된 관료제와 동일시한다는 점이다. 관료제는 정책을 집행하는 도구가 아니라 정책을 지배하는 주인으로서 등장하고 있다고 비난한다. 원래 관료제는 정책을 집행하는 곳이지 정책을 결정하는 곳은 아니다. 그러나 현대사회가 복잡하고 과학화되어감에 따라 관료제가 전문성을 감당할 수 있는 능력을 소유하게 되었다. 따라서 정책을 집행하는 권력과 결정하는 권력을 장악하게 되는 불가피한 상황이 현실이다. Weber는 이미 관료제를 창시할 당시 이러한 현상이 도래할 것을 예측하고 대안을 제시하였었다. 즉 관료들의 권력 장악을 피하기 위하여 정치가는 정책을 결정하고 관료들은 정책을 집행할 것을 Weber는 충고하였다. 그러나 그 역시 관

38 진보주의는 오랜 민주주의적 신념에 기반을 두고 있으며, 추문, 폭로기사를 쓰는 사람들과 개혁자들의 초기의 노력에 자극받았으며, 윤리적 절대주의를 과학의 세계로 가져오려고 시도하였으며, Woodrow Wilson, Walter Weyl, 그리고 Herbert Croly와 같은 사람들에 의해 가장 잘 표현되었다. 진보운동은 80에서 90가지 이상의 도덕개혁을 요구하면서, 조직에 대한 투쟁을 위한 주의(doctrine)로서 특징지어진다. 이 시기부터 공무원 개혁이 도덕적인 정치가를 위한 압력뿐만 아니라 보다 효과적인 정치적 장치 또는 조직을 위한 운동과 동일시되었다. 실적 공무원제가 거대한 몸체로 출현하기 시작하였다. 때로는 금전적 측면에서 경제성과 능률성에, 때로는 긍정적인 상태의 권력을 지지하는 데 목적을 둔 일반 행정개혁, 진보운동의 심장부에서 사회적 전망에 대한 근본적인 갈등이 있었다. 이러한 갈등은 미래의 희망이 기본적으로 계획되고 관리되는 사회를 갈구하는 사람들과, 반면에 뿌리깊은 조화 속에서 오랜 자유적인 신념이 남아 있는 사람들 사이에 존재하며, 필요한 제도적·사회적 개혁이 실행된다면 자연히 그리고 필연적으로 가장 실현가능한 과정을 만들어 낸다. 설사, 행정학도들이 두 관점 사이에 가장 유용한 변증법적 가교를 건설하는 데 도움을 주고, 그들이 민주주의, 자유 그리고 평등에 신념을 가지고 있다 할지라도, 그들은 일반적으로 계획되고 관리된 사회라는 대안을 수용하여 왔다. 다른 말로 하자면, 진보주의시대는 중앙집권화주의가 자명한 것으로 받아들여지기 시작하고 진정한 민주성과 능률성을 조정하는 공식이 완전하게 구체화된 시기였다. 보다 많은 도움을 위해서는 Dwight Waldo, *The Administrative State: A Study of the Political Theory of American Public Administration* (New York: The Ronald Press Co., 1948), pp. 16–18, 36–37; Paul P. Van Riper, History of United States Civil Service (Evanston, Ill.: Row, Perton and Co., 1958), pp. 177–181을 참조할 것.

료들이 불가피하게 정책결정에 관여해야 될 만큼 복잡한 사회가 발생할 것을 예측하지 못한 것 같다.

만약 관료제가 가치에 중립적이고, 선거에 당선된 상관들에게 복종하며, 법과 규정의 집행에만 관여한다면 관료제 주변에서 논란이 되고 있는 대부분의 문제들은 자연히 소멸될 것으로 보인다. 그러나 관료제의 규모, 맡은 직무의 계속성, 전문적 지식 그리고 대중과 효과적인 의사소통의 채널 등은 이사회의 권력구조의 균형을 유지하기 어렵게 만들면서 많은 권력이 관료제의 편에 놓이게 되었다. 자연히 견제와 균형을 이루는 민주정부를 유지하기 위하여 관료제의 통제문제는 심각하게 거론되고 있다. 대통령, 의회 및 사법부는 관료제의 업무를 조사, 조정, 허가 및 평가할 수 있는 다양한 방법을 가지고 있다. 그러나 관료제 이외의 다른 정치체제들이 그들의 책임을 충분히 수행할 수 없다는 것이 문제다. 그 결과 관료제에 의한 행정주도국가의 경향을 한동안 막기에는 어려울 것으로 보인다.

2) 관료제의 탈관료제화

관료제가 권력을 장악함에 따라 학자들은 우려하는 발언을 하기 시작하였다. 어떠한 조직모델도 관료제만큼 토론과 논쟁을 불러오지 않았다. 그 이유는 Weber의 관료제가 고전모형들 가운데 가장 영향력이 있기 때문에 더욱 많은 비판을 받아 온 것이라고 여겨진다. 더욱이 자유주의적인 사람들일수록 관료제를 비난하는데 그 이유는 자신들의 운명을 스스로 결정하지 못하고 관료제가 결정하기 때문에 그들의 자유가 속박되고 있다고 믿기 때문이다.

예를 들면, Eisenstadt는 행정체제의 역사적 발전에 대한 그의 연구에서, 한 사회가 기능하기 시작하면서 관료제가 형성되고, 이후 관료제는 점증적으로 권력을 확대해 간다고 지적하였다.[39] 실제로 사회의 다양한 조직들은 인적 자원, 경제수단, 정치적 지지의 약속 등과 같은 주인이 없는(free floating) 자원을 소유하기 위하여 경쟁한다. 이들에 의한 갈등이 발생할 때, 정부 관료제에 의한 규제와 중재의 필요성이 제기된다. 그러나 많은 분야에 대한 통제와 각종의 규제활동을 확대하려는 과정에서 벗어나기 위하여 어느 정도 탈 관료제화(debur-

---

39 S. N. Eisenstadt, "Bureaucracy Bureaucratization, and Debureaucratization," *Administrative Science Quarterly* (December 1959), pp. 302–320.

eaucratization)가 발생할 수도 있다.

이러한 탈 관료제의 현상은 공식적이며 경직된 대규모 관료제가 급격하고 예기치 못하였던 변화, 기술의 복잡성, 고도의 다양성 및 변화하는 관료들의 행태에 적절히 대응할 수 없다는 데서 기인한다.[40]

따라서 엄격한 명령의 통일, 경직된 절차의 준수, 엄격한 계층제, 엄격한 규제 및 통제를 완화시킴으로써 탈 관료제를 촉진시킨다는 것이다. 탈 관료화가 요구되는 이유 때문에 행태주의자 및 사회학자들은 Weber가 말하는 관료제는 오늘의 현상에 적합한 조직이 아니라고 비판을 하고 있다. 본질적인 문제는 관료제의 자율성과 관료제에 대한 정치·사회적 통제 사이에 균형을 유지하는 것이다. 개인의 자유와 능률성을 조화시키기는 쉽지 않다.

3) 권력에 대한 비판

Robert Michels는 그의 논문 "Iron Law of Oligarchy"[41]에서 목표의 대치 현상을 설명한다. 정부가 아무리 평등사상에 입각하여 실행에 옮길 바람직한 목표를 수립하였다고 하더라도 사회에는 항상 경쟁자가 나타나 공격을 가하기 시작함에 따라 원래의 평등사상에 입각한 좋은 목표들은 잊어버리고, 당장 공격하는 것을 막기 위하여 관료제화를 강화하고, 언론을 탄압하며, 혼자서는 이러한 공격에 대항하기 어려우므로 소수에게 권력을 나누어 주어 강력하게 상대의 적에게 투쟁하는 구조적 현상을 설명한다. 예를 들어 대통령이 당선될 때 교육에 대한 다양한 프로그램을 제시하였지만 정치적 소용돌이에 휩쓸리면서 이미 제시한 목적을 거의 잊어버리는 경우를 말할 수 있다.

그는 계속하여 역사는 이러한 현상이 되풀이되어 권력의 악순환을 초래하여 민주주의는 사실상 가능할 것인지 우리에게 의문을 갖게 한다.

물론 이에 대한 비판으로서 Madison은 다수의 독재(tyranny of majority)를 피하는 방법으로 집단 내에 파당(factions)을 만들어 어느 한 집단이 권력을 장악하지 못하도록 하여 파당들 간 서로 힘의 균형(balance of power)을 유지하면서 조직 내에 민주화를 구축함으로써 권력의 악순환을 막을 수 있다고 하였다.

---

40 Waren G. Bennis, "Beyond Bureaucracy," W. G. Bennis and P. E. Slater(eds.), *The Temporary Society*, Harper & Row, 1968, pp. 55–60.

41 Robert Michels, *Political Parties*, Trans. Eden and Cedar Paul, New York: Free Press, 1962.

Tennessee Valley 당국(Tennessee Valley Authority)에 대한 Selznick의 연구는 공식집단과 비공식집단 간의 협력의 중요성과 권한위임의 효과를 지적하였다.[42] 또한 그는 선거구민들의 지지를 확대하기 위하여 이러한 상호 개인적(interpersonal)이고 민주적인 기법을 활용할 필요가 있음을 강조하였다.

관료제 내의 규제와 규칙들의 끊임없는 증가는, 특히 공공 영역의 대규모 조직을 운영하는 데 역기능을 발생케 하였다. Von Mises는 "이익보다는 오히려 규칙에 의해 이끌어지는" 공공행정은 비능률적이라고 결론지었다.[43] Laski는 정부 관료제가 새로운 공공정책들을 효율적으로 집행하고 필요한 사회변화를 가져오기 위하여 규칙에 얽매이고, 선례 지향적이고, 서류를 가지고 질질 끌며, 자기 방어적이고, 실험에 저항하며, 동조과잉적이며, 책임 회피적이고, 일을 지연시키는 등의 성향에서 탈피할 수 있다는 데 부정적인 견해를 피력하였다.[44] 다른 비판은 관료들의 자기비하, 인간정신 타락의 관점에서 관료제를 보고 있다. 이러한 맥락에서 Nietzsche는 관료제 시대에 인간을 마비시키는 정신적인 침체를 공격하기 시작했다.[45]

실존주의자들은 관료제화가 진전될수록 사람들은 인간을 인간으로 대하지 않게 된다고 비판하였다. 이러한 상황의 극단적 예는 George Owell의 소설 '1984'[46]에서 나타나고 있다. 이 소설에서 저자는 관료제는 인간의 삶을 문화적·정신적으로 황폐하게 만들며, 궁극적으로 인간을 기계로 전락시킬 것이라고 경고하였다.

그 이외에도 정부 관료제의 정치적 영향력과 관련된 비판을 지적할 수 있다. Michels는 관료제가 사회변화운동을 불가피하게 소수의 지도자들이 지배하도록 허용함으로써 민주주의 이상을 침식하고 있다고 주장한다.[47] C. Wright Mills 또한 정부, 주요 기업, 그리고 군대 등의 집단이 현대사회의 영향력 있는

---

42 Philip Selznick, "Co-optation: A Mechanism for Organizational Stability," eds. Robert Merton *et al.*, *Reader in Bureaucracy* (New York: Free Press, 1952), pp. 135-139.

43 Ludwig Von Mises, Bureaucracy(New Heaven, Conn.: Yale University Press, 1944); Howard E. McCurdy, *Public Administration: A Synthesis* (Menlo Park, Calif.: Cunnings Publishing Co., 1977), p. 101.

44 Encyclopedia of Social Sciences, Vol. 3(1930), s. v. "Bureaucracy," by Harold J. Laski.

45 Lewis C. Mainzer, *Political Bureaucracy* (Glenview, Ill.: Scott, Forseman and Co., 1973), p. 2.

46 George Owell, *1984* (The New American Liberty of World Literature, Inc., 1961).

47 Robert Michels, *Political Parties* (Glencae, Ill.: Free Press, 1949).

위치를 점유하고 있다고 주장하였다.[48] 그는 모든 사회의 권력이 불평등하게 분배되어 있으며, 특히 현대 관료국가에서 권력의 분배는 매우 불균형적이라는 점을 지적하였다.

이상에서 설명한 바와 같이, 관료제에 대한 가장 근본적인 비판은 비인간화, 즉 인간을 기계 또는 자동화된 기계장치의 부분으로 만들려 한다는 것이며, 관료제가 추구하여야 할 공공서비스 목표를 자기강화와 정치권력의 목표로 대체할 수도 있는 것으로 요약될 수 있다. 이러한 관료제가 전문성으로 무장될 때 관료제의 권한은 더욱 강화되어 시민의 요구에 부응하지 않을 정도로 냉담하여지며 '전문가의 무감각,' '무기력' 및 '전문적 기술의 냉담한 엘리티즘(elitism)' 등과 같은 비판을 듣게 될 때 전통적인 민주주의에 관한 신념과 시민참여라는 정치원리에 해로운 영향을 끼치게 될 것이다.

4) 권력장악과 정치와 행정 일원론

New Deal과 제2차 세계대전 이후, 사람들은 국가의 정치생활 영역에서 정치와 행정은 분리되고, 분리될 수 있으며, 분리되어야 한다는 주장이 더 이상 동의를 얻지 못하고 있다. 실제로 행정기관들이 수동적이고 중립적인 자동화 장치가 아니라 정치에 깊이 개입되어 있다는 것을 인식하고 있다.

Caiden은 정치무대에서 관료제 권력의 지위(power position)를 다음과 같이 요약하였다.[49]

관료제는 현재 정치행위자, 정치체제의 본질적인 구성요소, 사회생산물의 소비자 및 생산자, 권력의 중심지, 압력집단, 체제안정장치, 변화역군, 정치적 사회화 요인, 사회적 엘리트, 이익표출자, 정치·사회·경제체제, 정치적 충원의 원천, 의사결정 중개인 및 환경결정 요인으로 묘사되고 있다.

사실 Weber는 관료가 권력을 독점하는 지배계급이 될 것이라고 생각하지는 않았다. 그러나 관료를 중립적인 존재라고 본 Weber의 관점과는 달리, 오늘날 관료는 정치적으로 영향력을 지닌 존재이며, 그의 행동은 정부의 업적을 달성하는 데 도움을 준다. 더욱이 관료제는 권력경쟁에 있어 다른 정치기관들이 떠나버린 빈자리를 채우고 있다. 예를 들어 정부업무의 질적·양적 증가는 입법

---

48 C. Wright Mills, *Power Elites* (New York: Oxford University Press, 1959), pp. 3–29.
49 Caiden, *op. cit.*, pp. 258–259.

부 권력의 쇠퇴를 가져왔고, 입법부 권력의 쇠퇴에서 누수된 권력의 획득자는 바로 관료제이다.

많은 학자들이 관료제의 권력현상을 설명하려고 하였다. 이것은 Weber의 저서 이후 학자들 사이에 공통된 주제가 되어 왔으며, 관료제의 권력팽창에 기여하는 요소들을 다음과 같은 5가지 범주로 묶을 수 있다.

① 연방정부의 판사들을 제외한 정부의 모든 수준의 직업 관료들에게 다른 정치체제의 구성원에게 보장되지 않는 신분보장과 직업의 영구성을 보장해 주는 직업공무원제.
② 정부 관료의 고도의 전문성으로 인한 권력기반.
③ 관료제가 업무를 추진하기 위하여 관료제의 전문성을 활용하여 관료제 이외 외부의 지지를 확보할 수 있는 능력.
④ 관료제 권력의 다른 원천은 특히 전문성을 존중하는 미국 사회의 문화에서 전문인들이 권력을 획득하는 데 유리함.
⑤ 관료제의 대규모성과 그로 인한 독립성, 조직의 규모가 커지면 커질수록 권력을 획득하는 데 중요한 전문지식을 보다 많이 수집할 수 있으며, 또한 규모는 대부분의 구성원들이 공개성으로부터 고도의 방어를 하는 데 유리함과 동시에 그 대가로 관료가 비난 또는 칭찬과 같은 지적의 두려움 없이 자신의 업무를 추진하게 할 수 있는 이로움.

사회가 보다 복잡해짐에 따라 상호의존적이고 기술적인 전문 관료들은 자신들의 전문적 지식을 통하여 영향력을 증가시켜 왔다. 관료제의 권력은 두 가지의 주요한 원천에서 나오는 것처럼 보이는데, 즉 이러한 원천은 정치적 지지의 동원과 전문적 지식이다. 다른 말로 이러한 것들은 본질적으로 전문가의 권력과 정치적 권력이다. 정치적 권력은 대체로 행정기관의 외부에서 발생되고 추구되며 획득된다. 전문가의 권력은 정부서비스의 전문화 또는 기능화 과정에서 발생되며 추구되고 획득된다.

또한 관료제에 전문학자인 Rourke는 전문가의 영향력은 '전문가 업적의 신뢰성과 명성' 이외에도 다음과 같은 다섯 가지 주요한 원천으로부터 발생한다고 주장하였다.[50]

50 Francis E. Rourke, *Bureaucracy, Politics, and Public Policy* (Boston: Little, Brown and Co., 1969), pp. 39–61.

① 공공서비스의 전문화를 필요로 하는 문제 혹은 주제 영역에 대하여 전문인인 관료가 전 시간을 들여 업무에 전념 할 수 있는 여건 조성으로 전문성 획득하는데 유리함.
② 주제의 전문화를 이해할 수 있는 전문 관료들의 영향력 증대.
③ 전문가들 중의 단 한 참모진에 의해 관료제가 성공적으로 유지된다면, 그들의 주제를 포함하는 어떠한 의사결정을 하는 데 그들이 없어서는 안 되는 긴요한 사람으로 만들 수 있는 그 주제 분야에 대한 정보의 독점.
④ 기술에 관한 조언을 얻기 위하여 더욱더 관료전문가들에게 의존하는 사회의 성향.
⑤ 관료의 자유재량의 증가.

관료들은 그들의 외부기관에 전문지식을 제공하고 그 반대급부로 정책 분야에 대한 통제를 공유할 수 있는 기회를 얻는다. 분명히 관료제는 중립적인 기관 그 이상이다. 그들은 정치지도자들에게 조언을 하며 정부의 의사결정에 참여한다. 그들은 기술 분야에서 외부인들을 배제할 수도 있다. 그들은 법률 초안을 작성하고 규칙을 공포하며, 법률을 고객집단에게 적용한다. 그들은 심사숙고하여 만든 정책에 대한 정치적 반응을 판단하기 위하여 대중매체로 정보를 누출시킨다. 그리하여 그들은 최고의사결정자들이 절실히 필요로 하는 정보와 전문지식을 축적함으로써 강력한 영향력을 발휘할 수 있지만, 축적된 정보로 외부 세계를 바라보는 필터(filter) 역할을 함으로써 의사결정에 있어 한정된 영역에만 관심을 쓰게 된다.

2. 권력분산과 권력획득

행정기관은 정부의 내부 또는 외부에서 정치적 지지를 동원할 수 있다. 관료제의 권력은 광범위하게 분산된 정치권력의 맥락에서 얻어지는 것이며, 또한 의회나 대통령은 관료제를 완전히 통제할 수 있을 만큼 충분히 통일된 권력기반을 가지고 있지 못하다. 사실 의원들은 자신들의 업적을 위해 관료제가 새로운 프로그램과 법률을 위한 아이디어를 제공해 주기를 원한다. 나아가 그들은 관료제가 정책을 결정하는 데 수동적이 아니라 능동적이길 기대한다. 왜냐하면 의원들이 위임한 업무를 관료들이 성공적으로 수행함으로써 자신들의 업적으로 간주되기 때문이다. 따라서 의원들은 자신들의 업무를 대행하고 있는 관료제가 업무를 성공적으로 달성하기 위해 재정적, 인적자원을 지원을 하는 데 적극적인 이유이기도 하다.

입법부의 충원, 보통선거, 또는 입법부 내의 발전을 위해 중요시되는 문제는 대량의 자료들을 기술적으로 처리하는 문제와는 질적으로 다르다.[51] 입법부는 그들이 대면해야 하는 관료제와 비교할 때 상대적으로 관료제보다 인원이 부족하며 전문화되어 있지도 못하다.[52]

한국은 물론 미국의 경우도 의회의 위원회와 같이 잘 발전된 제도가 구축되긴 해도 정책을 고안하는 데 필요한 독립적인 정보원(information source)을 가지고 있지 못하다. 심한 정치의 불안정 또는 빈번한 선거를 겪지 않은 사회에서조차도 의원 또는 의회는 비교적 자주 바뀌기 때문에 관료보다 확실히 유동적(transitory)이다. 이러한 상황은 관료가 초선이고 경험이 없는 의원들을 후견하는 사례들이 종종 발견된다.

만약 의회활동의 불확실성이 심할수록 관료에 의존하는 경향은 더욱 증가할 것이다. 본능적으로 행정기관은 그들 자신의 정치적 권력기반을 형성하는 데 대단히 민감한 관심을 가지고 있으며, 자신들의 활동에 정치적 지지를 얻어내기 위한 프로그램 관할영역을 획득하려고 노력한다. 더욱이 행정기관들은 그들 자신의 이익 또는 그들이 같이 일하는 각 사회분야의 이익에 부응할 수 있으며, 조직화된 이익을 위한, 이익의 표출자, 대변인, 그리고 대표로서 강력하게 성장할 수 있다. 실제로 그들은 자신들의 이익에 부응할 수 있는 요구들조차 조성시킬 수 있다.

또한 행정기관들은 외부의 압력과 통제에 저항할 수 있는 권력을 획득하여 이익집단들이나 정치지도자들로부터 업무수행을 위한 요구들을 거절하기도 한다. 그들은 또한 강력한 의회의원, 이익집단, 그리고 때로는 다른 행정기관과의 동맹을 형성하면서 이러한 권력을 획득할 수도 있다.[53]

강력한 이익집단, 의회, 그리고 연합한 관료들은 국민, 이익집단 또는 강력한 지지를 받고 있는 다른 정치나 사회 계층의 요구를 무시하는 경우가 흔히 있을 수 있다. 심지어 국장은 장관 심지어는 대통령으로부터 명령체계를 타고 내

---

51 Peter Woll, *American Bureaucracy* (New York: W. W. Norton & Co., 1977), p. 180.

52 *Ibid.*, p. 180.

53 Robert C. Fried, *Performance in America Bureaucracy* (Boston: Little, Brown and Co., 1976), pp. 177–185.

려오는 정책에 대한 지시에 대해서도 저항할 수 있는 힘을 축적할 수도 있다. 비록 극소수의 공무원들이 상관의 공식 프로그램을 체계적으로 방해하거나 심지어는 훼방을 놓을 수도 있겠지만, 대부분의 공무원들은 그들 자신의 집단적인 행동기준 또는 부서의 규범적인 관심사를 이용하여 업무의 원활한 흐름을 방해하는 경우가 많이 있다.

또한 조직 내 인간의 성격과 행태를 고려할 때, 어떤 정책에 동의하지 않거나 혹은 중립적인 입장을 취하는 공무원들이 자신들이 진실로 원하는 정책을 집행할 때만큼 열정과 열의를 가지고 적극적으로 그 정책을 집행하리라고는 생각되지 않는다.

더 나아가, 많은 공무원들이 겪어야 되는 불리한 상황을 고려한다면, 공무원들이 자신의 행정업무에 이익보다 실질적으로 해로움을 줄 수 있는 어떠한 프로그램이 채택되지 못하도록 부서 내의 정책의제를 통제하려고 할 것이다.

3. 권력의 분산과 민주주의

Matthew Holden, Jr.은 관료제의 권력획득전략이 프로그램의 관할권을 획득하기 위한 행정기관들 사이의 투쟁으로 특징지어진다는 점에 주목했다.[54] 행정기관 내에 각 부서들은 서로 관할권을 더욱 확보하려고 서로 경쟁함에 따라 국민에게 더 좋은 서비스를 제공하는 결과를 가져오고 있다. 또는 행정기관들은 부족한 예산자원을 확대하고 생존을 위한 정책이 채택되도록 경쟁할 것이며, 이러한 관료제의 관할권에 대한 갈등은 정치권력을 확보하기 위한 격렬한 싸움으로 나타난다. 그 결과 관료제의 권력은 행정기관들 사이에 분산되고 있다.

Jacoby가 주장한 바와 같이 세계는 관료제화되어 있어 삼부(행정, 사법, 입법)가 견제와 균형을 이룬 나라는 찾기 어려울 것이다. 대통령, 의회, 그리고 사법부가 가지고 있는 모든 권력을 합친다고 하더라도 관료의 권력에 미치지 못한다고 하는 미국사회에서 그나마 행정기관들 간에 그리고 행정기관 내부에서 견제와 균형이 이루어질 수 있다는 것은 미국 민주주의를 위하여 다행이라고 볼 수 있다. 그렇지 않으면 관료제는 통합된 강력한 힘을 갖게 되어 견제와 균형보

54 Matthew Holden, Jr., "Imperialism in Bureaucracy," *American Political Science Review* (December 1966), pp. 943–951.

다는 일방적으로 정부를 지배하게 된다.

이러한 권력의 분산은 문화적으로 개인주의와 다원주의를 강조하며 개인과 집단의 경쟁이 정치발전을 위한 적합한 장치로 인식되고 있는 미국 사회에서 지지를 받고 있는 것은 당연한 것인지도 모른다.

관료제는 통합된 정치세력으로 지배하려고 하지 않고 이익집단과 같이 행동하는 경향이 있기 때문에, 통합되고 강력한 관료정부가 출현할 가능성이 희박하다는 점에서 권력의 집중을 우려하는 사람들에게는 다행스러운 일로 여겨질 수도 있다. 그러나 최근의 연구에 의하면 관료제는 자신이 중요하게 여기는 이익이 위협받을 때, 매우 경쟁적인 성향을 보임과 동시에 다른 이해관계자들과 갈등관계를 피하려는 경향이 있음이 발견되었다.[55]

이러한 경향은 예산결정과정의 사례에서 관료들이 최대의 이익을 추구하기보다는 어느 정도 만족하는 대안을 선택하는 데서 잘 나타난다. 다시 말하여 관료들은 정책 영역을 완전히 지배하려는 행태보다는 오히려 그가 속한 행정기관의 생존을 확보하는 데 관심을 가진다.

아마도 가장 좋은 비유는 국제정치에 있어서 관련된 모든 행위자들이 공공연한 경쟁보다는 차라리 소극적이거나 묵시적인 협력을 통하여 안전을 확보하기 위하여 권력의 균형을 달성하려는 것에서 볼 수 있다. 그러나 행정기관의 관할영역은 일반적으로 어느 정도 정하여져 있기 때문에 몇몇 기본적인 이해관계가 상호 중첩되는 문제에 대해서만 행정기관 간의 경쟁이 일어나는 것이 보통이다.

요약하여 보면, 관료제는 관료제를 규제하는 상부기관과의 경쟁에서 상대적으로 유리한 위치에 있는 것으로 파악된다. 즉 관료제는 정보와 정책대안들의 발굴에 대한 통제력, 정책문제에 대한 전문지식, 정책문제를 다루는 방식에 대한 부서의 이데올로기를 가지고 있으며, 더욱이 의회위원회와 잘 조직화된 이익집단과 동맹관계를 맺고 있다. 실제로 관료제는 지지를 얻기 위하여 외부집단의 요구에 부응하면서 고위 정책결정자들의 결정을 통제할 수도 있으며, 다른 이익집단들과 정치체제들의 권력을 무력화시킬 수도 있다. 따라서 관료제가 정부 내의 정부가 될 수 있다고 말하는 것도 과언이 아니다.

Fried는 "행정가들은 논쟁의 여지가 있는 정책을 집행하고, 방어하며, 개선

55 Robert E. Coodin, "The Logic of Bureaucratic-Back Scratching," *Public Choices* 21(1975), pp. 53-68.

하기 위하여 권력이 필요하다"고 주장하면서[56] 다음과 같이 그 이유를 지적하고 있다.

관료들은 언론으로부터 공격을 받기도 하며, 행정기관들 간에 예산자원의 지분 혹은 관할권의 문제로 서로 위협을 주고받기에 기관 내 관료들은 서로 협력할 수밖에 없다. 또한 관료들은 프로그램을 수행하는 데 있어서도 반대와 저항, 혹은 무관심에 직면하게 되는데, 이를 극복하기 위해서 행정기관은 권력 혹은 영향력을 필요로 한다.[57]

그러므로 관료들은 프로그램을 효과적으로 수행하기 위하여 어느 정도 권력을 가지고 있어야 한다. 권력분립과 견제 및 균형의 원리를 강조하는 헌법체계는 새로운 주요 프로그램을 개설하는 것을 매우 어렵게 만들며, 또한 많은 종류의 거부집단(veto groups)으로부터 우선적으로 동의를 얻지 않고서는 새로운 기본 법령을 제정하고 행정기관을 설치하는 것이 어렵다는 것은 자명하다.

새로운 주요 프로그램을 개설하기 위해서는 각 의회의 위원회 및 의원들과 유리한 동맹관계를 확보해야 한다. 그래서 Long은 행정의 혈액이 바로 권력이라고 말했다.[58]

그러나 미국 정치원리는 관료세력이 민주주의의 적이라고 생각하고 있다.[59] 그러한 이유 때문에 관료제의 자유재량을 극소화하기 위한 수많은 헌법상의 방안을 고안하였고, 강력한 외부 통제를 받게 하였으며, 권한을 분산시켜 왔다. 그렇지만, 예를 들어 경찰당국은 공공질서의 효과적인 수호자가 되려면 어느 정도의 자유재량을 가져야 한다. 즉 규제기관(regulatory agencies)이 급속히 변화하는 환경 속에서 효율적으로 규제기능을 수행하려면 그들도 어느 정도의 자유재량을 가져야 한다.

의원들은 규제 활동 중에 직면하게 될 미래의 모든 상황과 우발적인 사건들을 모두 예견할 수는 없다. 그와 같이 관료들이 전문가로서 자신의 역할을 다하기 위해서는 어느 정도의 자유재량과 자율성이 허용되어야 한다. 따라서 권력과 통제 사이의 균형 상태를 유지하는 데에는 항상 문제가 있게 마련이다.

---

56 Fried, *op. cit.*, p. 193.

57 *Ibid.*, p. 193.

58 Norton E. Long, *The Polity* (Chicago: Rand NcNally & Co., 1962), p. 50.

59 Fried, *op. cit.*, pp. 179–181.

제5절 관료의 정치화

관료제를 비판적인 시각에서 바라볼 때, 관료제의 다양한 측면을 살펴볼 수 있다. 즉 Blau와 Gouldner는 비공식적 집단,[60] Merton은 관료제의 역기능,[61] Blau는 인간의 나약함을 촉진시키는 병리현상,[62] Presthus는 관료체제를 유지시키기 위한 관료집단의 이중적 태도,[63] Thompson은 능력과 권위의 불균형,[64] Parkinson은 조직의 확대,[65] Michels는 권력의 장악[66] Long은 관료의 정치성[67] 등 다양한 측면에서 여러 학자들이 관료제를 비판적으로 분석하고 있다.

그러나 관료제는 Weber가 말한 것처럼 다양한 가치를 추구하기 위한 것이라기보다는 단일한 기능적 목표를 수행하기 위한 조직체이다.[68] 그 어떤 정책도 모든 사람을 만족시킬 수 없듯이 관료제도 모든 가치를 만족시킬 수 없다는 것을 이해하는 것이 바람직하다. 문제는 만족시킬 수 없는 가치에서 발생하는 비용을 최소화하는 방법을 찾아내는 것이 중요할 것이다.

관료제가 갖는 특징 및 형태는 이러한 기능적 목표를 수행하기 위한 것이다. 따라서 완전히 발달된 관료제는 물건을 생산하는 기계와 같은 조직으로 비유될 수 있다. 즉 업무의 정확성, 신속성, 업무의 분명한 처리, 기록의 문서화, 계속성, 신중성, 통일성, 엄격한 복종, 책임의 분리, 그리고 이로 인한 책임의 확보 등이 관료 조직의 기계적 특징으로 지적될 수 있다. 이것은 엄격한 의미에서 완전히 관료제적인 행정조직이라면 위에서 지적한 특징들이 나타난다는 것을 의미한다. 그러나 그러한 특징들도 역기능을 발생시킨다. 경직성, 몰인간성, 편

---

60 Peter Blau, *Bureaucracy in Modern Society* (New York: Random House, 1971); Alvin Gouldner, Patterns of Industrial Bureaucracy(New York: The Free Press, 1954).

61 Robert Merton, "Bureaucratic Structure and Personality," reprinted in Merton's *Reader in Bureau–cracy* (New York: The Free Press, 1952).

62 Blau, *op. cit.*

63 Robert Presthus, *The Organizational Society* (New York: Alfred A. Knopt, 1962).

64 Victor A. Thompson, *Modern Organization* (New York: Alfred A. Knof, 1961).

65 C. Northcote Parkinson, *Parkinson's Law and Other Studies in Administration* (Boston: Houghton Mifflin Co., 1957).

66 Robert Michels, *Political Parties* (New York: Collier Books, 1962).

67 Norton Long, "Bureaucracy and Constitutionalism," *American Political Science Rebiew 46* (September 1952).

68 Dennis Wrong(ed.), *Max Weber* (Englewood Cliffs, New Jersey: Prentice–Hall, Inc., 1970), p. 32.

협함, 그리고 무능력이 인간과 조직을 권위주의적으로 만들기 쉽다.

1. 개방체제로서 관료제와 관료제의 필요성

Weber는 관료제가 사회발전이나 부정행위를 제거하는 데 필수적인 것으로 보았다. 그러나 Weber와는 대조적으로 개방체제론자들은 사회 내의 조직의 역할에 대해 아주 다른 관점을 가지고 있다. 사실 사회의 모든 사람들은 어떤 종류의 조직에 속해 있다. 관료가 사회의 목표를 추진하고 합리적인 사회정의를 세우기 위하여 관료제를 교묘히 조작하고 비인간화한다는 것은 일종의 자멸행위이다. 그러면 관료제가 자멸행위를 하지 않더라도 사회정의를 실현하는 연구는 계속되어야 할 것이다. 사회는 그 자체가 서로 맞물려 있는 체제이다. 어느 한 곳의 부작용은 다른 쪽의 부작용으로 확산한다.

개방체제의 관점에서 보면, 사회 내의 관료제는 서로 긴밀히 맞물려 작용하는 다수 조직들의 복합체이다. 관료의 정치성도 이러한 개방체제의 입장에서 이해해야만 한다.[69] 그러면 관료제와 다른 정치체제들 간의 견제와 균형을 위한 상호작용을 이해하는 데 도움이 될 것이다.

폐쇄적인 관점에서처럼 관료제를 순순히 기술적인 관점에서만 본다면 관료제의 이러한 특징은 최고의 합리성과 효율성을 실현하는 데 순기능적으로 작용한다. 관료제의 순기능적인 면을 고찰한다면, 안정성은 신분보장을 의미하며, 노동의 분화는 업무의 중복과 이로 인한 업무마찰을 최소화한다.

계층제는 중앙부서의 계획과 조정뿐만 아니라 통제와 훈련을 용이하게 한다. 능력위주의 임용은 보다 높은 지식을 이용한 유능한 업무수행을 보장한다. 규율은 표준화를 위하여 추가로 시간을 쓰지 않도록 하며, 각 개인의 문제를 해결하기 위해 노력해야 하는 시간의 낭비를 미연에 방지한다. 몰인격화(Impersonal)된 업무수행은 객관성을 증진시키고 비합리적인 행동을 방지할 뿐만 아니라, 정실주의나 차별로 인한 비형평성을 제거함으로써 갈등을 줄일 수 있다. 아

69 Daniel tz and Robert L. Kahn, *The Social Psychology of Organization* (New York: John Wiley & Sons, 1966), pp. 19–29. 그들은 다음과 같이 개방체제의 특징을 말하고 있다: 입력, 자료의 처리량, 출력, 순환체제, 부정적인 엔트로피, 정보의 입력, 부정적 환류, 안전상태와 현상유지, 분화, 동귀결성(equifinalty).

울러 예측성과 정확성도 관료제의 순기능으로 간주할 수 있다.

Weber는 관료제가 다른 사람들에 의해 권력의 도구로서 사용될 수 있다는 것을 이미 지적하였다. 그것은 관료제가 순수하게 경제적 혹은 정치적일 수도 있으며, 때로는 다른 어떤 종류의 다양한 이익을 처리할 수 있는 정밀한 기구가 될 수 있다는 것을 의미한다. 그러한 의미에서 민주주의 체제하에서 관료제는 선출된 정치가들의 업무수행을 보조하기 위한 정밀한 기구라고 할 수 있다.

Weber는 "공복의 명예는 상급자의 명령이 그에게 옳지 않은 것으로 보일지라도 성실하게 그의 명령을 집행하는 능력에 기인한다"[70]고 언급했다. 따라서 관료제는 Weber가 바라보았듯이 정치적 권력자에게 복종할 의무가 지워진 것으로 간주될 수 있다.

관료제가 가지고 있는 기술적 장점으로 인해 관료제는 국가의 안정과 경제성장에 기여할 수 있다. 정치권력은 정치적 목표를 수행하기 위하여 관료조직이라는 상설조직을 필요로 하며, 관료적 상설조직은 정치집단의 행정적 필요를 충족시켜 줄 것이다. Glassman 등이 지적하였듯이 관료제는 능률성의 증진을 통해 재력의 양적 팽창을 가능케 하며 대중의 복지라는 삶의 질적 향상을 도모할 기회를 제공해 준다.[71] 따라서 관료제는 정치안정과 경제발전이라는 국가의 절대적 목표를 달성하고 일반시민의 요구를 충족시키기 위해 필요한 존재이며, 이러한 이유에서 관료제는 자연스럽게 그 규모가 팽창된다.

관료의 정치적 상관인 정치인들이 아마추어라면, 대조적으로 관료들은 전문가로 구성되어 있다. 더욱이 관료들은 그들의 의무를 계속적으로 수행하는 과정에서 다양한 양의 구체적인 정보를 다루게 된다. 정치인들로서는 효과적으로 통제할 수 없는 이러한 정보를 다루는 과정에서 관료들은 그들만의 영역을 구축하게 된다.[72] 더욱이 McCurdy가 지적한 바와 같이 관료제는 자원의 부족, 사회 및 문화적 가치의 변화, 조직 내 및 조직 간 복잡성의 증가로 사회에서 필요하며 그 영역이 점차 증가한다.[73]

---

70 H. H. Gerth and and C. W. Mills(eds.), *From Max Weber* (New York: Oxford University Press, 1946), p. 103.

71 Ronald M. Glassman, William H. Swatos, Jr., and Paul L. Rosen(eds.), *Bureaucracy against Democracy and Socialism* (New York: Greenwood Press, 1987), p. 32.

72 Gerth and Mills, *op. cit.*, p. 225.

73 Howard E. McCurdy, *Public Administration: A Systhesis* (Menlo Park, Ca.: Benjamin and Cummings Publishing Co., 1977).

2. 관료제와 민주주의의 양립

고대 관료제의 특징이 현대 관료제와 같지는 않지만, 관료제의 역사는 고대로까지 거슬러 올라간다. 현대의 관료제는 화폐경제, 자본주의 경제의 출현, 개신교 및 과학문명과 같은 서구사회에서의 합리성을 향한 포괄적인 경향, 민주주의, 유럽 인구의 성장, 복잡한 행정문제의 출현, 의사전달의 현대적 행태 등이 나타나면서 등장하였다.[74]

Weber는 서구사회에서 관료제가 민주주의와 함께 발달하였으며, 민주주의가 다른 무엇보다도 전통적인 귀족계급의 통치에 대항하기 위하여 관료제의 발달을 촉진시켰다고 주장하였다.[75] 그는 또한 대중 민주주의를 표방하는 정당들이 관료제 조직구조를 가지고 있어야 된다고 강조하였다. Weber가 강조하듯이 관료는 정책집행만 하고 정치인은 정책결정만 한다면 관료제가 권력 장악이라는 말은 나오지 않을 것이다.

관료제의 몰인격성은 신분과 계급에 따른 차별을 제거시켰다. 분명히 이것은 법 앞에서의 평등이라는 민주적 이념과 뜻을 같이 하는 것이다. 관료제는 관료 지배집단 이외의 다른 어떤 계층도 평등하게 대한다. 관료제는 관료의 임용에 있어서 가능한 모든 사람을 그 대상에 포함시킴으로써 공직에서 세습집단의 발생을 봉쇄하였다.[76] 관료제가 발달함에 따라 모든 사람이 법 앞에 평등하기 때문에 양반만 보던 과거시험을 소위 쌍놈이라고 부르는 하위 계층의 사람도 평등하게 과거시험을 보게 된 것은 우리나라에서도 민주주의 발전에 커다란 공헌을 가져온 것을 부인할 수 없을 것이다.

더욱이 관료제의 권력과 독립성이 민주주의를 위한 필요조건이라는 주장은 현대사회의 상황에 비추어 그리 놀랄 만한 일은 아니다. 현대국가는 대규모의 자원을 배분할 책임이 있고 이러한 업무를 민주적으로 수행할 임무를 맡고 있기 때문에 모두에게 공평한 기준을 적용하여 업무를 수행할 수 있는 조직이 반드시 필요한 것이다. 이러한 기준은 필요와 자격이라는 일반적인 요건에 기초를 두어

---

74 Etzioni-Halevy, Eva, *Bureaucracy and Democracy: A Political Dilemma* (London: Routledge & Kegan Paul, 1983), pp. 101-128.

75 *Ibid.*, p. 32.

76 Max Weber, *Economy and Society, vol. II* (New York: Bedminister Press, 1968), p. 982.

야 한다.

이와 같은 객관적인 업무수행은 오직 정치적으로 독립된 지위에 있는 강력한 조직의 힘을 가진 관료제에 의해서만이 행해질 수 있으며, 이러한 관료들의 활동이 있어야 시민들은 자원의 분배과정에서 특정한 정파적 기준에 의해 불이익을 받지 않게 될 것이다. 따라서 정치적으로 독립된 완숙한 관료제가 있음으로 행정업무 수행의 민주적 과정을 보호할 수 있게 되는 것이다.

Weber에 의하면 "관료제는 다양한 이해관계, 정치적이거나 경제적인 이해관계, 또는 그 이외의 다른 어떤 이해관계에서 탈피할 수 있는 객관적이고 정확한 도구이다"[77]라고 하였다. 즉 민주주의 사회에서 관료제는 기본적으로 선거에 의해 선출된 공직자에게 충직하고 정확한 도구인 것은 틀림이 없다.

그러나 Weber는 "실질적으로 고위 정치인들이 관료들의 복종을 얻어내기란 쉽지 않을 것"이라고 하였다. 일반적으로 말해서 훈련받은 직업 관료는 그의 위치상 전문성이 없는 상급자인 내각의 장관에 복종하기보다는 결국 자신의 길을 찾는 경향이 있다"[78]고 지적하였다.

따라서 관료제가 한편으로는 국가의 지배를 보장하고 증진하며, 국가정책의 효과적인 수행을 위한 수단으로 역할을 하지만, 다른 한편으로는 업무의 전문성과 자율성을 확보함으로써 때때로 관료제의 권력이 국민을 억압하기 위한 도구로 사용할 수도 있어 국민의 뜻과 무관하게 국가 활동을 수행하는 경우가 발생하기도 한다.

따라서 Weber는 민주사회의 관료는 그가 책임을 지도록 권한을 부여한 정치적 상관에 종속되어야 한다고 주장하였지만, 관료제의 잠재적인 에너지는 관료제를 도구 자체로 남아 있지 못하도록 그 이상의 역할을 요구하고 있다. 즉 관료제는 경제성장을 추진하고 통제할 수 있는 능력을 확장하여 대중에게 다양하고 질 좋은 서비스를 제공하도록 요구되며, 복지국가로 규정된 현대국가에서 관료제는 지속적으로 증대해 가는 자원분배의 책임을 부여받고 있다.

이러한 업무를 직접 관장해야 하는 관료제는 자신의 권력을 필연적으로 팽창시켜 왔다. 따라서 현대국가에서 시민들은 그들의 생활을 위한 자원 및 때에

---

77 Max Weber, *op. cit.*, p. 32.

78 Max Weber, *The Theory of Social and Economic Organizations* (New York: The Free Press, 1974), p. 338.

따라서는 그들의 삶 자체마저도 관료제에 의존하게 되는 것이다. 차차 더 많은 수의 시민들이 이러한 자원분배의 책임을 맡은 관료에게 의존하게 되었고, 관료에 대한 의존하는 사람들의 수가 점증적으로 증가하면서 관료제가 더 많은 정치적 권력을 장악하도록 만들었다.

관료제는 고유의 합리성과 기술적 우월성으로 인하여 복잡한 현대사회의 제 문제를 다루는 데 있어서 가장 적합한 도구로 인식되고 있기 때문에 더욱 발전하게 되고 동시에 권력도 증가하였다. 물론 관료제의 경직성 및 비효율성으로 인하여 관료제의 '이상형'(ideal type)의 특성인 합리성과 기술적 장점이 실제 국가 활동에서 완전히 발휘되는 것은 아니지만, 현대사회에 있어서 관료제는 그 특유의 장점으로 인하여 이미 국가 활동의 중추적 역할을 하고 있으며, 장래에도 계속 그 수와 규모면에서 늘어날 뿐만 아니라, 권력 면에 있어서도 더욱 신장될 것이다. 이러한 사실은 현대 자본주의 사회에서 기술과 경제문제의 합리적 결정이 인간의 삶과 중요한 부분을 결정함을 의미한다.

실제로 오늘날 관료제와 관료는 언론으로부터 또는 일상 대화 가운데에서도 불평과 비난을 받아왔다. '비효율,' '만연한 문서주의,' '비대함,' '무책임,' '비생산,' '비인간적,' '부적절함' 등과 같은 말들은 관료제나 관료에 대한 비판에 주로 인용되는 단어들이다.[79] 또한 대부분의 정치가들은 관료제를 비판하면서 관료제를 통제하려 한다.

3. 실질적인 권력집단

현실정치에서 1976년 카터와 1980년과 1984년 사이의 레이건 등 대부분의 미국 대통령후보들이 모두 관료제에 반대 또는 개혁을 표방하고 나섰다. 그들이 대통령을 출마하면서 관료들의 숫자를 줄이겠다고 공약을 제안했으나 결국 그들이 퇴임할 때는 관료들의 수를 늘려 놓았다. 이러한 현상은 우리나라에서도 일어나는데 그토록 관료들의 수를 줄이겠다는 노무현 대통령도 결국 늘려놓았던 것을 우리는 잘 알고 있다. 이것은 현대국가가 관료제 국가임을 반증하는 것이다. 그러나 미국을 포함하여 모든 나라에서도 관료제의 위세와 권력은 움츠러

79 Richard J. Stillman II, *The American Bureaucracy*, 김번웅·김동현·이흥재 역, 「미국관료제론」(서울: 대영문화사, 1994), pp. 16-17.

들지 않는다.

관료에 대한 통제는 원칙적으로 선거에 의해 선출된 대통령 및 대의기구에 의해 이루어지도록 되어 있다. 그러나 관료가 정치인들에게 정보를 공개하지 않고 또한 정보를 얻으려는 모든 시도에 관료들이 소극적으로 대응한다면 관료들에 대한 통제는 제한을 받을 수밖에 없다. 반대로 정치인들이 관료의 의견에 충분히 주의를 기울이지 않을 때 관료들은 수동적이 되거나 심한 경우 적극적으로 저항하게 된다.

정치인들이 입안한 정책들은 관료가 이를 집행하는 과정에서 완전히 무시될 수도 있다. 정치인이 선택한 정책을 무력화시키는 행동은 기술적 어려움을 들어 실행을 지연하는 방법으로부터 공공연한 태업에 이르기까지 다양하다. 이러한 행동의 발생빈도를 과대평가해서는 안 되겠지만, 잠재적 가능성은 언제나 상존하며 이러한 암묵적인 위협은 정치적 결정에 대한 하나의 제약이 된다.

오히려 현대 국가체제하에서는 관료가 그의 상관에게 권력을 행사하는 경우가 종종 있다. 민주주의를 유지하고 파괴하는 것까지도 이제 관료제에 크게 의존한다. 만일 관료가 그의 상관을 전복하려고 시도한다면 이를 막기에는 대단히 어려울 것이다. 따라서 이제 남아 있는 길은 관료제에 대항할 수 있는 권력을 포기하는 것 이외에 무엇이 있겠는가?[80]

다원주의 사회에서 정책결정에 큰 영향력을 행사하는 이익집단 역시 관료제를 완전히 지배 또는 통제하기는 어려울 것이다. 이익집단의 리더들은 때때로 집단구성원들의 이익을 대변하지 않을 수도 있고, 이익집단들 자체도 그 구성원 모두를 대표하지 않을 수도 있다. 뿐만 아니라 이익집단들의 이익은 통합된 것이 아니라 다양하게 나타날 수도 있기 때문에 관료제를 상대함에 있어서 상대적으로 열등하다.

더욱이 관료제가 여러 이익집단들의 요구들 중에서 자신에게 유리한 것만을 선택함으로써 이익집단을 효과적으로 통제할 수 있다. 그 이외에도 이익집단을 구성하지 않은 일반국민이 관료제를 통제할 수 있는 능력은 무시해도 좋을 만큼 미약하다.

그렇다면 무엇이 관료들의 행동을 자극하는 것일까? Presthus[81]와 Long[82]

---

80 Gerth and Mills, *op. cit.*, pp. 232-235.
81 Robert Presthus, *op. cit.*

은 관료들의 관심은 주로 자신의 위치에 대한 불안 또는 생존에 있다고 주장한다. 즉 관료들은 자신들의 안전을 위하여 합리성에 의존하기도 하고, 다른 체제들과 협조하기도 하며 때로는 갈등을 일으키기도 한다.

이러한 관료들의 행위는 결국 관료 자신의 이익과 긴밀히 관련되어 있다. 관료들에게는 자신의 생존이 가장 일차적인 목표이기 때문에 이에 반하는 정치권에서 시행하려고 하는 정책결정 및 개혁 그리고 관료제의 합리성을 제고하기 위한 어떤 형태의 혁신적인 조직재편성도 어려움을 겪을 수 있다. 그러므로 어떤 정책을 수행하려 하던 간에 전문지식을 가지고 있지 못한 정치인들은 가능한 한 관료들의 이해와 충돌되지 않아야 하고, 관료들의 협조와 참여를 구하기 위해서는 관료들에게 납득할 만한 정책이 결정되는 것이 유리하다는 것을 알고 있다.

Long은 관료제의 권력의 근원이 법률적 결정과 예산의 집행을 통하여 발생한다고 주장한다. 특히 예산배분을 위한 권력의 배분이야말로 실질적인 관료제 권력의 원천이라는 것이다.[83] 피상적으로 보기에는 국가의 권력이 정치에 집중된 것처럼 보이나 실질적으로는 관료들의 업무와 관련된 예산배정 능력에 달려 있다.

또한 권력이 유권자로부터 정치인들에게로 이동하지만 정치인들의 권력이 관료제 내의 권위 및 권력의 흐름을 좌우하지는 못하기 때문에 실질적으로 권력을 행사하는 집단은 관료제인 것이다.

Long은 관료제가 생존과 성장을 위해 정치적 입지를 확보하고, 이를 확대할 수밖에 없는 이유를 다음과 같이 설명한다.:[84]

① 관료들은 결정한 정책에 대해 책임을 져야 하고 대중에게 알려야 한다. 따라서 관료제는 생존과 성장을 위해서 관료들은 자신들을 위한 정치적 토대를 스스로 만들어야 한다.
② 관료제는 생존과 성장을 위해 기술적 측면의 경쟁력을 확보해야 한다.
③ 이익집단의 정치력을 가능한 확고히 분석하고 이해해야 한다.
④ 정책의 결정과 수행을 위한 제도화를 구축하고 이를 대중에게 알려야 한다. 그래야만 대중과 관료제는 우호적인 분위기를 마련할 수 있다.
⑤ 관료들도 대중으로부터 지속적인 압력을 받고 있기 때문에 관료들은 생존에 관한 관심이 높아질 수밖에 없다.
⑥ 미국의 정당체제하에서도 관료들이 의존할 수 없을 정도로 정당의 역할은 축소되어 있기 때문에 관료제는 자신들의 생존을 위한 관심을 가질 수밖에 없다.

---

82 Norton Long, *op. cit.*
83 Norton Long, *op. cit.*
84 *Ibid.*

이제까지의 논의를 통하여 우리는 관료제가 정치와 행정의 이원체제를 유지한다는 것은 거의 불가능하다는 것을 발견하였다. 현대 정치체제하에서 관료들이 정책결정에 깊숙이 관여하고 있다는 이유를 들면서 대통령을 포함한 정치인들은 자신들이 수행한 정책의 실패에 대한 책임을 지지 않으려 한다. 오히려 정책실패에 대한 원인을 관료들에게 떠넘기는 행태를 취하기도 한다. 예를 들면, 의회는 골격입법을 관료들에게 위임하고, 관료들은 그에 대한 세부정책을 수립하고 집행한 후 성공하면 의회는 국민에게서 큰 지지를 획득하나 실패한 경우에는 관료들이 책임을 지는 경우가 흔히 발생한다.

그 외에도, 정치인들은 선거에 의하여 빈번히 교체되기 때문에 장기적인 정책적 관점보다는 대책을 충분히 고려하지 않은 대폭적인 무상복지와 같은 단기적인 인기정책에 치우치는 경향이 많고 선거에서 당선되지 못할 경우 궁극적으로 정책의 책임을 지지 않을 수도 있다는 것을 관료들은 잘 알고 있다. 그러한 사실은 정치인들의 정책에 대한 책임성이 약할 수밖에 없으며, 결국에는 모든 책임을 정부에 남아 있는 관료가 질 수밖에 없다는 것을 의미한다. 따라서 관료들이 일정한 기간 동안만 정권을 유지하는 정치인들에게 충성을 바칠 것을 기대하기란 어려울 것이다.

그 결과 관료들은 권력의 원천을 정치인으로부터 찾지 않고 국민 대중으로부터 직접 구하려고 하는 경향을 이해할 만하다. 즉 관료들의 고유 업무가 있는 관료제의 각 행정기관은 적절한 국민적 공감대 형성을 위해 직접 노력해야 하며, 정당이 제공하지 못하는 권위와 합법성은 대민관계나 집단의 지지를 통해 얻으려고 노력할 것이다. 이를 위해 관료는 정책을 국민에게 전달하고 호소하여 직접적으로 지지를 획득하고자 노력한다. 그래서 관료제는 자신들의 권력의 원천을 국민 대중에게서 찾으려 하는 이유이다.

특히 관료는 전문성을 갖고 있어 그 분야의 정책 이니셔티브를 쥐고 있다. 게다가 관료는 정책의 정치적 실현가능성을 잘 파악하고 있다. 따라서 관료는 권력을 동원하거나 직접적으로 정치행위를 하는 데 유리한 위치에 있다.

Michels가 언급한 바와 같이 권력을 획득하기 위해서는 조직의 힘이 필요하므로 잘 조직되고 활동성이 강한 관료제는 정치적인 힘을 획득할 수 있기 때문에 관료제를 통하여 자신들의 정치적 역할을 늘리는 데 큰 어려움이 없다고 한다.

관료제는 이상의 복합적인 발달과정을 통하여 국가 전체에 지배적인 영향력을 행사할 수 있는 잠재력을 키워 왔다. 관료제는 선거로 선출된 공직자의 통제로부터 자신을 방어할 수 있는 힘을 키워 왔으며, 오히려 원치 않더라도 정치인들이 피한 정치인의 영역을 잠식하고 있다.

이러한 현상은 관료제의 전문성과 정보의 독점, 그리고 전통적인 관료통제기관인 의회의 쇠퇴에서 기인한다고 할 수 있다. 사실상 전문 관료가 정책결정과정에 있어서 정치인을 압도해 버리는 경향이 있다는 것은 오늘의 문제만은 아니다.

민주주의 잠재세력이 정치적 과정을 통해 개혁을 성취하고자 할 때, 현 상태에 안주하려고 하는 관료의 편견과 갈등을 일으키는 경우는 흔히 목격되어 왔다.

결론적으로 강력하고 독립적인 관료제는 객관적으로 업무를 수행하여 정치적 부패를 방지하고 정당한 민주적 과정을 보호하는 데 필요한 역할을 하는 동시에, 이 독점적 권력을 지니게 된 관료제는 이제 누구의 통제도 거부할 수 있는 강력한 권력을 갖게 되었다.

제4장

관료제 통제에 관한 제 이론과 비판 및 기타 통제기법

제4장

관료제 통제에 관한 제 이론과 비판 및 기타 통제기법

제1절 학자들의 통제이론과 비판

행정 관료제의 성장이 정책에 미치는 영향에 대해서는 이전 장에서 논의하였다. 행정 관료들은 단지 정책집행에 대한 책임만 있을 뿐 정책수립에 대한 책임은 없다는 가정은 과거 미국 정치학자들의 보편적인 시각이었다. 그러나 정치와 행정의 이분법은 비현실적이며, 책임 있는 정부의 행위를 분석하는 데는 불완전하다. 사실, 정치와 행정은 상호배타적인 과정이 아니라, 오히려 동일한 과정이며 서로 밀접하게 연계되어 있다. 예를 들면 공공정책이 집행되는 과정에서 정책이 형성되며, 공공정책이 형성되면서 정책이 집행된다. 그러므로 행정통제의 문제는 단순히 정책집행을 통제하는 것뿐만 아니라 정책수립과 평가를 통제하는 보다 복잡한 업무가 되고 있다.

Arthur A. Maass와 Laurence L. Radway는 공공정책을 수립하는 데 관료제의 지대한 영향을 다음과 같이 기술하였다.

> 관료는 전문적으로 적용할 수 있는 기법과 기준을 개발할 수 있는 기회가 비교적 충분히 주어지기 때문에 정책결정을 할 수 있는 체제로 잘 정비되어 있다;[1] 첫째, 정책이 실제로 어떻게 수행되는가를 관찰할 수 있는 기회 둘째, 실용적인 것과 비실용적인 것에 대한 철저한 판단력을 가지고 지나친 이론지향적인 편협성을 조절할 수 있는 능력 셋째, 조직화된 압력집단을 통하여 잘 대변되지 못하는 공공이익(예를 들면 소비자의 이익)을 표출할 수 있는 능력

1 Arthur A. Maass and Laurence L. Radway, "Gauging Administrative Responsibility," *Public*

이와 같이, 관료제의 정치적 영향력은 막대하다. 의회는 행정가들의 업무가 고도의 전문성으로 가려져 있어서 그들의 업무를 상세한 부분까지 파헤쳐 보는 데 많은 어려움이 있다는 것을 항상 인식하여 왔다.

1950년대에 이미 Redford는 전쟁으로 인한 과학의 발전은 우리의 민주적 과정에 많은 부작용을 초래하여 왔다고 개탄했다.[2] 그리하여 그는 "Science is the enemy of democracy"란 표현을 쓰곤 했다.

전쟁에서 승리하기 위해 새로운 무기의 개발이 요구되었고 이러한 노력은 과학발전의 동기가 되었다. 새로운 무기를 만들면 이는 곧 국가의 비밀로 부쳐지는데, 이러한 비밀에 대한 타성이 정부를 운영하고 있는 관료들을 오염시켰다고 한다. 또한 전문성의 증가로 정부의 비밀은 증가하고, 아울러 관료의 타성적인 비밀주의가 보편화되었다는 것이다. 분명히 이러한 현상은 행정 통제를 이전보다도 더욱 어렵게 만들었으며, 그 결과 행정통제 문제는 보다 중요한 과제가 되고 있다.

통제(control)라는 용어에는 긍정적 의미뿐만 아니라 부정적 의미도 포함되어 있다. 즉 통제는 능률적이고 효과적인 진행을 촉진하고 나태한 행정기관에 활기를 불어넣는 긍정적인 방향으로 통제를 사용할 때도 있고, 반면에 지나치게 권력남용을 하는 사람의 부정적인 행태를 통제하는 데도 사용될 수 있다.

그러나 본 저서에서 '통제'의 목적은 공직자(개인과 집단)에 의한 공적 또는 사적 권한의 남용을 방지하는 의미로 이해하고자 한다. 통제의 주된 대상은 우선적으로 공직자의 부정적인 행태에 둘 것이다. 실제로 행정기능의 질적·양적 변화와 병행하여 행정권한의 집중화 현상이 뚜렷해지고 재량의 범위가 확대됨에 따라서 공무원의 권력남용의 가능성이 짙어졌다. 또한 현대 국가의 거대한 행정체제로서의 기능과 역할을 수행하는 정부 관료제는 그 자체 내의 모순과 병리에 의하여 역기능을 드러내게 되었고, 따라서 행정권한의 위법·부당·무능을 효과적으로 통제할 수 있는 방안을 생각하지 않을 수 없게 되었다. 행정통제는 어떤 사항에 대한 부정적·제재적이나 방지적이고 징벌적인 태도와 행동만을 의미하는 것으로 생각하기 쉬우나 이러한 소극적인 규제성은 행정통제의 일면에

Administration Review (Summer 1949), p. 184.

2 mmette S. Redford, *Ideal and Practice in Public Administration* (University, Alabama: University of Alabama Press, 1958), pp. 97–98.

불과하다.

앞에서 말했듯이 행정통제는 조직목표와 계획의 성취를 확보하는 중요한 관리기능이라고 할 수 있다. 특히 최근에는 통제의 사전적 측면이 강조되고 있다. 즉 종래의 행정통제는 주로 정책이나 계획을 집행한 후의 시정을 요구하는 사후통제였으나, 최근에는 사전에 통제를 하는 사전적 통제에 초점을 두고 있다. 본 저서에서 제시하는 내부민주통제 모델도 사전통제를 위한 방안을 제시하고 있다.

행정 권력의 남용과 결함은 지면을 통하여 하루도 빼놓지 않고 매일 그리고 자주 보도되고 있다. 어떤 공무원들은 정직하지 않을 수도 있고 그들의 행태는 심각한 윤리적 문제를 일으키기도 한다. 비록 개인적으로는 정직하지만 합법적인 권한 없이 행동할지도 모르며, 때로는 법률을 위반할 수도 있다. 공무원은 법률을 집행할 때 규정을 지키려 하지만, 입법적 의도를 해석하는 가운데 특정한 집단을 선호할 수도 있다.

행정기관은 자체기관의 공무원들을 불공정하게 대우할 수도 있으며, 심지어는 용기 있고 정직한 의견을 제시하는 공무원들을 처벌하는 경우도 있을 수 있다. 어떤 행정기관의 결정은 외부집단들과의 관계에 있어서 '적법절차'(due process)를 거치지 않는 경우도 있을 수 있으며, 시민이 고통을 받을 정도로 비효율적인 것으로도 판명될 수 있다.

공무원들은 자신들의 잘못과 실수를 은폐하려고도 하며, 의회 또는 국민들과 같이 협력하는 것을 거부할지도 모른다. 어떤 공무원들은 지나치게 소극적이기 때문에 긍정적인 결정을 하지 못하며, 법이 인정한 자유 재량권을 적절하게 행사하지 못할 수도 있다.

이러한 발생 가능한 행정 권력의 다양한 남용 사례들을 볼 때, 공직자의 권한 남용에 대한 다양한 종류의 통제 방안들이 우선 마련되어야 하며, 그 방안들이 민주주의 정부를 유지하고 발전하는 데 활용될 수 있어야 할 것이다.

James Madison은 통제의 필요성에 대하여 The Federalist Papers에서 다음과 같이 기술했다.

> 사람이 천사라면 정부는 필요 없을 것이다. 천사가 사람을 지배하게 된다면 행정부에 대한 내부 또는 외부 통제 모두 필요 없을 것이다.[3]

이와 같이 사람은 천사가 아니기 때문에 Madison은 공공관료제는 관료제의 내·외부 통제기관들에 의해 철저히 통제되어야 한다고 보았다.

다양한 행정통제이론들이 학자들 사이에 논의가 이루어 왔던 것을 본 장에서 논의하려고 한다. 이들은 관료제가 권력을 장악하고 있는 것을 경고하였고 그리고 다른 많은 학자들은 관료제를 통제하는 방안을 제시하였다.

그 중 두 학파는 학계에서 1940년부터 1970년대까지 통제 문제에 관해 각기 다른 철학을 기반으로 양대 산맥을 형성하고 있었던 것은 흥미롭다. 이 두 학자들은 자신의 통제방안이 관료제를 통제하는 데 효과적이라고 주장하였으나, 결국 이들은 서로 상황에 따라 보완하는 것이 바람직하다고 주장하였고 이러한 보완의 필요성을 알 때까지 약 30년이 걸렸다.

행정통제에 관하여 이 두 학자들은 행정기관이 국민의 뜻을 실현하는 중립적인 도구(neutral instrument)라면 국민의 대표기관인 대통령과 의회에 의해 통제되어야 한다고 제안하고 있다. 또 다른 학자들은 정치적 통제로는 충분하지 않으며, 행정책임은 오로지 행정가들이 자신들의 업무 분야의 기준을 준수함으로써 확보될 수 있다고 주장하고 있다. 각 학파의 입장은 자신들의 주장이 행정 통제를 성공적으로 수행할 수 있다고는 하나 이에 관련된 문제는 행정 관료가 책임있게 공익을 실현할 수 있을 것이라고 어떻게 확신할 수 있는가 하는 점이다.

그동안 행정통제에 대하여 많은 학자들이 언급해왔다. 아래 그들이 주장한 견해를 언급하면서 아울러 무엇이 문제인지 논하려고 한다.

1. 대통령 위원회

1937년 F. D. Roosevelt 대통령이 미국의 행정개혁을 단행하기 위하여 설치한 대통령 자문위원회 일반적으로 '행정관리에 관한 대통령위원회'라고 부른다.

브라운로우 위원회는 행정학자 Louis Brownlow와 Luther H. Gulick, 그리고 정치학자 Charles E. Merriam으로 구성되어 있었고, 그 위원장인 브라운로우의 이름을 따서 '브라운로우 위원회'라 불렀다. 이 위원회에서 건의한 가장 중요한 내용은 대통령의 권한을 강화하여 행정 전반을 명실상부하게 지휘·감독

3 Alexander Hamilton, James Madison, and John Jay, *The Federalist* (Cambridge, Mass.: Harvard University Press, 1961), p. 356.

하자는 것이었다. 그렇게 하기 위해서는 대통령의 참모기관을 강화시켜야 한다는 것이 핵심을 이룬다.

대통령 위원회는 행정 통제를 위한 다음과 같은 의견을 제시했다.

1937년 행정관리를 위한 대통령위원회(President's Committee on Administrative Management)는 관료제에 대한 보다 엄격한 통제권을 대통령에게 부여하기 위한 행정개혁을 옹호한 사람들로 구성되었다.[4]

위 위원회는 대통령에게 관료를 통제할 수 있는 막강한 권한을 주는 것과 실적주의를 정책결정권이 없는 모든 하위직 공무원들에까지 확대할 것을 제안했다.

이러한 건의의 목적은 단지 정치적 영향력에 의한 임명을 제지하려는 것뿐만 아니라, 대체로 행정의 수많은 전문적이고 기술적인 기능을 수행할 수 있는 영구적인 직업공무원제를 수립하려는 것이었다. 실적주의의 확산으로 인하여 정치적으로 임명된 공무원 수가 줄어듦으로써 기관장들에게 그들 부처의 공무원들에 대해 보다 엄격한 통제력을 행사할 수 있는 것으로 기대하였다.

그 결과 대통령은 부처운영에 보다 많은 책임을 질 수 있는 통제권을 갖게 되었다. 또한 위원회는 대통령이 행정에 대해 더욱 강력한 조정과 명령을 할 수 있도록 많은 연방기관의 통합을 제안하였다. 예를 들면 독립규제위원회의 업무 중 '행정적' 업무는 대통령이 직접 관장케 하고 '사법적' 업무만을 따로 분리하여 독립규제위원회의 고유 업무로 재조정하는 안을 건의하였다.

이 건의에 관한 위원회의 이론적인 근거는 입법·행정·사법적인 활동을 포함하는 기능을 가진 독립규제기관들이 대통령이나 의회의 통제를 받지 않고 머리 없는 정부인 제4부(the headless fourth branch of government)로 구성될 가능성이 있다는 것이었다.[5] 이 제안들이 의회를 매우 당혹시키고 국민들을 혼란스럽게 하는 모순적인 행정정책을 최소화할 것이라고 대통령위원회는 주장하였다.[6]

---

4 U. S., President's Committee on Administrative Management, *Report of the President's Committee on Administrative Management*, by Louis Brownlow, Charles E. Merriam, and Luther Gulick, *Administrative Management in the Government of the United States* (Washington, D. C.: Government Printing Office, 1937), pp. 1–6.

5 *Ibid.*, pp. 3–4.

6 *Ibid.*, pp. 5–6.

대통령 위원회가 제안하듯이 행정부가 행정업무에 대한 책임을 전적으로 유지한다면, 의회는 일상적인 사소한 행정업무에 휩싸이기보다는 더 중요한 입법제안을 준비하고, 공청회 또는 국정조사와 같은 문제에 전념할 수 있을 것이란 장점을 주장하였다.

대통령위원회는 의회가 광범위한 정책을 수립하여야 하며, 단지 정책집행만을 수행하는 행정을 간섭해서는 안 된다는 Wilson과 Goodnow의 주장에 동의한 것 같다. Wilson과 Goodnow는 정치와 행정의 분리를 주장하여 정치가가 행정을 간섭해서는 안 된다는 논리를 폈다.

그러나 규제위원을 대통령의 권한 내에 둠으로써 행정의 획일성과 통일성을 촉구한 대통령위원회의 이 같은 청원은 사실상 의회에서는 받아드릴 수 없는 제안이었다. 왜냐하면 규제위원들이 대통령에게 소속된다면 이미 강력한 대통령의 권한이 더욱 팽창되어 의회와 견제와 균형이 이루어지지 않기 때문이다.

하지만 이 위원회의 제안이 의회가 행정에 대한 세부사항을 간섭할 권한을 부여하고 있는 헌법규정과는 차이가 있는 것이다.

2. Founding Fathers and the Federalist Papers

미국을 건설한 사람들은 견제와 균형의 논리를 활용하여 행정통제를 하자는 안을 제안했다.

미국을 건국한 사람(the Founding Fathers)들에 의하면, "국가권력의 분리와 분리된 정부기관들(입법부, 행정부, 사법부)의 각기 다른 권력행사" 는 상호 자유를 보존하는 데 필수적이라는 것이다.[7] 그러나 18세기 정부의 권력분립이론은 100여 년 동안 이론상으로도 도전을 받지 않았으며, 실제로도 수정되지 않았다. 대규모 행정기구가 19세기 말엽에 생겨났지만 그것은 일상적인 업무(우편사무)를 수행하거나 일시적인 위기(국방)를 다루었기 때문에 정치권력의 균형에 대한 심각한 위협은 아니었다. 사회가 복잡하고 과학화 됨에 따라 전문성을 확보하고 있는 관료제만이 정책결정과 집행에 유리한 입장에 있다는 점이 삼권분립에 위협이 아닐 수 없다.

7 Carl J. Friedrich, *Constitutional Government and Democracy*, 4th ed. (Walthamy Mass.: Balisdell Publishing Co., 1968), pp. 418-428.

그럼에도 불구하고 최근에 많은 문헌들은 이러한 정부의 3부가 각각 서로 헌법적인 통제를 실질적으로 행사할 수 있을 정도로 견제와 균형을 유지하고 있지 않다면 자유정부를 유지하는 데 필수적인 권력분립은 사실상 결코 효율적이지 못하다고 주장하고 있다.

건국자들의 견해에 의하면 실제로 권력의 조화(blending of power)는 자유로운 정치체제를 달성하기 위하여 필수적이고, 적절한 권력분립을 유지하기 위해 필요한 것이다. 좀 더 자세히 설명하자면 의회는 정부 프로그램을 위한 지출승인권을 가지고 있는 상황에서 대통령이 거부권을 가지고 있지 않다면 의회는 행정 권력을 침해할 수 있다는 것이다. 그러나 미국을 건국한 사람들이 제안했던 정부의 3부 간의 견제와 균형논리는 시대가 변한 오늘날 이루어지기 어려우며 현실 상황을 고려한 논의가 더욱 필요할 것이다.

특히 고객 봉사와 규제를 담당하는 행정기관의 권력팽창으로 인하여 권력분립이론에 심각한 의문이 제기되기 시작했다. 고객에 봉사하는 행정기관들은 압력집단과의 밀착관계 때문에 부분적으로나마 대통령이나 입법부 견제에서 어느 정도 독립될 수 있다는 점이 삼권분립체제를 어렵게 만들 수 있다.

국민의 생명과 재산을 보호하기 위해 만든 독립규제기관의 경우 권력관계 때문에 어떤 특정한 위원회에는 불가피하게 의존적이나 대체로 의회의 의견에 대해 독립성을 유지하고 있다. 일반적으로 규제기관들은 기존 3부와는 독립적으로 위치하고 있다.[8] 한때는 독립규제기관을 제4부라고 부를 정도로 막강한 권력을 가진 적이 있었다. 그러나 항상 독립규제기관이 자신에게 부여된 임무를 성공적으로 할 수 있다는 장점만 있는 것이 아니라 독립규제기관도 피규제기관의 압력에 비위를 맞추어야 되는 경우도 종종 나타나고 있다. 이러한 현상은 제도적으로 모순 때문에 발생하는데 의회는 독립규제위원회를 설립할 수 있고 또는 폐쇄할 수 있는 권한을 갖기 때문에 이익집단들이 관련된 의회의 상임위원과 위원장에 영향력을 가한다면 이익집단의 의도대로 이루어질 수 있는 것이 문제다. 우리는 성숙한 삼권분립체제를 더욱 발전하기 위해 많은 연구가 필요할 것이다.

---

8 James Q. Wilson, "The Rise of the Bureaucratic State," *The Public Interest*, No. 41 (Fall 1975).

3. Charles McKinley

행정통제에 대한 대통령과 의회 사이의 긴장에도 불구하고, 효율적인 행정은 대통령의 통제 하에 놓인 고도로 조직화되고 통일된 행정부에 달려 있다고 주장하는 사람들은 대통령과 의회 사이의 긴장을 해소하려고 노력하고 있다.

Charles McKinley는 효율적인 행정의 필요성에는 동의하지만 대통령 위원회의 제안처럼 대통령이 행정부를 통제하고 획일적으로 행정을 운영해야만 효율성을 확보할 수 있다고는 믿지 않는다.[9] 그에 의하면 의회는 행정의 세부사항을 지속적으로 간섭하여야 한다는 것이다. 그 이유는 각 부처의 장관들이 자신들의 부처에 이익을 줄 수 있는 의회의 위원회를 유혹할 수 있는 기회를 주기 때문이다. 더욱이 의회의 위원회가 원하는 특혜를 행정 부처로부터 얻을 수 있다면 서로 동맹관계를 가질 수 있기에 행정의 공정성을 이루기 어려울 것이다. 게다가 이익집단과 동맹관계를 맺는다면 거침없이 특혜를 해당부처를 통해 얻어낼 수 있을 것이다.

의회는 이러한 밀착관계는 원치 않을 것이다. 부당한 흥정관계는 본 회의에서 밝혀질 뿐만 아니라 통과되지도 않을 것이다. 그러한 이유 때문에 의회는 세부적인 사항에서도 간섭을 해야 된다는 것이다.

또한 Mckinley는 장관들은 대통령과 친분관계에 있거나 또는 어떤 특정한 정책에 대한 옹호자라는 것 때문에 선택된 다양한 사람들의 집합체라고 볼 수 있다고 주장한다. 특히 대통령을 만들기 위해 노력한 사람들이다. 일반적으로 "장관들은 국가정책이나 프로그램을 옹호하거나 또는 변호하는 데 있어서 정당 지도자들처럼 공통적인 경험적 배경을 가지고 있지 못하다. 그들은 이전에 의회나 다른 어떤 정치집단과도 하나의 팀으로서 함께 일한 경험이 전혀 없다. 더욱이 팀 수행에 대한 관심이 부족하기 때문에 어느 각료는 다른 부처를 희생하면서까지 자신의 권력을 구축하기 위해 불필요한 경쟁을 선동하는 경향이 있다."[10]

부서장들은 장관들보다 의회의 상임위원장과 동맹을 맺는 데 유리한 입장인 관계로 서로를 도와주는 특정한 이익의 대변자 역할을 더욱 용이하게 해낼

---

9 Charles McKinley, "Federal Administrative Pathology and the Separation of Powers," *Public Administration Review* (Winter 1951), pp. 17–19.

10 *Ibid.*, p. 20.

수 있어 의회로부터 특별한 호의를 받기가 쉽다. 경우에 따라서는 행정기관과 밀접한 관계를 맺고 있는 의회위원회의 의원들은 의회로부터 거절당할 위험이 있는 행정기관의 요청을 구실삼아 행정기관에 특혜를 요구하는 경우도 있을 수 있다.

어찌하든 그러한 행위는 견제와 균형체제가 존재하는 한 의회 내에 무책임한 행정 권력의 확산이 이루어질 수 있음을 보여준다. 이러한 상황에서, 대통령은 예산과 행정 프로그램에 대하여 행정기관을 순응시키기가 매우 어려울 정도로 의회·행정기관 및 이익집단과의 동맹관계가 매우 견고하다는 것을 쉽게 발견하게 될 것이다. 그러므로 대통령은 자신의 정치력을 활용하여 강력한 고객집단과 고객지향적인 의원들이 부처와 행정기관을 자기편으로 끌어들이려 하는 것을 막아야만 한다. 그러한 노력 없이 대통령은 자신의 지시 하에 응집력을 갖춘 행정 프로그램을 수행할 수 있는 통일된 행정부를 갖게 될 가망이 없다고 Mckinley는 주장하였다.

행정부의 원심력(centrifugal forces)을 제어할 개선책으로 Mckinley는 장관들이 행정부의 업무를 통합하기 위하여 대통령과 '집단적 책임'을 공유할 수 있는 내각을 구성할 것을 제안하였다. '집단적 책임'은 장관들과 대통령이 그들의 활동을 사전에 조정하여 서로 상반되는 정책을 미리 제거하는 것을 의미한다. 따라서 결과적인 산출물은 응집력 있고 통일된 국가의 정책이 될 것이며, 그로 인하여 행정부는 책임 있고 '능률적인 행정'이 될 것이다.[11]

Mckinley의 제안을 채택하기 전에 Hamilton의 중앙집권적인 행정의 장점과 비교하는 것도 흥미롭다. Hamilton의 견해에 의하면, 결정, 활동, 비밀, 그리고 신속한 조치는 많은 사람들이 참여하여 결정하기보다는 한 사람이 신속하게 진행하는 것이 능률적이고 질적인 면에서 장점이 있을 수 있다. 비율로 말하자면 진행자의 수가 증가됨에 따라 모든 참여자를 만족시켜야 하기 때문에 질적인 면이 감소될 수 있다.[12] 그러나 Mckinley의 제안은 장관들과 논의하여 하나의 통일된 목소리를 냄으로써 의회의 위원회로부터 유혹이나 조롱을 당하지 않을 가능성이 있다. 실제로 힘이 있는 의회 상임위원회이라고 하더라도 전체의 장관

11 *Ibid.*, p. 19.

12 Alexander Hamilton, "The Federalist, No. 70," ed. Harry A. Bailey, Jr., *Classics of the American Presidency* (Oak Park, Ill.: Moore Publishing Co., Inc., 1980), p. 28.

들을 회유하기는 쉽지 않을 것이다. 더더구나 장관 전체의 통일된 목소리는 무게가 있으며 설득하기도 어렵다. 이런 관점에서 Mckinley의 주장은 수용할 만하다. 하지만 전체 의견을 논의를 거쳐 한 목소리로 통합하여 민주적인 장점을 갖고 있으나, 문제는 참여자들의 특성에 따라 공익을 위하지 않은 통합의견이 만들어 질 수 있다는 것이다. Hamilton의 주장처럼 점증주의이론의 단점을 완화하는 데 최고 상급자의 의견이 크게 반영되지 못한다는 단점이 있다.

4. Maass와 Harris

Arthur Maass와 Joseph Harris에 의하면, 행정기관은 의회가 제정한 광범위한 정책목적을 집행하고 대통령의 지시 하에 일관성 있고 세부적 계획을 결정하기 위해 자유재량을 활용할 수 있도록 의회가 행정의 일상적인 활동에 대한 통제를 축소하여야 된다고 제언하고 있다. 실제로 의회가 정치적인 상황을 고려하여 관료들에게 애매모호한 골격입법을 위임하는 경우 이들의 주장은 더 설득력 있어 보인다.

Maass에 의하면 행정기관과 의원 또는 의회위원회 간의 밀접한 관계는 행정기관과 의원의 이익에는 부합될지 모르나 종종 공익을 희생시키는 방향으로 흐르기 쉽다는 것이다.[13] 그러므로 Maass는 행정은 대통령을 통해서만 의회에 책임을 지며, 주로 정책을 형성하고 집행하는 과정에서 발생하는 광범위한 문제에 대해서만 책임을 지는 간접적 책임(indirect responsibility)을 옹호하였다.

따라서 Maass는 만약 의회가 각 행정기관에 직접적인 책임을 지게 한다면, 공공정책의 영역이 너무 광범위하고 정부의 정책집행책임이 너무 넓게 분산되어 있기 때문에 오히려 비능률적인 행정을 초래할 가능성이 많다고 주장하고 있다. 분산된 통제집단들 간에 마찰은 물론 의회는 특정한 분야에 전문성이 결여되어 있으므로 행정 정책을 깊숙이 분석할 능력이 없다.

그러나 Maass와 Radway는 행정기관의 임무와 절차를 상세하게 제시하는 것이 의회의 고유 권한임을 부인하지는 않는다. 또한 Maass와 Radway는 "의회가 보다 큰 문제에 관심을 집중하며 행정부를 위하여 정책의 뼈대를 형성하는

13 Arthur Maass, *Muddy Waters* (Cambridge, Mass.: Harvard University Press, 1951), pp. 62–68.

데에 만족하지 않는다면, 의회는 중요한 국가정책을 결정할 수 없을 뿐만 아니라 행정부를 효과적으로 통제할 수도 없다" 는 점을 지적한다.[14] 의회가 행정의 세부적인 문제까지 간섭한다면 보다 중요한 문제를 다룰 시간이 없을 것은 당연하다.

Maass와 Radway는 의회의 간접책임의 성공 여부는 "대통령을 경유하여 의회에 보고하는 경우, 행정기관은 의회가 필요하다고 생각하는 정책결정의 광범위한 영역을 강조하는 반면 의회는 행정의 세부사항을 가볍게 다루어야 하며" 그리고 "의원과 관료들이 서로의 관심을 끄는 업무의 특성을 조사할 필요성을 인식하는 과정에 달려 있다" 고 주장하고 있다.[15] 만약 의원들과 관료들이 서로 관심과 이해관계가 일치된다면 관심을 가지고 보면서 정책의 공정성을 헤치는 일이 없도록 해야 할 것이다.

Harris는 Maass의 결론에 동의하면서 의회가 행정의 세부사항을 엄격히 통제하기 위해 개발해 온 많은 통제방식들에 대해 반대하였다.[16] 그는 의회의 비공식 및 공식적 조사들은 거의 대부분 의원들의 개인적 또는 지역구의 이익을 향상시키기 위한 방편들이었다고 평가했다.

따라서 대통령위원회와 같이 Harris와 Maass는 일상적인 행정에 대한 의회의 간섭을 줄임으로써 대통령이 책임질 수 있는 일관된 프로그램을 개발할 수 있다는 데 동의한다. 그러나 대통령이 모든 문제에 대해 최선의 정책을 효과적으로 수립하는 것이 가능한가? 이러한 지적이 역시 문제로 남아있다.

5. Charles Hyneman

Arthur Maass와 Joseph Harris와 달리 Charles Hyneman은 그의 저서 「민주주의의 관료: *Bureaucracy in a Democracy*」에서 의회의 적절한 기능이란 광범위한 정책을 수립하고 광범위한 프로그램을 관리하고 감독하는 것이라는 주장에 동의하지 않는다.[17] 왜냐하면 지역주민들은 특히 구체적이고 상세한 지역

---

14 Maass and Radway, *op. cit.*, p. 188.

15 *Ibid.*, p. 188.

16 Joseph P. Harris, *Congressional Control of Administration* (Washington, D.C.: Brookings Institution, 1964), pp. 295-297.

17 Charles Hyneman, *Bureaucracy in a Democracy* (New York: Harper and Row, 1950), p. 85.

문제에 관심을 가지고 있기 때문에 지역구에서 선출된 의원들도 이러한 영향을 벗어나기 어렵기 때문이다. 지역구에서 당선된 의원들은 국가의 이익을 다루는 것보다 지역구의 이익에 관심을 갖고 있기 때문에 지역구의 이익을 벗어난 광범위한 문제들을 다루기는 적절하지 않은 것이다.

Hyneman의 견해에 의하면 관료제는 국민에 의해 선출된 대표기관인 대통령과 의회의 지시에 따라 국민의 의지를 수행하는 것이다. Hyneman의 의문은 관료제가 두 대표기관의 명령을 수행할 것이라는 점을 어떻게 보장할 수 있는가 하는 것이다. 그는 행정에 대한 대통령의 통제를 강화하려는 대통령위원회의 제언에는 찬성하지 않는다.

Hyneman에 의하면, 대통령위원회의 건의사항을 검토하여 볼 때 관료제에 대한 결정이 대통령 자신보다는 오히려 대통령이 임명한 사람들에 의하여 만들어진다는 것이다. 이것은 Hyneman의 견해와 상반되는 것이다. 정치적으로 임명된 공무원들이 행정을 간섭하는 것보다는 국민에 의해 선출된 대표기관인 대통령과 의회의원들이 관료제를 통제하고 방향을 제시하는 것이 주요한 근원이 되어야 한다는 것이다. 실제로 국가의 대표자들을 제치고 대통령이나 의원들이 임명한 참모들에 의해 정책이 만들어지고 감독한다는 것은 민주주의 논리와 맞지 않는다. 특히 그가 걱정하고 있는 문제는 두 대표기관들이 서로 모순되는 명령을 내릴 때 관료가 누구의 명령에 복종하여야 되는지 혼란스럽게 만들 수 있다는 점이다.

위와 같은 문제를 완화시키기 위하여 Hyneman은 대통령을 포함하는 여당 지도자, 의원, 그리고 행정부 내 정당문제에 탁월한 정치적 관료들로 구성된 중앙위원회(Central Council)의 설립을 제안하고 있다.[18]

중앙위원회의 임무는 다수당의 정책을 기초로 정부프로그램을 형성하는 것은 물론 그 계획의 통과와 집행을 감독할 것이다. Hyneman은 중앙위원회가 설립됨으로써 관료제 내의 일상적인 업무에 대한 의회의 간섭이 줄어들 것이라고 보았다. 대통령은 중앙위원회의 프로그램 결정에 따라 관료제에 명령을 내릴 것이다. 의회 혹은 중앙위원회의 결정에 지지를 하지 않은 의원들도 행정부가 대통령 명령에 불복종하도록 직접적으로 강요할 수 없다.

---

18 *Ibid.*, pp. 556–557.

또한 그는 의회위원회 위원장의 선출방법은 중앙위원회가 위원장을 지명한 후 전체 의회의 승인을 받도록 재고되어야 하며, 더 나아가 공직의 임기를 규제하는 헌법적 규정도 재고되어야 한다고 제안한다.

또한 Hyneman은 의회의 양원제를 반대하고 있다. 왜냐하면 선거에서 승리한 정당, 즉 다수당이 각 논쟁점에 대하여 하원과 상원에서 각각 한 번씩 모두 두 번 승인을 받아야 된다는 것은 불필요한 중복이라고 생각하고 있기 때문이다. 이 밖에 그의 제안은 현 체제의 점진적인 개선이 아닌 권력분립의 결점을 극복하고 관료제를 국민의 의지를 집행하는 보다 효율적인 도구로 만들기 위하여 극적인 헌법상의 변화를 제안하고 있다.

6. Herman Finer

Herman Finer는 관료제가 국민의 의지를 거스르지 않도록 관료제에 대한 적절한 통제가 필요하다는 Hyneman의 견해에 동의하고 있다.

그러나 Finer는 관료의 책임성을 보장하기 위하여 외부 통제기관들이 활용되어야 한다고 제안하고 있다.[19] 그에 의하면 행정가의 첫째 강령은 복종이며, 의회로부터의 지시를 무시하거나 또는 자신의 의도대로 문제를 결정하려는 행태는 엄벌에 처해져야 한다고 지적하면서,

Finer는 다음과 같이 주장하고 있다.[20]

> 관료는 자신의 방향을 결정하는 것이 아니라 국민에 의해 선출된 대표들에 대해 책임져야 하며, 국민의 대표들이 기술적으로 실현가능한 정도까지 가장 세밀하게 공무원의 행동방향을 결정하여 주어야 한다. 따라서 그에 의하면 성공적인 민주정부는 권력을 행사하는 공무원을 견제할 수 있는 선출직 대표기관들의 능력에 달려 있다는 것이다.

Finer는 Friedrich가 외부 통제기관을 희생시키면서까지 관료의 자유 재량권 행사를 합리화하고 있다고 비판하면서, 광범위한 자유 재량권을 관료제에 허

---

19 Herman Finer, "Administrative Responsibility in Democratic Government," *Public Administration Review* (Summer 1941), pp. 335–338.

20 *Ibid.*, p. 336.

용해야 한다고 주장하는 학자들과의 불협화음을 제거하려고 노력하였다.

Finer의 주장도 상호 모순되는 것처럼 보인다. 예를 들면, 한편으로 그는 국민의 뜻을 대표하는 의회가 책임 있는 공무원을 만들기 위하여 공무원의 자유재량을 제한하기를 원하는 반면, 다른 한편으로 많은 입법의 특성을 고려할 때 의회가 공무원에게 자유재량의 폭을 적절하게 주어야 된다는 데 동의하고 있다.

Finer는 의회가 정책의 광범위한 윤곽을 설정하고 정책의 세부사항을 보충하기 위하여 관료제에게 관련된 규정을 제정할 것을 요구하는 사례를 분명히 보았다고 지적한다. 뿐만 아니라 그는 관료들에게 "국민들로부터 지금 당장 박수갈채를 받지 못하거나, 현재는 국민이 원하지 않을지라도 미래에 국민에게 필요할 것으로 생각되는 기술적으로 좋은 정책"을 창안하도록 촉구하였다.[21] 따라서 Finer는 민주주의를 단순한 다수결 원칙으로 보는 견해와 필요에 따라서는 행정이 민주주의를 증진시킬 수 있다는 자신의 견해 간에 어떻게 조화를 이룰 수 있는지에 대해선 언급이 없다. 그러한 경우에 Friedrich의 지적처럼 Finer가 주장한 외부의 정치적 통제기관들의 통제능력이 민주정부를 위하여 행정책임을 확보하는 데는 충분하지 못하다는 것을 자인한 편이라고 말할 수 있을 것이다.

Finer와 마찬가지로 Friedrich도 민주주의 하의 관료제의 책임성을 확보하는 방법들을 제시하였다. Finer에게 책임성이란 관료의 의무와 임용 혹은 해임 등을 결정할 수 있는 권한을 가진 사람들에게 책임을 지는 것을 의미한다.

7. Carl Friedrich

Friedrich는 단순히 관료들에게 옳지 않은 일을 못하도록 하는 외부 통제만으로는 관료들의 책임성을 확보할 수 없다고 보았다.[22] 그는 책임성이란 자신의 직무를 잘 수행하기 위한 개인적 의무에 대한 내적 신념이라고 믿는다.[23] 그는 행정책임을 평가할 수 있는 두 가지 기준을 제안하였는데, 이러한 기준들은 변화하는 상황 속에서 관료들이 지적 능력을 겸비하여 신축성 있게 행동할 것을

21 *Ibid.*, p. 340.

22 Carl J. Friedrich, "Public Policy and the Nature of Administrative Responsibility," ed. Carl J. Friedrich and Edward S. Mason, *Public Policy: A Yearbook of the Graduate School of Public Administration* (Cambridge, Mass.: Harvard University Press, 1940), pp. 4–5.

23 *Ibid.*, p. 13.

촉구한다고 주장한다.[24]

행정책임성을 판단하는 기준인 이들 두 가지 요인들은 기술적 지식(technical knowledge)과 여론(popular sentiment)이며, 책임성 있는 행정행위란 두 가지 기준에 부합되어야 한다는 입장을 취하고 있다. 그에 의하면 행정가의 행위에 대한 진정한 의미의 평가기준은 행정가 자신의 도덕적인 마음가짐이라는 것이다.

그러나 Friedrich는 행정책임을 확보하는 방안으로 두 가지 기준으로 전문지식과 국민이 무엇을 좋아하는지에 대한 여론을 제시하였으나 이 두 가지 기준 간에 서로 갈등이 발생하였을 때 행정 관료는 어느 쪽을 선택하여야 되는지에 대해선 언급하지 않았다. 행정 관료가 전문지식의 입장에서 국민의 여론을 판단하여 볼 때 옳지 않은 경우가 흔히 있을 수 있다. 기준치들 간에 가중치를 주어야 되는 경우가 발생할 수 있다.

그와 반대로 국민이 원하는 소망이 행정 전문 관료가 지지하는 의견과 갈등을 초래할 때 공무원은 역시 혼란에 빠지게 된다. 물론 Friedrich의 내부 통제의 유용성에 반대하는 입장은 분명히 아니지만 두 변수 간에 갈등이 있을 수 있다는 것을 Friedrich는 간과하고 있다는 것을 지적하지 않을 수 없다. 뿐만 아니라 전문지식에 따른 행위가 관료들의 행정이라면, 국민이 무엇을 원하는가를 조사하거나 판단한다는 것은 엄밀히 말하자면 행정이 아닌 정치적인 활동이다. 그와 같이 Friedrich가 행정 관료에게 행정 및 정치행위를 모두 다 요구하고 있다면 그의 주장이 Finer의 외부 통제의 주장과 일치되는지 혹은 상반되는지 분간하기 어려울 것이다. 결국 내부 통제이론이 논리상의 모순을 피하기 어렵다는 것을 지적하지 않을 수 없다.

Friedrich는 정치적 책임성 즉 '여론에 따른 부응성'은 고귀한 목표이지만, 그러한 책임성을 확보하기 위한 제도적 안전장치는 최대한 국민이 원하는 것에 근접하는 데 달려 있는 것이다.[25] 국민의 여론을 파악하기 위하여 책임 있는 관료는 정확한 여론을 평가하기 위해 활용할 수 있는 가능한 한 모든 의사전달수단이라도 사용하여야 한다고 제안하고 있다.[26]

---

24 *Ibid.*, p. 12.
25 *Ibid.*, p. 14.

Friedrich에 의하면 행정에 관련된 기술적인 문제들은 전문적인 지식을 적절히 고려하면서 정책을 형성하는 것은 일종의 책임 있는 행위라는 것이다. 물론 이러한 책임 있는 행위는 국민에 의해서도 평가될 수 있으나 특히 관료들이 특정한 업무분야에 관한 전문적인 지식과 기술을 사용하는 능력이 동료들에 의하여서도 검증이 될 수 있다. 그러므로 업무의 기준에 대한 책임성은 정치적 책임성이라기보다는 오히려 전문지식에 의존하면서 일을 성실하게 전문지식인 답게 잘 하는 관료들의 내적인 도덕적 책임성을 의미한다. Friedrich는 "내적 책임성(inner responsibility)이 행정통제에 있어 매우 중요하다"고 지적하면서 행정책임성의 의미에 관해 아래와 같이 기술하고 있다.

> 행정책임성은 … 특정한 업무 분야에서 널리 사용되고 있는 객관적 기준에 의한 업적과 업무의 달성 정도를 평가할 수 있는 기술능력에 달려 있다.[27]

그러므로 그에 의하면 책임 있는 관료의 선발과 훈련은 가장 효율적인 자유재량권의 행사를 보장하는 문제의 핵심을 구성하고 있다.[28]

아울러 공무원들은 그들 직업윤리에 복종하는 것을 배워야 한다는 것이다.[29] Finer와 Friedrich는 민주정부의 목적은 국민의 소망을 실행에 옮기는 것이라고 주장하고 있다. 그러나 Friedrich는 Finer보다 이러한 목표의 성취를 보다 복잡한 것으로 간주하고 있다.

Friedrich는 국민이 원하는 것을 관료제가 실행할 뿐만 아니라 이를 발견하고 결정하는 데에도 관료제가 참여하도록 독려한다. 반면에 Finer는 모든 정책이 국민의 대표기관에 의해 형성되어야 하며, 관료제는 단지 형성된 정책과 소망을 집행하는 것으로 인식하고 있다. 따라서 관료제를 통제함에 있어 Friedrich는 내부 통제를, Finer는 외부 통제를 강조하게 되는 것이다.

결국 이들의 관료제에 대한 통제를 검토하고 논의하는 가운데 어느 정도는 서로 일치되는 견해를 가진 것으로 판단된다. 그러나 관료제의 통제방법에 관한

26 *Ibid.*, p. 17.
27 *Ibid.*, p. 15–16.
28 *Ibid.*, p. 10–12.
29 *Ibid.*, p. 1–14.

Friedrich와 Finer 간의 불일치는 기본적으로 "관료제에 대한 통제에 있어 어디에 강조점을 두고 있는가"라는 문제인 것 같이 보인다. 예를 들면 Friedrich는 잇따른 연구에서 공무원의 자유재량이 계층제에 의한 징계수단, 승진에 의한 통제, 의회를 통한 예산통제와 같은 재정적 수단, 법원에 의해 선고되는 형벌 등에 의해 영향 받을 것이라고 인식하고 있다.[30] 반면에 Finer는 외부 통제기관이 아주 구체적인 측면에까지 공무원의 업무처리과정을 통제해서는 안 된다고 주장하고 있다. 서로 다른 관점에서 주장한 논의가 서로 간과한 부분을 재인식하여 준 것은 다행한 일이다. 위의 주장의 흐름에서 보듯이 Friedrich와 Finer는 지난 약 30년 동안 자신들의 통제방안이 옳다고 주장하다가 결국 자신들의 주장을 수정·보완하는 가운데 1960년대 후반에 가서야 비로소 관료제의 권력팽창을 통제하기 위하여 내부 및 외부통제 방안들이 상호·보완되어야 한다는 데 동의한 것은 흥미로운 일이다.

8. Fredrich Mosher

Mosher는 제2차 세계대전 이후 상황의 변화는 관료제의 통제방법에 대하여 Friedrich의 견해를 지지하는 것으로 보인다고 지적하면서, 이러한 상황변화를 Mosher는 다음과 같이 설명한다.[31] "전문가들에 대한 우리의 기대는 지대하여 전문성에 맹종한다든지, 전문가들이 전문성을 직장에 가지고 들어와서 타협하지 않고 서로 고집하는 전문가의 성향, 전문가의 가치체제, 그리고 직업윤리 등은 민주체제를 강화시키려는 사람들에게 골치 아픈 주된 관심사가 되었다"라고 기술한다. 전문인은 전문지식을 가지고 있지 않은 국민들과 어울리거나 타협하려 들지 않은 성향은 민주주의 실현에 많은 장애를 초래하고 있다. 다시 말하여 전문성으로 준비된 관료들이 주민들과 빈번한 접촉을 피하고 있는 경우와 같다.

Mosher는 전문직업과 정치 사이의 뿌리 깊은 반감이 있다고 주장하고, 이런 측면에서 아래와 같이 기술하고 있다.[32]

---

30 Friedrich, *Contitutional Government and Democracy*, pp. 418–428.

31 Fredrich Mosher, *Democracy and the Public Service*, p. 10.

32 *Ibid.*, p. 109.

전문 직업은 전문지식, 과학, 그리고 합리성에 의존하고 있으며, 전문성은 문제를 합리적으로 해결하고 능률적으로 일을 수행하는 올바른 방법이라고 생각한다. 반면에 정치는 협상, 선거, 투표, 타협 등으로 문제를 해결하려 한다. 즉 정치는 과학적이라기보다는 주관적인 관점에 매달리는 아마추어에 의해 수행되는 것과 같다. 정치와 전문성의 관계는 모호성과 진실성, 편법과 정당성, 이론과 진실한 믿음의 관계로 비유된다.

Mosher에 의하면 정치와 전문가 사이의 갈등은 거의 모든 전문가들이 경험하는 현상인데 정책의 기준 및 표준을 결정하는 데 전문가들이 지나치게 자율관리(self-management)를 추구하려는 성향에서 기인한다는 것이다.[33] 정치는 과학적인 분석에 기초하기보단 가치들 간의 타협이다. 그러므로 전문성을 중시하는 사람들은 정치인들보다 전문인들이 특정한 전문영역의 정책을 결정하는 데 준비가 더 잘 되어 있다는 점을 강조한다.

이러한 주장은 관료들이 정치성을 고려하지 않고 단지 전문적인 기준에 입각하여 정책을 집행하도록 장려하고 있다. 이러한 경향은 전문적인 업무수행의 성과를 평가하기 위하여 객관적인 기준이 행정의 책임성을 확보하는 데 하나의 좋은 방법이라고 믿었기 때문이다. 그러나 현대의 많은 학자들은 행정개혁에도 불구하고 정부의 행정이 전문지식에 따라 집행하기보다는 과거와 다름없이 '정치'에 좌우되고 있다고 주장한다. 이러한 현실을 어떻게 설명할 수 있겠는가? 분명히 현대사회가 복잡하고 과학화됨에 따라 당연히 합리성이 사회를 지배해야 되며, 더욱이 과학 혹은 전문성이 정치보다는 우세하여야 된다고 믿는 것은 당연하다.

그러나 우리가 심각히 고려해야 할 점은 전문성에 대한 엄격한 훈련이 오히려 정책을 형성하는 행정가들에게 극단적으로 편협한 시각을 줄 수 있다는 것이며,[34] 뿐만 아니라 행정을 단지 중립적인 도구로 보는 관점 때문에 실제로 공무원들이 국가의 사회적·정치적 기반에 대한 이해부족을 초래하여 정책을 결정하고 집행하는 데 많은 문제를 야기하고 있다고 한다.[35] 실제로 정책결정은 전문성을 충분히 고려하는 것은 마땅하나 아울러 전문가의 편협한 시각과 전문가

33 *Ibid.*, chapter 4.
34 *Ibid.*, pp. 132–133.
35 *Ibid.*, pp. 216–219.

의 아집을 간과해서는 안 된다. 그리고 정책은 전문성만으로 결정되는 것도 아니고 정치적 가치관을 무시해서도 안 된다. 다시 말하여 정치적 합리성과 경제적 합리성 가운데 어느 것이 우세한가를 묻는 것과 같다. 실제로 정책결정은 이 둘의 균형을 요구하고 있다.

9. David Levitan

David Levitan은 전문성에 대한 무조건 숭배와 정치적 상황에 대한 이해부족으로 인하여 관료들이 정당에 대하여 중립적일 뿐만 아니라, 정치원리에 무관심해지는 결과를 초래하여 왔다고 지적하고 있다.[36] 1939년 Hatch Act에 의해 공무원들은 정치적 활동을 금지하고 중립을 지키는 것을 미덕으로 믿어 왔으나, 오늘날 공무원들이 정책결정에 깊숙이 참여함에 따라 관료들이 정치적 의식을 갖는 것이 중요하게 되었다. 따라서 Hatch Act에 대한 찬반 논리가 서서히 일어나고 있는 것을 이해할 만하다. 관료들은 전문지식으로 무장된 사회의 엘리트라고 볼 수 있다. 이 엘리트들의 지식을 사회에 활용하지 못하고 입을 봉한 다는 것은 사회의 큰 손실이 아닌가?

사실 현대 복지국가의 행정은 전통적인 행정의 개념인 '기술,' '수단' 및 '과정'에 관한 연구에 집착하는 것보다 오히려 추상적 사고와 민주적 의식에 대한 상상력, 통찰력, 그리고 수용능력을 지닌 행정 관료를 장려하는 경향이 있다. 사실 행정학이 관리라고 주장하던 때는 이미 지나갔고, 행정의 일원론 시대에서 아주 적합한 주장이다. 사회가 보다 복잡해짐에 따라 문제가 덜 논쟁적이고 보다 과학적으로 되어 가기 때문에 Mosher와 Levitan은 공무원교육을 개편함으로써 이들 문제에 대한 치유책을 찾고자 하였다. 지나친 과학적 사고는 오히려 민주주의적 의식과 갈등을 초래하기도 한다.

전문성의 지배적 영향에 대한 견해는 과거에는 통용되었지만, 현대의 경험으로 비추어 볼 때 그러한 주장은 설득력을 잃어 가고 있다. 예를 들면 전문적인 도시계획 전문가의 설계와 실제로 달성한 업적과는 비교가 되지 못할 정도로 예상치 못한 일들이 발생할 수 있다. 마찬가지로 한 분야의 권위 있는 전문가의

---

36 David Levitan, "Political Ends and Administrative Means," *Public Administration Review* (Winter 1943), pp. 353-355.

의견이라고 해서 더 이상 마찰 없는 순수하고 정확한 결정을 보장해 주는 것은 아니다.[37] 전문가에 대한 우상숭배는 민주주의를 실현하는 데 장애가 될 수 있다는 것을 인식하는 것이 바람직하다.

실제로 전문가는 결정과정에서 단지 부분적으로만 결정의 정당성을 보장하여 줄 수 있을 정도이며, 전문가 스스로는 사회의 책임성을 전반적으로 확보하게 하여 주는 역할을 하지 못한다. 또한 전문적 책임성이 집단지향성, 기술에 대한 과도한 강조 및 경직성을 초래할 우려도 있다.

그럼에도 불구하고 Mosher는 전문화의 필요성은 계속해서 강조될 전망이라고 주장하고 있다. 그는 이러한 문제에 대한 해결책은 전문화 교육을 확대하고 인간화하는 데 달려 있다고 주장하고 있다.[38]

Levitan은 공무원이 민주주의를 받아들이도록 하기 위하여 그들에 대한 정치적 교육을 제안하고 있다.[39] 오늘날 행정학을 전공으로 공부하는 학생들이 정치적 의식을 갖도록 교육시켜야 한다는 주장과 일치된다. 학계에서도 정치학과 행정학이 결합하는 것이 현실을 타개하는 데 바람직하다고 고려하는 학자들도 있다.

Mosher와 Levitan은 관료제는 중립적인 도구가 아니라 정치적 기구라고 하였다. 그러므로 관료는 정치의 맥락에서 분리되어 행동하기보다는 오히려 정치의 영역에서 자신을 이해하고 활동하여야 한다.

10. Noam Chomsky

Noam Chomsky는 다음 두 가지 이유 때문에 전문지식을 적용하여야만 최상의 정책결정을 내릴 가능성에 대하여 의문을 제기하고 있다.

① Andrew Jackson처럼 Chomsky는 평범한 사람들의 이해범위를 초월하여 비판이 없는 최상의 정책을 만들 수 있는 이론 또는 정보는 없다고 주장하고 있다.
② 전문가는 자신이 수행하고 있는 목표는 고려하지 않고 단지 기술적인 문제에만 조언하기 위해 과학적인 지식을 활용한다.[40]

---

37 Robert D. Miewald, *Public Administration: A Critical Perspective* (New York: McGraw-Hill Book Co., 1978), pp. 52-54.
38 Mosher, *op. cit.*, p. 219.
39 Levitan, *op. cit.*, p. 357.

Jackson은 1829년 연두교서를 통해 공직순환(rotation in office)의 교의를 천명, 엽관주의 제도를 본격적으로 발전시킨 미국의 제7대 대통령이다. 잭슨 대통령이 자신의 지지 기반인 서부 개척민들에게 공직을 개방하기 위해 엽관주의를 민주주의의 실천적인 정치 원리로 채택하면서부터 미국 정부에서 엽관주의적 인사행정이 제도적으로 정착하게 되었다. 그렇게 함으로써 모든 국민이 평등하게 정부에 참여할 수 있는 기회를 갖는 것이다. 그러나 정부의 업무가 복잡하여 감에 따라 실적제가 정착하게 되었지만 정부에 참여기회가 모든 사람들에게 공평하게 부여된다는 것은 민주주의를 실현하는 데 커다란 장점이다.

Chomsky에 의한 이러한 문제제기는 필연적으로 진정한 국민의 통치는 일반국민과 '편견이 없고 자유롭게 활동하는 지식인'(free-floating intellectuals)들 사이에서 가치의 일치를 가져올 것이라는 가정을 하고 있다.[41] 거의 모든 사람들은 편견을 가지고 있다. 그것이 자신을 위하든, 현상유지를 위하든, 현 정부의 정책을 합리화하든, 또는 자신의 지위를 유지하기 위해 편견을 가지고 정책을 결정한다. Chomsky에 의하면 그러한 편견은 잘못된 정책을 만들 수 있기 때문에 정책은 편견이 없는 객관적인 시각을 가지고 만들어야 한다는 것이다.

Chomsky의 견해에 의하면 국민은 사회의 '전형적인 문제들'을 이해할 수는 있지만, 그러한 문제들을 어떻게 해결할 것인가를 알지 못하므로, 이에 대하여 조언할 수 있는 '편견이 없고 자유롭게 활동하는 지식인'을 필요로 한다는 것이다. 그는 Schlesinger와 Rostow 같은 학자 출신의 정치인들이 맡았던 대통령의 참모로서의 역할이 이제는, 편견 없이 자유롭게 활동하며 사회에 널리 유행하는 가치들에 대해서도 비판을 가할 수 있는 자신과 같은 지식인들에게 맡겨져야 한다고 생각하였다. 다시 말하여 그들은 대통령의 참모로서 대통령의 의지를 합리화하는 방법에 능통하여 편견이 없는 자유로운 결정을 하는 데 부적절하다는 것이다.

Chomsky에 의하면 자신과 같은 사람들은 권력을 쟁취하기 위한 know-how에 전문지식을 습득하지 않았기 때문에 편견이 없고 양심적인 나와 같은 사람들은 자연히 영향력 있는 지위를 확보하기 어렵다고 하였다. 그러한 이유로

---

40 Noam Chomsky, *American Power and the New Mandarins* (New York: Pantheon Books, 1969), p. 335.

41 *Ibid.*, p. 348.

서 Chomsky는 직업적 전문가들을 자신과 같은 지식인과 비교하여 보면, 직업적 전문가들은 현상유지를 수용하고, 자신들이 소속한 조직의 이익을 위하여 적절히 합리화하는 데 능통하고, 현대사회의 정치적 그리고 기술적인 문제를 풀어나가기 위하여 현대과학으로 잘 무장되어 있기 때문에 그들과 경쟁할 수 없었다는 것이다.

또한 그는 전문가들이 잘못 다룬 미국의 대 베트남정책과 그 정책에 대한 잇따른 항거들 때문에 '편견이 없고 자유롭게 활동하는 지식인'들이 '사회의 급진적인 변화'를 위해 전면에 나설 수 있는 기회를 제공하였다고 주장했다.[42] 그는 모든 정책이 국가를 위한 것보다 자신들의 지위를 유지하기 위한 편견을 가지고 정책을 결정해서는 안 된다는 것을 지적한다. 예를 들어 베트남 전쟁을 확산하는 것이 바람직하지 않다고 믿으나 대통령의 정책이 확산하는 것이라면 전문가들은 이 정책을 합리화하도록 모든 전문 지식을 동원하도록 노력하는 편견을 갖고 있다.

급격하게 변화하는 사회에서 성공적으로 적응하기 위해선 정책결정이 대중의 참여와 통제를 통해 자연스럽게 이루어질 수 있다고 믿는 정치적 의식의 변화에 달려 있다.[43] 그에 따르면 '학자적 전문가'와 '편견이 없고 자유롭게 활동하는 지식인'과의 차이는 전자가 어떤 특정한 분야의 지식을 가지고 있어서 그들이 내리는 결론에는 편견이 내포될 수 있지만, 후자의 경우는 그렇지 않다는 점이다.

Chomsky는 책임 있는 관료제를 어떻게 보장할 것인가에 대한 논의에 있어 Mosher와 Levitan의 견해에는 동의하지 않지만 관료제가 완전히 중립적·효율적·반응적인 도구가 될 수 없으며, 그렇게 되어서도 안 된다고 생각하는 점에서는 Mosher와 Levitan의 견해와 일치한다.

---

42 *Ibid.*, pp. 342-345.
43 *Ibid.*, pp. 349-354.

제2절 NGO와 행정통제

1. NGO의 기능과 역할

특히 21세기에 들어오면서 NGO는 참여정부의 주인공으로 불리며 경제, 노동, 환경, 여성, 복지, 의료, 교육, 및 행정의 다양한 분야 등 사회의 전 영역에 걸쳐서 강한 정치적 영향력을 가지고 정부에 막대한 영향을 행사하고 있는 뚜렷한 현상을 볼 수 있다. 시민들과 정부도 NGO의 기능과 역할을 인정하고 있으며, NGO에 대한 기대가 커진 것만큼 NGO의 책임성은 더욱 무거워질 것이다. 앞으로 행정통제에 대한 NGO의 역할이 기대되기 때문에 본 저서에 포함시키기로 했다.

현대 민주사회에서 NGO의 역할은 무엇보다도 정부와 시장에 대한 견제와 비판의 기능이라고 볼 수 있으며, 사회정의와 시민의 권리를 강화하는 기능과 사회문제해결과 시민에게 서비스를 제공하는 기능으로 보고 있다.[44] 최근 NGO는 그 수가 크게 증가하여 20세기 후반에 하나의 전 세계적 현상으로 성장·발전된 것은 복지국가의 위기, 발전의 위기, 환경의 위기, 사회주의의 위기와 함께 경제성장, 정보통신기술의 발전 등의 발전요소들이 있는데, 이러한 요인들이 NGO의 성장을 촉진시켰다고 한다.[45]

NGO라는 용어는 1949년 유엔에서 처음으로 사용하였다. 그러나 NGO와 유사한 조직은 적어도 19세기 중반으로 거슬러 올라간다. NGO의 장점은 정부의 부조리를 시정하여 정부의 신뢰성을 확보하고 정부 및 정치개혁을 가져오는데 오늘날 큰 기대를 걸고 있다. 또한 NGO는 민주화를 추구하는 사회에서 시민사회의 중심세력으로 등장하여 사회적으로 중요하고 다양한 쟁점과 과제들을 해결하여 왔으며, 국가나 시장 부문의 대안적인 제도적 장치로 희망적인 기대를 가지고 있는 것은 사실이다. 더욱이 바람직한 것은 NGO가 시민들의 삶에 효과적으로 참여하여 국가와 시장에 대한 견제와 비판, 사회정의와 시민 권리의 강화 그리고 사회문제해결과 서비스 제공의 기능을 수행하고 있으며 참여민주주

---

44 O'Connell, B. *People Power: Service, Advocacy, Empowerment*, N.Y.: Foundation Center, 1994.
45 Salamon, L. "The Rise of Nonprofit Sector," *Foreign Affairs*, 1994 73(4): 19-122.

의를 제고하고 있다는 주장이다. 그러므로 오늘날 NGO라는 용어는 국가와 시장부문에 대항하여 시민사회 혹은 제3섹터를 의미한다.[46] 그러한 경우 정부의 유용한 파트너를 의미하는 용어로 사용하기도 한다.

한국의 경우 민주화의 열풍을 타고 시민단체의 목소리와 영향력이 커지면서 경실련, 참여연대는 물론 각종 환경단체 등 주요단체만 보더라도 그 수가 무려 100여 개를 넘어 서고 있다. 이들은 정부정책 성과평가, 대안 제시는 물론 각종 정보공개 청구를 통해 행정부 활동을 견제하는 역할을 수행한다.

2. 한국 NGO의 역사와 기대

우리의 경우 시민운동이 시작된 역사가 짧기 때문에 당분간은 정부와 시민단체 간의 불안정하고 유동적인 관계가 지속될 것으로 예측되나, 결국 장기적인 관점에서 볼 때 정부와 시민단체 간의 관계가 보다 협력적이고 쌍방이 서로 노력해야 한다는 공감의 폭도 넓어지리라고 고려된다. 바람직한 관계는 정부 관료집단만으로는 사회의 모든 문제를 해결하는 데 한계에 도달하였고 민간조직, 제3섹터 혹은 NGO 등이 서로 밀접한 관계를 형성하여 서로 공동으로 공공문제를 해결해나가는 사례들이 선진국은 물론 개발도상국가에서도 종종 나타나고 있어 시민 사회의 중심축인 NGO가 국제사회의 주목을 받고 있는 것을 볼 수 있다.

각 나라들이 가지고 있는 NGO들의 수는 수없이 많지만 'The Union of International Association'이 출판한 「Year Book of International Associations(1993-1994)」에서 확인된 국제적으로 network를 형성하고 있는 국제적 NGO는 16000개라고 보고하고 있다. 반면 「Human Development Report」에 의하면 1994년 국제적 NGO는 50,000개라고 추정하고 있지만, 각각 정확한 숫자는 알려지지 않고 있다. 한국에서도 「한국민간단체총람」에 따르면 한국의 NGO는 4,023개이며 그 지부까지 합하면 2만개가 넘는다고 하나 이들 가운데 한국의 국제적 NGO는 전체 NGO들 가운데 단지 1.1%를 차지하고 있다.

한국의 NGO들은 그 역사가 짧아 거의 대부분 경험이 부족하고 정체성을

---

46 Harriss, J. "Government- NGO Relation in Asia: Prospects and Challenges for People-Centered Development/ Non-Governmental organization Rural Poverty Alleviation," *Journal of Development Studies*, 1996 33 (2), pp. 272-282.

확립하지 못하고 있으며, 아울러 영세성을 면치 못하고 있어 회원의 수가 적고 재정상 어려움을 겪고 있으며, 구조적으로도 미흡하여 기대하고 있는 기능을 제대로 못하고 있는 실정이다.

오늘날 정보화·국제화·지방화 현상으로 인하여 과거의 국가 및 정부 중심의 통치방식으로는 이미 한계에 직면하고 있다. 특히 민주주의와 다원주의의 부작용으로 인하여 정부의 실패는 더욱 심각한 위기에까지 직면하고 있는 것들은 선진국에서도 찾아보기 어려운 예들은 아니다. 정부가 제대로 역할을 수행하기 위하여 정부 밖의 공익옹호집단들의 도움이 절실히 필요하다. 그렇지 않는다면, 민주주의와 다원론이 잘 발단된 선진 국가에서 국가가 강력한 이익집단의 이익을 대변하고 있는 피할 수 없는 포로화 현상을 어떻게 면할 수 있겠는가? 이러한 포로화 현상은 관료의 권력남용은 물론 정부의 부패를 초래하게 되는 것은 너무나도 당연하다고 본다.

이러한 관점에서 시민 참여의 일종인 비정부 부문, 비영리단체들이 중심의 축이 되어 행정의 권력 남용을 제어하는 행정통제의 방법으로 그 역할이 크게 기대되고 있는 것은 바람직하고 다행한 일이라고 볼 수 있다. 특히 시민 사회가 성숙된 사회에서 정부와 시민단체들이 대등한 관계 혹은 파트너십 관계를 이룩할 수만 있다면, 시민집단들이 보다 강력한 힘을 발휘할 수 있을 것이다.

그러나 국가가 다양하고 무수한 문제들을 해결하기 위하여 정책을 결정한다든지 혹은 집행하는 데 정부 이외의 이해관계자뿐만 아니라 시민단체들이 참석하여 공익을 극대화하는 방안을 모색한다는 것은 그리 쉬운 일이 아니다.

시민사회가 성장하면 할수록 정부의 정책결정과 집행에 더욱 관여하기 때문에 시민단체와 관료집단 간의 갈등관계는 피할 수 없으며, 특히 다원론 사회로 진입하고 있는 개발도상국가에서 앞으로 시민단체의 활동이 더욱 적극적으로 활동할 것으로 사려된다.

시민 단체란 지역 주민단체들을 말하기도 하나 주로 NGO를 말하는데 (Non－Government Organization: NGO)를 통한 국민이나 시민들의 직접적인 시민참여는 날로 증가하고 있다.

거버넌스(Governance)[47]의 대표적 주체는 NGO이며 NGO는 시민단체의 중

---

47 최병대, "거버넌스(함께 다스림)의 재음미," 중원 정우일 교수회갑기념논문집, 「현대국가의 과제와 미래」 나남출판사, 2003, pp. 143-173. 본 논문에서 최병대 교수는 Governance의 개념을 "함께 다스

심이라고 말할 수 있다. NGO를 통한 국민이나 시민들의 직접적인 참여증대는 시민을 중심으로 하는 Governance의 창조를 의미한다.

이러한 현상은 NGO 및 민간단체들이 정부의 정책결정과정에 다양한 방법으로 영향을 미칠 수 있는 기회를 가질 수 있다. 왜냐하면 거버넌스란 한 국가 내에 모든 영역에서 시민과 다양한 집단들이 정부의 정책을 결정하는 데 경제적, 행정적 및 정치적 권한을 가지고 행사하기 때문이다. 현대 삼권분립이 제대로 기능을 하지 못하여 견제와 균형이 조화를 이루지 못하고 있는 사회에서 정부와 시민이 함께 정책결정에 참여하는 행정의 거버넌스가 앞으로 더욱 절실히 필요하게 될 것으로 보인다. 이것은 행정에 대한 시민 통제의 일종으로 더욱 발전할 수 있는 계기가 될 것이다.

21세기에 접어들면서 특히 바람직한 것은 정부중심적인 행정에서 주민 중심적인 행정서비스로 변화하는 공급체제의 특징은 거버넌스의 개념에 토대를 두고 있다는 것이다. 한국에도 공급자 중심적인 행정체제에서 소비자 중심적인 행정서비스가 공급되기 시작한 것은 치열한 시장경제의 경쟁영향도 있지만 시민단체의 영향도 무시할 수는 없을 것이다.

NGO개념은 국가마다 다르다. 최근 미국이나 일본에서도 국가 내의 문제를 해결하는 단체도 NGO에 포함시키는 정도로 개념의 범주가 확대되어 가고 있다. 즉 NGO는 비영리단체(NPO: Nonprofit Organization)의 일부라고도 부른다. 그러나 대부분 NGO를 비정부·비정파·비영리 조직으로서 시민들의 자발적이고 능동적인 참여로 결성되고 자발성에 입각하고 회원의 직접적인 이해와는 관계없이 공익을 추구하는 목적으로 사회의 정의를 실현하는 단체로 규정한다.

활동적인 측면에서 NGO는 외형상 사적 시민단체이지만 추구하는 목적이나 활동영역의 측면에서 볼 때는 공적인 성격을 띠고 있다. 물론 부정적인 측면이 없는 것은 아니지만, 오늘날 "NGO는 시민연합에 의하여 조직되어 있기 때문에 민주주의를 확산시키는 만병통치약으로 보는 경향이 있다."[48]

림"으로 정의하고 있다.

48 Boulding, E. "Building a Global Civic Culture". 1990, *Development*. 2: 39, Henderson, H. Building a Win-Win World: Life Beyond Global Economic Warfare, 1996, San Francisco: Berrett-Koehler Publishers, Heyzer, N. *Toward New Government-NGO Relations for Sustainable and People-centered Development. In Government-NGO Relations in Asia*. Edited by Heyzer, N., Riker, J. V., and Quizon, A. New York: St. Martin's Press.

NGO의 역할과 기대가 더욱 증대됨에 따라 NGO의 책임성 문제가 크게 대두될 것이다.

NGO가 실지로 어떻게 운영되고 있는지에 관한 독립적인 정보는 거의 알려지지도 않았으며 검증되지도 않고 있다.[49] 비영리조직의 관리에 관한 문헌은 개념적, 관리적 그리고 정책결정의 입장에서 책임성에 관한 깊이 있는 논의도 역시 흔치 않다.[50] NGO의 성과를 측정하는 논문은 더욱 드물다.[51] 우리가 관심을 가져야 할 문제는 오늘날 정치의 총아로서 등장하고 있는 NGO에 기대를 크게 거는 것만큼 해결하여야 할 많은 문제를 가지고 있는 것도 사실이다. 더욱이 NGO는 행정이 전문화 및 과학화됨에 따라 행정을 통제하는 역할에 한계를 가지고 있다는 점을 인식하여 문제점을 체계적으로 논의하여 성공적인 NGO가 되어 행정의 민주화, 사회정의 실현, 정부개혁에 중심역할을 하는 데 많은 관심을 가져야 할 것이다.

3. NGO 역할의 성공요건

NGO의 역할을 성공적으로 수행하기 위하여 NGO들은 시민의 지지를 받으면서 시민운동을 할 수 있도록 여론을 형성하여야 되는데, 여론 형성은 그리 쉬운 일은 아니며, 대중에 기반을 둔 NGO가 되기 위하여 시민들의 신뢰성을 확보하는 것이 필수적이다. 또한 복잡한 행정결정 및 정부의 정책결정에 매개역할을 적절하게 수행하기 위하여 전문성을 구축하는 것이 앞으로 NGO에 더욱 요구하게 될 것으로 보인다.

전문성을 결여한 NGO의 활동은 효과적인 통제를 할 수 없을 것이므로 Chomsky의 주장과 같이 편견이 없고 자유롭게 활동하는 전문적인 인적자원을 자발적으로 참여하게 하는 것이 중요하다.

NGO의 효과성을 높이기 위하여 스스로 민주적 정치과정을 수립하고, 조직

---

49 Pyle, K. S. "From Policy Advocate to Policy Maker: NGOs in Recife." *Grassroots Development*, 1997, 21(1), pp. 12-23.

50 Kearns, K. P. "The Strategic Management of Accountability in Nonprofit Organizations: An Analytical Framework." *Public Administration Review*, 1994, 54(2), 185-192.

51 Williams, G. "Review of Non-governmental Organizations: Performance and Accountability". *International Affairs*. 1996, 72(4), p. 818.

운영의 투명성과 도덕성을 구축한다면 대중의 신뢰를 확립하게 되어 정부의 정책결정과정에 참여할 수 있는 기회와 정통성을 확보할 수 있으리라 생각한다. 이러한 관계가 정부와 NGO 간에 건설적인 파트너십을 형성하는 데 중요할 것이다. 한때는 입법, 행정, 사법과 제4부로서 언론이 불렸고, 그 후 사회가 더욱 복잡하고 과학화되고, 다원론 사회의 병폐가 심화됨에 따라 이러한 부작용을 제어하기 위하여 독립규제위원회가 제4부로서 등장하였었다.

현대 사회는 더욱 전문화되어가고 있으며, 이러한 경향은 관료들의 자유재량의 폭이 더욱 넓어지고 있어 자연히 관료가 제4부의 위치를 차지하고 있으나 앞으로 NGO가 제4부의 역할을 할 가능성도 없지는 않다.

특히 기대에 적합한 NGO가 되기 위하여 정부로부터 자율성을 확보하고 조직 자체의 재정적 독립성, 구성원의 응집력, 리더십 등에 의하여 NGO의 역할을 활성화한다면 정부에 대한 통제는 물론 시민의 권리를 확립하는 역할이 더욱 활성화될 것은 명백한 일이다.

뿐만 아니라 정보통신의 발달에 따라 국경이 모호하여지고 경제가 통합되는 21세기에 접어들면서 NGO의 활동이 국내는 물론 국외 수준까지 범위를 확대하여 NGO들 간에 유익한 networks를 형성하게 된다면 NGO의 영향력이 더욱 확대되어 행정통제는 물론 민주사회의 다원론적인 병폐를 치유하는 데 지대한 역할을 할 것으로 기대된다.

제3절 조직에 의한 행정통제

조직론 학자들도 다양한 통제방법들을 심도 있게 다루는데, 특히 그들의 통제는 조직 관리의 기본적인 업무인 목적달성에 두고 있다는 점이 다르다. 아래 그들의 다양한 통제기법을 소개할 것이다. 예를 들면, Etzioni는 조직의 통제가 조직이 필요한 업무를 명확히 밝히고, 업무달성에 대한 질과 양이 기대한 것만큼 도달되었는지를 촉구하는 수단이라고 하였다.[52] 우리는 이것을 긍정적인 통제라고 지적했다. 즉 더 나은 업적을 효과적·능률적으로 달성하기 위해 통제하

52 Amitai Etzioni, "Organizational Control Structure" *In Handbook of Organization*, ed. James March (Chicago: Rand Mcnally, 1965), p. 650.

는 것을 말한다. 그러나 본 저서에서는 관료의 권력남용을 제지하려는 부정적 통제를 주로 언급했다. 하지만 부정적 통제의 목적을 달성하기 위해 긍정적 통제는 필요하다. 이들의 상호작용 없이는 긍정적 혹은 부정적 통제의 목적을 달성하기 어려울 것이다. 이러한 견지 하에 조직의 통제를 논하고자 한다.

1. Downs의 통제

Downs는 통제를 조직 활동에 대한 감독과 교정의 순환과정으로 보면서 부하직원의 업무수행실태에 대한 정보를 수집하는 것에서부터 업무달성의 적절성을 평가하거나 새로 교정하는 명령을 내리기까지의 모든 과정을 7단계로 다음과 같이 제시하였다.[53]

① 고위공직자는 명령을 내리고,
② 상관은 부하직원이 명령을 이행하도록 시간을 허용한다.
③ 상관은 부하직원의 업무를 평가하기 위하여 무작위로 어떤 지시사항을 선정하여 업무 달성 정도를 조사한다.
④ 상관은 업무가 기대수준 이하로 달성되고 있는 것을 찾는다.
⑤ 원래의 의도와 달성결과를 비교한다.
⑥ 원인을 파악하면서, 즉 심한 장애에 직면하여 더 이상 업무의 증진을 가져올 수 없다든지 혹은 다른 새로운 명령을 내림으로써 업무를 더욱 증진시킬 수 있는지를 결정한다.
⑦ 마지막으로 새로운 명령을 내리는 것이 업무의 증진을 가져올 수 있다고 결정된다면 명령을 지시하고, 7단계의 처음 단계에서부터 다시 시작한다.

2. 기타 행정기관의 다양한 통제 종류

행정기관을 통제하는 체제는 다양한 종류가 있는데 그 가운데 일반적으로 직접적인 통제와 간접적인 통제가 있다.

1) 직접적인 통제

직접적인 통제방법으로는 계층제를 통한 통제, 시간기록을 통한 감독, 인사

53 Anthony Downs, *Inside Bureaucracy* (Boston: Little, Brown, 1967), p. 144.

평가, 업무평가, 정보원 활용, QC서클, 다양한 종류의 정보관리체제(management information systems) 등이 그것들이다. 이러한 통제 방법은 조직에서 자주 사용하는 것들이다. 반면에 직접적인 통제는 고위관료들이 부하직원들의 업무에 대한 질적이고 양적인 정보를 수집하는 기법들이고, 상관은 이러한 기법을 통하여 수집된 정보를 가지고 부하직원을 통제하지만, 고위관료에 대한 통제가 해결되지 않는 문제로 남게 된다.

간접적인 통제방법으로는 행정공무원에게 관료의 규범, 사명, 전문화의 가치 등을 사회화시키는 방법이 있다.

물론 간접적인 통제는 통제를 내면화함으로써, 인간의 자율성에 대한 본능을 무시함으로써 발생하는 '통제저항의 법칙'(Law of Counter Control)[54]을 제거할 수 있는 장점이 있다. 간접적인 통제는 Friedrich가 고민하고 있는 통제의 내면화와 같은 동일한 문제를 가지고 있다. 통제저항의 법칙은 "부하직원을 통제하려는 노력이 많으면 많을수록 부하직원이 통제를 회피하려는 노력이 더 많아진다"는 것을 의미한다.

통제는 부작용을 수반하는 경우가 많다. 그리하여 통제의 대체방안으로서 올바른 공무원을 채용하는 방법이나 사회화가 널리 활용되는 반면 오늘날에는 참여적 통제방안(예를 들어 QC써클 등)이 많은 관심을 끌고 있다.

통제에 대한 현대적 접근방법은 다음과 같은 특성을 갖는다.[55]

① 양적인 측정방법을 사용한 작업량의 통제.
② 활동과 행태에 대한 질적이고 양적인 보고에 의한 통제.
③ 행위를 통제하고 때로는 교정하기 위하여 직원들의 적극적인 참여를 토대로 하는 통제.
④ 직원들의 노조화, 조직의 목적, 혹은 조직 내의 전문성과 일체화를 토대로 하는 통제

지난 세기 동안에는 ①, ②와 같이 정보관리체제나 업무평가가 양적 통제를 주로 사용했다면, 오늘날에는 참여와 노조화를 강조하는 ③과 ④의 통제 방안에 흥미를 가지고 있다.

이미 ①과 ②에서 지적하였듯이 그동안 사용해 왔던 다양한 업무산출자료,

54 *Ibid.*, p. 167.
55 *Ibid.*, p. 209.

MBO(목표관리), 평가연구, 그리고 PPBS(계획예산관리체제) 등의 다양한 통제기법들이 사용되고 있다.

그러나 위의 통제기법들은 업무측정기술의 부적절성, 일상적으로 수집된 자료의 양과 질의 문제, 생산성을 측정하는 직원의 능력과 전문성의 결여, 업무측정에 대한 무관심, 불규칙적인 자료수집과 행정기관 간의 상이한 분석방법과 같은 조직적인 제약점 등으로 생산량을 측정하는 데 어려움을 갖고 있는 것이 사실이다.

관료들이 부하들의 행위와 행태를 감독하는 데 감독자들이 흔히 사용하는 통제방법들 가운데 직접적인 관찰, 작업시간, 정보원, 감독기관 등과 같은 직접적인 통제방법을 사용했으나 역시 이들의 장점과 단점을 가지고 있다. 예를 들면 프로그램이 모호한 산출을 생산한다든지 혹은 산출측정에 대하여 서로 동의할 수 있는 적절한 기준이 없을 경우에는 통제의 기준이 불확실해진다.

통제를 작업시간과 계층제 방법에 의존할 경우도 조직이 너무 경직됨으로써 융통성이 요구되는 전문직 혹은 전문 관료들에게는 적합하지 않으며 때로는 관료제에서 흔히 발생하는 목표의 대치현상도 초래할 수 있다. 뿐만 아니라 통제를 위해 활동에 대한 보고서를 제출하라는 제안도 일종의 통제방법으로 제시되곤 하지만 역시 보고서는 조작과 왜곡의 가능성이 많다.[56] 보고서는 자신들이 원하는 자료들만 작성할 수 있다는 것을 이해한다면 좋은 통제 방안이라고 할 수 없다.

행정기관들은 정책 실패에 대한 책임을 면하기 위해 관료행위에 대한 객관적인 양적 자료만을 요구하는 보고서 형태를 선호하는 경향이 있다. 물론 적합한 양적인 지표가 없는데도 불구하고 무리하게 관계가 적은 지표를 사용하다 보니 목적에 대한 적절한 평가를 하지 못하는 경우가 허다하다. 실제로 대학을 평가하는 데 사용하는 수많은 지표 가운데 정량적 지표는 10%도 넘지 않는 경우가 일반적인 현상이다.

그러므로 관료들은 질적인 평가를 간과할 우려가 많다. 그 대신 공공관료제에서는 산출량을 측정하거나 또는 목적을 정의하는 데 어려움이 있기 때문에 정부의 대부분의 업무는 산출보다는 보편적으로 과정[57]이 사용되고 있다. 따라서

---

56 Morton Halperin, *Bureaucratic Politics and Foreign Policy* (Washington, D.C.: The Brookings Institution, 1974).

관료의 행태나 행위를 통제하는 통제방법으로 정량적 지표를 발견에는 것이 중요하다. 어쨌든 공공관료제의 목표의 대치현상은 피할 수 없을 것이다.

이와 같이 조직은 다양한 통제기법들을 사용하고 있으나 흔히 우리에게 잘 알려진 몇 개의 기법들에 대하여 아래 따로 설명할 것이다.

(1) MBO

행정기관이 생산량을 측정하는 데 융통성이 필요할 경우가 있는데, 목표관리(management by objectives)는 융통성뿐만 아니라, MBO는 각 직원들이 조직의 목표를 결정하는 데 구성원들을 참여시킴으로써 구성원들을 동기부여하는 역할도 하고 있다. 분명히 목표관리 기법은 조직의 구성원이 목적 설정에서부터 중간 목표달성을 평가하기까지 참여하여 목표관리는 통제방안으로 활용될 수 있다. 더욱이 목표관리가 업적에 대한 심층적 검토를 할 수 있는 기회를 주기 때문에, 전문가의 업무나 각 개인의 업무를 평가해서 사건이 발생하기 전에 미리 자문을 얻거나 혹은 교정할 수 있어 사전통제의 역할을 할 수 있다.

그러나 Sherwood와 Page가 목표관리[58]에 대하여 비판적으로 지적하였다.

첫째, MBO를 활용하기 위해 명확한 목적을 설정해야 되는데 공공분야의 업무는 사기업의 업무와 비교하여 볼 때 비교적 목적이 분명하지 않을 뿐만 아니라, 훨씬 불확실하여 행정기관이 실행가능하거나 명백한 목적을 결정하는 것이 쉽지 않다는 것이다.

둘째, 공식적으로 표명한 목적과 실제적인 목적이 다를 수도 있다.

셋째, 공공목적의 업무달성을 감독하거나 측정하는 데 서로 인정할 수 있는 기준을 책정할 때 모호한 경우가 많다는 점 등이다. 공공조직의 목적을 양적으로 평가할 수 있는 방법에 한계가 있다.

(2) 보고서 조작을 방지하는 방안으로 Landau의 가외성이론

Landau는 이러한 보고서의 조작을 방지하는 방법으로 가외성(redundancy)을 제안한다.[59] 물론 가외성은 이중장치의 역할을 하는 것을 의미하므로 한쪽의

57 Gortner, Mahler and Nicholson, *op. cit.*, p. 221.

58 Frank Sherwood and William Page, "MBO and Public Management" *In Public Management: Public and Private Perspectivei*, ed. James Perry and Kenneth Kraemer (Palo Alto, Calf.: Mayfield, 1983).

59 Martin Landau, "Redundancy, Rationality, and the Problem of Duplication and Overlap," *Public*

실패나 실수를 다른 쪽에서 시정해 줄 수 있으며, 또한 보고의 왜곡 가능성을 어느 정도 시정할 수 있다. 가외성의 예로서 삼권분립, 보고서의 작성을 다른 행정기관에도 의뢰한다든지, 한 위원회의 검토를 다른 위원회에서 재검토를 의뢰한다든지, 정보망을 다양하게 설계하든지, 기획재정부에 수출과를 지식경제부에도 수출과를 설치하여 경쟁시켜 수출의 성과를 성공적으로 달성하도록 유도한다. 이 모든 전략은 가외성의 일종으로 실패나 실수의 기회를 제거하고 성공을 촉진하는 것이다. 특히 가외성은 경제적 가치보다는 삶의 질을 향상하는 민주적 가치가 지배적일 때 자주 활용된다. 그러므로 가외성은 1960년대 능률 가치가 지배적일 때는 언급되지 않다가 1970년대로 넘어가면서 민주적 가치가 우리 사회에서 지배적으로 등장하였을 때 등장하였다.

2) 간접적인 통제

(1) 참여 통제

참여 통제(participatory control)는 Downs의 통제저항의 법칙을 해소하여 주는 역할을 할 수 있다. 만약 참여가 직원의 사기를 향상시키며, 참여자 스스로 자체 통제의 가능성을 높인다면 통제의 필요성이나 문제점을 더욱 감소시킬 수 있다. 그러나 공공관료제의 경우 외부통제기관들에 의하여 제약을 받고 있기 때문에 참여 통제를 활용하는 데 공공관료제는 많은 제약을 가지고 있다. 실제로 관료제 내의 구성원들이 아무리 참여하여 결정한 사항이라도 외부통제기관들에 의하여 거부되는 경우가 자주 발생한다.

그렇기 때문에 공공분야에서 관료제의 참여 통제는 대체로 공공정책을 결정하는 것보다는 실현하는 데 활용되거나 혹은 관료들의 전문 지식의 기준을 가지고 감독하는 제한된 범위 내에서만 허용되고 있는 실정이다.

그러나 현대사회에서 공공관료제의 자유재량은 불가피하게 더욱 늘어나고 있으며, 심지어는 의회나 사법부의 정책결정자들이 계속적으로 관료들에게 정책결정에 관한 더 많은 권한을 위임하고 있다. 늘어나는 권한 위임으로 말미암아 참여적 통제체제는 많은 포괄적인 문제를 해결할 수 있는 적극적인 방안으로서 더욱 부상될 것으로 예상된다.

Administration Review, vol. 29, 1969, pp. 346-358.

(2) 내면적 통제

내면적 통제(intrinsic control) 역시 통제방안으로 오늘날 적극적으로 고려되고 있다. 개인의 충성, 전문화의 사회화, 조직규범에 대한 사회화, 관료조직의 목적에 대한 강한 신념, 자발적인 참여, 직원의 선별적인 채용 등이 성공적으로 달성된다면 관료제의 업무에 대한 통제를 하지 않더라도 조직과 개인의 목적은 쉽게 일치될 것으로 본다. 실제로 내면적 통제는 다른 통제체제가 할 수 없는 많은 기능을 수행할 수 있다. 그러나 문제는 상관이 부하직원의 협조와 충성을 어떻게 얻을 수 있느냐 하는 것이다.

그리고 사회화에도 불구하고 성장하면서 이미 내면적으로 가치관이 굳어진 경우라면 관료제 내 직장현장에서의 사회화가 어느 정도 성공할 가능성이 있겠는가? 사실상 이념적 · 전문적 헌신은 통제의 기반을 형성하여 줄 수 있으나, 단지 이념과 전문적 규범이 관료제의 정책과 일치할 경우에만 효과적인 통제역할을 할 수 있을 것이다.

(3) 체제이론과 정치이론

공공관료제의 통제이론은 두 가지의 기본 형태인 체제이론(cybernetics)과 정치이론(political theory)으로 구분될 수 있다.[60]

체제모델은 체제와 체제의 환경에 대한 정보를 평가하고 체제의 환경과 균형을 이루기 위하여 그 체제의 활동을 조정하는 자율통제체제(self-controlling mechanisms)의 특징을 갖고 있다. 그러나 수집된 정보에 따라 대처하는 적합한 방법을 찾는 어려움은 말할 것도 없이 정보의 수집과 해석과정에서 발생하는 많은 문제점들로 말미암아 자동관리운영이 실험적인 상태에서 벗어나지 못하고 있다.[61]

정치이론 관점에서는 관료제의 외부 통제체제가 행정의 능률성과 책임성을 확보하기 위하여 역할을 하고 있다. 외부통제체제는 행정을 통제할 수 있는 능력을 확보하는 것이 주요한 문제이나 가능성은 그리 쉬운 일이 아닐 것이다.

그러나 통제의 두 이론을 검토하면서 외부 통제체제인 정치적 통제와 체제

---

60 Harold F. Gortner, Julianne Mahler and Jeanne Bell Nicholson, *Organization Theory: A Public Perspective* (Chicago: the Dorsey Press, 1987), pp. 207-208.

61 *Ibid.*, p. 207.

이론인 자율통제이론의 결합은 행정기관의 통제체제를 설계하는 데 좋은 방안을 줄 수 있다고 본다.

3) 규제기관의 포로이론

행정기관은 다른 행정기관과 기업들을 통제하는 동시에 외부 통제기관들에 의하여 통제를 받는다. 행정기관을 통제하는 규제기관들은 그들 스스로 규제하려는 기업에 의하여 역시 영향을 받을 수 있다. 이익집단들을 규제하기 위한 규제기관들은 보다 많은 정치적 지원을 얻기 위하여 오히려 이익집단들에 의존하게 된다는 점에서 규제기관과 이익집단과의 관계는 포로이론(capture theory)으로 설명될 수 있다. 실제로 규제기관의 통제를 받는 이익집단들은 규제를 벗어나기 위해 그들이 맺고 있는 삼각동맹의 한 축인 의회 상임위원에 도움을 요청한다. 이익집단들과 밀접한 친분관계를 갖고 있는 의회상임위원은 규제기관에게 규제를 풀어 줄 것을 요구한다. 허나 의회는 규제위원회를 폐쇄시킬 수 있는 권한을 갖고 있기 때문에 결국 규제위원회는 의회 상임위원회의 요청을 수락하지 않을 수 없을 것이다. 규제기관들도 생존을 위해 이익집단의 도움이 필요하기 때문에 그들의 고객인 이익집단들의 요구에 굴복하게 된다.[62]

이러한 현상은 규제기관이 규제하려는 정책에 대하여 모든 전문지식을 가지고 있지 못할 경우에 더 자주 발생하는데, 규제기관은 외부 전문 집단이나 피규제기관의 협조를 얻어 규정과 실행을 타협하는 것이 보편적인 패턴으로 나타나고 있다. 이러한 논리는 집행기관에도 적용될 수 있다. 모호하고 인기가 없는 규정을 집행하려 할 때 시민이나 집단들이 순응을 하지 않는다면 집행기관은 많은 어려움을 겪게 되므로 때로는 서로 타협을 하는 경우가 있게 된다.

따라서 규정과 실행을 협상하는 패턴은 규제기관과 집행기관의 입장을 모호하게 할 수 있다.[63] 그 이외 외부의 통제기관 혹은 이익집단이 행정기관에 대한 비난을 강화할 때 이러한 비난을 모면하기 위하여 당연히 행정기관은 더욱 경직되며, 혹시나 내부의 정보가 외부로 유출됨으로써 일어날 수 있는 피해를

---

62 Roger Noll, Reforming *Regulation: An Evaluation of the Ash Council Proposag* (Washington, D.C.: Brookings Institution, 1971).

63 Robert Katzman, *Regulatory Bureaucracy: the Federal Trade Commission and Antitrust Policy* (Cambridge, Mass.: MIT Press, 1980).

막으려고 폐쇄체제를 견지하게 된다. 폐쇄체제가 더욱 강한 폐쇄체제를 낳게 하는 순환논리에 빠지게 되는 것은 흔한 현상이다. 권위손상이나 정책결정에 대한 비판을 두려워하는 고위 관료는 행정기관에 대한 통제를 더욱 강화하게 되어 지독한 폐쇄체제를 불러일으킴으로써 통제의 악순환논리에 접어들게 된다. 그럼에도 불구하고 통제는 조직의 핵심적인 기능으로서 관심이 더욱 증대하고 있는 실정이다.

그러나 통제에 대한 원래의 취지를 제대로 이해하지 못한 정보관리체제와 같은 기법들은 오히려 관리의 역할을 왜곡하거나 조직에 해를 끼치는 일이 종종 발생하고 있다. 따라서 통제체제가 정교하게 발달됨에 따라 관리체제는 정확하고 자동화될 가능성이 높아지겠지만 간과해서는 안 되는 문제는 관리의 통제체제가 조직의 목적을 달성하는 데 중요한 역할을 하나, 결국 전문가 및 관리자의 판단을 대치할 수는 없다는 것이다.

4) 자체감사 기능

오늘날 행정업무의 전문성과 복잡성을 고려할 때 제3자가 행정기관의 전문적 영역에 대해 정확한 정보를 가지고 평가하고 적절한 시정조치를 취한다는 것은 매우 어려운 일이다. 실제로 행정기관 외부에서 권력남용을 일일이 감사하는 것은 한계가 드러나고 있다. 이미 저질러진 일을 사후에 시정하는 것은 이미 그에 따른 피해가 발생한 다음이기에 최선의 방법이 될 수 없다. 실제로 권력남용이 발생하기 전에 차단하는 것이 중요하기에 행정기관 자체감사 능력 향상이 무엇보다 중요하다.

자체감사란 중앙행정기관, 지방자치단체 및 공공기관의 감사기구의 장이 그 소속되어 있는 기관 및 그 기관에 속한 자의 모든 업무와 활동 등을 조사·점검·확인·분석·검증하고 그 결과를 처리하는 것을 말한다.

그러므로 각 기관이 자체감사를 실시하고 자율적으로 행정의 문제점을 찾아 시정조치를 취함으로써 행정운영의 합법성, 능률성을 확보하고 공무원의 기강을 확립하는 데 자체감사 존재의 의의가 있을 것이다.

그러나 감사기구의 독립성, 전문성 부족으로 내부통제 기능이 충분히 수행되지 못하였고, 형식적 감사니 혹은 누워서 침 기다라는 식으로 서로 좋은 평가를 하여 주는 경우가 많다고 지적받고 있다. 다른 한편으로는 감사원과 자체감사기구 사이에 역할 분담이나 협력체계가 없어 감시중복이 발생한다는 문제가 지적되고 있다. 이러한 문제를 해결하고자 2010년 3월 중앙행정기관, 지방자치단체 및 공공기관 등 공공부문의 감사체제 전반을 규율하는 일반법으로 「공공감사에 관한 법률」이 제정되어 2010년 7월 2일부터 시행되고 있다.[64]

자체감사는 내부적 행정통제 중에서도 자율적 행정통제로서의 성격을 가진다. 행정감사는 당해 행정기관이 스스로 자신의 문제점을 규명하고 바로잡는다는 점에서 적절히 활용될 경우 가장 실효성 있는 행정통제수단이라고 할 것이다. 이러한 자체감사의 능력을 활성화하기 위해 다음 몇 가지 제안을 할 것이다.[65]

첫째, 자체감사 조직의 독립성을 확보해야 한다.

자체감사기구는 해당 기관장에 소속되어 있고, 자체감사 책임자가 기관장에 의해 임명되므로 기관장의 영향력을 벗어나기 어렵다. 특히 내부 직원이 순환보직에 의해 임명되는 경우에는 독립성을 확보하기 어렵다.

현행 「공공감사에 관한 법률」에는 자체감사기구의 독립성을 보장하기 우한 장치로서 자체감사기구의 장은 개방형으로 하며, 자체감사기구의 장을 임용하는 때에 그 적격여부를 심사하기 위하여 합의제 기구를 설치하고 그 심사를 거치도록 하고 있다. 또한 임기는 5년의 범위에서 정하되 2년 이상 보장하도록 규정하고 있다.

그러나 이러한 규정에도 불구하고 실제 자체감사기구의 장을 임용하는 경우 당해 기관의 장이 미리 내정해 놓거나 선호하는 사람을 임명한다는 것이 공공연하게 거론되고 있다.

따라서 중앙행정 기관의 경우에는 자체감사기구의 장을 심사하는 위원회구성 시에 당해 기관장이 추천하는 위원, 감사원장이 추천하는 위원, 국무총리가 추천하는 위원을 동수로 하여 심사위원회를 구성하고, 당해 심사위원회의 심사를 거쳐 대통령이 임명하도록 강화할 필요성이 있다. 즉 당해 기관의 장이 자체감사기구의 장을 임용하는 데 있어 영향력을 최소화할 필요가 있다.

둘째, 감사담당자의 전문화와 인사의 독립성을 강화해야 한다.

현재 자체감사 담당자는 선발 시에 당해 기관의 직원 가운데서 해당 감사

64 박겸수, 공무원 권력남용 방지방안, 2012 학기말 리포트, p. 1.
65 남주성, *op. cit.*, pp. 8-11

기구의 장의 의견을 들어서 기관장이 임용하도록 되어 있다. 그런데 감사담당자가 일정기간 근무 후 감사대상부서 직원과 상호 순환 보직되는 현실은 감사조직의 독립성을 손상시키고 내부통제를 약화시키는 요인이 되고 있다. 감사업무는 고도의 전문성이 요구된다. 그러나 다른 업무를 하던 사람이 단기간 동안 순환보직에 의해 감사업무를 수행하는 경우 전문성 부족으로 심도 있는 감사를 하기 곤란하다.

따라서 감사담당자는 선발 시부터 감사업무를 전담하는 조건으로 선발하고, 감사직렬화를 도입하여야 한다.

즉 중앙행정관의 경우에는 감사담당자를 상호 순환할 수 있도록 풀(pool)제로 운영하고 지방자치단체의 경우에는 상급 및 광역자치단체 내에서 상호 순환보직이 가능하도록 직렬화할 필요가 있다.

또한 공공기관의 경우에는 공공기관 상호간 또는 감독기관의 자체감사기구와 상호 순환보직이 가능토록 할 필요가 있다.

이와 같이 할 경우 인사의 독립성이 강화되고 감사업무를 전담하게 됨으로써 감사능력이 향상될 수 있다.

셋째, 감사담당자의 업무능력 향상이 필요하다.

감사업무 또한 전문성뿐만 아니라 감사업무에 대한 전문성을 함께 갖출 것이 요구된다. 복잡하고 다양한 행정분야를 감사하기 위해서는 해당분야에 대한 전문성을 갖춘 인원을 감사부서에 배치해야 한다.

우선 선발 시부터 충분한 자격을 갖춘 인원을 선발해야 한다. 감사부서에는 다양한 행정업무에 대응해서 다양한 분야의 인력을 선발해야 하고, 그 인운이 충분한 전문성을 발휘할 수 있도록 장기간 보직을 할 것이 요구된다. 현재는 감사담당자의 보직기간이 일반 직원과 같이 1~2년 주기로 순환보직을 하고 있어 감사분야의 전문성을 함양하는 데 한계가 있다.

넷째, 일상적인 감사업무를 활성화할 필요가 있다.

일상감사란 감사기구의 장이 해당 기관의 주요 업무집행에 앞서 그 업무의 적법성·타당성을 점검, 심사하는 것을 말한다. 일반적인 감사업무가 사후에 이루어진다면 공무원의 권력남용을 사전에 방지할 수 없게 된다. 일상감사는 업무를 사전에 점검하는 것이고 상시 감시·감독할 수 있다는 점에서 행정통제에서 매우 중요한 위치를 차지한다.

5) 내부고발자제도 활성화[66]

우리나라의 내부고발자 제도는 부패방지법이 2001년 6월 국회에서 통과되고 다음해 1월부터 시행에 들어감에 따라 도입되었다. 주요 내용은 첫째, 공익제보자는 실명으로 신고해야 하며 둘째, 신분보장 조치를 요구하는 자는 그 인적사항, 요구사유 및 요구내용 등을 기재하여 서면으로 제출해야 한다. 셋째, 신고로 인하여 직접적인 공공기관 수입의 회복이나 증대 또는 비용의 절감을 가져올 경우 위원회에 보상금의 지급을 소청할 수 있다.

이러한 내용의 내부고발제도는 행정부의 권력남용을 통제하는 강력한 비공식적 내부통제 수단으로 부패에 대한 경각심이 확대되고 조직 내 비리를 적당히 은폐하려는 관행에도 제동을 걸 수 있다. 또한 권력남용이 야기하는 행정부패는 오랜 기간에 걸쳐 구조화되고 일상화된 성격이 강하다는 측면에서 권력남용을 근원적으로 차단할 수 있는 강력한 장치가 될 수 있다.

그러나 내부고발제도는 행정부의 재량권 확대와 이에 따른 권력남용 증가에도 불구하고 실제 신고건수가 미미할 뿐만 아니라 신고자의 대부분이 자신이 한 행위 대해 후회하는 경우가 많은 등 여러 문제점을 보이고 있다. 이는 우리나라가 개인보다는 조직을 중시하는 집단주의 문화에 치중하는 경향이 강하기 때문이다. 즉 내부고발을 고의적인 조직에 대한 음해 또는 계층제 권위에 대한 도전 혹은 배신행위로 치부하는 성향이 강하다는 것이다. 그 결과 비리신고자는 조직이나 동료들로부터 배신자, 이기주의자, 신뢰성이 없는 비겁자 등으로 매도되고 배척당한다. 나아가 조직의 문제를 축소, 은폐하고 다른 구성원들에 대한 경고의 의미에서 압력 및 위험, 법적 대응 등 다양한 조치를 행한다. 이러한 집단을 강조하는 의리문화가 내부고발자의 순수성을 왜곡시킴으로써 동 제도의 활성화에 걸림돌이 되고 있다.

또한 내부고발자 보호 시스템의 취약성과 사회적 인식의 문제도 지적되고 있다.

따라서 외부통제로는 한계를 보이고 있는 행정부의 권력남용과 부패를 차단하기 위해 내부적 노력이 중요하다는 점을 감안할 때 다음과 같은 보완대책 강구가 필요하다.

---

66 김용환, 행정부의 권력남용 통제방안, 2012 학기말 Report, pp. 8-9.

첫째, 외국의 유사제도들과 비교해 독립법의 제정, 신고대상 및 적용분야의 확대, 보상의 확대, 조사 및 수사권 부여 등의 방안을 해야 한다. 특히 신고자 신변보호에 대한 현행 법 규정이 강제력이 없어 실질적인 보호가 이루어지지 않아 이에 대한 보완도 필요하다.

둘째, 내부고발자의 진위여부를 중립적으로 판정하고 규명해 줄 제3자의 기관 설치를 검토해야 한다. 제보 내용에 대한 명백한 물증이 없을 경우 내부고발은 당사자에게 고통을 줄 뿐 아니라 잘못을 가리지 못하고 끝나는 경우가 많으므로 별도의 독립기구 설치가 필요하다.[67]

3. Gruber의 민주통제 메커니즘

Gruber는 민주통제의 메커니즘을 찾기 위하여 관료제 민주주의의 4가지 이념적 시각을 제시했다. 그는 관료의 행태는 기본적으로 두 가지 시각인 절차적 구속(procedural constraint)과 실질적 구속(substantive constraint)에 의하여 설명될 수 있다고 전제하고, 모든 결정은 절차적인 측면과 실질적 정책 내용 양자

67 Gruber는 이들 4가지 시각은 매우 극단적이며 희귀한 것이지만, 이들에 대한 이해는 4가지 시각 사이의 관계를 분명히 하며, 실제로 일어날 수 있는 제안들을 지도에 표시할 수 있다고 설명하고 있다. 이러한 통제 메커니즘은 [그림 4-1]에서처럼 두 가지 축 ① 절차적 구속, ② 실제적 구속 으로 구성되어 있다. 이 그림은 첫째, 관료행태를 구속하는 모든 방법에 관한 지도가 아니라 관료제의 민주통제를 위한 메커니즘의 지도이다. 둘째, 구속이 많고 적음에 대한 논의는 민주주의가 많고 적음에 관한 논의로서 이해되는 것은 아니다.

그림 4-1
관료제적 민주주의의 4가지 이념적 시각

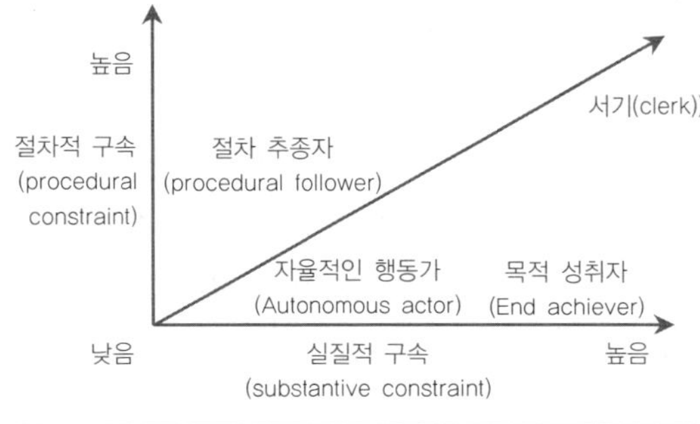

출처: Judith E. Gruber, *Controlling Bureaucracies: Dilemmas in Democrgtic Governance* (Berkeley, Calif: University of California, Press, 1987), p. 15.

그림 4-2
민주통제의 접근법

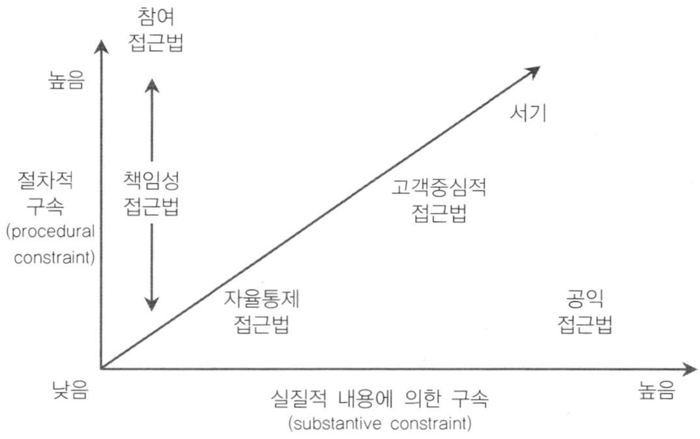

의 시각을 포함한다고 지적하고 있다.

Gruber는 관료가 민주주의 사회에서 어떻게 처신하는가에 대한 판단은 4가지 이념적인 시각에 따라 처신한다.67: ① 절차 추종자(procedure follower), ② 자율적 행동가(autonomous actor), ③ 서기(clerk), ④ 목적 성취자(end achiever).

이 4가지 이념적 시각은 현존하는 관료제에 대한 민주통제방안을 광범위하게 5가지 접근방법으로 나타날 수 있다. 이 분류의 내용은 [그림 4-2]와 같다.68: ① 참여에 의한 통제(control through participation), ② 고객관계에 의한 통제(control through clientele relations), ③ 공익추구에 의한 통제(control through pursuit of the public interest), ④ 책임성에 의한 통제(control through accountability), ⑤ 자율통제(self-control)

첫째, 참여적 접근법(Participatory Approach): 이 접근법은 의사결정을 하는데 참여 그 자체가 목적이며 참여절차를 강조한다. 이러한 통제체제 하에서 외부통제의 역할이 강화되는 현상을 볼 수 있다. 결국 외부통제체제의 통제능력이 중요하게 부각될 것이다.

68 *Ibid.*, pp. 18-19.

둘째, 고객 중심적 접근방법(Client-oriented Approach): 이 접근법은 절차적인 문제보다는 오히려 관료들이 만든 정책의 내용 자체에 더욱 관심을 두기 때문에 형식적인 절차의 구속력은 엄격하지 않다. 고객 중심적 접근방법 하에서는 행정 관료는 고객이나 고객집단의 대표자들과 논의를 하여 정책을 만들기 때문에 참여는 제한적이다. 고객에 대한 정의와 범위가 논의의 대상이 될 것이다.

셋째, 공익 접근법(Public Interest Approach): 이 접근법의 지지자들이 주장하는 것과 같이 관료의 결정들은 각 이익집단들의 이익을 타협한 조정된 이익집단들의 이익은 반영해야 한다. 이것이 민주 관료들의 공익을 추구하는 방법이라고 공익을 정의하는 학자들 사이에 동의를 하고 있다. 그러나 문제는 이익집단들 간에 조정된 이익이 반드시 공익이라는 등식이 성립되지 않을 수도 있다는 점이다. 그러나 사회에서 다양한 이익집단들이 있고 이들의 서로 다른 이익을 조정하여 절충안을 만든다는 것은 쉽지 않을 것이다. 그럼에도 불구하고 이 접근방법은 실질적으로 관료들이 특정한 이익집단의 포로가 될 수 있기 때문에 관료들의 결정행태를 감시하고, 선거에 의하여 당선된 공직자를 정책결정에 참여시킴으로써 관료로 하여금 국민의 요구에 더욱 부응하도록 하는 것이다.

넷째, 책임성 접근방법(Accountability Approach): 이 접근법은 주로 공무원윤리법, 공무원제도, 공청회, 그리고 공고 등을 강조하며 정보공개법, 옴부즈맨, 감독기관과 같은 방법을 활용하여 행정기관의 정책을 조사하는 데 초점을 두고 있다. 역시 절차적 구속을 따르며 Finer의 주장과 같이 외부통제기관의 역할을 선호한다.

다섯째, 자율통제 접근방법(Self-control Approach): 이 접근법은 외부통제기관들의 통제력이 점증적으로 상실되고 있다는 데 의미를 두고 있다. 이 접근방법의 지지자는 정치적 통제 및 국민에 의한 통제를 신뢰하지 않으며, Fredrich의 주장과 같이 민주주의는 관료제의 전문성, 관료들의 윤리성, 그리고 그들의 배경에 의하여 달성될 수 있다고 믿는다. 물론 이 접근법의 성공가능성이 높다고 할 수는 없으나 현대 사회가 복잡하고, 불투명하며, 신속하게 변화하고, 그리고 과학화되어 감에 따라 관료들의 자유재량의 폭은 넓어지고 있음에 따라 앞으로 이 접근법에 대한 기대가 높을 것이라고 예상된다.

제4절 공직윤리를 위한 문화의 정착

공직에 윤리문화를 정착하는 것은 공직자가 지향하고 준수해야 할 바람직한 윤리기준을 제시하여 공직자의 부정부패와 권력남용을 통제하고 높은 윤리성과 도덕성을 가진 윤리적 관료가 하나의 대안이 될 수 있다는 관점에서 공직자의 윤리문제를 통제의 대안으로서 다루었다. 이를 위해 도덕과 윤리문화의 개념, 바람직한 공직자상, 그리고 공직자 윤리법 구축을 위한 방안이 논의될 것이다.

반부패 비정부기구인 국제투명성기구(TI)가 발표한 국가별 청렴도(부패인식지수: CPI)를 보면 우리나라는 다각적인 청렴제고 노력으로 점차 개선되고 있지만 부패척결을 위한 더욱 강한 캠페인과 자정노력이 필요하다는 점을 일깨우고 있다. 매년 점진적으로 청렴도가 높아지고는 있으나 매우 더디다는 지적이다.

베를린에 본부를 둔 국제투명성기구는 95년 이래 매년 국가별 청렴도를 조사 발표해 왔는데, 2006년 국가 순위별로는 42위 마지막에서 5번째이다. 그것도 지난해 40위에서 2위 밀려났다. 신규조사 대상에 편입된 4개 국가 중 마카오(26위)와 부탄(32)이 한국보다 상위 점수를 받으면서 앞 순위에 올라선 것이다. 한국은 10점 만점에 5.1을 기록했다. 95년 4.29점으로 출발한 이후 조금씩 개선되다가 지난해 5.0을 넘어서 2005년보다 좀 더 나아졌지만 마카오와 부탄이 우리보다 나은 점수를 받고 있다는 데 놀라지 않을 수 없다.

한국보다 청렴도가 높은 국가들을 보면 대개 국민소득이 높은 선진국들이다. 늘 1, 2위를 차지하는 핀란드와 뉴질랜드가 그렇다. 덴마크(4위), 싱가포르(5위), 스위스(7위), 영국(11위), 미국(20위)권 내 국가들이 모두 1인당 국민소득(GNI)이 2만 달러를 넘고 있다. 경제 및 무역규모가 세계에서 10위권에 위치하고 있는 한국도 하루 빨리 20위권에 집입하도록 분발해야 할 것이다.

행정윤리란 공무원이 맡은 바 소임을 다하는 데 있어 가장 기본적으로 요구되는 행동규범을 말한다. 이는 공무원이 외부적 강제가 아닌 스스로의 자각에 의해 확립될 수 있다는 측면에서 주관적 책임성에 속한다. 즉 내·외부통제기구나 장치가 없다고 하더라도 공무원이 책임의식을 가지고 공무를 집행한다면 권력의 남용, 부패의 유혹으로부터 벗어날 수 있다. 이러한 측면에서 행정윤리는 내부통제중의 내부통제라 할 만큼 중요하다.

우리나라의 관료들의 가치관은 아직도 우월주의, 권위주의, 형식주의, 가족주의 등과 같은 전통적 가치관에서 벗어나지 못하고 있다. 이로 인하여 집단적 이해관계의 중시, 권위주의, 무사안일 등의 행태를 보임으로써 행정윤리 확립에 걸림돌이 되고 있다. 또한 제도적 측면에서도 관료제의 특성이 행정윤리의 실현을 제한하고 있으며 윤리헌장 등에 담긴 내용이 너무 추상적이고 형식적이어서 관료의 행동준칙으로 삼기 어려울 뿐 아니라 오히려 행정윤리에 대한 불신을 초래하고 있다. 아울러 정치인, 이익단체 및 일반시민 등이 다양한 주체들이 자신의 이해관계를 관철시키기 위해 관료들에게 접근해 윤리의식을 저하시킴으로써 권력의 남용과 비윤리적 행위를 부추기도 있다.

1. 도덕과 윤리문화의 개념

윤리 이론의 발전은 Plato(B.C. 427~347)와 Aristotle(B.C. 384~322)로 거슬러 올라간다. 윤리라는 단어는 Greek의 단어인 ethos의 뿌리를 가지고 있으며, '관례', '품행', 혹은 '인격'을 의미한다.[69] 윤리는 개인이나 사회가 바람직하고 적절하다고 생각하는 가치나 도덕을 의미한다. 윤리이론은 우리에게 무엇이 옳고 혹은 잘못 되었나, 그리고 특정한 상황에서 무엇이 선이고 혹은 악인가를 판별해 주는 규칙 혹은 원리를 제공한다. 문제는 윤리를 보는 두 일반적 개념인 상대주의와 보편타당성주의의 관점이 있어 윤리를 보는 가치가 나라마다 차이가 있을 수 있다는 점이다. 그러므로 공직자들이 직면하는 가치와 윤리문제는 아주 복잡하다.

윤리는 사람의 옳고 그름의 개념이다. 윤리의 두 일반적 개념들은 상대주의와 보편타당성주의의 관점들이다. 윤리의 상대주의 관점을 가진 사람들은 옳고 그른 것은 상황과 문화에 영향을 받는다고 주장한다. Berlin 투명성기구(Berlin Transparency International)에 의하여 수집된 지표에 의하면, 세계에서 부패를 감독하기 위하여 사용하는 기준들을 보면 윤리적 가치가 분명하게 국가마다 차이가 있다는 것을 보여준다.

그들의 2001년 지표에서 Bangladesh, Nigeria, Uganda, 그리고 Indonesia

69 Northouse, *op. cit.*, p. 342.

는 가장 부패한 나라들로 평가되었고, 반면에 Denmark는 가장 부패되지 않은 나라로 분류되었다.[70]

비록 비윤리적이고 비합법적이라고 하더라도, 많은 나라의 기업인들이 계약협상에서 선물, 뇌물 혹은 상납을 수용하는 경우가 많다. 윤리의 상대적인 관점을 가진 사람은 로마에서 산다면, 로마인과 같이 행동하라고 하는 접근법을 택한다.

이와 반대로, 윤리의 보편타당주의적 관점을 가진 사람들은 모든 활동은 상황이나 문화에 관계하지 않고 같은 기준에 의하여 판단되어야 한다고 믿는다. 예를 들면, 동등한 기회와 문화의 다양성 원리를 인정하는 미국 법을 준수하고 있는 석유회사들은 여성의 임명이 불러올 수 있는 종교적 및 문화적 문제에도 불구하고 여성 관리자를 Saudi CEO로 임명하는 것이 당연할 것이다.

리더들이 직면하는 가치와 윤리문제는 아주 복잡하다.[71] 세계적 그리고 문화 횡단적 문제들은 더욱 문제를 복잡하게 만든다. 어떤 연구는 집단주의가 협상에서 높은 사기발생률과 관계가 있을 뿐만 아니라 사기를 범한 후에 더욱 높은 수준의 죄의식과 관련이 있다고 한다. 특히 한국과 일본은 사기를 범한 후 상당한 죄의식과 부끄러움을 느낀다. 각 문화가 가치를 어디에 근거를 두고 있느냐에 따라, 그 문화 내에 속한 개인들은 개인적인 사생활을 보호한다든지 혹은 가족의 이익을 위한다는 것과 같은 다른 이유들을 가지고 거짓말을 할지도 모른다. 가치에 있어서 복잡한 문화 횡단성과 개인의 차이 때문에 윤리와 가치지향적인 문제를 다루는 것은 모든 관리자들의 주요한 업무가 될 것이다.

최근에 정부를 포함하여 수많은 공직자들과 개인들이 윤리적 혹은 법적 기준들을 위반하고 있다고 비난들을 받는다. 하루도 빠놓지 않고 지면을 통하여 나오는 다양한 부정부패에 관련된 기사들을 보면서 도덕과 윤리에 너무 무감각한 사회에 대하여 이제는 놀라지 않을 정도로 익숙하다. 무엇이 이 사회, 국가 그리고 지구촌을 이렇게 부패하도록 만들고 있는가? 이제는 이러한 의문을 가져야 할 때이다. 왜냐하면 공직자들의 부정부패 혹은 부동산 투기로 인한 불로소

---

70 Transparency International, 2001, www.globalcorruptionreport.org/press.htm, accessed February 19, 2002.

71 B. Ettorre, 1994, "Why Overseas Bribery won't Last," *Management Review* 83, no. 6: 20–24; Nahavandi, *op. cit.*, p. 65(재인용).

득에 익숙한 사회의 부조리를 계속 허용한다면 이 사회는 붕괴될 가능성이 높기 때문에 이를 근절할 수 있는 도덕과 윤리문화의 정착이 어느 때보다 더 기다려진다. 도덕과 윤리는 종교와 사회뿐만 아니라 기업경영에서도 중요해지고 있다. 오마하의 현인으로 불리는 워런 버핏은 진실을 더 중요하게 고려한다. 정직하지 않은 사람을 채용하면 그 사람이 국가나 회사를 망친다는 것을 잘 알기 때문이다.

우리 사회뿐만 아니라 세계 도처에서도 노블리스 오블리제(noblesse oblige)가 재삼 강조되는 분위기를 볼 수 있다. 시민들이나 부하들은 고위 공직자들의 말보다는 행동에서 배운다는 것을 인식한다면 사회의 지도층에 있는 지도자들의 행동은 시민들의 모범이 되어야 한다. 노블리스 오블리제는 상류 사회, 즉 귀족계급의 도덕적 의무 책임감을 의미한다. 그리하여 노블리스 오블리제는 중세와 근대사회에서도 조직을 이끄는 리더십의 표본이다. 재산이 많은 사람이 더 많은 세금과 기부금을 내는 것은 그들의 의무일 뿐만 아니라 자긍심으로 삼았다. 최근 세계 각처에서 경제의 위기와 부정부패의 위기를 직면하고 있는 많은 나라에서 사회 지도층들에게 노블리스 오블리제가 강조되는 것은 이러한 맥락이다.

특히 한국 사회의 공직자들이 본받아서 교훈 삼아야 할 일은 바로 금전에 대한 투명성과 부정부패에 대한 확고한 신념이다. 일반적으로 돈에 대한 애착은 동서고금을 막론하고 인간이 느끼는 유일한 공통점이 아닐까. 그러나 두 번에 걸쳐 국가를 위한 봉사에는 대가가 필요 없다는 것을 행동으로 보여 준 프랑스 전 대통령 샤를 드골(Charles de Gaulle)은 돈과 관련된 부정부패를 근절시켰다. 우리는 그의 도덕적 및 윤리적 행위를 모델로 삼아야 할 것이다.

1946년 1월 드골은 정부의 수반 지위를 포기하고 후계자 펠렉스 구앵(Félix Gouin)을 내세우면서 은퇴한 후 의회는 국가 최고 공훈자로서 세금면제를 가결했다. 하지만 드골은 이를 받아들이지 않았다. 1969년 4월 대통령직을 사임할 때는 퇴역군인으로서 연금과 전직 대통령으로서 마땅히 받아야 할 연금조차 사양했다. 이러한 엄격한 모범은 드골 자신의 후계자들이 권력을 남용하게 될 것을 미리 방지하는 드골의 강력한 의지라 할 수 있다. 평소 국가관과 가치관이 남다르지 않으면 도저히 실천에 옮기기 어려운 것임이 틀림없다. 그는 또한 1952년, 62세 당시 세 통의 유언을 작성하여 두 자녀와 조르죠 퐁피두(Georges Pomidou)에 맡긴 내용에 의하면 드골은 국장을 거부했고, 드골은 생전에 전쟁회

고록의 인세 전액도 정신박약아들을 위한 '안느 재단'에 기부했다. 권력을 이용해 부패의 길로 접어든 수많은 정치인들을 쉽게 볼 수 있는 현실에서 이토록 드골의 위대한 리더십이 그리워진다. 이것이야 말로 진정한 노블리스 오블리제가 아닐까.

어떤 사람이 리더가 되느냐에 따라 수많은 서민의 운명이 바뀐다. 싱가포르와 필리핀이 그렇다. 리콴유(Lee Kuan Yew)는 1965년 아시아에서 가장 가난하고 더러웠던 싱가포르의 총리로서 취임해 30년 만에 세계에서 가장 살기 좋은 나라로 만들었다. 반면, 페르디난도 마르코스(Ferdinando Edralin Marcos)는 아시아에서 두 번째로 잘살던 필리핀이란 나라를 파산시키고 말았다. 그 결과 필리핀 사람은 일류대학을 졸업하였어도 싱가포르에 가정부로 가는 신세가 되었다.

공직자에 관한 우리의 관심은 윤리는 공직자가 무엇을 하고, 누가 공직자가 되어야 하는지를 다룬다. 윤리는 공직자들의 행태와 그들의 덕행의 특성을 안내하는 역할을 한다. 의사결정 상황에서, 윤리적인 문제는 묵시적 혹은 명백하게 사고의 범위를 정해 준다. 공직자들이 무엇을 선택하고, 환경에 어떻게 반응하느냐는 자연히 윤리의 범주에 의해 영향을 받게 되며, 이를 벗어난 행동은 사회적으로 비난을 받게 된다.

2. 오늘날 윤리적 분위기

윤리적 그리고 법적 타락이 세계도처에서 일어나고 있고, 주요한 서베이 조사들을 보더라도 거의 대부분의 근로자들이 직장에서 병가의 남용에서 현금과 상품의 절도에 이르기까지 윤리적 위반을 범하였다고 인정하였다고 한다. 만약 공직자들이 탐욕과 이기심을 가지고 행동한다면 자연히 부하 직원들은 자신들의 비윤리적 행위를 당연한 것으로 생각하게 될 것이다. 예를 들어 관리자들은 최고관리자들이 판매와 수입의 성장을 유지하도록 강요하는 압력 때문에 부정에 의존하게 된다고 말한다. 따라서 부하들에게 옳은 일을 하도록 촉구하고, 공직자들이 윤리적 행동의 모범을 보인다면 윤리적 문제는 훨씬 더 적어질 것이다.

우리 민족은 부정부패에 너무 너그러운 면을 발견한다. 선진 국가들의 부유한 사람들이 존경을 받고 있지만 우리나라의 부유층 사람들은 멸시와 경멸의 대상으로 보고 있다. 왜 이런 일들이 일어나는가는 도덕과 윤리의 부재 때문이다.

기업하는 사람들은 경영의 윤리를 잊어서는 안 된다. 수단과 방법을 동원하여 치부하는 것이 경영이 아니다. 경영을 함에 있어서 땅을 투기하고 돈을 버는 것은 기업의 정도가 아니다. 때로는 정치가와 결탁해서 이익을 올리는 것도 기업의 정도는 아니다. 기업은 도덕과 윤리를 지키면서 경영으로 승부를 걸어야 한다. 그렇게 하여 부를 창출하였다면 왜 사람들이 부유한 기업가들을 비난하겠는가? 시민들은 이러한 부도덕하고 비윤리적인 기업가들에게서 무엇을 배우겠는가?

우리나라의 대부분 기업가들은 정당치 못한 방법으로 치부하였다고 하더라도 나쁘다고 생각을 하지 않는 것 같다. 왜냐하면 잘못하여 법의 심판을 받아봐야 몇 달이면 출감하고 다시 버젓이 기업을 하기 때문에 나쁜 범죄를 저지르더라도 나쁘다고 교훈을 받을 기회가 없다. 이러한 나라에서는 자연히 부패가 만연할 수밖에 없다. 다시 강조하건대 시민들은 고위관료들의 말보다 행동에서 배운다는 것을 잊어서는 안 된다.

정부는 부패를 척결하기 위해 금품수수를 금지하는 정치자금법 개정, 공공 및 민간 공도의 투명사회협약체결, 부패영향평가 도입, 부패유발소지가 있는 분야별 제도 개선 등을 강력해 추진해야 할 것이다. 그리고 반부패 홍보캠페인도 지속적으로 전개하는 동시에 정부는 앞으로도 선진국 수준의 청렴사회를 구현하기 위해 다각적인 반부패 정책을 전개하지 않으면 안 된다.

정책적으로는 국제사회에서 높은 위상을 갖출 수 있는 유엔반부패협약의 조속한 비준 및 이행을 추진하는 것이다. 외교통상부 등 관계부처와의 심도 있고 신속한 이행방안을 마련, 특히 제도개선과 관련해서는 민간 부문에서 회계상의 투명성 제고를 위한 노력이 시급하다.

윤리적으로는 부패친화적인 연고 및 부패에 대한 온정주의 문화개선 노력이 뒤따라야 할 것이다. 홍보 측면에서는 국제무대에서 저평가된 한국의 청렴성을 끌어올리기 위한 다각화된 국제 홍보 노력과 기업 및 공공기관의 윤리성 제고도 빼 놓을 수 없다.

3. 비윤리성의 발생원인

왜 윤리가 이러한 상태에까지 이르게 되었는지에 대한 원인은 각 나라의 문화마다 그 원인을 다르게 찾을 수 있을 것이다. Maxwell은 그나마 공통적인 원인에 대하여 다음과 같이 언급한다.

① 가장 편하기 때문이다.

윤리적 딜레마에 빠져 있을 때 일반적으로 사람들은 어떻게 행동하는가? 유익하다면 비윤리적인 방법이라도 서슴치 않고 쉬운 방법을 택하는 사람들이 많다. 간단한 거짓말로 나의 실수가 다 덮어진다면 당신은 어떻게 행동할 것인가? 고객을 끌어들일 수 있다면 얼마나 많은 과장된 광고를 할까? 예전보다도 오늘날 사람들의 윤리수준은 떨어지고 있는 듯하다.

② 이겨야 하기 때문이다.

대부분의 사람들은 지기 싫어한다. 특히 성취와 성공의 욕구가 큰 사람일수록 더욱 강할 것이다. 승리를 위하여 윤리와 성공 가운데 하나만 선택하라면 대부분의 사람들은 무엇을 선택할 것인가? 참으로 선택하기 어려운 문제이다. 그러나 윤리문제를 받아들이면 선택의 폭과 기회, 사업적 성공의 가능성이 줄어들 것이라고 믿는 사람이 많다. 착한 사람이 늘 꼴찌로 도착한다는 것은 오래전부터 내려오는 믿음이다. "도덕은 개인적인 문제이며, 비용이 많이 드는 사치"라고 말하는 하버드 대학의 Herny Adams 역사학 교수의 말과 일맥상통한다. 요즘처럼 이기주의가 판치고 빚더미에 허덕이는 문화 속에서 사람들이 없어도 살 수 있다고 생각하는 유일한 사치가 윤리라니 우리 사회는 심각한 딜레마에 빠져 있는 것이다.

③ 자신의 선택을 합리화할 수 있기 때문이다.

상황을 더욱 어렵게 만드는 것은 자기 자신에게는 관대한 기준을 적용하고 가장 선한 의도로써 자신을 판단하는 반면, 다른 사람들에게는 높은 윤리 기준을 적용하고, 가장 나쁜 행동으로써 판단한다는 점이다 그러므로 10명의 사람들이 자신을 포함하지 않고 합리성을 따진다면 각자의 이해관계에 적합한 10개의 합리성들이 있을 수 있다. 이런 가운데 순수하고 보편적인 합리성을 도출한다는 것은 매우 어려운 일이 될 것이다. 즉 10명의 사람들을 모두 포함한 상태에서 합리성을 찾으려 한다면, 각자 이해관계가 다르기 때문에 합의를 이룬다는 것은 실제로는 어려울 것이다. 그러나 합리성을 이루었다면 그것이 객관성을 띤 합리성일 것이다.

4. 바람직한 공직자상[72]

관료의 권력남용을 방지하는 것은 공직자가 지향하고 준수해야 할 바람직한 윤리적 기준들을 제시하는 것으로서 공공부문의 윤리 관리를 위한 가장 중요한 틀의 역할을 수행하는 것이다. 어떠한 정부가 가장 좋은 정부인지 명확한 기준을 찾기는 어렵지만 윤리적 정부(ethical government)가 하나의 대안이 될 수 있다. 윤리적 정부는 공무원의 비윤리적인 행동을 억제하고, 윤리적 가치를 지향하는 정부라고 정의할 수 있다. 이러한 윤리적 정부는 외부의 압력과 통제에 의해서보다는 오히려 관료들의 자율적인 참여와 적극적인 노력에 의해 가능할 수 있을 것이다. 과거와 같이 관료들이 비판의 대상으로만, 개혁의 대상으로만, 수동적인 존재로만, 통제의 대상으로만 인식된다면, 윤리적 정부의 지향과 구축은 불가능할 것이다. 이러한 인식의 전환은 국민들에게도 요구 되지만, 그보다 오히려 관료들 스스로에게 더 요구된다고 할 수 있을 것이다.

관료들의 행동강령은 관료들을 통제하기 위한 것이 아니라, 관료들에게 부여된 본연의 자리를 찾을 수 있도록 도와주고, 관료의 자존심을 세울 수 있도록 안내하는 길잡이로서 인식되고 활용할 수 있어야 할 것이다. 따라서 행동강령이 현실을 반영하지 못한다거나 혹은 비현실적이라는 이유로 이를 무시하기보다는, 오히려 행동강령이 관료의 실제 행동이나 윤리 수준을 제대로 따라가지 못할 정도로 관료 스스로가 높은 도덕성을 추구할 수 있어야 할 것이다. 그것이 바로 미래의 좋은 정부가 요구하는 윤리적 관료일 것이다.

▪ 21세기 우리가 기대하고 있는 바람직한 공직자상으로 몇 가지 제시해 본다면 다음과 같다.

① 세계화와 지식정보화 등의 국내외적 환경 속에서 정부가 대응할 수 있는 능력 있는 공직자를 확보하는 것이다.

② 가장 고질적인 관료들의 병폐 중의 하나는 관료들의 부정부패이다. 이러한 부패가 야기되는 원인이 구조적이든 개인의 도덕성 결여이든 이러한 유혹에 빠지지 않을 정직한 관료들을 우리사회는 원한다.

---

72 김태진(2012), 공무원 권력 남용을 방지하기 위한 공직윤리 확립방안분석, 2012 Report Paper pp. 4-7.

③ 공직자는 국민과의 관계에서 대리인의 관계에 있다고 볼 수 있다. 대리인은 행위의 결과에 대해 위임자에게 보상을 받거나 책임을 지는 위치에 있다. 국민의 대리인으로서 책임지는 관료가 요구된다.

④ 정부조직의 민주화, 분권화, 그리고 세계화가 촉진됨에 따라 협동과 조정이 빈번하게 요구되며 행정환경이 변화하고 있다. 변화에 대응성을 갖기 위해서는 관료들의 개방적 사고가 중요할 것이다.

⑤ 정부 부처 간의 할거주의, 부처 내에서의 조직 간의 할거주의의 집착으로 공동으로 대응해야 할 문제들에 대한 해결능력이 능력이 떨어지고 있다. 21세기를 맞이한 공직자들은 과거 자기 부처의 이익에만 집착해왔던 할거주의 원리가 아니라 문제해결을 우선시하는 목적원리에 치중하는 관료를 요구할 것이다.

공직부패는 공직자가 자신의 사적인 이익을 목적으로 법적으로 위임을 받고 있는 권한을 부당하게 행사하거나 정당한 행사를 거절하는 등의 방법으로 남용하는 것을 말하여 이들의 부패종류는 다양하다. 도덕적으로 타락하는 유형도 있고, 사리사욕을 취하는 부패형, 정실주의, 연고주의, 가족주의 등으로 인한 공사무분별형인 비합리적 관료 문화적 병폐 등이 있다. 그 이외에도 부패의 확산효과 때문에 발생하는 조직형 부패들과 거래에 의한 이권의 청탁과 결탁에서 이루어지는 거래형성 뇌물형 부패 등이 있다.

부패는 사회적 산물이다. 이러한 부패를 근절하기 위해 국민과 공직자 모두 적극적인 도덕적 의식의 확산노력이 필요하다. 국민에 대한 교육 혹은 홍보방안으로 국민일반에 대한 윤리강령을 제정하고 윤리적 행위의 고양을 위한 시민교육을 강화할 필요가 있다. 예를 들어 반부패 운동에 대한 국민운동의 확신 없이는 효과적인 부패방지도 기대하기 어려울 것이다. 반부패 국민운동을 주도하는 시민운당단체의 진실성, 지속성이 담보되지 않는다면 반부패 국민운동이 성공적으로 추진되지 못할 것이다. 또한 이런 반부패 국민운동의 순수성과 중립성을 보장해 주기 위해서 정부의 지원이 필요하다.

새로운 정부가 등장했을 때마다 제일성으로 내걸었던 정책이 바로 부정부패의 척결이다.

물론 가장 바람직한 부패통제 방법은 공직자 스스로에 의한 윤리적이고 자율적인 통제일 것이다. 그러나 이러한 방법은 현실적으로 그 실효성을 기대하는데 일정한 한계가 있을 수밖에 없으며, 따라서 비록 강제성을 수반하기는 하지만 어느 정도 법적 제도의 필요성은 존재한다.

체제적 부패가 만연화된 한국사회에서 구조적이고 총체적인 부정부패에 맞서기 위해서 단일의 종합적인 부패방지법의 제정이 절실히 요구된다.

현행 공직자 윤리법은 대폭 개정되어야 한다. 현행 공직자윤리법이 공직자 윤리의 확보를 위한 극히 제한된 수단이라고 할 수 있는 재산등록에 대한 규정을 주로 담고 있다는 점이다. 개정되는 공직자윤리법은 명칭과 의의에 걸맞게 공직자의 재산등록은 물론 직무수행 등을 포함하여 전반적인 공직자의 윤리를 확보하기 위한 내용을 담아야 할 것이다.

좀 더 구체적으로 말한다면 현행 공직자윤리법은 그 명칭에도 불구하고 공직자의 직무수행 등과 관련하여 바람직하거나 혹은 기대되는 행동과 방향에 대한 규정을 전혀 담지 못하다는 점에서, 가장 우선적으로 공직자의 윤리적 행동과 관련된 규정을 마련할 필요가 있다.

5. 공직자 윤리법의 개정방향[73]

❶ 공직자의 청렴의무에 대한 규정

가능한 한 구체적이고 상세하게 공직자의 행동규명을 제시함으로써 공직자들이 윤리적 문제에 대해서 어떻게 인식하고 반응해야 할지, 그리고 어떠한 행동이 처벌의 대상이 되는 것인지 명확하게 인식할 수 있도록 도와줄 수 있어야 할 것이다. 이를 위해서 개정안에서는 다음의 예시와 같이 공직자의 청렴의무를 보다 구체적으로 마련할 필요가 있으며, 이를 실행하기 위해서 세부적인 규정들은 이에 근거하여 제·개정되어야 한다. 예를 들면, 공직자는 정부 또는 소속 기관의 업무와 관련하여 임의로 정부 또는 그 기관을 구속하는 약속을 할 수 없다. 공직자는 사적이익을 위하여 공직을 이용해서는 아니 된다. 공직자는 재직 중 취득한 정보를 사적 이익을 위해 사용하거나 타인으로 하여금 사용하게 하여서도 아니 된다.

❷ 등록된 재산에 있어서 이해 충돌 회피에 대한 규정

현행 공직자윤리법은 공직자의 재산등록에 대한 사항만 구체적으로 규정하

73 김태진 *ibid.*, pp. 13-20.

였을 뿐, 등록된 재산의 해당 공무원의 직무화의 연관성 여부나 혹은 그 처리방안에 대해서는 규정하지 않고 있다. 최근의 가장 대표적인 사례들은 주식과 관련된 것들로서, A라는 특정기업의 주식을 보유하고 있으면서 이 기업에 직접적인 영향을 미칠 수 있는 직무를 수행하거나, 혹은 국회의원이 자신이 운영하는 기업에 직접적인 영향을 미칠 수 있는 국회 상임위원회에서 활동하는 사례들이다. 이것들 모두 직무수행의 공정성을 훼손시킬 가능성이 높은 이해충돌을 야기하는 사례들이다. 이러한 이해충돌의 회피와 관련해서는 충돌을 피할 수 있는 규정을 만들어야 할 것이다.

❸ 직무, 취업, 소득 등에 있어서 이해 충돌 회피에 대한 규정

공직자가 본인 또는 친인척(혹은 친구 등)의 (경제적 혹은 비경제적)이해와 연결되는 특정한 직무를 수행할 경우 공정성을 상실한 가능성이 있다는 점에서, 해당 직무로부터의 회피 제도를 두어 직무의 공정한 수행을 확보하고 부패의 발생 가능성을 사전에 제거할 필요가 있다.

공직자가 수행하는 직무는 일반사람들이 수행하는 직무와 비교할 수 없는 차이가 있다. 사인의 경우와는 달리, 이해 충돌 상황하에서의 공직자의 불공정한 직무수행은 불특정한 다수에게 매우 심대한 부정적 영향을 미칠 뿐만 아니라, 설사 이것이 외부에 노출된다 하더라도 그 결과를 사후적으로 원상 복구하는 것이 거의 불가능하다. 뿐만 아니라 이해충돌 상황하에서 이루어지는 불공정한 의사결정은 비록 뇌물의 수수나 혹은 명백한 형법의 위반이 없다 하더라도 뇌물수수에 의한 부패행위 이상으로 부정적인 영향을 미칠 수 있다. 그러나 우리의 경우 아직까지 이와 같은 이해충돌의 문제에 대한 구체적인 규정이 마련되어 있지 않은 실정이다.

❹ 주식투자의 규제와 관련된 규정의 마련

주식거래내역의 시고사항에 대해서 현행법의 비공개규정을 삭제하여 주식거래내역도 공개하도록 하여 내부정보를 이용한 주식투자인지 여부를 일반국민이 판단할 수 있도록 하고 내부정보를 이용한 주식투자를 억제하도록 하여야 한다. 그리고 공직자윤리위원회가 공직과 이해충돌을 일으킬 수 있는 주식을 처분하도록 보유주식의 매각 권고 및 처분의 공개 등을 하도록 할 필요가 있다. 공직자윤리위원회가 공직자의 주식보유현황을 심사하여 공직자의 직무와 금전적 이해관계가 충돌할 우려가 있다고 판단된다면 공직자에게 그 내용을 통보하고

규제가 된 주식의 매각이나 직위의 사퇴 등 이해충돌을 해소할 수 있는 처분을 공직자에게 취하도록 해야 한다.

❺ 금지되는 선물 및 처리절차규정

우리나라에서의 부패발생의 근원적 원인의 하나로서 지적되는 것이 선물문화이다. 선물을 주고받는 것 자체는 바람직한 것이지만 문제는 이것이 변질되어 과도한 선물이 될 경우, 그것이 선물이라기보다는 뇌물의 성격을 지니게 되기 때문이다. 당초에는 아무런 특혜도 수반되지 않는 선물의 수수로 보지만, 종국에는 특혜의 수수를 위한 압력수단화 되곤 하였던 것이 지금까지의 경험이었다. 따라서 과도한 선물의 수수에 대한 일정한 제한을 둘 필요가 있다. 외국의 경우를 보면 이러한 선물 수수에 대하여 다양한 제한을 가하고 있는 실정이다. 미국의 경우 공직자는 1회에 한하여 20달러(약 2만 2천원) 이하의 선물은 신고할 필요가 없이 수수할 수 있으나 동일대상으로부터 연간 50달러(약 6만원)를 초과해서는 안 된다고 규정하고 있다. 미국 상·하원의 경우에도 상원 의원규칙 제35조 및 하원의원 규칙 제52조를 개정하여 이전까지 연간 동일 대상으로부터 총액 250달러까지 받을 수 있던 상한선을 100달러 이하로 낮추었으며, "현금이 아닌 1회 50달러 이하의 선물, 연간 동일대상으로부터 총액 100달러 이하의 선물은 수수할 수 있으며, 10달러 이하의 선물은 누계에 포함시키지 않아도 된다"고 개정하여 더욱 강화시키는 추세를 보이고 있다.

그런데 우리나라의 현행 공직자윤리법의 선물신고에 대한 규정은 외국인(기관)으로부터의 선물수수에 대한 규정만 두고 있어서 사실상 보다 중요한 영역인 내국인 간의 선물 수수에 대한 규정은 제외되어 있다는 근본적인 결함을 갖고 있다.

내국인에 의한 선물 수수를 제한함에 있어서 기본적으로 공무원의 직무와 직접적으로 관련된 경우에는 어떠한 선물(향응, 숙박, 여행, 회원권 제공 등과 같은 것들이 포함된다)이나 금전적 이익을 받아서는 안 될 것이다.

❻ 공직자윤리위원회 관련조직의 강화

공직자윤리위원회의 기능 강화는 공직자윤리위원회의 구성과 이들의 활동에 대한 지원체제라는 두 가지 측면에서 논의될 수 있다.

먼저 현재 공직자윤리위원회는 조직과 인력의 부족으로 인하여 등록된 재산의 정확성이나 합법성 등에 대해서 충분한 심사를 하기 어려운 실정이다. 현재

정부공직자윤리위원회에 대한 지원업무는 행정자치부 감사관실 산하의 윤리담당관실에서 이루어지고 있는데, 현재 윤리담당관실의 총 인력은 14명이며, 이 중에서 심사업무를 담당하는 인력은 6명에 불과한 실정이다. 공직자 윤리위원회에서 심사권(법 제8조), 조사권(법 제8조 3항), 자료제출 요구권(법 제8조 4항), 금융거래내용 제출 요구권(법 제8조 4항), 경고 및 시정조치권등(법 제8조의 2), 취업승인권(법 제18조), 징계의결권(법 제22조) 등 다양한 권한을 보유하고 있지만, 이러한 권한이 형식에 머무는 것이 아니라 실질적으로 활용되기 위해서는 현행 조직과 인력에 대한 대폭적인 충원이 요구된다. 그리고 공직자윤리위원회의 선임과 관련하여, 현재 정부공직자윤리위원회의 경우 9인의 위원 중 5인을 민간인으로 선입하도록 하여 나름대로 독립성을 확보하고자 하지만, 결국 4인은 여전히 심사대상이 되는 당사자라는 점에서 독립성확보에 있어서 근본적인 한계를 지니고 있다.

6. 공직자윤리의 확보방안

1) 올바른 공직윤리를 확립하기 위한 방안

첫째, 공직자를 위한 특별한 교육훈련과 민주화시대에 걸맞은 공직윤리교육과 훈련을 강화하여야 할 것이다. 이는 관료들의 가치관과 행정문화적 요소가 깊게 관련되어 있기 때문이다. 따라서 공직자의 역할 범위와 행동지침들이 강조될 수 있는 세련된 윤리교육 프로그램을 개발해 시행해야 한다.

둘째, 구조적 차원에서 윤리촉진적 제도 개발 및 분위기를 조성해야 한다. 구체적이고 실효성 있는 윤리기준을 개발해 제시하고 이를 어길 경우 과감하게 처벌하는 등의 조치가 필요하다. 또한 공무원의 뇌물수수 처벌과 관련해서도 100만 원 이하의 금품수수시 대가성이 없을 경우 처벌하지 않는 관행을 시정해 '대가성'이 없다고 하더라도 '고의성'이 있을 경우 강력한 징계가 수반될 수 있도록 법적용에 만전을 가해야 한다.

셋째, 부패가 만연되어 있는 조직구조의 개혁과 통제 및 제도의 입법화를 통하여 반부패의 효과를 극대화할 수 있도록 하여야 할 것이다. 예를 들어 도덕적·윤리적으로 뛰어난 공직자를 크게 포상하여 부패한 조직문화를 정화시킬 수 있도록 유도하여 조직에서 파생되는 부패의 극복을 주도하도록 하는 것을 들 수 있다.

그 이외에도 공직자들의 보수 현실화, 인사제도의 합리화 등을 고려할 수 있다.

넷째, 법령 등에 의한 정부의 규제기준이 철저하게 지켜질 수 있도록 기준이 구체화되어야 한다. 공직자의 복지부동, 부정부패를 막기 위한 법규범이 있음에도 불구하고 좀처럼 이 문제는 해결되지 않고 있다.

다섯째, 정보통신 기술을 이용한 정보 청구와 공개, 자발적 공개 등을 촉진할 수 있는 법적, 제도적 보완이 필요하다. 서울시의 Open System(the Online Procedures Enhancement for Civil Application)이 성공적 사례로 꼽히고 있는데 이는 공무원의 접촉이 없이 원하는 민원처리를 할 수 있도록 고안된 정보시스템으로 공무원의 직권남용을 방지할 수 있는 좋은 사례로 평가받고 있는 점을 감안하여 전체행정부처에 확대 적용하는 것이 바람직하다.

여섯째, 반부패문화의 개혁에 대한 국민전체의 감시자로서의 역할과 기능이 발전되어야 한다고 본다. 국민전체가 공직비리의 감시자가 되고 심판자가 되어야 부패문화를 척결할 수 있을 것이다.

2) 황금률[74]과 윤리문화를 위한 황금률을 푸는 열쇠

❶ 황금률

워싱턴에 위치한 윤리자원센터(Ethics Resources Center)에 의하면, 옳은 일에 헌신하고 사회적 책임을 약속하며, 이를 꾸준히 지키는 기업들이 그렇지 않은 기업보다 수익성이 더 높다고 한다. 존슨&존슨(Johnson & Johnson)의 전 CEO 제임스 버크 회장은 이런 비유를 들었다. "만일 30년 전, 다우존스 혼합주식(composite of the Dow Jones)에 3만 달러를 투자했다면 지금쯤 그 가치는 13만 4천 달러에 이를 것입니다. 하지만 같은 3만 달러를 사회적·윤리적 책임 의식이 높은 회사에 넣어 두었다면 지금쯤 그 가치는 1백만 달러 이상일 것입니다."

물론 윤리적 행동을 했다고 해서 모두 성공하는 것은 아니다. 그렇다면 윤리적 행동이 성공을 위한 초석은 될까? 물론이다. 성공이라는 결과물은 윤리와 능력이 합해졌을 때 나온다. 반면에 윤리의 경계선을 끊임없이 시험하는 사람은 반드시 그 선을 넘을 수밖에 없다. 장기적으로는 속임수로 결코 성공하지 못한다. 왜냐하면, 진실은 늘 밝혀지기 때문이다. 윤리적인 행동이 단기간에는 손해

74 Maxwell, There's No Such Things as Business Ethics, Warner Books Inc., 조영희 옮김, 2004, 결정적 순간의 원칙, pp. 27-28.

처럼 보이지만 윤리를 지키지 않으면 결국에는 실패한다. 늘 지름길을 찾고, 기만과 거짓된 행동을 일삼는 사람이 나중에 잘 되는 것을 본 적이 있는가?

"나라가 번영하기 위해서는 도덕적 성품 위에 나라가 건설되어야 합니다. 그리고 도덕적 성품이 나라의 힘을 이루는 첫 번째 요소이며, 나라의 존속과 번영을 보증하는 유일한 길입니다"라고 미국 하원의원이자 교권운동가인 Jabez L. M. Curry가 말했다.[75] 똑같은 원리를 기업에도 적용할 수 있다.

그렇다면 윤리란 무엇이며 모든 상황에 효과적인 하나의 기준은 어디에서 발견할 수 있을까? 평안히 잠을 자고, 일에서 성공하며, 행복한 결혼 생활을 영위할 수 있게 해 주는 것과 내가 하는 모든 일이 잘되고 있다는 자신감이 들게 하는 가이드라인을 어디에서 찾을 수 있을까? 보통 사람들은 윤리를 어떻게 생각하는가? Maxwell의 윤리의 기준은 마태복음 7장 12절과 누가복음 6장 31절에 각각 나타나는 황금률로서, 이는 예수가 산 위에서 제자들과 그를 따라온 무리들에게 가르치신 말씀 중 이웃 사랑에 관한 교훈에 속한다. 즉 "자신이 대접받고 싶은 대로 다른 사람을 대하라"를 의미한다고 그는 믿는다. 다른 말로 자신이 대접을 받고 싶은 만큼 남을 대접해 주는 것이 황금률이라는 것이다. 그러므로 다른 사람을 존중해 줌으로써 자신도 존중을 받게 되는 것이고 결국은 인류애가 확산된다는 것이다.

황금률은 모든 문화권 내에서도 존재한다. 다양한 형태로 모든 종교에서도 존재하고 있다. 예를 들면,

- 기독교: 남들이 내게 해 주기를 바라는 행동을 그들에게 베풀라.
- 이슬람교: 자신만큼 이웃을 사랑하지 못하는 자는 신앙심이 없는 사람이다.
- 유대교: 내가 싫어하는 행동을 다른 사람에게 하지 말라. 이것이 진정한 '법'이다. 그 나머지는 모두 부수적인 것이다.
- 불교: 내게 고통을 주는 것으로 다른 사람들을 상처 입히지 말라.
- 힌두교: 이것이 의무의 전부이니 내가 다른 사람에게 허락하지 않은 일을 남에게 강요하지 말라 등 황금률이 문화와 종교의 경계를 넘나들며 거의 모든 사람들에게 받아들여지고 있음은 분명한 사실이다. 왜냐하면 황금률은 인류가 가지고 있는 윤리에 대한 가장 보편적인 지침과 가깝기 때문이다.

75 Maxwell, There is no such Things as Business Ethics, 조영희 옮김, 결정적인 순간의 원칙, p. 29.

사람들은 윤리를 복잡하고 실체가 만져지지 않는 것처럼 여기기 때문에 윤리문제를 다룰 때 어려움을 겪는 것이다. 하지만 황금률은 보이지 않는 것을 보이는 것으로 만든다. 우리는 법을 알 필요가 없다. 철학적 의미를 탐색할 필요도 없다. 그저 다른 사람과 입장을 바꾸어 생각하기만 하면 되는 것이다. Maxwell은 복잡한 윤리문제를 이와 같이 쉽게 풀어나간다.

❷ 윤리문화를 위한 황금률을 푸는 열쇠

사람들의 마음속을 들여다보면 모두가 비슷한 점을 발견한다. 나이, 성별, 인종, 국적은 달라도 사람들은 어떤 공통점을 가지고 있다. 이러한 공통점을 파악한다면 서로간의 윤리의식을 제고할 수 있다.

▪ Maxwell는 사람들의 공통점이 무엇인가를 다음과 같이 설명하였다.[76]

① 사람들은 가치를 인정받고 싶어 한다.

오늘날 많은 사람들이 자신의 가치를 인정받지 못하고 있다고 느끼기 때문에 조직을 떠나거나 혹은 스트레스가 쌓이곤 한다. 다른 사람으로부터 가치를 인정받고 싶지 않은 사람은 단 한 명도 없을 것이다.

사람들이 누군가를 통하여 자신이 가치 없는 사람이라고 느껴 본 적이 있는 사람은 누군가로부터 인정받는다는 것이 얼마나 중요한 일인지 잘 알 것이다. 이와 같은 차원에서 생각하는 방법을 배웠다면 황금률을 인생의 윤리적 기준으로 삼는 중요한 단계를 거친 것이다.

② 사람들은 감사받고 싶어 한다.

사람들이 자긍심을 높일 수 있도록 항상 도와주어야 한다. 상대방을 중요한 사람으로 느끼게 하는 방법을 개발하여야 한다. 그렇게 하기 위하여 그들의 노력을 인정한다고 상대방에게 말하고, 공로를 인정하고 감사함을 표시하고, 가능한 한 자주 사람들의 공로를 인정해야 한다. 또한 가까운 친구 및 가족 앞에서 칭찬하는 것도 중요하다. 실제로 동료가 당신을 칭찬하는데 어떻게 그들과 싸울 수 있겠는가?

---

76 Maxwell, There is no such Things as Business Ethics, 조영희 옮김, 결정적인 순간의 원칙, pp. 55-70.

③ 사람들은 신뢰를 받고 싶어 한다.

빅토리아 시대의 작가 George MacDonald는 "신뢰가 사랑보다 더 큰 칭찬"이라고 말했다. 「리더십 21가지 불변의 법칙」(The Irrefutable Laws of Leader-ship)에서 신뢰가 리더십의 토대라고 이야기한다. 그 말이 옳다면, 신뢰가 모든 관계의 토대라고 말할 수도 있을 것이다. 신뢰가 없는 사람에게는 마음을 터놓고 만나는 솔직한 관계란 존재하지 않을 뿐만 아니라 그런 관계는 일시적이다.

▪ 신뢰받는 사람에게는 다음과 같은 공통점이 있음을 발견했다.

- 항상 정직하다.
- 솔직하게 마음을 터놓고 비전과 가치를 공유한다.
- 직원들을 동등한 파트너로 존중한다.
- 개인보다 공동의 목표에 집중한다.
- 개인적인 위험이 존재해도 올바른 행동을 한다.
- 열린 마음으로 사람들의 이야기에 귀를 기울인다.
- 관용을 보여준다.
- 자신감을 유지한다.

다른 사람을 신뢰한다는 것, 특히 잘 모르는 사람을 신뢰하기 위해서는 커다란 믿음이 필요하다. 황금률을 실천하기 위해 필요한 것도 그러한 믿음이다. 사람들이 우리를 신뢰하게 만들기 위해 먼저 우리가 그들을 믿어 주어야 한다. 반대로 그를 불신하고, 그 불신감으로 내보이면 우리를 멀리 할 것이라는 것이다.

④ 사람들은 존경받고 싶어 한다.

사람은 본질적으로 존경을 받고 싶은 욕망을 가지고 있다. 사람을 존경하면 상대적으로 존경을 받는다. 그래서 존경은 존경을 낳는다고 한다. 대부분의 사람들은 상사의 존중을 받고 싶어 한다. 그리고 상사가 직원들을 아낌없이 존중해 줄 때 긍정적인 업무 환경이 조성된다. 다시 말해 직원들을 존중하면 그들은 최고의 실력으로 최선을 다해 일하려는 동기를 갖는다. 리더들은 사람을 소중히 여기는 것이 사업에도 유리하다는 것을 알아야 한다.

⑤ 사람들은 이해받고 싶어 한다.

사람들 사이의 문제는 개인적으로 냉담하거나 무관심해서 생길 때도 있지만 이해 부족 때문에 생기는 경우가 더 많다. 우리는 다른 사람들이 우리의 패턴이나 기준을 맞추지 못할 경우 재빨리 그들의 흠을 잡는다. 하지만 그들을 이해하려는 노력을 하게 되면 그들의 방식에 문제가 없음을 발견하는 경우가 종종 있다. 그저 그들의 방식이 다르구나 하고 이해하는 것이다. 어쩌면 그들의 방식이 우리와 다른 것은 우리가 가지고 있는 이점이 그들에게 없을 수도 있기 때문이다.

사람들과 관계를 맺을 때는 상대방을 먼저 이해하고 나서 이해받도록 해야 한다. 이를 위해 융통성 있는 태도와 학습능력이 있어야 한다.

⑥ 사람들은 이용당하는 것을 원치 않는다.

사람들은 자신이 이용당하고 있다는 것을 가장 싫어한다. 2003년 1월 Marvin Bower가 세상을 떠났다. 전문 경영 컨설팅의 원조라고 불리는 McKinsey & Company를 오랫동안 이끌어 온 Bower 사장은 회사에 1933년 처음 입사할 때부터 1992년 은퇴하기 전까지 상당한 영향력을 행사했다. 그는 다른 사람들을 존중하는 것이 얼마나 중요한지를 몸소 보여주었다. McKinsey 사내에서 발간한 책자에는 그에 관해 이렇게 적고 있다. “Bower 사장은 고객의 이익이 회사의 이익보다 앞서야 한다고 주장했다. 그리고 그 약속은 고객이 생각하는 우리의 가치가 수임료보다 높다고 여길 때에만 가능하다.”

Bower 사장이 1950년대에 억만장자 하워드 휴즈로부터 자신을 도와 파라마운트 영화사에서 일해 달라는 요청을 받았다. 그러나 하워드 휴즈의 독단적인 사업 방식을 생각해 본 후 그를 도울 수 없겠다는 결론을 내렸다. 결국 제안을 거절하였다. 그에게는 가치가 돈 이상으로 중요했기 때문이었다. 그는 다른 사람을 이용하지 않았다. 그것이 황금률을 지키며 살아가는 사람들의 방식이다.

제5절 요 약

우리는 관료들을 통제하기 위한 다양한 통제방법들을 제시하고 이들에 대한 문제점을 설명하였다. 본장의 목적은 다양한 통제방법들을 종합적으로 비교 및 평가한 후 궁극적으로 관료제를 통제하기 위한 민주적 통제방안을 탐구하는 데 있다. 관료제에 대한 외부통제나 혹은 내부통제만으론 관료제를 통제하여 행정책임성을 확보하는 데 충분하진 않았다.

관료제는 정치적 기구이며 정책을 결정하는 데 상당한 자유재량을 가진 하나의 정치체제인 것이다. 그렇다면 관료제를 어떠한 방법으로 책임 있게 행동하도록 만들 수 있는가? 사실 외부 또는 내부통제 어느 한 가지의 통제체제로서 행정 권력의 남용을 통제하기는 충분하지 않다고 이미 논의했다. 다시 말하여 하나의 통제가 다른 통제의 도움 없이 성공적으로 통제기능을 발휘할 수 있는지는 확실하지 않다.

지금까지 행정 관료제의 책임성확보를 위하여 통제에 관련된 여러 학자들의 주장을 검토하면서 관료제를 민주화하는 가능한 방안을 모색하려 하였다. 이미 언급한 바와 같이 대통령에게 엄격한 통제권한을 주어야 한다는 제안도 있었고, 의회가 행정의 세세한 부분까지 간섭하여야 된다는 주장과 그 반대의 의견도 있었다.

의회와 이익집단이 행정부처를 유인하여 대통령의 강력한 정책수행을 견제하려는 의도를 방지하기 위하여 대통령과 내각의 장관들로 구성한 '집단적 책임'을 공유할 수 있는 내각을 제안하는 Mckinley의 견해도 검토했다.

반면에 Maass는 의회는 행정의 비능률을 방지하기 위하여 행정은 대통령을 통해서만 책임을 지는 간접적인 책임을 주장하기도 하였다.

Hyneman은 대통령과 의회의 행정통제의 혼선을 막기 위하여 대통령, 여당지도자, 의원, 행정문제에 정통한 정치인 등으로 구성한 중앙위원회(Central Council)를 제안하면서 그 중앙위원회의 역할은 정부프로그램을 집행하는 것을 감독하고 명령을 내리는 것이라고 하였다.

또한 이 장에서 Friedrich나 Finer가 주장한 내부 및 외부 통제의 통제능력에 대하여 비교 및 비평을 하면서 통제의 상호보완성에 대하여 지적하였다. 특히 행정 통제를 연구하는 데 있어서 Mosher가 우려한 관료의 전문성에 따른 문제점, Levitan이 비판한 행정과 정치의 분리 전통으로 발생한 행정 관료들의 정치원리에 대한 무관심, 또는 Chomsky의 편견이 없는 지식인의 필요성 등은 흥미 있는 견해일 뿐만 아니라, 앞으로 검토해야 할 핵심적인 문제라고 지적하고 싶다.

그 이외에도 조직론에서 주로 다루고 있는 조직업무의 기본원리인 통제이론을 행정통제하는 데 적용될 수 있다는 장점을 있기에 본 장에서 다루었다. 예를 들면 Downs의 조직통제의 7단계설, QC서클, 정보관리체제, 가외성, 참여와 노조화 등은 조직이론에서 발전하였지만 통제를 위하여 활용한다면 행정의 책임성을 확보하는 데 도움이 될 것으로 판단되어 논의에 포함시켜 보았다. 실제로 행정학의 모든 이론은 행정통제의 관문을 통한다고 말할 정도로 행정이론을 행정통제를 위해 적용하는 적극적 방안을 찾아야 할 것이다.

그 이외에 모든 결정은 두 변수인 절차와 실질적인 내용의 변수들의 상호작용에 의해 이루어진다고 주장하는 Gruber는 관료가 민주주의 사회에서 어떻게 처신하는가를 분석하면서 5가지의 흥미로운 접근방법들을 제시했다: 참여접근법, 책임성접근법, 자율통제접근법, 고객 중심적 접근법, 그리고 공익접근법.

각 접근법마다 장점과 단점이 있는 것은 사실이다. 그러나 행정이 더욱 복잡화되고 과학화됨에 따라 Gruber의 5가지 접근방법 가운데 관심을 끄는 것은 자율적 접근방법이다.

외부통제기관의 통제능력이 감소되고 있는 상황에 비추어 볼 때, 하나의 대안으로 자율적 접근방법이 관료에 대한 통제는 궁극적으로 내부적 혹은 자율적 책임성에 달려 있다고 주장한 Harmon의 견해와 같은 맥락이다.

Harmon은 공무원을 통제하는 데 가장 중요하고 궁극적인 통제는 내부적(internal)이라는 개념에 기초하고 있다.[77] 그의 주장은 결국 행정통제는 내부통제 방안에 동의하는 것으로 판단하는 것 같이 보이지만 결코 외부통제가 불필요하다는 것을 말하는 것은 아니라고 생각한다. 현실 사회의 복잡성에 비추어 내부통제의 역할이 강하여 진 것은 틀림없다. 문제는 내부통제를 어떻게 활성화할 수 있는지가 관건이 될 것이다.

Harmon은 내부통제의 활성화 방안으로 자율책임성(self－responsibility)을 지적했다.

실제로 민주국가의 이상과 절차를 실현하는데 공공관료제의 충성심을 이끌어 내고 유지하기 위한 매우 중요한 동기부여 요인을 우리는 자율책임성에 두고 있다.

행정책임을 확보하는 데 내부통제가 중요하다면 결국 행정통제는 공무원의

---

77 Michael M. Harmon, "Normative Theory and Public Administration: Some Suggestions for a Redefinition of Administrative Responsibility," ed. Frank Marini, *Toward a New Public Administration* (New York: Chandler Publishing Co., 1971), p. 179.

개인적 특성과 행정기관에 대한 국민의 태도에 달려 있다고 볼 수 있다. 이것을 좀 더 구체적으로 설명하자면, 시민에 대한 책임성, 시민의 요구에 대한 반응성, 정치지도자에 대한 책임성, 관료 자신의 행동에 대한 책임성이 관료들에게 널리 보편화되어 있지 못하다면 모든 외부통제의 방법을 사용한다 하더라도 만연하는 행정부패와 권력 남용을 막기는 어려울 것이다. 관료뿐만 아니라 국민들도 관료의 책임성 문제에 관심을 두지 않는다면 의회가 가지고 있는 다양한 행정통제 메커니즘들이 효율적으로 작용할 수 없을 것이다. 이러한 주장은 지금까지 통제 방안을 검토한 결론이다.

비록 관료제에 대한 다양한 통제방안들이 있지만 관료제의 규모 증대와 수행하는 업무의 복잡성 때문에 관료들의 정책 및 행위를 일일이 통제한다는 것은 대체로 불가능한 실정이다. 그러므로 행정을 감시하는 데 가장 적절한 수단은 공무원들이 스스로 자신을 감시하게 하는 자율통제 메커니즘이라고 주장할 수 있을 것 같다. 이러한 통제는 사건이 발생한 후 교정하는 사후통제보다 권력남용이 발생하기 전에 미리 권력의 남용 문제를 예방할 수 있다는 점에서 가장 저렴한 통제방법임에 틀림없다. 권력 남용이나 부정과 부패가 이미 발생한 후 사건을 다룬다면 많은 예산과 남용사건이 일어난 후라 사후 통제는 비용이 비싼 통제라고 할 수 있을 것이다.

실제로 공무원 권력남용을 방지하기 위해서는 의회와 사법부 등 외부통제 기관이 있지만 의회와 사법부의 인력 구조상 적은 인원과 다양한 행정분야에 전문성 부족 그리고 행정 업무량이 방대하여 이를 효율적으로 감시하는 것은 한계가 있다. 정책결정의 공론화 및 거버넌스를 적극 도입하여 이해관계자의 의견을 적극 반영하고 공청회, 토론회를 활성화하여 투명한 정책결정이 되도록 노력하며 동시에 자체감사가 활성화되면 공무원의 권력남용을 방지하는 데 상당한 기여가 있을 것으로 예상된다.

제4절에서 관료들의 권력남용을 억제하기 위해 공직윤리확립에 대해 논하였다. 사실 공직윤리는 문화적 소산이다. 공직윤리는 사회사조와 윤리로부터 영향을 받으며, 역으로 사회윤리와 사조에 영향을 미치기도 한다. 공직자의 윤리는 공직자의 공적 도덕성을 구현하기 위한 것이므로 민간에 요구되는 윤리보다는 엄격한 기준을 요구하는 것이 바람직하다. 만일 공직윤리에 대한 공직자의 합의를 지나치게 중시하여 행동강령에서 요구하는 공직윤리의 수준과 내용이

사회의 현실을 그대로 반영하게 되면, 자칫 윤리규범으로서의 가치를 상실하게 될 우려가 있다. 반대로 공직윤리가 사회 현실을 고려하지 않고 지나치게 엄격한 수준을 요구하게 되면 수용가능성이 낮아지게 되어 행동강령에 대한 자발적이며 지속적인 준수를 기대할 수 없게 된다. 이와 같이 행동강령의 내용과 수준이 행동강령의 준수 정도에 영향을 미치기도 하며, 반대로 행동강령의 준수 정도가 행동강령의 구조와 엄격성에 영향을 미치기도 한다. 따라서 사회현실과 공직윤리 수준을 적절히 조화시키는 선에서 공직윤리의 내용과 수준을 결정하되, 현실보다는 엄격한 도덕성이 요구되도록 제정되는 것이 바람직하다. 그 결과 공무원의 행동강령은 공무원들의 직무관련 윤리의식을 제고시킴으로써 공직자의 권력남용을 사전에 예방하고 적극적이며 책임 있는 업무수행을 제고하는 데 목적이 있다.

그 외에도 자율적인 통제는 정치체제 간의 갈등이 초래할 수 있는 정치적 비용을 줄일 수 있는 예방적 의미를 가지고 있기 때문에 가장 이상적이고 저렴한 통제방법이라고 볼 수 있다. 이러한 사전통제(pre-control)에 비하여 사건이 발생한 후에 벌어지는 사후통제(post-control)는 그만한 대가를 치러야 하기 때문에 값비싼 통제라고 부르기도 한다.

저자가 제시하는 내부민주통제체제(Internal Democratic Control System)는 자율적 통제의 장점을 살리기 위하여 관료제 내의 집단들이 상호균형과 견제를 유지할 수 있도록 내부의 통제를 관료제 내부에서나마 우선 활성화하여 관료제의 민주화를 촉진하자는 것이다.

이 모델을 발전시키기 위하여, 물고기가 물을 벗어나서 살 수 없듯이 정치체제들은 진공 속에서 생존할 수 없고 불가피하게 다른 정치체제들과 상호작용을 한다는 논리를 적용하였다. 다시 말하여 관료제는 다른 정치체제들, 즉 의회, 대통령 및 사법부 등과 밀접하게 상호작용하기 때문에 관료제 내에서 생성된 내부 민주통제체제는 외부정치제제로 투입되어 자연이 외부정치체제 내에 내부민주통제체제를 조성하고 다시 관료제 내로 투입 순환한다는 것이다.

위와 같은 논리로 외부통제체제 내에 생성된 내부민주통제체제는 다시 관료제 내로 투입되어 관료제를 더욱 민주화시키는 데 촉매역할을 한다는 순환논리를 주장하였다. 결국 관료제의 내부 민주통제모델은 외부정치제제의 통제기능을 강화시키는 데 중요한 역할을 하게 됨으로써 정치체제들 간의 견제와 균형을 이루게 하여 균형정부를 이루어 낼 수 있는 커다란 장점이 있다고 본다.

따라서 내부 민주통제모델은 두 가지 기능적 측면에서 정의될 수 있는데, 첫째, 관료제 내에 상호 견제할 수 있는 권력을 분화시킴으로써 견제와 균형을 이루어 관료제의 민주화를 촉진하는 것으로 정의할 수 있으며, 둘째, 관료제 내에서 생성된 내부민주통제체제는 의회, 대통령, 사법부 등과 같은 다른 정치체제 내로 확산하여 그 정치체제를 민주화시켜 스스로 그들의 내부민주통제체제를 발전시키게 되므로 다시 관료제로 확산하는 순환논리로 정의할 수 있다.

앞으로 제7장에서 내부 민주통제모델의 기능과 역할에 대하여 자세히 설명하게 될 것이다. 내부민주통제모델은 한 사람이나 행정기관이 다른 사람이나 혹은 다른 정치체제의 상호견제(cross－check) 없이는 서로 상호작용하는 모든 측면이 통제될 수 없다는 논리에 기초를 두고 있다. 같은 논리로 민주화는 서로 견제하는 상호작용을 통하여 더욱 활성화된 민주화를 낳을 수 있다는 순환논리를 적용하였다. 이와 같이 이 모델의 명제는 한 사람이 상대방을 민주적으로 대하면 다른 사람도 민주적으로 대해 준다는 단순한 논리를 적용하였다.

본 모델의 순환논리는 정치체제들 간의 상호작용을 설명하는 가운데 통제에 대한 더 나은 이해를 가져올 수 있다는 장점이 있다. 물론 이러한 주장은 과거 행정을 통제하는 이론들을 검토하면서 통제이론들이 거의 일방적으로 통제하는 것이지 상호작용하는 가운데에서 통제해야 되는 통제점들을 발견하지 못했다. 실제로 고구마를 캘 때 줄기를 잡으면 고구마가 줄줄이 따라 나오듯이 상호작용하는 할 때 검토해보면 권력의 부패나 남용의 사건들이 줄줄이 발견된다는 것이다.

제5장

외부통제체제들의 통제역량과 한계

제5장

외부통제체제들의 통제역량과 한계

제1절 서 론

앞장에서 논의한 바와 같이 오늘날 관료제는 정책의 결정과 집행에 더 깊이 관여하고 있다. 현대정부가 직면하고 있는 모든 도전들에 대하여 정부의 3부(입법부, 사법부, 행정부)들도 대응할 능력이 부족하다. 이러한 부족을 채워 주는 것이 바로 관료제이다.

현 시점에서 행정의 미래를 예견해 볼 때, 관료제는 정부의 3부 가운데 어떤 영역에 의하여 완전한 통제를 받지 않는, 보다 독립적이고 강력한 영역이 될 것으로 보인다. 그러나 이러한 관료제의 독립은 자유재량권의 완전한 소유를 의미하는 것은 아니다. 그것은 정부의 3부와 마찬가지로 견제와 균형 내에서 기능해야 하기 때문이다.

행정기관은 의회, 대통령, 법원, 조직화된 이익집단 등과 같은 외부통제기관들을 포함하는 환경 내에서 존재한다. 여러 가지 공공정책의 분야에서 관료제의 행정적 독립성과 지배적 성격을 견제하고자 하는 외부통제기관들의 끊임없는 노력 없이는 한 국가의 민주주의를 보호하기 위해 필수적인 3부 간의 권력균형은 파괴될 것이다.

결론적으로 민주정부의 유지·발전을 위해 관료제는 외부통제기관에 의해 통제를 받아야 하며, 관료들의 권력은 제한되어야만 한다. 한 국가사회의 방향을 결정하는 중요한 선택을 관료들이 독단적으로 행해서는 안 된다.

대통령이나 의원들은 국민에게 정책공약을 제시하고, 이 공약을 실천하기 위해 새로운 관료제가 탄생하곤 했다. 물론 국민들은 행정기관의 필요성은 인정하지만 관료제의 확대를 환영하지 않는다. 사람들은 관료제가 자기들에게 강제력을 행사할 수 있기 때문에 두려워한다. 실제로 관료제는 규칙을 만들고, 재산의 가치를 줄이고, 세금을 징수하고, 자격증을 발급하고 취소하는 등 국민생활에 영향을 끼칠 수 있는 수많은 일을 수행한다.

Jimmy Carter는 관료제에 대해 국민들이 갖고 있는 적대감정을 잘 활용하여 대통령에 당선되었다. Ronald Reagan 역시 Carter를 낙선시키기 위해서 관료제에 대한 국민적 감정을 이용하였다. 그러나 그는 대통령에 당선된 후 일정 기간 동안은 반 관료제적 이미지(anti-bureaucratic image)를 유지할 수 있었지만 계속해서 지속할 수가 없었다.

어느 대통령이나 선거에 임할 때면 관료제의 축소를 선거 공약사항으로 강조하였지만 백악관을 떠날 때는 관료나 행정기관의 수가 오히려 팽창하였다는 사실은 관료제 성장의 불가피성을 의미한다.

민주주의는 국민이 정부를 통제할 수 있어야 한다는 가정에 기초하고 있다. 국민들은 자신들이 위임한 권한을 가진 정부가 수행하는 일에 국민 자신들이 영향력을 행사할 수 있기를 원한다. 국민 대다수의 사고와 감정을 충실히 반영하고, 개인의 권리를 보호하여야 하며, 그리고 도움을 필요로 하는 시민들에게 적극적으로 관심을 기울이는 관료제를 원하는 것은 당연하다. 관료제가 어떻게 하면 국민들을 위해 일하게 할 수 있을까 하는 문제에 대한 명확한 해결책을 모색하는 것은 매우 어려운 과제다. 그것의 대답은 관료제에 대한 내부통제와 외부통제에 관한 것이 될 것이다.

이러한 내부통제와 외부통제 중에 어떤 통제방안이 더 효율적인가? 일생 동안 관료제를 민주주의 원리와 조화시키기 위해 노력해 온 Friedrich, Finer, Maass, Redford, Rourke, Dwight Waldo, Roscoe Martine, Frederich and William Mosher 등의 학자들은 내부통제나 외부통제 어느 하나만으로는 관료제를 충분히 통제할 수 없다는 결론에 도달하였다. 의회, 대통령, 사법부 및 시민들이 고도로 전문화된 수백만 명의 관료를 효과적으로 통제하는 것이 가능한 일인가? 그렇지 않으면 민주적인 가치관과 국민의 감정을 잘 파악할 수 있는 고도로 전문화된 수백만 명의 정책전문가를 외부통제기관이 채용할 수 있는 방법이 있는가?

어쨌든 관료제의 성장이 반드시 우려의 대상이 되어서는 안 된다. 관료제의 성장은 현대정부의 새로운 지평을 열어 주었다. 그러나 관료제의 성장은 행정에 대한 외부통제의 증대나 혹은 새로운 통제장치의 필요성을 제기하였다.

이 장에서 우리는 내부통제와 외부통제가 정부활동의 민주적 과정을 보장하기 위한 상호보완적인 통제 메커니즘이라고 가정하고 대표적인 외부통제기관들－대통령, 의회, 법원, 이익집단－을 살펴보고, 각각의 외부통제기관들이 지니고 있는 관료제를 통제하는 데 있어 한계를 검토할 것이다.

제2절 대통령

대통령에 관한 문헌들은 대통령이 대통령의 역할을 수행하면서 관료제를 상대하는 데 많은 어려움이 있다는 것을 지적하고 있다.

미국에서 정치와 정부의 권력분산화로 인하여 각각의 복잡한 이익(kalei－doscopic interests)을 대표하고 봉사하기 위해 복잡하고 분화된 행정기구들이 창조되었다고 한다. 대통령은 다양화된 정부체제의 핵심에 위치하며, 모든 정치가 및 행정기관이 그런 것처럼 대통령은 자신에게 유리한 정치적 지지를 유지하기 위하여 노력해야만 한다.

다원주의 모형은 미국 행정부의 권력 환경을 가장 정확하게 설명해 주고 있다. Richard Neustadt는 대통령의 권력이 실질적으로 명령이 아니라 협상과 설득에 의존하고 있다고 파악하였다.[1] 실제로 대통령은 시간과 지식의 부족으로 인하여 자신이 직면하고 있는 문제들을 이해하지 못할 때가 있으며, 심지어는 해결할 수 없는 문제도 있다. 물론 대통령은 자신의 정책이 잘 집행되고 있는지 알기 위하여 반드시 행정부의 모든 것을 알아야 할 필요는 없다. 그러나 현재 무엇이 일어나고 있는지 혹은 현재 일어나고 있는 일이 대통령 자신이 의도했던 것과 어느 정도 차이가 있는지조차도 모르는 경우가 있다는 사실은 잘 알려져 있다.

대통령의 무지는 행정기관에겐 자유재량의 기회가 된다. 관료들은 소극적으로 저항하거나, 단순하지 않는다는 태도를 보이거나, 때로는 무시하는 방법으

---

1 Richard E. Neustadt, *President Power* (New York: Willy Sons, 1960), chap. 3.

로 대통령에게 저항한다. Cronin은 한 조사연구에서 적어도 50명의 백악관 보좌관들이 이러한 사실에 동의하였다고 보고하였다.[2]

Mainzer의 주장처럼, 대통령은 다음과 같은 수단을 통해서 관료제에 영향력을 행사할 수 있다.[3] 아래 권한을 대통령이 확실히 갖는다면 어느 정도 관료제를 통제하는 데 유리한 입장에 있을 것이다.

① 예산권한
② 참모와 보좌기관들
③ 조직개편 권한
④ 인사권

그동안 우리가 논의한 것과 같이 관료제를 다루는 대통령의 권력은 상당히 제한되어 있다. 예를 들어 전문주의의 증가, 관료제 활동의 팽창, 공무원의 신분보장 그리고 행정기관－입법부－고객 간의 삼각관계(iron－triangle) 등이 관료제에 대한 대통령의 통제능력도 제한하고 있는 것이 사실이다. 실제로 미국의 정치체제가 입법, 사법, 행정부의 3부에 동등하게 권력과 책임을 분배하고 있다는 사실이 오히려 관료제가 자율성을 갖는 기회가 되고 있다는 것이 아이러닉하다. 왜냐하면 3부가 갈등하는 가운데 자연히 관료에게 의존할 수밖에 없기 때문이다.

Mainzer가 제시하고 있는 대통령의 행정통제 수단들의 각각을 설명하고자 한다.

1. 예산권한

예산과정은 대통령과 의회가 행정기관에 대해 활용할 수 있는 중요한 통제 메커니즘의 하나이다. 그러나 예산권한은 때로는 민감하지 않거나 혹은 유연하지 않을 때도 있다.[4] 예를 들어 대통령의 예산권은 행정기관들의 정치력과 의회

2 Thomas E. Cronin, "Presidents as Chief Executive," in Rexford G. Tugwell and Thomas E. Cronin, eds., *The Presidency Reappraised* (New York: Praeger, 1974), p. 237.

3 Lewis C. Mainzer, *Political Bureaucracy* (Glenview, Ill.: Scott, Foresman and Co., 1973), p. 86.

4 Howard S. Bloom and H. Douglas Price, "Voter Responses to Short Run Economic Conditions: The Asymmetric Effect of Prosperity and Recession," *American Political Science Review*

의 헌법적 권한에 의해 제한을 받을 수도 있다. 예산은 대통령이 가장 민감하게 생각하는 정책 영역이지만, 의회에 의해 승인된 예산은 아무리 대통령이라도 쉽게 삭감할 수 없다.

대통령이 행정부처의 예산에 얼마나 영향력을 행사할 수 있을까? 그리고 대통령이 예산분배를 통하여 정책목표를 실행하려는 행정부처의 능력에 얼마나 영향을 미칠 수 있을지는 의문이다. 왜냐하면 예산의 4분의 3은 예산편성자가 거의 통제할 수 없는 경직성 경비의 범주에 속하며, 의회의 동의 없이는 삭감할 수 없기 때문에 대통령이 전체 예산이나 행정부처의 정책목표에 영향을 미치는 데는 한계가 있기 때문이다.[5]

더욱이 대통령은 예산과정에 관련된 많은 참여자들을 통제하는 데도 능력의 한계가 있다. 뿐만 아니라 대통령은 행정기관의 예산을 깊이 파악할 수도 없으며, 시간이 부족하여 예산분야에 많은 관심을 갖기 힘들다. 따라서 대통령은 예산과정에 개인적으로 개입하기가 어렵기도 하고, 때론 불가능하기도 하다. 특히 정치적인 문제가 예견될 때는 더욱 그렇다.

대통령이 예산과정에 대한 정치적 영향력을 확실히 가지고 있을지라도, 대통령의 예산권은 예산분야에 관련된 관료들의 충성과 복종을 이끌어낼 수 있는 그의 능력에 달려 있다고 할 수 있다. 실제로 예산과정은 복잡하고, 정치적으로 개입하는 세력들이 다양하여 대통령이 권한을 충분히 행사하기엔 불투명한 것이 사실이다.

예산개혁가들은 대통령이 예산통제권을 많이 가질 수 있는 방법들을 제안하였다. 예를 들어 1965년 Johnson 대통령은 연방정부의 새로운 예산제도로 계획예산제도(PPBS)를 채택하였다.[6] 그러나 계획예산제도를 제안한 예산개혁가들은 자신들이 불리하다고 생각하는 세력들의 정치적 압력, 매 의사결정단계마다 발생하는 가치판단의 결정문제, 강력한 이익집단들의 저항, 그리고 많은 정보의

69(1975), pp. 120-540.

5 Dennis D. Riley, *Controlling the Federal Bureaucracy* (Philadelphia: Temple University Press, 1987), pp. 47-52.

6 PPBS는 산출(output)에 초점을 둔다. 즉, 예산결정과정에 있어 인원, 장비, 관리와 같은 투입요인보다 오히려 정부의 목표, 생산과 같은 산출물을 강조한다. 이 점에서 PPBS의 기본철학은 책임성이라고 볼 수 있다. 각 연방기관은 공공재와 서비스의 산출에 대해 대통령에 대해 책임을 지며, 보다 구체적으로는 이들 재화 및 서비스 배분에 대해 국민에게 책임을 지는 것이 PPBS이다.

수량화와 예측상의 어려움 등과 같이 정부활동의 합리적 계획화를 어렵게 하는 요인들을 과소평가하였다. 계획예산제도가 실지로 예산을 절감하는 효력이 있다고 하더라도 예산편성을 결정하는 독재적인 결정방식은 미국 문화에 맞지 않았다. 그 결과 PPBS는 1971년 봄 연방예산 과정에서 실종되었다.

Nixon 대통령은 1970년 7월에 행정명령을 통하여 예산국(Bureau of the Budget)을 관리예산처(Office of Management and Budget: OMB)로 개편했다. 그리고 MBO를 도입하였다.

OMB의 주요 기능은 예산준비이지만, 다른 통제기능들도 수행하고 있다. 즉 OMB는 행정기관의 입법제안, 제안한 법률안의 견해를 묻는 의회위원회의 요구에 대한 행정기관의 답변, 그리고 의회에서 통과되고 대통령의 승인 혹은 거부를 기다리고 있는 법률안에 대한 행정기관의 건의를 감독하는 통제기능을 가지고 있다. OMB는 PPBS의 단점을 보완하고 그것의 통제기능을 향상시키기 위해 목표관리(MBO)[7]를 적용하였다. MBO 주창자들은 MBO의 성공에 필수적인 3가지 요인들을 제시하였다: ① 목표와 목표설정 ② 참여 ③ 환류가 그것이다.[8]

또한 Jong S. Jun은 MBO 기법의 핵심적 측면으로 참여를 들고 있다.[9] 그러나, MBO의 실체가 MBO 이론과 일치하지 않고 있다는 지적도 있다. 예를 들어 연방정부에서 MBO의 목적은 참여라는 형식보다는 계층제상의 상부로부터의 일방적인 지시에 의해 설정되고 있다는 사실이다.[10]

이러한 상황에 대해 어느 관료는 "연방정부는 우리들에게 자신들의 목적을 억지로 밀어붙이지만 우리는 쉽사리 따르지 않는다"[11]라고 지적하고 있다. 게다가 MBO는 한 행정기관이 목적설정 또는 달성을 위하여 다른 행정기관에 의존

---

7 George L. Morrisey, *Management by Objectives and Results* (Reading, Mass. Addison-Wesley Publishing Co., 1970).

8 Henry L. Tozi and Stephen C. Arroll, "Management by Objectives," ed. Jay M. Shafritz, *A New World: Reading on Modern Public Personnel Management* (Chicago: International Personnel Management Association, 1975), pp. 179-183.

9 Jong S. Jun, "Management by Objectives in the Public Sector," *Public Administration Review* 36 (January/February 1976), p. 3.

10 Wedell French, *The Personnel Management Process: Human Resources Administration*, 3rd ed. (Boston: Houghton Mifflin Co., 1974), p. 385.

11 Jerry McCaffery, "MBO and the Federal Budgetary Process," *Public Administration Review* (January/February 1976), p. 37.

해야만 하는 어려움이 있다. 더욱이 한 행정부서가 다른 부서와 관련이 깊은 이익집단들의 비위를 거스르지 않고 독자적으로 목적을 설정한다는 것은 쉬운 일이 아니다. 이익집단의 영향에 의하여 행정기관이 자유로운 참여에 의하여 목표를 결정할 수 없다면 MBO의 원래의 의미는 축소될 수밖에 없다.

Frank Sherwood와 다른 학자들이 지적한 것처럼 정부기관의 목적설정, 추구 및 달성은 외부환경－의원, 고객집단, 다른 목적을 가진 정부기관, 언론, 특정한 이익집단 등－에 의해 상당한 영향을 받는다.[12]

MBO가 필수적으로 요구하는 제도화된 환류과정이 이미 결정된 목적을 수행할 책임을 지고 있는 행정기관에서는 용이하게 활용되기 어려운 문제점이 있다. 실지로 환류과정에서 목표가 당연히 변화될 수 있어야 하는데 여러 집단들이 서로 관련되어 있기 때문에 어려운 것이 현실이다. 이와 같은 논쟁에서 보듯이 MBO의 역할이 평가절하되어 왔다. 그럼에도 불구하고, MBO가 조직구성원의 참여를 통하여 조직의 목적을 설정하고, 중간 평가를 이용하여 조직의 목적을 수정한다는 의미에서 통제장치로서의 효과성을 가지고 있다는 것은 분명하다. 어떤 사람들은 MBO를 행정기관의 자율성을 희생시키면서 백악관의 통제력을 강화하려는 노력으로 보는 회의적 관점들을 가지고 있다. 결론적으로 예산과정은 정치적으로 복잡한 과정으로 대통령이 혼자 결정할 수 있는 사항은 아닌 것으로 판단된다.

2. 참모와 보좌기관

사실 청와대나 백악관은 일반 학자들이 접근하여 자료를 수집하기가 곤란한 곳이다. 이들을 대상으로 연구한 자료가 상대적으로 부족한 것은 그러한 이유 때문일 것이다. 그러나 이들 가운데 비서실 내부의 관계에 관한 연구나 흘러나온 정보들이 그나마 백악관에 더 많다는 것이 현실이다. 일반적으로 한국의 경우는 제도적인 분석에 너무 집착하여 비서실 내에서 어떻게 활동하고 있는지 행태적인 분석이 그리 많지 않아 일관성을 말하기가 어렵다.

관료제를 통제하는 데 있어서 대통령이 직면하는 또 하나의 심각한 한계점

---

12 Frank F. Sherwood and William J. Page, Jr., "MBO and Public Management," *Public Administration Review* (January/February 1976), p. 10.

은 행정부서들이 프로그램을 기획하고 집행할 때 이용하는 정보가 너무 광범위하고 복잡해서 대통령으로서는 이에 효율적으로 대처할 수 없다는 점이다. 정보의 효율적 수집과 분석을 위하여 대통령을 보좌하는 대통령 실(the Executive Office of President)은 규모와 범위 면에서 매우 확장되었고, 그리하여 대통령은 자신의 책임 하에 있는 수많은 분야에 대한 정보를 더 많이 얻을 수 있게 되었다. 한국의 역대 정권에서 대통령비서실은 취임 초에 축소하였다가 점차로 확대하는 경향을 보여 왔다. 청와대 조직도 내용상으로 계속 확장되어 오고 있다. 이것은 전술한 대로 시간이 지남에 따라 학습에 의해 대통령의 권력이 점차 증대하기 때문이다.[13] 이것은 대통령비서실의 일반적인 현상으로 판단된다.

이러한 맥락에서 Thomas E. Cronin은 다음과 같이 기술하고 있다:

> 오늘날 대통령실의 편제는 20개 이상의 지원참모들(백악관, 국가안전보장회의, 관리예산처 등)과 자문기관들(경제자문위원회, 과학기술국, 통신정책국 등)을 포함하고 있다. 참모들과 이들의 활동에 필요한 비용은 1년에 1억 달러에서 1억 5천만 달러에 이르며, 1954년부터 1971년 사이에 대통령 자문위원들의 수는 25명에서 45명으로 증가하였고, 백악관 참모의 수는 266명에서 600명으로, 대통령실 참모의 수는 1,175명에서 5,395명으로 증가하였다.[14]

그러나 이러한 대규모의 참모진과 권력이 항상 대통령에게 이로운 것만은 아니다. Cronin은 참모진의 규모가 팽창됨으로써 대통령이 점점 참모들의 '포로'(captive)가 되는 결과를 초래할 수 있다고 주장하였다:

> 관료제의 팽창에 따른 병폐를 치유하기 위해 대통령 편제의 양적 규모와 기능이 확대되었지만 아이러니하게도 이러한 현상은 전통적인 부서팽창과정에서 발생하는 것과 같은 또 다른 모순을 낳고 있다. 대통령 실은 점점 대규모의 복잡한 관료제가 되며 그 과정에서 대규모 관료제의 모호한 특징들이 나타난다. 예를 들면 대규모화, 지나친 전문화, 의사소통의 어려움, 행정기관간의 경쟁, 부적절한 조정, 단기성에 길들여지려는 충동, 다양한 정책유형과 우선순위의 결과, 광범위하게 영향을 미치는 중요한 문제에 관련된 체계적이고 장기적인 사고보다는 당장의 운

13 조석준·임도빈, (2010) 한국행정조직론, 법문사, p.115.

14 Thomas E. Cronin, "The Swelling of the Presidency," ed. Alan Shank, *American Politics, Politics and Priorities* (Boston: Holbrook Press, 1977), p. 271.

영상의 편의 등과 같은 관료제화의 특징들이 나타나서 원래 참모실의 역할이 제대로 기능을 하기 어려워진다. 팽창하는 대통령실 편제의 또 다른 결점은 정부 프로그램을 관리하기 위해 점점 더 많은 책임을 맡고 있는 백악관 참모들이 서로 이해관계가 있는 새로운 이상과 정책을 평가하는 데 필수적인 공평성과 객관성을 잃어버리기 쉽다는 것이다.[15]

대통령이 정책결정에 있어서 대통령실에 크게 의존하는 한, 그 의사결정은 대통령실이 제공하는 정보와 견해에 의해 영향을 받을 수밖에 없다. 더욱이 대통령 자신은 물론이고 참모들도 정책형성에 관련된 복잡한 세부사항들을 파악하기에는 시간이 부족하다. 따라서 불가피하게 대통령이 개입하지 못하는 수많은 행정활동의 영역들이 늘어날 것으로 보인다.

3. 조직개편

대통령이 행정조직구조에 영향력을 행사할 수 있는 권한은 대체로 정부기관의 신설, 폐지, 개편, 특정 정부부처에 특정 프로그램의 할당, 부처에 특정한 하부기관의 설치, 특정 공무원에 법적 권위의 분배 등을 포함한다.[16] 그러나 이러한 영향력은 미국 정부에서는 성공적이지 못하였다.

Jimmy Carter 대통령과 Richard Nixon 대통령의 최우선적인 정치적 관심사였던 조직개편계획이 타의에 의해 무산된 사례는 대통령이 정부조직의 변화를 통해 관료제에 영향력을 행사하는 것이 얼마나 어려운 일인가를 보여주는 단적인 예이다. 정부조직개편을 어렵게 하는 주요한 원인 중 하나는 조직개편에 대한 의회의 반대이다. 조직개편이 대통령이나 의회 어느 쪽에 힘을 실어주는 경우가 발생한다면 서로 비토를 노는 경우는 흔한 일이다.

의회나 이익집단은 장관의 힘이 강해지는 것을 원하지 않는다. 장관의 힘이 강해질 경우 많은 공공정책이 장관의 의지에 의해 좌우되기 때문에 삼두마차-이익집단, 중견관료 그리고 의회의 상임위원장-동맹관계가 위협을 받게 되고, 최악의 경우 이러한 동맹관계가 파괴될지도 모르기 때문에 적극적으로 반대한다.

조직개편권은 관료를 통제할 수 있는 무기로는 강력한 편은 못되지만, 조직

15 *Ibid.*, p. 274.
16 Riley, *op. cit.*, pp. 39-46.

개편 및 그 이외의 구조변화가 삼두마차를 크게 해치지 않는 범위 내에서 대통령은 조직개편권을 활용하여 관료통제에 성공하는 경우도 있다. 그러나 대통령이 자신의 필요나 선택에 의해 행정기관이 무엇을 하고 있는지에 대하여 직접적인 관심을 보이지 않는 한 관료제에 대한 대통령의 통제가 얼마나 이루어질 수 있을까?

일반적으로 대통령의 주요 정책들은 국방과 외교문제와 같은 핵심적 영역에 집중되어 있다. 이것은 대통령직이 수많은 고유 업무를 수행하면서 동시에 관료제를 효율적으로 통제하고 조정할 수 없다는 것을 말해 준다.

예를 들어 Kennedy 대통령은 백악관에 입성하자마자 독립규제위원회의 위원장들에게 그들의 핵심적 업무내용에 관한 보고서를 매월 제출하라고 요구했다. 이러한 보고서는 대통령에게 지속적인 정보의 흐름을 확보해 주었지만, 한편으로는 독립규제위원회로 하여금 대통령에게 보고할 정보의 종류를 취사선택할 자유재량권을 부여한 셈이 되었다. 이러한 방법으로 독립규제위원을 통제한다는 것은 어려운 문제며 단지 보고서를 작성하는 부담만 주게 되는 결과가 될 것이다.

대통령실 권한의 대부분은 대통령이 각 부처에서 재직하고 있는 대통령의 사람들과 공적 활동을 하는 중요한 대통령의 후원자들이 국민의 지지를 확보하고, 그리고 이들의 희생을 요구할 수 있는 가능성에서 나온다.

Eisenhower, Kennedy, Johnson, Nixon 등의 여러 행정부를 거치면서 내각이 약화되는 현상이 분명하게 드러났다. 특히 "Nixon 행정부하에서 내각은 대통령에 의해 거의 활용하지 못했다."[17] 그러한 이유로 지적할 만한 것은 Nixon 대통령이 공무원들을 '하찮은 관료들'이라고 지칭한 결과 대통령과 관료제 간의 원만한 관계를 유지할 수 없게 만들었기 때문이다. Nixon은 관료들을 신뢰하지 않았고 겁 많은 사람들로 취급하여 정책결정에도 참여시키지 않았다. 그 결과 Nixon은 관료들의 보복을 받게 되리라는 것을 예측하지 못하였다.

특히 Nixon 대통령이 임명한 고위 정무직 공무원들은 대통령의 권력유지에만 관심을 갖고 공익추구에는 소홀하여 그들에게 소속된 부서들을 적절히 관리하는 데 실패했다. 뿐만 아니라 Nixon 행정부는 정책결정과정에서 전문 관료의 의견을 묻지 않았으며, 오히려 각 부처를 축소하는 데 관심을 가지고 있었다.

---

17 *Ibid.*, p. 273.

Nixon은 정책자문에 대하여 국무성에 의존하지 않고 불신하였으며, 오히려 Kissenger를 National Security Council(NSC)에 의장으로 임명하고, 전 직원이 4명이었던 NSC를 104명의 직원으로 확충하고 국가 안보정책을 담당하게 하였다. Nixon은 Kissenger를 NSC의장으로 임명하기 전 Nixon은 Kissenger가 저술한 책들과 박사학위논문을 포함하여 읽어 본 후 그가 미국이 직면한 국제 정치 상황과 국제 평화를 바라보는 힘의 균형이론(Balance of Power Theory)이 자신의 철학과 같음으로 국제적 냉전을 풀어나가는 데 Kissenger가 필요하다고 판단했다. 그리하여 파티에서 만난 Kissenger에게 자신에게 와서 도와줄 것을 요청한다. 그러나 Kissenger는 자신의 Boss인 Rockefeller에게 동의를 받아야 한다고 말한다. 그는 Nixon이 같이 일하자는 것을 보고했다. Rockefeller는 흔쾌히 큰 무대(국제무대)에 나가 세계평화를 위해 기여해줄 것을 부탁하면서 Nixon과 같이 일하는 것을 동의하는 아름다운 일화가 있다.

Cronin은 "내각 부처의 끊임없는 축소(undercutting)는 내각 관료들의 정책 대안 제시능력을 약화시킨다"고 주장한다.[18] 또한 "각 부처의 자신감, 사기, 창의력을 저하시킬 수도 있다"고 보았다. 전 국무성 차관인 George Ball은 국무성의 문제를 다음과 같이 언급하였다:

> 전문적 기술에 대해 자부심을 가지고 있는 능력 있는 사람들은 대체로 대통령으로부터 인정과 신임을 받지 못하였다. 그들은 대통령의 불신임(votes of no-confidence)에 대해 오랫동안 인내하지 못할 것이다. 그러므로 그들이 공직을 떠나 보통사람의 길을 걷는 것은 놀랄 만한 일이 아니며, 시간이 지남에 따라 국무성은 회복할 수 없는 어려움을 맞이할 것이다.[19]

또한 대통령은 관료제의 계층제를 통해 의사 전달하는 과정에서 자주 어려움에 직면할 수도 있다. 한 계층에서 다음 계층으로 정보를 전달하는 데 있어 중요한 장애는 정보를 받고 보내는 사람이 자신에게 불리한 정보의 일부를 배제하고 고의적으로 다음 계층으로 전달하려는 경향이다. 행정조직의 구조에 있어서 얼마나 많은 계층들이 있는가에 따라 상당한 양의 정보 – 어떤 상황에서는 98%가량 – 가 왜곡되거나 심지어는 유실된다.[20] 행정기관이 스스로 처리하기 어

18 *Ibid.*, p. 273.
19 *Ibid.*, p. 273.

려운 것으로 판명되는 문제나 '나쁜 소식'을 전달하는 경우에는 더욱 그러하다.

행정기관 자체의 정치적인 이유 때문에 관료제는 상관이 좋아하지 않는 행위에 대해서는 관심을 불러일으키지 않으려는 경향이 있다. 주로 이러한 현상은 관료들이 상관의 기분을 언짢게 하는 정보를 배제하고 위로 올리는 데에서 나타난다. 대통령도 이러한 정보왜곡 혹은 여과에서 예외가 되진 않는다. 결국 대통령은 정보의 자유로운 상향적 흐름을 막는 관료의 뿌리 깊은 저항을 극복해야만 한다. 그렇다면 대통령은 자신에게 전달된 정보에 대해 그 정보출처에 지나치게 의존하거나 지배받지 않으면서 현명한 의사결정을 하는 데 필요한 자료를 어떻게 수집할 수 있겠는가라는 문제가 중요할 것이다.

특히 대통령의 비위를 잘 맞추려는 참모가 있는 한, 참모들을 통해 여러 번 걸러지는 정보 때문에 결국 대통령은 자신이 좋아하는 정보만 얻을 가능성이 높은 것이다. 이것은 인의 장막에 둘러싸여 있다는 것을 의미한다. 선진국과는 달리 한국과 같이 권위주의적 사회의 권위주의적인 대통령일수록 그가 접하는 실제 정보의 부족과 왜곡현상은 심화될 것이다. 따라서 신문·방송 등이 제공하는 정보는 매우 중요하다. 상기한 대부분의 정보는 사람에 의한 접촉이라는 성질을 가지고 있지만 신문이나 방송이라는 매스미디어는 그런 것이 아니다. 일반 국민과 같은 내용의 정보를 접할 수 있는 계기가 마련된 것이다. 그러나 이런 정보도 대통령이 그대로 접하기 보다는 1차적으로 걸러지는 경우가 많다. 신문기사 등은 비서들이 스크랩을 해서 올리기 때문이다.[21]

Downs는 정보를 수집하는 데 도움이 될 만한 몇 가지 수단을 아래와 같이 제시하고 있다.[22]

① 외부정보의 원천을 활용하는 것(신문과 다른 대중매체, 이익집단 등).
② 부서(bureaus)들 간 혹은 부서 내에 실질적 책임 영역을 중복되게 부여하고, 그렇게 함으로써 정보의 원천에 대한 중첩적인 정보를 확보하여 보다 신뢰할 만한 정보를 확보하는 것.
③ 공식통로를 보완할 비공식통로를 활용하는 것.
④ 필요로 하는 정보를 가진 사람과 직접 접촉하기 위해 관료제의 공식구조에 놓여 있는 중간계층을 의도적으로 뛰어넘게 하는 것.

20 Anthony Downs, *Inside Bureaucracy* (Boston: Little, Brown, 1967), pp. 116–118.
21 조석준·임도빈 (2010) 한국행정조직론, 법문사, pp.110–11.
22 *Ibid.*, pp.118–125.

정보수집과 더불어 제기되는 또 다른 문제는 정보통제의 방식이 얼마나 효과적일 수 있을까 하는 것이다. 이 문제의 대답은 아직 분명치 않으나 정보의 관리문제에 영향을 끼칠 가능성을 다음과 같이 주의하지 않으면 안 된다.

첫째, 정보가 유실되거나 회피되는 것을 방지하기 위해서는 대통령에게 정보를 전송하는 책임이 있는 사람들로 하여금 정보를 파괴하거나 왜곡하려는 불순한 동기를 보다 중요하게 다루게 함으로써 그러한 시도로 인한 정보의 지연을 최소화하면서 대처하도록 자극할 수 있다.

둘째, 관료제의 정보전달통로를 무시하는 태도는 관료제가 보다 방어적인 태도를 갖게 함으로써 정보의 통제를 어렵게 만들 것이다.

셋째, 조직개편은 관료제에 대한 대통령의 통제를 확립하는 데 중요한 것이지만, 행정기관, 이익집단 및 의회지지자들이 조직개편을 방해하는 것은 빈번하게 목격된다.

대통령이나 다른 고위 관계자들에게 도달하는 수많은 정보는 정보를 보고하는 관료들의 지위를 공고히 해 주기 때문에 미리 선별되는 경향이 있다. 예를 들면 어떤 특정한 정책을 지지하여 줌에 따라 고위층으로 올라가는 정보를 마음대로 조작하기도 하고 그렇지 않으면 이미 배제된 정보를 회복시키려고 노력할 수도 있다.

Halperin은 주어진 의사결정에 찬성하게 만들기 위해 정보를 조작하는 방법에 대하여 다음과 같이 지적하였다.[23] 그는 오랜 기간 동안 외교관으로 역할을 하다 학자가 되었으며 특히 정보 그의 전공분야로 많은 업적을 발표하였다.

① 당신이 지지하고 있는 결정을 지지하는 자료들만을 보고하라.
② 정보를 보고하는 것을 구조화하라. 그러면 당신이 고위관계자들에게 보여 주기를 원하는 정보만을 그들이 보게 할 것이며, 다른 정보들은 보지 못하게 할 것이다.
③ 당신에게 해가 되고 위험스럽게 보이는 자료들은 보고하지 말라.
④ 권위 있는 방법인 것처럼 보이는 자료를 제출하기 위해서, 그리고 당신의 지위를 위태롭게 하지 않고, 공공연하게 수집할 수 있는 자료들을 발견하기 위해서, 주의 깊고 세밀하게 연구하라.

23 Morton H. Halperin, "Shaping the Flow of Information," in Bureaucratic Power in National Politics, by Francis E. Rourke, Third Edition, Little, Brown and Company, Boston, 1978, pp. 102–115.

⑤ 당신이 원하는 결론을 도출할 수 있는 사람을 선택하여 연구를 요청하라.
⑥ 당신이 은폐하려고 하는 자료들을 보고하려고 하는 사람들을 고위관계자로부터 격리시켜라.
⑦ 당신과 같은 견해를 가진 사람들을 비공식적으로 고위관계자들에게 만나게 하여 당신의 보고를 믿도록 하게 하라.
⑧ 당신이 가치 있다고 믿는 자료들을 다른 사람들이 믿게 하기 위하여 당신과 친분이 있는 외국 정부가 공개적으로 당신이 원하는 정보를 보고하게 하라.
⑨ 만약 의원들을 설득하려고 할 때 다른 나라에 주둔하고 있는 대사나 무관들이 정부가 원하는 방향으로 자문을 하거나 서신을 보내서 믿도록 하고 정부가 원하는 방향으로 정책을 결정하는 데 지지하게 만들어라.
⑩ 공식적 채널을 회피하고 비공식적인 채널을 사용하여 고위정책결정자가 정책결정을 하려고 할 때 미리 어떠한 결정이 가장 좋은지 알려 주어라.
⑪ 정책결정을 위하여 필요하다면 왜곡된 정보를 대통령에게 보고하여 그 정보를 믿고 정책결정을 하게 하라.

동시에 Halperin은 대통령이 정확한 정보를 얻기 위해 취할 수 있는 방법에 대해서도 언급하였다.

대통령이 위에 열거된 똑같은 방법들을 이용하여 다른 사람들을 설득하기 위하여 정보를 활용할 수도 있다.

대통령은 또한 다른 관계자들을 대통령의 정책에 지지하도록 이미 설득된 사람들과 설득하려고 하는 사람들을 비공식적으로 만나게 함으로써 목적을 달성할 수 있다. 그리고 그는 워싱턴에 보고하는 군 장성들 혹은 무관, 대사들, 심지어는 다른 나라의 정부들에게 대통령 자신이 원하는 내용을 의회에 보고하도록 보고하는 내용을 조작하도록 영향을 미칠 수도 있다. 대통령은 그들이 어떤 자료들은 발표하지 않게 할 수도 있고, 혹은 특별한 논쟁으로부터 자신의 의견을 지지하지 않는 사람들을 배제시킬 수도 있다.

그러나 대통령에게는 믿을 수 있는 정보를 확보할 수 있는 능력이 무엇보다 중요하다. 정확한 정보는 정확한 정책의 입장을 택하는 데 필요하고 혹은 자신의 무지를 깨우치기 위해서도 중요하다. 실제로 대통령 자신이 받고 있는 정보가 신뢰할 수 없다는 것을 발견하는 데 종종 약 1년 혹은 그 이상의 시간이 걸린다는 보고가 있다.

1965년 베트남 전쟁이 끝나고 나서야 Lyndon Johnson은 전쟁하는 동안 베트남에서 그에게 보고되는 낙관적인 통계자료들이 사실이 아니라는 것을 깨

닫기 시작하였다. 1962년 봄에 Kennedy 대통령이 국무성 강당에서 외무부관리들에게 연설하면서 "나는 윈스턴 처칠이 영국 황실의 생존 비밀은 현장에서 보고되는 정보를 결코 신뢰하지 않았다고 말하는 의미를 최근에서야 이해하게 되었다"고 한 말은 대단히 흥미 있는 일화로 전하여지고 있다.

대통령이 정확한 정보를 확보하기 위하여 할 수 있는 일을 Halperin은 다음과 같이 지적한다.24

① 중요한 문제에 관한 정보를 얻기 위하여 여러 정보원을 서로 모르게 배치하도록 지시하라.
② 신뢰할 수 있는 정보를 얻기 위해 새로운 채널을 마련하라.
③ 편견에서 벗어나기 위하여 다른 견해를 가지고 있는 사람을 만나라.
④ 각 보좌관들에게 각기 다른 의견을 요구하라.
⑤ 각기 다른 의견을 가진 사람들이 격렬한 토론을 할 수 있도록 권장하라.
⑥ 중견관료들에게 전화를 하고 그들로 하여금 전화하도록 유인하라.
⑦ 대사들과 직접 접촉하라.
⑧ 현장에 측근을 보내라.
⑨ 정부 내에서만 정보를 얻으려 하지 말고 정부 밖의 상원 및 하원의 의원들과 자주 상담을 하고 외부의 전문가와도 논의를 하라.

다시 조직개편의 복잡한 상황을 논의하기로 돌아가자.

다음의 몇 가지 예는 조직개편의 어려움을 설명하여 준다. "1971년 Nixon 행정부가 다양한 자원봉사기관을 하나로 통합할 것을 제안했을 때, 미국 빈민지구 봉사활동(Vista－국내평화봉사단)의 후원자들은 그것이 가치 있는 일이긴 하지만, 능률성이라는 명목 하에 정치적으로 골치 아픈 기관을 폐지하려 한다고 행정부의 조직개편 의도를 비난하였다."25

Truman과 마찬가지로 Kennedy 대통령도 보다 많은 권한을 갖기 위해 독립규제위원회를 대통령의 감독 하에 두는 조직개편안을 의회에 제출했다. 그러나 민간항공위원회나 연방무역위원회와 같은 몇몇 독립규제기관의 위원장 권한을 증대시켰을 뿐, 대부분의 조직개편안들은 기각되었다.

또 다른 흥미 있는 예는 Johnson 대통령 때 PPBS를 도입한 McNamara 국

24 *Ibid.*, pp. 111–115.
25 Mainzer, *op. cit.*, p. 90.

방성장관의 경우이다. 계획예산제도는 예산을 절감한다는 장점은 있으나 반면에 의회의 역할을 약화시킬 수 있다는 주장과 비민주적이고 집권적인 운영방식이 자유스러운 국민의 정서와는 맞지 않는다는 비난을 면치 못하였다. 결국 Robert McNamara 국방성장관은 업무의 집권화를 초래하였다고 의회의 심한 공격을 받았다.

이러한 예들은 조직개편국(Rreorganizational Authority)이 고도의 잠재력을 지닌 정치적 리더십의 근원임을 암시한다. 사실상 행정기관들은 진공 속에서 존재하는 것이 아니라 끊임없이 외부 환경에 영향을 받는다. 따라서 의회, 이익집단 및 사법부가 특정 행정기관을 지지한다면 대통령이 행정기관에 가할 수 있는 압력은 실제로 줄어들 것이다.

4. 인사권

마지막으로 대통령이 관료제에 대해 영향력을 행사할 수 있는 중요한 수단 중 하나는 인사권이다. 대통령은 행정부 소속의 총 3백만 명 중 약 2,800명 이상의 공무원들－대부분이 백악관 직속 하에 있는 계층제의 최고위층이나 대부분 그 계층에 속하는 공무원들－에 대한 임명권을 가지고 있다.[26]

우리나라도 대통령의 인사권은 행정부처, 국영기업체, 군대, 국회, 여당, 때로는 사법부까지 여러 방면에 걸쳐서 행사할 수 있는 매우 강력한 권한이다. 국무총리, 감사원장, 대법원장, 헌법재판소장 등은 국회의 동의를 받아서 임명한다.

이들이 임명된 주요 동기는 대통령에 대한 충성이며, 이들은 실질적으로 대통령과 운명공동체 관계를 형성한다. 그러나 대통령의 사람인 장관들은 부처(department)를 구성하고 있는 부서(bureaus)와 행정기관(agencies) 및 이들과 관계하는 주민들에게 역시 충성심을 보여야 한다.

특히 직업 공무원들을 소외시키고는 어떠한 장관이나 차관도 부처의 목적을 달성하지 못할 것이며, 어떠한 대규모 조직도 명령만으로는 운영할 수 없을 것이다. 따라서 대통령 역시 장·차관을 임명할 때 이미 의회, 행정기관 및 이익집단과 상호유대관계가 좋은 사람을 임명하기 때문에 대통령의 선택 폭은 좁아

26 George J. Gordon, *Public Administration in America* (New York: St. Martin Press, 1978), p. 89.

질 수밖에 없다. 뿐만 아니라, 그들의 임명 혹은 파면은 엄격한 제한을 받는다. 예를 들어 실적주의와 정년직제(tenure system)는 관료제 통제에 대한 대통령의 재량권이 미치지 못하는 가장 큰 제약요인 중 하나이다.

실적제가 관료제에 대한 대통령의 재량권을 어떻게 제한하는가에 대한 흥미로운 예의 하나는 1952년 공화당으로서는 20년 만에 Eisenhower 대통령이 백악관에 입성했을 때의 일이다.

1952년까지 민주당 정부는 집권기간 동안 행정기관의 운영기준에 대하여 적극적인 관여를 해 왔는데, 이는 정부의 간섭을 싫어하는 공화당의 공식적인 입장과는 상당히 다른 것이었다. 기본적으로 공화당의 철학과 일치하는 Eisenhower 대통령이 새로운 정책을 창안할 때 이미 추진하고자 했던 많은 업무에 대하여 적대감을 갖고 있는 관료제로 인해 복잡한 문제에 직면하였다. 그가 할 수 있는 유일한 방법은 실적주의 인사제도가 놀랄 만한 장애를 주고 있다는 것을 느끼는 것 이외에 아무것도 없었다. 대통령은 공무원의 수를 감축하고자 노력하였으며, 특히 충직하지 못하고 부패한 행정가들을 찾아내고자 노력하였다. 그러나 신분 보장된 공무원들 사이에서는 거의 어떤 변화도 일어나지 않았고, 관료제는 실적제 때문에 독립성을 유지할 수 있었다.[27]

그것뿐만 아니라, 의회가 대통령의 임명직으로 규정한 행정직을 대통령이 임명하고자 할 때는 상원의 동의가 필요하다. 대통령은 상원의 동의를 얻고자 할 때마다 위원회 차원에서 어려운 난관에 봉착하곤 한다. 하원과 마찬가지로 상원위원회의 위원들도 이익집단과 밀접한 관계를 가지고 있기 때문에 이익집단이 동의할 수 없는 인사에 대한 비준은 쉬운 일이 아니다. 그리하여 대통령은 상호불편한 감정이 유발되지 않도록 하기 위해 이익집단이 동의할 수 있는 인사의 명단을 상원에 보냄으로써 일어날 수 있는 상호갈등을 피하곤 한다.

더욱이 대통령은 자신의 정당이나 혹은 중요한 이익집단의 이익을 만족시켜야 하고, 그들이 원하는 것을 좌절시키지 않아야 한다는 정치적 필요에서 임명권과 해임권을 신중하게 사용하지 않을 수 없다. 또한 대통령은 실적제의 보호 밖에 있는 임명직 관료를 해임하려고 시도할 때에도 법적인 문제에 직면할 수 있다. 정부조직법은 "행정가는 공직에 있어 비능률, 업무태만 또는 위법행위

27 Woll, *op. cit.*, pp. 218–219.

등을 제외하고는 재임 기간중 해임될 수 없다"는 것을 명시하고 있다. 이것은 관료의 해임이 정치적인 이유로 악용되어서는 안 된다는 것을 의미한다.

관료제의 계층제 속성은 장관들과 같이 최고계층에 임명된 공직자들이 행정에 깊숙이 영향력을 행사하도록 허용하고 있다. 그러나 관료제의 계층제는 장관과 같은 고위관료들이 대통령의 지시 사항을 제대로 순응하지 않음으로써 대통령의 영향력을 약화시킬 수도 있으며, 따라서 대통령은 관료제의 통제를 위하여 장관 이외의 사람들에게 책임을 지게 할 수밖에 없는 문제점을 가지고 있다.[28]

이러한 각각의 특징은 대통령 자신이 임명한 사람을 통하여 행정기관에 대한 통제를 확대하려는 경향이 있음을 보여준다. 일반적으로 장관들은 대부분 워싱턴에서의 경험이나 혹은 감독해야만 할 부처업무에 대한 경험이 없는 사람들이다. 다른 행정 관료들에 비하여 비교적 장관들의 교체율과 다른 최고 정무 직 임명자들의 교체율은 높은 편이다. 이는 장관이 행정부처의 국장, 의회위원회의 위원장 및 이익집단의 지도자들의 연합을 다루는 데는 불리한 요소들이다. 왜냐하면 장관은 대부분이 직업 관료가 아니며, 비전문가이고, 경험이 부족하다. 반면에 행정부처의 국장들은 전문가이고, 워싱턴과 그들의 전문 분야에서 오랜 경험을 가진 직업 공무원이다. 그들은 또한 의회위원회의 위원장과 조직화된 이익집단의 지도자들과 밀접하게 관련되어 있으며, 그들과 함께 행정운영의 항구적인 주축을 형성하여 왔다. 만약 특정 분야에서 관료제가 의회를 지배할 수 있다면, 관료제는 그 분야에서 대통령에게도 저항을 할 수 있을 것이다.

이 장에서 논의된 것처럼, 관료제 통제를 위해 대통령이 활용할 수 있는 유용한 전술들은 정치적 위험을 내포하고 있다. 비록 대통령은 정책과 절차에 대한 순응성을 확보하기 위하여 관료제와 협상하는 데 있어서 강력한 지위를 유지하고 있는 것처럼 보이지만 관료들을 복종하게 할 만한 강제수단을 거의 갖지 못하고 있다고 볼 수 있다.

특히 미국과 달리 5년 단임제를 채택하고 있는 우리나라의 경우에는 집권 마지막 해에 행정부를 통제한다는 것이 사실상 어려운 상황을 고려하는 것도 행정 통제를 연구하는 데 도움이 될 것이다. 예를 들면 청와대, 총리실의 중재에도

28 Ira Sharkansky, *Public Administration* (Chicago: Rand McNally College Publishing Co., 1978), p. 102.

불구하고 검경이 수사권 조정문제를 둘러싸고 공방을 벌이거나 검찰이 차기 권력자의 눈치를 보면서 형평성을 상실하는 것은 물론 관료들도 새로운 정책을 추진하는 것을 사실상 중단한 채 현상유지에 급급하거나 복지부동 행태를 보이는 것 등이 대통령의 통제에 한계가 있음을 보여준다.

제3절 의 회

1. 의회의 행정통제에 대한 제반 문제

어느 나라나 의회는 구체적으로 정기, 임시국회를 통한 대정부 질문, 국정감사, 예산심사 및 수시보고 요청 등을 통한 행정부를 통제할 수 있다. 그러나 이 또한 방대하고 전문성으로 무장된 관료제를 통제하는 데 한계가 있다. 이러한 이유로서 한국의 경우를 예로 든다면 첫째, 임시, 정기국회 시 대정부질문이나 업무보고를 통한 통제가 실질적 조치와 연계되는 데 한계가 있다. 국회 회기 기간만 잘 넘기면 된다는 관료들의 의식과 국회의 사후관리가 소홀함을 원인으로 들 수 있다. 둘째, 인사청문회도 행정부를 통제하는 수단이기 보다 오히려 행정부에 합법적인 권한을 부여하는 장치로 인식되고 있다. 셋째, 국정감사의 경우 행정부를 통제할 수 있는 강력한 수단으로 간주되고 있음에도 단 하루만인 구체성이 결여된 '수박 겉핥기식' 감사를 벌이고 있어 효과성에 제약이 있다. 넷째, 예산심사도 행정부 사업을 구체적으로 파악하고 실효성을 제고시킬 수 있는 견제수단이나 지역구 사업과 정치적 이해관계가 있는 사업을 제외하고는 대부분 행정부 안대로 처리되고 있는 실정이다. 왜 이러한 문제들이 발생하는가? 이제 말할 차례이다.

1) 대통령보다 의회의 유리

의회도 대통령과 마찬가지로 관료제를 통제하는 데 있어서 비슷한 어려움이 있다. 그러나 관료제의 정책결정을 통제하는 데 미국 의회는 대통령보다 유리한 입장에 있다고 한다. 그러나 대부분의 현대국가에서는 행정부의 실제 기능이 중요해지는 행정 국가화 경향을 띠고 있는 경우가 많다. 어떤 국가를 막론하고 입법부는 행정부에 비하여 전문성 면에서 상대적으로 열세에 놓여 있다는 것이 자주 지적되고 있으며, 한국의 경우에도 국회는 종종 "주변적 정책참여자"[29]로 불린다. 특히 의회가 관료제를 극복하는 방안으로 전문성을 얻기 위하여 지원조직을 팽창하는 것을 보아도 통제해야 될 행정부에 비해 전문성이 부족하다는 것을 여실히 증명한다.

의회의 통제의 필요성은 입법적 거부권을 강화시키는 데 있다. 입법의 전문화·복잡화 경향에 따라 의회입법원칙에 충실한 행정입법을 보장하고, 행정입법에 있어서 부처이기주의적 또는 행정편의주의적 입법을 방지하기 위해 행정입법에 대한 효율적 통제방안을 강구할 필요성이 제기되고 있다.

행정입법은 부득이한 사정으로 의회에서 위임된 것이기 때문에, 행정입법권의 행사가 위임의 취지에 어긋나지 않게 이루어지고 있는지 여부를 원래 입법권자인 의회가 직접 감독할 수 있는 능력을 갖추어야 한다. 행정입법의 증대현상은 현대행정의 특성상 불가피한 것이라 하더라도, 법률의 제정과 행정기관에 대한 광범위한 실질적 권한의 부여를 전부 방치한다면 행정권이 한층 비대화되어 의회 지위의 상대적 저하를 조장하게 되고 헌법의 기본원리인 권력분립과 민주주의에 저촉하게 된다. 앞으로의 문제는 전문성과 강한 감독의지를 확보하는 것이 될 것이다.

Riley에 의하면 의회는 관료들이 그들의 대부분 시간에 무엇을 하고 있는지에 대하여 비교적 대통령보다 많은 지식을 가지고 있으며, 행정부처의 국장 및 과장들을 순종하게 만들 수 있는 여러 가지 수단을 가지고 있고, 또한 의회는 위원회 및 분과위원의 위원들이 행정기관의 관료들과 밀접한 협조관계를 비교적 쉽게 가질 수 있기 때문에 관료들과의 갈등을 피할 수 있다고 한다.[30]

특히 의회는 행정기관의 필수불가결한 두 가지 요소인 권력과 합법성을 얻을 수 있게 도와줌으로써 관료제와 협조관계를 돈독히 할 수 있다. 더욱이 의원들은 관료들이 정책결정을 하는 데 중요한 역할을 하는 것을 인정하고, 그들이 정치의 영역으로 들어오자면 권력을 위한 정치적 기반을 마련하여야 한다는 것을 안다. 의회의 위원회는 관료들이 필요로 하는 정치적 권력기반을 만들어 줄

29 박찬옥·박찬표(2005), "국회 전문보좌조직의 강화방안: 정책조사와 법제지원을 중심으로" 의학발전연구회, 의정연구 제11권 2호, 통권20호, pp. 5-33. 조석준·임도빈, *op. cit.*, p. 85.(재인용).

30 Riley, *op. cit.*, p. 59.

수 있기 때문에, 행정기관은 권력을 얻는 대가로 행정기관의 정책결정에 대한 위원회의 영향력 행사를 어느 정도 허용한다.

관료는 선거에 의하여 선출되지 않았기 때문에 관료의 권력은 정치적인 권력에 의하여 합법화되지 않으면 안 된다. 즉 의회는 관료의 정책을 승인하여 관료의 행위에 합법성을 부여하기도 하고, 때로는 승인된 관료의 정책이라도 개정행위를 통하여 철회할 수도 있다. 위원회의 위원이나 행정공무원은 모두 공공정책에 대한 상당한 지식을 갖춘 전문인이기 때문에 많은 부분에 대하여 서로 공감하는 관계라고 볼 수 있다.

이러한 상호관계에 대해 Dodd와 Schott는 "정치적으로 임명된 상급자들의 짧은 재직기관과 비교한다면 의회의 상임위원이나 정부 관료는 오히려 경력직이다"라고 지적한다.[31] 영구성과 전문성으로 이들이 결속되어 있기 때문에 이들 사이의 협조관계는 상호간의 규범이고 갈등은 예외가 될 수 있다. 따라서 의회가 대통령보다 관료제를 통제하는 데 유리한 입장에 있다고 보는 것이 타당할 것이다.

2) 행정통제에 대한 의원의 관심과 의회의 제도적 어려움

앞에서 논의한 대로 관료제의 규모, 업무의 복잡성, 기능의 팽창 등에 의하여 의회도 대통령과 마찬가지로 관료, 이익집단, 그리고 의회위원회 및 소위원회로 형성된 삼두마차의 동맹관계를 통제하는 데 있어서 어려움에 직면한다. 결국 정부의 어떠한 기관도 관료제를 완전하게 통제한다는 것은 거의 불가능하다. 이러한 사실은 관료제가 어떠한 단일의 이익이나 집단에 의하여 포로가 되지 않을 것이라는 것을 보여주며, 그 자체가 하나의 장점이 될 수 있다는 것을 지적할 수 있다. 그 결과 막강한 권력을 가지고 있는 관료제 내부에 견제와 균형이 이루어지어 관료제의 민주화를 도와줄 수 있다.

의회는 관료제와 같이 대체로 다양한 사회의 가치와 이해관계를 반영한다. 의회 자체는 통일되어 있지 않고 다원적이다. 그러므로 관료제의 통제와 감시는 정치적 계산과 적절한 입법적 역할에 대한 각 의회 의원들의 인지에 기초하게 된다. 관료제와는 달리 의회는 전문지식을 한 곳에 집중시키거나 업무의 성과를

31 Lawrence C. Dodd and Richard L. Schott, *Congress and the Administrative State* (New York: John Wiley and Sons, 1979), p. 280.

측정하기 위한 통일된 기준을 개발하기가 쉽지 않기 때문에 감시의 포괄성과 통일성에 대한 문제를 갖고 있다.

이러한 측면에서 James Heaphey는 의회의 구조는 계층적(scalar)이기보다는 평면적(lateral)이라고 지적한다. "평면적인 조직들은 조직의 목적이나 사명에 대한 상호간의 동의에 기초를 두고 있는 것보다는 참여자들의 개인적 이해관계에 의하여 결합된다"는 것이다.[32] 그러므로 의회는 장기간이 요구되는 문제를 다루기에 적합하지 않다. 왜냐하면 의회의원들은 자신들의 장기적인 이익을 예측하기가 어렵기 때문이다. 의원들은 언제 자신들이 의원직을 상실할지 모르기 때문에 단기적인 정책에 비교적 많은 관심을 갖게 마련이다.

이러한 관점에 비추어 볼 때 의회는 일반적으로 지역적·국내적인 반응과 대중이 선호하는 가치에 민감하게 반응하는 경향이 있다. 그런 이유 때문에 선거 때마다 국민이 선호하는 선심성 공약 즉, 무상 복지와 같은 공약이 난무하게 된다. 따라서 의회의 혼합적인 구성과 각 의원들이 추구하는 다양한 역할인식 등을 고려한다면, 의회는 효과적인 관료제 통제를 위해 보다 제도화된 감시 메커니즘을 개발하고 강화하는 것이 필요하다. 그러나 보다 심각한 문제는 의회나 각 의원들이 행정부에 대한 통제의 중요성을 과소평가하고 있다는 점이다. 문제는 의원들이 행정부에 대한 통제를 어떻게 중요하게 고려하게 하느냐가 핵심일 것이다.

실제로 법률의 제정과 개정은 의회에서나 국민들 사이에 인기 있고 중요한 역할로 취급받고 있다. 그러한 이유 때문에 의원들은 재선 전망을 유리하게 하기 위하여 행정적 능률성이나 권력의 남용을 조사하는 것보다는 오히려 그들의 선거구민들에게 필요한 법률제정과 정책들을 결정하여 선거구민들에게 선전함으로써 자신들의 지지기반을 강화하는 데 노력한다. 그 결과 행정조직, 절차, 인사, 권력남용과 부패에 대한 통제 등에 관련된 정책수립은 의원들의 관심을 크게 끌지 못한다. 그러나 유권자들이 법률제정과 행정통제를 균등하게, 중요하게 생각한다면 의원들의 태도 변화를 예상할 수 있을 것이다.

Seymour Scher는 그의 논문 '입법부의 통제를 위한 조건들'에서 행정통제에 대한 의원들의 행태와 일반적인 의원의 행태를 다음과 같이 간략하게 설명하

---

32 James Heaphey, "Legislatures: Political Organizations," *Public Administration Review* (September/October 1975), p. 480.

고 있다:33

① 의회의 의원들은 행정통제보다는 법률제정과 선거구민에 대한 봉사에 더 큰 매력을 느낀다.
② 그들은 관료제를 다양한 이해 집단들이 엉켜있기 때문에 '침투 불가능한 미로'로 여긴다.
③ 그들은 관료들과의 상호 동맹관계를 파괴하기를 꺼려한다.
④ 그들은 통제나 조사활동보다 선거구민들과의 개인적인 접촉이 선거구민에 대한 봉사활동하는 것이 득표를 위해 더욱 유익한 것으로 본다.
⑤ 그들은 정책결정의 하위체제를 자극함으로써 강력한 이익집단들로부터의 보복행위를 불러일으키는 것을 두려워한다. 주로 행정 하위체제들은 강력한 이익집단들과 동맹관계를 맺고 있다.
⑥ 그들은 대통령으로부터 혜택을 얻기 위해 대통령을 당황하게 하는 일은 피할 것이다.
⑦ 의회위원회 참모들은 실질적인 감시를 하지 않는 것이 관례로 되어 있다.

그러나 대부분의 학자들은 의회의 행정통제 기능의 활성화를 위해 제안을 했는데 예를 들면, 의원들은 감시(oversight)의 대상으로 새로운 정책의 제안, 행정기관의 정책내용, 행정기관의 인사, 행정기관의 구조, 의사결정과정 및 공공자금의 지출과 같은 공공정책의 중요한 측면에 영향을 미치는 입법적인 시도 등이 포함되어야 한다는 데에는 동의하고 있다.

이상의 관료제 통제에 대한 의회의원들의 속성을 고려하여 보면 관료제에 대한 의회의 감시가 갖는 문제점은 몇 가지로 요약될 수 있을 것 같다.

Samuel Huntington은 현대사회에 있어 의회는 딜레마에 봉착해 있다고 주장하면서, 다음과 같이 그 이유를 언급하고 있다.34

20세기에는 급속한 도시화로 후기산업 및 기술사회가 도래하였고 사회 내 경제문제의 국유화와 그에 따른 문제를 다루기 위한 정부조직의 팽창이 불가피하였으며, 동시에 사회, 경제 및 행정조직이 전반적으로 관료제화되었으며, 세계정치에 대한 미국의 고차원적이고 지속적인 관여가 특징적으로 나타났다. 이리하여 20세기는 정부의 책임과 관료제의 규모가 크게 확대되었다. 정부의 팽창은 국가의 다른 대규모 관료조직들 제조업체, 은행, 보험회사, 노동조합, 무역협회,

33 Seymour Scher, "Conditions for Legislative Control," *Journal of Politics* (August 1963), pp. 526-551.

34 Samuel P. Huntington, "Congressional Response to the Twentieth Century", ed., David B. Truman, *The Congress and America's Future* (Englewood Cliffs, N.J.: Prentice-Hall, 1965), pp. 7-8.

농업조직, 신문매체, 라디오와 TV 방송망 등의 등장과 맥을 같이한다. 각 조직은 상대적으로 전문화되어 있기 때문에 의회는 제도적인 '적응위기'(adaptation crisis)에 직면하게 되었다.

그래서 의회의 딜레마는 변화하는 사회에 대한 의회의 전반적인 제도적 적응문제로부터 유래된다고 Huntington은 지적한다. 더욱이 다음과 같은 세 가지 중요한 문제들이 의회의 쇠퇴를 초래하였다고 주장한다.[35]

① 의회가 강력한 소수 이익집단들의 이익을 대변함에 따라 초래된 권력의 중심부로부터 의회의 고립을 초래함.
② 대통령의 막강한 권위와 리더십을 상대하기 위해 의회는 효과적이고 강력한 정당 리더십을 추구하여 쇠락해 가는 정당의 권한을 증대하지 못하고, 더욱이 많은 의회위원회들 사이에 입법 권력이 분산됨에 따라 통일된 힘을 발휘하지 못하는 결과를 가져오지 못해 의회의 소퇴를 자져옴.
③ 행정통제로부터 입법개발로 의원들의 관심이 이동함에 따라 행정통제에 대하여 무관심함.

행정기관을 통제하는 데 있어서 의회가 직면하고 있는 정치적 어려움과 함께, 위에서 지적한 불리한 현상들이 행정부에 대한 입법부의 통제를 더욱 어렵게 만들고 있다. 그러나 역으로 보면 이러한 사실들은 오히려 행정부에 대한 의회의 감시기능의 중요성을 더욱 부각시키고 있다.

3) 의원들의 다양한 공식 및 비공식 통제기법

비록 의회 내에서 의회의 관료제에 대한 감시책임이 경시되고 있다는 인식이 확산되어 있지만, 행정통제는 여전히 대통령과 입법부 사이의 중요한 쟁점 중의 하나이다. 권력분립은 관료제가 두 주인－의회와 대통령－을 섬기도록 만들고 있다. 그러므로 행정부의 부처들은 입법부와 대통령 모두로부터 쉽게 공격받을 수 있다. 더욱이 행정기관은 의회의 양원으로부터 제정되는 명령과 제안을 준수해야만 하는데, 마치 대통령이 의회와 자주 충돌하는 것과 같이 양원도 빈번하게 의견갈등을 겪는다.

행정기관들은 자신들에게 영향을 미치는 입법에 대한 권한을 가진 강력한 의회의 위원회와 소위원회, 그리고 행정기관의 예산에 대한 권한을 가진 위원회

35 *Ibid*., p. 9.

로부터 지지를 획득해야만 한다.

이러한 상황을 Kenneth Davis는 다음과 같이 기술하고 있다:[36]

> 의회의 행정통제는 표면상 매우 혼란스러운 것으로 보여진다. 세출위원회는 행정정책을 어떤 방향으로 이끌고, 실질적으로 정책을 담당하는 위원회는 다른 방향으로 이끌고, 이러한 양 위원회의 각 위원은 특정한 경우에 행정기관이 또 다른 방향으로 정책을 입법하도록 노력한다. 관료들에 의해 만들어진 정책들에 영향을 미치기 위하여 핵심 의원들에 대한 로비활동, 행정부의 입장을 바꾸거나 수정하기 위한 입법부의 법제정, 행정기관에 전달되기 전에 심의중인 규칙제정과 판결을 포함하는 사항을 결정하기 위한 입법조사들, 행정기관장에게 압력을 가하는 위원회의 위원장과 행정기관의 공직자들에게 압력을 가하는 의회위원회의 위원들, 또한 의회위원회의 의사를 무시하는 행정행위들이 의회 내에서 한데 어우러져 동시에 발생하고 있다.

1977년에 한 상원위원회가 관료제에 대한 의회통제의 특징을 비체계적·간헐적·산발적·탄력적·우연적·분산적이라고 지적한 것과, 의회는 단지 위기에 처한 경우에만 통제활동을 재개한다고 지적한 것은 결코 놀라운 일이 아니다.[37]

물론 이러한 이유는 의회가 관료제를 통제할 만한 능력을 갖추지 못하였거나 혹은 반드시 통제를 원하지 않기 때문으로 볼 수 있다. 또한 사건들이 간헐적으로 다르게 발생할 때마다 간여하기 때문에 체계적인 정책을 마련하기 어려운 실정이다.

그럼에도 불구하고 Randall Ripley와 Grace Franklin에 따르면 관료제에 대한 의회의 공식적 통제에는 몇 가지 형태가 있다고 한다.:[38] 그러나 이러한 공식적 통제방안을 적절히 활용하는 것은 또 다른 문제일 수 있다.

> ① 행정기관의 존폐문제에 대한 결정할 수 있는 권한 소유
> ② 행정기관의 관할 영역 및 실질적인 적용범위에 대한 한계를 설정할 수 있는 권한
> ③ 입법권위, 인사를 위한 예산, 핵심적 지위의 임명에 대한 승인 등을 부여하거나 철회함으로써 가하는 의원의 개인적 통제권한 소유

36 Kenneth C. Davis, *Discretionary Justice: A Preliminary Inquiry* (Baton Rouge, La.: Louisiana State University Press, 1969), p. 146.

37 U.S. Congress, Senate, Committee on Government Operations, *Congressional Oversight Regulatory Agencies*, February 1977, Joint Committee Print, Study on Federal Regulation 2 (Washington, D.C.: Government Printing Office, 1977), pp. 94–95.

38 Randall B. Ripley and Grace A. Franklin, Congress, *the Bureaucracy, and Public Policy* (Homewood, Ill.: Dorsey Press, 1976), p. 49.

그리고 계속하여 그들은 의회의 비공식적 권력에 의한 행정 통제를 아래와 같이 제시하고 있다:39

① 의원들이 정책 하위체제 혹은 영역에 고의로 정보를 제공하거나 철회할 수 있는 능력.
② 관료 개인을 공개적으로 칭찬하거나 비판할 수 있는 능력
③ 행정부 내 고위 공무원, 이익집단, 그리고 다른 의원들에게 행정기관에 대한 호의적인 이미지를 구축할 수 있는 능력

Ripley와 Franklin은 의회의 의원들이 가지고 있는 11가지의 통제기법들(oversight techniques)을 아래와 같이 들고 있다:40

① 핵심관료에 대한 방문과 전화통화
② 의회의 관점을 전달하기 위하여 '권위 있는 고객'과 같은 제3의 집단을 이용할 수 있는 권한.
③ 관료의 의사결정에 영향을 미치기 위하여 적절한 시기에 연구결과나 위원회 보고서 등을 공개
④ 기존 계획에 대한 세출통제와 행정에 관련된 청문회를 이용함
⑤ 감사원, 의회도서관의 입법조사실, 기술평가국, 상원 또는 하원의 정부운영위원회, Brookings와 같은 저명한 연구소나 대학과 같은 외부기관에 연구의뢰
⑥ 행정기관 혹은 프로그램을 해체하거나 또는 변화시키기 위한 법률의 활용
⑦ 입법상의 의도를 나타내기 위하여 보고서의 언어에서 프로그램 용어를 이용
⑧ 의회의 거부권
⑨ 행정기관이 정보를 시기적절하게 그리고 의회가 프로그램을 평가하는 데 언제든지 정보를 사용할 수 있도록 준비하게 할 수 있는 자료 요구권
⑩ 행정기관에게 자신의 예산요구를 방어하라는 요구
⑪ 고위 공직자에 대한 비준과 다른 인사에 대한 조사를 발동할 수 있는 권한

2. Neustadt의 의회행정통제와 기타 통제방안

Richard E. Neustadt도 행정에 대한 의회의 통제권을 아래와 같이 제시하고 있다:41

39 *Ibid.*, pp. 49-50.
40 *Ibid.*, pp. 55-64.
41 Neustadt, "Politicians and Bureaucrats," ed. D. B. Truman, *The Congress and America's Future* (Englewood Cliffs, N.J.: Prentice-Hall, 1965), p. 119.

이제 대통령 학회의 회장이었던 Neustadt가 지적한 의회의 통제권이 어떻게 활용되고 있는지? 적절히 활용되지 못하다면 무엇이 문제인지? 검토하는 것이 의회를 이해하는 데 도움이 될 것이다.

행정통제를 위하여 의회는 조직화, 권위 부여, 재정권, 조사권의 4가지 실질적이면서도 필수불가결한 권력을 소유하고 있으며, 더욱이 의회는 부처(departments)와 행정기관(agencies)들을 창조할 수도 있고 폐쇄할 수도 있다. 이들 정부기관들의 운영적 권위 및 실질적 관할 영역은 의회에서 통과된 법률에 기초한다. 그들은 역시 직원과 계획을 위하여 지출할 재원을 의회의 세출로부터 얻는다. 그리고 권위와 자금에 대한 그들의 이용은 의회의 조사를 위한 '통제'에 따라야만 한다.

아래 Neustadt가 지적한 행정에 대한 의회의 통제권, 즉 의회의 조직화, 권위부여, 재정권에 관해 논할 것이다.

1) 의회의 재정권

한국이나 미국의 경우에도 의회는 입법권에서 뿐만 아니라 재정권에서도 정부에 압도당하고 있다. 의회에 심의 요청하는 예산관련 안건이 의회의 심의를 거쳐 확정 통과되는 비율을 추적해 보면 거의 모든 안건이 가결되고 있어(95%), 의회의 재정 통제권이 매우 취약한 상태에 있음을 알 수 있다. 한국의 경우에도 지금까지 국회가 정부 예산안을 삭감한 규모는 역대 국회 평균 0.6%로 나타나기 때문이다. 국회운영과정의 재정권 행사를 둘러싼 국회와 정부 간의 상호작용은 정부의 국회에 대한 압도적인 우위를 보여준다.[42]

정부프로그램에 대한 예산승인은 의회가 행정부에 대해 행할 수 있는 통제수단 중에서 가장 핵심적인 것이다. 의회에서 정부 프로그램을 허가하고, 지출을 승인하지 않으면 어떠한 자금도 지출될 수 없다. 또한 의회는 어떤 공직에 대한 자금의 지출승인을 거부함으로써 그 직위의 공무원을 해임하거나 혹은 해당 행정기관을 폐지할 수 있다.

세출위원회는 행정부통제에 대해 가장 강력한 영향력을 가지고 있다. 이러한 사례는 1947년부터 1962년까지의 통계에서도 명백하게 나타나는데, 지출에

---

42 박재창(2009), 국가와 시민(시대를 넘어, 경계를 넘어), 아담북스, 조석준·임도빈, *op. cit.*, pp. 86-87.(재인용)

대한 하원 세출위원회의 제안 중 90%가 수정 없이 본회의에 의해 승인되었다.[43] 이 같은 사실은 의회 본회의는 행정에 대한 재정통제기능을 효율적으로 활용하지 못하는 반면에 세출위원회가 그 기능을 전적으로 대신하고 있다는 것을 의미한다. 그러나 세출위원회의 제안이 본회의에서 통과되는 비율은 최근에 들어 급격히 낮아지고 있다.[44] 세출위원회의 구성원들이 특권, 넓은 안목, 권력, 그리고 상세한 정보를 획득할 수 있는 능력 등을 가지고 있다는 것은 일반적인 사실이다. 그럼에도 불구하고 그들은 여전히 실질적인 행정계획의 많은 부분에 대하여 무지하다는 주장이 있다. 특히 예산에 관련된 엄청난 서류를 다 읽을 시간과 정력을 가진 의원은 거의 없다. 위원회 의원들은 시간의 제약 하에서 예산을 심의하기 때문에 예산규모는 화폐규모와 전년도 예산규모를 기초로 점증적인 변화를 가져오도록 결정할 뿐이다. 그리하여 오늘날 예산이 점증적 접근법(Incremental Approach)에 의해 결정되는 것을 볼 수 있다. 결과적으로 현대정부가 수행하는 업무의 광범위성과 복잡성으로 말미암아 예산에 관련된 많은 권한이 대통령에게 귀속되고 있는 것은 불가피한 현상이다.[45]

뿐만 아니라 예산편성을 위한 행정부의 기술과 노력이 의회에서조차 존중되고 있는 것은 현대사회의 특성이라고 볼 수 있다. Allen Shick는 예산이 경제적·정치적으로 점점 강조됨에 따라 거시경제정책의 중요성이 더욱 증가하고 있다는 사실은 관료제에 대한 실질적인 통제를 의회로부터 행정가들에게 이전하게 만들었고, 그 결과 "예산전쟁－특히 의회와 대통령 간의 전쟁－은 최근에 확산되고 있으며, 긴장은 과거보다 미래에 더할 것이라는 전망"을 내놓았다.[46]

예산결정은 정치적으로 매우 민감한 과정이다. 세출위원회도 완전히 독립적이지는 못하다. 정치와 행정문제에 관련하여 다른 많은 참여자들의 의견들을 고려하여야 하며, 따라서 수많은 비공식적 조정이 뒤따르게 된다.

세출위원회 의원들과 참모들은 오랜 재직기간으로 말미암아 그들과 연관된 행정기관들에 대해 상당한 지식을 축척하여 왔던 것은 사실이지만, 세출위원회

---

43 James Q. Wilson, "The Rise of the Bureaucratic State," ed. F. E. Rourke, *Bureaucratic Power in National Politics* (Boston: Little, Brown, and Co., 1965), p. 370.

44 Riley, *op. cit.*, pp. 90–91.

45 Peter Woll, *American Bureaucracy*, 2nd ed. (New York: W. W. Norton & Co., 1977), p. 179.

46 Allen Shick, "The Battle of the Budget," ed. Harvey C. Mansfield, Sr., *Congress Against the President* (New York: Praeger, 1975), p. 51.

와 행정기관과의 관계가 행정 관료와 의원들 간의 개인적인 관계처럼 매우 밀접한 관계가 형성되는 것은 바람직하지만은 않을 것이다. 위원회 의원들이 자신들의 선호에 따라 행정부서 상호간 보호와 지지를 교환할 가능성도 있기 때문이다. 더욱이 행정가들은 예산안을 제출할 때 부처장관들, 관리예산처(Office of Management and Budget: OMB), 입법가들, 이익집단들뿐만 아니라 행정기관 동료들의 견해를 고려하지 않으면 안 된다.

행정기관의 예산이 의회의 허가와 지출승인을 받아야만 한다는 사실을 고려한다면 각 행정기관이 의회 하나만을 주인으로 섬기는 것이 아니라 다수의 주인을 섬긴다는 것을 의미하며, 이러한 주인들은 서로 갈등관계에 있을 수도 있다는 것이다. 이러한 모든 사실들은 왜 의회가 의식적으로 행정부예산에 있어서 어떠한 중요한 변화를 발생시키지 않으려고 하는 이유이다.

오늘날 의회는 예산결정에 관한 권한을 포기하려는 경향이 있는 반면, 주요한 재정을 감시하는 방안의 활용과 세부적인 지출제시사항을 하달하려는 데 더 많은 관심을 두고 있다.[47] 예를 들면 예산삭감에 대한 심한 정치적 반대가 없는 분야에서만 의회는 예산삭감을 시도하는 경향이 있다는 사실이 이를 잘 대변하여 준다. 이와 같이 의회가 관료제에 대하여 막강한 재정권을 가지고 있지만 정부예산이 복잡하여 짐에 따라 관료제를 통제하는 데 한계에 직면하고 있다.

2) 의회의 인사권

의회는 다양한 방법으로 인사를 통제한다는 주장이 있다. 물론 인사문제에 대한 의회의 통제는 행정기관의 업무에 영향을 미친다. 의회는 행정부에 대한 세출을 삭감하거나, 끊임없이 청문회로 관료를 괴롭히거나, 행정기관이나 행정기능을 폐지하거나, 상부기관에 불만을 토로하여 행정 관료를 처벌하거나 축출할 수 있다. 그러므로 어떤 관료의 임용이 의회비준이나 의회와의 업무수행에 어려움을 주는 경우에는, 그의 지명이 철회될 것이 분명하다. 미국의 경우에서 보듯이 수많은 연방공무원들이 인사문제에 관해 상·하원의원들에게 도움을 청하는 것은 당연한 일이다.

실제로 연방공무원의 경우, 10만 이상의 공무원 직위가 상원의 비준을 필

---

47 *Ibid.*, p. 91.

요로 하고 있다.[48] 대통령 출신주로부터 과반수의 추천을 존중하여 대통령이 속한 정당의 상원의원이 원하는 데에 따라서 동료 상원의원이 같이 동의해 주는 것이 상원의 관례이기 때문에 한 상원의원의 비준이 실제적인 임명통제권을 가지고 있다고 하여도 과언이 아니다.[49]

하원은 인사임명과정에서 공식적인 역할은 없으나 그들이 선호하는 바를 알릴 수는 있다. 일반적으로 양원의 의원들은 자신들의 지역구 주민들이 원하는 인사를 선호하는 경향이 있다. 그러므로 대통령이 쉽게 승인을 받으려면 추천인사에 대한 상원의 의중을 떠보는 것이 정치적 비용을 줄이는 길이다. 그 결과 비준을 받은 고위관료는 자신의 부처에 관련된 이익집단 및 행정기관과 의회의 위원회와의 연합에 있어 우호적인 관계를 유지하게 된다.

반면에, 비록 의회는 준사법권을 가지고 있는 공무원을 해임하고자 하는 대통령의 의지를 제한할 수는 있지만, 해임권은 기본적으로 행정부에 속한 권한이다.[50]

오늘날 공직의 능력과 안정성에 대한 요구가 높아지면서 실적제를 엄격히 지키기 때문에 공직을 의원들의 지역기반 구축을 위한 도구로 이용하려는 의회의 시도는 제약을 받게 되었다.[51] 그리고 주요 관료임명에 영향을 미칠 수 있는 의회의 능력에 대한 또 다른 제한은 우선 임명이 대통령의 지명에 의존한다는 사실이다.[52]

대통령은 행정부의 관료를 선택하는 데 상당 정도 자유재량을 가져야 한다는 국민의 여론 때문에 상원은 대통령의 지명을 매번 거부할 경우 국민의 저항에 직면하게 될지도 모른다. 의회가 가지고 있는 탄핵권도 강력한 것이지만 단 한 번의 경우를 제외하곤 거의 관료들에게 적용되지 않았다.

3) 공·사 민원처리에 의한 행정통제의 장·단점

의원들이 개별적으로 관료의 의사결정에 영향을 미칠 수 있는 공식적인 방법은 별로 없다. 시민들도 역시 관료제 앞에 무력감을 느끼고, 그러한 관료제에

48 Mainzer, *op. cit.*, p. 80.
49 *Ibid.*, p. 80.
50 *Ibid.*, p. 80.
51 Fried, *Performance in American Bureaucracy* (Boston: Little, Brown and Co., 1976), p. 239.
52 *Ibid.*, p. 240.

영향을 끼칠 수단을 찾으려 노력한다. 의원들은 자신들의 선거구를 위하여 정부로부터 공공서비스 프로그램을 제공받는다면 선거구민의 지지를 얻게 되어 재선되는 데 도움이 되기 때문에, 자신들의 지역구민들과 행정기관들을 접촉하면서 '공적·사적인 민원'(case work)을 해결하는 데 의원들은 많은 시간을 쏟고 있다.[53] 예를 들어 뉴욕과 캘리포니아의 상원의원들은 1년에 3만에서 5만 건 정도의 민원들(cases)을 다루고 매사추세츠의 Kennedy 상원의원은 7만 건의 민원들을 다룬다.[54]

의원들이 민원을 챙기는 것 자체가 관료에 대한 유용한 통제수단이 될 수 있는데, 왜냐하면 그것은 행정가들의 권력남용을 견제할 기회를 제공해 주고, 관료들로 하여금 최선을 다하도록 하며, 부정을 바로잡고, 때로는 보다 나은 행정을 수행토록 하기 때문이다. 그러나 만약 그러한 사건해결이 부당하게 너무 강압적인 수단으로 이루어지면 그것은 관료의 의사결정을 왜곡시키고 공공행정가들의 합법성과 공평성을 저해할 수도 있다.

실제로 연방정부의 행정은 의원이나 의회의 보좌관 및 의회 내 행정부서 직원들의 청탁으로 가득 차 있는 실정이다.[55] 어떤 의원은 관료들에게 실적에 관계없이 호의적 행위를 하도록 압력을 가하기도 한다. 이러한 상황을 보고 Gellhorn은 "의원은 개인적으로, 혹은 집단적으로 행정부패를 방지하기보다는 부패를 유발하는 사람"이라고 지적하였다.[56] 결국 관료들은 부정부패에서 벗어나기 어려울 것이다.

의원들이 표출할 수 있는 부당행위는 정보공개법(the Freedom of Information Act)에 의해서 시정될 수도 있다. 정보공개법은 의원과 관료 사이에 오고 간 모든 문서들에 대한 조사를 가능하게 하고, 때로는 구술적 의사소통에 대한 기록까지도 대중의 조사를 가능하게 해 준다. 의원들은 정보공개법으로 인하여 야기될 수 있는 문제를 피하고 지역 선거구민들의 공적·사적 민원을 조용히 처리하기 위하여 갈등이 일어나지 않도록 관료제의 하위수준에서 해결하기를 원하기

---

53 Peters, *op. cit.*, p. 218.

54 U.S., Congress, Senate, Commission on the Operation of the Senate, Senators: Offices, Ethics, and Pressures, *Constituent Service*, by Janet Breslin, Joint Committee Print (Washington, D.C.: Government Printing Office, 1977), pp. 19–36.

55 Walter Gellhorn, *When Americans Complain: Government Grievance Procedures* (Cambridge, Mass.: Harvard University Press, 1966), p. 124.

56 *Ibid.*, p. 136.

때문에 오히려 관료제의 폐쇄체제를 지지하는 경향이 있다. 관료제의 하위체제는 비교적 개방보다는 폐쇄 형태를 띠고 있다.

관료가 의원들로부터 호의를 교환하는 조건으로 의원들의 민원을 처리하였다고 하자. 이러한 민원처리방식은 모든 민원처리에서 요구되는 포괄성, 체계성 및 공평성을 갖추지 못하고 있다. 설사 민원을 처리하였다고 하더라도 흥정에 의한 해결방안은 행정의 오류를 일관성 있게 효과적으로 통제하여 체계적이고 포괄적인 정책과 법을 수립하는 성과를 가져오기는 어려울 것이다.

의원이 지역주민들로부터 부탁받고 있는 공적·사적 민원들은 일반적으로 특정한 범주에 집중되고 있다. 즉, 도로·댐·경제개발·연방보조금과 대부에 의존하는 사회 서비스 계획 등이 그것이다. 의원들은 공적·사적 민원에 많은 시간을 소비하기 때문에 보다 포괄적인 정책을 다루는 방법을 개발할 시간이 없을지도 모른다. 특히 의원들의 개별적인 사례접근방법(individualized case by case approach)으로 인하여, 의회는 폭넓고 보편적인 해결방안을 모색하기 위해 요구되는 행정부패의 유형(patterns)에 대한 지속적인 정보를 얻는 것이 불가능할 수도 있다.[57]

또한 의회는 비교적 사소한 이슈들까지 관료들을 괴롭힘으로써 때로는 의원이 관료에게서 얻을 수 있는 신뢰감을 실추시키기도 한다.

따라서 Kenneth Culp Davis는 의원들을 돕기 위한 목적으로 의원들의 공적·사적 민원사항을 처리할 수 있는 중앙사무국의 설립을 제안하였다. 그는 중앙사무국을 설립함으로써 20만 건 이상의 민원사항에 대한 불평을 각 의원의 사무실에 있는 참모들이 수행하는 것보다는 훨씬 능률적으로 처리할 수 있다고 주장하였다.[58]

4) 의회의 조사권

의회의 국정조사는 행정기관을 통제하는 데 가장 효과적인 방법 중 하나이다. 국정조사는 1946년의 의회의 재 조직법(Legislature Reorganization Act) 이후 상당히 증가하여 왔다.[59] 1970년 의회의 재 조직법 하에서 각 의회위원회(예를

---

57 Breslin, *op. cit.*, p. 31.
58 Davis, *op. cit.*, p. 151.
59 *Ibid.*, p. 151.

들면 노동·통상·교육 등)는 그들 각각의 관할영역 하에 있는 정책에 관하여 법의 제정 및 집행을 지속적으로 검토하고 연구하는 조사책임을 가지게 되었다.[60] 의회의 이러한 국정조사역할은 국내문제 또는 해외에서 다국적기업의 뇌물수수사건들을 조사하는 CIA의 활동과 함께 최근에 현저하게 활발해지고 있다.

그러나 의회는 행정기관 활동의 대규모성, 기술성, 복잡성, 다양성으로 인하여 수십 개의 행정기관, 수천 개의 정부계획, 그리고 수백만 명의 공무원들에 대하여 제한된 감독만을 행사할 수 있는 처지이다. 더욱이 1970년 의회 재조직법이 의회통제를 현저히 증진시키지 못한 수많은 이유들 중의 하나는 위원회체제하에서 위원회 및 소위원회의 활동만으로도 의원들이 임무가 너무 과중하기 때문이다.[61] 그러한 예로서 위원회는 청문회를 개최하는 데 많은 시간을 소요해야 되는데, 이러한 청문회들은 단지 소수 의원들에게만 집중적으로 맡겨지고 있다.

위원회가 행정부에 대해 효과적으로 통제업무를 수행하려면 의회통제에 내재된 이러한 문제들이 우선적으로 해결되어야 한다.

더욱이 의회 내 위원회의 중복은 관할권의 중첩과 그에 따른 갈등을 초래한다. 뿐만 아니라 청문회에서 관료들에 대한 증언요구의 증가는 관료들로 하여금 행정기관의 업무를 위하여 사용해야 할 시간을 행정기관이 아닌 다른 곳에 낭비하게 만드는 문제가 있다.

특히 다원주의사회에서 자주 목격되는 위원회와 행정기관 사이의 지나친 우호적 관계는 의회의 통제역할을 약화시킬 우려가 있다.[62] 또한 의회통제권의 남용은 의원들이 주로 자신들의 정치적 지원을 얻기 위한 공개성, 개인의 정치적 입지확보, 또는 특정 정책을 추진하거나 방해하는 과정에서 쉽게 발생한다.

5) 정보의 공개와 행정통제

앞 절에서 논의한 바와 같이, 관료의 수중에 있는 강력한 무기는 전문성과

---

60 U.S. Code 190d. The House rules go further, requiring each legislative committee of more than twenty members to establish an oversight subcommittee or to require its subcommittee to conduct oversight in their respective jurisdictional areas.

61 U.S., Congress, House, Commission on Administrative Review, *Work Management*, H. Doc. 95-235, September 28, 1977, *Administrative Reorganization and Legislative Management* 2 (Washington, D.C.: Government Printing Office, 1977), p. 37..

62 Peters, *op. cit.*, p. 221.

정보의 장악이다. 행정기관은 의회가 심의중인 주제에 대한 정보를 거의 독점하고 있다. 따라서 의회가 행정행위를 효율적으로 감시·통제할 수 있느냐 하는 문제는 주로 관료제로부터 나오는 정보에 얼마나 접근할 수 있느냐에 달려 있다. 그러나 행정부의 비밀보호 요구, 행정의 집행 특권, 행정의 비밀 등과 같은 이유 때문에 의회의 접근을 막고 있다.

정보에 대한 접근을 더욱 어렵게 만들 수 있는 것은 국가안보를 가장하여 관료들이 서류들을 자의로 '1급 비밀,' '2급 비밀,' '3급 비밀' 등으로 분류하는 것이 가능하다는 점이다. 1977년 현재 28개 행정기관의 약 13,000여 공무원들이 문서를 분류할 권한을 가지고 있으며, 연평균 7천만 건에서 1억 건 정도의 문서들을 분류한다.[63] 또한 통치권은 고유한 권력으로 주장되고 있다. Nixon 대통령이 저질은 워터게이트 사건 이후 대통령의 권한은 약화되고 그 대신 막강한 권력을 얻게 된 의회는 대통령의 보좌관들을 보호하려는 대통령의 권한을 맹렬히 반박하고 나섰다.

또한 의회가 정보에 접근하는 데 걸림돌이 될 수 있는 것 중의 하나가 개인의 사생활 보호이지만, 정보기관은 그러한 정보를 비밀로 지킨다는 약속 하에 수집할 수 있다. 그리고 협조자로부터의 솔직한 조언, 신중하게 고려중인 제안들을 미리 공개할 때의 파급효과, 국방과 외교업무를 수행하기 위한 비밀의 필요성 등은 행정가들이 행정기밀을 요구할 때 빈번히 인용하는 이유들이다.

정보공개법(the Freedom of Information Act)은 문제점을 내포하고 있다. 국가 안보를 위하여 비밀문서로 분류되어 일반인에게 공개할 수 없는 정보 이외에도 정보공개법은 정부기관의 서류를 합리적으로 분류할 수 있는 관료에게 정보를 제공할 수 있는 권한도 부여하고 있다.[64] 행정기관은 40일까지 답변기간을 연장할 수 있으며, 만약 행정기관이 정보제공을 거절하면, 개인은 연방지방법원에 소송을 제기할 수 있으나 다양한 이유를 들어가면서 정보제공을 거절 또는 미루어 나가는 행정기관에 승소한다는 것은 쉬운 일이 아니다. 결국 정보공개법을 실시함으로써 수많은 요구와 그에 수반하는 비용 때문에 행정기관은 서류를 국민에게 공개하기를 더욱 꺼리고 있다.

그 이외에도, 행정기관에 정보를 요구하였던 고객이 설령 정보를 획득하였

---

63 Jeffrey Smith, *No Rave Plan for Carter Secrecy Plan Science, 198* (November 11, 1977), p. 589.
64 S., *Public Law*, 89-47; U.S., *Public Law*, amend. 1974, pp. 93-502.

다고 하더라도 그 정보를 이해하기 위한 고도의 전문적인 지식이 부족하기 때문에 활용하지 못하는 경우도 많다고 한다. 뿐만 아니라 고객의 요구에 의하여 제출된 행정기관에 관한 방대한 양의 정보를 복사하여야 되는 경우, 소요되는 경제적 비용 또한 무시할 수 없을 정도라고 한다. 이러한 이유들 때문에 정보공개법의 활성화가 어렵다는 지적도 있다. 그 결과 정보공개법의 문제점을 보완하기 위하여 1976년 의사공개법(Sun Shine Act)이 제정되었다.

6) 의회의 조직화

또 다른 문제는 여러 분야의 정부활동에 확산되고 있는 과학·기술적 특성으로 인하여 관료를 통제하는 데 어려움이 있다는 것이다. 관료제가 기술화, 전문화됨에 따라 의회는 통제·감시하는 문제와 독립된 정보체제 등을 새롭게 개발해야 하는 문제에 직면하고 있다. 한 가지 가능한 해결책은 의회의 참모 수를 증원한다든지 혹은 참모의 기술적 능력을 더욱 발전시키는 것이다.

그러나 현재 실시하고 있는 대부분의 개혁도 행정부의 정보능력에 대적할 만한 의회의 참모지원을 확대하고 새로운 정보의 원천 등을 개발하는 데 집중되어 왔다. 의회 참모 수의 증가라는 대안 외에 의회보좌기관의 증설이라는 대안도 있다. 특히 1970년의 의회 재 조직법은 기존의 의회도서관부설인 의회조사국(Congressional Research Service)과는 별도로 재정 및 예산정보, 분석지원, 확장된 참모진 그리고 정보원의 증가 등의 방법을 통해 의회의 통제기능을 강화하였다. 그러나 Dodd와 Schott가 지적한 바와 같이 의회조사국(CRS)은 각 행정기관의 업무평가 및 진단이라는 다소 협소한 분야에만 활동을[65] 집중하고 있어서 행정계획에 대한 의회의 전반적인 통제활동에는 기여하고 있지 못한 것으로 평가되고 있다.

1974년에 입법부는 위원회에 2,052명, 상·하원의 8,800명의 개인비서, 의회조사국(CRS), 감사원(the General Accounting Office), 기술평가국(the Office of Technology Assessment) 및 의회예산국(the Congressional Budget Office)과 같은 기관에 20,546명 등 총 30,000명이 넘는 인원을 신규 채용하였다.[66]

기술평가국의 설립역사는 상대적으로 짧으며, 약 40여 명의 전문인으로 구

65 Dodd and Schott., *Congress and Administrative State*, pp. 250-251.
66 Harvey C. Mansfield, ed., *Congress Against the President*, p. 112.

성되어 있기 때문에 의미 있는 통제활동을 하고 있지 못하다.[67] 단지 중요한 정책연구나 과학과 기술에 관련된 주민들의 의문사항에 답변하고 있는 실정이다.

기술평가국보다도 더 짧은 역사를 가지고 있는 의회조사국은 행정업무에 관련된 정보에 대한 접근이 상대적으로 용이한 잠재력을 가지고 있다. 그러나 그러한 정보들이 세출위원회(Appropriations Subcommittee) 혹은 수권위원회(Authorization Committee)의 어느 하나와도 직접적으로 관계를 맺고 있지 않은 상·하예산위원회나 상·하원의 리더십을 통하여 의회에 수집된다고 가정할 때 언젠가는 의회의 통제기능이 활성화될 수 있을 것으로 보인다. 현재 의회예산국은 예산결정과정에서 중요한 감독기능을 수행하고 있지 않다고 한다.[68]

1921년에 재정조사를 목적으로 설립된 감사원은 의회의 가장 강력한 감시자가 되었다. 감사원은 주로 법과 규정의 적용, 행정기관 운영의 능률성과 경제성 검토, 의회의 정책의 달성 여부에 대한 평가 등과 같은 활동을 하는 3,800명의 전문인으로 구성되어 있다. 그러나 현재 감사원의 활동을 감안하여 볼 때, 행정통제 및 감시는 부수적인 활동이 되기 쉬운 것으로 판단된다. 감사원이 행정에 대한 의회의 중요한 감시자 역할을 하는 것은 사실이다.

행정통제를 하는 데 감사원의 3가지 한계점을 논한다면 다음과 같다.:[69]

첫째, 의회는 감사원의 능력의 범위 밖에 있는 기능까지도 감사원에 계속 부여하는 경향이 있기 때문에 전통적인 재정상의 통제책임을 이행하지 못하는 실정이다.

둘째, 감사원의 효과적인 감시활동의 제약점은 조사를 의뢰한 위원회나 의원이 발표할 때까지 감사원의 조사보고서를 비밀로 하여야 된다는 의회의 관례 때문이다. 그러나 이러한 관례는 강력한 힘을 가지고 있는 의회의 위원회가 행정기관을 조사한 감사원의 자료를 의도적으로 사장시킬 수도 있기 때문에 감사원의 감시기능을 무력화시킬 수 있다.

셋째, 감사원과 세출위원과의 밀접한 관계로 인하여 행정기관의 관료들이 예산 집행이 정치의 소용돌이에 휩싸일 수 있다. 행정기관의 예산이 의회의 허

---

67 Riley, *op. cit.*, p. 78.

68 Dodd and Schott, *op. citx*, p. 261.

69 Riley, *op. cit.*, p. 79; Joseph Pois, "The General Accounting Office as a Congressional Resource," in *Congressional Support Agencies: Papers for the Commission on the Operation of the Senate* (Washington, D.C.: U.S. Government Printing Office, 1976), pp. 40–41.

가와 지출승인은 다수의 참여자들에 동의를 얻어야 하는데 이들 간에 서로 갈등 관계를 겪어야 할 것이다. 또한 감사원과 세출위원회는 다른 강력한 위원회나 이익집단들과도 갈등을 면하기 어렵다.

위에서 지적한 약점에도 불구하고 감독임무를 수행하기 위하여 의회가 가지고 있는 감시기관들 가운데 감사원이 가장 강력한 기관이라는 사실은 널리 알려져 있다. 사실상 정부의 어떠한 재정적 거래도 감사원에 의해 승인될 때까지는 법적으로 실효성이 없다. 그렇기 때문에 공무원들은 사전에는 감사원의 의견을 조회한다든지, 세출이 결정되기 전에 미리 회계검사를 하는 사례가 증가할 정도로 감사원의 감독행위는 위협적이다.

그러나 감사원의 통제기능도 그리 완벽한 것만은 아니다. 감사원은 단지 행위를 지연시킬 수 있을 뿐이며 행정기관의 회계사들이 감사원보다 전문성 면에서 우수하기 때문에 회계검사자라기보다는 감사자로서 참여하고 있다는 평가가 있다.

한국의 감사원은 행정부 최고 감사기관인 합의제기관이다. 감사원은 세입세출의 결산, 국가 및 법률이 정한 단체의 회계검사, 행정기관 및 공무원의 직무에 관한 감찰을 그 권한으로 하는 대통령 소속의 헌법상 독립된 합의제기관이다(감사원법 제20조). 감사원은 헌법 제97조와 감사원법 제20조의 규정에 따라 국가의 세입·세출의 결산을 검사하고, 국가기관과 법률이 정한 단체의 회계를 상시 검사·감독하여 그 집행에 적정을 기하며, 행정기관의 사무와 공무원의 직무를 감찰하여 행정운영의 개선·향상을 도모하는 역할을 담당한다. 감사원은 대통령에 소속되어 있되, 직무에 관한 한 독립적 지위를 가지므로 감사원 소속 공무원의 임면, 조직 및 예산의 편성에 있어서는 독립성이 최대한 존중된다.

감사원 조직은 감사원장을 포함한 5인 이상 11인 이하의 감사위원으로 구성되는데, 감사원장은 대통령이 국회의 동의를 얻어 임명하고 감사위원은 감사원장의 제청으로 대통령이 임명한다. 감사원장과 감사위원의 임기는 모두 4년이며, 1차에 한해 중임할 수 있다.

그러나 한국의 내부통제기관인 감사원은 많은 문제점을 안고 있다. 감사원이 담당하고 있는 회계검사기관은 2002. 12. 31 현재 무려 65,027개에 달하는데 반하여 감사업무를 담당하고 있는 직원의 총원은 892명에 불과한 실정이다. 실은 직원 1인당 73개 기관을 담당해야 할 만큼 감사인력이 부족한 실정이다.

뿐만 아니라 감사원 예산을 보더라도 감사활동 업무에 대한 예산이 전체 감사원 예산의 32%에 불과할 정도로 감사활동 업무에 대한 예산이 매우 취약한 실정이다. 또한 감사원에 대하여 감찰 기능을 부여했음에도 불구하고 이를 뒷받침할 수 있는 금융거래조사권을 인정받지 못하고 있는 것은 적절하지 못하다. 아울러 감사대상업무가 고도로 전문화되는 추세를 감안하여 감사원의 전문성 확보가 중요할 것이다.

한국 국회도 의원들의 입법 활동을 보좌하는 거대한 관료조직들인 국회사무처, 국회도서관, 예산정책처, 입법조사처 등이 있고, 최근에 신설된 국회예산정책처는 예산분석활동을 지원하고 국회입법조사처는 정책기능의 강화를 촉진하고 있다. 따라서 국회는 행정부에 의존하지 않으면서 독자적으로 정책을 분석하는 기능을 갖게 되었다. 국회의원들은 자신들의 입법 활동을 위해 수명의 보좌관을 두고 있고 그리고 지원조직들의 보좌를 받는다. 그러나 이들이 충분히 의정활동을 하고 있는지는 의문을 자아낸다.

실제로 한국국회의 문제는 정당이 대통령 중심으로 창단되며, 이에 따라 흥망성쇄하는 정당이기에 정당조직 자체가 역사적으로 안정적이지 못하다는 것이다. 예를 들어 다음 선거에서 대통령이 낙선하면 자연히 그 정당은 사라진다. 또한 국회의원은 재선, 삼선 또는 다선 되는 것이 가장 중요한 목적이기 때문에 이를 기준으로 행동한다. 우선 의원들에겐 1차적으로 공천을 받는 것이 중요하여 공천권을 행사하는 곳에 비위를 맞추려고 노력한다. 이를 위해 개인의 소신을 따르기보단 당리당략에 따라 움직이는 것이 일반적이다. 그런 다음 당선을 위해 지역구민들의 인정을 받는 것이다. 아무리 국회의원에게 지원활동을 하더라도 자신의 소신 없이 정당지도부에 잘 보여야 하는 의원이 입법 활동을 제대로 하기를 기대하기는 어려울 것이다. 사실 국회의원들이 성실하게 입법 활동을 하지 않더라도 당선되기 위해서 지장을 주지 않기 때문에 이러한 분위기에서 모범적인 의원을 기대한다는 것은 어려울 것이다.

7) 의회의 참모 수와 참모의 배경

1960년에서 1975년 사이에 상임위원회의 참모 수는 4배 증가하였고, 그 총수는 상원이 약 1,300명, 하원이 약 1,800명에 달하였다. 그러한 숫자는 각 위원회당 평균 참모 수가 70명 정도인 것을 의미한다. 앞으로 위원회 통제능력에 관한 논의의 쟁점은 참모 수가 아니라, 효과적인 참모의 활용방법 같은 질적인 측면이 요구될 것이다.

이러한 관점에서 Woll은 참모 수의 팽창과 관련하여 몇 가지 문제를 제기하고 있다.[70]

의회의 위원회나 보좌관들도 특정한 입법 분야에 관한 지식과 정보 면에서 행정부의 경쟁상대가 되지 못한다. 의회에 채용된 참모의 대부분은 초기에 행정부에서 근무했으며, 따라서 그들의 업무능력은 행정부에서 습득하였고, 그들의 지식은 의회의 보좌관들에게 이양되었다. 의회의 위원회나 의원들에게 전달되는 정보의 형태에 따라 정책문제에 대한 의원들의 태도를 결정한다는 것은 두말 할 필요도 없다. 그 결과 행정부가 의회에 도달하는 정보의 통로를 통제하는 만큼 행정부는 의회의 정책결정을 통제한다고 할 수 있다.

행정기관들은 의원 개개인보다도 선거구민에 대하여 더욱 많은 영향력을 가지고 있으며, 그들은 수시로 변하는 선거구민의 변덕에 구속받지도 않는다. 행정기관들은 대다수의 의원들보다 선거구민에 대하여 보다 직접적인 영향력을 가지고 있기 때문에 관료들의 정치적 지지는 더 중요하며 지속적인 경향이 있다. 따라서 관료제의 행위에 대한 정치적인 합의가 필요한 경우에도 관료들은 의원들보다 정치적 지지를 획득하는 데 소요되는 시간과 기술을 더 많이 소유하고 있기 때문에 훨씬 유리하다.[71]

선거절차는 의원들이 선거운동을 하는 데 많은 시간을 소비하고 다양한 논제와 의원들이 반드시 알아야 되는 정보를 획득하는 데 충분한 시간을 주지 못하고 있다. 특히 의원들은 지역적이고 개인적인 문제들을 적절히 강조하면서 국가정책과는 무관한 정치적 합의를 도출한다. 반면에 행정기관들은 그들의 구역내에서 강력한 집단의 동의를 획득할 수 있는 정책을 채택함으로써 합의에 도달하게 된다.[72]

의원들은 의원직을 잃을 수 있다는 현실적 또는 가상적 가능성을 항상 명심해야 한다. 문제는 의원들이 재임중에 의회의 자원들을 정책결정이나 관료제와의 균형유지에 효과적으로 활용하려고 하지 않고 자신들의 재선을 위해 활용

70 Woll, *op. cit.*, p. 189.
71 *Ibid.*, pp. 189-190.
72 *Ibid.*, p. 190.

하는 데에 있다. 의원에게 영향을 미치는 선거에 대한 불안감은 참모들에게도 불안감을 조성하는 요인이다. 의회 의원의 당락은 결국 참모의 재임명 및 탈락 또는 다른 위원회로의 참모의 이동 등을 초래하기 때문이다. 선거운동을 둘러싼 복잡하고 변화무쌍한 행위들 역시 의회가 지속적으로 전문화된 정책 영역과 접촉하는 것을 어렵게 만든다.

더욱이 Woll의 지적처럼, 의원들이 자신의 권력과 지위를 유지하려는 욕망 때문에 관료제를 통제할 수 있는 독립적인 전문성을 구축할 수 있는 기회를 감소시키는 경향이 있다. Woll은 의회가 독립적인 참모기구를 통하여 능력 있는 내부 전문성을 발전시키지 못하는 이유를 다음과 같이 지적한다.[73]

의회 예산국이나 기술평가국과 같은 참모기구는 위원회 위원 개인의 참모와 같이 이들 기구를 설립하는 데 영향력을 행사하였던 능력 있는 상원의원이나 하원의원들과 밀착되어 있다. 예를 들어 기술평가국은 그 기관을 설립하는 데 도움을 주었던 Edward Kennedy 상원의원과 강력하게 제휴하였다. 따라서 의회의 많은 의원들은 기술평가국을 중립적 기관으로 생각하지 않았다. 의회예산국 또한 상원 예산위원회의 위원장인 Muskie 상원의원과 같은 강력한 영향력을 가진 의원들과 밀착되어 있기 때문에 완전히 중립적인 기관으로 여겨지지 않았다. 하원의 Richard Bolling 의원은 의회예산국을 창설하는 데 강력하게 지원하였고, 의회예산국은 많은 하원들 가운데 창설 당시에 도움을 준 Brock Adams 의원과 밀접한 관계를 유지하였다. 의회의 이러한 내부 정치성은 대체로 효과적인 참모기관으로서 의회예산국의 잠재력을 감소시키고 있다.

8) 일몰법의 장애

워터게이트 사건 이후 의회의 권한을 강화시키려는 많은 제안들이 제기되었다. 예를 들어 그 중 하나는 "1976년의 일몰법(Sunset Legislation)으로, 이 법은 의회의 특별한 승인이 없는 한 주어진 기간이 끝나면 각 프로그램에 대한 예산이 자동적으로 종결되도록 하였다."[74]

일몰개념을 효과적으로 적용하는 데에는 몇 가지 장애가 있다. 계획이 종

---

73 *Ibid.*, p. 193.

74 의회의 주요한 일몰법안들은 세출활동에 관여하고 있는 실제적인 예산(지출)당국을 겨냥하고 있는 것이 아니라, 예산당국의 법률제정을 합법화하는 명문화된 법령의 규정에 초점을 두고 있다.

결, 수정 또는 지속되어야 하는지를 결정하기 위하여 의회위원회는 모든 계획을 철저히 검토하기보다는 적절하게 통제할 수 있는 범위나 세목에 대해서만 검토하는 경향이 있다. 또한 본격적인 평가는 위원회가 선정한 계획들에만 국한된다는 점이 문제이다.

그 이외에 어떤 프로그램들은 의회와 이익집단의 지지를 받고 있어서 아무리 정치적으로 유능한 의원들이라도 이를 면밀히 조사하고자 하지 않는다. 더욱이 의회의 위원회는 수년 동안 그들이 지지해 온 프로그램이나 행정기관 및 고객집단과 밀접한 관련이 있는 프로그램에 대해서는 법 개정을 통해서라도 계속 유지하고자 할 것이다. 따라서 행정통제를 위한 일몰법엔 분명히 한계가 있다.

9) 의회의 거부권

또 다른 제안은 행정규칙들에 대해 의회가 하원단독으로 또는 상·하 양원에서 채택된 '동일결의'(concurrent resolution)[75]에 의하여 거부권을 행사할 수 있도록 하자는 것이다. 해외 미군의 활용, 핵에너지, 국제무역, 국제원조, 국제무기판매, 교육, 학교버스의 안전과 같은 특정한 법령은 양원이 공동으로 거부권을 행사하도록 하고, 국제무역, 군사상의 건설, 민간영역의 연금체제, 무기통제와 감축, 철도, 에너지 등과 같은 영역에는 단원 거부권(a one-chamber veto)을 행사하도록 한다는 것이다.[76] 때로는 의회가 거부권을 의회의 각 위원회에 위임하기도 한다. 그러나 문제는 위원회가 행정감시를 해야만 하는가에 있는 것이 아니라, 의회의 본회에 의한 검토 없이 행정행위에 거부권을 행사하는 것이 정당하지 않을 수도 있다는 점이다.

만약 어떤 의회위원회가 하원 혹은 상원이 승인한 프로그램에 대해 찬성하고 있는지 혹은 반대하고 있는지 또는 찬성과 반대의 차이는 어떠한지에 대하여 의문을 가질 수 있다. 물론 각 위원회가 하원 혹은 상원을 진정으로 대표한다면, 문제는 별로 심각하지 않을 것이다.

의회가 매년 400여 개의 법안을 채택하고 있는 데 비해서, 행정부는 약

---

75 상·하 양원에서 채택된 동일결의(법적 효력은 없으며 대통령의 서명도 필요 없음).

76 Clark F. Norton, *1978 Congressional Acts Authorizing Congressional Approval & Disapproval of Proposed Executive Actions*, February 12, 2979, CRS Report No. 79~45. GOV (Washington, D.C.: Congressional Research Service, Library of Congress, 1979), p. v.

7,000여 개의 새로운 또는 개정된 규정들을 채택한다.[77] 따라서 상원과 하원이 행정활동을 상세하게 감시, 통제 및 교정한다는 것은 사실상 거의 불가능한 일이다. 만약 이러한 활동들이 의회의 거부권의 대상이 된다면, 위원회의 업무는 과중할 것이 분명하다. 그럼에도 불구하고, 의회의 거부권은 행정기관의 통제를 위한 효율적인 수단이다. 의회는 행정부가 졸속한 의사결정을 내리기 전에 그것을 무효화시킬 수 있는 권한이 있기 때문이다.

요약하면 행정규칙 제정을 통제하려는 의회의 특별한 관심은 사실상 관료제가 입법과정에서 지배적인 역할을 하고 있다는 것을 의미한다. 관료제가 거의 지배하고 있는 입법과정을 제한할 수 있는 방법은 위원회의 참모들을 어떻게 효과적으로 활용하는가에 달려 있다. 최근에 위원회가 급격하게 증가된 참모의 서비스를 받고 있음에도 불구하고, 의회조사국(CRS)의 경우 선거구민의 요구에 대한 답변으로부터 국가의 문제에 대한 심층적 분석에 이르기까지 여전히 과중한 업무에 시달리고 있다. 어떤 사람들은 위원회의 참모기구가 팽창하여 관료제로 성장함에 따라 이를 통제해야 할 필요성이 있다고 주장한다.

10) 참모들의 행태

사실상 참모 서비스의 확대는 의회 내의 관료제의 증가로 해석될 수 있다. 의회의 의원들은 시간이 거의 없고 때로는 행정활동을 감시할 전문적 지식도 거의 없다. 의회보좌기구에 대한 적절한 통제가 이루어지지 않는다면, 의회보좌기구의 직원들은 행정기관의 공무원들을 괴롭히고, 사실상 의사결정에 참여하면서 자신들의 궤도를 벗어날 위험이 있다. 보좌관들은 그들의 상관이 소속하고 있는 위원회를 대표한다고 주장하지만 실제로는 단지 그들 자신의 이익만을 대표할 수도 있다.

의원들과 보좌관들의 행정통제에 대한 관계를 분석하여 보자. 의회 내에는 수많은 보좌관 혹은 비서들이 있으나, 그들이 항상 그들을 채용한 의원 및 상관들의 의도대로 업무를 수행하고 있다고 보장하기는 어렵다. 대체로 의원보좌관들은 그들의 상관과 충성관계를 유지하며, 그들의 상관이 의원직을 떠날 때 그들 대부분도 의회에서 떠나게 될 것이다. 따라서 의원 보좌관들의 직업상의 불

77 U.S. Congress, Senate, Committee on Government Operations, *Study on Federal Regulation 2* (Washington, D.C.: Government Printing Office, 1977), p. 116.

안정 문제가 성실한 충성관계에 걸림돌이 될 가능성이 있다.

상임 및 분과위원회에 소속한 보좌관들은 의원 개인의 보좌관과는 다른 환경에서 일하고 있으나, 그들 역시 상관들과 밀접한 관계를 유지하는 것이 일반적인 현상이다. 만약 그들의 상관이 다른 직책으로 이동할 경우 그 위원회에 남기를 원한다면 차기위원장과 충성관계를 맺지 않으면 안 된다. 따라서 위원회 대부분의 의원들과 충성관계를 유지하여야 됨은 당연하다.

모든 보좌관을 항상 충성관계로 구속할 수는 없다. 의원 보좌관들은 의원을 도와 행정부의 권력남용을 막는 데 최선을 다 해야 하지만 자신들의 직업이 보장되어 있지 않기 때문에 그들 자신의 이익을 위하여 활동하는 사례가 많이 있다.[78]

첫째, 의원의 보좌관으로 있으면서 분과위원 및 행정기관과 좋은 관계를 유지함으로써 불가피하게 의회를 떠날 때 행정부에 들어갈 수 있는 가능성을 미리 마련하는 행동을 하게 된다.

둘째, 보좌관들은 모든 방법을 동원하여 의원들의 통제대상인 이익집단에게 유리한 상황으로 만들어 줌으로써 훗날 보좌관직을 떠날 때 그 이익집단이 자신들을 환영하면서 받아들일 수 있도록 행동한다.

셋째, 의회의 보좌관들은 의회에 관한 많은 지식과 경험을 쌓게 되므로 차기의원에 입후보할 때 후원을 얻을 수 있는 방법을 쉽게 습득할 수 있다.

이러한 상황에서 행정기관을 통제하여야 할 의회의 위원회가 의원 보좌관의 이해관계로 인하여 의회보좌관을 포함하여 행정기관 및 이익집단의 동맹관계로 형성되기 때문에 행정부에 대한 통제는 더욱 어려울 것이다. 뿐만 아니라, 의원 보좌관이 정부나 기업체의 로비스트로 채용되든지 혹은 정부나 기업체와 개인적으로 친분관계를 갖게 되면, 의원의 행정부 통제활동에 많은 문제점이 초래될 것이다.

11) 옴부즈맨제도에 의한 행정통제

의회는 행정의 책임성을 확보하고 관료들의 횡포와 권력의 남용으로부터 국민의 권리를 보호하기 위하여 옴부즈맨(Ombudsman)제도를 채택하고 있다.

---

78 Riley, *op. cit.*, pp. 92-96.

옴부즈맨이라는 용어는 남의 일을 대신해서 해주는 대리인(agent)이라는 뜻을 가지고 있다. 옴부즈맨은 역사상, 시대상황, 국가의 특수성에 따라 다양하게 변화해 왔기 때문에 일률적으로 정의하기에는 한계가 있지만 역사적으로 스칸디나비아 국가에서는 시민의 보호자로서의 옴부즈맨 역할은 부차적이었으며, 주로 의회와 밀접히 관련을 맺고 의회를 대신하여 행정부를 감시하고 의회에 보고하는 체계를 갖추고 있다. 이러한 모델을 고전적 옴부즈맨(classic ombudsman)으로 부르고 있으며, 민주주의와 법치주의라는 명제와 밀접히 연관되어 있다. 이후 영국 등에서 위법 · 부당한 행정에 따른 불만을 다루다가 점차적으로 인권과 부패와 관련된 문제로 발전하였다.

이와 같이 1809년 스웨덴 헌법에서 처음 입법화된 옴부즈맨은 전 세계 대부분의 국가의 연방 또는 중앙정무 및 지방자치단체에서 채택하고 있는 보편화된 국민의 권익보호 제도이다.[79] 옴부즈맨 제도를 많은 나라에서 채택하게 된 것은 시대적 요청과 제도가 갖는 장점 때문이라고 본다.

옴부즈맨의 기능으로 일반적으로 다음과 같이 지적하고 있다.[80]

① 부당한 행정처분에 대한 시정조치
② 갈등해결을 위한 조정기능을 수행
③ 행정개혁기능을 수행
④ 제기된 민원을 처리하는 과정에서 행정정보의 공개를 위한 자료제출 요구
⑤ 민주적 · 정치적 대변 기능을 수행한다.

이러한 기능을 수행하기 위해서 미국 옴부즈맨협회(United States Ombuds-man Association)가 주장한 필수적으로 갖추어야 할 요소를 다음과 같이 발표했다.

❶ 독립성(Independence)

독립성은 효율적이고 신뢰할 수 있는 옴부즈맨이 되기 위해 핵심적으로 정

79 세계옴부즈맨 협회(International Ombudsman Institute)에 가입된 정회원은 100여 개국 135개 기관(2011년 기준)이며 대륙별로 살펴보면 유럽(71), 호주 태평양(16), 북미(13), 아시아(13), 아프리카(13), 남미·카리브(9) 순임. 임윤주, 관료제 통제를 위한 옴부즈맨제도의 발전방향 연구, 2012. 12월 학기말 Term Paper.

80 Pickl, Victor, "The Function of Ombudsman in Europ," in International Symposiumon Ombud-sman, 1994. 임윤주, 관료제 통제를 위한 옴부즈맨제도의 발전방안 연구. 2012. 12. 학기말 Term paper, pp. 6-8(재인용)

의되는 원리이다. 미국옴부즈맨협회는 아래에서 언급한 어느 하나라도 부족하게 된다면 기능적 문제가 발생할 수 있다고 언급하고 있다. 국민들은 독립적 기관에 어려움을 호소하기를 원하며, 이러한 기관은 령이나 규칙에 근거를 두기보다는 헌법 또는 법률에 근거를 두어 변경 가능성을 최소화하고, 정치적 임명을 막아야 한다.

옴부즈맨의 직무기간이 보장되어 있고 재임명될 수 있을 뿐만 아니라 높은 보수, 직무수행을 위한 충분한 예산, 입법부와 관련된 직접적인 회계 관계, 직원에 대한 임용 및 해임에 대한 독자적인 권한, 형사소추로부터 옴부즈맨과 직원을 위한 면책 등이 보장되어야 한다.

❷ 공정성(Impartiality)

공정성은 옴부즈맨 개념의 가장 핵심적이라 할 수 있다. 옴부즈맨은 이해관계의 충돌을 가져올 수 있거나 발생할 수 있는 어떤 정치적 활동, 고용, 및 사업관계와 거래활동을 삼가야 한다. 옴부즈맨은 이해관계의 충돌을 가져올 수 있거나 발생할 수 있는 어떤 공직도 가져서는 안 되며, 옴부즈맨은 이해관계의 충돌을 가져올 수 있는 어떠한 민원이 접수되든지, 어떻게 조사되었든지 간에 결정과 관련하여 옴부즈맨 자신의 개인적 견해를 허용해서는 안 된다. 미국옴부즈맨협회는 옴부즈맨은 자신의 개인적 견해를 접어두고 공정하고, 편견이 없는 태도로 민원에 접근해야만 하며 이는 절대적이어야 한다고 강조한다.

옴부즈맨은 고객을 가지고 있지 않으며, 민원인의 대변자도 아니며, 정부기관의 보호자도 아니며, 옴부즈맨의 주요관심은 법, 규칙, 정책들이 적정한지 여부, 그 결과가 공정한지를 확보하는 데 중점을 두어야 한다.

❸ 비밀보호(confidentiality)

비밀보호는 옴부즈맨에게는 수단에 해당한다. 옴부즈맨에게 고충민원을 제기한 민원인과 옴부즈맨은 통상적으로 조사과정에서 이루어진 커뮤니케이션에 대해서는 비밀을 보호할 수 있다. 정보의 보호는 관련 법률에 따라 강하게 보호받는 것도 있으며, 옴부즈맨의 재량에 의해 공개가 될 수 있는 것들도 있다.

❹ 신뢰성 있는 심리절차(Credible Review Process)

옴부즈맨의 심리절차가 신뢰할 수 있다면 조사결과에 더 신뢰할 수 있을 것이며, 정부는 옴부즈맨의 권고를 더 잘 이해할 수 있을 것이다. 이를 위해 옴부즈맨은 법·행정·정책과 관련된 문제와 이슈를 분석할 수 있는 자격이 있어야 한다. 조사하는 것은 옴부즈맨의 주요 기능이지만 모든 조사와 민원을 공식적으로 조사할 수 는 없기 때문에 비공식적인 조사활동을 병행할 수 있다. 옴부즈맨은 부 옴부즈맨(deputy Ombudsman, 또는 acting Ombudsman)에게 옴부즈맨을 대표하는 권한을 부여해야 한다. 옴부즈맨은 어느 누구라도 수수료 없이 옴부즈맨에게 직접적으로 민원을 제기할 수 있도록 접근을 할 수 있도록 해야 한다.

옴부즈맨이 관할권 범위를 벗어나지 않도록 관할권이 명확히 정의되어야 하며, 관할권의 범위는 법령에 명시되어야 하고, 관할권의 한계는 시민에게 명확하게 알려야 한다.

옴부즈맨은 충분히 조사 권한을 가지고 있어야 한다. 정부기관 및 그 종사자는 조사시 협력을 거부할 수 있기 때문에 옴부즈맨의 조사에 대한 권위는 명확히 수립되어야 한다.

Rowat[81]는 옴부즈맨을 정부 관료의 권력남용을 조사하고 남용이 인정될 때에는 해결방안을 찾기 위하여 의회가 임명한 별정직원이라고 하였다. 물론 의회에 책임을 지는 의회형 옴부즈맨이나, 행정수반에 책임을 지는 행정부형 옴부즈맨 등 여러 종류의 옴부즈맨제도가 있으나 주로 의회형 옴부즈맨제도를 선택하는 경우가 대부분이다. 역시 임무와 권한 면에서 각 국가마다 약간의 차이는 있으나 옴부즈맨은 주로 ① 감시감독권, ② 소추권, ③ 경고권, ④ 조사권, ⑤ 검열권, ⑥ 직무감찰권, ⑦ 조정권, ⑧ 공개권, ⑨ 고객비판권 등과 같은 권한을 부여받고 있다.[82]

그러나 일반적으로 옴부즈맨의 핵심적인 권한은 대략 독립조사권, 시찰권(행정기관의 순회 및 조사권) 및 소추권으로 구성되는데, 소추권은 행정의 비능률성과 경직성을 초래할 위험이 있기 때문에 몇 나라를 제외하고는 인정하고 있지 않고 있다.

그러나 옴부즈맨제도가 국민의 권리침해를 보호하기 위하여 강력한 통제기구로서 역할을 하는 데는 역시 문제가 있다. 실제로 시정권이 없이 권고 및 수정안을 제안하든지 훈계 혹은 공개건 조치를 취하는 것이 보통이어서 통제의 유용성 면에서 의문이 제기되고 있다.

뿐만 아니라 행정의 책임성을 확보하기 위한 의회의원들의 부담을 경감시

81 D. Rowat, *The Ombudsman Plan* (Tronto, Canada: McClelland & Stewart, 1973), p. 7.
82 *Ibid.*, pp. 3-4.

켜 준다는 데 의미가 있으나 상호간 업무의 중복성이 갈등을 야기시킬 수도 있으며, 더 중요한 것은 현대 행정의 전문성과 복잡성을 비교적 소수의 인원으로 극복할 수 있는 방안이 있겠는가 하는 점이다. 동시에 아무리 독립적인 조사권을 가지고 있다고 하더라도 옴부즈맨제도가 의회에 소속되어 있는 한, 의회이익집단관료들 간의 동맹관계가 가지고 있는 관심문제에 이의를 제기하기는 어려울 것이다.

결론적으로 우리나라에 옴부즈맨제도를 도입한 것은 그리 오래되지 않았다. 옴부즈맨의 기원이라고 할 수 있는 스웨덴에서도 정착되기까지 200년의 세월이 흘렀다고 한다. 위에서 지적한 발전방안뿐만 아니라 비상임 형태에서 상임형태로 자문기구를 운영하여 조직의 활성화를 유지해야 할 것이다. 또한 옴부즈맨을 상임으로 하는 한편 충분한 보수를 지급하고, 인력예산을 확보하여 사무국을 설치하여 옴부즈맨의 운영을 지원할 필요가 있다. 옴부즈맨의 전문성강화를 위해 전속 조사관의 확대가 필요하다. 파견된 조사관에 의한 민원처리는 행정기관으로부터 독립 중립적인 입장에서 민원을 처리하기가 힘들고 파견조사관의 빈번한 교체로 인해 민원조사처리의 전문성 및 계속성 유지를 어렵게 한다.

제4절 사법부(법원)

정부기능의 팽창은 행정을 통제하는 사법부의 역할을 증가시키고 있는 것은 당연하다. 한국의 경우 근래 들어 위헌법률심판제청이 급격이 늘고 있는 것도 행정부의 법 집행에 대한 문제제기가 늘면서 법원에 '심판자로서의 개입'을 요구하고 있기 때문이다. 선진국의 경우 위헌 판결을 위해 헌법재판소에 가기 전에 해결하는 경향을 보이고 있는 것은 정치적으로 타협하는 능력을 가지고 있기 때문이다. 정치는 타협이다. 타협을 하지 못하는 민족이나 국가는 정치적으로 파행을 겪는 경우가 허다하다.

그러나 사법부는 대통령, 의회와는 달리 제한적이고 사후적 통제기구로서 역할을 할 뿐 행정부의 권력을 사전에 통제하는 기구로서의 역할을 수행하지 못한다. 즉 법원은 공공의사 결정자이지만 행정 관료의 행정행위가 법적인 논쟁의 대상이 되지 않는 한 개입할 수 없으며 간헐적으로 발생하는 소송사건들을 통해

체계적인 행정통제 역할을 할 수 없다고 한다.

1. 법원의 역할 증가

정부기능의 팽창은 행정을 통제하는 사법부의 역할을 증가시키고 있다. 특히 행정통제에 대한 대통령과 입법부의 무능력이 사법부의 역할을 가중시키는 것으로 나타나고 있다. Roger Cramton이 주장한 대로, "사법부는 자의 또는 타의에 의해 법제정과 행정역할에 점점 깊이 관여하게 되는데, 그 이유는 선거에 의하여 당선된 정치인들이 정치적 두려움 때문에 행정활동에 개입하기를 꺼려하기 때문이다."[83] 의원들은 행정 기관에 깊숙이 관여함으로써 득이 될 것이 적다는 것을 너무나 잘 알기 때문이다.

우리나라에서도 갈등하고 있는 정치인들이 정치적 타협을 해가면서 문제를 해결하도록 노력하지 않고 갈등해결을 헌법재판소에 의존하는 경우가 늘어나고 있다. 정치는 어떤 의미에서 타협인데 한국인들은 갈등을 타협으로 해결하는 데 익숙지 않은 관계로 갈등이 치열해지면 무조건 사법부에 의존하는 현상이 늘어나고 있다. 그 결과 사법부의 업무가 과중되고 있다.

Donald Horowitz는 이 점을 아래와 같이 잘 지적하고 있다.[84]

> 사법부의 활동이 복지행정, 교도행정, 정신병원행정, 교육정책과 고용정책, 도로건설과 다리건설, 교통안전기준, 천연자원관리 등의 분야로 확장되어 왔다. 그 예로, 연방지방법원(Federal District Courts)은 농업진흥국(Farmer Home Administration)은 재앙대부계획을 수립하게 하고, 산림국(Forest Service)은 벌목을 중지하게 하고, 기술자 집단은 국가의 항해금지구역(nonnavigable waterways)을 고수하라고 명령한 사례들이 있다. 이러한 사법적 행위로 인하여, 사법부는 행정부가 처리해야 할 업무를 떠맡게 되었다.

사회·경제적 정책들을 결정하고 계획하는 데 있어서 사법부의 관여가 증가하는 것 이외에도 1960년대에는 인권집단들이 그들을 반대하는 정책을 봉쇄하

83 Roger C. Cramton, "Judicial Law Making and Administration," *PAR* (September/October 1976), p. 551.

84 Donald L. Horowitz, *The Court and Social Policy* (Washington, D.C.: Brookings Institution, 1977), pp. 4-5.

기 위하여 법원을 활용하였고, 1970년대에는 공익집단이 구제를 위하여 법원에 호소하는 사례가 증가하였다.

그 이외에 이익집단들 간에 이익을 위한 갈등이 늘어나고 더욱 심각해짐에 따라 갈등해결자로서 법원의 필요성이 중요하게 대두되었다. 실제로는 정당이나 정치인들이 이들의 갈등을 조정하고 타협하도록 노력해야 하나 이들의 역할은 무색할 정도로 쇠약하고 있기 때문에 이익집단들은 갈등해결을 위해 법원에 가지 않을 수 없는 실정이다.

법원이 행정개입을 하게 되는 또 다른 이유는 행정부와 입법부가 정부의 미래 활동에 대한 요구를 충족시키지 못할 것이라는 국민의 인식이 확산됨에 따라, 국민들이나 다양한 이익집단들이 자신의 문제를 스스로 해결할 수밖에 없다고 믿기 때문에 법원에 의존하는 경향이 강화되고 있다.

이러한 원인들 때문에 오늘날 사회에서 판사들의 역할이 전보다 훨씬 더 중요하게 되었다. 그 결과 법원은 행정기관의 계획 및 행정절차의 일반적 운영 등에 심각한 영향을 미칠 수 있는 결정을 내려야 하기 때문에 행정기관에 대해 자연히 많은 권한을 갖게 되었다. 그러한 이유 때문에 법원과 행정기관 간에는 정책적 역할이 서로 혼재되어 있으므로 정책문제에 대한 의견의 갈등이 불가피한 것으로 보인다. 실제로 법원이 생기게 된 주요동기도 행정기관의 정책의 부당함을 시정하기 위해서였다고 하나 요즈음은 주로 범죄를 다루는 기관으로 전락하였다고 한다.

2. 법원과 대표민주주의

국민이나 정치인들이 갈등문제가 발생할 때마다 해결을 위해 법원에 요청하는 태도가 견제와 균형을 유지하고 있는 민주주의 체제에 적합한 것인가? 의회의 의원들이 서로 다른 이해관계 때문에 갈등이 발생하였을 때 법원에 이들의 문제를 해결해주도록 요청하는 자세가 대표민주주의 체제에서 옳은 판단인가? 이러한 의문들이 오늘날 계속 등장하곤 한다.

행정에 대한 법원의 간섭이 증대함에 따라 우리의 대표민주주의(Representative Democracy)에 어떠한 영향을 미칠지에 대하여 다음과 같이 분석했다.[85]

① 사법부는 행정부의 의사결정과 행정권한을 침해하고 있다.
② 연방정부가 전통적으로 주정부나 지방정부의 관할 영역이었던 행정사항들을 법원을 통하여 주정부나 지방정부에 명령을 내리기 때문에 연방정부체제는 위험에 직면하고 있다.
③ 권력분립은 행정부가 권한을 침해해서가 아니라 오히려 사법부의 명령에 의해서 파괴되고 있다. 실제로 사법부는 심지어 소송과 관련이 없는 가치 있는 프로그램을 사장시키면서까지 법원의 검토 하에 있는 특정한 프로그램을 위하여 예산을 대폭적으로 증액하는 입법적 행위까지도 명령한다.
④ 이러한 모든 관계를 고려하여 볼 때 정치체제 가운데 상대적으로 비민주적이고 비전문적인 사법부가 오히려 민주적이고 전문적인 다른 부처를 압도하고 있다.

위의 지적과 같이, 법원은 다른 부처가 더 잘 다룰 것이라고 생각되는 사회 및 경제문제에 관한 법을 제정하는 데에도 적극적으로 관여하고 있다. 이러한 경향을 볼 때 의문시되는 점은 사회가 직업공무원으로 구성된 사법부가 정부운영에 깊이 관여한다는 점을 어떻게 용인할 수 있는가이다.

이러한 현상은 관료들이 정책결정의 권한을 크게 잠식하고 있는 것은 정치인들이 떠난 빈 공간을 관료들이 의도하지 않았지만 채워야 되는 상황과 같은 논리이다. 사회의 이익에 관련된 집단들이 이해관계 때문에 서로 충돌할 때 누군가는 해결해야 되는데 의회나 행정기관이 해결하지 못한 결과 자연히 법원에 소송을 걸게 되어 법원이 행정에 관여하게 되는 결과를 가져온 것이다. 실제로 의회와 행정이 떠난 빈자리를 의도하지 않았으나 법원이 메우는 불가피한 현상으로 판단된다.

민주주의 확립을 위한 삼권분립론자들은 사법부가 행정에 지나치게 간섭하는 것이 옳지 않다고 믿기 때문에, 사법부의 적절한 법률제정 역할과 사법부의 법령범위에 대하여 적절한 한계를 설정해야 한다는 논의가 제기되고 있는 것은 다행한 일이다. 이러한 노력의 하나로 의회는 법원이 많은 행정결정에 참여하지 못하도록 제한하고 있다.

---

85 James W. Fesler, *Public Administration: Theory and Practice* (Englewood Cliffs, N.J.: Prentice-Hall, 1960), pp. 354–355.

3. 법원의 행정통제 문제점

이러한 사법부의 강력한 행정통제 주장과는 달리 실제로 법원이 행정을 통제할 수 있는 강력한 영향력을 가지고 있느냐 하는 데는 많은 의문이 있다. 뿐만 아니라 법원은 그동안 관료제의 권력팽창이나 정책문제에 효과적으로 견제하지 못해 왔다고 한다.

법원의 행정통제상의 한계점을 예를 들어 가면서 설명하자. 한 통계자료에 의하면 1960년부터 1970년까지 10년 동안 증권거래위원회(Securities and Exchange's Commission)가 내린 2,000여 개의 공식적인 명령 가운데 100건만이 소송에 제기되었고, 이 가운데 단지 3건만이 법원결정에 의하여 무효화되었다고 한다.[86]

1971년 미국 정부와 정부의 관료들을 상대로 12,000건의 소송이 연방지방법원(Federal District Courts)에 제기되었다. 이러한 소송건수는 1961년에 비해 2배이다.[87] 1975년 말에 이르러 보건·교육 및 복지성(HEW) 장관을 상대로 10,000여 건의 소송과 주택 및 도시개발성(HUD) 장관을 상대로 약 3,200건의 소송이 제기되었는데,[88] 이는 수년 전에 비하여 급격히 증가한 숫자이다.

1975년 말의 소송건수를 감안하여 볼 때, 법원이 증가하고 있는 행정기관의 의사결정들을 일일이 검토한다는 것은 물리적으로 불가능하다. Florence Heffron이 지적한 것과 같이 "일 년에 수십만 건의 행정결정이 만들어지고 있는데, 그 가운데 단지 일부분만이 법원에서 심의되고 있는 형편이다."[89]

그 이외에 법원이 공직자들의 실책을 시정할 수 있는 부분은 법원주의(court doctrine)에 의해서는 물론이고 사회·경제·정치적 현실에 의해서도 심각하게 제한을 받고 있다.

물론 법원은 행정정책결정에 어느 정도 영향력을 행사하고 있지만, 그 영향력은 관료제에 대한 체계적이고 효과적인 통제와는 거리가 먼 것이다. 이러한

86 Martin Shapiro, "Courts Versus Administrative Agencies: A False Vision," ed. Dean L. Yarwood, *The National Administrative System: Selected Readings* (New York: John Wiley & Sons, 1971), p. 62.

87 Donald L. Horowitz, "The Courts as Guardians of the Public Interest," *PAR* (March/April, 1977), pp. 148-154.

88 Bradley H. Patterson, *The President's Cabinet: Issues and Questions* (Washington, D.C.: American Society of Public Administration, 1976), p. 16.

89 Florence Heffron, *The Administrative Regulatory Process* (New York: Longman, 1983), p. 314.

현상은 흔히 일어날 수 있는데 간헐적이며 우연히 발생하는 사건들을 그때그때 처리하다 보면 체계적이고 포괄적인 정책을 수립하는 데 많은 어려움이 따를 것이다.

왜 이러한 현상이 발생하는가? 이러한 현상은 과연 현 정치체제하에서 대책이 없는 불가피한 현상인가? 이러한 문제를 풀어나가기 위하여 효율적인 행정통제를 위해 법원이 가지고 있는 기능적이고 구조적인 문제를 차례로 고찰하여 보자.

첫째, 사법절차에는 몇 가지 기술적인 제약점들이 있다. 법원은 공공 의사결정자이지만, 관료제의 행정행위가 논쟁의 대상이 되지 않는 한 법원이 개입할 수 없다. 또한 사법행위는 일정하거나 혹은 한결같지도 않다. 어떤 행정행위는 법원의 빈번한 시정명령을 받지만, 다른 행위는 전혀 그렇지 않을 수도 있다. 더욱이 "판사는 문제를 먼저 제기하지 않는다"는 원칙은 판사들이 지속적으로 어떠한 정책 분야에 관심을 집중하는 것이 아니라, 소송사건이 발생할 때 비로소 관여하게 됨을 의미한다. 간헐적으로 발생하는 소송사건들이 전체 문제를 대표한다고 볼 수 없기 때문에, 법원의 결정은 체계적·포괄적 결정이 될 수 없으며 우연발생적인 사건에 지나지 않는다는 것이다.

둘째, 법원은 사건이 발생한 후에야 옳고 그름을 판단하기 때문에 법원의 관점은 실제로 행정행위가 발생한 후에만 영향을 미치는 사후처방의 성격을 갖는다.[90]

셋째, 일반적으로 사후처방적인 성격이 있어 사건에 대한 경위나 배경은 우선 충분히 고려되지 않으며, 행정행위에 대한 보다 포괄적인 처리를 위하여 어떠한 체계적인 규정을 만들지도 못한다. 실제로 법원은 판결하려는 프로그램의 범위나 뉘앙스에 대하여도 충분히 파악하지 못하는 경우가 많다. 결과적으로 법원은 자신의 관점에 영향을 끼칠 수 있는 상황을 충분히 고려하지 못하기 때문에 해결하여야 될 소송사건에 대하여 협소한 견해를 가질 수밖에 없다.

넷째, 공공 프로그램을 만들고 수정하려 할 때, 법원보다는 관료가 사물의 전체를 파악하고, 복잡한 전문자료를 획득하여 처리하고, 해석하며, 전문가의 조언을 얻고, 방침을 변경할 필요성을 감지하고, 의사결정 후 업무의 집행효과를

90 Mainzer, *op. cit.*, p. 31.

감독하는 데 더 좋은 위치에 있다.[91] 더욱이 법원은 공공정책에 관련한 전문 정보를 확보하지 못한 실정이다. 이것이 법원이 행정을 효과적으로 통제하지 못하는 주요한 원인이며 우리나라에서는 미미하나마 법학전문대학을 설립하여 법관들의 전문성을 학보하려는 의도도 있다.

다섯째, 법원은 행정기관에 대항하여 소송을 제기할 수 있는 일련의 조건들이 있다. 이것은 법원을 보호하기 위해 사용되곤 한다. 비록 이 조건들이 매우 복잡하긴 하지만, 법원은 이를 위한 일련의 규칙을 설정하였다. Fried에 따르면, 다음과 같은 경우에 법원은 행정기관의 의사결정에 관하여 소송을 고려하지 않을 것이다:[92]

① 모든 행정조치가 충분히 적용되지 않은 경우
② 행정기관이 행위에 대한 재량권을 가지고 있는 경우
③ 행정기관의 조사결과가 사실에 입각한 도전을 받고 있을 경우
④ 행정행위에 대한 비평들이 소송할 법정자격을 결여하고 있을 경우

위에서 지적한 바와 같이 소송을 제기할 수 있는 조건을 명시하여, 행정기관에 무분별한 법원의 간섭을 제한함과 동시에 법원에서 해결할 수 없는 행정소송으로부터 법원을 보호하기 위한 수단으로도 사용할 수 있다.

아무리 소송을 제기할 만한 자격을 갖추었다 하더라도 위의 조건에 저촉되면 소송할 수 있는 자유재량은 구속을 받는다. 예를 들면 자격(standing: 소송제기능력)과 성숙(ripeness: 당면한 사건 혹은 논쟁의 존재)과 같은 법원주의(court doctrine)는 행정적 의사결정에 대한 법원의 심의 가능성을 감소시키고 있다. 그리고 특정한 행정행위에 대해 법원에 소송을 제기할 수 있는 권리인 '소송할 법정자격'(standing)은 있으나, 소송을 피하기 위하여 법원은 사법심리의 권한 밖에 있다고 주장하면서 법원을 보호하려는 전통적인 규정도 있다(예, Alan Bakke 사건).[93] 제기된 소송사건에 관한 사법적 판단을 하기 위해서는 그 사건이 성숙되

91 Fried, *op. cit.*, p. 264.

92 *Ibid.*, p. 264.

93 흑인이 미국의 전체 인구의 15%를 차지하였을 때 사회정의와 형평성의 논리에 의하여 입학정원의 100명 가운데 85등까지는 백인을 합격시킨다고 하더라도 86등부터 100등까지는 흑인을 입학시켜야 하는데, 놀랍게도 86등을 한 백인이 합격되지 않아 인종차별이라고 대법원에 고소한 사건이다. 결국

어야 한다.

Harlan 판사에 의하면, 성숙원리는 졸속한 판결을 피함으로써 법원이 행정 정책의 난해한 논쟁 속으로 빠져들어 가는 것을 막는 데 필수적이나, 행정정책이 형성되고 그 정책의 결과가 이해당사자에 의하여 지적될 때까지 행정기관은 법원의 간섭을 피할 수 있다는 문제점이 있다.[94] 결과적으로 성숙원리는 법원이 행정기관에 대해 판단할 수 없는 부분을 놀라울 정도로 감싸 주게 만들고 있는 것이다.

여섯째, 법원은 행정 정책에 대한 전문지식이 없기 때문에 사법적 보호역할을 하는 데 있어서 또 다른 한계를 지닌다. 행정 정책에 있어서, 판사는 일반인이지만, 공무원들은 전문가이다.[95] 따라서 판사는 고도의 전문행정을 이끌어 나갈 만한 의사결정을 하는 데는 적합하지 않다. 판사는 행정기관의 임무에 대한 포괄적 지식을 갖추고 있지 않기 때문에, 판사에게 합리적 정책수립을 위한 판단을 기대한다는 것은 불가능한 일이다. 이러한 사실은 법관들이 행정업무에 중요하고 건설적인 영향을 미치기에는 너무나 단편적이고, 부분적이며, 잘못된 정보를 가지고 있을 수 있다는 것을 의미한다.

더욱이 행정판결을 하는 데 법률과 사실 양자를 적절히 포괄하여 사법적 기능을 수행하려면 고도의 행정적 전문성이 요구되는 것은 당연하다. 그러한 이유 때문에 사법부가 행정통제하는 데 제일 먼저 백기를 들었다는 유머도 있다.

그럼에도 불구하고 Martin Shapiro가 지적한 대로, 정책을 결정할 때 전문성에만 집착하는 협소한 사고를 상쇄하기 위하여, 일반주의(generalist)의 요소를 가미하는 것이 때로는 바람직한 것이다.[96] Shapiro는 “판사들은 일반주의 관점에서 이루어진 의사결정이 더욱 유익하거나 혹은 행정기관의 관점이 너무 협소하다고 판단될 때는 주저 없이 개입해야 한다”는 주장을 계속하여 왔다.[97] 전문가의 아집과 좁은 견해를 넘어설 수 없다면 전문주의와 일반주의의 균형을 유지하는 것이 바람직하다. 전문성이란 특정한 부분 혹은 영역에서 전문가일 수 있으나 모든 곳에서 전문가가 될 수 없다. 따라서 전문가의 의견에 의문을 제기하

대법원은 이 학생이 졸업할 때까지 끌면서 흐지부지 해결된 사건이다.

94 John Marshall Harlan, *in Abbott Laboratories, Inc. v. Gardner*, 387 U.S. 136(1967).

95 Shapiro, *op. cit.*, p. 63.

96 *Ibid.*, p. 64.

97 *Ibid.*

는 용기가 필요할 것이다.

이러한 관점에서 Irving Kaufman은 판사의 역할이란 행정적 전문성을 요구하지 않는 문제를 다루는 것이라고 지적한다.[98] 그러나 문제는 판사들은 모든 영역에 관련된 사건들을 다루지 않으면 안 된다는 것이다. 따라서 앞으로 판사들이 다양한 분야의 전문성을 어떻게 확보할 수 있느냐가 행정 정책에 관여하는 데 중요한 관건이 될 것이다.

다른 한편 Donald Horowitz가 지적한 대로, 사법절차는 "합리적 의사결정을 위하여 공식적으로 가장 잘 표준화된 것"이다.[99] 행정정책을 담당하는 판사가 자신의 이익추구에 급급하다면 중립성을 상실할 수도 있다. 따라서 판사는 합리성을 추구하며, 정치과정이나 특정한 이해관계는 합리성을 저해한다는 가정하에 문제해결의 실마리를 찾는 경향이 있다. 다시 말해서 판사들의 관심은 공정성, 정당한 과정 및 상식과 같은 근본적인 개념에 놓여 있다고 Kaufman은 주장한다. 하지만 원자력에 관련된 사건을 처리하는 데 원자력에 전혀 지식이 없는 판사가 단지 공정성, 합리성, 그리고 상식으로 문제를 해결할 수 있는지 의문이 발생한다.

4. 행정통제를 위한 사법부의 절차상 문제

법원은 절차상의 결점을 가지고 있다. 특히, 시간적 요인은 특정한 사건이나 논쟁의 소용돌이 속에서 정당한 결정을 찾는 데 항상 중요하다.

그러나 사법부가 의사결정을 위하여 고지(告知)와 청문회를 간과할 수 없는 절차로 강조하는 것을 볼 때 대체로 사법절차는 융통성을 결여하고 있는 것으로 평가된다. 비록 그 절차가 타당하다고 할지라도, 그 절차는 과도한 인력과 시간을 요구한다. 이러한 이유로 인하여 규제기관은 규제기관의 참모와 고객 사이의 비공식적인 의사소통을 촉구하여 불필요하게 시간을 낭비하지 않으려 한다.[100] 그 외에도 시간적인 요인은 정책변화에 있어서도 문제를 유발시킬 수 있다.

---

98 Irving Kaufman, "Judicial Review of Agent Action: A Judge's Unburdening," *New York University Law Review 45* (April 1970), p. 203.

99 Horowitz, "The Courts as Guardians of the Public Interest," *op. cit.*, p. 148.

100 Woll, *op. cit.*, p. 154.

대법원을 제외한 연방법원들의 결정은 그 법원이 위치하고 있는 지역 혹은 연방법원의 범위 내에서만 구속력이 있다. 비록 이 원칙이 애매하고 어려운 정책문제를 졸속적으로 처리하지 못하도록 하는 데는 유용한 안전장치가 될 수 있으나, 오히려 불합리한 결과를 초래할 수 있다. 예를 들어, 이 원칙으로 인해 고집 센 관료들이 일반정책에서나마 법원의 결정들을 따르지 않는다면, 이의 시정을 위해 법원은 같은 결정을 여러 번 반복하게 될 것이다. 일반적으로 이 기간은 수년씩 걸리며, 어떤 행정기관들은 대법원이 심의하기 전까지 그들의 노선을 바꾸지 않는다. 대법원이 수많은 문제들을 다루어야 하기 때문에, 시간의 부족과 물리적인 능력의 한계로 인하여 심의하지 못하는 많은 사건들이 있을 수 있다. 법원의 결정에 다양하게 대응하는 각 행정기관을 상대로 법원이 한 번에 한 사건만을 처리한다는 사실로 미루어 볼 때, 법원이 정책의 모든 것을 변화시키는 것은 무리이다.[101]

뿐만 아니라 법원의 재판비용이 너무 비싸기 때문에 많은 행정행위들을 재검토하기 힘들다. 적법절차(due process)는 본래 비합리적이고 불법적인 정부행위로부터 힘없는 개인을 보호하기 위해 제안되었다.[102]

그럼에도 불구하고, 소송비용이 비싸기 때문에 개인이나 가난한 사람들이 변호사의 적절한 서비스를 받거나 강력한 정부기관의 판결에 도전하는 것은 어렵다. 물론 이러한 비용을 감당할 수 있는 경우 큰 문제가 되지 않는다.

이러한 상황을 Richard Leone은 아래와 같이 기술하고 있다.[103]

> 규제결정들이 사법부에서 기각될 때, 권리침해를 받은 기업이나 혹은 무역업자들은 거의 언제나 이 결정과 관련한 제소를 법원에 청구했다. 그들은 누구의 도움 없이, 비용이 들고 오랜 기간을 끈다 하더라도 공동의 이익을 위해 소송사건에 착수하는 데 요구되는 법적 지식, 경비, 그리고 행정기관의 결정에 대한 세부적인 지식을 가지고 있었다.

101 Horowitz, "The Courts as Guardians of the Public Interest," *The Courts and Social Policy*, pp. 152–153.

102 Kenneth C. Davis, *Discretionary Justice: A Preliminary Inquiry* (Baton Rouge: Louisiana State University Press, 1969), p. 155.

103 Richard C. Leone, "Public Interest Advocacy and the Regulatory Process," ed. Joseph A. Uveges, Jr., *The Dimensions of Public Administration* (Boston: Holebrook Press, 1975), p. 510.

몇몇 제도적인 요인들이 법원의 권한을 제한한다. 미국의 경우 이중 법원체제를 가지고 있다. 주정부와 연방정부 둘 다 예심법원을 두고 있다. 주법원은 연방법원보다 수적으로 우세하며, 주와 연방법원 모두 항소절차를 가지고 있다.

시, 카운티 그리고 주의 예심법원들의 결정들은 주의 항소법원에 항소의 대상이 될 수 있다. 미국 지방법원의 결정은 11개의 연방 항소법원 중 한 법원에 역시 항소의 대상이 될 수 있고, 그 다음은 대법원에 항소할 수 있다.[104]

하위법원의 판사들은 대법원의 판사들처럼 임명되거나 혹은 종신 재직권을 얻는 것은 아니다.[105] 대부분의 주와 지방 판사들은 임명되지 않고 선거를 통해 선출된다. 선출된 판사들은 그 지위에 오르거나 그 지위를 유지하는 데 도움이 되는 지역 정당지도자들은 물론 이익집단들과 밀접한 관계를 맺는다. 따라서 주와 지방 판사들이 연방판사들보다 지방정부의 행정행위와 자유 재량권을 통제하는 데 효과적이지 못한 것은 당연한 것이다.

지방에서 선출된 판사들은 법과 정책에 대하여 모순을 초래할 수 있는 다양하고 구체적인 가치, 전망, 야망을 가지고 있을 수도 있다. 뿐만 아니라 중앙정부에서 흔히 볼 수 있는 의회 관료 이익집단의 삼두마차가 지방판사 선거에서도 작용하게 되므로 법원의 권위를 지키기 어려운 실정이다. 때로는 이익집단의 요구에 순응할 수밖에 없는 경우도 가정할 수 있다. 관료나 지방의회의 요구를 거절한다면 재선된다는 것은 거의 불가능하기 때문이다. 그와 같이 판사의 선거가 판사들 간에 평등한 관계가 이루어지는 장점이 있으나 지방판사들 간 혹은 지방판사와 상위법원과의 갈등이 해결할 수 없을 정도로 치열하게 되는 경우도 발생한다.

결과적으로 사법과정은 상위법원의 통제에 순응하며 규율을 잘 지키는 판사들의 집단이라기보다는 국제정치의 장을 방불케 한다.

다른 제도적 요인은 법원이 감당해야 하는 사건이 너무 많아 아주 기본적인 부분까지도 법원의 손길이 미치지 못한다는 점이다. 하위 연방법원은 1년에 십여만 건의 사건들을 다루고, 주법원은 문자 그대로 수백만 건의 사건을 다룬

---

104 Ira Katznelson and Mark Kesselman, *The Politics of Power*, 2nd ed.(New York: Harcourt Brace Jovanovich, 1979), p. 333.

105 Walter F. Murphy, "The Framework of Judicial Power," ed. Alan Shank, *American Politics, Policies and Priorities* (Boston: Holbrook Press, 1979), p. 383.

다. 매년 처리될 수 있는 사건보다 훨씬 많은 사건들이 대법원에 쌓이게 되므로 법원들은 처리하고 싶은 것만을 선택할 수밖에 없게 된다.[106]

대략 대법원은 1년에 약 200여 개의 사건 정도만 심사를 충실히 할 수 있다.[107] 대법원은 9명의 대법관으로 구성되어 있다. 어떠한 결정도 최소한 그들 중 5명 이상의 찬성을 얻어야 한다. 그러나 일반적으로 법원의 결정은 이중택일이 아니다. 2개 이상의 대안이 있기 때문에 5명 이상의 판사들이 하나의 대안에 동의하는 데는 예상 외로 복잡한 문제가 있을 수 있다.

지방법원의 판결에서 판사들은 배심원들과 동일한 권위를 갖기 때문에 연방법원 역시 연방과 주 행정기관들에게 영향을 미칠 수 있는 능력에 한계가 있다. 예를 들어 1972년에 판사들과 배심원들에 의하여 연방 지방법원에서 판결된 소송은 전체 민사소송건의 34%에 불과했으며, 형사소송에서 이 비율은 62%였다.[108]

5. 법원에 대한 정치적 견제

사법권에 대항하여 정치적 견제가 행해질 수 있다는 것도 사법통제의 한계이다. 대통령은 법원에서 유죄판결을 받은 범죄자들에 대하여 사면할 수 있는 권한이 있다. 특히 한국에선 대기업의 총수들이 경제사범을 범하였을지라도 구속이 일 년도 채 못 되어 대통령이 사면권을 행사하여 국민들은 대통령의 사면권 남용을 비난하고 있다. 법이 있되 법이 지켜지지 않는 사회라는 비난은 끊이지 않는다.

의회는 판사를 탄핵하고 해임할 수 있으며, 어느 정도 수준까지는 판사의 수를 늘릴 수도 있으며, 법원절차를 규제하고, 연방관할권을 부여하거나 철회할 수도 있고, 법원운영에 필수적인 자금을 동결할 수도 있다.

대법원과 하위 연방법원의 결원을 보충하는 과정에서 대통령은 사법권의 미래 방향에 영향을 미칠 수 있다. 대통령은 공격적인 판사를 탄핵하라고 의원

---

106 Fred Vinson, "Work of the Federal Courts," eds. Emmette S. Redford *et al.*, *Politics and Government in the United States* (New York: Harcourt, Brace & World, 1968), p. 474.

107 Murphy, *op. cit.*, pp. 383–384.

108 Fried, *op. cit.*, p. 265.

을 설득할 수도 있고, 사법권에 대한 다른 입법 견제수단을 활용할 수 있다.

지방선거구 주민들은 법원을 공격하는 의원들을 지지할 수도 있는데, 특히 사법결정이 주민들에게 나쁘게 영향을 미칠 때 더욱 그렇다. 행정기관도 연방사법권에 제한을 가할 중요한 수단들을 가지고 있다. 행정관료들은 행정업무에 대한 법원의 명령을 수행하는 데 시간을 끌 수도 있고, 협력을 거절할 수도 있다. 보다 적극적으로 관료들은 여론을 자극하여 법원의 정책을 실제로 무력화시킬 수도 있다. 그러나 일반적으로 법원과 행정기관들 간의 관계는 흔히 적대적이기보다는 협조적이고 상호의존적이다.

행정기관이 법원을 필요로 하고 자신들이 내린 행정결정에 합법성을 인정받기 위해 일상적으로 법원을 이용하는 것과 마찬가지로, 법원도 정책을 수행하고 비준하는 데 행정기관의 서비스를 매우 필요로 한다. 행정기관과 법원이 서로 밀착하여 서로의 도움이 이루어지는 한 법원의 행정통제는 힘들어 질 것이다.

6. 법률제정권위임과 행정절차법

학자들은 관습법(common law)이 정부에 대한 민주적 요구가 증가함에 따라 발생하는 현실적 요구조건들을 충분히 충족시키지 못한다고 지적한다.[109] 일반적으로 관습법은 급격한 산업발전으로부터 발생하는 복잡한 문제들을 충족시키는 데 부적절하다고 지적되고 있다. 의회가 기술의 급속한 변화에 따라 영향을 받는 전문화된 문제들이 제대로 집행되고 있는지를 확인할 수 있는 유일한 방법은 새로운 행정기관을 설치하는 것뿐이다. 의회는 행정기관에게 상당한 자유 재량권을 위임하려는 경향이 있는데, 이는 급속한 변화의 시기에 의회가 행정기관에 규제에 필요한 전문성 개발을 기대하기 때문이다.

Ernest Gellhorn이 지적한 것과 같이, "현대정부는 실제적인 필요에 의하여 법률제정권의 위임을 요구하고 있다."[110] 그러나 법률제정권의 위임에는 몇 가지 문제점이 있다. 행정기관 내에 입법부, 행정부, 사법부의 권력이 결합한다는 것이 권력분립의 원리를 표방하는 헌법정신에 위배되는 것은 아닌가? 또한, 광범

109 Woll, *op. cit.*, pp. 125–127.

110 Ernest Gellhorn, *Administrative Law and Process in a Nutshell* (St. Paul, Minn.: West Publishing Co., 1972), p. 15.

위한 사법심리를 통하여 어떻게 행정규제활동을 통제할 수 있을까?

의회는 행정규제에 관련된 전문지식의 결여 혹은 시간의 제약 때문에 규제활동에 대한 어떠한 감시도 적절하게 수행하지 못하고 있다. 물론 의회는 행정기관에게 적절한 기준이나 한계를 제시한다. 그 기준은 행정기관이 자유 재량권을 행사하는 지침이 되지만 모호한 부분이 많다. 따라서 행정기관은 점점 정치적 압력으로부터 더욱 벗어나는 결과를 가져오고 있다. 특히 불행하게도 행정규제기관은 기업체의 경제적 이익을 보호하는 수단으로 전락하고 있다. 즉 규제기관이 소비자의 이익을 대변하기보다는 규제대상 기업체의 이익을 보호하는 데 더욱 관심을 두고 있는 현상은 다원주의(pluralism)사회에서 빈번하게 발생하고 있다. 다원주의 사회에서 규제대상인 기업체로부터 보복을 면하기 위해 규제기관들이 비위를 맞추는 경우는 쉽게 볼 수 있는 현상이다(이익집단 참조).

개혁주의자들은 이러한 규제기관을 신랄하게 공격한다. 즉 그들은 규제기관이 '준사법적 기능'을 수행하는 방식에 불만을 표시했다. 그러한 불만은 1946년의 행정절차법(Administrative Procedure Act: APA) 제정의 주요한 원인 중의 하나였다. 이 법은 판사와 법률가들이 수행하는 '적법절차'의 개념을 구체화하였다. 동시에 이 법은 행정공무원의 자의적인 행동에 대하여 재판하도록 허용하였다.[111]

행정절차법은 행정절차에 관한 공통적인 사항을 규정하여 국민의 행정참여를 도모함으로써 행정의 공정성, 투명성, 및 신뢰성을 확보하고 국민의 권익을 보호하기 위해 제정한 법으로 행정 관료제 통제의 유효한 수단이 될 수 있다. 한국의 경우 행정청의 처분을 구하는 신청은 원칙적으로 문서로 하고 입법예고 기간은 예고할 때 정하되 특별한 사정이 없는 한 20일 이상으로 하여야 하며 행정청은 청문을 실시하고자 하는 경우에 청문이 시작되는 날부터 10일 전까지 법이 정한 사항을 당사자 등에게 통지해야 한다.

이 같은 행정절차법은 내용과 체제에 있어 상당한 수준에 이르고 있으나 아직 '행정관청위주'에 머물고 있어 몇 가지 보완 방법이 필요하다.[112]

첫째, 행정절차법이 당사자의 이해관계인의 수를 명확하게 규정하지 않아

---

111 Merritt Ruhlen, *Manual for Administrative Law Judges* (Washington, D.C.: Administrative Conference of the United States, 1974), pp. 1–2.

112 김용환, 행정부의 권력남용 통제방안, 2012 학기말 리포트, pp. 11–12.

적용 시 행정관청의 권력남용 여지와 법적 불안전성이 존재하고 있다. 따라서 행정처분 절차, 계획확정 절차, 입법예고 절차 등에서 당사자와 이해관계인이 용이하게 행정절차에 참여할 수 있는 채널을 확보해야 한다.

둘째, 행정소송제도와의 균형을 고려하여 일정한 자격요건을 갖춘 단체에 행정절차에 참여할 수 있는 권한을 부여하는 것이 필요하다. 공익적으로 중요한 사안에 대해서는 의견 제출권, 청문회, 공청회 등의 참여권을 행사하는 것이 중요하다는 것이다.

셋째, 공법상 계약이 국가 행정작용의 중요한 법적 형식으로 자리잡고 있음에 비추어 이와 관련된 공통적인 규정을 행정절차법에 편입하는 것이 필요하다.

그럼에도 불구하고 그 법을 반대하였던 사람들은 이 법이 융통성을 제한하였다고 비판했다. 의원들과 많은 판사들은 법정방식을 적용하는 행정절차를 수락하려 하지 않았다. 이에 대하여 Mainzer는 다음과 같이 기술하고 있다.[113]

> 의회는 규제기관에 의회의 결정을 수행할 명백한 기준을 설정해 주지 않는 경우가 자주 있다. 그 이유는 명백한 기준을 설정할 경우 새로운 문제가 발생하였을 때 적절히 대응하지 못할 수도 있고, 기술적으로 복잡한 영역에선 융통성을 남겨 두어야 하며, 더욱이 정치적 갈등이 있는 부분을 해결하기 위해 타협의 여지를 남겨 두는 것이 필요하기 때문이다. "의회는 규정된 기준하에 있는 경우를 제외하고는 입법권을 위임할 수 없다"고 대법원이 명시하고 있지만, 대법원은 '공정성 또는 합리성,' '공공이익,' '공공편의,' '이익 혹은 필요성,' '불공정한 경쟁방법,' '지나친 이익' 등의 이유를 달아 이러한 애매한 기준들을 수락하였다. 주법원도 기준을 설정해 놓고 있지만, 이 또한 매우 애매한 경향이 있다.

그러므로 법원의 세부적이고 '구체적인 기준'은 오히려 행정업무수행에 필요한 융통성과 행정기관들의 전문성 및 경험을 제한할 수 있는 반면에 '모호한 기준'은 행정관료에게 자유재량을 많이 주어 행정통제를 더욱 어렵게 만들 수도 있다.

행정절차법에 대한 또 다른 비판은 이 절차법이 법원이 행정기관이나 부서의 업무에 관여하지 못하게 한다는 것이다. 이러한 측면에서 Woll은 아래와 같이 기술하고 있다.[114]

---

113 Mainzer, *op. cit.*, pp. 39–40.
114 Woll, *op. cit.*, p. 140.

행정절차법(APA)에 규정하고 있는 면책(escape)조항들은 행정절차의 많은 부분들을 면제하게 하였다. 행정절차법의 용어가 매우 애매모호하여 법원은 행정절차법의 범위와 영향을 결정해야 할 책임을 지게 되었다. 그러나 놀랍게도 행정절차법은 행정절차에 대한 사법적 통제를 증가시키거나 혹은 법원의 의도대로 행정기관의 절차를 만드는 데 도움이 되지 못하였다. 행정절차법의 비 효과성은 정치 및 정치현실로부터 계속적으로 발전하여 왔던 의사결정과정을 변경하지 못하는 법의 한계를 보여주고 있다.

특히, 이러한 논의는 행정의 전문성과 융통성에 대한 논쟁이 매우 강력하게 제기되고 있는 상황 하에서 광범위한 정책문제로 이어질 수 있다. 행정과정이 고도로 사법화된 절차를 지나치게 따를 경우 극단적으로 정책집행을 위한 지연을 초래할 뿐만 아니라, 더욱이 공식적인 절차인 청문회에 지나치게 의존하다 보면 적절한 시기에 정책을 형성하여야 하고 신속히 정책을 집행하여야 할 책임을 이행하지 못하게 되는 상황이 생겨날 수 있다.

그러므로 관료제 정책의 통제에 있어서 사법체제가 지니는 폭넓은 역할에도 불구하고, 대부분 사법체제의 통제역할은 제한되어 있다고 볼 수 있다. 그러나 정책과정의 공개 혹은 청문회의 개최는 행정관료의 자유재량권의 남용을 견제할 수 있는 좋은 방안으로 보인다. 예를 들어 회의를 국민들에게 공개한다면 비밀처리와 비밀협상은 언론이나 다른 이익집단의 면밀한 조사 때문에 더 이상 이루어지기 힘들다. 물론 공개된 자료가 국민들이 이해할 수 없을 정도로 복잡하다면, 정책과정의 공개나 청문회는 실효를 거두기 힘들겠지만, 만약 공개 또는 청문회를 통해 국민에게 복잡한 문제들을 이해할 수 있는 형태로 쉽게 풀어줄 수 있다면 행정을 통제하는 데 도움이 될 수 있다.

행정기관은 행정절차법에 따라 제정한 규정에 의하여 공식적 또는 비공식적인 규칙을 만들고 때로는 판결까지 내리는데, 행정기관에 따라 혹은 정책결정의 종류에 따라 행정기관은 각기 다른 규정들을 만들 가능성이 높다. 물론, 이러한 규정의 목적은 관료제의 권력남용을 통제하고 민주적인 절차에 따라 정책을 결정하도록 하는 데 있다. 따라서 법원 또는 행정절차법의 결정은 편견 없이 이루어져야 한다. 그리고 법원은 행정절차법을 결정하는 과정에서 영향을 받는 상대방들과의 접촉(exparte contacts)[115]을 제한하면서 관료제의 편견을 줄이기 위

115 정책 결정자와 행정가들이 만든 결정에 영향을 받거나 이해관계를 가지고 있는 사람과 정책이 만들

해 노력해야 한다. 물론 상대방이 줄 수 있는 영향력을 피하기 위해 접촉을 제한하는 것은 바람직하다. 허나 행정절차법에 적용을 받는 상대방과 접촉을 금하는 것은 정보 수집을 하여 더 좋은 절차법을 만드는 데 도움이 되지 않을 것이다. 모든 수단을 동원해서라도 행정 절차법이 사회 변화에 적응할 수 있는 현실성 있는 절차법을 만들기 위해 노력해야 할 것이다.

법원이나 행정절차법은 행정판결에서는 상당한 영향력을 발휘한다. 특히 행정절차법은 관료제의 공식적인 규정을 만드는 데 큰 영향력을 행사한다. 그러나 규정을 제정하는 과정에서 비공식적으로 해당 당사자들과 접촉하는 것까지 규제할 수 있는 영향력을 가진 사람은 아무도 없다. 예를 들면 강력한 지지세력과 밀접한 관계를 맺고 있는 관료들이 관료제의 결정에 영향을 받는 자들과 공개적으로 의사소통을 할 수도 있으며, 선별하여 청취할 수 있고, 양심적으로 결정을 할 수 있다는 사실에 법원도 동의하고 있다. 접촉을 단지 부정적인 시각으로 볼 것이 아니라 법원이 더 타당성이 있는 행정절차법을 만드는 것이 더 중요하다.

의사공개법에 거부감을 느끼고 있는 관료에게 법원이나 행정절차법은 가능한 한 공개적으로 업무를 수행할 것과 참여의 폭을 확대할 것을 요구하고 있다. 법원과 행정절차법의 주요 관심은 행정결정의 공표(행정결정의 시기와 장소), 참여, 행정결정의 책임성이었으나, Riley가 지적한 바와 같이, 법원이나 행정절차법이 관료제의 정책결정에 단지 제한된 영향력만을 가지고 있다고 지적했다.

행정절차법에 대한 부정적 시각에도 불구하고 행정절차법은 사법 심의의 범위를 확장시켰다고 평가된다. 1966년과 1974년의 행정절차법의 미진한 영향력을 보완하기 위해 제안한 수정안은 정보공개법(the Freedom of Information Act)을 제정하였다. 이 법은 행정기관에 정보를 요구하는 어떤 사람에게도 그들의 기록을 공개하도록 요구하였으며, 그 후 다양한 예외조항들이 만들어졌다. 정보공개법이 행정권력의 남용을 막는 데 지대한 영향력을 행사하는 것은 사실이나 기대하는 것만큼 역할을 하지 못한 것은 사실이다.

어지기 전에 그들 간의 접촉 및 의사소통을 말한다. 상대방들과의 접촉을 제한하지 않고 허용한다면, 다른 이해관계가 있는 집단은 그 의사소통의 내용을 보거나, 평가하거나 반박할 수 있는 기회를 가질 수 없으며, 역시 행정기관은 사실의 부정확성, 특정한 집단에게만 결정자에 대한 접근을 허용하는 불공평 및 정치적 위험성이 따르기 때문에 의회나 혹은 권위 있는 법에 의한 허용이 있지 않는 한 이 접촉을 금지한다. Riley, *op. cit.*, pp. 143-147.

또한 정보공개법은 대통령령에 의하여 국방이나 외교정책상의 이해관계에 관련된 경우 또는 행정기관의 관행이나 내부의 인사규정과 관련된 것으로 비밀유지가 필요하다고 인정되는 경우에는 적용되지 않는다. 무역에 관한 비밀은 공개될 수 없고, 개인의 인사기록 또는 진료기록도 공개될 수 없는 등 공개는 사생활의 침해가 없다고 명백하게 인정된 경우에만 이루어진다.

집회의 공개에 대한 요구는 1976년 의사공개법(Sunshine Act)의 통과와 더불어 정보공개법보다 행정을 통제하는 데 유리한 진전이 있었다. 이 법은 정보공개법의 부족한 측면을 보다 강화시켜서 행정기관이 정보를 비밀리에 보유하는 것을 보다 어렵게 만들었고, 대통령의 임명과 상원의 인준을 받은 2~3명 이상의 사람들에 의해 주관된 행정기관의 회의는 예외를 제외하고는 대중에게 공개하도록 하였다. 그 결과 공익 지지자들 혹은 비영리단체들이 정부를 상대로 소송을 제기하는 비율이 점차 증가하였다.

물론, 이익집단들의 입장에서 보면 관료의 입장이 미리 지상에 공개됨으로써 타협의 가능성이 감소된다는 점에서 행정정보의 공개나 청문회는 역설적인 효과도 있다. 그럼에도 불구하고 회의의 공개가 관료들의 행위를 통제하는 데 보다 많은 기회를 제공한다는 것은 말할 필요도 없다.[116]

그동안 법원은 행정행위를 통제하기 위해 적법절차, 행정절차법, 정보공개법, 의사공개법 등과 같이 지속적으로 통제법을 수정하면서 행정통제 기능을 보완하려고 새로운 법을 다시 제정하였던 자세는 바람직하다고 볼 수 있다.

제5절 이익집단의 행정통제 능력

이익집단의 경우 행정부나 의회를 정치적 영향력으로 압박할 수 있다. 그러나 정부정책에 의해 이익집단의 이익이 결정된다든지, 행정부에 맞서면서 따르는 정치적, 행정적 부담 혹은 지도부의 타협의사 등으로 관료제를 통제하는 데 근본적인 문제점을 내포하고 있는 것도 사실이다. 그러나 강력한 이익집단은 정부나 의회를 포로화하여 권력을 장악하기 때문에 관료제를 통제하는 데 근본적

116 Gortner, *op. cit.*, p. 70.

인 문제점을 내포하고 있다.

1. 정당의 취약성과 이익집단의 역할

최근에 미국인들은 정치과정에서 이익집단의 확고한 위치를 점차적으로 인식하고 있다. Long은 그 이유로 미국의 정당들이 정당으로서 역할을 제대로 하지 못하기 때문에 관료제의 업무수행과정에 참여하는 능력이 상대적으로 취약해지고, 정당 구성원들은 각각 이해관계에 따라 응집력이 떨어지고 있다.

그 결과 이익집단들은 정당에 의존하지 않고 자신들의 이익을 스스로 보살피면서 행정의 의사결정과정에 참여하면서 중요한 역할을 하고 있다고 지적하면서 다음과 같이 언급하고 있다:[117]

정당구조의 취약성으로 말미암아 관료제는 자신의 생존을 위해 정치활동을 하고, 또한 필요하게 되었다. 왜냐하면, 정당이 다양한 외부압력으로부터 행정기관을 보호하지 못하였으며, 관료를 위한 방향설정과 지원을 충분히 제공하지도 못하였고, 많은 사람들이 수용할 수 있는 리더십과 행정기관의 프로그램에 대한 합의를 발전시켜주지 못하였기 때문이다. 그로 인하여 각 행정기관과 부서(Bureau)는 자신들을 위한 정치적 후원세력을 형성·유지·발전시키는 일을 해야 됨을 이해하고 있다. 서로를 위해 행정기관들은 이익집단을 주도하기도 하고, 행정기관을 지지하는 영향력이 있는 이익집단에 이끌려 다니기도 한다. 때때로 행정기관은 갈등의 방향을 주도하기도 하며 이 갈등에 그들 자신이 휘말리기도 한다. 이러한 현상은 그들의 행태에서 모순을 발견하지 못하는 우둔한 무능력 때문이 아니라, 그들의 지지 세력들이 가질 수밖에 없는 모순적인 상황 때문에 발생한다고 볼 수 있다.

실제로 정당은 국민의 이익을 위하여 책임 있는 정치적 주장이나 정책을 추진하고 공직선거에 후보자를 추천 또는 지지함으로써 국민의 정치적 의사형성에 참여해야 한다. 정당은 산재되어 있는 민의를 통합하여 이를 정치과정에 반영시키는 정치단체로서 일반국민은 이러한 정당을 통하여 간접적으로 행정통제를 행하게 된다. 그러나 정당의 책임을 묻기엔 많은 어려움이 따르는 것이 현

117 Norton E. Long, "Power and Administration," *PAR* (Autumn 1949), pp. 257-264.

실이며 정당의 활성화를 위해 많은 연구가 필요할 것이다.

Fried는 Harmon Zeigler와 Hendrik Van Dalen이 연구한 '미국의 이익집단'에 대한 언급에서 정당정치와 이익집단의 역할관계에 관한 Long의 주장에 대체로 동의하고 있다.

Fried에 의하면 "이익집단의 활동은 정당 간에 경쟁이 거의 없는 주와, 의회에서 투표할 때 정당의 응집력이 부족한 주, 그리고 도시화율이 낮으며, 경제 및 산업면에서 취약한 州에서 활발하다"고 한다.[118] 다원론 사회에서 정당의 본질적인 역할을 국민들 사이에 표출된 서로 다른 이익들의 조화를 가져와 통합을 하고 정책에 반영하는 것이다. 그러나 정당은 이익의 통합과정에서 국민들의 지지를 읽어버릴 수도 있다. 자연히 이런 통합임무가 관료에게 위임되는 경우는 발견하기 어렵지 않다.

Henry Turner도 미국 정치체제에 있어서 이익집단의 활동에 대하여 다음과 같이 언급하였다.[119]

오늘날 미국에서 이익집단이 활동하는 방식은 기본적으로 정치 환경, 즉 연방정부형태, 권력분립, 선거체제, 정당체제, 기술발전, 경제적·사회적·인종적·종교적 인구의 구성분포 등의 특징에 따라 결정된다.

한국의 경우도 이익집단이 정책결정과정에 참여하기 시작한 것은 최근의 일이다. 그러나 정치적 민주화가 증진되면서 이익집단의 정책과정 참여가 매우 활발해질 전망이어서 이들의 활동을 연구하는 데 의미가 있을 것이다

특히 한국은 당파적인 정치를 오해한 문화를 갖고 있기 때문에 이익집단의 활동이 활발할 것이라고 예상된다. 하지만 이익집단 활동이 일천한 이유는 어디서 찾을 수 있는지 의문을 가질 수밖에 없다. 이에 대한 의문은 다음과 같이 설명되고 있다.[120]

과거 '16~17C세기 조선시대'의 정치는 '붕당정치'로 대표된다. 소위 말하는 이익집단의 타협정치와 같다. 이 정치 형태는 주로 사화(士禍) 당쟁(黨爭)을 중심으로 망국적인 패거리 정치 현상

118 Fried, *Performance in American Bureaucracy*, p. 338.
119 Henry Turner, "How Pressure Groups Operate," ed. Karl M. Schmidt, *American Government in Action* (Belmont, Calif.: Dickensen Publishing Co., 1967), p. 106.
120 www.naver.com/세도정치

으로 이해되어 왔다. 그러나 '붕당정치'의 이상은 상호비판과 상호견제·상호공존을 전제로 한 것으로 정치적 균형을 이루어 좀 더 나은 조선을 만들기 위함이었던 것은 사실이다.
지금의 정치 또한 '붕당정치와 같다'고들 말한다. 붕당정치는 결코 부정적인 정치의 표상이 아니다. 그러나 이는 좋은 의미에서라기보다는 부정적인 시각으로 강하게 이해되고 있는 것은 우리의 역사가 말해준다.
조선의 중기를 이루던 붕당정치가 이후 탕평시기를 거쳐 서로의 균형을 이루는가싶더니 한 세력이 정치의 주도권을 장학하는 '世道政治'기에 들어서면서 조선의 정치는 도태되어 갔고 조선시대에 왕의 신임과 위임을 받아 정권을 잡은 특정인과 그 추종세력에 의해 이루어졌던 정치형태를 말한다.
원래 〈세도(世道)〉정치란 '정치는 널리 사회를 교화시켜 세상을 올바르게 다스리는 도리'라는 이상적인 통치이념과 정치도의를 뜻했다. 이러한 일을 감당하기 위해서는 훌륭한 인격과 학식·덕망을 지닌 사람이어야 했고, 왕도 그런 인물에게는 높은 관직을 주어 우대했다. 예를 들면, 중종 때의 조광조(趙光祖)는 교학(敎學)의 최고직인 지성균관사(知成均館事)를 거쳐 대사헌에 임명되었으며, 효종·현종 때의 송시열(宋時烈)은 왕의 신임을 받아 좌·우의정 등의 요직에 있으면서 〈세도(世道)〉의 신임과 위임을 받았다. 그러나 정조 때에 이르러서는 치세(治世)의 도리를 주장하여 정신적으로 왕을 보좌하기보다는 실지로 정치권력을 위임받아 권세를 부리는 정치형태로 변질, 타락되면서 종전의 〈세도(世道)〉 대신 〈세도(勢道)〉를 흔히 일컫게 되었다.
요즘 말하는 세도정치는 정조의 신임을 받아 권력을 함부로 휘둘렀던 홍국영(洪國榮)에서 시작되었다. 홍국역은 한낱 도승지·금위대장에 지나지 않은 신분으로, 정조의 신임을 받아 모든 정사를 독단하면서 세도정치를 폈지만, 그의 권력남용과 부정 등으로 여론이 나빠져서 4년 만에 쫓겨났다. 정조가 죽고 12살 나이로 순조가 즉위하자 선왕의 부탁을 받은 김조순(金祖淳)이 그의 딸을 왕비로 넣고 순조를 보필하면서 약 60년에 걸친 안동김씨에 의한 세도정치가 시작되어 중앙의 요직은 그의 일족에 의해 독점되었다.
그 뒤 조영만(趙永萬)의 딸이 익종의 비가 되어 현종을 낳음으로써 헌종 때는 풍양(豊穰) 조씨에 의한 세도정치가 약 15년 동안 계속되었다. 그러나 그 뒤를 이어 즉위한 철종의 비가 김문근(金汶根)의 딸이었기 때문에 다시 안동김씨에 의한 세도정치로 이어졌다. 이로부터 약 15년에 걸친 세도정치는 철저히 반역사성을 드러내어 나라의 질서는 심히 어지러워지고 백성의 살림은 더없이 어려워졌다.
철종의 뒤를 이어 고종이 즉위하자 흥선대원군이 정권을 잡고 안동김씨의 세력을 꺾음으로써 한때 외척에 의한 세도정치의 폐단이 없어지는 듯했지만, 얼마 뒤 그가 민비(閔妃)에게 쫓겨나면서부터 다시 한말까지 민씨 일족에 의한 외척의 세도정치가 그대로 계속되어, 1895년(고종 32) 민비가 일본인에게 살해된 뒤에도 국가 요직을 차지한 민씨 일족의 수가 1천 명을 넘었다고 한다.
이러한 과정을 거치면서 붕당정치, 즉 이익집단의 타협에 의한 정치문화가 우리 역사에서 사라졌는지에 대한 설명이 현재의 성설로 풀이되고 있다.

1980년대 이래 민주화의 진척으로 국가의 통제력이 이완됨에 따라 비공식 참여자들의 영향력이 증가되는 추세에 있다. 근래 들어 노동자, 농민 등 그동안 조직화와 활동을 억제·통제받았던 집단들이 다양한 형태로 자신들의 요구를 분출시키고 있다. 이익집단의 활동 없이는 민주화가 발전하기 어렵다. 물론 이익집단의 활동이 항상 긍정적이지 않았지만 민주정치의 상징인 것만은 틀림없다. 한국도 민주화가 앞으로 지속되는 한 이익집단의 정책과정상의 활동은 한층 더 확대될 전망이다.

2. 이익집단의 행정기관 보호

더욱이 V. O. Key는 입법부에서 분리된 행정체제가 이익집단의 활동무대가 되는 몇 가지 이유를 설명하고 있다:[121]

> 국가의 활동이 복잡해짐에 따라 입법기관은 행정기관에 규칙제정권 중의 일부를 위임하지 않을 수 없었다. 행정가는 입법가가 되고, 압력집단들은 규칙제정권을 위임받은 행정가에게 요령있게 그들의 활동을 지시하고 있다. 권력이 있는 곳에는 항상 이익집단의 영향력이 존재하게 될 것이다.

사실상 행정공무원은 너무나 광범위한 재량권을 가지고 있어서 이익집단의 표적이 되어 이익집단의 대표들은 종종 입법가보다 행정가에게 더 많은 시간을 할애하게 된다.

결과적으로 행정가는 행정기관의 정책에 이익집단의 의사를 반영시키고자 애쓰는 이익집단의 대표들에게 포위되어 있는 셈이다.

그 결과 관료들의 자율성이 침해받게 될 위험성이 있다. 왜냐하면 행정기관은 의회나 기타 장소에서 관료들의 입장을 위협하는 이익집단들의 공격에 너무 민감하고 취약하기 때문이다. 심지어는 대통령도 각 행정기관의 국장들이 필요로 하는 모든 정치적 지원을 제공할 수 없다.

이러한 행정기관의 권력에 관해 Rourke는 다음과 같이 설명하고 있다.[122]

미국 사회에 있어서 행정기관의 중요한 권력 원천은 외부의 지원을 이끌어

---

121 V. O. Key, *Politics, Parties, and Pressure Groups* (New York: Thomas Y. Crowell Co.: 1960), p. 154.

122 Francis E. Rourke, Bureaucracy, *Politics and Public Policy*, p. 11.

내는 행정기관의 능력에 의존한다. 선거구의 강력한 지지기반은 정치가 못지않게 행정가에게도 중요한 재산이 된다. 또한 어떤 행정기관은 정치조직과 마찬가지로 매우 성공적으로 외부지지기반을 구축하고 있다.

하위정부(Subgovernment) 연합의 필요성을 무시하는 부서장(bureau chiefs)들은 해당 행정기관의 전체 프로그램을 망치게 될 것이다. 왜냐하면 행정프로그램을 성공적으로 수행하기 위하여 하위정부, 즉 삼두마차의 구성멤버들의 정치적 지원이 필요하기 때문이다. 이러한 지원은 다원주의 사회에서는 흔히 있는 일이다.

어쨌든 이익집단이 미국 정치체제에서 지배적인 역할을 하고 있는 것은 의심할 여지가 없는 것 같다. 특히 정치적 목적을 달성하기 위하여 공공권위(public authority)를 충분히 활용할 수 있을 정도로 강력한 이익집단은 그 권위를 유지하기 위하여 구조적인 수단으로 관료들을 보호할 수 있고 관료들의 권한을 증진시켜 줄 수 있는 역할을 할 수도 있다:123

① 이익집단은 행정기관의 법과 의사결정절차에 엄격한 권한을 부과할 수 있는 세부적인 입법을 작성하게 할 수 있다.
② 이익집단은 행정정책을 효과적으로 수행하기 위하여 초기에 비용을 절약하는 수단으로 특정한 행정행위를 위한 구체적인 최종시한을 제정하는 데 협조할 수 있다.
③ 이익집단은 기술의 정당성보다는 전문성을 더욱 강조한다. 전문성은 자율성을 보장하며 정치적 간섭을 배제하는 데 도움이 된다. 그리고 정치적으로 임명된 공무원의 수와 권력의 증대를 최소화할 수 있다.
④ 이익집단은 정치적 통제와 간섭을 증가하는 공식적인 규정에 반대할 수 있다. 이익집단은 의회의 거부권(legislative veto)을 행사하게 함으로써 정적들의 행정적 결정을 뒤집을 수 있는 기회를 줄 수 있다. 그리고 일몰규정(Sunset Provisions)은 정적들에게 이익집단의 입법달성을 뒤집을 수 있는 기회를 주기 때문에 역시 위험하다.
⑤ 이익집단은 행정기관을 정부기구의 안전한 장소, 즉 자신들과 친숙한 행정부처(executive departments)에 둠으로써 행정기관의 독립을 보장하여 주며 대통령의 해고로부터 보호하여 줄 수 있다.
⑥ 이익집단은 외부의 간섭을 배제하고 이익집단에게 유리한 정책선택을 하는 방안으로 행정정책결정의 사법화를 촉진할 수 있다. 이익집단은 행정실무에서 이익집단에게 유리하도록 절차와 견제를 고려한다.

123 Moe, *op. cit.*, pp. 135–137.

3. 이익집단의 기여

다원주의 사회에서 계속 제기되고 있는 문제는 이익집단이 미국 정치체제에 어떠한 기여를 했으며, 그들이 순기능적 역할을 했는지 혹은 역기능적 역할을 했는지 하는 것이다. 행정기관은 타행정기관이나 행정부 이외의 곳에서 소외된 이익집단들에게 여러 가지 지원을 해 줄 수 있다. 마찬가지로 이익집단도 행정기관이 필요로 하는 예산과 법적 권한을 확보할 수 있도록 지원할 수 있고, 대통령과 의회의 부당한 지시에 저항하는 행정기관에 도움을 줄 수도 있다. 더 나아가 이익집단의 중요한 역할은 의회와 행정가에게 방대한 양의 정보를 제공할 수 있다는 것이다.

Walker의 주장에 의하면,[124] 이익집단의 대표자들은 의회위원회의 청문회에서 가장 지식 있고 존경받는 사람들이다. 특히 그러한 집단은 정보에 굶주리고 있는 의회에 주요한 정보를 제공할 수 있기 때문에, 행정기관에 영향력을 행사할 수 있는 의회의 위원회와 친숙한 관계를 유지하려고 노력한다. 관료들 역시 그들에게 필요한 권력기반을 이익집단이 가지고 있다는 것을 안다. 실제로 이익집단은 새로운 프로그램, 사회문제를 해결하는 새로운 방법, 새로운 공공정책을 위한 사고의 원천이 되곤 했다. 따라서 미국 관료제의 효과성은 오히려 조직화된 이익집단의 존재와 활동에 의하여 크게 향상될 수 있다.

대부분의 행정기관은 그들의 임무를 수행하기 위해 충분한 참모, 시간 또는 지식을 가지고 있지 않다. 불가능한 것은 아니나, 규제받는 산업체의 도움 없이 행정기관이 많은 형태의 규제활동을 충분히 수행한다는 것은 대단히 어려운 일이라고 학자들은 주장하고 있다.

Harry Eckstein도 이익집단이 정치체제에 있어서 통합과 분열이라는 두 가지의 필수불가결한 기능들을 수행한다고 주장하고 있다.:[125]

특수이익과 특정한 문제를 가진 사람들은 그들의 의견을 결집하고, 공무원들에게 그들의 입장을 전달하기 위해 집단행동을 필요로 한다는 점에서 그 기능

---

124 Dennis S. Ippolito and Thomas G. Walker, *Political Parties, Interest Groups, and Public Policy: Group Influence in American Politics* (Englewood Cliffs, N.J.: Prentice-Hall, 1980), pp. 373-374.

125 Harry Eckstein, *Pressure Group Polities: the Case of the British Medical Association* (London: Allen and Urwin, 1960), p. 160.

은 통합적이다. 공무원들은 분산된 개인의 의견보다 집단의견을 관리하기가 쉽다. … 또한 특수이익들은 다양한 집단의 요구를 더욱 촉진한다는 점에서 역시 분산적이다. 그들 자신의 이익집단을 조정하면서 각기 서로 다른 이익을 충족시키면서 결정한 이익들의 대표성은 체제의 안정에 기여한다.

이와 같이, 다원론 사회에서 이익집단은 민주사회에서 정치참여 기능을 수행하는 것으로 평가된다. 권력이 없는 개인은 정치참여하는 데 많은 장애에 직면하며 권력을 가진 집단은 정치참여에 유리한 입장이다. 특정한 이익집단 간에 발생하는 의견의 불일치가 정치적 혼란을 초래하지만 반면에 놀랍게도 새로운 가치를 창조하는 원천이 될 수도 있다.

한국 국내 연구들은 한국의 정책결정과정이 폐쇄적인 탓에 이익집단이 정책 결정과정에서보다는 집행단계에서나 영향력을 가진다고 파악하고 있다.[126] 그러나 경제단체와 같이 힘이 있는 이익집단들은 정책결정과정에서 영향력을 발휘하고 있는 것이 현실이다. 다행스러운 것은 독과점규제문제, 환경오염문제, 소비자보호문제 등이 정책문제로 채택되었고, 노총이 최저임금문제를 정책문제화시키는 데 기여했던 것은 이익집단 활동의 좋은 예라고 할 수 있다.

아직까지는 한국의 이익집단들이 행정기관에 커다란 영향력을 행사하고 있지는 않은 것은 분명하다. 영향력이 있는 정치 주체로서 대통령, 의회, 정당, 언론 등이 비교적 이익집단의 정치적 역할보다 강력한 것을 보아 한국이 다원론 사회로 진입하지 못한 것으로 판단된다.

한국의 정치적 민주화가 진척됨에 따라 민주적 정치체제로 이동하면서 이익집단과 행정기관의 관계는 수평적인 방향으로 변하고 있어 이익집단의 정책과정상 영향력과 활동은 한층 더 증진될 것으로 시사된다.

4. 이익집단의 로비

비록 로비가 이익집단의 유일한 전술은 아니지만, 집단이익을 증진시키는 데에는 가장 확실하고 잘 알려진 방법이다. 연방정부나 주정부의 수도에는 로비스트나 전문 참모를 상주시키고 있는 수백 개의 조직화된 이익집단들이 있다.

---

126 안병영(1994), 이익집단, 김운태 외, 한국정치론, pp. 610-645, 정정길(1997), 정책학 원론, 서울 대명출판사, 박천호(2012), 한국정부관료제, 법문사, p. 386(재인용).

로비스트들의 팽창에 관해 Sherrill 등은 아래와 같이 소개하고 있다.[127]

> 1971~1972년 동안 의회에 등록한 로비스트들은 374명이었다. 1974~1975년에는 거의 1,000명의 로비스트들이 입법 논쟁에 참여했다. 한 보고에 따르면, 로비스트들이 지출한 액수는 1972년에 610만 달러에서 1974년에 천만 달러 이상으로 비약적으로 증가하였다. 보고된 자료임을 감안해 볼 때, 로비스트들의 실제적인 지출은 아마도 매년 10억 달러를 초과할 것으로 보인다.

위의 통계자료가 오래된 것이지만 증가하는 속도를 보더라도 최근의 증가 정도를 예측할 수 있다. 최근의 로비는 너무나 대규모적이고 복잡하게 얽혀 있어서 로비스트들의 인원과 연합을 파악할 만한 실제적인 방법이 거의 없다(예를 들면 방위산업, 미국의학협회(American Medical Association), 연방 총기류협회(National Rifle Association), 고속도로 로비 등).

로비스트들은 정치가들에게 어떠한 방법으로 영향력을 행사하는가? 기본적으로 로비는 의회의원들과 의견을 교환함으로써 이루어진다. 로비스트들은 의원들에게 그들이 원하는 것을 알리기 위해 가능한 모든 기회를 활용한다. 즉 그들은 의원들에게 사실, 정보, 논쟁 등을 제공하며, 의원들이 필요로 하는 주민들의 표나 선거자금 등을 제공하거나 철회함으로써 의원들을 유리하게 또는 불리하게 할 수 있는 능력이 있다는 것을 알린다. 믿기 어려운 일이지만 대단히 곤란한 문제에 대한 의회연설문은 주로 로비스트들에 의해 작성되어 왔다고 한다.

또한 로비스트들은 비협조적이고 비우호적인 행동을 하는 행정가에 대해 영향력을 행사하거나 심지어 처벌하기 위해서 해당 행정기관을 조사하도록 의원들을 조종할 수 있다.

사실상 로비는 정부활동의 한 부분이다. 한 나라의 모든 정치체제는 국민에게 책임을 지며 국민에게 평가를 받는다. 그러나 문제는 로비가 주로 법외지대에서 이루어지고, 로비스트들은 국민에 대해 책임을 지지 않는다는 것이다.

의회는 1946년에 최초로 제정된 로비활동에 관한 연방규제법(the Federal Regulation of Lobbying Act)으로 로비활동을 통제하려 하였다. 그 법은 "로비스트들의 등록을 의무화하고 등록한 로비스트들이 어떤 법안에 대해 관심을 가지

127 Robert Sherrill *et al.*, *Governing America* (New York: Harcourt Brace Jovanovich, 1978), chap. 5.

고 있고, 그의 활동에 따른 자금 출처가 어디이며, 어떻게 자금을 사용했는지에 관한 보고서를 3개월마다 제출"하도록 요구하고 있다.[128]

1977년까지는 1946년에 제정된 법안이 로비스트들의 세력을 통제하는 유일한 수단이었다. 그 법안이 로비활동을 어느 정도 통제한 것은 사실이나, 역시 허점이 내재되어 있었다.[129]

다른 나라와 달리 미국 정부체제의 특징은 정부체제에 접근하는 방법이 다양하다. 정치과정에 대한 비정상적인 접근은 때로 관료제에 바람직하지 못한 영향을 주기도 한다. E. E. Schattschneider는 이러한 현상을 두고 "천국에서 흘러나오는 멋진 다원주의자들의 합창은 상류계층의 음조를 강하게 띤다"고 풍자했다.[130] 그는 국민의 약 90%가 이익집단에 소속되어 있지 않다고 지적하면서 이익집단을 비판한다. 이익집단에 소속하고 있지 않은 국민은 누가 그들의 이익을 보호하겠는가? 이익집단이론의 비판자들은 이익집단은 대중의 요구와 가난한 사람들의 요구를 대변하는 데 실패하고 있다고 주장하였다. 조직적 압력은 대부분 중산층과 조직력이 있는 고소득층 시민들에 의하여 행해지고 있으며, 그들은 그러한 활동을 할 수 있는 시간과 경제적 여유를 가지고 있는 사람들이다.

한편, David Truman을 비롯한 다른 이익집단 이론가들은 전반적인 공익은 존재하지 않고 단순한 집단이익이 존재하며, 공익을 판단할 만족할 만한 기준은 단지 영향력 있는 정치집단들이 압도적으로 동의하는 행정활동뿐이라고 주장한다.[131] 이와 같이 과정론에 입각한 공익에 대한 접근법이 많은 학자들에 동의를 받고 있는 것이 사실이다.

Robert Dahl 또한 다원주의체제는 정치과정에서 소외될지도 모르는 많은 집단들에게 참여의 기회를 주기 때문에 정치의 안정을 증진시킨다고 주장하였다.[132]

한국 이익집단의 영향력 행사방식은 다른 다원론 사회의 선진국과 다른 형태를 보여주는데 일반적으로 행정기관에 의견서를 제출하거나, 청원, 건의, 정보

---

128 David J. Olson and Philip Meyer, *To Keep the Republic* (New York: McGraw-Hill Book Co., 1975), pp. 167-168.

129 Sherrill, Barber and Page, *op. cit.*, p. 149.

130 E. E. Schattschneider, *The Semisoverign People* (New York: Holt, 1960), p. 35.

131 David Truman, "The Governmental Process," ed. Peter Woll, *American Government* (Boston, Little Brown and Co., 1978), pp. 284-290.

132 Robert Dahl, *Pluralist Democracy in the United States* (Skokie, Ill.: Rand McNally, 1967), p. 24.

제공을 하거나, 행정기관이 주최하는 공청회, 간담회, 설명회에 참여하거나, 부처의 자문위원회에 참여하는 등 주로 행정기관을 직접 대상으로 하는 권력수준의 합법적 공식적 접근채널을 통해 이루어지고 있다. 오히려 다원론 사회에서 흔히 볼 수 있는 비공식적· 비합법적 방식에 대한 의존도는 상대적으로 낮은 것으로 나타난다.[133]

5. 이익집단의 부정적 시각

미국 정치체제의 운영에 있어 이익집단을 정착시키는 문제는 James Madison이 The Federalist, No. 10(1788)에서 이익집단을 "파당적인 성질, 지역적 편견, 사악한 목적의 인간들"이라고 경고한 이래로 계속되어 온 논쟁거리이다.

McCurdy는 Madison의 다원주의(pluralism) 정의에 대한 Lowi의 비판을 인용하면서, 행정가들이 치밀하게 조직되고 기강이 잘 잡힌 이익집단의 폐쇄적인 틀에 의해 둘러싸여 포로가 되는 이유를 아래와 같이 설명한다.[134]

> Theodore Lowi에 의하면, Madison의 다원주의의 정의는 새로운 문제를 중심으로 새로운 집단들이 형성되고 그들 간에 재구성하는 시민들의 능동적인 과정을 강조했다. Madison은 조직화된 파벌이 대중 속에서 영구적으로 확고한 위치를 확립할 것이라고는 예상하지 못했다. 이익집단의 활동을 비판하는 Lowi는 이익집단이 정책결정에 지속적으로 참여함으로써 다원주의가 왜곡된다는 사실이 방위산업체의 예에서 잘 나타나고 있다고 한다. 이익집단은 일반 시민들 혹은 정책결정자들이 이익집단, 의회 및 관료 간의 내부권력의 균형을 뒤엎는 것을 두려워하기 때문에 그들의 참여를 배제하려 한다. 이익집단은 공익을 저버리고 자신의 이익을 추구하며, 권력이 없는 자에게 자신을 대신하여 그만큼의 세금을 부과하게 하고, 권력을 남용하면서 공공자금의 영원한 수혜자가 되기 위하여 투쟁한다. 그 결과 정부는 민주성을 상실하며, 대중이 요구하는 우선순위를 반영할 수 없는 무능하고 패쇄적인 행정체제가 된다.

이와 같이, Lowi는 이익집단이론과 이익집단이 정부의 의사결정자들에게 미치는 부정적인 영향을 신랄하게 비판한다. Lowi는 부유하고 고도로 조직화된 이익집단들이 적절히 통제되지 않는다면 민주주의가 전복될 수도 있다고 믿는

133 실증조사와 관련해서는 박천오(1998–1999) 참조

134 Howard E. McCurdy, *Public Administration: A Synthesis* (Menlo Park, Calif.: Cummingo Publishing Co., 1977), p. 145.

다. 따라서 다원주의 정부에 있어 강력하고 전문화된 이익집단이 정부를 자신들에게 유리하게 운영한다는 사실의 발견으로부터 사회형평성을 강조하는 신행정학이 탄생했다는 사실은 놀랄 만한 일이 아니다. 대체로 사회형평성에 대한 신행정학의 입장은 Hamiltonian식[135] 해결책을 선호하는 것처럼 보인다. 다음 7항 학문의 추이론에서 왜 신행정학에서 Hamilton의 입장을 택하고 있는지 설명할 것이다.

의회는 투표권을 지닌 시민의 반응을 가장 중요시하기 때문에, 이익집단은 시민들의 여론에 영향을 줌으로써 의회의 정책결정에 영향력을 발휘할 수 있다. 더욱이 이익집단은 여론을 형성하기 위하여 막대한 시간과 자원을 투자해야 한다는 것을 알고 있다. 이러한 상황은 이익집단들의 성장과 대중매체의 놀랄 만한 성장이 동시에 일어났다는 사실로부터 쉽게 알 수 있다.[136]

비록 이익집단이 종종 대중의 생각을 조종하기도 하지만, 대중에게 자신의 입장을 선전하기 위한 이익집단의 노력은 미국 민주주의체제의 미래에 많은 관심을 야기하고 있다. 그것은 아마 이익집단활동의 최근 활동에 있어서 가장 중요한 발전일 것이다. 실은 이익집단의 활동이 없는 민주주의는 실현 불가능하듯이 이익집단은 국민에게 이익을 표출하고, 설득하며 정책결정과정에 참여함으로써 민주주의를 발전시키는 데 대단한 공헌을 하였다는 사실을 아무도 부인하지 못할 것이다. 그러나 정책결정과정에서 지배적인 영향력을 행사하는 이익집단은 관료 및 의회를 포로화하여 장래 민주주의 발전에 커다란 장애요인이 되고 있다는 사실도 간과해서는 안 된다.

그러므로 이익집단이 야기할 수 있는 위험이나 부패를 막을 최선의 방책은 시민이 공직에 책임 있는 공무원을 선출하는 선거이다. 일반 국민은 이익집단에 관해서 잘 알지 못한다. 그래서 이익집단의 활동을 통제하는 기본적인 문제는 조직화된 이익집단과 그들의 운영방법에 관한 정보를 어떻게 일반 대중에게 충

135 다원주의에 입각한 점증주의(incrementalism)는 Hamiltonian식인 중앙집권적 합리모형보다도 더 민주적인 성향을 띠고 있다고 믿었으나, 오늘날 조직력이 있고 재정력이 강한 이익집단의 활동은 많은 대중 및 다른 집단들이 소외되는 결과를 가져왔다. 문제는 정책결정과정에 대한 참여의 폭이 힘이 있는 소수에게만 국한되어 있다는 것이다. 차라리 이보다는 이익집단의 정치참여를 제한하고, 전체 국민의 이익을 대변하는 체제분석모형(합리모형)이 중앙집권적이며 독재적인 성향을 가지고는 있으나, 오히려 민주주의의 가치를 실현할 수 있어 사회형평성을 추구할 수 있지 않느냐 하는 반론이 제기되고 있다.

136 Turner, *op. cit.*, p. 112.

분히 제공하느냐 하는 것이다. 정보에 정통하고 이익집단의 활동에 민감한 관심을 보이는 국민이야말로 이익집단이 개방적이고 공명정대한 방법으로 활동할 수 있게 하는 유일하고 지속적인 보장책일 것이다. 따라서 개방적인 의사전달체제의 발전과 활력 있고 책임 있는 대중매체의 존재는 국민의 경각심을 유지하는 데 있어서 중요한 선행조건들이다.

6. 이익집단의 행정과정과 업무에 미치는 영향

위에서 논의한 논쟁을 참작하면서, 이제는 이 장의 근본적인 목적인 이익집단의 영향력이 행정과정과 행정업무를 어떻게 제한하고, 이것들로부터 어떤 제한을 받는지에 관해 검토해 보자.

첫째, 정부가 정보의 수집을 외부에 의존한다는 것은 그 자체로 명백한 단점을 가지고 있을 뿐만 아니라 논쟁의 대상이 된다.

현대입법의 복잡성은 의원들이 단지 두세 개의 입법사안에 대해서만 전문적인 지식을 발전시키도록 유도하고 있다. 자연히 의원들은 위원회의 권고 또는 관련 상임위원회의원의 충고에 크게 의존하게 된다. Metcalf에 의하면 항상은 아니지만 산업 자문단은 대체로 유리한 지위를 향유하고 있다. 이러한 점에 관하여 Lee Metcalf는 아래와 같은 사례를 소개하고 있다:

Nixon 대통령은 1970년 4월에 국가산업오염 통제위원회(the National Industrial Pollution Control Council)를 창설했는데, 이는 상무성장관을 통하여 산업오염 문제에 관해 대통령이나 환경위원회(the Council on Environmental Quality)의 위원장을 자문하기 위한 것이었다.

대통령은 국내환경에 오염물질과 독극물을 가장 많이 배출했던 회사들을 거명하면서, 효과적인 위원회를 위해서는 오염에 관한 세계 유수의 전문가의 충원이 필요하다고 주장했다. 그는 항공과 전기제품회사 등의 사장들을 포함하여 주요 오염배출회사의 최고경영자 63명을 위원회에 배치했다. … 이 위원회의 어떠한 위원도 보수성향의 집단, 소비자, 대학 또는 다른 공익집단을 대표하지 않았다.[137]

---

137 Lee Metcalf, "The Vested Oracles: How Industry Regulates Government," ed. Alan Shank, *American Politics, Policies and Priorities* (Boston: Holbrook Press, 1974), p. 231.

이 현상은 특히 방위산업체 자문위원회(Defense Industry Advisory Commit-tee)에서도 나타났다. 이 자문위원의 위원들은 원래 산업체 출신들이며, 그들이 규제하여야 할 산업체들은 자신들을 전문인으로 배출시킨 산업체들이기 때문에 그들의 이익에 반하는 행위를 하지 않으려 노력하였다. 오히려 그 위원회의원들은 조달규정이 공포되기도 전에 그 규정이 산업체에 영향이 미치는 성가신 정부규제를 비판하고 정부결정에 대한 정보를 미리 산업체에 알려 규제대상인 산업체들이 압력을 행사할 수 있는 충분한 시간을 가지게 만들었다. 따라서 의회가 위원회를 구성하는 데 균형 있고 객관적인 구성원들을 요구하게 되는 것은 당연하다.

그 외에, 자문 집단의 성장이 정부에 정보와 전문성을 제공하는 데 도움을 주지만, 전체사회에는 별 이득이 되지 않는다는 신중한 주장도 제기되고 있다. 오히려 자문 집단의 성장은 기업세계의 지도자들 간의 정보의 자유로운 흐름을 막았으며, 정부의 주요한 정보채널(부가가치통신망에 있어 네트워크 측과 이용자 측의 접속점)을 제한하였다.

위에서 지적하듯이 자문 집단의 부정적인 영향은 사회 각 계층의 지배적인 정치권력을 가지고 있는 사람들이 공식적 혹은 비공식적 정치권력을 가지고 있는 대규모 산업금융연합체와 같은 조합국가(Corporate State)의 출현을 기대하게 만드는 데에서 볼 수 있다. 이러한 자문 집단의 병폐 때문에 몇몇 사람들은 불필요한 모든 자문 집단이 반드시 폐지되어야 한다고 주장한다. 만일 일부 자문 집단이 필수불가결하다면 그러한 자문기관은 개방적이고 대표성 있는 기구로 전환되어야 한다.

공익을 추구하고 합리적 차원에서 사회 각 계층의 이익들을 감시하려고 설립된 규제기관들이 제대로 설립취지를 실현하지 못하는 경우가 종종 일어난다. 그러한 경우는 규제기관과 규제받는 산업체 간에 친밀한 유대관계에 의하여 피규제산업과 규제기관이 기술적인 문제에 대한 정보를 서로 공유하기 때문에, 규제나 피 규제관계가 발전하지 못하는 데서 발생한다. 더욱이 규제위원회의 위원들이 후에 산업체로 다시 돌아가는 이동은 흔한 일이다. 1969년 2월에 Prox-mire 상원의원은 은퇴한 2,124명의 고급 장교들이 주요 방위계약을 위하여 일하고 있다고 지적했다.[138] 규제받는 산업체들이 규제과정에서 상당한 영향력을 지니고 있다는 사실은 놀랄 만한 일이 아니다.

정치과정에서 규제기관이 상대적으로 독립성을 가질 수 있다는 사실은 규제기관에 정치적 압력을 행사할 수 있는 정치적 집단이 거의 없다는 것을 의미한다. 단지 영향력 있는 위원회의 위원들만이 주요 행정기관의 업무를 파악할 수 있는 기회를 가질 수 있으며, 의회의 다른 의원들은 이들 위원회의 위원들에게 의존하여 규제활동을 감독하고 자금을 조달한다. 그러므로 피 규제자들은 주요한 위원회에 자신들의 이익을 옹호하는 사람들이 임명되게 하기 위하여 그들에게 동정적인 위원들이나 공직자들에게 영향력을 행사하려고 할 것이다.

더욱이 규제기관과 피 규제자 간의 밀착관계로 말미암아, 대통령은 공공행정기관의 순응을 요구함으로써 발생할 수 있는 정치적 싸움에 지불하여야 되는 정치적 위험이 너무 크기 때문에 이를 포기하는 경우도 종종 있다. 감독자를 감독하기 위한 과정에서 나타나는 그들의 밀착관계는 공익옹호자들의 반발을 사고 있으며, 그들은 규제기관의 개혁과 재구성을 주장하고 있다. 비록 그들이 사용하는 방법은 서로 다르겠지만, 공익옹호자들은 규제기관에 압력을 가하기 위하여 세밀한 조사나 공개성을 주장하고 있다.

둘째, 한 로비집단 또는 연합집단의 성장은 일반적으로 다른 상대집단 세력의 성장을 자극한다.

집단들이 서로 반대하기 때문에 어떤 로비활동은 다른 로비활동을 상쇄한다. 권력이 이익집단들 사이에 넓게 분산되면 될수록, 통제가 하나의 권력을 가진 중심 집단에 의하여 행하여지는 기회가 줄어드는 반면, 관료들은 권력을 가진 이익집단들이 지배적으로 한 쪽으로만 집중될 때보다 권력이 분산된 이익집단을 자유롭게 통제할 수 있게 된다.

이익집단 또는 이익집단의 연합들 간에 서로 상쇄하는 힘이 존재하지 않는 경우에는, 어떤 이익집단이 주어진 영역에서 상당한 권력을 장악할 위험이 있다. 이는 특히 압도적으로 강한 이익집단의 경우이다. 1974년의 유류파동 때에 석유가격정책이 이 경우에 적합한 예이다.

이익집단들 간의 갈등을 상쇄한다고 주장하는 권력균형이론(the theory of counter-balancing power)은 만약 소비자나 미약한 조직력을 가진 이익집단인 경우, 자신들을 충분히 대변할 수 있는 자금과 조직력 등 그 무엇도 가질 수 없

---

138 William Proxmire, *Report from Wasteland: America's Military Industrial Complex* (New York: Praeger, 1970), p. 153.

기 때문에 비판을 받고 있다. 실제로 그러한 비판이 지나치게 강조된 것은 사실이다. 허나 시민의 개혁 및 감시단체, 인권단체, Ralph Nader와 공익옹호자들이 이끄는 단체들이 소비자나 조직력이 미약한 집단들을 대변할 위원회나 다른 의사결정기구를 위하여 의석을 확보하고 있다는 사실을 간과하고 있다. 또한 그들이 가지고 있는 중요한 목적들 가운데 하나는 공동의 이익을 인식하고 공동의 압력을 조직하기 위해서 필요로 하는 정보를 서로 공유하거나 혹은 시민들에게 제공한다는 것이다.

이러한 관점에서 공익옹호자들이 가장 우선적으로 지향하는 바는 대중을 교육하는 것이고, 교육을 통하여 특정 조직의 전횡과 자유재량권의 남용을 어느 정도는 저지할 수 있다. 가장 많은 회원이나 가장 월등한 재정력을 가진 이익집단이나 혹은 그들 집단 간의 연합이라도, 그들의 주장이 공익이나 국가의 목적에 반한다면, 항상 이길 수 있는 것만은 아니다. 사실상 정치적 압력을 상쇄시킬 수 있는 실행가능하고 합법적인 방법 중의 하나는 반대집단(대항세력)을 형성하는 것이며, 그 다음은 그 이익집단이 옳지 않다는 것을 대중에게 확신시키도록 노력하는 것이다. 다행히도 오늘날 어떤 강력한 이익집단 또는 이익집단 간의 연합도 공익을 희생하고는 유리한 고지를 차지하지 못한다는 확신이 광범위하게 수용되고 있다. 실제로 국민의 여론은 형성되기는 어려우나 공고히 형성되기만 하면 강력한 폭발력을 가지고 있다는 것을 정치인들이나 강한 이익집단들은 잘 알고 있다.

셋째, 대중의 태도가 이익집단의 영향력을 제한할 수 있다는 것이다.

더욱이, 정부결정에 대한 로비의 영향은 문제의 성질에 따라 다르다. Lester Milbrath에 따르면, 이익집단들은 국민의 여론을 주도하는 주요한 정치적 쟁점사항에 관한 정책 산출에 거의 아무런 영향도 미치지 못하고 있다.[139] 오히려 여론을 자신들에게 불리하도록 자극하지 않는 것이 현명하다는 것을 알고 있다. 그러나 입법이 세분화되고 일부 국민에게만 영향을 미치는 이슈에 대해서는, 이익집단은 보다 큰 역할을 수행하는 경향이 있다. 이익집단들은 잘 발달된 대중매체를 통하여 설득에 자신을 가지고 있다고 믿기 때문이다.

관료들이 이기적이고 부정한 정책목표를 추구하기 위한 이익집단의 시도를

139 Lester W. Milbrath, "The Impact of Lobbying of Governmental Decisions," ed. Alan Shank, *op. cit.*, p. 243.

국민에게 공개한다면, 이익집단은 국민에게 나쁜 이미지를 심어 주게 될 것이며, 관련된 이익집단들 역시 조소거리가 될 수 있다. 그러므로 조직화된 이익집단은 국민이 무감각하고, 관심을 갖지 않고, 정보화되지 않는 상황에서 효과적이며, 동시에 이익집단들이 목표를 추구함에 있어서 국민의 지지를 받을 때 더욱 강한 권력을 갖게 될 것이다.

넷째, 이익집단은 여론을 조작하고, 경쟁집단의 권력을 무력화시키며, 그들의 이익에 우호적인 사람이 공직에 임명되도록 하며, 그들의 목적에 유리한 후보자들이 선거에 당선되도록 노력한다.

이 모든 것이 쉽지 않으며, 비용이 많이 든다는 것도 안다. 예를 들면 생활보호 수혜자들은 재정적 자원, 영향력 있는 지위, 정책과정에 관한 지식 등이 부족하다. 결과적으로 보호대상자들은 자신들을 위해 만들어진 프로그램에 관여할 능력이 없으며, 프로그램에 관련된 지식의 부족은 생활보호 수혜대상자들이 조직화하지 못하는 주요한 원인이다. 그러한 장애요인 가운데 한 일례를 든다면 행정기관들은 정보의 유출을 꺼리기 때문에 규제사항에 관하여 신문이나 혹은 다른 언론매체들이 포괄적이고 상세하게 보도하는 데 많은 어려움이 따른다. 그러므로 수혜대상자들이 자신들을 위한 프로그램에 대한 정보를 수집하는 데 어려움이 따른다.

더구나 규제기관의 재량행위는 규칙에 따라 운영하지 않아도 되는 융통성이 있기 때문에 행정절차법(APA)과 정보공개법(FIA)의 공개규정조항에 제한을 받지 않는다. 이러한 분위기 하에서는 프로그램에 관련된 지식이 없으므로 조직화하기 어려워 강력한 반대 의견을 가진 집단이 생성되기 어렵다. 설혹 생성되었다고 하더라도 강력한 이익집단은 이들을 무력화시키는 것이 어렵지 않다는 것을 알고 있다.

또한 Richard C. Leone이 관찰한 바에 따르면 왜 문제를 사회화시키는 것이 어렵다는 것을 설명한다. 그에 의하면, 행정절차법은 규제기관의 운영활동을 완전히 개방하지는 못하였으나, 개인일지라도 원한다면 주요 정책변화나 절차에 관해 알아보는 것은 가능하게 하였다.[140] 그 외에 다수의 시민들은 그들에게 관

140 Richard C. Leone, "Public Interest Advocacy and the Regulatory Process," eds. Larry B. Hill and F. Ted Hebert, *Essentials of Public Administration* (North Scituate, Mass.: Duxbury Press, 1979), p. 153.

련이 있는 행정결정을 감시할 만한 훈련을 받지 못했으며, 시간도 부족하다.

뿐만 아니라 시민들은 행정기관과 접촉할 때, 절차의 지연과 규칙제정 및 공청회 등이 매우 복잡하다는 것을 발견하게 된다. '적법절차'(due process)는 변호사의 개입을 요구하고 그 다음에 비용지출이 따른다. 결과적으로 사람들은 자신들이 겪고 있는 불만들이 광범위하게 어떠한 관계를 가지고 있는지 혹은 그러한 불만들이 규제활동과 관계를 가지고 있는지조차 모르고 있다. 더욱이 자신들의 불만을 사회 문제화한다든지 혹은 다른 정치체제에 문제를 제기하여 행정기관에 압력을 행사하는 방법도 모르기 때문에 행정기관들은 거의 견제를 받지 않고 내부관례에 따라 처리하는 습성을 갖게 된다.

이 이외에도 행정에 대한 광범위한 통제를 성공적으로 수행하기 위하여 고려해야 되는 또 다른 문제들은 이익집단구성원의 규모와 지리적 분포, 구성원의 응집력, 재정적 지원, 정치적 유대, 행정의 요구에 대한 합법성, 사회적으로 인정받는 중요성과 타당성, 지도력과 참모의 자질 그리고 다른 조직적인 집단과의 관계에 의해 제약을 받는다는 것이다.

더욱이 행정통제는 지속적으로 정치적 활동에 호소하려는 집단의 자발성 정도에 따라 크게 영향을 받는다. 그 이외에도 행정통제는 의원이나 행정관료들이 의사결정시에 관심을 가지고 이익집단의 요구를 어느 정도 경청하느냐에 따라 영향을 받는다. 특히 의원들이 행정통제에 관심을 가지고 면밀히 이익집단들의 요구를 검토해야 할 것이다.

다섯째, 지금까지 이익집단의 강한 영향력을 주장한 것과는 달리 관료들이 아직까지 많은 이익집단들에게 영향을 미칠 수 있는 중요한 권한을 가지고 있다는 것이다. 그리하여 이익집단은 자신들에게 우호적인 정책을 보장받기 위해서 가능한 최선을 다하여 행정기관에게 영향력을 발휘하려고 한다.

이러한 행정기관의 영향력에 관하여 Mark J. Green은 다음과 같이 지적하고 있다.[141]

---

141 Mark J Green, *The Other Government: the Unseen Power of Washington Lawyers* (New York: Viking Press, Grossman Publishers, 1975), p. 6.

행정기관들은 전국의 150만 기업에 도움을 주거나 해를 끼칠 수 있는 실질적 권한을 가지고 있다. 그들은 면허, 보조금, 계약 그리고 승인 등의 권한을 이용해 부를 분배할 수 있고, 반면에 세금, 독과점 금지, 규제기준에 의해 부를 제한할 수도 있다. 6개의 대규모의 규제위원회(FCC, SEC, CAB, ICC, FPC, FMC)는 1,200억 달러 정도의 거래에 대한 직접적인 권한을 가지고 있다. 국방성은 매년 무기계약에 있어서 400억 달러의 계약을 체결한다. 금융업은 연방준비은행이사회(FRB), 통화감시관(CC), 연방예금보증회사(FDIC)의 승인 없이는 거의 아무것도 수행할 수 없다. 국세청(IRS), 환경보호청(EPA)은 전국의 어떠한 기업체도 불운하게 만들 수 있는 규제능력을 가지고 있다.

더욱이 관료들이 법령을 강제적으로 집행하거나 혹은 실질적으로 그것을 무효화시킬 수도 있다는 사실은 대부분의 이익집단들은 잘 알고 있다. 이러한 이유 때문에 이익집단들은 자신들의 구성원이나 자신들과 친숙한 사람이 특정한 이익과 관련된 행정직에 임명되도록 노력한다.

"로비스트들은 자신을 행정공무원과 비교하면서 자신들은 보조적인 지위에 불과하다고 인정한다"[142]는 사실은 학자들 사이에 널리 알려져 있으며, 이러한 사실은 로비스트들과 의회의원들을 대상으로 한 설문분석을 통하여서도 검증이 이루어졌다.[143] Milbrath는 정책결정에 있어서 다양한 참여자들의 영향력에 관한 질문에 응답하면서 다음과 같이 분석결과를 기술하고 있다.[144]

응답자의 반수 이상이 정책결정을 하는 데 가장 중요한 요소로 대통령 또는 행정부를 지적했다. 심지어 의회에 경험을 가지고 있는 로비스트와 의원들도 역시 행정부에 우선순위를 두는 경향을 보였다. 약 20% 정도의 로비스트들이 유권자에게 제1순위의 중요성을 두었다(이 사람들은 로비에 대해 철저하게 인정하는 경향을 보였다). 많은 의회의 응답자들은 유권자를 최우선순위로 인정하였고, 대략 10% 정도의 로비스트들이 의회에 제1순위를 두었다. 의회는 약 35% 정도로 두 번째로 로비스트들을 중요하게 생각하고 있으며, 다음은 약 30% 정도로 행정분야를 들고 있었다. 여론지도자와 정당에 대해서는 크게 중요성을 두지 않는 경향을 보였다. 우리의 조사에서 가장 중요한 것은 단지 한 명의 로비스트만이 로비스트에게 제1순위의 중요성을 두었고 단지 5명의 로비스트만이 제 2 순위로 로비활동의 중요성을 들고 있었다. 의회의 응답자들은 또한 정책결정에 있어서 로비활동에 중요성을 별로 두지 않았다. 사실상 그들 중 약 반 정도가 로비를 가장 낮게 평가했다.

---

142 Ira Sharkansky, *Public Administration, Policy-Making in Government Agencies* (Chicago: Rand McNally College Publishing Co., 1978), p. 148.

143 V. O. Key, Jr., *Public Opinion and American Democracy* (New York: Knopf, 1961), chap. xx.

144 Milbrath, *op. cit.*, p. 148.

결론적으로 응답자들에 의하면 정책에 영향을 미치는 요인은 로비활동 이외에도 다양하다는 것이었다. 대부분의 경우에 있어서 이들 다른 요인들은 분명히 로비활동보다 영향력이 크다는 것을 알 수 있다. 의원 또는 행정가 모두 정치적 권력기반이 약한 이익집단의 압력에 대해 수동적인 자세를 보여주고 있었다.

마지막으로 관료와 고객집단과의 관계에 있어서 예외적인 현상이긴 하지만, 어떤 행정기관들은 그들에게 정치적 권력기반이나 합법성을 제공할 수 없는 고객 및 고객집단이라 하더라도 규제하거나 그들에게 봉사하는 경우가 있다.

이러한 고객집단의 예로는 신체불구자 집단, 정신박약아 집단, 교정대상자, 집행유예자 등이 포함될 수 있는데, 이들 집단은 행정기관에게 줄 것이 없는 집단들이다.

그럼에도 불구하고 행정기관과 이들 고객집단 간에는 밀접한 관계를 유지할 수 있는 기회가 있다.

첫째로 고려할 수 있는 가능성은 그러한 고객을 다루는 행정기관의 전문인들과 고객집단의 전문인이 서로 같은 대학의 출신일 경우도 있고, 또는 전문가로서 서로 통하는 감정이입이 있을 수 있다. 심지어 고객이 행정기관을 위하여 큰 도움이 되지 않는다 하더라도 그와 관련된 외부의 전문협회나 전문인의 지지가 행정기관이 필요한 권력이나 합법성을 얻는 데 중요한 역할을 할 수도 있다.

그 이외에 지적할 수 있는 흥미로운 연구 분야는 어떤 규제기관은 규제하려는 고객과 협조관계뿐만 아니라 상충하는 관계에 있을 수 있으며, 때로는 그들이 제정한 규칙이나 규정을 지키도록 하기 위하여 피 규제자와 거리를 두려고 한다. 어떠한 경우에 있어 이러한 사례들이 벌어지는지를 충분히 설명할 수 있는 경험적 연구가 부족한 편이다.

최근의 연구결과는 이 차이를 설명하여 주는 중요한 변수로 고객집단의 연륜을 지적하였다. 즉 고객집단이 생성된 연륜이 길면 길수록 해당 행정기관을 포로로 만드는 데 유리하다는 것이다.[145] 충분한 설명은 아니지만 이를 통해 행정기관과 고객집단 관계의 밀착성과 냉담성을 어느 정도는 설명할 수 있다.

둘째, 행정규제기관이 단일산업을 취급하느냐 혹은 다양한 산업을 취급하느냐에 따라 행정기관과 고객집단과의 관계를 설명할 수도 있다.

---

145 Riley, *op. cit.*, p. 109.

단일산업을 취급하는 경우는 대체로 그들의 관계가 우호적이 되며, 규제의 성격과 범위는 경제적 문제인 가격 혹은 서비스의 유형과 산업의 건강성 향상 등을 포함한다.[146]

반면에 다양한 산업을 취급할 경우 그들과의 관계가 냉담, 거리감 그리고 심지어는 적의를 보일 수 있다.

특히, 단일산업을 규제할 경우는 규제자가 완전한 규제를 추구할 정도로 고도로 전문화된 집단이 아니며, 언젠가는 규제기관의 규제자들이 규제하려는 산업으로 직업이동을 할지도 모르기 때문에 규제의욕이 약화될 수밖에 없다.[147]

일상적으로 규제자와 피 규제자가 빈번하게 접촉한다는 것은 그들 간의 친분관계를 더욱 두텁게 할 수 있다. 이러한 설명과 관련된 예는 미국의 원자력규제위원회(the Nuclear Regulatory Commission)와 원자력산업(the nuclear power industry) 간의 관계이다. 따라서 서로간의 친분관계로 인하여 원자력 규제위원회는 원자력 산업을 적절히 규제하지도 못하였고 오히려 원자력 산업은 원자력 규제위원회를 포로화하는 경향이 있어 Nixon대통령은 원자력규제위원회를 결국 폐쇄하였다.

7. 학문의 추 이론

저자가 개발한 추 이론([그림 5-1])을 가지고 이익집단이 정책결정에 미치는 영향에 대해 설명하려고 한다. 그리고 추 이론을 통해 지금까지의 학문 발전이 사회의 시대적 가치를 반영해 온 것을 설명함은 물론 미래 학문의 흐름도 파악할 수 있다는 장점을 설명할 것이다.

추 이론은 이익집단이 지배적인 영향을 미치고 있는 점증주의 모형보다 중앙집권적 혹은 합리적 모형으로 비난을 받아 왔던 Hamiltonian식 해결방안이 아이러니하게도 민주주의 가치를 더 포함하고 있는 이유를 설명할 것이다. 결과적으로 관료들의 권력남용을 이익집단은 저지할 수 있는 힘을 가지고 있으며, 이익집단의 권력남용을 막는 길은 Hamiltonian 접근법을 따르는 것이라고 추 이론은 지적할 것이다.

---

146 *Ibid.*

147 *Ibid.*, p. 110.

그림 5-1
학문의 추 이론

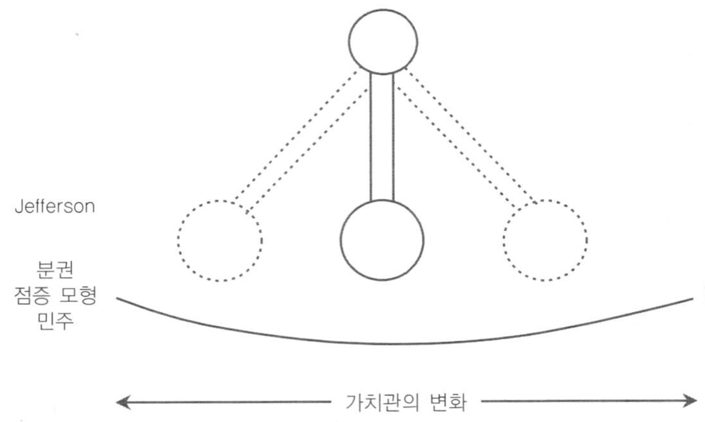

행정학에 가장 영향을 미친 세 사람을 선택한다면 미국의 Founding Fathers 가운데 Jefferson, Madison과 Hamilton을 지적할 수 있다고 한다. Jefferson에 의하면 본질적으로 인간은 선하기 때문에 교육을 잘 시키기만 하면 민주적인 사람이 될 수 있기 때문에 민주주의를 교육이라고 말하였다. 즉 많은 사람들이 한 곳에 모여서 서로 싫어하는 것들을 아는 것이 교육이며, 서로 좋아하지 않는 것을 하지 않도록 만나서 서로의 의견을 토론할 수 있는 장소가 필요하다고 하였다. Jefferson의 주장처럼 모든 시민들이 한 지역의 주민들이 다 참여할 수 있는 강당과 같은 큰 장소에 모여 서로 토론하며 서로 싫어하는 것을 알리고 또한 서로 좋아하는 것을 알려서 서로 좋아하는 것을 정책으로 결정하는 것이 지방자치의 시작이다. 그렇게 하기 위하여 모든 주민이 한 강당에 모여서 토의할 수 있는 조그만 정부가 필요하다고 하였다. 이것이 지방분권인 지방의회 혹은 지방자치의 시작이라고 할 수 있다. 왜냐하면 큰 도시에서는 한자리에 만나서 서로 토론을 할 수 있는 장소가 없기 때문이다.

Jeffersonian식 의사결정 형태가 점증주의(incrementalism)방법이라고 보는 것은 민주주의에 대한 그의 철학에서 보듯이 서로 논의하고 토론하면서 정책을 결정하기 때문에 민주적인 성격을 가지고 있다.

Jefferson은 인간을 McGregor의 Y형에 비유한다면 Hamilton은 인간을 X 형이라고 하였다. 본래 인간은 게으르고 일하기 싫어하며, 인간의 성악설을 주장하여 아무리 교육하여도 인간의 본성을 변화시킬 수 없기 때문에 능력을 추구하기 위하여 중앙집권 혹은 통치는 독재를 지지하였다.

Madison은 인간은 본래 악하지도 않으며 선하지도 않다고 하면서 이기심이 발동할 때는 집단을 구성하여 이익을 추구하려 한다고 하였다. 그는 오늘날 도래할 다원론사회를 그 당시에 이미 예측하였다는 것은 놀라지 않을 수 없다.

Louis C. Gawthrop에 의하면 사회과학의 많은 이론들은 집권과 분권, 민주와 독재, 민주와 능률, 합리모형과 점증모형 등 양 극단의 축 어디에 존재한다고 주장하면서 우리의 현실 세계는 사람들의 가치관의 변화에 따라 이 양축 사이 어딘가에 존재하거나 이동하고 있다고 주장한다.[148]

Charles Lindblom[149]이 지적한 정책결정의 두 가지 형태인 점증모형과 합리모형을 지적하면서 Gawthrop은 점증모형은 다원론사회에 적합한 민주적 성격을 띠고는 있으나 경제적 및 정치적으로 강력한 이익집단의 과도한 이기적 행위에 의하여 가진 자들을 대변할 수 있다는 것이다. 그러므로 점증주의를 택하고 있는 사회는 없는 자들 혹은 집단을 형성할 수 없고, 경제적·정치적 및 조직력이 없는 약한 사람들의 이익을 대변할 수 없다는 것이다. 문제는 점증모형을 사용할 때 누가 정책결정에 참여하는가가 중요하다. 일반적으로 정치적이나 경제적으로 힘이 없는 사람들은 정책결정 그룹에 낄 수 없기 때문에 그들의 의견을 정책에 반영한다는 것은 쉬운 일이 아니다.

반면에 그에 의하면 합리모형 혹은 체제모형이라고 불리는 이 모형은 중앙집권적 혹은 독재적인 성향을 띠고는 있으나 정치적 및 사회적으로 강한 사람 혹은 약한 사람을 불문하고 전체 국민의 이익을 반영할 수 있어 오히려 민주적인 성격을 가지고 있다고 주장한다. 참으로 체제모형이 참여의 폭을 고려한 측면에서 점증주의 모형보다 민주적 가치를 더 포함하고 있다는 주장은 과거에는 거의 상상할 수 없는 주장이었다. 그러므로 그는 앞으로 J(Jefferson)와 H

148 Louis C. Gawthrop, *Administrative Process and Democratic Theory*, Houghton Mifflin Harcourt, December 1970.

149 Charles E. Lindblom, "The Science of Muddling Through," *Public Administration Review* 19 (Summer 1959): 79–88.

(Hamilton)를 합한 Hybrid(혼합) 모형이 필요하다고 주장한다. 그러나 그러한 Hybrid 모형이 어떠한 것인지 설명하지는 않았다.

위의 그림은 시대의 가치관이 변화함에 따라 학문의 경향이 변하고 있는 것을 볼 수 있다. 이것을 저자는 '학문의 추 이론'이라고 부를 것이다.

행정학의 이론들이 그 당시 그 시대의 사람들의 가치관의 변화에 따라 이론의 성격이 달라지는 것을 볼 수 있다. 즉 학문의 추는 그 시대의 가치관의 변화와 일치하고 그리고 변화에 따라 학문의 추는 다시 움직인다. 즉 학문은 그 시대에 발생하는 문제를 해결하여야 하며 그렇지 못한 경우에는 학문의 존재가치를 상실하게 된다. 그래서 학문은 그 시대를 반영한다. 다시 위의 [그림 5-1]에서 추의 이동을 설명한다면 다음과 같다. 예를 들어 1930년대 세계의 경제공황이 일어났을 때 그 당시 실업문제는 심각할 정도였다. 이러한 공황에서 발생하는 문제를 해결하기 위하여 학계에서는 사회의 주요한 관심사인 경제문제를 해결하고자 Taylor의 과학적 관리론과 같은 능률을 추구하는 다양한 이론들이 부각되거나 더욱 개발되었다.

이러한 논리로 사회의 가치관의 변화에 따라 학문의 추가 방향을 달리하는 것은 사람들의 심리의 변화현상에서 볼 수 있다. 경제문제를 가지고 예를 든다면 경제적인 문제가 어느 정도 해결되고 나면 사람들의 가치관은 경제적인 욕구에서 인간적인 대접, 인간의 존엄성, 민주성, 공평성 등을 추구하는 욕구로 변화하기 시작한다. 자연히 시민들의 가치관이 서서히 변화하기 시작함에 따라 학계에서도 인간의 존엄성을 극대화하려는 욕구를 충족하기 위한 연구가 활발히 진행된다. 이와 같이 학문의 경향 및 방향을 예측하기 위해서는 사람들의 가치관이 어떠한 방향으로 어떻게 변화하는지를 파악하는 것이 중요하다. 단언하건대, 학문은 사회문제에서 벗어나서 탄생할 수 없다.

이러한 논리로 국가의 권력분립은 사회의 가치관에 따라 분권과 중앙집권의 양축 사이 어느 지점에 있을 것이다. 때로는 분권 쪽으로 좀 더 기울어 질 때도 있고, 그 반대일 경우도 있다. 역시 그 사회의 시민들의 가치관이 민주성을 더 추구하느냐 혹은 능률성을 더 추구하느냐에 따라 학문 추는 서로 다른 방향으로 움직일 것이다. 그러나 양축의 끝에는 거의 머물지는 않을 것이다. 왜냐하면 완전한 민주(Jefferson)나 완전한 능률(Hamilton)은 거의 존재하지 않기 때문이다. 민주나 능률은 완전히 배타적인 것이 아니고 서로 보완적이기 때문에 양축 사이의 어느 곳에서 반드시 서로 타협점을 찾게 된다.

제6절 요 약

이 장에서는 관료들이 외부통제기관에 의해서 효과적으로 통제될 수 있는지에 대한 의문을 제기하고 있다. 행정기관에 대한 외부통제기관의 통제역할을 부인하는 것은 아니나, 외부통제의 효과적인 행정통제는 환상에 불과하다는 주장이 주로 제시되었다. 예를 들면 입법부가 관료제에 대한 의미심장한 통제를 완화하려는 정치적 이유들을 설명하였다. 사실상 경제적인 이유 때문에 막강한 재정력을 지닌 힘 있는 이익집단의 경우를 제외하고는 부당한 행정행위를 법원에 고소하기 어렵다는 사실도 언급되었다. 또한 독립성이 있다고 하여 외부 통제기관들이 다른 유형의 내부 통제장치보다도 반드시 우월하다고 결론지을 수도 없다.

결론적으로 관료제의 통제문제가 주는 한 가지 교훈은 외부통제기관들이 심각한 한계에 직면하고 있다는 것이다. 다시 말해서 각 외부통제기관들은 서로 장·단점을 가지고 있으며, 상황에 따라 다소간 특정한 유형의 통제기구가 더욱 유리하겠지만, 모든 상황에서 적절하고 이상적인 관료제에 대한 통제체제란 없는 것 같다.

그러나 이것은 우리가 행정행위를 통제하기 위하여 가능한 한 모든 외부의 통제수단을 무시해야만 한다는 것을 의미하는 것은 아니다. 비록 각각 외부통제기관이 약간의 결점은 가지고는 있지만, 각 통제기관의 장점을 결합한다면, 관료들의 권력남용으로부터 시민을 어느 정도는 보호할 수 있으며, 궁극적으로 시민이 의지할 수 있는 포괄적인 통제체제를 구축할 수 있을 것이다.

물론 외부통제기관들이 관료제를 통제하는 데 많은 어려움이 있다고 하더라도 '등대이론(lighthouse theory)'의 역할을 가지고 있는 것은 분명하다. 등대가 얼마나 많은 배를 폭풍과 좌초에서 구할 수 있을지 아무도 알지 못하듯이, 통제장치들이 얼마나 많은 권력의 남용을 막을 수 있을지 아무도 모른다. 그러나 통제의 위협이 정부기관의 많은 실수나 부정을 방지할 것이라고 판단하는 것은 무리가 없어 보인다. 왜냐하면 관료들은 스스로 자제하는 데 도움이 되기 때문이다.

지금까지 논의한 바와 같이, 공공관료제가 전적으로 자유 재량권을 가지고 있지 않다는 것은 분명하다. 관료의 행동이 대중의 의도를 크게 벗어날 때, 외부통제기관은 각 통제기관의 통제력을 동원하여 관료에게 압력을 가할 수 있다. 그러나 사회가 복잡하고 과학화됨에 따라 외부통제기관의 통제기능은 급격히 쇠약해지고 있는 상황이며, 오히려 관료제의 자유재량의 폭은 계속 넓어지고 있다.

행정기관의 업무가 더욱 전문화될수록, 외부의 통제자들이 그 업무를 이해하는 것은 더 어려울 것이며, 통제할 능력을 갖는다는 것은 더욱 어려울 것이다.[150]

Anthony Downs는 "기술의 복잡성으로 말미암아 관료는 외부통제로부터 비교적 자유롭게 되었으며, 그러한 복잡성이 극도로 난처해지면 그 부서에 명확한 업무지시를 내리기 어렵다"고 하였다.[151]

관료들이 관여하는 정책 영역에 있어서 기술과 환경의 변이는 행정통제를 위한 기법의 선택을 중요하게 만들었으며, 통제의 손실을 줄이고 효과성을 증대하기 위해서는 정책 영역의 기술과 환경변이의 영향에 지속적으로 관심을 두어야 한다.

기술의 복잡성이 심한 정책 영역에서는 통제가 어려우며, 그 반대의 경우에는 잘못된 통제가 용인되기도 어렵다.

기술의 변이는 정책 영역과 통제로 인하여 발생하는 효과성비용에 민감하게 영향을 끼치며, 기술의 복잡성이 심한 정책 영역에서는 경직된 통제가 오히려 부작용을 불러일으킨다.

갈등이 많고 불안정하며, 복잡하고 독립적인 환경변이 하에서 경직된 통제로 인한 효과성비용은 자연히 증가할 것이다. 그러므로 환경변이의 요인들이 효과성비용에 영향을 미치는 것으로 보인다. 예를 들어 만약 복잡한 환경이 관료의 경직된 행태에 의하여 통제를 받는다면 복잡한 환경은 심각한 효과성문제를 야기할 것이다.

경직된 통제방법이 상호 의존하는 환경의 정책 영역에서 근무하는 관료에

---

150 Robert A. Dahl, "On Removing Certain Impediments to Democracy in the United States," *Political Science Quarterly*, 92 (Spring 1977), p. 12.

151 Downs, *Inside Bureaucracy*, pp. 209–210.

게 적용된다면 독립된 환경의 정책 영역에서 근무하는 관료들에게 효과성 비용이 증가할 것이다. 따라서 외부의 통제기능을 향상시키며, 관료제 자체 내의 통제력을 증진하고 통제가 오히려 통제에 관한 문제를 야기하는 오류를 범하지 않기 위하여 새로운 통제방안이 연구되어야 한다.

위에서 논하였듯이 관료제를 통제하는 데 단점이 없는 것은 아니다. 실제로 통제의 장점과 단점의 균형을 유지하는 것이 중요하다. 통제를 함으로써 발생할 수 있는 단점으로는 첫째, 지나친 통제로 인하여 관료들의 업무성취능력이 저하될 수 있다. 둘째, 관료들이 규제의 한도 내에서 업무를 적절하게 잘 수행하고 있는지 판단하기 어렵기 때문에 통제자들이 통제를 포기하는 경우나 혹은 규제 한도를 벗어나 통제를 하기 때문에 피해를 당하고 있다고 관료들이 분개하는 사례도 고려할 수 있다. 셋째, 통제자들이 자주 관료들의 저항을 받는다는 것이다.[152]

엄격한 통제는 시민과 외부통제기관들이 관료제의 업무에 대하여 세부적인 결정을 내리는 것을 의미한다. 그러나 엄격한 통제는 관료제의 전문성이나 융통성을 해친다.

관료제에 대한 민주통제의 형태는 진공 속에서 존재하는 것은 아니다. 모든 형태는 정치적 상황 속에 얽혀져 있다. 통제는 주로 시민, 의회, 사법부, 정치인 등에 의하여 행사되는데, 이들의 통제역할은 서로 독립적인 것이 아니기 때문에, 그 정치체제의 다른 측면과 분리하여 볼 수 없다. 각 통제방법의 효과성을 증진시키기 위해서는 통제가 발생하는 곳의 정치역학관계에 민감하여야 하며, 다른 통제방안의 협조가 수반되어야 한다.

다음 7장에서 논의하려는 내부민주통제모형(Internal Democratic Control Model)은 관료제의 권력남용을 견제하면서, 외부통제기관의 통제능력을 향상시키는 통제 방법이기에 통제가 가져온 역기능을 사전에 차단시킬 수 있는 통제 방법이다. 그 결과 외부통제체제 내에 민주통제체제를 발전시켜 스스로 통제하는 역할을 할 것이다. 그리고 외부통제기관들 내에 발달한 내부민주통제체제는 외부통제체제와 상호작용하는 관료제 내로 흡수되어 관료제의 내부민주통제체제를 더욱 발전시킬 수 있는 장점을 가진다.

---

152 Gruber, *op. cit.*, pp. 193–194.

뿐만 아니라 행정기관들 혹은 행정기관 내에 다양한 행정집단들이 독립되어 있어 서로 경쟁하면서 생존하기 위하여 외부통제기관들로부터 정치적 지지를 확보하려고 노력할 것이 분명히 예측될 수 있다. 그 결과 서로 경쟁하는 어떠한 외부통제기관도 관료제를 전적으로 지배할 수 없도록 관료제 내는 서로 상호간 경쟁하는 전쟁터가 될 것이다. 따라서 정치화되고 있는 관료제 내에 견제와 균형의 논리가 스스로 지배하게 되어 관료제 내의 민주화를 발전시키는 데 도움이 된다. 우리가 관료제가 막강한 권력을 장악하면서 민주주의를 역행해 나가리란 고민을 자연히 해결해 줄 것으로 기대된다. 내부민주통제 모델은 관료제 내에 상호 견제와 균형을 가져와서 우리의 고민을 완화시켜주는 데 역할을 할 것으로 보인다.

내부민주통제체제는 외부통제기관의 사후통제보다는 관료들이 제안한 정책을 실행에 옮기기 이전에 관료는 물론 관료가 아닌 외부 정치체제의 사람들에게도 미리 검토하게 한다는 점에서 사전통제를 강조한다. 따라서 관료제와 외부통제체제 간에 있을 수 있는 정치적 마찰을 초래할 기회를 감소시킬 수 있는 장점이 있다.

지나치게 광범위하고 경직된 통제는 행정남용을 막을 수는 있지만, 행정쇄신과 혁신을 가로막아 결과적으로 많은 역기능을 초래할 수 있고 이러한 통제는 오히려 사회에 갈등과 불신풍조를 낳는다. 더욱이 만연된 통제가 조장하는 불신은 정직과 협동정신을 고무시키지 못한다. 그러므로 민주사회에서 봉사가 주요한 목적이 되어야 할 통제활동이 한계에 직면하게 되는 것은 불가피하다. 내부민주통제모델은 사전통제의 역할을 하기 때문에 통제에서 초래되는 부작용을 치유할 수 있다.

내부민주통제체제와 이 통제로 향상된 외부통제기관의 통제능력은 민주국가의 이상과 절차에 충실한 공공관료제를 유지하는 데 중요하며, 더 나아가 이들 통제체제는 상호보완관계에 있어 결국에는 더 나은 정치체제를 건설하는데 유리하다. 따라서 관료제에 대한 외부통제기관의 통제와 관료제 내의 내부 민주통제체제와의 결합은 확실하고 현실적인 관료제에 대한 통제 메커니즘이 될 수 있다는 점에서 최적대안이라고 볼 수 있을 것이다. 이 통제 방법은 사전통제이기에 미리 교정 및 보완할 수 있기 때문에 통제의 악순환을 피해 나갈 수 있다.

제6장에서는 내부민주통제체제의 중요한 구성변수들인 체제적 계층제, 민

주적 리더십, 대표성, 시민참여, 공무원의 노조화 및 공개성 등의 역할에 대하여 논하게 될 것이다. 제7장에서는 내부민주통제체제의 모형과 아울러 내부민주통제체제가 지니는 행정통제상의 기능과 역할 및 장점에 대하여 설명할 것이다.

제6장

내부민주통제체제의 구성변수와 정부통제의 역할

제6장

내부민주통제체제의 구성변수와 정부통제의 역할

이미 지적한 바와 같이 본 저서에서는 관료제에 우선 내부민주통제모델을 발전시키고 나서 외부통제기관과 상호작용을 통하여 서로 견제와 균형을 이루어내고자 하는 의도를 전개하고 있다. 그러한 시도는 정부에서 발생할 수 있는 행정 혹은 정치적 공직자들의 권력남용과 부정부패를 자연스럽게 막아낼 수 있기 때문에 전체적으로 정부통제에 크게 기여할 것이다.

관료제와 외부통제기관들이 서로 상호작용하는 가운데, 투입·산출 및 환류과정을 통하여 자율적으로 통제체제가 구축될 수 있다는 것이 이 모델의 개략적 요지이며, 이에 대해서는 제7장에서 자세히 설명하였다.

행정관료제의 내부민주통제체제가 외부통제체제들의 내부민주통제체제를 유발시킨다고 가정할 때 이러한 환류과정을 통해 관료제와 외부통제 간의 견제와 균형체제가 달성될 수 있다고 본다. 이 모델의 기본적 명제는 단순하다. 한쪽의 민주화가 다른 쪽의 민주화를 활성화할 수 있다는 것이다. 우선 나부터 민주화한다면 상대편의 민주화를 유도할 수 있다는 것이다. 특히 본 모델은 한쪽의 민주화가 다른 쪽의 민주화를 이끌어 내어 더욱 서로의 민주화를 확산시킬 수 있다는 것이 장점이다.

관료제 내의 내부민주통제체제는 계층제, 민주적 리더십, 대표성, 시민참여, 공무원의 노조화 및 공개성인 6개의 변수로 구성되며, 이들 각각의 변수는 서로 갈등관계에 있기보다는 상호보완적인 관계에 있다.

이 장에서는 이 모델을 구성하고 있는 필수적인 변수에 대한 지속적 연구가 필요하다고 보나 본 저서에서는 위에 제시한 6개의 구성변수들에 대해서 설명하고자 한다.

제1절 계층제(Hierarchy)

계층제는 조직의 최고위층에서 최하위층에 이르기까지 서열에 따라 지위를 정하는 체제라고 정의될 수 있다.[1] 관료제에 있어서 조정을 위하여 필수적으로 요구되는 '계층제'란 개념은[2] 종종 민주사회에서 창의성을 줄이고, 조직의 일체성을 억제하며, 구성원들 사이의 갈등과 적대감을 야기하는 것으로 비판을 받고 있다.[3]

반면에 다른 학자들은 계층제를 능률적인 기능을 위해 반드시 필요한 것이라고 생각하고 있다. 그러나 민주주의란 위로부터가 아니라 아래로부터의 통치를 이상(理想)으로 하기 때문에 관료제의 계층제적 질서 내에서 목격되는 다른 사람들에 대한 한 사람의 지배가 비민주적인 것으로 생각될 수 있다.

이 절에서는 내부민주통제모델의 발전을 위해 계층제가 어떻게 역할을 해야 도움이 될 것인지 알아보기 위해 계층제의 찬·반 주장을 아래 논의할 것이다.

권위주의 조직은 계층제의 상층부에 통제력 혹은 권력이 집중되어 있는 반면, 민주주의 조직은 일반적으로 계층제의 여러 수준들 사이에 통제력이 비교적 균등하게 분배되어 있는 것으로 특징지어진다.[4]

또한 계층제의 역기능으로 지적한 Blau는 관료제 내에 현저하게 불평등을 야기하는 요소로서 엄격한 감독, 제재규정의 적용 및 전제적 권력을 지적하면서 계층제로 인하여 발생하는 파괴적인 불평등(disruptive inequalities)을 최소화하는 것이 중요하다고 주장하고 있다.[5]

Katz와 Kahn은 민주적 조직과 계층제 조직 사이의 차이점을 다음과 같이 지적하고 있다.[6]

---

1 Robert Presthus, *The Organizational Society* (New York: Alfred A. Knopf, 1962), p. 31.

2 Victor Thompson, *Modern Organization* (New York: Alfred A. Knopf, 1965), chapter 4.

3 Peter M. Blau, *Bureaucracy in Modern Society* (New York: Random House, 1966), p. 80.

4 George F. Farris and D. Anthony Butterfield, "Control Theory in Brazilian Organization," *Administrative Science Quarterly* 17 (December 1972), p. 574.

5 Blau, *op. cit.*, pp. 82–83.

6 Daniel Katz and Robert L. Kahn, *The Social Psychology of Organization* (New York: John Wiley & Son, 1966), pp. 199–222.

행정권력과 입법권력의 차이는 계층적 구조와 민주적 구조와 간의 차이를 구체적으로 보여준다. 민주적 조직에서는 행정권력이 보통 권한의 피라미드 구조에 따라 분배되어 있다. 그러나 입법권력은 다른 형태의 분배양상을 보여주고 있다. 즉 입법권력은 일반적으로 조직구성원들 사이에 광범위하고 균등하게 공유되어 있다.
민주적 조직구조를 판별하는 주요한 기준은:
첫째, 입법의 하위체제들이 조직의 전체구성원과 그 구조의 전체 지위를 점유하고 있는가 하는 것이다.
두 번째 판별기준은 거부권 행사이다. 왜냐하면 그것으로 궁극적인 조직권력의 소재를 확인할 수 있기 때문이다. 주어진 결정(a given decision)이 누구에 의해, 어떤 절차로, 어떤 상황 하에서 거부될 수 있는가? 민주정부에서 쟁점이 되는 문제들이 계속적으로 상위계층에 제기하게 된다면 그 문제는 결국 의회나 의회의 대표자들에게 돌아온다. 그리고 거부권이 행사되기도 한다.
마지막 판별기준은 누가 특히 중요한 고위 행정공무원의 선발, 재직기간 및 해고를 결정하는 근거이다.

이상의 간결한 구분에 의하면 계층제와 권위의 원리들은 불완전한 조직을 만들어 내기 때문에, 조직이 팽창하고 발전함에 따라서 다른 원리들이 채택되어야 한다.

행정학의 역사를 검토하여 볼 때 특히 강조되는 영역은 행정권한에 관한 통제문제였다고 볼 수 있다. 그러나 Thompson은 "우리 국가의 기초가 되고 있는 민주주의와 자유주의의 원리가 관료조직에는 거의 영향을 미치지 못하고 있다"고 주장한다.[7] 이러한 주장은 정치와 행정이 엄격한 분리 전통에 의해 관료들에게 정치문화가 침투할 수 없었기 때문이다. 그 결과 관료들은 정치적 인식이 부족했던 것은 당연한 것으로 보인다.

그럼에도 불구하고 Warren Bennis는 "계층제가 거의 무용지물이 되었다"라고 다소 상이한 주장을 하였다.[8] 실제로 권위관계가 평등관계로 변화하고 있는 오늘날 매우 설득력이 있다. 그러나 Bennis의 논리에 대하여 Herbert Wilcox는 "우리는 명확한 목적을 달성하기 위하여 다양한 사람들의 활동을 조정하고 통제해야 할 필요성을 느끼지만, 다른 능률적인 대안이 없어 계층제와 조직의 원리에 의존하고 있다"고 주장하였다.[9] 아직까지 계층제가 주요한 요소인 관료

7 Thompson, *op. cit.*, p. 65.
8 Warren Bennis, "The Coming Death of Bureaucracy," *Management Review* 56 (March 1967), pp. 19–24.

제가 가장 능률적인 조직으로 현존하고 있는 것을 보아도 그의 주장을 반박하기는 어려울 것이다.

1. 고전조직이론과 인간주의

Bennis는 우리 사회에 이념과 기술의 토대가 변화한다고 해서 당장 인간의 모든 것이 변하여 조직이 우선적으로 인간주의로 반응하기는 어려울 것이라고 한다. 왜냐하면 만약 고전적 조직이론과 조직관리가 인간주의 이론과 그에 따른 조직관리로 대체된다면 국민이 선호하는 효과성, 경제성, 능률성의 가치가 희생될 수밖에 없을 것이라고 주장할 수도 있기 때문이다. 실제로 고전조직이론이나 인간주의이론 가운데 어떤 것이 좋으냐는 말하기는 어려우며 그 당시 사회의 가치관을 판단할 수밖에 없다. 이러한 예로서 Wilson도 완벽한 계층제 조직이야말로 비용 면에서 가장 능률적인 조직이라고 생각했다.[10]

반대로 Simon은 조직의 계층제적 해결 방안은 가장 비능률적인 것이라고 주장하였다.[11]

그러나 Likert는 조직이 효과적인 조정과 개인의 목표와 조직목표의 통합을 위해서도 조직 내 모든 계층 간에 고도의 '상호영향력'(mutual influence)이 중요하다고 보았다[12]고 조직의 구성원 간의 상호협조를 고려했다.

우리는 위의 양자의 이론들을 검토하면서 고려해야 되는 사항은 한편으로 리더에 의한 고도의 통제가 관료제의 능률적인 운영을 위하여 필요하고, 다른 한편으로 조직의 구성원들의 고도의 통제가 조직에 대한 일체감, 동기부여 및 충성심을 함양시키는 데 필요하다고 믿는다면, 조직은 효과적인 업무수행을 위한 여건을 만들기 위하여 왜 이 두 가지 통제방안을 충실히 활용하지 않는가? 우리가 이를 지적하는 것이 어쩌면 당연할 것이다.

그러나 계층제의 역기능을 말하면서 위의 두 가지 통제 방안을 적절히 절

---

9 Herbert Wilcox, "Hierarchy, Human Nature and the Participative Panacela," *Public Administrative Review* (January/February 1969), pp. 53–62.

10 Woodrow Wilson, "The Study of Administration," *Political Science Quarterly* (December 1941), p. 484.

11 Herbert Simon, *Administrative Behavior* (New York: Macmillan Co., 1947), pp. 172–197.

12 R. Likert, *New Patterns of Management* (New York: McGraw-Hill Book Co., 1961), p. 239.

충하는 것이 어려울 것이라고 자주 지적하는 것은 계층제는 의사소통을 방해하며 의사소통의 범위를 축소시킨다[13]는 것이다.

실제로 계층제 구조가 수직적 의사소통과 정보의 흐름에 미치는 영향에 대해서는 많은 연구가 진행되어 왔다. 이들의 연구경향을 보면 경직된 계층제 하에서는 상관이 의사결정할 때 부하직원과 상의할 가능성은 낮고, 상이한 지위에 있거나 또는 상이한 기능을 수행하는 사람들이 서로 의사소통을 하기 위하여 협조적이고, 자유스러우며 그리고 확실한 방안이 없다면, 그들 상호 간에 조화를 가져오거나 이를 유지할 가능성이 거의 없다는 것이다.

반면에 조직이 상하간의 의사소통의 순기능으로 조직의 상관이 의사결정할 때 하위 계층의 부하직원과 자유롭게 자주 의사소통을 한다면 결과적으로 수직적인 정보의 흐름이 활발하게 진행될 가능성이 높다. 그 결과 가져오는 또 다른 장점은 정보의 상향적 흐름이 효과적인 경우, 상급자는 부하직원들이 순응하지 않는 이유를 쉽게 파악할 수 있기 때문에 정보의 상향적 흐름은 부하직원들을 순응하게 할 수 있도록 동기를 부여해 줄 수 있을 것이다. 이것이 서로 의사소통을 상호작용하는 장점이며, 위의 두 가지 통제 방안의 적절한 조화를 찾는 것이 바람직할 것이다.

또한 정보의 상향적 흐름이 원활할 때 상관은 내부 상황을 충분히 이해할 수 있기 때문에 불합리한 명령을 감소시킬 수 있고, 그로 인하여 미래의 정확한 명령에 대한 이해의 가능성을 더 증진시키는 데 도움이 된다[14]고 주장한다.

그러므로 내부민주통제모델은 조직구성원의 혁신적인 행태를 조장하기 위하여 개방적인 의사소통과 융통성이 강조되어야 한다.

2. 정보의 왜곡과 Michel Crozier

정보의 왜곡현상이 발생하는 것에 대하여 Tullock가 지적한 바에 의하면 직업공무원들은 자신들의 승진이 상관들의 호의적인 추천에 달려 있기 때문에,

13 Harold L. Wilensky, *Organizational Intelligence* (New York: Basic Books, Inc., Publishers, 1967), p. 43.

14 Peter B. Evan, "Multiple Hierarchies and Organizational Control," *Administrative Science Quarterly* 20(1975), pp. 250-259.

상관들을 기쁘게 하기 위한 행동을 할 것이며, 그 결과 우호적인 정보만 상관에게 전달될 것이고 비우호적인 정보는 누락될 것이라는 점을 지적한다.[15] 자연히 상관에 전달되는 정보의 왜곡현상이 발생하게 된다.

이에 대하여 대부분의 학자들은 조직이 많은 계층을 가지면 가질수록 위에서 지적한 부정적인 문제들이 보다 많이 일어날 것이라고 지적하고 있다. 결과적으로 정보의 왜곡은 통제를 원활하지 못하게 만들고, 업무를 성공적으로 수행하는 목적과 다른 기대를 창출할 것이라는 점을 쉽게 상상할 수 있다. 조직의 목표를 허황되게 과장하게 되면 그 결과는 점점 모순덩어리가 되거나, 편견이 없는 관찰자 혹은 외부집단이 볼 때 더욱 비현실적인 조직으로 비쳐질 것이다.

왜곡된 정보에 의해 조직의 상층부가 만든 의사결정이 실패가 되리라고 예측하는 것은 어렵지 않다. 그로 인해 조직의 상관은 정보의 왜곡을 막기 위하여 부하들을 엄격하게 통제하여 조직의 계층제는 더욱 경직될 것이다.

Crozier는 통제를 강화함으로써 관료제의 역기능을 시정하려는 노력은 오히려 과오만을 확대시킬 것이라고, 이를 간결하게 설명한 학자이다. 경직된 규칙은 조직을 경직되게 만들고, 조직이 더욱 경직되면 될수록 부하들은 조직에서 더욱 멀어지게 되어 더욱 강한 계층제가 필요하게 된다.

Michel Crozier는 관료제의 병리는 관료제 자체에 의해 발생된다고 보았다. 관료제가 규칙을 준수하려고 하나 계속적인 실패가 발생할 때 부하들을 규칙에 순응하게 하기 위하여 더 강력한 규칙을 새롭게 만들어야 할 것이다. 그러나 강한 규칙은 더 강력한 규칙을 만들어야만 하는 관료제는 규칙의 악순환을 겪게 된다는 것이다.[16] 그는 규칙의 악순환이 결국에는 조직의 냉담(organizational apathy)을 가져와 관료들이 자신의 행정기관 업무에 무관심을 조성할 것이라고 보았다.

다시 말하여 관료제는 이러한 악순환의 잘못을 알더라도 스스로 잘못을 고칠 줄 모르는 조직이라고 그는 비판을 한다. 그는 프랑스의 유일한 행태학자로서 행태적인 접근법을 활용하여 여성들이 근무하는 조폐공사를 연구하였다. 그

---

15 Gordon Tullock, *The Politics of Bureaucracy* (Washington, D.C.: Public Affairs Press, 1965), pp. 134–141, 213–214.

16 Michel Crozier, The Bureaucratic Phenomenon, Phoenix Books ed. (Chicago: University of Chicago Press, 1964), chapter 7.

는 조직은 업무를 달성하기 위하여 규정과 규칙을 만들지만, 이 규정들은 오히려 조직 구성원들의 불만을 가중시키고 업무태도가 수동적인 자세로 변함에 따라 자연히 업무달성도는 감소하게 된다. 따라서 불가피하게 직원을 통솔하기 위하여 더 강한 규율을 만들어 업적 달성을 향상시키려 하나 그러한 경직된 규정들이 직원들의 경직된 업무태도를 조장하는 결과를 가져와서 업적 성과는 더욱 감소된다고 한다. 이러한 현상을 규율 혹은 권위의 악순환이론(Vicious Cycle of Rules or Authority)이라고 한다.

3. 공공관료제의 수평성

Wilensky, Worthy, Hummon, Downs와 그 밖의 학자들은 대규모 공공관료제의 수평성(horizontalness)이 증가하고 있다고 지적하면서 그에 대한 연구를 계속하고 있다. 이들 학자들 가운데 특히 Downs의 관찰에 의하면, "계층제가 고층구조일수록 조정은 더 수직적 의사소통방법에 의하여 이루어진다"는 것이다[17] 또한 "계층제가 저층구조일수록 조직 내의 권위는 더 분권화된다"는 것이다.[18] 또한 그는 행정부서의 계층제(bureau's hierarchy)가 고층구조(tall structure) 혹은 저층구조(flat structure)가 되는 것은 다음 세 가지 원리들의 상호작용에 의하여 결정될 것이라고 제안하였다.

첫째, 부서(bureau) 내 활동 간의 상호의존성이 복잡하고 세부적일수록 저층구조가 될 가능성이 크며, 반면에 부서 내 활동 간의 관계가 철저한 분화를 허용할 만큼 충분히 예측 가능하다면 부서의 계층제는 더욱 고층구조가 될 가능성이 높다.

둘째, 부서의 활동에 대한 불확실성의 정도가 높을수록 계층제는 보다 저층구조일 가능성이 많다. 부서의 활동에 대한 불확실성이 지배적일 때 업무의 구성요소들 사이의 개연성 있는 잠재적 관계는 실제로 예측될 수 없다. 이 분야의 전문가들이 환경변화에 대한 새로운 지식을 습득함에 따라 서로 끊임없이 의견을 교환하고, 그리고 계속적으로 자신들의 관계를 새롭게 정의하고 또는 재정의하지 않는다면, 자신들이 담당하여야 할 업무가 이러한 변화에 적응하면서 세분

---

17 Anthony Downs, *Inside Bureaucracy* (Boston: Little, Brown & Co., 1967), p. 57.
18 *Ibid.*, p. 57.

화한 분화들로 예측할 수 있게 분리할 수 없을 것이다.

Downs는 수평 구조의 계층제가 각 공무원에게 보다 많은 권한을 줄 수 있을 뿐만 아니라, 직접적인 수평적 관계를 강조하기 때문에, 공공조직의 이러한 관계는 아래와 같이 수평적 계층제하에서 가장 잘 달성될 수 있다고 한다.[19]

① 공무원 각자는 자신들의 업무를 성공적으로 수행하기 위해 다양한 방식으로, 그리고 많은 다른 사람들과 자유로이 직접적으로 논의할 수 있어야 한다. 따라서 공식적 채널은 미리 설정될 수 없다.
② 공무원 간의 대화나 지속적인 업무의 재정의가 간접적으로 중개자를 통하여 이루어진다면 그 작업은 비능률적인 것이 될 것이라는 것을 공무원들은 잘 안다.
③ 동등한 지위에 있는 공무원 사이의 의사소통이 상이한 지위에 있는 공무원 사이에서보다 더 자유스러울 가능성이 크다. 이는 계층제가 의사소통의 장애요인이란 것을 알게 한다.
④ 매우 불확실한 상황에 대처하기 위해서 조직은 대단히 재능 있는 전문가가 필요한데, 그들은 고층구조의 높은 지위에서보다는 저층구조에서 책임이 주어졌을 때 조직을 위하여 봉사할 것이다.
⑤ 참신한 아이디어를 개발하기 위한 여건을 가진 조직에서 일하는 유능한 전문가들은 그들의 활동을 어떻게 조정할 것인가에 관하여 그들의 상관보다 훨씬 많이 알고 있다.

셋째, 조직구성원 간의 동질성이 클수록 조직은 저층구조의 계층제가 될 가능성이 높다. 즉 공무원 자신들의 권익, 문화적 배경, 기술훈련 및 도덕적 가치 등의 유사성은 그들 사이의 갈등을 감소시켜 줄 가능성이 크다. 따라서 효과적인 조정을 위하여 관심을 크게 쓰지 않더라도 공무원 개개인에게 많은 권한의 위임이 이루어질 것이며, 그로 인하여 저층구조의 계층제가 조장될 것이다.

이와 같이 상관들이 너무 세밀하게 감독하는 고층구조와는 달리 저층구조는 부하들이 소원하게 되는 것을 방지하여 부하들의 조직몰입을 가져올 수 있을 것이다. 동시에 부하들이 너무 지나치게 상관에게 의존함으로써 자신들의 독립성과 존경심이 상실되는 것을 방지하여 주기도 한다. 부하들이 상관에 지나치게 의존하면 상관은 부하들이 무능하다고 인식하게 된다. 그 결과 조직은 고층구조를 초래하게 된다.

특히 조직의 규모와 복잡성이 가속화함에 따라 조직의 전체 범위가 공식적

19 *Ibid.*, pp. 57-58.

이고, 계층적이며, 명령하는 업무처리방식에서 비공식적이고, 타협하는 유동적인 업무처리방식 내지는 조언 및 동의가 필요한 업무형태로 변화하는 경향이 있다.

4. 참여와 권한위임

Harlan Cleveland는 「미래의 행정관」(*The Future Executive*)이란 책에서 이러한 경향을 매우 잘 지적하고 있다.[20]

> 업무를 효율적으로 처리하는 조직은 대부분의 실질적인 통제가 조직의 최상층부에 위치하고 있는 계층제적 피라미드가 아니라, 조직의 통제가 느슨하고, 권력이 분산되어 있고, 결정의 축이 복수이며, 이러한 상황에서 발생하는 긴장들이 서로 얽혀져서 하나의 균형을 이루는 조직체일 것이다. 의사결정은, 그 결정에 밀접하게 관련된 조직의 내부 및 외부의 다변적인 중개집단들의 참여에 의하여 복잡한 과정이 될 것이다. 조직이 저층구조일수록 조직이 관리하는 방식은 보다 동료적(collegial), 합의적(consensual) 및 협의적(consultative)으로 되기 쉽다. 해결하여야 할 문제가 중요할수록 실제적인 권력은 보다 분산되고, 권력을 행사하는 사람의 수는 보다 많아질 것이다. 이것이 내부민주통제체제가 바람직하다고 보는 구조의 형태이다. 이러한 경향은 민주주의 사회에서뿐만 아니라 전체주의 사회에서도 발견된다.

사실 복잡하고 산업화된 사회에서 중요한 사회의 목표를 달성하기 위해서 각종의 조직들과 조직들 간 혹은 개인들의 부분적 기여가 필수적이기 때문에 그들 간의 연계가 우선적으로 고려되어야 할 것이다.

특히 과학의 발달과 기술적인 혁신은 폭넓은 변수들의 상호작용을 고려해야 되는 새로운 복잡성을 수용, 전달 및 통제하여야 하기 때문에 점점 더 큰 '체제'[21]를 요구하게 되는 것이 당연할 것이다.

또한 조직의 규모가 증가한다는 것은 실질적인 책임을 조직의 외부와 더욱 많이 공유한다는 것을 의미한다. 예를 들면 고객들은 그들에게 영향을 미치는 주요한 결정에 참여하기를 원할 것이다. 모든 새로운 결정들인, 새로운 병원, 시내 중심의 광장, 빈민구제 프로그램(poverty program) 지역사회의 대학, 수도권

20 Harlan Cleveland, *The Future Exective* (New York: Harper & Row, Publishers, 1972), p. 13.

21 '체제'라는 용어는 주관적인 인간의 목적에 주안점을 두고 있는 많은 관계를 의미하며, 설사 어떤 한 사람이 그것에 정통할지라도 너무 거대하고 복잡해서 체제의 부분들 간의 연계관계는 한 사람에 의하여 알려질 수는 없다.

의 상수도공급계획(metropolitan water plan) 등등 그 밖의 무엇이든 간에 혹은 공공기관뿐만 아니라 사적 기관에 고객들은 참여를 요구한다.

도시구획결정(zoning decision)을 내리기 위해서는 이웃 주민들과 그 밖의 사람들이 공청회에 참가하는 것이 필수적이다. 교육이 주제가 된다면 부모, 교사, 학생, 공무원 및 납세자 모두가 토론에 초청되어야 바람직한 결론에 도달할 수 있다. 대통령이 국방관련법안을 제안하려 한다면 그의 각료와 수석비서관들이 그 법안에 찬성한다는 사실만으로는 충분하지 못하다. 참여의 폭을 더욱 넓혀야 되는 경우가 허다하다.

위에서 지적한 바와 같이 특히 행정기관들은 고립된 기관이기보다는 다른 기관들에 의해 영향을 주고받고 있다. 행정기관이 시민들의 요구에 가장 민감하게 반응하도록 하기 위해서 폭넓은 개인 혹은 집단의 참여, 그리고 정치적 통제기관들을 활용하는 것이다. 편견 없이 업무를 처리하는 사람들은 그들이 맡고 있는 책임에 비례하는 영향력을 행사하지만, 이러한 영향력이 반드시 각 개인의 공식적인 계층제 권위에 비례하는 것은 아니다. 요약하면 책임은 권위에 우선한다[22]고 할 수 있다. 실제로 민주 행정은 참여를 토대로 하는 권위이지 공식적인 권위에 전적으로 의존해서는 안 된다.

오늘날 최고관리자들이 업무를 달성하는 데 있어서 어려움을 스스로 통감하고 때로는 그들 스스로가 수평적 상담(lateral consultation)을 하는 데 대부분의 시간을 소비하게 되는 이유이다.

특히, 행정관료들이 신중하게 행동하도록 하는 가장 좋은 방법은 그들이 참여하여 결정한 사항들을 국민에게 알리게 하는 것이다.

분명히 권위는 과도하게 사용되면 소모되어 없어져 버린다. 그러한 경우에 권위는 사람들의 행위를 과거의 법체계에 묶어 놓음으로써 자유재량을 축소시키곤 한다. 물론 자유재량이 필요한 경우라도 자유재량을 주지 않는 것은 바람직한 결과를 기대할 수 없다. 필요한 경우 위임은 신뢰할 수 있는 사람에게 책임을 주는 것이며 책임을 주는 것은 권위도 주는 것을 말한다. 조직의 많은 사람들이 책임과 권위를 공유하게 될 때 더 나은 성과를 기대할 수 있을 뿐만 아니라 서로 견제와 균형을 유지할 수 있는 통제체제가 발전한다. 그래서 위임에

---

22 Paul H. Appleby, *Morality and Administration in Democratic Government* (New York: Greenwood Press, 1952), pp. 235-258.

의하여 책임을 발전시킬 수 있는 능력을 감소시켜서는 안 된다.

계층적 권위는 업무의 흐름을 방해하고 권위를 효과적으로 사용하려는 사람들에게 피해를 줄 수도 있다.

그렇다면 진정한 권한위임의 열쇠는 무엇인가? 무작정 권한위임을 해서도 안 된다. 이 문제의 해결은 각 상위계층의 수준에서 권한위임한 상황들을 재검토하고 통제할 수 있는 능력을 항상 유지해야 한다. 그리고 상위계층에서 자유재량을 비정상적으로 활용하는 데 대한 제재 및 규칙들을 적절하게 관리할 수 있는 능력을 충분히 소유하느냐에 달려 있다.

무책임성을 예방하는 가장 좋은 처방책은 개방인 것이다.

다원주의의 문화, 권력의 분산 및 의사결정의 수평성은 행정기관이 공공정책결정을 하는 절차가 가능한 개방적이어야 한다는 것을 요구하고 있다. 성공적인 개방을 위해 정책결정의 절차가 한정된 영역의 국민에서 보편적인 국민에게로, 고위계층에서 다른 하위계층과 더 많은 사람들에게로, 그리고 행정기관에서 대통령, 의회 및 일반 국민에게까지 위로 또는 외부로 개방되도록 도와주어야 한다.

또한 개방은 다양한 역할을 수행하는 공공대표자의 책임으로부터 그의 부하와 동료 및 다른 책임을 지고 있는 관련된 행정기관들에게로, 그리고 보다 광범위한 책임을 지고 있는 상위계층으로도 확산되어 가는 과정으로 이해할 수 있다. 민주화가 더 나은 민주화를 불러오듯이, 개방은 더욱 폭넓은 개방을 유도할 수 있다.

Appleby는 영향과 통제 그리고 환경구조를 고려하면서 전문화되어가는 행정과정을 다음과 같이 설명하고 있다.[23]

① 행정부와 행정부의 환경에 적합한 구조와 영향력들 간의 상호작용을 하면서, 그리고 행정부 내의 각 구성요소들 간에 복잡한 상호작용을 하게 됨에 따라, 자연히 위임과 분화를 요구하게 되고, 그 결과 고도로 팽창되고 전문화된 많은 계층제의 확산.
② 기술을 적용하고, 늘어나고 있는 다양한 가치들 그리고 행위를 판단하는 데 필요한 기술적 요인들과 가치판단을 위한 요인들 간의 조정과 조합을 관리하기 위한 탁월한 집단과 조직의 형성요구.
③ 공식적·중앙집권적 통제구조에 대한 재심과 청원 과정필요.
④ 각 개인의 상상력을 촉진하는 도구적 역할.

23 *Ibid.*, pp. 257–258.

계층제의 문제는 앞으로도 조직론 학자들뿐만 아니라 관리자들의 관심을 끌게 될 것이다. 조직계층제에서 발생하는 계층제의 역기능들을 중화하기 위하여 새로운 조직모형들이 제안되고 있다. 예를 들어 행정기관의 기관장이 권한을 남용하는 것을 바로잡기 위하여 청원체제(appeal system)에 관한 몇 가지 연구가 있다.

또한 Blau와 Scott는 감독체제의 대안으로 몰 인간적인 통제체제에 대해 언급하고 있다.[24] 다른 학자들도 통계적 기록에 의하면, 몰 인간적인 통제체제가 특히 효과적이라고 말하였다. 최근 몇 년 동안 규모와 기술의 복잡성이 조직계층제와 정비례관계가 있다는 가설이 많은 학자들의 연구대상이 되어 왔다(Inham, Hickson, Blau, Meyer 등).

5. 통제의 양에 따른 조직의 효과성

본 저서가 주장하는 내부민주통제모델과 Tannenbaum의 조직 내 통제량의 분산 연구와 밀접한 관계가 있기 때문에 그의 연구를 자세히 설명하고자 한다.

참여의 중요성을 강조하는 다른 흥미로운 연구는 조직계층제와 조직효과성의 정도 사이의 관계에 관한 것이다. 그의 가설은 통제의 양이 많아지면 조직의 효과성은 증대한다는 것이다. 그러므로 조직은 통제 분배의 관점에 따라 효과성은 서로 다르다. Tannenbaum은 조직 내의 통제는 통제그래프를 통하여 설명될 수 있다고 말했다.

Tannenbaum과 Kahn에 의해 4개의 지방노동조합(tradeunion locals)[25]연구에 처음 적용한 [그림 6−1]에서와 같이 여러 계층에 있어 통제의 분포 및 통제량에 대한 내용을 그림으로 묘사하고 있다. 통제의 분포는 조직의 각 계층에서 소유하고 있는 통제량의 분포를 의미한다. 모든 계층들이 소유하고 있는 통제수준들의 합계는 조직의 전체 통제량을 의미한다.

이러한 통제곡선을 밝혀내기 위하여 사용한 측정치는 설문지 항목의 편차

24 Peter M. Blau and W. Richard Scott, *Formal Organizatiog* (San Francisco: Chandler Publishing Co., 1962), pp. 176−178.

25 Arnold S. Tannenbaum and Robert L. Kahn, *Participation in Union Locals* (New York: Harper & Row, 1958).

그림 6-1
조직의 상이한 네 가지 유형의 통제사선

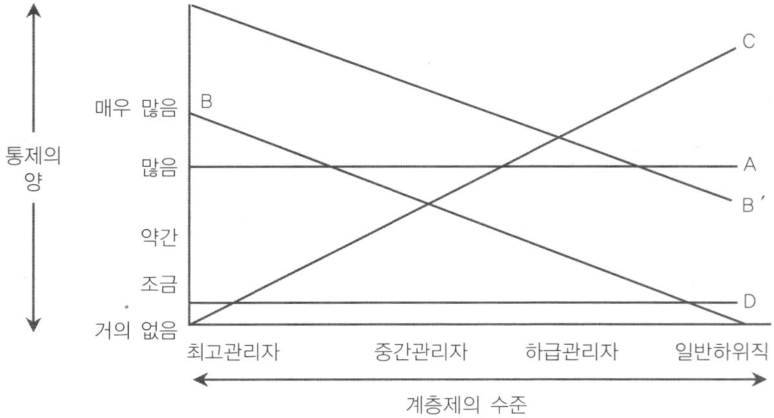

A: 다두제적(polyarchical) B: 권위주의적(authoritarian)
C: 지도자부재(leaderless) D: 자유방임적(laissez-faire)
출처: Amold S. Tannenbaum and Robert L. Kahn, *Participation in Union Locals* (New York: Harper & Row, 1958)

이다. 예를 들어 "당신 조직의 정책 결정과 집행에 관하여 다음 집단 또는 사람들이 얼마나 많은 영향력을 가지고 있다고 생각하는가"라는 문제를 조직 내 각각의 집단 또는 계층에 질문하였으며, 대답항목은 "전혀 영향력이 없다"로부터 "영향력이 매우 크다"로 구성되어 있다.

[그림 6-1]은 통제의 분포를 설명하고 있다. B선과 비교하여 볼 때, B′선은 낮은 수준의 계층에서 보다 많은 통제권한을 가지고 있으므로 보다 '민주적'이고, 상위계층이 보다 많은 통제를 가지고 있다는 의미에서는 보다 '과두적'이다. 그러나 A선이 B′선보다 민주적이다. A선은 조직이 광범위하게 대표성이 있다는 것을 나타내며, 권한이 과도하게 집중되어 있거나 독점되어 있지 않고 정책결정과정에 광범위하게 참여가 존재하며, 정책대안이 자유롭게 토론되거나 고려될 가능성이 있음을 지적하고 있다.[26] 그리하여 조직의 통제곡선 A유형이 내부민주통제체제에서 선호되는 형태이다. 왜냐하면 조직 내에서 견제와 균형이 원활히 이루어지기 때문이다.

26 Robert A. Dahl, *A Preface to Democratic Theory* (Chicago: University of Chicago Press, 1956), pp. 63-89, 124-151.

그러나 우리가 제기하는 의문은 상위계층의 통제권한을 축소하는 것이 조직 내의 전체 통제량의 감소로 귀결될 수 있는가? 이유가 무엇이든지간에 관리자들이 지시를 하지 않는다고 하더라도 일반 하위직원들의 자유재량이 반드시 증가될 것이라고 가정할 수는 있는가?

물론 Tannenbaum 자신도 통제그래프의 '고정된 파이가정'(fixed-pie assumption)이 문제가 있음을 인정한다.[27] 실제로 어떤 사람들이 다른 사람들의 권한을 제한함으로써 체제 내 통제의 양을 줄일 수도 있다. 그러나 일정수준 이상으로 전체 통제량을 축소할 경우 전체 조직의 조정과 효과적인 기능이 위태로워질 가능성이 높다.

통제의 전체량과 분산이 개념상 독립적이라 할지라도, 경험적 조사연구는 그들의 독립성을 증명하지 못하였다. Tannenbaum은 4개의 노동조합에 대한 통제의 분산과 통제의 전체량을 조사하였다.[28] 효과적인 2개 노동조합의 관리를 다른 2개의 비효과적인 노동조합의 관리와 비교하여 볼 때, 효과적인 노동조합에서 보다 많은 통제량이 행사됐다고 조사되었다. 효과적인 노동조합의 통제곡선은 정(正)의 방향으로 기울어져 있었다. 구성원들 또한 비효과적인 조합보다 효과적인 조합에서 더 많은 통제를 행사한 것으로 조사되었다. 따라서 조직효과성은 조직에서 사용된 통제의 전체량과 정(正)의 관계에 있는 것으로 지적하였다.

연구된 다른 모든 조직들은 통제곡선이 부정적 방향으로 기울어져 있었는데, 이것은 상위직에 있는 관리자들이 종업원들보다 많은 통제량을 소유하고 있는 것을 의미한다.

여성유권자연맹(League of Women Votes)[29]에 대한 연구에서 연맹에 대한 충성심은 지방연맹들이 회원의 무관심 또는 지역사회의 반대로부터 실패하는 것을 막기 위하여 노력하는 정도에 관한 두 개의 설문지 항목에 의해 측정되었다. 이 연구는 연맹의 구성원들이 보다 많은 통제를 행사하면 할수록 조직에 대해 그들이 느끼는 충성심은 보다 많다는 사실을 지적하였다.

---

27 Arnold S. Tannenbaum, *Control in Organization* (New York: McGraw_Hill Book Co., 1968), p. 18.

28 Arnold S. Tannenbaum, "Control Structure and Union Functions," *Control in Organization* (New York: McGraw-Hill Book Co., 1968), pp. 31-54.

29 Arnold S. Tannenbaum, "Control and Effectiveness in a Voluntary Organization," *Control in Organization* (New York: McGraw-Hill Book Co., 1968), pp. 55-72.

이와 유사한 연구로, Indik는 32개 배달업소(delivery stations) 내 종업원들의 사기수준을 평가하였다.[30] 배달업소에 관한 연구에서는 전체 통제량이 많은 배달업소일수록 종업원의 사기가 보다 높다는 것이 발견되었다. 또한 조직효과성을 측정하기 위하여 생산성 기록과 조직 내부의 긴장과 융통성의 정도에 관한 설문지 조사방법을 사용하였으며, 각각의 배달업소에 대하여 점수가 매겨졌다.

이러한 점수는 전체통제에 대한 점수와는 상호 관련되어 있으나, 통제의 분산점수와는 관련되어 있지 않은 것으로 판명되었다.

여성유권자연맹에 관한 연구에서는 영향력(혹은 통제력)이 연맹의 낮은 계층수준에서 행사되면 될수록 연맹의 효과성은 커지며, 모든 조직의 계층 사이에 상호영향력이 많을수록 연맹의 효과성은 증대되는 것으로 나타났다.

한 실험적 연구가 대규모의 화이트칼라 조직(white-color organization)을 대상으로 수행되었다.[31] 두 가지 실험집단 - 민주적 집단과 독재적 집단 - 모두에서 통제와 의사결정의 수준을 변화시키기 위한 시도는 성공적이었다. 의사결정의 위임 정도에 따른 직무관여(job involvement)와 회사에 대한 충성심의 정도는 참여적인 집단의 구성원들 사이에서 증가하였다. 또한 민주적 조직의 직원들은 감독자가 없는 상황에서조차도 그들의 업무를 꾸준히 수행하였으며, 회사의 경영진과 고 생산노동자(high-producing workers)에 대한 태도가 보다 우호적이었다.

그 반대현상은 계층적으로 통제된 집단의 구성원들 사이에서 발견되었다. 조직의 생산성은 두 집단 모두에서 증가하였으나 증가량은 참여적 집단에서 보다 계층적 집단에서 더욱 많았다. 그러나 장기적인 효과에 대한 예측이 매우 불확실하긴 하지만 계층제 집단에 지배적인 고 생산노동자와 경영진에 대한 적대감이 장기적으로 효과성을 저해할 것으로 예상된다. 계층적으로 통제된 프로그램 때문에 전형적으로 발생하는 이직과 적대적인 태도는 장기적으로 생산성을 떨어뜨리는 경향이 있다.[32]

Emery와 Thorsrud는 작업장의 민주화는 대표체제(representational system)

---

30 Bernald Indik, Basil Georgopoulos, and Stanley E. Seashore, "Superior-Subordinate Relationships and Performance," *Personal Psychology* 14 (1961), pp. 357-374.

31 Nancy C. Morse and Everett Reimer, "The Experimental Change of a Major Organizational Variable," *The Journal of Abnormal and Social Psychology* 52 (January 1956), pp. 120-129.

32 Likert, *op. cit.*, p. 69.

를 통해 회사의 전략정책결정에 간접적으로 참여하는 방식이 아니라, 작업현장에서 직접적 참여, 즉 운영수준의 참여에 의하여 가능할 것이라고 지적하였다.[33]

결국 참여관리는 조직 내의 하위계층의 영향력을 확대하기 위한 수단인 동시에 의사결정에의 참여를 확대하는 중요한 수단으로 간주될 수 있다.[34] 그리하여 참여 접근방법은 조직 내의 전체 통제량을 증가시킬 수 있는 가능성을 명확히 설명하고 있다. 지금까지 연구결과들은 통제의 양이 크면 클수록 모든 수준에서 통제의 보다 많은 부분을 서로 공유할 수 있으며, 사기가 보다 높아지며, 업무에 관한 합의가 보다 많아지며, 조직효과성이 증대되고 있음을 지적하고 있다.

6. 계층제에 관한 연구의 경향

1) 연구사례

많은 학자들이 주로 계층제와 조직의 효과성에 관해 다양한 주제를 가지고 연구했다. 아래 이들의 연구경향을 검토할 것이다.

조직의 계층제가 조직효과성과 비례관계가 있다는 명제는 조직설계, 조직이론 및 조직내부 민주주의이론과 실무 간에 분명히 의미 있는 것으로 검증되고 있다.

몇 가지의 가설 관계를 검증하기 위하여 여러 연구가 행하여져 왔으며, 대체적으로 이들의 연구 가설들은 다음과 같다.

① 조직의 계층제는 소외감과 정적인 관계(+)가 있다.
② 소외감은 조직을 위한 헌신과 부적인 관계(−)가 있다.
③ 조직계층제는 조직을 위한 헌신과 부적인 관계(−)가 있다.
④ 조직에 대한 헌신은 조직효과성과 정적인 관계(+)가 있다.
⑤ 조직계층제는 조직효과성과 부적인 관계(−)가 있다.

Ouchi는 78개의 백화점 소매상들에서 수집된 자료를 토대로 한 연구에서 규모가 통제 상실이라는 보다 큰 위험을 야기하였으며, 그와 같은 통제 상실을

33 Fredrick E. Emery and Einar Thorsrud, *Form and Control in Industrial Democracy* (London: Tavistock Publication, 1969), p. 86.
34 J. G. March and H. A. Simon, *Organizations* (New York: John Wiley & Sons, 1958), p. 54.

최소화하기 위하여 생산의 측정수단이 발달하게 되었다고 결론지었다.[35] 사실 계량적 측정방법은 공공조직보다는 사조직에서 더욱 활용되고 있으나 유용한 측정수단인 것은 분명하다. 공공조직에서도 활용할 수 있는 계량적 측정방법을 발전하는 것은 중요할 것이다.

Brinkerhoff는 계층의 지위와 참모회의 활용(staff conference utilization)과의 관계가 매우 긍정적으로 나타나고 있다고 결론지었다.[36]

Peter Evan은 복수계층들의 구조가 계층제에 있어서 각 계층수준의 통솔범위보다 조직효과성을 결정하는 데 더 중요하다는 사실을 증명하였다.[37]

Aiken과 Hage는 소외감이 고도로 중앙집권적 의사결정구조를 가진 조직에서 보다 높게 나타난다는 것을 발견하였다.[38]

Miller는 대형 우주항공회사 내의 과학자들과 엔지니어들에 관한 연구에서 지시적인 감독 하에 일하는 종업원들이 참여적 또는 자유방임적인 감독 하에 일하는 종업원들보다 더 많은 소외감을 느끼고 있다는 것을 관찰하였다.[39]

Walter는 감독자와 종업원 사이의 관계에 대한 두 가지 가설을 설명하였다.[40] 그는 비일상적(non-program)인 문제에 있어서는 상관들에 대한 부하직원들의 영향력이 부하직원들에 대한 상관들의 영향력보다 크다고 결론을 내렸다.

Evan의 연구는 권위의 분배형태가 통합, 조정 및 의사소통에 어떻게 영향을 미치고 있는가를 보여주고 있다.[41]

2) 계층구조를 결정하는 독립변수

계층구조의 정도를 종속변수로 볼 때, 다음과 같은 변수들이 계층구조를 결

35 William G. Ouchi, "The Relationship between Organizational Structure and Organizational Control," *Administrative Science Quarterly* 22 (March 1977), pp. 95–112.

36 Merlin B. Brinkeroff, "Hierarchical Status, Contingencies, and the Administrative Staff Conference," *Administrative Science Quarterly* 17 (September 1972), pp. 395–415.

37 Evan, *op. cit.*, pp. 250–259.

38 Michel Aiken and Generald Hage, "Organizational Alienation," *American Sociological Review* (August 1966), pp. 502–506.

39 George A. Miller, Professional "Bureaucracy: Alienation among Industrial Scientist and Engineers," *American Sociological Review* 32 (October 1967), pp. 762–764.

40 Benjamin Walter, "International Control Relations in Administrative Hierarchies," *Administrative Science Quarterly* (September 1966), pp. 179–206.

41 William M. Evan, *Organization Theory* (New York: John Wiley and Sons, 1976), p. 30.

정하는 독립변수로 고려될 수 있다.

> ① 조직의 규모, ② 조직의 연륜, ③ 기계화의 정도, ④ 다양한 생산품, ⑤ 경쟁의 정도, ⑥ 정부기관의 독점성, ⑦ 국가의 산업화 수준, ⑧ 노사관계에서의 협력의 정도, ⑨ 문화적 가치로서 평등성에 대한 강조의 정도.[42]

위의 변수들이 독립변수로서 고려된다면 다음과 같은 것들은 계층제 정도의 결과로 볼 수 있다.

> ① 생산성의 수준, ② 이익률, ③ 조직규범의 성장률, ④ 조직목표에 다양한 유형의 증가 정도, ⑤ 조직에 대한 헌신의 정도, ⑥ 조직에 대한 충성도, ⑦ 노동, 이직, 결근 및 사고율 등에 의해 측정된 사기의 정도, ⑧ 조직의 지위분류(status categories)들 사이 및 내의 사회적 상호작용률[43]

지금까지 논의한 조직계층제의 정도에 영향을 미치는 독립변수와 계층제 정도에 따라 나타나는 결과에 대한 이론적인 가설을 경험적으로 검증 가능한 가설로 개발하는 것이 가능할 것이다.

Evan은 또한 산업조직의 구조적 변화에 대한 경향을 논하였다.[44] 그는 구조적 변화를 설명하기 위해 필요한 조건들을 조사하였으며, 그들은 다음과 같다.

> ① 정치적 영역에서 경제적·제도적 영역으로 평등주의 이념의 확산
> ② 기술진보에 따른 단순 직업기술 범위의 축소
> ③ 관리자의 의사결정 특권을 침해하는 비공식조직의 증가
> ④ 관리의 전문화
> ⑤ 노동의 전문화
> ⑥ 권위의 객관화[45]

그에 의하면 이들 여섯 개의 기능적 전제조건들은 설사 충분조건은 아닐지

42 *Ibid.*, p. 11.
43 *Ibid.*, p. 11.
44 *Ibid.*, p. 11
45 *Ibid.*, p. 20.

라도 고도로 권위주의적인 조직이 수직적인 구조가 아닌 자발적인 구조(voluntary structure)의 방향으로 변형하기 위한 필요조건들이라고 한다. 계층구조를 가진 Weber의 독재적인 관료제 모형은 조직에 관한 연구뿐만 아니라 조직이론의 구성에 깊은 영향을 끼쳐 왔다. 표면적으로 민주주의를 증진하는 것으로 보는 Michels의 '과두제의 철칙' 또한 이론가들 사이에서 광범위하게 수용되어 왔다.

Michels의 이론에 대한 하나의 예외는 Lipset, Trow, Coleman에 의해 연구된 국제인쇄연합(International Typographical Union) 사례였다.[46]

Evan은 조직구조에 대한 증거가 불충분하다는 이유로 명시적 혹은 묵시적으로 '과두제의 철칙'을 수용한다는 것은 시기상조라고 결론지었다. 뿐만 아니라 체계적인 조사도 없이 산업의 발달이 불가피하게 조직의 계층제를 더욱 경직시킨다고 결론지을 수 없으며, 계층제 구조를 약화시키려는 영향력들이 현재 작동하고 있는지에 대해서도 분명한 증거를 발견해 내지 못하고 있는 것이 현실이라고 주장하였다.

3) 계층제의 대체현상연구

Edward E. Lawler Ⅲ는 어떻게 하면 계층제를 감소시킬 것인가에 대하여 흥미로운 연구를 하였다.[47] 오늘날 계층제적 권위와 전문가의 권위 간의 격차가 넓어짐에 따라 조직의 병리적인 문제가 심화된다고 보아도 과언이 아니다. 실제로 변화의 속도가 지식의 발전 속도보다 항상 빠르기 때문에 이 간격을 좁힌다는 것은 대단히 어려운 일이다.

조직에서 계층제를 분리할 수도 없고 계층제가 없는 조직은 어떠한 것이 될 것인가를 상상하지도 못할 만큼 계층제의 권위는 중요하기 때문에 Victor Thompson은 Dramaturgy 연구에서 두 권위인 계층제적 권위와 전문가의 권위 간의 불일치가 일어날 때 두 권위 간의 간격을 숨기는 기술을 제시하였다.[48]

---

46 S. M. Lipset, M. A. Trow, and J. S. Coleman, *Union Democracy* (New York: Free Press, 1956), pp. 150–175.

47 Edward E. Lawler Ⅲ., "Substitutes for Hierarchy," Organizational Dynamics (Summer 1988).

48 Victor A. Thompson, *Modern Organization* (Alfred, New York: A. Knopf, 1969), pp. 138–151. Dramaturgy: 변화하고 전문화된 사회에서 계층적 권위에 있는 상관들은 그들의 약점인 전문적 권위를 보완하는 방법을 강구하지 않으면 조직을 통솔하는 권위를 잃어 버리기 때문에 기술을 사용하여 그러한 권위가 있는 것 같이 보이려 하는 것이다. 예를 들면 상관은 전문가의 역할을 평가절하하고, 지위체제를 강조하며, 부하직원들이 두려워하는 인상을 느끼게 하고, 모든 새로운 아이디어가 상관

그러나 Lawler Ⅲ는 Thompson과는 달리 계층제를 효과적으로 줄이기 위하여 계층제의 기능을 조사하고, 그 기능을 대치할 수 있는 방안을 모색하였다. 그는 계층제의 기능을 동기부여, 기록보관, 조정, 작업할당, 인사결정, 전문성 제공, 목적결정, 의사소통의 연결, 훈련, 지휘 및 통제 등으로 설명하였으며, 조직설계나 운영측면에서 계층제를 대치할 수 있는 방안들을 제시하였다. 이들 방안에는 작업설계, 정보체제의 기술, 재정에 관한 자료, 보상체제, 공급자와 소비자의 접촉, 훈련, 선견지명과 가치관 및 리더십 등이 포함되어 있다.

이들 중 몇 가지를 설명하면, 작업설계는 계층제의 양과 종류를 결정하는 중요한 요인이다. 예를 들면 작업이 단순하거나, 표준화되거나 혹은 세분화됨에 따라 조정, 통제 및 계층을 유발하는 동기들이 크게 증가할 것이다. 반면에 직무확충과 작업집단에 관한 연구는 감독, 조정 및 동기부여할 필요성이 없어진다는 것을 증명하였다. 예를 들어 작업집단이 성숙되고 자체관리가 정착된다면 그들의 감독자가 수행하였던 많은 기능들은 더 이상 필요 없게 될 것이다. 컴퓨터 역시 계층제에 대한 강력한 대체기능을 가지고 있으며, 이윤분배, 수익분배 및 기술을 토대로 한 급여지급과 같은 보상체계는 직접적으로 계층제를 감소시킬 수 있다. 이러한 보상체제는 동기부여, 조정 및 의사소통을 증진시킬 수 있다.

그러나 Lawler Ⅲ는 위에서 지적한 대체기능 중 어느 하나만으로는 감독자나 참모집단의 필요성을 줄일 수 없고, 상호작용에 의해서만 가능하다고 보았다. 이러한 대체기능에 대한 연구결과는 계층제의 장점을 유지하면서 상관의 부당한 압력을 감소시키며, 조직운영과정에서 모든 사람들의 직접적인 참여를 요구함으로써 내부민주통제를 증진할 수 있는 장점이 있다.

7. 요 약

요약하면 그들의 상관에게 영향력을 행사할 수 있는 부하직원의 통제량이 증가하면 조직의 성과가 높아지는 것은 물론 상호 견제할 수 있는 민주적 통제방안이 발전될 수 있다. 그러나 전문성을 획득한 부하직원들에게 어느 정도의 통제력이 허용되지 않을 경우 상관으로부터의 부당한 압력을 피할 수 없게 되

인 자신에게서 나온 것으로 하며, 부하직원들을 서로 경쟁을 시키고, 부하직원들을 비인간화하고, 부하직원들과의 관계에 있어서 감정개입을 금하고 냉담함을 보인다.

며, 사기와 자발성은 자연히 감소할 것이다.

지금까지 논의한 통제그래프는 조직 내의 통제를 묘사하고 생각해 보기 위한 편리한 방법을 제공하고 있다. 그러나 이러한 통제가 가정하는 형태와는 관계없이 통제는 대체로 관료의 리더십에 의하여 결정된다는 의문을 가질 수 있다.

마지막으로 Frederickson은 그의 논문 "Can Bureaucracy be beautiful?"에서 관료제의 미와 미적인 함의를 기술하였다. 그에 의하면 계층제는 관료조직의 규범이다. 그러나 과학적 관리의 초기 시절의 계층제와는 다르다. 현대의 계층제는 행렬 형태가 사용되어 한 보스보다는 여러 사람들이 문제를 공개적으로 해결하여 간다.[49] 느슨하게 짜인 체제는 조직의 부분들이 대부분의 권력과 권위를 나누어 가지고 있어 오히려 평면조직의 형태를 띠고 있다.[50] 한 지역 내의 정책전문가는 지역 전체와 연관된 정책합의를 도출해야 하기 때문에 서로 연계를 가져야 한다. 공공조직에서 관리는 서비스를 직접 주민들에게 전달하는 것에서 사조직, 비영리조직들과 계약을 체결하고, 단지 공공조직은 그 계약을 감독한다.[51] 이러한 모든 현상은 조직이 전통적인 지혜들이 주장하는 것과 같이 정체되거나 경직된 것이 아니라 변화의 과정이 본질적으로 교묘하고 예술적이라는 것을 제안한다.[52]

계층제에 대한 끈질긴 비난을 고려하면서, 공공조직은 경쟁적·필수적인 것을 위해 질서, 공평성, 책임성의 부여, 그리고 리더십에 균형을 가져와야 한다. 계층제는 다양한 형태에서 그 균형을 제공할 수 있다. 만약 계층제가 질서에 지나치게 강조하여 균형을 잃어버린다면, 그 조직은 정태적이 되고 새로운 변화에 적응하지 못한다.

계층제가 신뢰와 예측성을 가져올 만큼 충분히 질서를 회복하고, 중요한 결정에 모든 구성원을 참여케 하며, 그들의 충성을 얻기 위하여 그들의 안전을 보장하고 정치적 리더들을 만족케 하기 위하여 그들의 구성원에게 책임을 부여하

49 Walter F. Barber, 1983. Organizing the Future: Matrix Models for the Post Industrial Polity. University, AL: University of Alabama Press. Frederickson, "Can Bureaucracy be beautiful?. (재인용)."

50 Michael D. Cohen and James G. March. 1974 Leadership and Ambiguity, New York: McGraw-Hill. Frederickson, "Can Bureaucracy be beautiful?(재인용)."

51 Donald F. Kettle, 1993. Sharing Power: Public Governance and Private Markets. Washington, DC.: Brookings Institution. Frederickson, "Can Bureaucracy be beautiful?(재인용)."

52 H. G. Frederickson, "Can Bureaucracy be Beautiful?" *PAR* Jan. 2000 v. 60 il p.47(재인용).

고, 미래에 대한 비전을 제시할 때, 그러한 리더십은 아름다운 것이지 않은가? 만약 계층제가 아주 명예로운 목적을 달성하고, 계층제의 상위 지위에 있는 사람들이 전문적이고, 지적이며, 그리고 감정을 가지고 종사하는 조직이라면 그러한 조직은 몇 사람에 의하여 달성되었던 것보다 훨씬 훌륭한 업적을 가져오지 않겠는가?[53] 이와 같이 Frederickson은 관료제는 아름답고 아름다워질 수 있다고 주장한다. 집단적이고 사회적으로 필수적인 기능, 즉 질서, 예측성, 및 안정이 균형을 이룬다면 관료제는 아름다워질 수 있다고 한다. 이러한 균형은 관료제 내부민주통제모델을 형성하는 데 도움이 될 것이다.

조직은 인간이 만들어 낸 창조물이다. 지나친 질서와 안정은 미의 변화를 요구하게 될 것이다. George Santayana는 일백년 전에 높은 목적에 대한 이상의 권력에서 위대한 미를 설명하였다.[54] 사람들은 고상한 목적에 끌리고 그리고 그러한 임무가 그 목적을 달성하기 위한 복잡한 조직을 요구하게 될 것을 이해한다. 민주주의와 정의는 강한 이상이며 많은 사람들은 민주주의와 정의를 실천하는 조직과 관련되길 원한다. 공공조직은 가장 높은 목적인 국민들의 목적을 가지고 있으며, 공공행정의 임무는 이러한 목적 달성을 아름답게 수행하는 것이다.

제2절 리더십(Leadership)

1. 민주행정체제의 리더십 역할

원칙적으로 정책개발은 정치가와 행정가 사이의 동반자 관계가 되어야 한다. 사실 관료제의 결정은 정치 리더들의 결정에 보완적이 되어야 한다. 따라서 민주행정체제에 있어 리더십의 역할은 어떠해야 되는가? 다시 말하여 내부민주행정체제제모델의 발전을 위해 행정리더십이 고려해야 할 문제를 논의하는 것이 중요하다.

Fritz Morstein Marx가 지적했던 대로 "민주행정이 무엇보다도 민주주의를 위한 힘의 원천이 되어야 한다."[55] 그러나 공무원들에 대한 교육은 민주정부의

53 *Ibid.*, p. 47.

54 Frederickson, "Can Bureaucracy be beautiful?(재인용).

55 Fritz M. Marx, *The Administrative State* (Chicago: University of Chicago Press, 1969), p. 181.

문제와 목적에 대해 충분히 이해시키기보다는 특정 분야의 전문지식을 개발하게 하는 데 치중해 왔다. 이러한 이유는 정치와 행정의 분리나 행정 자체 업무의 전문성이 요구되는 데서 온 결과이다. 더욱이 관료조직, 이익집단 및 의회위원회의 삼두마차는 공익을 무시하고 오히려 관료들이 그들의 특정 이익을 보호하고 있다.

뿐만 아니라 공무원의 전문화는 국가 전체의 목적보다는 오히려 정부 조직들 가운데 그들이 소속하고 있는 행정기관이나 혹은 부서의 이익만을 추구하도록 하는 경향이 있다. 이러한 상황을 지적한 Lowi에 의하면, 관료는 그 자신이 소속한 조직의 이익을 추구하고 전문화를 증진시키는 것이 정당한 것으로 이해하고 있다.[56]

이에 대한 Warren Bennis의 처방책은 복수집행제도(plural executive arrange-ment)를 증가시키는 것이다.

현대사회의 문제는 한 사람 또는 한 전문분야로 해결되기에는 너무 복잡하고 다양하다. 그러한 문제는 기술과 시각의 혼합을 요구하며 효과적인 문제해결기관만이 그러한 문제를 해결해 나갈 수 있을 것이다.[57]

그러므로 Bennis는 행정리더에게는 공무원 개개인의 특수한 능력을 통합하는 노력이 요구된다고 주장하고 있다. 더욱이 그는 약간의 예외는 있지만, '팀관리'(team management)가 명백하게 개념화되어 있는 내각 또는 팀으로 대통령의 권력이 묵시적으로 이동하는 경향이 있다고 지적했다.[58]

또한 Price는 행정적 재능의 개발과 보유를 위해서뿐만 아니라 보다 양질의 공공정책의 형성을 위해서도 고위 공직자 집단이 필요하다는 것을 지적하고 있다.[59]

이와 같은 고위 공직자 집단(corps)의 존재의의는 근본적인 문제들이 경영진 또는 프로그램 전문가의 수준보다 더 상위계층에서 제기되고 해결될 수 있으며, 프로그램 개발을 위한 정치인들의 지침이 특정한 행정기관이나 전문가 집단의 입장을 맹목적으로 반영하는 것도 아니며, 또한 특정한 전문경영관리자에 집

---

56 Theodore J. Lowi, *The End of Liberalism* (New York: W. W. Norton & Co., Inc., 1969).
57 Warren Bennis, "Post Bureaucratic Leadership," *Trans-Action* 6 (July-August 1969), p. 48.
58 Ibid., pp. 50-52.
59 Don K. Price, *The Scientific Estate* (Cambridge, Mass.: Belknap Press of Harvard University Press, 1965), pp. 163-207.

착하지도 않고 보다 광범위한 맥락 속에서 다루어질 수 있다는 것을 의미할 것이다.[60] 이와 같이 내부민주통제체제의 리더는 다양한 의견을 수렴하면서 합리적인 결정을 도출할 수 있는 능력이 필요하다.

Kissinger는 "정책결정자와 지식인"(The Policy Maker and Intellectual)이라는 논문에서 지식인이 조직의 목표를 형성하고 방향을 결정하는 데 참여하기보다는 문제를 해결하는 데 참여하는 것이 바람직하다고 보았다.[61] 그러나 전문가는 정책결정자에 의해 세워진 틀 내에서 일하도록 강요받고 있으며, 전문가들에게 가장 소중한 것들인 전문가적인 관점, 독립성, 그리고 창조성이 희생당하고 있다. 그러므로 Kissinger는 지식인의 가장 가치 있는 용도는 정책결정자로서보다는 차라리 지식인으로서 행정과정에 참여하는 것이라고 주장하고 있다.

그에 의하면 지식인이 할 수 있는 일은 지식인의 특성들－'행정목적보다는 오히려 지식의 추구,' '비 기술적인 견해에 의한 관점'－을 기초로 하여 정책결정자에게 조언하는 것이다.

Kissinger는 관료들이 자신들의 정책결정을 단지 기술적인 과정의 연속으로 보는 한, 관료제는 국가정책에 깊이 있는 방향을 제공할 수 없을 것이라고 보았다.[62]

Pfiffner 역시 행정가가 특정한 고객을 위한 특정 프로그램을 운영하는 데 책임을 지는 전문가로서 익숙해지면 질수록, 필요한 보편적인 정책의 질을 개발하기란 더욱 어려울 것이라고 지적했다.[63] 전문성은 내향성을 부추기며, 전문가는 종종 그 자신의 역할을 과장하는 습성을 가지고 있다.[64] 그는 자신이 팀의 구성원으로서 동등하게 참여해야 한다는 것을 항상 잊어버리곤 한다.[65]

이러한 경우에 기능 또는 업무의 특성을 토대로 하고 있는 조직에서 자주 볼 수 있는 당파성향(splintering tendency)이 더욱 강화된다.

요약하면, 많은 전문가들의 협의가 주요 결정과정에서 특히 요구되며, 전문

---

60 *Ibid.*, pp. 208-269.

61 Henry A. Kissenger, "The Policy maker and Intellectual," ed. Karl M. Schmidt, *American Government in Action* (Belmont, Calif.: Dickenson Publishing Co., Inc., 1967), p. 193.

62 *Ibid.*, pp. 197-198

63 John M. Pfiffners and Robert Presthus, *Public Administration*, 5th ed. (New York: Ronald Press Co., 1967), p. 105.

64 *Ibid.*, p. 96.

65 *Ibid.*, p. 96.

화가 진전되면 운영상의 결정은 보다 폭넓게 위임되는 경향이 있다. 그뿐만 아니라 규모와 전문화가 증대됨에 따라 고도의 업무를 포함하는 결정을 하게 되는데, 이러한 상황에서는 자연히 개인적 책임성을 집단적 책임성으로 대체하게 되므로 집단참여가 더욱 조장된다. 따라서 내부민주행정체제의 행정 리더십 역할에 기대되는 부문은 방향과 창안들에 대한 조정이며, 리더십 운영의 주요한 분야는 집단을 다루는 것이라고 볼 수 있다.

Bailey와 Hutchins에 의하면, 용기는 행정가가 가지고 있어야 하는 필수적인 덕목 중의 하나이다.[66] 공무원은 위험을 감수하고 전문가의 의견을 거부할 수 있는 용기를 가져야 한다. 위험부담을 줄이려고 하면 그에 상응하여 창의력과 신중성이 떨어진다. 더구나 공무원은 광범위한 문제를 고려하여야 하며, 과거와 미래를 현재와 연관시켜야 하며, 한 행정기관을 초월하여 충성심을 발전시켜야 한다. 이것이 오늘날 복잡한 행정체제에서 행정기관이 더욱 발전하는 데 바람직한 공무원의 자세라고 사려된다.

Hutchins는 가장 어려운 결정은 인사문제와 관련되어 있다고 주장하고 있다. 예를 들어 행정가는 그의 동료들을 객관적으로 판단하고, 설사 그러한 결정이 양쪽 모두에게 고통스러울지라도 그들을 반대하는 결정을 할 수 있는 용기를 가져야 한다.[67]

Bailey는 관용과 조화를 이룬 공정성을 지켜나가는 것이 공무원의 가장 본질적인 도덕적 특성으로 간주하고 있다. Bailey에 의하면 관료는 많은 사람들이 회피하려는 일을 수행하여야 하며, 개인적 인정, 권한 및 지위를 위한 내부의 유혹을 억제할 수 있는 도덕적 강직성이 요구된다.[68]

공공기관이 통치하는 데 합법적 자세를 가지고 있다면, 그리고 공공기관이 공무원들에게 위에서 지적한 도덕적·지적 특성을 요구한다면 공공기관은 상당한 인격과 지식을 갖춘 사람들이 필요할 것이다. 어떤 방법으로 관료제가 요구하는 리더십을 갖춘 인재를 개발하고 선발할 수 있을까? 오늘날 그러한 리더십의 발전은 관료제의 책임성을 고양시키기 위하여 전보다 더 중요한 문제로 부각

---

66 Stephen K. Bailey, "Ethics and the Public Service," ed. Roscoe C. Martin, *Public Administration and Democracy* (Syracuse, N.Y.: Syracuse University Press, 1965), pp. 283–298.

67 Robert M. Hutchins, "Is Democracy Possible?" ed. Karl M. Schmidt, *American Government in Action* (Belmont, Calif.: Dickson Publishing Co., Inc., 1967), pp. 14–21.

68 Bailey, *op. cit.*, p. 293.

되고 있다.

2. 정책결정자와 행정가와의 관계

Nakamura와 Smallwood는 정책결정자와 집행자와의 관계를 중심으로 한 특정한 리더가 다섯 가지의 정책집행유형 가운데 하나를 선택하는 것으로 보았지만,[69] 실제로 성공적인 행정기관의 리더는 그들의 행동을 주시하고 있는 정치지도자, 고객, 이익집단 그리고 일반 대중의 가치관을 고려하면서 상황에 따라서 변화하는 리더십 행태를 채택한다.

둘째, 관리자들은 조직 내에서 기술적인 일을 담당할 수 있을 정도로 전문지식을 가지고 있어야 한다. 관리자들은 구조와 기능을 발전시키고 조종하면서 정책과 목적을 산출로 변형시키는 역할을 하여야 한다. 관리자는 이중적인 역할을 담당한다. 부하직원들은 관리자들이 자신들의 이익을 상관에게 잘 대변하여 주길 기대하며, 반면에 고위정책결정자들은 관리자들이 조직의 목적을 부하직원들에게 잘 주지시켜 주며, 조직의 목적들이 달성되는 상황을 감시하여 주길 기대한다. Henry Mintzberg는 조직 내에서 일어나는 관리자의 다양한 역할에 대하여 다음과 같이 기술하였다.

① 최고정책결정자의 역할(figurehead role: 조직의 의무, 의식 및 기념식에 참여 등)
② 리더역할(leader role: 피고용자를 채용, 훈련, 칭찬, 동기부여, 통합, 지시, 심지어 해고하는 역할 등)
③ 연락역할(liaison role: 여러 행정기관 내 각 부서 간 의사소통 및 조정과 환경의 관련된 요소들 간의 네트워크 등)
④ 감독 및 조정 역할(monitor role)

---

69 Robert T. Nakamura and Frank Smallwood, *The Politics of Policy Implementation* (New York: St. Martins Press, 1980), pp. 111-142.
1. 고전적 기술관료형(classical technocrats)
2. 지시적 위임자형(instructed delegates)
3. 협상자형(bargainers)
4. 재량적 실험가형(discretionary experimenters)
5. 관료적 창업가형(bureaucratic enterpreneurs)

⑤ 정보의 배포역할(disseminator role)
⑥ 대변인 역할(spokesperson role)
⑦ 기업가의 역할(entrepreneur role)
⑧ 혼란해결 역할(disturbance-handler role)
⑨ 자원배분 역할(resource-allocator role)
⑩ 협상역할(negotiator role)[70]

대부분의 관리자들이 위에서 지적한 역할을 하고 있으나 위의 역할 중 어떤 역할이 더 중요한 것인가는 관리자나 행정기관이 처한 상황에 따라 다를 수 있다. 그리고 위의 역할이 어떻게 결합되며, 그러한 결합이 얼마나 강조되어야 하는지도 상황에 따라 관리자에 의하여 결정되어야 한다. 그러나 어떤 리더의 역할과 행태가 상황과 과정에 적합한 것인지를 판단하는 일은 쉽지 않다.

세계는 변화하고 있으며, 따라서 상황이 변화하는 경우 다시 새로운 역할 간의 결합을 위하여 새로운 상황을 분석하지 않으면 안 된다. 이러한 어려움 때문에 결국 관리자들은 모든 행정기관이나 부하들에게 보편적으로 적용되는 리더십 행태를 발전시키게 되는 경향이 있다.

셋째, 감독자들은 주로 세 가지 활동 즉 생산, 근로자들의 사기 유지, 그리고 집단의 응집력 유지에 관심을 두고 있어야 한다. 고위정책결정자는 목적을 정하고, 그 목적을 달성하기 위하여 행정기관이 어떻게 구조화되어야 하는지를 결정하는 반면 감독자는 그 행정기관의 목적이 적절히 그리고 생산적으로 달성되고 있는지를 확인하고 감시한다.

일반적으로 감독자들은 직원 혹은 근로자들 가운데에서 선택되기 때문에 업무에 관련된 필수적인 기술을 가지고 있을 것으로 기대된다. 감독자들에 대한 집단 리더십 연구의 대부분은 배려와 구조[71]와 같은 두 행태의 관계로 관심이 집중되고 있다.

이와 마찬가지로 공공관료제의 감독자도 부하직원의 불만을 감소시키면서

---

70 Gortner, Mahler and Nicholson, *op. cit.*, pp. 316–319. 그리고 참조: Henry Mintzberg, The Nature of Managerial Work (New York: Harper & Row, 1973).

71 Edwin A. Fleishman and Edwin F. Harris, "Patterns of Leadership Behavior Related to Employee Grievances and Turnover," *Personnel Psychology* 15, 1962, pp. 43–56. Elizabeth W. Skinner, "Relationships between Leadership Behavior Patterns and Organizational-Situational Variables," *Personnel Psychology* 22, 1969, pp. 489–494.

생산성을 유지하기 위하여 상황에 따라 두 행태의 강약을 조절하여야 한다. 물론 배려–구조의 행태이론이 관리 및 감독에 관한 리더십이론에 상당한 영향을 끼친 것은 사실이지만, 이외에 제3의 변수인 상황을 고려함으로써 행정기관의 고위정책결정자, 관리자 혹은 감독자가 실제로 무엇을 하는지에 대해 더 많은 이해를 할 수 있을 것이다.

요약하면 리더십 행태는 시간과 장소에 따라서 달라질 수 있으며, 어떤 리더도 모든 상황에 똑같은 리더십 행태를 적용하지는 않는다고 볼 수 있다.

이제까지 우리는 행정가의 여러 활동과 몇 가지 필요한 기술을 대략 설명하였다. 이제부터는 규모가 크고 복잡한 조직에서의 리더십이 가지는 특성에 대해 살펴보고자 한다.

3. 리더십 정의

리더십의 정의에 대하여 많은 학자들 간에 동의가 이루어지지는 않고 있지만 적어도 리더십의 필요성에 대해서는 의견이 일치하고 있는 것 같다. 그럼에도 불구하고 21세기는 불투명하고 신속하게 변화가 일어나기 때문에 리더는 미래 비전을 정하고 부하들을 리드하는 능력으로 보는 데 일치하고 있다.

대통령이 가장 듣고 싶지 않은 비평은 그가 나라를 잘못 이끌고 있다는 것일 것이다. 범죄가 급증하고 경제가 침체되면 공무원이 리더십 역할을 잘못하였기 때문이라고 비난할 것이다. 그러나 공무원들은 얼굴이 없는 기능인들이기 때문에 리더십의 역량을 발휘하고 있지 않으며, 할 필요도 없다는 점을 지적하기도 한다.

관료제의 리더십은 과연 어떠한 것인가? 행정기관에는 대체로 법에 의하여 설치된 공식적인 지위인 고위정책결정자(executive), 관리자(manager) 및 감독자(supervisor)가 있으나, 대체로 조직이론의 리더십 이론은 이들 각 지위의 범위나 강조점을 구별하지 않고 하나의 공통적인 관점으로 묶어서 리더십을 논하고 있다. 물론 각각 모든 조직계층에 적합하게 적용되는 리더십 요인이 있다고 가정할 수 있다.

대부분의 조직이론들 가운데 리더십 문헌들은 실제로 관리와 감독, 즉 방향·조정·동기부여 그리고 관료제 내의 기능들에만 관심을 가지고 있는 것이 사실이다.

그러나 Gortner, Mahler, 그리고 Nicholson은 이들 각 계층이 리더십과 어떻게 관련되어 있는지에 관하여 관심을 가지고 있다.[72]

Gortner 등은 고위정책결정자의 역할을 알아보기 위하여 정치학이나 공공정책학을 참조하여야만 되며, 관리자나 감독자의 역할을 이해하기 위해서는 조직이론과 관리행태이론에 의존하지 않으면 안 된다는 주장을 하고 있다. 요약하면 Gortner 등의 주장은 리더십의 역할이 지위와 상황에 따라 리더십의 행태가 달라질 수 있다는 점에서 상황론을 언급하고 있다고 볼 수 있다.

이러한 주장을 좀 더 자세히 관찰하여 보면 첫째, 고위정책결정자의 리더십은 조직의 내부기능을 초월하여 자신의 행정기관이 존재하는 주변 환경을 이해하는 데 초점이 맞추어져야 하며, 제도적인 문제나 정치적 게임에 능숙하여 권력을 획득할 수도 있어야 한다.

고위수준의 리더들은 정치적인 리더십의 중요한 요인들을 이해하여야 하고 이들 요인들이 어떻게 사용되는지를 알아야 하며, 이 요인들을 적절히 활용할 수 있는 전문지식을 쌓아야 한다. 그리고 그들은 정치적 활동이 벌어지는 정치적 맥락을 이해하여야 한다. 그리하여 행정기관의 고위 리더들은 어떠한 리더십 형태를 사용하여야 하는지 결정하기 위하여 많은 외부의 요인들, 즉 정치적 분위기, 정치적 자원 그리고 지지를 동원하기 위한 잠재력 등을 고려하지 않으면 안 된다.

Passett는 우리가 다양한 리더십 유형인 인간의 속성, 인간의 특성, 그리고 행태의 범주를 혼동하고 있다고 지적하였다.[73] 이러한 한계에도 불구하고, 리더십을 이해하는 데 도움을 주기 위해서 현재 통용되고 있는 리더십의 몇 가지 정의를 소개하고자 한다.

- 리더십이란 사람들이 바람직하다고 여기는 어떤 목표를 향해 협력하도록 그들에게 영향을 미치는 행위이다.[74]
- 리더십이란 일종의 추상적인 실체가 아니다. 그것은 기능, 영향력 및 관계이다. 리더십은 단

72 Gortner, Mahler and Nicholson, *op. cit.*, p. 292.

73 Barry, A. Passett, *Leadership Development for Public Service* (Houston: Gulf Publishing Co., Book Division, 1971), p. 9.

지 목표에 의해서만 좋은 것이냐 혹은 나쁜 것이냐가 판단되어질 수 있다. 인간에게 가치 있는 의미를 부여하는 사람들이 시도하고 있는 민주사회의 리더십은 사람들을 보다 좋은 사람으로, 사회를 보다 좋은 사회로 만들려는 목표를 가지고 노력하여야 하며, 이러한 목표와 일치하는 방법만을 사용하여야 한다. 좋은 민주적 리더십이란 본질적으로 교육적인 리더십(educational leadership)이라는 것을 의미한다. 좋은 리더십이 되기 위해서는 특히 목표의 비전이 확실하고, 방법의 선택과 사용이 용의주도해야 한다. 리더십은 집단 구성원들의 목적과 인격을 존중하여야 한다. 동시에 리더십은 어느 한 곳에 치우치지 않으며, 더 넓은 전체적인 목적을 향하여 나아가야 한다. 이러한 보다 전체적인 목적은 우리 모두가 자유롭게 될 수 있는 방법을 배울 수 있는 기회를 갖는 것이다. 리더십은 하나의 예술(art)이다.[75]

- 리더십은 한 집단 또는 조직 내에서 다른 사람의 행태에 영향을 미치며, 집단을 위한 목표를 설정하고, 목표에 이르는 과정을 수립하고, 집단 내에 사회적 규범을 만들어 낼 수 있는 능력이다.[76]
- 리더십이란 개념은 효과성과 성장을 최적화하기 위하여 인간, 사상 및 자원이라는 씨를 뿌리고, 경작하고 그리고 거두어들일 수 있는 여건을 만들기 위한 활동적인 방법이다.[77]
- 리더십은 쌍방 간의 의사소통(two way communication) 과정에서 계속적인 환류를 포함하는 일종의 기술(skill)이다. 이러한 상호작용은 근무사기(working morale)와 팀의 각 구성원의 가치를 인정하는 감정을 증진시켜 주며, 그 결과 서로간의 상호작용은 지속된다. 리더십은 상황에 적합한 것을 의미한다. 적합한 것(fitting)은 집단의 희망을 표현하는 것을 의미하며, 집단이 목표를 향하여 움직이도록 도와주는 것을 의미한다. 진정한 리더십이란 군림하는 것이 아니라 봉사하는 것으로 특징지어진다.[78]

많은 학자들의 수만큼이나 리더십의 기능에 대한 견해들도 다양하다. 그러나 리더십 활동은 다른 사람의 행동 또는 반응을 하나의 공유된 방향으로 유도하는 행위라는 Shartle의 관점에 매우 근접하여 있다.[79] 그리하여 리더십은 다른 사람들이 무엇을 하는가에 의하여 판단되어진다.

위의 정의에서 보듯이 리더십은 공식적인 계층제에 의하여 부여받은 권한의 사용으로 간주되는 명령과 종종 대조된다. 또한 리더십은 의미상 헤드십(headship)과 같은 것도 아니며, 권력과도 상당한 차이가 있는 것으로 인식된

---

74 Ordway Tead, *The Art of Leadership* (New York: McGraw-Hill Book Co., 1963), p. 20.
75 Robert J. Blakely, *Strategies of Leadership* (New York: Harper & Brothers, 1959), p. 38.
76 Sven Lundstadt, "Administrative Leadership and the Use of Social Power," *Public Administrative Review* (June 1965), p. 156.
77 Bennis, *op. cit.*, p. 51.
78 Alfred J. Marrow, *Making Management Human* (New York: McGraw-Hill Book Co., 1957), pp. 67-80.
79 Carroll L. Shartle, *Executive Performance and Leadership* (Englewood Cliffs, N.J.: Prentice-Hall, Inc., 1960), pp. 350-351.

다.[80] 다시 말하여 영향력을 가지지 못한 사람이 한 조직의 우두머리가 될 수 있으나, 그는 영향력을 얻은 후에야 비로소 리더가 된다. 이러한 차이를 이해하는 관료는 보다 분명하게 자신의 역할을 확인하게 될 것이며, 지위 자체가 영향력을 발휘하는 데 충분하지 못하다는 것을 알게 될 것이다.

위에서 논의한 리더십의 정의와 특징들에 의하면 리더십은 공공기관의 모든 활동의 중심이다. 행정기관의 리더십이 옳지 못한 목표와, 목표를 달성하는데 옳지 못한 방법에 흥미를 가지고 있다면, 가장 자격이 있고 동기부여화된 구성원들이 리더십에 의해 질식될 수 있다. 그러므로 리더십의 복잡성을 분석한 연구는 공공행정가들에게 상당히 유용하다.

학자들은 리더의 유형 또는 일반화된 리더십의 자질이 존재한다는 것을 제안하기를 주저한다. 리더십에 관한 조사연구는 제2차 세계대전 전까지 리더의 개인적인 자질에 초점을 둔 자질론(trait approach)이 지배적이었으나, 자질론에 내재한 이론적·방법론적 한계로 인하여,[81] 현재의 리더십 연구는 리더가 처한 상황에 따른 적절한 유형의 리더십을 모색하려는 상황이론(situational approach)이 지배적이다. 자질론은 주로 분석적이기보다는 서술적이며, 어떤 자질이 가장 중요한지를 구별하지 못하였다. 그러나 상황적·집단적 개념은 동일한 자질이 상이한 집단상황에서뿐만 아니라 다른 사람들에게 다르게 기능하고 있다는 것을 인식함으로써 이러한 함정을 피하고 있다.

아래 그동안 논의된 리더십 이론을 검토함으로써 내부민주통제모델에서 리더십의 역할을 논의해 보든 것도 의미가 있을 것이다.

4. 리더십 이론

1) 자질론

Stogdill은 1948년과 1973년에 걸쳐서 200건이 넘는 사례를 통해 다양한 리더의 자질을 연구하였다. Stogdill은 이 연구의 결과를 다음과 같이 요약하였다.

---

80 John M. Pfiffner and Frank P. Sherwood, *Administrative Organization* (Englewood Cliffs, N.J.: Prentice-Hall, Inc., 1960), pp. 350-351.

81 Walter A. Hill and David Hughes, "Variations in Leader Behavior as a Function of Task Type," *Organizational Behavior and Human Performance* 11 (1974), pp. 83-96.

리더는 과업완수와 책임성에 대한 강한 충동, 활발하고 집요한 목표추구, 문제해결에 있어서의 대담성과 독창성, 사회적 상황에서 주도권을 행사하려는 충동(drive), 자신감, 개인의 주체성, 좌절과 지연을 기꺼이 감수하는 의지력, 다른 사람의 행태에 영향을 미칠 수 있는 능력, 사회적 상호작용체제를 목적에 바로 알맞게 구조화할 수 있는 능력 등으로 특징지어진다.[82]

Stogdill은 또한 필수불가결한 리더의 자질이 무엇인가에 관하여 조사연구자들 사이에 합의가 거의 이루어지지 않은 점을 발견하였다. 설사 그러한 결과가 리더십 특성에 대한 기존의 연구를 무용지물로 만들지는 않을지라도, 리더십을 연구하는 데 있어서 어떤 요인들이 보다 중요하며 또는 중요하지 않은가에 대한 질문은 리더십의 연구방향을 상황적인 상호관계로 전환시켰다. 상황이론의 타당성은 아래에서 볼 수 있다.

군인으로서의 리더의 자질을 증명한 Eisenhower는 대통령의 정치적 역할에서는 별로 깊은 인상을 주지 못했으며, 더욱이 Columbia 대학 총장으로서의 역할과는 상당한 거리가 있는 것으로 판명되었다. 확실히 군대의 참모장들을 운영하는 방식으로 비서진을 관리하는 그의 행위가 책임 있는 대통령에게 요구되는 정치적 행위와는 일치하지 않았다. 수차에 걸친 기자회견에서 분명하게 드러난 바와 같이, 그는 개인참모에게 모든 정보를 의존함으로써 시급한 현안문제들에 대한 정보를 충분히 확보하지 못하였다. 사실상 참모들은 대통령이 필요로 하는 모든 정보를 결코 제공할 수 없으며, 정치적 역할이란 때로는 광범위한 문제에 대하여 즉흥적인 판단을 내릴 수 있는 능력을 요구하는 것이다.[83]

이와 같이 리더에 대한 요구와 행위는 시간과 장소에 따라 매우 다르게 나타난다고 볼 수 있다.

그 이외에도 리더십은 특정집단 또는 사회문화에 따라 다르게 나타나는 사례들도 있다. 이러한 측면에서 Pfiffner와 Presthus가 다음과 같은 사례를 제시하고 있다.

82 Ralph M. Stogdill, *Handbook of Leadership: A Survey of T heory and Research* (New York: Free Press, 1974), p. 81.

83 Pfiffner & Presthus, *op. cit.*, p. 90; Marian D. Irish, "The Organization Man in the Presidency," *Journal of Politics* (May 1958), pp. 259-277.

미국과 영국은 공통어, 유사한 가치 및 정치제도를 공유하고 있으나, 공공 리더십에 관한 그들의 견해는 크게 다르다. 미국에서 정치 또는 행정지도자인 한 개인이 영국에서 유사한 지위를 얻는 데 실패하는 것은 매우 당연하다. 영국의 최고 리더의 지위는 다재다능한 자질(generalist qualities)을 요구하고 있으나, 미국에서는 전문적 지식(professional expertise)이 지도자가 되는 데 아주 중요한 속성이다.[84]

요약하면 리더십은 전적으로 그 리더에게 있는 것이 아니라 그 개인이 추종자 집단 내의 다른 구성원들과의 관계 속에 존재한다. 또한 주변 환경은 리더가 될 사람을 결정하는 데 중요한 요인이 되기도 한다. 그리하여 리더십은 사회 안에서 끊임없이 변화하는 변수들 간의 상호작용을 통하여 이해되어야 한다. 그러한 환경을 다루는 리더의 능력이 그 자신의 성공을 결정하게 될 것이다. 그것은 어떤 상황 하에서의 리더가 다른 상황에서 반드시 리더가 되지 않을 수도 있다는 것을 의미한다.

2) 행태이론

한 사람의 리더에 의한 지도방법이 조직집단의 성과에 영향을 미치는 정도에 관해 많이 연구되어 왔었다. 이러한 유형의 연구에서 가장 많이 인용되고 비교되는 두 개의 리더십 유형은 한쪽에서는 '권위주의적' 또는 '독재적'으로, 다른 쪽에서는 '민주적', '협의적', 또는 '참여적', '방임적'으로 묘사된다. 1939년과 1940년에 이러한 두 개의 리더십 유형을 비교하는 몇 개의 고전적 연구가 Lewin, Lippitt 및 White에 의해 수행되었다.[85]

McGregor는 두 종류의 리더십을 구별하고 있으나[86] 그의 분석은 리더의 신념과 태도보다는 오히려 리더의 행태에 기초를 두고 있다. 그의 X이론은 독재적 리더십의 근거로 간주될 수 있는 반면에, Y이론은 민주적 리더십의 기반을 형성하고 있다.

84 Pfiffner & Presthus, *op., cit.*, p. 89.
85 Ralph White and Ronald Lippitt, "Leader Behavior and Member Reaction in Three Social Climates," eds. D. Cartwright and A. Zander, *Group Dynamics: Research and Theory* (New York: Harper & Row, Publishers, 1968), pp. 318–335.
86 D. McGregor, *The Human Side of Enterprise* (New York: McGraw-Hill Book Co., 1960), pp. 33–57.

또한 Blake는 행정적 리더십에 대한 두 가지 접근법인 '생산에 대한 관심'(concern for production)과 '사람에 대한 관심'(concern for people)을 처음으로 제시하였다.[87] 그는 각 항목을 9점 척도(nine-point scale)로 관심의 정도를 측정한다는 착상을 제안하고 측정치가 표시하는 각 종류의 관심의 정도에 따라 리더의 실질적인 행태를 기술하고 있다.

Fleishman, Harris, Burtt, Keeler 및 그 밖의 사람들은 산업분야에서 리더의 행태를 묘사하기 위하여 두 개의 리더십 유형인 배려와 구조(consideration and structure)에 초점을 두고 있었다.[88] 그들의 연구결과 가운데 낮은 배려와 높은 구조화는 불만과 이직을 증가시킨다고 지적하고 있다. 반면에 높은 배려와 높은 구조화의 결합이 최대의 만족과 성과에 관련되어 있음을 발견하였다.

동기부여와 리더십에 관한 최근의 문헌을 통하여 볼 때, 모든 조직구성원의 참여증가가 관료제의 많은 병폐를 해결할 것이라는 주장이 다시 나타나고 있다. 이렇게 주장하는 학자들은 정책결정이 많은 영향력-사기업체, 기술관료, 의회의원 혹은 대통령의 일반적인 관점 등-들 간의 상호작용에 의하여 만들어진다고 생각한다. 공익이 이들의 상호작용에 의하여 형성되며, 이 상호작용은 어느 정도 바람직하다고 생각된다. 그러나 이들이 제안하는 공익의 정의를 모든 학자들 사이에 분명히 합의된 것은 없다.[89] 그러한 예로서 공공기관의 관리에 참여를 요구하는 사람들에게 Charles Perrow는 "중앙집권과 조작(manipulation) 및

87 R. Black and Jane S. Mouton, *The Managerial Grid* (Houston, Texas: Gulf, 1964), pp. 8-9.

88 배려는 감독자와 그의 집단 사이의 상호신뢰, 존경, 그리고 어떤 온정과 친밀한 관계를 나타내는 행위를 포함한다. 이것은 배려의 정도가 피상적인 '가볍게 등 두드리기' '이름 부르기'와 같은 종류의 인간관계행위를 반영하는 것을 의미하는 것은 아니다. 이 배려의 정도는 집단구성원의 욕구에 대한 반응정도에 밀접하게 관련된 것이며, 부하직원들이 의사결정에 참여하여 쌍방의 의사소통을 더욱 조장하는 행위를 포함한다.

반면에 구조화는 리더가 집단활동과 집단에 대한 그의 관계를 조직하고 정의하는 행위를 포함한다. 그러므로 리더는 각 구성원이 업무를 가정하고, 할당하고, 미리 계획하고, 일을 완수할 방법을 설정하고, 산출을 위해 추진할 것으로 예상되는 역할을 정의한다. 이 구조화의 정도는 조직목표달성을 위한 명백한 시도를 강조하는 것처럼 보인다.

E. A. Fleighman, *Leadership Climate and Supervisory Behavior* (Colmbus, Ohio: Personal Research Board, Ohio State University, 1951); "Leadership Climate, Human Relations Training, and Supervisory Behavior," Personal Psychology, VI(1953), pp. 205-222.

89 Gortner, *op. cit.*, p. 254; Marvin Meade, "Participative Administration-Emerging Reality or Wishful Thinking," ed. Dwight Waldo, Public Administration in a Time of Turbulence (Scranton, Penn.: Chandler Publishing Co., 1971), p. 169.

통제의 교묘한 수단이 조직 내에 의식화된 정치풍토 속으로 사람을 끌어들이려고 하는 경향에 대하여 경고"를 하면서 이의를 제기하고 있다.[90]

그렇다면, 어떤 형태의 리더십이 공공관료제에서 사용되어야 하는가? 그 해답은 두 가지 리더십 유형의 균형이 최상이라는 것과 그 균형이 조직상황을 구성하고 있는 ① 조직의 목표 또는 목적, ② 조직구성원의 구성, ③ 리더의 특성, ④ 대중의 희망, ⑤ 민주적인 정치체제를 보호하기 위해 필요한 조건 등을 포함하는 요인들의 결합에 의해 결정되어진다는 것은 만족할 만한 대답은 아니다.[91]

위에서 제시한 요인들은 지나치게 포괄적이고, 구체적이지도 않다. 따라서 조직이 직면하고 있는 환경의 특성에 따라 어떠한 요인이 균형을 가져오기 위하여 더욱더 고려되어야 하는지? 혹은 이 요인들 간의 마찰이 균형을 저해하지는 않는지? 등과 같은 의문이 제기될 수 있다.

리더십에 관한 연구는 그동안 눈부시게 발전되어 왔다. 예를 들어 Commpell과 그의 동료들이 지적하는 것처럼, 수 년에 걸친 리더십에 대한 연구와 논쟁은 학자들 사이에서 자질, 행태, 혹은 상황중 어느 하나만을 기초로 한 이론은 행정가의 행태, 성과 및 효과성에 있어서 차이를 설명하는 데 실패하였다는 데 합의를 도출하였다.[92]

특히 조작적 어려움(operational difficulties), 개념상의 어려움 및 방법론상의 논란 등으로 인하여 정치적·행정적 리더십에 관한 이론의 발전이 지체되어 왔다는 견해가 광범위하게 공유되어 왔다.[93] 그 대신 리더십의 효과성이 관리자의 환경적인 특성과 관리자의 행태적 특성과의 상호작용에 달려 있다는 사실이 점차로 수용되고 있다. 이러한 경향은 Fiedler, Hill 등의[94] 상황이론(contingency theory), House, Mitchel, Evans 등의[95] 경로목표 접근방법(path goal approach), Jago와

---

90 Gortner, *op. cit.*, p. 255; Charles Perrow, Complex Organization: A Critical Essay (Glenview, Ill.: Scott, Foresman, 1972), p. 204.

91 Gortner, *op. cit.*, pp. 255–256.

92 Charles H. Levine, "Leadership: Problems, Prospects, and Implications of Research Program Aimed at Linking Empirical and Normative Modeling," eds. H. George Frederickson and Charles R. Wise, *Public Administration and Public Policy* (Lexington Book, DC Health and Co., 1977), pp. 53–60.

93 *Ibid.*, p. 53.

94 F. Fiedler, A *Theory of Leadership Effectiveness* (New York: McGraw-Hill Book Co., 1967); J. W. Hill and J. G. Hunt, Managirial Level, Leadership, and Current Developments in the Study of Leaders hip (Carbondale, Ill.: Southern Illinois University Press, 1973).

Vroom 등의 의사결정과정 모형(decision−process model)에 반영되어 있다.[96]

3) 상황이론

리더십 유형은 제2차 세계대전 이래 '상황론적 연구'(situational studies)가 많은 관심의 대상이 되어 왔다.

더욱이 이 연구는 배려와 구조화의 균형이 숙련(proficiency)과 사기라는 기준 모두를 만족시키는 데 최적이 될 수 있다는 것을 지적하고 있다. 그러나 높은 배려와 높은 구조화의 리더십 유형에 대한 논의는 여러 가지의 중요한 점들을 간과하였다는 이유로 비판받아 왔다.

① 배려와 구조화는 일반적으로 상호 독립적이지 않으며, 부정적으로 상호 관련되어 있을 수도 있다.
② 일반적으로 두 측면 모두에 대한 높은 정도가 만족, 사기 및 성과에 긍정적으로 관련되어 있을 수도 있는 반면에, 역기능적 결과도 종종 수반될 수도 있다.
③ 배려와 구조화에 대한 선호와 태도가 개인과 상황에 따라 상당히 다양하게 나타날 수 있다.[97]

상황적 요인을 고려한 리더십 이론에는 과업행태(task−behavior)와 관계행태(relationship−behavior) 그리고 제3의 변수인 부하직원의 성숙도를 상황변수로 고려한 Hersey와 Blanchard의 상황이론이 있다.[98] 과업행태와 관계행태의 결합은 부하직원들의 성숙도에 따라 감독자에게 다르게 요구된다. 예를 들면 [그림 6−2]에서 보듯이 감독자의 업무 중심적 행태는 부하직원의 성숙도가 높아짐에 따라 줄어든다.

---

95 Robert J. House and Terence R. Mitchell, "Path–Goal Theory of Leadership," *Journal of Contemporary Business* (Autumn 1974), pp. 81–97.

96 Victor H. Vroom, "Decision Making and the Leadership Process," *Journal of Contemporary Business* (Autumn 1974), pp. 47–64: Victor H. Vroom and Arthur Jago, "Decision Making as a Social Process: Normative and Descriptive Models of Leader Behavior," *Decision Science* 5 (1978), pp. 743–762.

97 Steven Kerr *et al.*, "Toward a Contingency Theory of Leadership Based upon the Consideration and Initiating Structure Literature," *Organizational Behavior and Human Performance* 12 (1974), pp. 63–64.

98 Paul Hersey and Kenneth H. Blanchard, *Management of Organizational Behavior*, 4th ed. (Englewood Cliffs, N.J.: Prentice–Hall, 1982).

그림 6-2
상황적 리더십

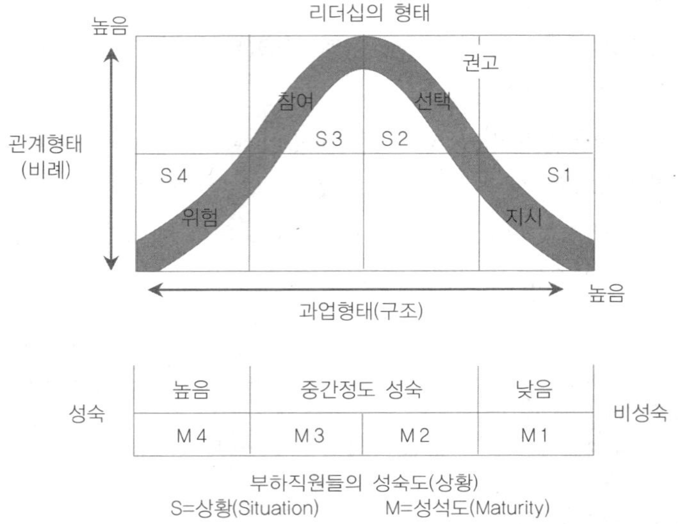

출처: Paul Hersey and Ken Blanchard, *Management of Organizational Bebavior*, 4th ed.(Englewood Cliffs, N.J.: Prentice-Hall, 1982)

더욱 복잡한 상황이론을 발전시킨 Gary Yukl은 개인과 집단의 업무달성에 영향을 미치는 상황변수들과 업무달성에 관련된 매개변수들에 영향을 미칠 수 있는 감독자의 능력과 관련된 상황변수들을 고려하면서 리더의 효과성을 위한 다중연계모델(multiple linkage model)을 제시하였다.[99]

그는 집단의 업무달성에 영향을 끼치는 요소를 아래와 같이 지적했다.

① 부하직원들의 업무달성을 위한 노력 정도
② 부하직원들이 자신들의 역할과 책임 및 기대를 이해하는 정도
③ 부하직원들이 업무를 효과적으로 달성하기 위하여 훈련 및 기술을 소유하고 있는 정도
④ 부하직원들이 업무를 달성하기 위하여 활용할 수 있는 자원과 지지의 정도
⑤ 작업 단위(행정부서)가 노력의 중복과 낭비를 막고 인사, 장비, 시설의 효용을 보장하기 위하여 효과적으로 조직화될 수 있는 정도
⑥ 부하직원들이 집단의 응집력과 팀워크를 이룰 수 있는 정도 등을 지적하였다.[100]

99 Gary Yukl, *Leadership in Organization* (Englewood Cliffs, N.J.: Prentice-Hall, 1981).
100 *Ibid*.

그러고 나서 Yukl은 위에서 지적한 6개의 상황변수들을 고려하면서 서로 다른 상황에 적합하다고 하는 19개의 리더십 행태를 제안하였다. 그들은 다음과 같다.[101]

업무강조, 배려, 격려, 칭찬과 인정, 보상체계의 구조화, 참여결정, 권한위임, 역할의 명확화, 업무의 구체화, 훈련의 지시, 정보의 배분, 문제의 해결, 기획, 조정, 업무달성을 위한 시설의 확보 및 장애요인 제거, 대표성, 상호작용 촉진, 갈등관리, 비평과 규율.

리더는 상황을 평가하고 조직의 특징을 고려한 후에 리더의 행태를 결정한다. 행정기관의 고위 정책결정자는 조직에 영향을 끼치는 내·외 요인들과 관련을 가지고 있는 상황을 검토하여야 하며, 관료제의 하위계층에 속하는 감독자는 집단과 개인의 상황을 고려하여야 한다. 그러한 다음 리더는 조직과 부하직원의 요구에 부응하여야 한다. 실제로 리더십에 대한 상황적 접근방법은 공공관료제의 운영에 있어서 문제와 도전을 취급하는 데 가장 적절한 것으로 보인다.

1958년에 Tannenbaum과 Schmidt는 "리더십 유형을 어떻게 선택할 것인가"라는 논문에서 [그림 6−3]에서 보는 것 같이 리더십 행태가 왼쪽 극단의 '보스 중심적 리더십'(boss−centered leadership)에서 오른쪽 극단의 '부하 중심적 리더십'(subordnate−centered leadernship)까지 하나의 연속선상에서 다양하게 나타난다고 주장하였다.

① 관리자는 결정을 하고 그것을 발표한다.
② 관리자는 결정을 제안한다.
③ 관리자는 의견을 제시하고 문제제기를 유도한다.
④ 관리자는 변화에 따른 시험적 결정을 제시한다.
⑤ 관리자는 문제를 제기하고, 의견을 수집하여 결정을 한다.
⑥ 관리자는 한계를 정의하고, 집단에게 결정을 하도록 요구한다.
⑦ 관리자는 상사에 의해 설정된 한계 내에서 부하직원들이 참여하는 것을 허용한다.[102]

[그림 6−3]에서 보는 것 같이, ①번에서 ⑦번으로 향하면서 관리자의 권

101 *Ibid.*, p. 154.

102 Robert Tannenbaum and Warren H. Schmidt, "How to Choose a Leadership Pattern and a Retrospective Comment," ed. Joseph A. Uveges, Jr., *The Dimension of Public Administration* (Boston: Holbrook Press, Inc., 1975), pp. 198−201.

그림 6-3

Tannenbaum과 Schmidt의 연속적 리더십 유형

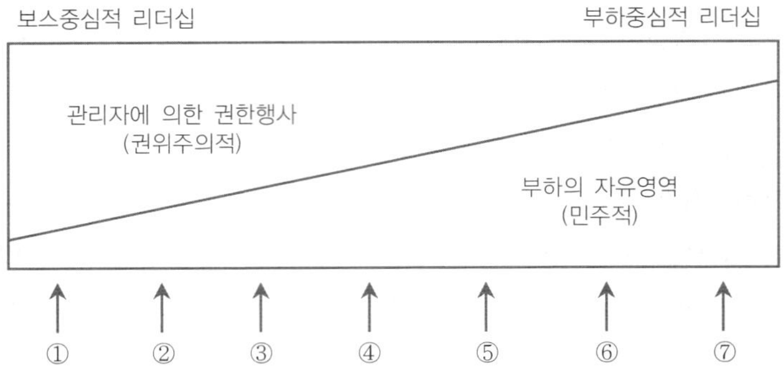

출처: Robert Tannenbaum and Warren H. Schmidt, "How to Choose a Leadership Pattern," *Harvard Business Review*(May-June 1958), p. 183.

한위임 정도가 증가하고, 부하에 대한 관리자의 신뢰도 향상되며, 업무에 관련된 문제에 대한 창의성을 발휘함에 있어 부하 개인의 자유 영역도 증가한다. 연속선상에 나타난 리더십 행태 중 ①번과 ⑦번 가운데 어떤 것이 어떤 특정한 상황에 적합한가? Tannenbaum과 Schmidt는 이러한 문제와 관계가 있는 세 가지 요인－① 관리자의 영향력, ② 부하직원의 영향력, ③ 상황의 영향력－을 제시하였다.[103]

이와 같은 요인들은 관리자가 어떻게 운영할 것인가를 결정하는 데 있어서 어떤 영향력(force)을 고려해야 하는지를 우리에게 말해 주고 있다. 성공적인 리더는 어떤 주어진 시간에 이들 세 가지 영향력 중 어떤 것이 자신의 행태와 가장 관련되어 있는가를 예민하게 알고 있는 사람이다. 물론 이들 각각의 요인의 강도는 경우에 따라 다양하게 나타날 것이나, 그러한 것들에 민감한 관리자는 그가 직면한 문제들을 보다 잘 평가할 수 있으며, 어떤 유형의 리더십 행태가 자신에게 가장 적합한가를 보다 잘 알 수 있다.

Tannenbaum과 Schmidt의 논문이 1958년에 처음 발표된 이후에 리더십 패턴에 영향을 끼쳤던 조직들이나 조직세계에 많은 변화가 있었다. 조직은 진공상태에서 존재하는 것이 아니라, 사회에서 일어나고 있는 변화에 의하여 더 많

103 *Ibid.*, p. 202.

은 영향을 받게 되었다. 즉 이러한 최근의 사회상황이 조직에 끼치는 의미와 중요성은 다음과 같다.[104]

① 현재 조직에 대한 불신과 경멸감을 나타내는 젊은 세대의 혁명(youth revolution)
② 조직과정에 모든 소수집단이 참여할 수 있고 영향력을 발휘할 수 있는 기회가 보다 많이 주어져야 한다고 요구하는 인권운동
③ 조직 외부사람들의 이익을 고려하지 않은 채 결정을 하는 관리자의 행위에 이의를 제기하는 환경 및 소비자운동(ecology and consumer movement)
④ 노동자의 삶의 질과 생산성, 참여 및 만족과의 관계에 대한 국가의 관심 증가

Tannenbaum과 Schmidt에 의하면 이러한 사회변화는 1950년대에 필요하였던 것보다 더 많은 융통성을 요구하면서, 이 세대의 효과적인 리더십 문제를 더욱 도전적인 과업으로 만들고 있다고 한다.[105] 사실 오늘날의 관리자는 매우 격동적이고 예측할 수 없는 환경에 자주 직면하고 있다. 예를 들어 "관리자들은 부하로서 다루어지는 것에 대해 분노하고, 조직체제에 매우 비판적일 수도 있으며, 자신들의 의견이 반영되고 영향력을 발휘하기를 기대하고, 충성심과 헌신이 필요한 기관으로부터 소외당하고 있다고 생각하는 부하구성원들을 다루게 될 가능성이 보다 커졌다."[106]

이러한 사회적 압력에 대응하여 관리에 대한 새로운 개념 - ① 개방체제, ② 조직발전, ③ 작업 동기부여에 관한 새로운 조사연구, ④ 사회의 책임성과 사회교육에 대한 관리자들의 관심증대, ⑤ 산업민주주의에 관한 실험연구 - 이 조직이론 분야에 출현하였다.[107]

Tannenbaum과 Schmidt는 1958년에 발표했던 논문과는 대조적으로 1973년 이후에 발표한 논문에서는 관리자와 부하직원들이 상호 영향력에 서로 의존하고 있다는 사실에 많은 관심을 기울이고 있다. 그것은 또한 조직 외부에 존재하는 영향력을 분석대상에 포함시키고 조직과 조직 환경 사이의 적절한 상호의존성을 탐구하고 있다.

---

104 *Ibid.*, p. 209.
105 *Ibid.*, p. 209.
106 *Ibid.*, p. 209.
107 *Ibid.*, p. 209-210.

리더십 유형을 연구하기 위한 Hersey와 Blanchard 그리고 Tannenbaum과 Schmidt의 모형은 관리자, 비관리자 및 환경 간의 영향력의 상호작용을 반영하기 때문에 특히 정치·행정적 리더십의 개발에 유용하다. 실제로 다른 어느 조직도 마찬가지지만 공공관료제가 당면하고 있는 문제를 인간관계와 생산성이라는 두 가지 영향력만으로 한정하여 이해하려 하는 것은 문제가 있다.

공공관료제의 주변 환경은 복잡하고 다양하다. 특히 사회문화나 변화에 따라 관료제에 대한 요구도 다양하며 유동적이다. 정치 환경의 중요한 요소인 의회, 고위관료 및 이익집단 등은 납세자들이 지지하는 프로그램의 효과성을 증진시키기 위하여 노력하고 있다. 정부의 비효율성과 높은 세율에 대해 불평하는 대중들은 비능률적이거나 또는 사회의 민주적 윤리에 부응을 하지 못한다고 판명되는 관리과정을 조사하기 위해 공직자들의 자유 재량권에 제약을 가하고 있다. 공공관료제는 종종 비능률적인 것으로 간주된다. 더욱이 항상 절대적으로 어디서나 좋은 리더십 유형은 존재하지 않는다. 어떤 환경에 가장 적합한 리더십 유형이 다른 상황에는 가장 적합한 유형이 아닐 수도 있다. 리더십 유형을 단지 2가지 유형으로 구분하는 연구결과는 불완전 하다. 대부분의 연구결과는 조직이 민주적 리더십 하에서 운영될 때보다 더 효과적이라는 결론을 내리고 있지만 너무 지나치게 종업원 중심의 리더십 하에서는 오히려 낮은 생산성과 사기저하가 나타날 수 있다는 연구결과도 있다. 더욱이 계층제 조직에서 전적으로 민주적 접근이 가능할는지도 의심스럽다.

4) 리더의 보상행태, 경로 목표이론, 귀인이론, 리더십 대체, 통합이론 등

최근에는 리더의 보상행태(Leader Reward Behavior), 부하직원의 행태의 원인과 결과가 되는 리더의 행태연구, 리더의 귀인이론(Attribution Theory)과 리더십의 대체(Substitutes for leadership) 및 리더십의 통합이론(Integration of Leader-ship) 등이 연구되고 있다.[108] 이러한 조사연구 결과는 사회과학 개념으로서 상황이론의 유용성을 제고시켜 줄 것으로 기대된다.

위에서 지적하였듯이 어떠한 리더십의 형태가 공공관료제에 적합한가라는 문제는 대단히 어려운 문제이나 상황적합이론에서 그 실마리를 찾을 수 있을 것

108 Andrew D. Szilagyi, Jr. and Marc J. Wallace, Jr., *Organizational Behavior and Performance*, 4th edition (Glenview, Ill.: Scott, Foresman and Co., 1987), pp. 339-347.

이다. 왜냐하면 조직의 목표, 구성원, 리더의 특성과 국민의 요구를 함께 고려하는 이론에서 민주적인 정치체제를 보완할 수 있다고 믿기 때문이다. 따라서 위에서 이미 언급한 상황적합이론에 대하여 좀 더 자세히 설명하고자 한다.

리더십의 상황적합이론은 리더십의 분석에 있어 매우 실질적인 접근방법이다. 즉 상황에 적합한 리더십이론은 리더십 스타일에 관련된 다양한 변수인 ① 리더가 수행하는 업무의 유형,[109] ② 집단의 규모,[110] ③ 집단구성원의 협력이 요구되는 정도[111] 등의 요인, 리더십의 특성(traits) 및 행태(behavior) 등과 같은 상황이라는 구체적인 변수 모두를 고려하는 이론이다.

경로-목표이론(Path-Goal Theory)은 House에 의해 최초로 제기되었으며,[112] 그의 동료인 Dessler와 더불어 재정립한 이론이다.[113] 이 이론은 Vroom의 기대이론에 기초하고 있어 기대(expectancy), 유인가(valence), 수단성(instrumentality) 등의 개념을 포함하고 있다.

이 이론에서 리더의 업무란 다음의 기능을 행하는 것으로 본다.

① 부하에 의해 수행되는 업무를 명확하게 하는 것이다.
② 목표성취를 방해하는 장애물을 제거하는 것이다.
③ 부하들이 개인적인 만족을 성취할 수 있는 기회를 많이 제공하는 것이다.[114]

이와 같은 리더의 역할을 가정할 때 관료제의 분위기는 권위적이라기보다

109 Ralph M. Stogdill, Robert J. Wherry and William E. Jaynes, "A Factorial Study of Administrative Performance," in Ralph M. Stogdill and Carroll L. Shartle(eds.), *Patterns of Administrative Performance* (Columbus, Ohio: Ohio State University, Bureau of Business Research, 1956), pp. 39-108.

110 John K. Hemphill, "Relations between the Size of the Group and the Behavior of 'Superior' Leader," *Journal of Social Psychology*, August, 1950, pp. 11-22.

111 Thomas M. Lodahl and Lyman W. Porter, "Psychometric Score Patterns, Social Characteristics, and Productivity of Small Industrial Work Groups," *Journal of Applied Psychology*, April, 1961, pp. 73-79.

112 Robert J. House, "A Path-Goal Theory of Leader Effectiveness," *Administrative Science Quarterly*, September, 1971, pp. 321-338.

113 Rober J. House and Gary S. Dessler, "The Path-Goal Theory of Leadership: Some Post-Hoc and A Priori Tests," in James G. Hunt and Lars L. Larson(eds.), *Contingency Approaches to Leadership* (Carbondale, Ill.: Southern Illinois University Press, 1974), pp. 29-55.

114 Steven Altman, Enzo Valenzi and Richard M. Hodgetts, *Organizational Behavior: Theory and Practice* (New York: Academic Press, Inc., 1985), p. 302.

참여적이며 민주적인 것이 될 것이다. 더욱이 관료들 간에 상·하를 불문하고 상호견제와 통제가 자유롭고 개방적이기 때문에 외부의 정치체제와도 의사전달이 원활할 수 있어 내부민주통제체제의 발전에 적합한 리더의 행태이다.

그러나 리더의 행태란 개인과 업무특성에 따라 달라진다고 보는 것이 통로목표이론이라고 볼 때, 리더의 행태를 파악하기 위해서 개인과 업무의 특성을 이해하지 않으면 안 된다. 조직 내 부하직원의 특성, 즉 능력, 필요동기 및 외향성 혹은 내향성에 따라, 그리고 작업환경 및 업무의 특성에 따라 조직의 효과성이 증진됨은 물론 부하직원의 만족을 유발하기 위하여 리더십의 행태는 달라져야 한다.

업무의 특성을 가지고 예를 들어 보자. 업무와 조직의 목표가 분명한 경우와 불분명한 경우에 따라 리더의 행태는 차이가 있다. 즉 업무와 목적이 매우 분명하고 업무가 기본적으로 반복적일 경우에 업무에 대한 많은 설명과 지시는 불필요한 통제로 간주될 수 있다. 이러한 업무환경하에 리더의 불필요한 지시와 설명은 부하들에 의해 과도한(excessive) 행위로 평가되며, 직무만족을 감소시키는 데 기여하게 될 것이다. 다시 말해서 이러한 업무환경 하에서는 지원적 리더(supportive leader)가 지시적 리더(directive leader)보다 조직성원들을 보다 만족시킬 것이다.

하지만 업무가 상당히 비 구조화된(unstructured) 경우일 때, 지시적 리더가 오히려 조직성원을 만족시킬 수 있다. 즉 상황에 대처하는 방법이 불확실할 때, 부하들은 안내와 지시를 오히려 원하게 된다. 새로운 업무를 처리하는 부하들에게 조직목표를 달성할 수 있도록 구체적으로 도움을 주는 것은 내적 직무만족의 원천일 것이다.

이 이론은 효과적인 리더십행태가 부하들을 돕겠다는 리더의 자발성(willingness)뿐만 아니라 업무수행에 대해 도움을 청하는 부하들의 요구에 달려 있다는 것을 잘 설명하고 있다.

[그림 6-4]에서 보는 바와 같이, 리더가 부하들의 업무만족을 제고하기 위해서 리더는, 비구조화된 업무에 대해서는 보다 지시적인 리더십 스타일을, 구조화된 업무에 대해서는 덜 지시적인 리더십 스타일을 선택할 필요가 있다. 하지만 업무유형에 따른 이러한 리더십 스타일은 항상 높은 직무만족을 초래하는 것은 아니다.[115]

그림 6-4
통로목표모형

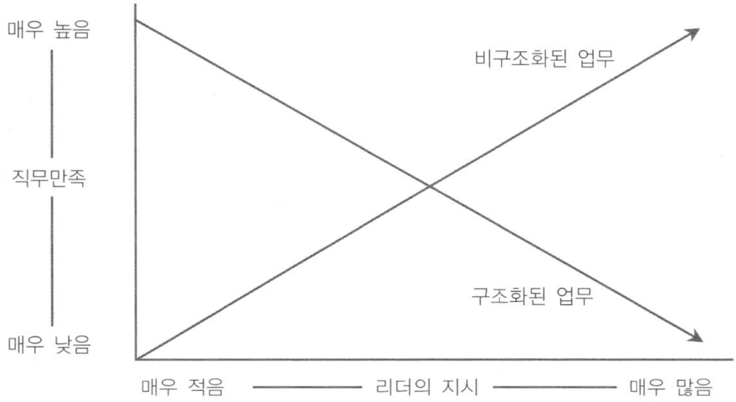

부하들의 업무가 보다 모호할 때, 즉 자신의 업무로부터 기대하는 것이 명확하지 않을 경우, 보다 사려 깊은 감독과 보다 높은 직무만족 간에는 상호 밀접한 관련이 있는 것으로 발견된 반면에, 부하들이 자신들의 업무에 대해 모호성이 낮을 경우에는 그러한 관계가 발견되지 않았다.[116] 또한 통로목표 리더십이론은 리더십효과성의 문제에 대한 명확한 대답을 제공하지 못하고 있다.[117]

그 이외에도 리더의 보상행태(Leader Reward Behavior), 양 방향의 영향과정(the Two-Way Influence Process), 귀속이론(Attribution Theory in Leader-ship), 리더십의 대체물(Substitutes for Leadership)들에 대하여 위에서 간단히 언급하였으나 좀 더 자세히 설명하면 현대 리더십이론을 이해하는 데 도움이 될 것이다.

상황이론 외에 리더의 보상이론(Leader Reward Behavior)이 요즘 많은 관심을 끌고 있다. 상벌에 관한 연구는 권력과 동기의 연구로부터 발전되었다.

---

115 Don Hellriegel, John Solcum and Richard W. Woodman, *Organizational Behavior* (St. Paul, M.N.: West Publishing, 1983), p. 411.

116 Enzo R. Valenzi and Gary S. Dessler, "Relationships of Leader Behavior, Subordinate Role Ambiguity, and Subordinate Job Satisfaction," *Academy of Management Journal*, December, 1978, pp. 671-678.

117 Andrew D. Szilagyi, Jr. and Marc J. Wallace, Jr., *Organizational Behavior and Performance*, 4th ed. (Glenview, Ill.: Scott, Foresman and Company, 1987), p. 339.

기대이론(Expectancy Theory)과 동기부여(motivation)에 대한 자발적인 상황 접근이론은 고용자의 행동에 기초한 보상의 중요성과 그에 따른 업적효과를 강조했다. 성과급여(merit pay)와 같이 개인의 업적과 관련한 적극적 보상은 직무에 대한 인지와 장려를 증가시키고, 동기부여와 업적을 증가시킨다.

리더의 보상행동에 관한 연구가 거의 없긴 하지만, 리더의 적극적 보상과 부하의 만족 및 업적과의 관계가 리더십 유형과 부하의 만족 및 업적과의 관계보다 훨씬 더 밀접하다는 학계의 보고가 있다. 이는 비록 경영자의 리더십 스타일이 부하에게 미치는 영향이 중요하다고는 하지만 그보다 적극적인 보상의 이용이 더 큰 영향을 미친다는 것을 의미하는 것이다. 따라서 행정 관료제는 관료들이 적극적으로 업무의 목표를 달성하도록 하기 위하여 보상체계를 연구하는 것이 필요하다. 만약 보상체계가 불만족스러우면 업무의 달성도는 떨어질 것이며, 자연히 권위주의적인 리더십을 불러일으킬 것이다.

본 저서에서 저자가 관료제와 다른 정치체제와의 상호작용에서 통제의 고리를 찾아내려 하듯이 리더와 부하직원 간의 상호작용하는 양 방향의 영향관계에서도 역시 리더의 역할을 가정하여 볼 수 있다. 리더의 행동과 고용자의 직무만족 간의 인과관계를 조사한 연구들은 양 방향 영향과정이 존재한다고 주장했다. 리더의 행동이 부하의 행동에 영향을 미치며, 부하의 행동이 리더의 행동을 변화시킨다는 것이다.

그들의 연구결과를 요약하면 다음과 같다:

① 리더의 고용인 지향과 적극적인 보상행동은 고용자의 직무만족을 유도한다.

② 상위리더의 직무지향은 때때로 낮은 계층의 고용인들의 직무만족을 유도한다.

③ 부하의 낮은 직무수행은 리더로 하여금 보다 높은 직무지향성과 징벌적인 보상행동을 하도록 하는 원인이 되기도 한다.

④ 상위리더의 적극적 보상행동은 하위자의 직무수행을 개선하는 원인이 된다. 리더의 직무지향과 리더의 고용인 지향이 부하의 직무수행의 증가 또는 감소의 원인이 된다는 직접적인 증거를 제시하는 연구가 거의 없다는 것이 놀랍다. 따라서 고용자행동의 요소로서 보상의 행동을 다시 한 번 강조하게 된다.[118]

일반적으로 한 사람의 민주적 행태는 다른 사람의 민주적 수용행태를 불러일으킨다. 리더와 부하와의 상호작용을 검토한다면 부하의 행태는 거의 파악된다고 볼 수 있다. 그러나 리더와 부하와의 상호작용을 검토한다고 하더라도 부하의 행위를 이해할 수 없을 때는 리더십의 귀인이론에서 그 원인을 찾아볼 수 있다.

부하의 직무업적이 낮은 경우 그 원인은 어디에 있는가를 파악하여 그 부하의 적성이 무엇인가를 찾아내는 것이 속성이론의 목적이다. 낮은 직무업적이 잦은 장비의 고장 때문인가? 아니면 높은 노동강도가 그 원인인가? 부하의 게으름 때문인가? 설비감독관, 노동감독관, 부서감독관들은 낮은 직무수행의 원인에 대해서 각기 달리 추론할 것이다. 리더는 왜 부하가 낮은 업무실적을 산출할 수밖에 없었는지를 평가해야 할 것이다.

부하의 행동을 관찰하는 방법으로 세 개의 척도를 활용하는데,

① 차별성(distinctiveness): 동일인이 다른 직무에서 다르게 반응하는 정도
② 일관성(consistency): 동일인이 계속적으로 시간의 변화에 따라 변화하는 직무수행업적을 검토
③ 일치성(consensus): 다른 사람이 동일한 직무에서 반응하는 정도[119]

근본적인 원인을 파악한 후 전체적인 환경을 개선하거나, 추가훈련, 통제, 징계, 전출, 해고 등과 같은 실제적인 행동을 택할 때 가급적 부하를 만족시키면서 관료제를 유기체 조직으로 변화시키려고 리더가 노력을 한다면 조직의 민주화를 발전시키기 위하여 기여하는 바가 크다고 할 것이다.

엄연히 리더십과 계층제는 다른 것이지만 리더와 부하는 상·하의 관계로서 계층제 성격을 띠고 있다. 계층제나 리더가 없더라도 마치 있는 것과 같이 관료제의 목적을 달성하는 데 차질이 없다면 계층제나 리더가 없는 것이 관료제의

118 A. Lowin and J. Craig, "The Influence of level of Performance in Managerial Style," *Organizational Behavior and Human Performance*, 1968, pp. 440–458; Charles N. Green, "The Reciprocal Nature of Influence between Leader and Subordinate Performance," *Journal of Applied Psychology*, April 1975, pp. 187–193; Andrew D. Szilagyi, "Reward Behavior by Male and Female Leaders: A Causal Inference Analysis," *Journal of Vovational Behavior*, 1980, pp. 59–72.

119 T. R. Mitchell and R. E. Wood, "An Empirical Test of an Attributional Model of Leaders' Responses to Poor Performance," *Academy of Management Proceedings* (1979), pp. 94–98.

병리현상을 막는 데 훨씬 유리하다는 사실은 명백하다.

조직은 계층제 권위와 전문적 권위 간의 갈등 속에서 조직의 어려움은 시작된다고 한다. 앞장에서 보았듯이 계층제는 많은 문제를 유발시킬 요인을 가지고 있다. 그러나 계층제가 없는 조직을 상상하기에 어려움이 있듯이 계층제가 없다 하더라도, 있는 것과 같이 조직을 운영하는 데 문제가 없다면 계층제가 없는 것이 좋으며, 그렇다면 관료제 조직이 가지고 있는 많은 역기능적인 문제가 발생하지 않을 것이다.

그와 같은 맥락에서 Kerr와 Jermier는 리더십의 대체요인들을 다음과 같이 제시하였다:

① 경험과 직무전문성: 직무에 관한 필요사항을 많이 알고 직무를 오랫동안 수행한 숙련노동자들은 감독자에게 의존하는 것이 적다.
② 전문적인 교육, 훈련, 배경: 전문 고용인들은 사전 고용훈련 혹은 교육을 통하여 직무에 관한 필수사항을 습득한다. 그들은 리더로부터 지도보다 그들의 직무에 관한 전문적 기준을 중시한다.
③ 협력자와 동료: 협력자와 동료들이 지니고 있는 집단규범, 비공식리더, 혹은 관리자 간의 경쟁력 등은 고용인의 행태에 영향을 끼친다.
④ 규칙, 정책, 절차: 고용인들의 작업이 매우 구조화되어 있고, 명확하게 정의되어 있어서 리더십은 불필요한 것으로 여겨질 수도 있다.
⑤ 직무만족: 고용인 자신의 직무수행시에 대단한 만족감을 얻어서 리더에 의한 영향력 행사가 불필요한 것으로 여겨질 수도 있다.[120]

지금까지 논의한 바를 요약하면 리더십은 매우 복잡한 영역이나 대체적으로 민주적인 리더십을 구축하기 위하여 3가지 중요한 변수인 리더의 행태, 부하의 특성, 그리고 직무환경과의 상호작용을 고려하여야 한다고 지적할 수 있다. 이러한 상호작용을 적절히 고려한 Altman, Valenzi 그리고 Hodgetts는 [그림 6－5]에서 볼 수 있듯이 리더, 부하, 직무환경의 세 가지 중요한 요인으로 구성한 통합모형(Integrative Model)을 제시하였다.[121]

---

120 S. Kerr and J. M. Jermier, "Substitutes for Leadership: Their Meaning and Measurement," *Organizational Behavior and Human Performance* (December 1978), p. 378.

121 Szilagyi & Wallace, *op. cit.*, pp. 345–347; Altman, Valenzi and Hodgetts, *op. cit.*, pp. 306–307.

그림 6-5
통합모형

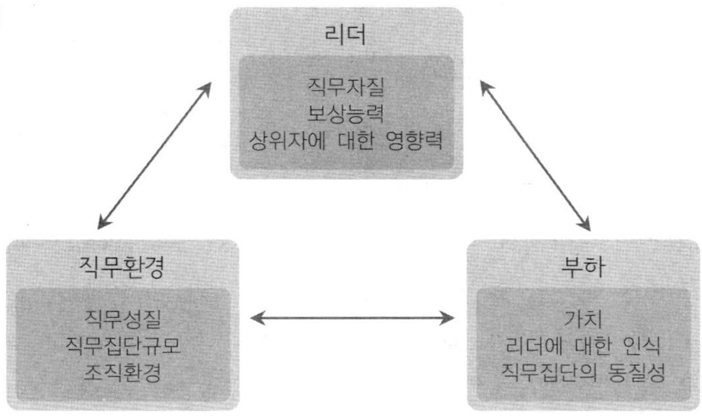

출처: Steven Altman, Enzo Valenzi and Richard M. Hodgetts, *Organizational Bebavior: Tbeory and Practice*(Academic Press, Inc., 1985), pp. 306-307.

그들이 지적한 통합모형에 의하면 리더는 업무능력을 갖추고, 부하들이 업무수행을 잘 했을 경우 보상을 할 필요가 있으며, 보다 상위의 관리자에게 영향력(influence)을 미칠 수 있어야 한다. 만일 리더가 능력이 부족하다면 리더에 대한 부하의 인식은 좋지 않을 것이며, 그로 인하여 그들의 관계는 악화될 수 있다. 리더는 능력만으로는 부하를 통솔하는 데 한계가 있다. 업적(performance)과 보상(reward)체계에 대한 적절한 활용이 필요하다. 사람에 따라 욕구의 수준도 다르며, 사람에 따라 원하는 리더의 형태도 다르다. 만일 그들이 직무를 복잡한 것으로 여긴다면 인간관계중심형(employee-oriented)보다는 직무중심형(task-oriented)의 리더를 환영할 것이다.

부하들은 어떠한 종류의 가치를 가지고 있기 때문에 그에 적합한 조직에 들어온다. 어떤 사람은 상위 수준의 가치를 가지고 있고, 반면에 다른 부하들은 낮은 수준의 요구에도 만족 한다. 어떤 부하들은 도움을 주는 리더(supportive leader)를 원하고, 다른 사람들은 업무 중심적(task-oriented leadeer)인 보스를 원한다. 부하들은 리더와 업무에 대한 그들 나름대로 인식을 가지고 있다. 만약 업무가 단순하고 보스가 매우 지시적이라면 대부분은 그러한 리더십에 불만을 가질 것이다. 반대로 만약 어떤 부하들은 업무가 복잡하다고 생각한다면 대부분은 업무 중심적 리더를 환영할 것이며, 사람 중심적이고 업무에 낮은 관심을 가진 사람들에게는 만족하지 않을 것이다.

마지막으로 작업집단의 동질성을 들 수 있다. 만약 전 집단이 서로 의존해야 하며 일괄작업 열(assembly line), 수술팀 혹은 축구팀의 경우와 같이 응집력이 있는 집단이라면 사람들을 높게 배려하는 사람 중심적 리더(people-oriented leader)가 자주 환영을 받는다. 그러나 부하들이 자신들이 원하는 대로 하며 조정과 방향이 필요하다면 업무중심적인 리더가 가장 적합할 것이다.

업무환경적인 측면에서 리더는 역시 업무의 성격을 파악하여야 한다. 높은 업무의 만족과 성과를 올리기를 희망한다면 일상적인 구조화된 업무들은 도움을 주는 혹은 배려하는 리더십(supportive of considerate leadership)을 일반적으로 요구한다. 복잡한 업무는 업무중심적인 리더를 요구한다. 리더는 작업집단의 규모도 고려하여야 한다. 규모가 작은 집단인 경우 리더들은 사람들 간의 상호작용을 강조하면서 다소간 기술 전문가가 되는 경향이 있다. 그러나 개인들이 서로 독립적이고 규모가 거대한 조직인 경우 효과적인 리더십 형태는 개인들 간의 업무달성과 갈등해결을 강조하는 경향이 있다.

마지막으로 고려할 것은 조직의 분위기이다. 만약 관리 혹은 리더가 많은 규칙과 규정의 집행을 고집한다면 독재적인 리더스타일이 요구될 것이다. 만약 사람들이 자신들의 결정을 자유스럽게 하고 자치 및 분권이 권장된다면 민주적 스타일이 가장 적합할 것이다.

리더, 부하 및 직무의 환경 간에 긍정적인 상호작용이 가능해지면 업무달성이 용이할 뿐만 아니라 관료들의 만족도 증진될 것이다. 특히 이러한 분위기하에서 관료들이 스스로 의사결정을 자유롭게 한다든지 혹은 의사결정과정에서 참여의 자유가 보장된다면 관료들 간에 상호견제가 가능하고 더욱이 관료제가 개방화의 정책을 추구하는 데 대단히 유리할 것이다. 그 결과 민주적 리더십이 관료조직 내에 뿌리를 내릴 수 있으며, 이는 내부 민주통제체제의 발전에 필수적인 여건이다.

실로 리더십이론은 아주 복잡한 과정이며 조직의 리더십은 아직까지 보편타당성(universally accepted theory) 있는 이론은 없다. 리더가 그 주변에 있는 모든 요소들을 이해하고 난 후 가장 효과적인 형태를 선택한다는 것은 거의 불가능한 일이다.

Szilagyi와 Wallace 역시 리더십의 통합모형을 제시하였는데[122] 그의 모델의 두 가지 전제는 관리적인 특징(managerial characteristics)과 인과속성(causal attributes)이다. 관리적인 특징은 성격특징, 욕구, 그리고 이전의 경험과 강화(예: 학습)를 의미하며, 인과적 속성은 관찰 cues(consensus, consistency, and distin-ctiveness)들과 부하들의 형태가 내부 및 외부의 요소들에 기인하는 정도를 거론한다. 리더십 형태들은 과정과 스타일로 나누는데, 과정으로는 임명, 집행, 평가 및 보상을 다루고, 스타일로는 도구적(instrumental), 지원적(supportive), 참여적(participative) 및 성취형(achievement)이 있다.

부하들에 대한 리더십환경의 영향은 부하들의 개인적인 특성인, 즉 성격, 능력, 욕구와 동기, 그리고 과거의 경험과 강화(예: 학습)에 의존한다. 상황에 대한 영향을 평가할 때 3가지의 중요한 요소들을 고려하는데, 이들은 업무의 성격, 즉 업무의 일상성, 명확성, 예측성 및 난이도와 같은 요소들을 강조한다. 둘째로 집단의 성격은 발전의 시기, 구조, 규범 및 응집성을 고려한다. 셋째로 조직적인 요소들은 규칙, 절차, 전문성, 환경의 불확실성 그리고 시기 등을 포함한다. 리더십과정의 결과는 리더와 부하와의 산출을 의미한다. 이 산출을 평가하는 기준은 생산성, 업적달성의 정도, 동기부여, 이직률 및 결근율 등이다. 마지막으로 환류는 리더십의 동태적 문제를 고려한다. 리더의 형태는 어떤 결과를 이끌고, 그러나 이들의 결과는 형태의 수준을 변경하게 할 수 있고 다른 상황변수에 영향을 미친다.

Szilagyi와 Wallace의 통합모형이 모든 변수들을 다 파악하였다고 볼 수 없으나 상당한 부분을 포함하였다는 것은 이해할 만하다. 관리자들을 훈련하는 가장 중요한 문제는 리더십 과정에 영향을 줄 수 있는 많은 요소들을 진단하고 평가하기 위한 능력을 발전시키는 것이 중요하다.

리더십은 개인의 선호가 불안전하고 개인의 욕구가 다른 사람들에게 어떠한 영향을 끼칠 것인지를 이해하기 어렵기 때문에 필요하다. 아무리 공식조직의 구조를 발전시킨다고 하더라도 사회변화와 가치관의 변화에 따라 끊임없이 변하는 조직구성원들을 완전히 통제한다는 것은 거의 불가능하기 때문에 리더십은 역시 필요하다. 때로 시민들은 혼란을 야기한 신중하지 못한 공공정책을 지지할 수도 있다. 개인들의 선호가 책임 있는 집단행동을 보장하지 못할 뿐만 아

---

122 Andrew D. Szilagyi, Jr., and Marc Jr., *Organizational Behavior and Performance*, 5th ed. 1990, Harper Collins Publishers, pp. 422-424.

니라 심지어는 진정으로 자신들이 무엇을 원하는지를 깊이 생각하지 않을 수도 있다.

현대 리더십 이론으로서는 상황 이론 이외에도 1970년대 이후에도 계속 새로운 이론들이 제기되고 있다. 수직적－쌍방관계 연결이론, Hersey와 Blan－chard의 리더십 상황이론, 리더십의 대체이론, Yukl의 다중연결모형, 상징적 행동으로서의 리더십, 속성이론 등을 본 장에서 논의를 하였다. 이제 최근에 많이 거론되고 있는 거래적 리더십과 변혁적 리더십에 대하여 논의하고자 한다.

5) 거래적 리더십(Transactional Leadership)

Burns는 거래적 리더십을 리더가 부하들에게 거래적 의도를 갖고 접근하는 과정이라고 정의한다. 이 이론에 의하면 리더와 부하는 서로 상대방의 힘과 태도 그리고 제공 가능한 자원을 인식하고 있으며, 리더와 부하 간의 거래적 교환대상은 경제적·정신적 요소들이라는 것이다[123] 즉 리더십은 한 개인이 어떤 행위나 보상, 인센티브를 사용해서 다른 사람들로부터 바람직한 행동을 일으키는 과정으로 이해하고 있다. 이 과정의 핵심은 리더와 부하 사이에 교환이나 거래가 일어난다는 것이다. 이때 리더의 거래적인 역할을 거래적 리더십(Transa－ctional Leadership)이라고 한다.[124]

거래적 리더들은 부하들이 무엇을 원하는지를 인식하고 있으며, 부하들의 노력의 대가를 어떻게 만족시켜 주어야 하는지를 이미 알고 있다. 이러한 거래적 리더들이 성공하기 위해서는 리더들에 대한 리더십 훈련이 필요할 것이다.[125] 추종자들에게 물질적 또는 심리적 욕구를 채워 주는 조건으로 그들의 조직 기여를 도모하는 것으로 보았다.

이러한 과정에서 부하들을 고무하는 방법으로 첫째, 부하들에게 기대하는 성과를 명확하게 명시하고, 둘째, 그러한 기대를 만족시킬 수 있는 방법을 설명하며, 셋째, 성과측정방법을 명시하며, 넷째, 목표에 비추어 올바른 피드백을 제공하고, 다섯째, 보상분배의 공평성이라고 하였다. 즉 리더는 부하들이 원하는

---

123 Burns, J. M., *Leadership*, New York: Harper & Row, 3, 1978.

124 Richard L. Daft, *Leadership: Theory and Practice*, The Dryden Press, 1999. p. 427.

125 Bernard M. Bass, *Transformational Leadership: Industrial, Military, and Educational Impact*, by Lawrence Erlbaum Associates, Inc., 1998. pp. 92-116.

보상을 제공하고 그 대가로 부하들로부터 리더가 원하는 업무성과를 제공받는 관계라고 할 수 있다.

6) 변혁적 리더십(Transformational Leadership)

변혁적 리더십은 Burns에 의해 제기되었다. 그는 처음으로 거래에 관심을 둠으로써 부하들의 욕구를 끌어 올리고 개인, 집단, 조직의 성과를 극적으로 향상시키려고 시도하는 변혁적 리더십의 구별하였다.[126]

거래적 리더십에서는 리더는 부하와 경제적 또는 물질적 성격이 교환관계를 가지지만, 변혁적 리더십에서는 리더의 가장 주된 관심사로 부하들의 신념, 가치, 욕구의 변화를 도모하는 것이다.[127] 그러므로 거래적 리더십에서는 리더의 직접적인 영향력 행사로 인한 부하들의 순응을 요구하였으나, 변혁적 리더십에서는 부하들의 개인의 자유, 정의, 평등, 평화 등 인본주의 등과 같은 높은 차원의 가치에 호소하여 그들의 의식을 고양함으로써 한층 더 높고 넓은 기여를 추구한다는 것이다.

어떻게 변혁적 리더들이 그들의 부하에게 영향을 주고 변화를 가져올 수 있을까?

변혁적 리더는 카리스마리더들이다. 그들은 조직에 좋은 것들이 어떻게 있을 수 있는가에 대한 비전을 가지고 있다. 카리스마 리더는 그의 비전을 자신들의 근로자들과 소통하며, 그들의 환상과 열정을 통하여 근로자들이 환상적으로 이 비전을 지지하도록 유도한다. 이 비전의 감동을 전달하기 위하여 카리스마 근로자들이 리더들을 존경하고 찬양하는 것을 장려한다.

변혁적 리더들은 그들의 근로자들이 집단이나 조직의 문제들을 이해하도록 능란하게 근로자들을 자극하고 새로운 관점, 즉 리더의 비전과 일치하는 관점에서 문제를 보도록 영향력을 가한다. 이 비전은 질, 업적 및 생산성을 향상하는데 관리자들은 돕는다. 변혁적인 리더는 근로자들을 높은 이상에 초점을 두면서 동기부여한다.

Yukl은 카리스마적 리더들은 부하들에게 그들의 성과에 대하여 높은 기대

---

126 Bass, B. M., *Leadership and Performance Beyond Expectations*, New York: Free Press, p. 12.
127 Tichy, J. and M. A. Devanna, *The Transformational Leader*, New York, John Willey & Son, 1986, p. 45.

감을 가지고 있음을 인식시키고, 동시에 부하들에게 신뢰감을 자주 표현하는 경향이 있다.[128]

Conger와 Kanungo는 카리스마가 가지고 있는 특징으로 자신감, 관리적 기술, 상황을 정확히 파악할 수 있는 능력, 그리고 전략수행을 위한 기회와 욕구를 이해하는 데 필요한 사회적인 감수성과 감정이입 등을 들었다.[129]

Kuhnert와 Lewis는 변혁적 리더십이란 개인적 가치와 리더에 대한 부하들의 확고한 믿음이나 신념을 유발시키고, 리더가 부하들에게 확실한 목표를 설정해 주고 모범을 보이며, 부하들의 요구에 대한 세심한 고려와 적절한 자극을 통하여 조직 및 구성원들의 성과와 만족도를 제고할 수 있는 방향으로 이끌 수 있는 리더십이라고 언급하였다.[130]

리더십의 거래적 및 변혁적 개념이 거론되기 시작한 것은 어떤 리더는 부하들로부터 탁월한 업적을 가져올 수 있는 반면, 다른 리더들은 그렇지 못하였던 리더십연구에서 유래되었다. 변혁적 리더들은 부하들을 감동시켜 다수의 이익을 위하여 개인의 이익을 초월하게 하는 동시에 부하들에게 많은 영향력을 가질 수 있는 리더들이다. 다른 한편 거래적 리더들은 조직의 정상적 및 만족할 만한 기능을 유지하는 리더와 부하들 사이의 일상적인 교환을 의미한다.

변혁적 리더십은 거래적 리더십과 대조적이다. 거래적 리더는 존재하는 조직의 규율과 리더의 원하는 것에 동의하는 조건으로 보상교환에 따른 부하들의 복종에 초점을 두고 심지어는 그들의 리더십 책임까지도 포기한다.

이와 같이 거래적 리더십은 높은 업적을 위한 보상을 교환하고, 실수를 하거나 수준 미달의 업적을 가져오는 부하들을 지적하고 질책을 가함으로써 근로자들의 동기를 부여한다.

변혁적 리더는 높은 수준의 업적에 보상을 하는 것과 같이 거래적 리더의 역할을 수행하기도 한다. 그러나 변혁적 리더는 거래적 리더보다 한 단계 더 앞선다. 변혁적인 리더십은 부하에게서 잠재적인 동기부여 요인을 찾아내고, 상위

128 Yukl, G. A. *Leadership in Organization*, 2nd. ed. Englewood Cliffs, N. J. Prentice-Hall, p. 206.

129 Conger J. A. and R. N. Kanungo, "Toward a Behavioral Theory of Characteristic Leadership in Organizational Setting," *Academy of Management Review*, vol. 12, No. 4, pp. 637-647.

130 Kuhnert, K. W. and P. Lewis, "Transactional and Transformational Leadership: A Con-structive/ Development Analysis," *Academy of Management Review*, 1987 vol. 12, No. 4, pp. 649-650.

욕구들을 만족시키기 위하여 리더는 노력하며 그리고 부하들의 충분한 인격을 존중하는 특징이 있다. 변혁적 리더는 근로자들이 조직을 재활성화하기 위한 필요를 이해하는 데 도와준다. 근로자들이 다른 조직을 방문케 하여 변화를 동기부여할 수 있는 방법도 활용한다. 이러한 과정을 통하여 근로자 혹은 부하들은 전적으로 거래적 리더십 아래 종사하는 것보다 더 성장하고 발전한다. 그러므로 리더의 역할에서는 부하들을 가르치고, 부하들의 고충을 들어주고, 일치된 의사결정을 이루는 것을 강조한다. 부하와 상사 간의 직접적인 접촉, 양 방향의 의사소통을 강조하며, 그렇게 함으로써 부하들의 자아상을 확립시켜 주고, 부하들의 정보 확보에 대한 욕구를 고양시키며, 의사결정에 따르는 결과에 대하여 책임의식을 갖도록 만들어 준다. 이러한 관리 철학과 조직 문화가 관료사회의 내부 민주통제체제가 발전하는 데 중요한 역할을 할 것으로 기대한다.

변혁적 리더로서 행동하는 관리자는 다음 세 가지 방법으로 근로자들을 동기부여한다.

① 리더는 높은 생산성 혹은 능률과 같은 어떤 결과의 중요성에 대하여 근로자들의 지각수준을 올린다.
② 리더는 근로자들이 개인의 이익보다 그들의 작업팀을 이롭게 하는 것에 집중하는 근로자들의 가치를 높이 평가하는 것을 보여준다.
③ 리더는 근로자들이 도전, 책임 및 성장을 중요시 여기도록 근로자들의 필요수준을 끌어 올린다.[131]

변혁리더십은 Burns의 세미나 과제인 리더십에서 인기를 얻었다.[132] Burns에게 리더십은 집단목적에 관련이 있고, 리더십의 효과성은 실제적인 사회변화에 의하여 판단되며, 리더십 효과는 의도와 인간욕구 및 기대의 만족에 의하여 측정된다.

넓은 의미에서 변혁적 및 거래적 리더 간의 차이를 지적한다면 변혁적 리더는 조직에 혁명적이고 근본적인 변화를 가져올 수 있는데, 거래적 리더도 물론 조직의 변화를 가져올 수 있으나 근본적인 변화 없이 진화적 및 적응적 리더

131 Jamil E. Jreisat, *Public Organization Management*, *op. cit.*, p. 160.
132 Burns, James MacGregor, *Leadership*, New York: Harper & Row, 1978, p. 3.

의 스타일이란 특색에서 차이점이 있다.[133]

변혁적 리더십은 특히 조직의 목적에 영향을 끼칠 수 있는 전략적인 문제들에 관심이 있다. 실제로 리더십은 조직의 전반적인 상황에 의미 있는 영향을 줄 수 있다. 리더십의 많은 실패들은 조직의 진정한 목적을 제대로 잘 이해하지 못하는 데서 온다. 또는 리더십의 태만은 리더들이 목적을 설정하지 못하거나 혹은 아무리 목적을 교묘하게 만들었다고 하더라도 단지 표면적으로 이해한다든지 혹은 그 목적들이 순수하게 조직의 전반적인 구조에 영향을 끼치지 못할 때 발생한다.

변혁적 리더십에 대한 연구는 아직 초기 단계에 있다. 그러므로 Bass의 변혁적 리더십이론의 장점을 말한다는 것은 아직 시기상조다. 그럼에도 불구하고 많은 연구들은 변혁적 리더십이 근로자들을 부추겨 높은 수준의 업적을 달성케 하였으며, 그로 인하여 근로자들의 개인적인 발전과 직무만족을 갖게 하였다고 한다. 변혁적인 리더십은 목적을 달성하는 데 실패하였거나 혹은 많은 문제를 가지고 있는 조직에 필요한 리더십이라고 볼 수 있다.

변혁적인 리더십의 성공은 첫째로 조직의 구성원들이 서로 공유할 수 있고 조직의 업적에 뚜렷한 영향을 가할 수 있는 알맞는 문화를 활용할 수 있는 필요조건을 가지고 있다. 문화는 일관성, 조직 전반적인 동의 및 명확성의 특징을 가지고 있다.[134] 조직의 문화를 보다 깊이 이해한다면 조직 내에 무엇이 진행되고 있는지 뿐만 아니라, 보다 중요한 것은 리더들과 리더십을 위하여 우선적인 문제가 무엇인지를 아는 것이다. Schein은 문화와 리더십의 조직 측면을 똑같은 동전의 양면으로서 보았다.[135] 그는 리더가 해야 하는 참으로 중요한 것 가운데 하나는 문화를 창조하고 관리하는 것이며, 그리고 리더의 진정한 재능은 문화를 활용할 수 있는 재능이다.

변혁적인 리더십이 성공하는 데 두 번째 필수조건은 조직을 관리하는 데 조직의 구성원들에게 참여할 수 있는 권한을 주는 것이다. 물론 참여는 조직분

---

133 French, Wendell L. and Cecil H. Bell, Jr. *Organization Development*, 4th ed. Englewood Cliffs, NJ: Prentice-Hal. 1995, p. 85.

134 Frost, Peter J., Larry Moore, Meryl R. Louis, C. C. Lundberg, and Joane Martin, Reframing Organizational Culture, Newbury Park, CA: Sage. 1991, p. 11.

135 Schein, Edgar H., *Organizational Culture and Leadership*, San Francisco, CA: Jossey-Bass. 1985, p. 2.

석에서 새로운 개념이 아니다. 인간관계론 관점들, Likert의 체제 4, 그리고 McGregor의 Y이론 등은 참여가 그들 이론의 중심적인 개념이다. 오늘날 팀 구성, Q.C, TQM, 그리고 재구조 운동들은 모두 좋은 업적을 산출하기 위한 중요한 이론들이며 중심적인 개념으로 구성원의 참여 권한을 높이 평가한다. 참여는 많은 업적을 가져오고, 문제에 대한 더 나은 해결책을 산출하며, 결정을 더욱 잘 받아들이는 데 중요하다.

따라서 참여와 리더십과의 관계는 분명하고 근본적이다. 그러므로 Burns는 리더십을 리더들이 부하들로 하여금 가치와 동기부여 그리고 리더와 부하들의 열망과 기대를 나타내는 어떤 목적을 위하여 행동하도록 유도하는 능력이라고 주장하였다. 리더십은 변화를 조성할 수 있고 변화를 실현할 수 있는 능력이 있다. 미래에 대한 상상, 즉 비전은 리더의 도움 없이 그 자체만으로 조직에서 우수한 업적이 달성되리라고 보기에는 불충분하다. 리더의 비전을 그 자신의 것으로 받아들이는 부하가 없는 리더는 상상하기 어렵다.

조직의 비전을 다른 사람들이 받아들이게 하기 위하여 리더는 목적을 설명하고 신뢰를 발전시키며, 그리고 변화를 위한 적절한 수단을 효과 있게 하기 위하여 의사소통의 과정을 이용한다. 그 이외에도 부하들은 명령보다는 리더의 행동에 따른다. 그리하여 리더는 솔선수범해야 한다. 리더는 부하의 공을 차지하지 말아야 하며, 부하들에게 베풀어야 하고 비전을 공유해야 한다. 역시 리더는 겸허해야 한다. 수고하고도 자랑하지 아니하며, 공을 세우고도 자랑하지 말며 덕을 보는데는 남보다 뒷전에 서고 자기를 낮추어야 한다. 이러한 리더십을 내부 민주통제체제는 요구할 것이다.

제3절 대표성(Representations)

Herbert Kaufman은 '행정 분권화와 정치권력'(Administrative Decentralization and Political Power)이라는 논문에서 공공행정과 행정 리더십을 단순히 집행 리더십 이외에 두 가지 기본적 가치를 더 추구하는 것으로 기술하고 있다. 이들 두 가지 기본적 가치는 대표성과 정치적 중립성을 유지할 수 있는 능력이다.[136] 대표성의 강조는 Jackson 시대에 가장 현저하였으며, 대표성의 지나친 강조에 대한 반동으로 정치적 중립성과 집행 리더십을 강조하는 개혁운동이 일어났다. 현재는 대표성의 새로운 형태를 탐색하는 가운데 기존의 가치들에 대한 의혹이 제기되고 있다.

사실 '대표관료제 이론'은 1940년대 초에 비로소 연구가 활발히 진행되었으며, 이것은 현대 서비스국가에서 관료제의 역할과 권력에 의해 야기되는 책임성의 문제를 헌법과 행정이론이 충족시키지 못하였기 때문에 발전하였다.

입헌주의(constitutionalism)는 관료제를 하나의 정부기구로 인정하지 않았으며, 의회의 주요 기능은 관료제를 통제하고 지배하는 것이었다.

현대 서비스 국가의 출현과 더불어 관료는 단순히 중립적 도구가 아니라 실제로 정책을 결정하는 데 깊이 관여하게 되었다. 관료가 광범위한 자유 재량권을 행사하기 시작하자 자연히 관료의 책임성과 대표성 문제가 대두되었다.

대표관료제의 주창자들은, 현대 관료제의 성격, 범위 및 권력 때문에 입법부, 행정부 및 사법부와 같은 전통적인 외부통제기관들이 현대 관료제의 행정책임을 보장하는 데 부적합하며, 더욱이 지나친 관료제에 대한 통제는 관료제를 경직시키고 비능률적으로 만들게 될 것이라고 주장한다. 이러한 상황 하에서 관료 자신들이 스스로 행정의 책임을 지는 것이 요구된다고 대표관료제 제안자들은 주장한다. 또한 이러한 책임성 문제에 대처하려면 관료제가 대표성을 확보해야 한다고 주장하고 있다. 그러므로 대표성은 관료제 내에 민주통제모델을 발전하기 위해 필요한 요인들 가운데 중요한 변수라고 보는 이유이다. 물론 대표성에도 찬반의 논리가 있다. 이들을 검토하면서 대표성이 내부민주통제모델에서 어떻게 역할할 수 있는지 논하는 것은 중요하다고 사려된다.

현재까지 대표관료제의 정의에 대한 어떤 합의도 이루어지지 않고 있다. 예를 들어 Donald Kingsley는 대표관료제를 국민에 의해 선출된 사람과 집행하는 사람들이 동일한 사회적 배경과 유사한 사회관을 공유하는 상황으로 언급하고 있다.[137] Kingsley에 의하면, 대표관료제는 그 사회의 '구성 체제,' '지배적인 세력,' '기능계층,' '인적 배경'을 반영(mirror)한다. Paul Van Riper는 정부의 행정

136 Herbert Kaufman, "Administrative Decentralization and Political Power," *Public Administration Review* (January/February 1969), pp. 3–15.

137 Donald J. Kingsley, *Representative Bureaucracy: An Interpretation of the British Civil Service* (Yellow Springs, Ohio: Antioch Press, 1944), p. 273.

행태와 실제 및 기대에 대해 관료집단의 의견과 사회구성원 혹은 지역공동체의 의견에 미세한 차이가 있는 것을 대표관료제라고 정의하였다.[138]

이러한 개념은 관료제가 자신의 의사대로 행동하는 독립된 기구가 아니라 지역사회의 이익, 여론 및 가치를 서로 공유하며, 국민의 의사를 반영하고, 광범위하게 국민을 대표하는 것을 의미한다.

Van Riper는 대표관료제적 특성에 기초한 관료제의 통제는 다른 통제수단들보다 책임성 확보 면에서 효과적이라고 주장한다. 그에 의하면 의회 또는 대통령이 관료제를 통제하는 것은 "바깥에서 안을 들여다보는 것과 같이" 통제하는데 많은 문제점을 가지고 있다고 한다. Van Riper는 이러한 접근법은 "공무원이 정치적 및 사회적 관습을 명백히 위반한" 상황에서만 타당하다고 주장한다.[139]

Harry Kranz는 대표관료제는 어느 특정한 정부기관 내에 각 소수민족 집단(minority group)의 비율이 그 기관의 관할지역 내에 살고 있는 소수민족의 집단 비율과 동등하게 유지하는 것이라고 제안한다.[140]

또한 Kranz는 관료제 내에 소수민족 집단의 참여증가는 다음 4가지 중요한 측면에서 관료제의 민주화를 촉진시킬 것이라고 주장한다.[141]

① 소수민족의 구성원들은 엘리트 리더십의 특성, 견해, 가치에 오랫동안 순응해 왔던 행정기관에게 다양한 특성, 배경, 가치를 유입시킬 것이다.
② 새롭고 특이한 근로자들인 소수민족집단의 구성원들은 그들의 이익, 신념, 또는 권력이 위협받는 가운데서 갈등을 일으키기 쉽다. 그러나 갈등은 건설적일 수 있다. 그들 간의 대결은 권력을 평가하게 되고 그리고 나서 실제상황에 대한 조직체제의 적응을 가져오며 궁극적으로는 조직의 평화를 이끈다.
③ 다양성과 갈등이 조직 내에서 모호함과 궁극적으로 조정을 야기하는 것과 같이 소수민족에 의한 참여는 건설적인 변화를 가져오는 데 도움이 될 것이다.
④ 소수민족의 이익과 사회 형평이론은 시민이나 직장에 있는 근로자 모두를 위하여 정의, 공평(fairness) 그리고 민주적 형평에 대한 주장을 하는 가운데 서로 융합된다.

---

138 Paul P. Van Riper, *History of the United States Civil Service* (New York: Harper and Row, 1958), p. 552.
139 *Ibid.*, p. 550.
140 Harry Kranz, "Are Merit and Equity Compatible?" *Public Administration Review* 34 (Sept./October 1974), p. 435.
141 Idem, *The Participatory Bureaucracy* (Lexington, Mass.: Lexington Books, D. C. Health and Co., 1976), p. 109.

그러나 Kranz가 논의한 소수민족 참여에 따른 장점에도 불구하고, 실적제에 의해 충원된 전문가와 소수민족 및 저소득층 사람들에게 참여기회를 확장하기 위하여 노력하는 사람들 간에 심각한 긴장이 자주 일어나고 있다.

Frederick Mosher는 수동적인 대표성과 적극적인 대표성을 구분한다. 전자는 공무원의 출신 배경이 전체 사회를 대표하는 정도에 초점을 둔 것이다.[142] 후자는 관료가 대표하려고 하는 사람들, 또는 그들이 전체 국민일 수도 있고 일부 국민일 수도 있는 사람들의 이익과 욕구를 추구하는 상황을 의미한다. 이와 같이 대표성의 개념은 풀어야 할 많은 의문과 다루어야 할 많은 문제를 포함하고 있다. 여기서 제기할 문제는 이러한 상황에서 대표성을 통하여 행정책임이 증진될 수 있느냐는 것이다.

대표성에 관한 정의에서 논한 바와 같이 대표성이 사회 내의 각 집단으로부터 균형 있는 비율로 관료를 채용함으로써 이루어질 수 있다는 것은 명확하다. 대표성의 타당성은 가치, 태도, 신념, 이익 등이 서로 비슷하거나 혹은 닮은 사람이 관료제 내에서 유사한 환경을 만나면 유사한 행동을 할 것이란 가정에 기초를 두고 있다.

그러나 Mosher와 Larson에 의하면, 사람의 배경과 임용되기 전의 사회화와 임용된 후 직장에서 그의 태도와 행태 사이의 관계에 대한 연구는 거의 없다.[143]

특히 Mosher는 임용 후 사회화 과정에서 작용하는 상당수의 매개변수를 지적하고 있다.

조직 내에 있는 시간의 길이, 임용 전의 배경과 임용시기와의 시간간격, 조직 내 사회화 과정의 성격 및 강도, 직위의 성격, 예비교육의 기간 및 내용, 직무와 부서 이외 다른 집단과 연합의 강도 등.[144]

이외에도 Robert D. Miewald는 관료제는 바로 그 자체의 특성 때문에 대규모 사회에서 대표성을 갖지 못하는 경향이 있다고 주장한다.[145] 이러한 경향

---

142 Frederick C. Mosher, *Democracy and the Public Service* (New York: Oxford University Press, 1968), p. 12.

143 Arthur D. Larson, "Representative Bureaucracy and Administrative Responsibility: A Reassessment," *Midwest Review of Public Administration* (April 1973), p. 83.

144 Mosher, *op. cit.*, p. 13.

145 Robert D. Miewald, *Public Administration* (New York: McGraw-Hill Book Co., 1978), pp. 61-65.

은 전문성, 기술적인 숙련, 능력 및 합리성에 높은 비중을 두는 사회에서 더욱 두드러진다. 사실 조직사회화는 외부집단의 영향력을 희석시키는 경향이 있다. 이러한 경향은 민주행정에 많은 갈등을 야기하는데, 전문화와 민주적 참여 혹은 대표성 사이의 갈등이 그 예이다.

대표성에 대한 다른 비판은 모든 집단들이 관료제에 동등하게 대표될 수 있는지에 관한 것이다. 다원주의자들은 관료제가 사회의 모든 이익을 대표하고 있다고 주장한다. 이론적으로 가능한 일이다. 그러나 관료제가 일상적으로 어떻게 기능을 하는지를 살펴보면, 관료제가 사회의 모든 이익을 대변하고 있다는 주장은 설득력이 없다. 대체적으로 미국 국민의 대부분은 중산층이며 관료의 대부분도 중산층 출신이다. 그러므로 관료제는 자동적으로 다수의 이익을 대표하기 때문에 관료제 앞에서 집단 간에 그리고 개인 사이에 자유경쟁이란 존재하지 않는다. 비록 대표성이 관료제가 다른 집단을 희생시키면서까지 특정 집단을 선호하는 것을 막을 수는 있을지라도, 관료제가 모든 집단의 이익과 요구에 동등하게 봉사할 것이라는 것을 보장할 수는 없다.

특히 대표성이 행정학 분야에서 더욱 발전하지 못한 이유로서 Gordon은 행정 관료들이 직접적인 정치적 압력으로부터 오랫동안 격리되어 왔기 때문에 대표성에 대한 논의가 적극성을 띠지 않았다고 지적하였다.[146] 개념적으로 "정치와 대중의 감정표현은 사실상 동의어이다. 즉 정치적인 상호교환을 저해하는 것은 대중의 표현을 제한하는 것과 같다."[147]

위의 비판에도 불구하고 관료제의 대표성은 1960년대와 1970년대의 주된 논쟁의 대상이었다. 중요한 문제는 관료제가 자신이 봉사하는 정치사회를 대표할 수 있는가에 대한 것이다.

Norton Long은 관료제가 출신, 소득수준 및 친밀성뿐만 아니라, 광범위한 전문성 및 다양한 가치 때문에, 의회보다 그 구성면에 있어서 더욱 대표성과 민주성을 띠고 있다고 주장한다.[148] 뿐만 아니라, 의회의 의원들은 재선의 가능성을 높이기 위하여 그들 지역구의 이익을 최대한 보호하려고 할 것이다. 그러나 관

146 George J. Gordon, *Public Administration in America* (New York: St. Martin's Press, 1978), p. 403.

147 *Ibid.*, p. 403.

148 Norton E. Long, "Bureaucracy and Constitutionalism," *American Political Science Review* (September 1952), pp. 808–812.

료는 선거구를 가지고 있지 않기 때문에 국가 전체의 이익을 우선적으로 고려하는 데 유리할 수 있다. 따라서 관료가 의원들보다 대표성을 가지고 있다고 하는 견해는 전혀 타당성이 없는 것은 아니다.

어쨌든, Long의 견해는 의회는 엉성하게 국가를 대표하고 있다고 한 Gordon의 견해와 유사하다.[149]

Gordon에 의하면 의회는 선임자(seniority)가 권력을 장악하는 분권화된 위원회 체제하에서 여러 해 동안 운영되어 왔다. 그 결과 권력의 분배에 있어서 어떤 의원들은 다른 의원들에 비해 훨씬 더 대표성을 띠고 있다. 또한 위원회 위원장직은 항상 다수당의 의원에게로 돌아간다.

1960년대에 W. Lioyd Warner와 동료 학자들은 연방관료제가 시민을 '대표'하는지를 살펴보기 위하여 연방행정부에 관한 광범위한 사회학적 설문조사를 실시했었다. 연구결과에 의하면 대체로 미국의 고위공무원들은 그들의 부친이 상위 혹은 그와 동등한 수준의 행정직, 전문직, 관리직 혹은 그와 관련된 직종에 종사하는 가정에서 배출되고 있음을 보여주고 있다.[150]

저소득 및 저학력 부모를 가진 사람들은 정부 및 사기업체의 상위직위에서 찾아보기 어려웠다. 일반적으로 여성이 연방관료직에 고용되는 비율은 매우 낮았다. 이와 같이 Warner의 연구는 부모의 직업 및 학력과 같은 기본적인 변수만을 토대로 대표성을 관찰한 것이므로 인종적 차원에 있어서의 대표성 문제를 다루지는 않았다.

1970년대에는 정치적으로 관련된 몇몇 특성들이 변하고 있었다. 예를 들면 미국 여성의 권익향상운동은 여성의 대표성에 대한 관심을 촉발시켰다. 인권운동과 다른 사회에서 일어나고 있는 인종 간에 갈등이 첨예화되면서 인종의 대표성 문제에 관심이 집중하였다. 이와는 달리 대표관료제에 대한 초기 연구는 공무원 계층의 배경이 전체인구를 대표하고 있는지에 집중되었다. 이러한 관심은 관료의 사회적 출신성분(social origin)에 대한 연구를 촉진시켰다. 그 결과 관료제 내에 모든 주요한 인종, 민족, 성별 집단이 적절히 대표되어 있는지가 오늘날 의미 있는 이슈가 되었다.

---

149 Gordon, *op. cit.*, pp. 401–402.

150 W. Lioyd Warner *et al.*, *The American Federal Executive* (New Haven, Conn.: Yale University Press, 1963), pp. 27–31.

보다 최근에 Samuel Krislov와 Kenneth John Meier는 미국의 연방체제가 실제로 대표성이 있는지에 대한 문제를 다루었는데, 그 연구의 결과는 다소 상이한 것이었다.[151] Krislov에 의하면 관료제에 대한 고전적인 정치적 중립성에 대한 요구는 관료들이 채용될 때 이미 정부에 가지고 들어오는 사회적 대표성은 물론 숙련과 자질의 일부를 희생시킬 수밖에 없다고 한다.[152] 그러한 비판에 대한 그의 대안은 정부관료의 숙련성, 견해, 판단력을 통합함으로써 관료제의 효과성과 대표성을 고양할 수 있다는 것이다.

1960년 중반에 연방정부의 일반 공무원과 사기업체의 일반 직원을 비교한 자료를 인용하면서 Krislov는 4가지의 사회적 특성－종교, 인종, 나이 및 소속정당－에 대하여 공무원과 일반 국민 사이에 상당한 유사성이 있다는 점을 지적하였다.[153]

Meier는 관료가 지니고 있는 전반적인 가치나 사회의 기원에 대하여 조사한 연구에서 연방공무원의 대표성을 발견하였다.

8개의 문제에 대한 태도조사에서 공무원과 일반 국민은 3가지 문제－Nixon 지지, 공화당원 그리고 Vietnam 철수－에 대하여 서로 간에 거의 차이가 없는 것으로 나타났으며, 고소득자에 대한 세율인상, 마리화나에 대한 합법화, 피고인에 대한 권리보호, 소수민족에 대한 정부지원 등 4가지 문제에 대해서도 서로 간에 상당히 유사한 태도를 보여 주었다.[154] 또한 Meier는 하위계층이 상위계층보다 훨씬 더 대표성이 있음을 지적하고 있다.[155]

이것은 연방공무원의 상위직급에 여성 및 소수민족의 대표성이 대단히 낮다는 비판과 일치하는 것이다. 그러므로 대표관료제의 관점에서 정부 관료제가 비난을 면하기는 어려울 것이다. 관료제의 대표성을 확보하기 위한 정치적 활동이 활발히 진행되었으며, 정부 내·외부에서의 압력이 여전히 증가하고 있다. 이러한 노력을 하는 사람들은 관료제 내에 소수민족의 대표성이 증가하면 관료제의 의사결정과정이 민주화될 것이며, 특히 소수민족 고객집단의 요구에 행정기

151 Samuel Krislov, *Representative Bureaucracy* (Englewood Cliffs, N.J.: Prentice-Hall, Inc., 1974); Kenneth J. Meier, "Representative Bureaucracy: An Empirical Analysis," *American Political Science Review* 69 (June 1975), pp. 526-542.

152 Krislov, *op. cit.*, p. 81.

153 *Ibid.*, p. 106.

154 Meier, *op. cit.*, p. 541.

155 *Ibid.*, p. 541.

관이 더욱 부응하게 될 것이라고 주장한다.

일부 경험적 조사연구와 규범적인 민주주의 가치는 이러한 가정을 지지한다. 그러나 행정 내부의 민주주의는 정부조직이 공공의 목적을 능률적으로 실현하기 위한 도구로서 간주된다는 관점에서 정치적 민주주의 원리와 목적에 상반될 수도 있다는 주장이 있다. 특히 이러한 현상은 정부조직의 구성원들이 전체 국민을 대표하지 않는 엘리트인 경우에 자주 일어난다.

소수민족의 대표성 확보라는 장점 이외에 Kranz는 대표관료제가 국가의 인적 자원을 좀 더 효율적으로 활용할 수 있게 할 수 있을 것이라는 점을 지적하였다.

> 대통령 경제자문위원회는 1973년에 320억 달러 이상, 즉 국민총생산량의 2.5%가 차별정책의 결과로서 낭비되고 있다고 추정하였다. 저소득층인 소수민족에게 지불되는 보수는 빠른 속도로 구매력을 활성화하였으며, … 따라서 다른 사람을 위해 더 많은 직업을 매우 신속하게 증진시켰다. 공공고용의 증가는 결국 고소득 상근직(full-time job)을 양산하였고, 그로 인하여 소수민족에 대한 세금징수가 증가하였으며, 정부의 지출비용을 줄였다. 이외에 공공고용의 증가와 소수민족에 대한 평등한 대우는 소수민족집단 구성원의 자기 파괴적 행위와 반사회적 행위를 감소시키는 경향이 있을 것이며, 동시에 다수민족에게도 이롭다는 것이다. 소수민족에게 봉급의 증액, 참여, 권력, 영향력을 제공함으로써 소외, 무력감, 허무주의, 냉담, 아노미, 불만족, 그리고 빈곤으로부터 발생하는 소수민족에 의한 반사회적 행동을 줄일 수 있을 것이다.[156]

대표성의 역기능적 측면을 분석하는 학자들은 관료제 내에 특정한 인종집단의 대표성을 증진하지 못한다면, 극단적인 인종분열이 초래될 수 있다고 경고한다. 특히 Frank Thompson은 관료제를 통한 인종집단들의 대표성 확보가 잠재적인 문제점들을 내포하고 있다고 지적한다.

> 미국 정부가 소수민족의 고용을 촉진하기 위하여 엄격한 할당을 강조하거나 또는 자리를 확보해 둔다면 직업을 구하는 백인들에게서 심각한 불만을 초래할 것이며, 엄청난 편파주의와 실적주의의 포기에 대한 비판이 널리 메아리치게 될 것이다. 미국의 다수민족인 백인의 불만은 정치적 배출구를 찾게 될 것이며, 결국 차별철폐조치를 철회하는 입법을 촉진하게 될 것이다. … 이러한 결과의 잠재비용 중의 하나는 임용된 행정가들의 사기저하로 인한 비용이 될 것이다. 공무원 자신들의 가치구조와 일치하지 않는 방법으로 행동 하는 공무원들은 직무불만족을

156 Kranz, *Participatory Bureaucracy*, pp. 109–119.

가져올 가능성을 증가시킨다. 불만족이 증가됨에 따라 결근이나 이직이 증가할 것이다. 결국 많은 고위공무원들은 관료제의 통제 메커니즘을 확립하기 위하여 막대한 기회비용을 지불해야 할 것이다.[157]

요약하면 많은 정치학자들은 관료제에 광범위한 공공대표성을 요구하고 있다. 만약 관료제가 전체인구의 모든 계층을 반영하려 한다면, 모든 집단에 참여를 개방하지 않으면 안 된다.

그러나 대표성의 정도는 대표성 있는 관료제가 공공정책에 어떠한 영향을 미칠 것인지 분명히 우리에게 알려 주지는 못한다. 대표성이 행정책임성을 어떠한 방식으로 향상시키는가? 행정책임성은 관료제의 절차적인 혹은 실제적인 목적 혹은 이러한 목적들을 추구하기 위한 제도적 수단으로 정의된다. 예를 들면 Paul Appleby와 Emmette Redford처럼 Long은 관료제의 대표적 성격은 국민을 이롭게 하는 정책을 산출케 하는 '절차'에 관료제가 따르도록 하는 것이라고 주장하면서 절차를 강조한다. 그러나 절차의 '적절성'에 대해서는 몇 가지 비판이 있다.

Robert Merton에 따르면 수단으로서 규칙·절차에 대한 관료제 집착은 관료제를 비탄력적이고, 비인간화하며 수단인 규칙을 목적가치로 전환하게 된다는 것이다.[158] 또 다른 학자들은 절차에 대한 강조가 사고의 범위를 축소시키기 때문에 책임성을 파괴시키는 획일적인 의사결정방식을 초래한다고 주장한다. 다시 말하여 절차에 대한 집착은 목표대체현상을 초래한다는 것이다.

대표관료제 이론에서 책임 있는 관료제는 사회 내의 개인과 집단의 이익과 요구를 위하여 봉사하는 관료제를 말한다. 이때 제기되는 문제는 관료제가 사람들이 원하는 것을 어떻게 발견할 수 있는가 하는 것이다.

Long은 관료제 내 이익의 다원주의가 사회 내 이익의 다원주의를 충족시켜 줄 수 있도록 정책을 이끌어 갈 것을 주장한다. 반대로 Appleby와 Redford는 사적 이익을 추구하려는 유인책은 행정가의 관심을 진정한 공공의 관심으로부터 멀어지게 한다고 주장한다. Redford는 특정한 정책 영역에서 이익을 추구하

157 Frank J. Thompson, "Types of Representative Bureaucracy and Their Linkage: The Case of Ethnicity," eds. Frank Gibson and Geoffrey Y. Cornog, *Public Administration* (Chicago: Rand McNally College Publishing Co., 1976), pp. 576–601.

158 Merton, *Social Theory and Social Structure*, pp. 254–255.

려는 이익집단, 의회위원회 및 행정기관의 삼각관계는 특정이익을 위하여 공익을 희생시키면서 자신을 위한 정책으로 왜곡시키는 경향이 있다고 주장한다.[159]

이러한 문제에 대하여 대안을 제시하는 Glendon Schubert는 관료제가 갈등하고 있는 모든 이익집단들 간에 균형을 가져오고 또한 균형관계를 회복시키기 위하여 최선의 노력을 다하면서 공익을 추구하려는 것을 보았기 때문에, 관료제는 다른 정책기관들에 의존함이 없이도 공익을 실현하는 데 최선을 다해야 한다고 지적하였다. Schubert의 모델에 의하면 관료들은 가능한 많은 사회의 대표적 가치를 대변할 것이며, 대중의 가치를 반영하는 관료 자신의 가치에 기초하여 정책을 결정함으로써 공익에 봉사할 것이다.[160]

공공정책을 형성하는 데 있어 관료 자신의 이익과 가치를 따르는 것이 관료의 책임성을 확보하는 길이라고 하는 Schubert의 주장은 다른 의문을 제기한다. 즉 공직에 있는 사람들이 우선적으로 자신의 이익을 생각하도록 훈련하는 것이 유익한 것일까? 공익은 개인 또는 집단이익의 합(合)인가? Schubert는 이러한 의문들에 대답하지 않았다.

Spiro에 의하면 시민을 위하여 관료는 책임성 확보에 유리한 상황을 유지하고, 개선하고, 또는 창조하는 데 책임을 져야 한다고 주장한다.[161] Spiro는 관료들이 자신의 의무를 다하기 위하여 헌법 및 법적인 한계를 넘을 수도 있다고 주장한다. 더 나아가 관료는 의회나 법원으로부터의 지시에 제약을 받지 말아야 하고, Finer의 견해와 같이 관료는 정치적 상관에게 책임질 필요가 없다고 한다. 그래서 Spiro의 책임성이론에도 몇 가지 의문점이 제기된다. 그러나 그가 강조하는 것이 부응성, 책임성, 효과성의 확보에 정책목적을 두어야 된다는 점은 확실하다.

---

159 Emmette S. Redford, *Democracy in the Administrative State* (New York: Oxford University Press, 1969), pp. 188–190.

160 Glendon Schubert, "The Public Interest in Administrative Decision_making: Theorem, Theosophy, or Theory?" *American Political Science Review* 51(1957), pp. 346–368.

161 Herbert J. Spiro, *Responsibility in Government: Theory and Practice* (New York: Van Nostand Reinhold Co., Little Educational Publishing, Inc., 1969), chapter 6.

제4절 시민참여(Citizen Participation)

대표관료제에 대한 광범위한 관심은 참여란 용어가 유행했던 1960년대에 활발히 전개되었다. 현대는 급격히 성장하는 공공관료제의 병폐를 치유하는 방안으로 참여적이고 민주적 행정을 요구하고 있다. 아울러 시민참여가 내부민주통제모델의 발전을 성숙하게 하기 위하여 관료제를 참여적이고 민주적인 행정을 정착시키는 데 어떠한 역할을 할 수 있는지 설명하고자 한다. 실제로 시민참여는 관료제를 민주화하며, 정치활동을 자극하고, 공동체 조직을 건설하고, 저소득층에게 더 많은 직업을 제공한다고 주장한다.

지방정부의 문제에 대한 중앙정부의 관여, 과학적 관리에 대한 매혹, 그리고 현대사회에 있어 관료의 합리적 정책결정을 지나치게 강조하는 것과 같은 과거의 경향들이 오늘날 정책문제에 대한 시민들의 참여기회를 축소시키곤 한다.

시민참여는 현대사회에서 참여 민주주의의 강조와 함께 행정부의 권력남용 견제 필요성이 증대되면서 더욱 확대되고 있다. 시민참여는 정부의 정책결정과 집행에 일반 시민이 참여해 영향을 미치고 행정의 일탈을 감시할 뿐 아니라 행정에 대한 시민의 지지를 확산시킨다는 측면에서 그 의의가 있다. 현재 우리나라에서 시행되고 있는 시민참여의 방법으로는 자문위원회, 공청회, 청문회로부터 시민운동단체에 참여하고 국민감사를 청구하는 등의 활동까지 포함한다. 그러나 이러한 시민참여는 관료들이 자의적 판단에 따라 참여를 유도함으로써 행정행위에 정당성을 확보하거나 정보의 비대칭성으로 인해 구색만 갖추는 결과를 초래하기도 한다. 따라서 시민참여를 통한 행정통제의 실효성을 확보하기 위해서는 현재보다 참여범위가 확장되고 다변화되어야 한다.

1970년대 반체제 정치활동은 기존의 통로를 통하여 보다 많은 시민참여 방안을 주로 모색하였다. 따라서 70년대 반체제 정치활동의 발전은 적어도 부분적으로는 과거 시민참여를 제한하였던 경향에 대한 반작용이라고 볼 수 있다.

시민참여의 역사는 정부에 접근하기 위해 노력하는 시민들과 시민들을 일상적인 방법으로 다루려는 권력을 가진 자들 사이의 투쟁의 역사였다. 그러므로 이러한 투쟁은 개인의 자율성과 사회책임성이라는 두 가지 경쟁가치의 본질적인 상호관계와 상호작용을 포함한다. 시민참여에 대한 찬반논리를 주장한 학자들의 논쟁은 시민참여의 투쟁의 역사를 설명해주기 때문에 이들의 의견을 검토해보는 것도 의미가 있을 것이다.

Mosca와 Michels는 모든 사람들이 최대한으로 참여하는 민주주의의 통치수단에 대하여 심각한 의문을 제기하였다. Peter Bachrach에 의하면 대중과 엘리트와의 관계는 고전적 이론으로부터 뒤바뀌었는데, 엘리트가 아닌 대중은 체제의 잠재적인 위협으로 간주되었고, 대중이 아닌 엘리트는 체제의 수호자로 인식되었다.162

Joseph Schumpeter의 민주주의이론에 의하면 민주주의에 있어서 참여는 특별하거나 혹은 중추적인 역할을 가지고 있는 것이 아니다. 그는 국민의 중추적인 참여와 의사결정 역할이란 경험적으로 관찰할 때 비현실적인 기초 위에 세워진 가정일 뿐이라고 주장한다. 필요한 것은 가능한 많은 시민들이 선거기구를 만족스럽게 운영하기 위하여 참여하는 것이 전부이다.

Schumpeter에 의하면 "대중은 우르르 몰려다니는 것 외에 다른 어떤 행동도 할 수 없기 때문에 리더들은 활동적이어야 하며, 창의적인 결정을 해야만 한다. 그리고 민주주의의 분명한 특징은 득표를 위한 리더들 간의 경쟁이다."163

위와 반대로 B. R. Berelson은 단지 소수의 시민만이 높은 수준의 참여와 관심을 가지고 있으며, 다수시민의 냉담과 무관심은 체제안정을 유지하는 데 의미 있는 역할을 한다고 주장한다.164 그러므로 이들은 현재 정치에 참여하지 않았던 사람들이 정치에 참여함으로써 참여의 숫자가 늘어난다면 민주체제의 안정을 위협할 수도 있다고 주장한다.

시민참여의 이상은 Jean Jaque Rousseau에 의해 제시되었는데, 그는 공공문제에 대한 참여를 이상적인 정치체제의 초석으로 간주하였다.

Rousseau에 의하면 인간은 자유롭게 태어났지만, 어디에서나 구속을 받고 생활한다.165 사회는 사유재산을 창출했고, 그로 인해 부와 권력의 극심한 불평등을 초래했다. 인간은 과두제(oligarchy)에 의해 지배되고 있으며, 정부의 법률

162 Peter Bachrach, *The Theory of Democratic Elitism: A Critique* (Boston, Mass.: Little, Brown and Co., 1965), pp. 8-9.

163 J. A. Schumpeter, *Capitalism, Socialism and Democracy* (London: Geo. Allen & Unwin, 1962), pp. 242-283.

164 B. R. Berelson, "Democratic Theory and Public Opinion," *Public Opinion Quarterly* 16(1952), pp. 313-330.

165 J. J. Rosseau, *The Social Contract*, trans. (Baltimore: Penguine Books, 1968), p. 49.

과 구조는 기본적으로 불평등한 사회계층제에 의해 제도화되었다. 그러므로 인류는 천부의 평등성을 상실한 후 끝내 인격을 상실하였으며, 이제는 개인의 자유마저 박탈당했다.[166] 그렇지만 Rousseau는 인간의 필수요건인 평등과 자유는 참여 메커니즘을 통하여 회복될 수가 있다고 주장한다. 그래서 Rousseau의 전반적인 정치이론은 정책결정에 시민참여를 강조하고 있다.

실제로 참여를 통하여 개인은 공·사를 구별하는 시민이 되는 것을 배운다. 궁극적으로 개인은 공·사 영역의 요구 사이에서 아무런 갈등을 느끼지 않게 된다. 참여의 체제가 확립되면 그 체제가 성공적으로 운영되기 위해 개인에게 요구되는 것은 바로 참여과정 자체를 발전시키고 육성시킬 수 있는 개인의 자질이며, 그러한 자질로 인하여 참여체제는 자립하게 된다.[167] 참여에 대한 Rousseau의 견해에 의하면 참여의 주요한 기능은 교육이라고 볼 수 있다.

다른 학자들도 또한 다원론적인 민주사회에서 시민참여의 교육적이고 발전적인 영향에 대해 예리하게 통찰하고 있다.

John Stuart Mill은 다음과 같이 기술하고 있다.

> 많은 경우에 비록 개인이 평균적으로 정부의 관료만큼 특별한 업무를 잘 하지 못하지만, 그럼에도 불구하고 그 특정한 업무가 개인에 의하여 달성되어지는 것은 바람직한 것이다. 개인은 참여를 통하여 그의 정신을 교육시킬 수 있고, 그의 활동적인 재능을 강화시키며, 그가 다루어야 할 주제에 대한 정확한 지식을 얻을 수 있기 때문이다.[168]

Mill과 마찬가지로 G. D. H. Cole은 자기표현(self-expression)은 자치(self-government)를 필요로 하며, 이것은 지역사회의 문제에 대한 공통적인 방향을 결정하는 데 시민의 완전한 참여를 의미하는 것이라고 하였다.[169] 개인은 지역사회와 지방연합체조직에 직접 참여함으로써만 민주주의를 학습할 수 있는 기회를 얻을 수 있다고 Cole은 주장한다.

---

166 *Ibid.*, pp. 65-68, 124-129, 140-143.

167 Carole Pateman, *Participation and Democratic Theory* (London: Cambridge University Press, 1970), p. 25.

168 John S. Mill, *On Liberty*, ed. Alburey Castell (Northbrook, Ill.: A. H. M. Publishing Co., 1947), p. 111.

169 G. D. H. Cole, *Social Theory* (London: Methuen, 1920), p. 208.

참으로 민주주의는 중요하다. 왜냐하면 민주주의 하에서 개인은 공공문제에 참여할 수 있는 기회가 있으며, 그로 인하여 자신의 자유를 방어할 수 있기 때문이다. 민주주의는 사회화의 중요한 도구이며, 이 사회화과정을 통하여 개인은 정책결정과 집행에 참여함으로써 긍정적 가치나 미덕을 깨우치게 된다. 민주주의는 현대사회의 병폐에 대한 가장 적절하고 가장 공평한 처방책으로 간주될 수 있을 것며 내부민주통제체제가 추구하는 목적이다.

de Toqueville은 정부권력의 독단적 행사로부터 개인의 자유를 보호하는 두 가지 주요한 메커니즘으로 지방정부의 제도화와 공공문제에 있어 분권화된 참여행정을 들었다. de Toqueville은 미국의 분권화된 행정체제가 시민들로 하여금 그 지역사회의 안정과 자유를 강화시켜 주는 공공정신과 협동을 위한 기본적 습관을 발전시키는 데 도움을 주고 있다고 믿었다.[170] 그는 또한 민주주의의 자유를 파괴하는 위험한 요인들이 무엇인가를 분명히 제시하였다. Madison과 같이 그는 민주주의 하에서 다수 또는 소수의 독재로부터 평등에 대한 열망을 보호해 줄 장치를 다원주의에서 발견하였다. 그는 상이한 목표를 추구하는 수많은 공공 이익집단들의 확산은 다수의 횡포를 줄이는 데 기여할 수 있다고 믿었다.[171]

이리하여 de Touqueville은 그의 민주주의이론에서 지방정부, 분권화된 행정 및 공공연합체(public association)들의 역할을 강조하였으며, 공공문제에 있어 시민참여의 수단적 및 발전적 가치들의 통합을 제시하였다.

요약해 보면, 참여는 몇 가지 긍정적 결과를 가져오는 것으로 평가된다. 합법성의 증가, 지방정부의 통제, 공공책임성 및 부응성, 공공정책결정과 집행에 있어 사회의 모든 계층의 대표성 확보 등이 참여의 긍정적 결과에 포함될 수 있다.

참여 민주주의의 옹호자들은 현대 대표민주주의의 중심가설인 정치적 경쟁의 유용성에 관해 비판하고 있다. 득표를 위한 경쟁은 시민들을 속이고 교묘하게 다루는 술수를 조장하며, 사이비 참여(pseudo-participation)의 형태를 초래한다. 그러므로 참여민주주의를 제안하는 사람들은 최대한의 시민참여를 허용하기 위한 모든 정치적·경제적·사회적 체제의 변화를 촉구한다. 그들은 모든 시

---

170 Alexis de Toqueville, *Democracy in America*, ed. Richard Heffner (New York: Mentor, 1956), pp. 68–70.

171 *Ibid.*, p. 117.

민들이 그러한 특성을 발전시킬 수 있는 적절하고 유일한 방법은 참여를 통하여 달성될 수 있으며, 이런 관점에서 시민참여야말로 민주적 특성의 진화와 사회의 개혁을 위한 필수불가결한 요소라고 믿는다.

그들은 사람들의 참여가 많을수록 좋다고 주장하고, 사회 내의 모든 제도들이 시민의 민주교육에 공헌하여야 한다고 강조한다. 다시 말해서 민주정부의 중요한 책임은 민주시민의 자질을 향상시키는 것이라고 한다.

David K. Hart는 그것에 대해 다음과 같이 부언하고 있다.

시민 각자의 질이 떨어진다면 공공정책의 질도 저하될 것이다. 최대한의 시민참여가 공공정책의 질을 즉각적으로 향상시키지는 못한다 하더라도 그렇게 함으로써 시민들은 정책에 대해 학습할 것이며, 결국 시민참여의 질도 향상되고, 이는 질적으로 더 향상된 정책결정을 유도할 것이다.[172]

Almond와 Verba는 「시민문화」(*The Civil Culture*)란 책에서 정치적 효율성(political efficacy)과 정치적 참여(political participation) 사이에는 긍정적 관계가 있다는 것을 지적했다. 또한 정치적 능력의 수준은 지방정부의 정치참여가 잘 보장되도록 제도화되어 있는 미국과 영국 같은 나라에서 가장 높다는 점도 지적하였다.[173] 다시 말해서 건강한 시민이 정치적 효율성에 대해 강한 반응을 보일 것이며, 참여의 증가는 이러한 기반 위에서 성장할 것이기에 결국 진정한 민주적 특성을 낳을 것이다.

그러나 참여는 몇 가지 중요한 문제들을 제기한다.

많은 사람들에겐 정치는 멀리 떨어져 있으며, 전적으로 상징적 기능을 충족시키기 위해 편재되어 있다고 Murray Edelman은 말한다.[174] Raymond Vernon은 현재와 같이 시민참여가 강조되기 전에는 5% 미만의 시민들이 공공문제에 대한 정책결정에 실질적 권력을 보유하고 있었으나, 오늘날 그러한 권력을 보유한 시민의 비율이 20% 정도까지 증가하였다고 추정하고 있다.[175] 물론 이것은 전체 국민의 80%에 달하는 시민이 참여할 기회를 가지고 있지 못하다는 것을

172 David K. Hart, "Theories of Government Related to Decentralization and Citizen Participation," *Public Administration Review* (October 1972), p. 611.

173 Gabriel Almond and Sydney Verba, *The Civic Culture* (Princeton: Princeton University Press, 1963).

174 Murray Edelman, *The Symbolic Uses of Politics* (Chicago: University of Illinois Press, 1967), pp. 1–21.

175 *Ibid.*

의미하기도 한다.

만약 사람들이 자신들에게 개방된 수많은 통로를 통하여 정치적 문제에 참여하면서 그들의 권리를 스스로 활용하지 않는다면 그들은 마침내 대표성이나 부응성을 얻지 못할 뿐만 아니라 부패한 정부의 희생양이 될 것이다. Frenk Kendrick와 그의 여러 동료 학자들에 의하면 미국의 일반 시민들은 정치에 관심을 두지 않고 있다. 시민들은 정치에서 가능한 멀리 떨어져 있기를 원할 뿐만 아니라, 참여는 기꺼이 감수할 수 없을 만큼 많은 희생을 요구한다고 믿기 때문이다. 그들은 다음과 같이 설명한다.

비 참여(non-participation)는 정치적 참여에 대한 경멸의 표현으로 간주될 수 있다(예: 워터게이트 사건). … 참여를 위하여 개방된 정규통로 내에서 활동하는 것은 단지 허위와 기만뿐이라는 느낌이 있다. … 수많은 사람들은 정치적으로 둔감하며, 능력이 부족하기 때문에 참여할 준비가 되어 있지 않다. … 무기력한 감성과 심리적인 요인들도 참여율을 저하시킨다(비참여와 정치적 무능, 박탈감, 낮은 자존심과의 밀접한 상관관계). … 정치참여는 상당한 시간과 노력을 요구하기 때문에 참여를 좌절시키는 경향이 있다. 참여에 대한 보답은 보장되지 않기 때문에 정치참여를 할 경우 상대적으로 높은 정도의 모험이 따른다.[176]

사람들은 일생을 통하여 복잡한 조직의 올가미에 걸려 있고 그로부터 지대한 영향을 받고 있기 때문에, 계층제나 권력 같은 조직적 관계를 정상적인 것으로 받아들이도록 사회화되어 있다. 그러한 상황은 민주시민으로서 책임감을 떠맡아야 할 그들의 능력에 극심한 부정적인 영향을 미칠 것이다. Kendrick 등이 경고한 대로 이것이 미국의 민주주의에 있어서 역설적인 '악순환'인 것이다.

New Haven시의 연구에서 Dahl은 시민참여를 위한 메커니즘으로서 New Haven시의 시장이 어떻게 '시민활동위원회'(Citizen Activity Commission)를 고안했는가에 대해 기술하고 있다. 그러나 시민활동위원회는 시장의 재개발 구상에 대한 반대파를 일소하기 위한 도구로서 사용된 것이었다.[177]

어떤 관찰자들은 조직관리에 참여하는 것이 근로자의 충성과 순응을 유인하기 위한 조작적 도구로서 사용되어 왔다고 비난하였다. 조직 하위계층의 구성

---

176 Frenk Kendrick *et al.*, *Strategies for Political Participation*, 2nd ed. (Cambridge, Mass.: Winthrop Publishers, Inc., 1974), pp. 24-27.

177 Robert Dahl, *Who Governs?* (New Haven: Yale University Press, 1961).

원들에게 실질적인 권력 또는 영향력이 이전되지 않은 상태에서 구성원의 참여 증가를 기대한다는 것은 망상일 뿐이다. 참여가 가지는 여러 긍정적인 가치에도 불구하고, Mosher는 행정 내부의 민주주의가 정부의 조직들을 공공목적을 실현하는 도구로서 간주하고 있다는 관점에서, 참여가 정치적 민주주의의 원리와 목적에 상충될 수 있는 부정적 요인들이 있음을 인식하고 있다.[178]

그 이외에도 "완전한 사회참여가 성취된 이후에도 반사회적 시민의 존재나 공익에 반하는 정책이 채택될 가능성은 여전히 존재한다"고 주장하는 학자도 있다. 따라서 이때 제기되는 문제는 "정책들이 시민참여에 의하여 채택되었다면 정치체제가 그러한 정책을 집행하지 못하도록 막는 방법이 무엇인가" 하는 것이다.

학자들은 미국 사회에서 시민들이 전문지식을 제공하는 조건으로 전문조직에 들어오게 되는 것이 가능하다면 그들이 전문적 지위를 갈망하는 것은 이상한 일이 아니라고 주장한다. 이것은 미국인들이 가지고 있는 사회적 지위의 상향이동에 대한 꿈을 보여주는 좋은 증거이긴 하지만, 그러한 사실들이 관료제를 보다 대표성을 지닌 조직으로 만들지는 못했다. 대중은 지역사회에 중요한 정책 및 결정을 전문가에게 자주 의존하고 있다. 그 결과, 국민들은 정부의 계획, 정책, 또는 결정들이 사실상 자신들에 의해서 결정 및 변화될 수 없는 것으로 간주하고 있다. 그런 경우 참여율은 떨어진 것이다.

사실 행정참여와 민주주의에 대한 찬반토의와 관련된 문제는 Marvin Meade가 기술하듯이 어느 쪽이 옳다고 판단하기엔 너무나 복잡하다.

> 경험적 연구결과에 의하면 참여관리에 대하여 찬성 혹은 반대 가운데 어느 한 쪽이 옳다는 것을 일반화하는 것은 결코 쉬운 일이 아니다. 왜냐하면 경험적인 연구들은 대부분 소규모 집단이나 혹은 조직 일부분에 집중되어 있어서, 연구의 결과를 전체조직에 적용하거나 일반화(객관화)하는 데는 무리가 있기 때문이다. … 보다 문제가 되는 것은 참여형태의 영향이 무엇인지에 관해 우리가 확신할 수 있는 장기적이고 심층적인 분석이 거의 없다는 점이다.[179]

Waldo 역시 다음과 같이 언급했다.

---

178 Frederick C. Mosher, *Democracy and the Public Service*, pp. 17–19.

179 Marvin Meade, "Participative Administration–Emerging Reality or Wishful Thinking," ed. Dwight Waldo, *Public Administration in a Time of Turbulence* (Scranton, Calif.: Chandler Publishing Co., 1971), p. 174.

> 나의 관점으로 볼 때 참여는 확실한 권리이다. 그러나 수반되는 문제들은 거의 정신을 어지럽게 할 정도로 복잡하고, 비연속적이며, 혼란이 가득하기 때문에 우리는 특별한 당파적 주장의 수준을 넘어설 필요를 느낀다. 우선 우리는 참여가 한 나라 또는 한 사회의 상황에서 일어난다는 점과 참여는 상황과 관련되어 있음에 틀림없다는 것을 인식하는 것이 필요하다.[180]

그럼에도 불구하고 미국 행정가들은 직접적으로 시민참여의 문제를 다루지 않으면 안 된다는 압력에 직면하고 있다. 참여는 Kennedy 대통령의 암살 이후 1964년 경제고용법(Economic Opportunity Act)이 통과된 이후 비로소 중요한 정치적 문제가 되었다. 경제고용법은 가난한 사람들을 최대한 참여시키는 지역 활동 프로그램(community action program)의 필요성을 주장하였다.

물론 시민참여의 역사는 그리 순탄치는 않았다. Carl Stenberg는 미국 정부가 경제고용법의 영향을 포함하여 시민참여에 있어서 세 번의 전환기를 경험해 왔다고 주장하였다.

> ① 50년대에 시민은 자문위원회(Advisory Committee)에 참석하여 조언자-설득자로서 활동하였다.
> ② 60년대 중반에 시민은 정부정책에 대한 반항자 혹은 혁신자로서 특징지어졌다. 모델도시(Model Cities)나 지역사회 활동기관(Community Action Agencies)을 위한 연방입법은 가난한 자와 소수민족에게 가능한 최대의 참여를 요구하였는데, 이러한 요구는 혁신자들이 노골적으로 가난한 사람들을 대변하지 못하였으며, 지역사회의 리더들이 정치적 후원을 목적으로 시민참여 프로그램을 이용하고 있다고 비난하였던 보수적인 관료들을 소외시키는 경향이 있던 때였다.
> ③ 1969년대에 이후로 정부는 일반 대중의 참여를 장려하기 위한 다양한 메커니즘을 실험하고 있다.[181] 이 당시 신행정학이 탄생하였으며, 사회형평, 분권, 그리고 시민참여를 주장하였던 때이다.

최근에는 지역사회의 자문 집단(advisory group)들이 그 지역에서 근무하고 있는 공무원들과 같이 일하면서 토지이용 프로그램, 도시 재개발, 그리고 공공주택과 같은 공공 프로그램을 개발하는 것이 허용되고 있는데, 이로 인해 자연

---

180 Waldo, *op. cit.*, p. 264.

181 Carl W. Stenberg, "Citizens and the Administrative State: From Participation to Power," *Public Administrative Review* (March/April 1972), pp. 190-193.

적으로 발생하는 정책결정의 분권화에 따른 영향에 대하여 많은 연구가 진행되고 있다. 예를 들면 Edward Banfield와 Martin Meyerson은 Chicago시의 공공주택에 관한 연구에서 지역주민들의 우선적인 관심사항이 재산 가치를 유지하는 것이라는 사실을 밝혀냈다. 더 정확하게 표현하자면, 자신들의 이웃을 백인들로 유지하는 것이 지역주민들의 우선 관심사항이라는 점을 발견하였다.[182]

Roland Warren은 9개시의 사례연구를 통하여 어떤 프로그램에서는 시의 의도와는 반대로 이웃조직(neighborhood organization)[183]의 권한을 실제로 선호하고 있었다고 결론내렸다. 더욱이 지역사회의 리더들은 자신들의 권력을 확대하고, 이웃조직과 시청 사이의 싸움에서 권력을 더욱 요령 있게 사용할 수 있는 방안을 연구하고 있었다. 따라서 주민참여를 위한 정부규정은 정부 프로그램을 자극하거나 혹은 정부 프로그램을 무력화시킬 만큼 강력해진 이웃통제(neighborhood control)와 자연히 갈등상황에 놓이게 되었다.[184] 그 외에도 시민참여는 전통적인 미국 관료들의 중산층 가치인 실적제의 목적이나 원리와도 갈등관계에 있다.

아직도 지역사회의 통제(community control)가 제기하는 문제를 해결할 수 없는 경우가 허다하다. 서로 다른 이웃들에게 각기 다른 자신들의 정부를 갖도록 함으로써 이들 지역 간에 인종갈등을 더욱 부추기는 것은 아닌가? 지역사회의 통제가 지역의 이기주의적 성향 때문에 광역권 문제를 해결하려는 정부의 노

---

182 Edward C. Banfield and Martin Meyerson, *Polities, Planning, and Public Interest* (Glencoe, Ill.: The Free Press, 1955).

183 Neighborhood groups은 구선거를 가지고 있는 시에서 특히 중요한 역할을 하며, 역시 어떤 환경하에서는 시에서도 중요하다. 주로 Neighborhood를 근간으로 하는 정치조직들은 흔히 고소득층이나 중상층 이상에서보다는 노동자 계층이나 중하계층에서 발견된다. 왜냐하면 저소득층의 사람들은 안전성을 결핍하고 조직력이 없기 때문이다. 더욱이 이 Neighborhood는 일반적으로 상위계층에 있는 사람들의 조직이 아니다. 즉 직업, 전문직 혹은 시의 전반을 고려하는 사회적인 조직들이 아니다. 그들의 역할은 주로 그들의 이익을 시의회, 시장 및 관료제에게 제기한다. 더욱 특이한 패턴은 외부의 위협에 대항하기 위하여 조직하는 특별 이웃연합(ad hoc neighborhood association)들이다.
주로 시정부의 정책들 – 도로의 위치, 구역의 결정(zoning law), 지역학교의 폐쇄 등 – 에 대해 거부권을 행사함으로써 지방정부의 행동에 제재를 가한다.
이 조직은 1960년에서는 지역환경을 개선하기보다는 현상을 유지하는 데 역점을 두었기 때문에 부정적인 시각을 면하기 어려웠다. 1980년대에 이르러 지방정부와 연방정부의 프로그램에 협동적이고 상호긍정적인 관계로 전환하고 있다.

184 Roland L. Warren, "Model Cities First Round: Politics, Planning, and Participation," *Journal of the American Institute of Planners* 35(July 1969), p. 249.

력을 저해하는 것은 아닌가? 지역사회 통제가 정부의 정직성, 형평성, 그리고 전문성을 손상시키는 것은 아닌가? 이웃(the neighborhood)의 경계를 어떻게 한정지을 것인가? 삶의 질을 증진하고 빈곤을 줄이는 수단으로서 시민참여의 본질은 무엇인가?

진실로 많은 문제들이 풀리지 않은 채로 남아 있다. 보다 종합적인 자료 없이 시민참여에 대하여 일반화하는 것은 위험한 일이다. 이러한 한계에도 불구하고 행태주의 연구자들은 지금까지 확보된 증거만으로도 분명히 참여이론을 지지하고, 참여적 관리의 효율성을 증명했다고 확신한다. 연방정부에 대한 최근의 지지 저하에도 불구하고 틀림없이 미래에는 보다 많은 참여를 허용하게 될 것으로 보인다. 그러나 문제는 미래의 참여를 어떻게 보장할 것인가이다.

현 시대의 중요한 투쟁은 엘리트와 비엘리트 사이가 아니라 참여의 두 종류인 완전한 참여와 제한적인 참여 사이에 존재한다고 볼 수 있다. 자문위원이나 소규모의 대표 이사회 같은 제한적인 참여의 증가는 불확실한 반면에, 모든 사람들이 조직의 결정권한에 접근할 수 있도록 요구하는 압력은 증가할 것으로 보인다. 더욱이 지난 1960−1970년대 미국인의 관심을 끌었던 풍요, 교육, 도시화의 문제는 참여를 위한 격렬한 투쟁분위기를 조성하였다.

특히 오늘날 참여를 위한 노력은 연방정부의 지원, 지역관심의 부활, 가장 소외된 집단의 하나인 흑인에 의해 주도되고 있으며, 이러한 경향은 더욱 진전될 것으로 보인다.

Dwight Waldo가 지적한 것처럼 기존의 행정이론과 실무는 참여행정 및 민주행정의 발전에 도움을 주지 못하였다.[185] 행정학의 창시자들은 그 당시 정부행정의 특징이었던 혼란, 우연성, 아마추어리즘, 부정과 부패를 시정하려는 개혁자들이었다. 따라서 정치적 민주주의의 합법적인 목표는 행정에 대한 민주주의의 관련성을 부인하게 되었고, 이로 인하여 행정과 공무원들이 능률규범에 따르게 함으로써 행정을 통제할 수 있는 가장 손쉬운 방법을 택하게 되었다고 Waldo는 주장한다.

그 결과 국가는 행정조직을 민주화할 아무런 의무가 없다고 보았기 때문에 참여개념이 실제로 행정실무에 중요한 영향을 행사하지 못하게 된 것이다. 그럼

185 Dwight Waldo, "Development of the Theory of Democratic Administration," *APSR* (March 1952), p. 85.

에도 불구하고 민주 혹은 참여행정이 새롭게 각광을 받게 된 것은 부분적으로는 정통행정학(orthodox public administration)의 이론과 학문에 기초한 현행 공공정책의 방향, 결과, 그리고 중요한 공공관심의 영역에 대한 정부의 무관심으로 인한 반성으로 설명될 수 있다.

행정기관이 시민과 정부 사이의 주요한 접촉점이기 때문에 시민의 불만이 관료제에 집중이 된다는 것은 놀랄 만한 일이 아니다. 그래서 오늘날의 행정은 지역공동체 의식의 회복과 사회 각 계층의 소외를 제거하는 데 노력해야 한다. 비록 참여행정의 새로운 모형을 고안하고 실험하는 데 따르는 비용이 상당할지라도, 그러한 시도조차 하지 않는다면 미래에 훨씬 값비싼 대가를 치르게 될 것이다.

물론 시민참여라는 실험의 결과에 대해 현재로는 철저하고 균형잡힌 견해를 가질 수 있다고 확신하기는 어렵다. 그러나 그러한 시도는 추진되어야 한다. 왜냐하면 많은 학자들은 시민참여와 행정에 대한 시민의 관여는 참여 없이는 얻을 수 없는 시각과 견해를 정부에게 제공해 주며, 불이익을 받는 집단의 경험을 정부에 제공하고, 이미 봉사하도록 되어 있는 사람들에게는 더욱 부응하도록 촉구할 수 있다고 믿기 때문이다.

James Cunningham은 사회의 부와 권력의 잘못된 배분을 종결해야 할 필요성과 비교해 볼 때, 시민참여에 대한 부정적인 논쟁의 대부분은 하찮은 것들이라고 주장하였다.[186]

결론적으로 참여행위는 참여가 가져올 관료제에 대한 통제보다 더 가치 있는 일을 한다고 볼 수 있다. 참여는 건강하고 책임 있는 시민을 육성하는 것과 같은 바람직한 목적을 달성할 수 있다. 고객집단은 행정기관의 정책에 참여함으로써 행정기관을 통제할 수 있는 기회를 갖기도 하지만, 그로 인해 사회에서 인정받는 집단이 될 수 있다. 시민의 참여는 심지어 관료제가 참여자에게 단지 설명만 하고 정책을 변경하지 않는다 하더라도 관료제의 정책을 합법화하는 역할을 할 수도 있다.

또한 의원들이 그들의 특정한 이익을 추구하기 위하여 관료들을 통제하려 하는 경우에, 관료제가 시민참여를 확대하고 있는 한, 의원들은 부정적인 방법

---

186 James V. Cunningham, "Citizen Participation in Public Affairs," *PAR* (October 1972), p. 600.

을 동원해서는 자신들의 개인적인 이익을 얻을 수 없을 것이다. 물론 그러한 의원들의 통제행태는 정치인들이 자신들의 이익을 추구하려 한다는 관료들의 인식을 강화시킬 것이며, 자연히 관료들이 정치인들의 통제에 저항하게 되는 결과를 가져올 것이다. 민주적인 통제는 이러한 관료들의 저항을 환영할 것이다.

하위행정기관의 관료들이 고위정책결정자의 정책결정에 대하여 압력집단으로서 행위를 할 수 있는 상황도 참여행정을 위하여 중요하다. 공무원노조도 행정의 다원주의를 활성화시키는 데 도움이 된다. 따라서 노조가 정책결정과정에 더 많은 참여를 할 수 있도록 개방하면, 공무원노조화는 관료의 권력남용을 견제하는 주요한 내부민주통제역할을 할 수 있을 것으로 보인다.

제5절 공무원노조(Public Unionization)

앞에서 언급한 바와 같이 관료제는 막대한 권력을 장악하기도 하며, 때로는 일부 특정한 이익집단들은 자신들의 이익을 위하여 관료제의 정책결정까지 좌우한다. 행정기관의 정책에 대해 가식 없는 자신의 의견을 제시하거나 비판하는 정직하고 용기 있는 공무원들은 때때로 해고당하게 되고, 대부분의 경우 부서장들로부터 부당한 대우를 받는 많은 사례들이 있다. 따라서 공무원노조가 장점만 있는 것은 아니나 행정기관의 민주화를 위해 혹은 행정기관에 견제와 균형논리의 정착을 위해 역할을 할 수 있는지를 논의하는 것이 이 절의 목적이다.

노조는 대중의 민주주의 하교라고 일컫어진다. 노조의 본질이 자체가 자주성과 민주성이다. 노조의 운영과 활동은 '회의·토론·선거·참여·평등·공개·감독' 등 민주주의적 개념요소들로 구성되어 있다. 어떤 조직이나 기구도 일방적 지시와 안일한 현상유지의 타성에 길들여진 구성원을 가지고서는 역동성 있게 유지할 수 없다. 공직사회 구성원들과 사고와 가치관이 민주적으로 개혁되지 아니하고는 비록 좋은 개혁법을 만든다 해도 능동적 판단을 기대하기 어려울 것이다. 그러므로 공무원들의 민주주의 훈련의 장이 공직사회의 개혁을 위해 무엇보다 중요한 것이다.[187]

---

187 박겸수(2012), 공무원의 권력남용 방지방안, 2012 학기말 리포트, p. 2.

우리나라는 원래 공무원에 대해 단결권과 단체교섭권도 인정하지 않았다. 물론 노조라는 말도 인정하지 않았다. '공무원 노조'가 아닌 '공무원 조합'이었다. 금지의 근거는 헌법이었다.[188]

대한민국헌법 제33조 2항은 "공무원인 근로자는 법률이 정하는 자에 한하여 단결권, 단체교섭권 및 단체행동권을 가진다"고 규정하고 있다. 따라서 어느 범위의 공무원까지 노동3권이 인정되는지는 법률이 정하는 범위에 따르게 된다.

대체로 노동조합의 조직대상에서 제외되는 직종은 제복을 입은 공무원, 외무공무원, 연방 내의 안보나 정보수집업무 당당 공무원, 감독직, 관리직, 기밀업무, 인사업무 담당자 등으로 군인, 외교, 정모, 기밀업무 종사자만 제외하고 거의 제한 없이 큰 틀을 인정하고 있고, 주정부에 따라 직종별로 단체행동권이 허용되고 있다.

우리나라에서는 소방관, 경찰, 군인은 아예 노동조합조차 인정하지 않고 있는 특수한 직종에 한해서 부분적으로 단체행동권을 제한하는 경우는 있지만, 공무원이라고 해서 단체행동권을 원천적으로 금지하는 입법 예가 선진국에는 거의 없다. 선진국 국민들이 우리나라 국민들보다 어리석어서 그렇게 했을리는 없습니다. 단지 공무원이라는 이유로 파업에 대해 이야기하는 것조차 금기시되는 것은 우리 사회의 발전을 위해 유익하지 않다.

이러한 헌법 규정에 따라서 국가공무원법 제66조는 "공무원은 노동운동 기타 공무 이외의 일을 위한 집단적 행위를 하여서는 아니 된다. 다만, 사실상 노무에 종사하는 공무원은 예외로 한다"고 규정하고 있다. 이때 사실상의 노무에 종사하는 공무원의 범위는 현행법상 정보통신부 및 철도청 소속의 현업기관과 국립의료원의 작업현장에서 노무에 종사하는 기능직과 고용직 공무원이다. 이들은 노동3권을 가지고 있다.

우선 노동3권을 이해하는 것이 중요하다. 노동3권은 단결권, 단체교섭권, 단체행동권을 의미한다. 이번에 마련된 정부의 특별 법안은 공무원에게 단결권은 보장하고, 단체교섭권의 경우 일부를 보장하되 법령·조례·예산에 의해 규정된 내용이나 정책 결정에 관한 사항, 임용권 등 관리 운영에 관한 사항 등은 교섭대상에서 제외하며, 단체행동권은 일체 보장하지 않는다는 내용이다. 단체행

188 www.kin.naver.com/naver

동권을 제한하면 단결권과 교섭권도 실효를 보기 어려워 결국 공무원노조가 종이호랑이에 불과하게 된다. 마치 화로의 세 다리처럼 하나라도 온전치 못하면 나머지 두 개의 다리도 제 구실을 할 수 없는 것과 같은 이치이다. 그래서 '노동3권'이라는 표현을 사용하지 말자고 주장하는 사람들도 있다.

선진국들 중에는 노동3권을 헌법에 따로 명시하지 않은 나라들이 많다. 바로 '관습헌법'이기 때문이다. 관습헌법이란 시대가 아무리 바뀌어도 변할 수 없는 것에만 붙일 수 있는 말이다. 예를 들어, 인간이 공기를 호흡할 수 있는 권리는 시대가 아무리 바뀌어도 절대로 변할 수 없다.

관습헌법이란 아무데나 갖다 붙이는 말이 아니다. 역사가 발전하면서 바뀔 수 있는 것은 관습헌법이 될 수 없다. 노동자가 노동3권을 갖는 것은 인간이 공기를 호흡할 권리를 갖는 것과 마찬가지로 지극히 당연한 권리이기 때문에 어떤 이유에서도 침해당할 수 없다는 것이 국민적 공감대로 된 사회에서는 굳이 헌법에 명시할 필요가 없는 것이다.

나라별로 공무원의 범위나 신분보장 등 관련제도가 다르므로 평면적인 비교는 어려우나 주요국의 공무원노동기본권 보장의 내용은 다양하다. 영국·프랑스·독일 등 유럽 선진국에서는 공무원의 단체행동권을 대부분 보장하고 있다. 다만, 사안에 따라 공무원을 형사고소하거나 징계할 수는 있다. 일본도 비슷한 법률 체계를 갖고 있는데, 지금까지 일본에서 단체행동 때문에 징계·해직당한 공무원은 단 한 명뿐이라는 기록도 있다. 미국에서도 공무원들의 단체행동권을 인정하고 있고, 상황에 따라 법원이 파업금지 명령권을 행사할 수 있도록 하고 있다. 미국 연방정부의 40여 개 주정부에서 공무원의 단체 결성, 단체교섭을 인정하고 있으며 쟁의 행위는 그 중 10여 개 주에서 허용하고 있다.

1. 공무원들의 노조활동에 대한 배경

공무원노조의 파업이 과연 우리사회에 유익한 영향을 끼칠 수 있는가 하는 의문에 대해서는 공무원노조가 설립된 이래 지금까지 해 온 활동의 내용을 보면 일목요연하게 알 수 있을 것이다.

노조는 단협활동을 포함하여 널리 사회개혁활동을 자신의 주요 활동내용으로 한다. 정상적인 노조라면 당연히 직장의 비리를 감시하고 비판하며 동시에 구성원인 조합원들의 비리도 스스로 제거하게 된다. 노조가 행하는 부정감시나 고발은 단지 내부 고발의 수준에 머무는 것이 아니라 자신의 본연의 업무이며 책임이기도 하다.

공무원노조가 공무원들의 처우 개선에 대해 목소리를 높인 경우는 거의 없었다. 공무원노조는 지금까지 공무원 사회의 불공정한 관행이나 고위 공직자들의 비위 행위 등 공직사회를 투명하게 하고 부정부패를 추방하는 일에 전적으로 매달려왔다. 우리나라 방송 노동조합의 파업이 임금인상 때문이 아니라 공정한 방송을 쟁취하기 위한 행동이었던 것이나, 병원 노동조합의 파업이 공공의료 확보를 가장 중요한 목표로 하고 있는 것과 같다.

공무원들이 현행법에서 금지하고 있는 집단행위를 한 이상 이를 정당행위라 할 수는 없지만, 공무원의 노동3권이 일찍이 제헌의회 때부터 인정되다가 5·16 군사쿠데타에 의해 부정된 이래 아직까지 인정되지 않고 있고, 이미 60년 전 최초의 헌법에서 보장됐던 공무원 노동기본권을 되찾기 위해 불법행동들이 종종 일어나고 있는 경우가 발생하고 있다.

공무원노조의 파업에 대해 천편일률로 비난할 것이 아니라, 공무원노조의 파업이 사회에 미치는 유익한 영향은 없는지 한번쯤은 곰곰이 논의해 보는 것이 바람직하다.

공무원은 특수한 신분이기는 하나 공무원이기 전에 인간으로서 인간다운 생활을 할 권리와 행복을 추구할 권리를 가진다. 이러한 권리를 추구하기 위해 공무원들이 단체를 결성하게 된 선진국들의 배경을 살펴보면 다음과 같다.

첫째는 공·사 직업 간의 대우 격차를 지적할 수 있다. 20세기에 접어들어 선진산업국에서는 각종 기업들이 비약적 성장을 누림으로써 사기업(私企業)의 근로자들은 공무원에 비하여 높은 급료를 받을 수 있는 데다 노동조합까지 결성하여 권익을 보다 옹호할 수 있었다. 이러한 공·사(公私) 기업 간의 대우의 격차는 공무원으로 하여금 노동조합을 결성케 하는 계기가 되었다.

둘째는 열악한 근로조건에 대한 공무원의 불만이 공무원 단체를 형성시키는 요인으로 작용하였다. 공직 중에서도 특히 노무에 종사하는 현업직[철도직 등] 공무원(→고용직 공무원)이나 소방공무원 등 위험성이 높은 직무 분야에서 근로 조건을 개선하기 위해 공무원단체의 필요성이 강조되었던 것이다.

셋째로 공무원의 고충을 심사 처리하는 제도가 마련되어 있지 않았기 때문에 이를 해결하기 위한 방안으로 공무원단체의 결성이 요청되었다. 공무원의 권익이 억울하게 침해당하거나 인사상의 불이익을 당하였을 때 신속한 구제나 시정조치를 확보하기 위해 정부 당국과 협상할 상대가 필요함으로써 공무원단체의 결성이 촉진되었던 것이다.

넷째는 집단적 권익옹호 운동이 보편화되었다는 점을 들 수 있다. 즉, 20세기 중반 이후부터는 각계각층마다 이익집단을 결성하여 권익을 옹호하는 것이 보편화되었던 것이다. 이러한 시대적 상황에서 공무원들도 자신의 권익옹호를 위한 압력단체가 될 수 있다고 인식하게 되었다.

Carl Stenberg는 공무원노조(public employee organization)의 성장과 활동에 기여하였던 요인들을 다음과 같이 몇 가지로 설명하고 있다.[189]

① 거대한 관료제의 공무원 자신들이 집단적인 목소리를 낼 수 없다면, 업무와 관련된 자신들의 의견이 정부에 전달될 수 없을 것이라고 생각하였다.
② 소득증대와 권리보호를 위하여 조직화된 행동이 필요하다는 인식이 단순하고 미숙련되거나 전혀 기술이 없는 직원에서부터 사무직원에 이르기까지 확대되었다.
③ 민간 부문에서 사용되는 단체교섭기술의 효과성이 공무원 조직에서도 수용되었다.
④ 민간기업의 노조 힘은 쇠퇴하고 있는 반면에 행정의 생산 활동 분야에서는 노조의 결성이 필요하다고 인식함과 동시에 늘어나고 있었다.
⑤ 공무원 자신들의 요구를 조직화하고 표출할 수 있도록 도와주는 전국적 노동조합들의 재정적 지원과 전문가들의 자문활동이 활발하였다.
⑥ 오랫동안 존속하고 있는 많은 기존 조직들이 공무원노조들이 호전적 자세를 가지도록 원인을 제공하고 공무원 노조의 공격성을 부추겼다.
⑦ 공무원들이 노조를 조성할 수 있는 권리를 강력하게 지지하였던 대통령령 10988호의 주와 지방정부로의 확산효과가 있었다.
⑧ 끝으로 가장 중요한 것으로 인식되는 것은 주권에 대한 특권의 전통적 개념과 노조들의 정치, 경제 및 사회목적에 대하여 불신으로 가득 차 있는 현실 상황을 인식하지 못한 정부의 도피자세가 반발을 불러오고 있었다.

2. 공무원 단체행동권에 대한 찬성

공무원 단체행동권에 대한 찬성론을 지적한다면 다음과 같다.[190]

189 Carl W. Stenberg, "Labor Management Relations in State and Local Government: Progress and Prospects," *Public Administration Review* (March/April 1972), p. 103.

① 집단으로 그들은 이익을 표시하고 이러한 뜻을 관리 층과 입법부에 전달함으로써 그들의 근로조건의 향상은 물론 관리층이나 입법부가 그들의 입장을 파악하는 것을 용이하게 한다.

② 사기의 심리적 요인으로서의 참여의식, 인간의 가치인정, 귀속감 등의 충족을 통해 그들의 일체감을 높이며 사기의 앙양을 기할 수 있다.

③ 관리층과 협상을 통해서 상호이해의 증진, 관리층의 횡포, 통제 등을 통한 대내행정의 민주화에 공헌한다. 이러한 것이 없으면 상호간의 반목·불평을 조장하고 개인으로서 약한 하급직은 상관의 면전에서는 약한 반면에 밑의 부하나 시민에게 강하고 거만한 태도를 취할 뿐만 아니라, 상관의 명령도 음성적으로 거부하는 태도를 취하게 된다.

④ 실적주의의 강화 및 하의상달을 통한 행정개선과 부패방지에 공헌된다. 특히 부패방지를 비효과적인 타율적 통제보다는 공무원노조를 통해서 자율적으로 실천하게 된다.

미국은 점차 거대한 계층제적 관료제에 의해 통치되고 있고, 그로 인하여 국민들의 영향력은 위축되고 있다. 또한 전문화의 심화로 인해 선출된 정치인들이 전문가 집단인 관료들의 정책결정과 집행에 대해 영향력을 행사하는 것이 더욱 어려워지고 있다. 따라서 오늘날 미국사회가 직면한 문제의 핵심은 권력을 장악한 관료제의 정책결정자들에게 어떤 방법으로 정치적 책임성을 확보하게 하는가이다.

이와 더불어 공무원노조화가 관료제를 더욱더 폐쇄적으로 만들 것인가 또는 조직화된 노조와의 우호관계가 관료제로 하여금 국민들과 더욱 밀접하게 만들 것인가에 대해 의문이 제기되고 있다.

물론 이러한 부당한 처우를 시정하기 위하여 미국 중앙인사위원회(the U.S. Civil Service Commission)가 존재하고 있으나, Robert Vaughn는 미국 중앙인사위원회가 무능력과 복지부동으로 인해 항소사항에 대하여 정당하게 판단하지 못한다고 주장하였다.

---

190 Dwight Waldo, "Development of the Theory of Democratic Administration," *American Political Science Review* (March 1952), p. 85.

3. 공무원의 단체행동권에 대한 반대

한편, 공무원단체를 바람직하지 않은 것으로 보는 입장은 주로 공직(公職)의 특수성에 근거하여 주장하고 있다.[191]

① 행정업무의 계속성을 저해하게 된다는 주장이다. 공무원단체의 활동으로 행정업무가 잠시라도 정지되면 국민생활에 큰 불편을 주게 된다. 더욱이 정부활동은 독점적인 분야의 것이 많은데 이것이 공무원단체의 활동으로 인하여 가동하지 못할 경우 그 어느 것으로도 대체할 수 없으므로 국민생활에 끼치는 피해는 대단히 크다는 것이다.

② 공익을 추구해야 할 공무원이 사익을 추구한다는 것은 모순이라는 주장이다. 공공행정의 존재 의의는 바로 공익의 추구에 있다. 공익의 추구는 국민의 수임자인 공무원의 사명이며 책무이다. 그럼에도 불구하고 공무원이 자신의 개인적 이익을 위해 공무원단체 활동을 한다는 것은 모순되는 행위이다. 더욱이 공직에는 권력이 주어져 있는데 여기에 단체행동권까지 곁들일 경우 공무원단체는 특권 집단화될 우려 또한 크다는 것이다.

③ 공무원들 사이에는 노·사의 구분이 불명확하다는 점을 지적하고 있다. 정부조직 안에서 공무원을 관리층과 비관리층으로 구분하는 것은 어느 정도 가능한 일이겠으나, 이를 노사관계로 근로자와 사용자로 구분하는 것은 거의 불가능하다. 왜냐하면 공무원이라면 관리층, 중간관리층, 비관리층이든 모두가 국민을 사용자(고용주)로 한 근로자의 처지에 있기 때문이다. 게다가 공무원은 단순히 국민에게 고용된 근로자가 아니라 국민으로부터 법률행위나 사무처리를 위탁받은 수임자이며, 한편 국민의 한 사람으로서 사용자의 성격도 지니고 있으므로 집단행위를 한다는 것은 온당치 않다는 것이다.

④ 공무원단체의 활동은 실적주의(merit system) 원리에 위배된다는 주장이다. 공무원에게 가장 큰 관심사는 역시 승진(昇進) 문제인데, 이러한 인사문제를 단체 활동을 통해 승진을 근무연한(연공서열)으로 처리해 주기를 강력히 요구하는 경우가 있을 수 있다. 이러한 연공서열에 의한 인사행정은 무능한 사람일지라도 자동적으로 승진할 수 있어 능력에 의한 승진을 중시하는 실적주의의 원리

---

191 미국 공무원의 노동기본권 입법례

에 위배된다는 것이다.

⑤ 공무원단체가 결정될 경우 관리층 공무원과 비관리층 공무원 사이에는 불신과 갈등이 조장된다고 지적한다. 양측은 서로 상대방을 대할 때 다 같은 공무원의 처지로서 동반자 관계로 파악하지 않고 이해를 달리하는 노사관계를 인식하게 된다. 그리고 공무원단체의 구성원들은 그들을 채용한 정부보다는 공무원단체(조합)에 더욱 충성심을 갖게 되고, 관리층에 대해서는 오히려 적대의식을 갖게 됨으로써 행정조직은 제대로 기능을 발휘하지 못하게 된다는 것이다.

공무원단체의 권리에는 근로3권, 즉 단결권·단체교섭권·단체행동권이 포함된다. 그러나 공무원은 국민의 수임자로서 공익을 추구해야 할 신분상의 특수성으로 말미암아 근로3권을 모두 가질 수는 없다.

그러나 공무원 노동조합에 가입할 수 있는 공무원의 범위는 6급 이하의 일반직공무원 및 이에 상당하는 연구 또는 특수기술직렬의 일반직 공무원, 6급 이하의 일반직공무원에 상당하는 별정직공무원 및 계약직 공무원, 기능직공무원, 고용직공무원 등이다. 그러나 노동조합 가입범위에 속하는 공무원일지라도 다른 공무원에 대하여 지휘·감독권을 행사하거나 인사·보수에 관한 업무를 수행하는 공무원, 교정·수사에 종사하는 공무원 등은 노동조합에의 가입이 금지된다.

헌법 제33조 2항은 일반근로자와 달리 공무원의 경우 근로3권을 행사할 수 있는 자를 법률로 정하도록 하고 있고, 국가공무원법과 지방공무원법에서는 단체행동권의 경우 사실상 노무에 종사하는 공무원으로 그 주체를 한정하면서 다시 그 범위를 각종 규칙과 시행령, 지방자치단체의 조례로 정하도록 위임하고 있다.

4. 공무원노조화가 정책결정에 참여확대와 행정학에 미친 영향

단체교섭의 출현과 공무원노조의 발전은 많은 공공정책 영역에서 노조의 정책결정 참여를 확대시키고 있다. 따라서 공무원노조가 정치과정에 참여함으로써 "정부가 무엇을 하고, 누구를 위해서 그 일을 하며, 어떤 방법으로 얼마나 빨리, 그리고 어느 정도의 비용을 사용해야 할지"에 대하여 크게 영향을 미치고 있다.[192]

Mosher는 오늘날 미국 정부가 공무원 집단을 경험이나 이해 내지 법적 기초도 없이 다루고 있다고 지적하였다.[193] 사실상 1962년 1월 17일 Kennedy 대통령이 공무원노조의 권리를 크게 신장시키는 대통령령 10988을 공포하기 전까지 공무원노조를 위하여 Kennedy 대통령과 필적할 만한 발전을 시도한 사람은 없었다. 대통령령 10988의 공포로 공무원 노조원들은 수적으로 증가하였다.

1960년부터 1968년까지 주와 지방공무원조직의 노조원들은 수십 만 명에서 250만 명으로 늘어났다. 노조원들은 1974년에 총 390만 명에 달하였으며, 이는 6년 동안 60% 증가된 것이다. 같은 기간에 민간 부문의 노조증가율은 3.7%에 불과했다. 결과적으로 1977년에 전체 공무원의 절반 이상이 노조원인 데 비해 민간 부문에서는 전체 노동자의 4분의 1만이 노조원으로 가입되었다.[194]

실제로 공공 부문에서 단체교섭이 급격히 증가한 데는 많은 이유가 있다. 공무원들은 자신들이 민간 부문의 직원들보다 보수나 근로조건에 있어서 열등해야만 되는 이유를 인정하려 하지 않았다. 공무원들은 인간답게 대우받기 위하여 인사정책 결정에 발언권을 가져야 한다고 생각하였다. 이러한 점에서 노조는 거대한 정부기구 내에서 발언권을 얻는 데 효과적인 도구가 될 수 있다는 것을 증명하였다. 전국적으로 1975년까지 전체 공무원 3명 중 1명이 공무원노조에 가입했고 민간 부문에서는 4명 중 1명이 노조원이 되었다.[195]

1962년 1월 17일 Kennedy 대통령에 의해 공포된 대통령령 10988은 노조 소속 공무원들에 의해 연방공무원 노동조합주의의 '대헌장'(Magna Carta)으로 환영을 받았고, 정부 내의 노조가 공식적으로 인정받는 계기가 되었다. 그 당시에는 전통적 관리방식이 지배적이었지만, 대통령령 10988은 새롭게 발전하고 있는 참여적 관리기법을 옹호하였다.

실제로 대통령령 10988은 1969년까지 연방노조의 배후에서 지배적 힘을 발휘하였다. 그러나 그 이후 협상범위의 제한과 대통령령 10988의 단점을 보완하기 위한 적절한 후속조치가 뒤따르지 않아 공무원들의 불만이 증가되었다.[196]

---

192 Wallace Sayre and Herbert Kaufman, *Governing New York City* (New York: Russell Sage Foundation, 1960), p. 446.

193 Frederick C. Mosher, *Democracy and the Public Service*, p. 176.

194 George E. Berklay, *The Craft of Public Administration*, 2nd ed. (Boston: Allyg and Bacon, Inc., 1978), pp. 170-171.

195 LMRS Newsletter, 6, No. 3 (March 1975), I. Published in Washingtion, D.C., by the Labor Management Relations Service of the National League of Cities, the United States Conference of Mayors, and the National Association.

1969년 가을 Nixon 대통령에 의하여 새로운 대통령령 11491이 공포되었으며, 이 대통령령의 주요한 취지는 광범위한 제3영역(The third sector)에 분쟁조정 절차를 신설하고 새로운 행정기구(연방노동관계위원회)를 중앙집권화하였다.[197]

닉슨 프로그램은 단체교섭의 범위를 확장시켰다. 이 프로그램은 불만처리에 대한 적절한 절차의 협상을 허용하며, 불만은 직접 구속력 있는 중재(binding arbitration)의 대상이 되었다.

공무원노조화에 반대하였던 사람들의 견해를 검토하여 보는 것은 그들의 주장을 행정학적인 차원에서 해석하는 바를 살필 수 있는 기회를 가질 수 있기 때문에 의미 있는 일이다.

Nigro는 공무원노조화에 대한 논쟁점들이 행정학에 미치는 영향을 다음과 같이 여덟 가지 측면에서 기술하고 있다.[198]

① 근로조건의 결정이 쌍방 간의 합의에 의해 이루어져야 한다는 생각이 대다수 공무원들에게 잘 정립되어 있다.
② 공무원들이 점차 단체협약에 따르고 지키고 있다.
③ 노조는 단체협약 내에서 정책결정 권한을 규정하든 혹은 안 하든 관계없이 정책결정에의 참여를 확대해 가고 있다.
④ 노조는 정치적 활동을 강화시키고 있다. 단체교섭의 성공은 정치활동을 위축시키는 것이 아니라, 오히려 노조원들의 힘과 계약체결에 대한 성공적인 기록을 이용하면서 정치활동을 촉진하기 때문에 그들의 목적을 쉽게 달성할 수 있다고 확신한다.
⑤ 단체교섭 체결은 실제적으로 개인당 서비스 예산을 증가시켰으며, 특히 이로 인해 주나 지방정부 차원에서 재정적 위기가 초래되고 있다.
⑥ 정부의 정치 환경의 중요한 부문은 민간부문의 협상과 다른 단체교섭을 하게 한다.
⑦ 노조의 공격을 받고 있는 인사위원회의 결정권은 계속 감소되고 있다. 봉급과 과외수당이 경영진과 노조 대표자들에 의하여 사실상 결정되는 것이라면, 인사법에 따라 봉급계획과 수정안을 추천하는 인사위원회의 역할은 아주 미미한 것이다. 인사규칙 및 규정에 대한 제

196 Jay M. Schafritz *et al.*, *Personal Management in Government, Politics and Progress* (New York: Marcel Dekker, Inc., 1978), pp. 202-203.

197 Richard J. Murphy, "The Difference of a Decade: The Federal Government," *Public Administration Review* (March/April 1972), p. 111.

198 Felix A. Nigro, "The Implications for Collective Bargaining for Public Administration," *Public Administration Review* (March/April 1972), pp. 120-122.

정은 점점 더 경제적인 이익에 따라 협상되고 있으며, 이러한 협상은 인사위원회의 정책결정능력을 축소시키는 결과를 가져오고 있다. 대통령이 노동조합을 강력하게 관리하기를 바라는 노동관계 전문가들은 인사위원회를 폐지하고 그 대신 전국인사연맹(the National Civil Service League)의 새로운 모델인 공무원인사행정법(New Model Public Personnel Administration Law)을 추천하고 나왔는데, 이는 놀라울 일은 아니다.

⑧ 단체교섭은 여러 가지 방법으로 예산과정에 영향을 미친다. 단체협상과 예산일정표(budgetary time tables)는 시기적으로 일치되어야 한다. 그렇게 되도록 시도는 하지만 협상의 교착상황으로 인하여 예산의 제출 및 결정시기를 넘기는 경우가 종종 발생하고 있다.

단체교섭은 쌍무주의에 기초를 두고 있다는 점에서 일반 공공행정과는 구분된다. 노조는 단체협상이 단지 임금과 부가급부(fringe benefits)만을 다루는 것에서 공공서비스의 생산, 마케팅 및 재정결정에 이르기까지 다양한 실무와 관련된 것들을 포함하여야 된다고 주장하고 있다. 예를 들면 많은 사람들은 교육의 질 향상을 비롯한 많은 교육정책을 교사와 교육행정관리자가 함께 결정한다면 그 결과는 개선될 것으로 믿는다. 공무원들이 변화에 거부감을 느끼는 경우에도, 그들 자신이나 대표자들이 기획과정에 참여하게 되면, 그 계획에 순응하게 될 가능성이 높아질 것이다.[199]

결국 이러한 공동결정과정은 공무원들이 정치가들에 의하여 만들어진 정책을 단순히 집행하는 것으로 가정하는 계층제를 약화시키는 경향이 있다. 이러한 경향이 행정 내부에 견제와 균형이 자연스럽게 정착될 수 있는 장점이 내부민주통제모델이 추구하는 기대이다.

5. 공무원노조의 실적제

정부의 공무원노조는 실적공무원제도에 많은 영향을 끼치고 있다. 실적제와 공무원보호문제는 단체교섭의 견지에서 볼 때 많은 어려움을 제기한다. 공직에 대해 실적제를 광범위하게 적용해 온 결과 공무원의 노조화가 민간부문에 비해 상대적으로 늦어졌다는 지적은 사실이다. 실제로 공무원이나 민간 노조가 실적제를 지키지 않을 경우 노조는 쉽게 혼돈에 빠지게 된다. 만약 노조가 부당하게 논리에 맞지도 않은 사건들을 노조의 힘으로 단체교섭을 달성하려 한다면,

199 Berkley, *op. cit.*, pp. 175-176.

노조원들의 걷잡을 수 없을 정도로 분출하는 불평과 요구를 따르다 보면 노조는 생존하기 어려울 정도로 혼란에서 헤어나기 어려울 것이다. 반면에 노조가 엄격하게 실적제를 지킬 경우 노조원들은 회비를 내면서 노조에 가입한다는 것이 별 의미가 없을 것이다. 그러한 이유 때문에 민간 노조게 가입하고 있는 노조원들의 수가 줄어들고 있다. 노조에 가입하지 않는다고 하더라도 어차피 근로자들이 실적제에 따른 처우를 받게 된다면 비싼 노조회비를 내면서 노조에 가입할 필요가 있겠는가?

Arnold Zander는 인사 법률의 제정은 그 법률의 효과성을 증진하기 위하여 단체교섭이 필요하다고 결론을 내리고 있다.

> 미국의 주, 카운티 및 시 공무원노조연합(AFSCME: American Federation of State, County and Municipal Employees)은 정부의 모든 차원에서 실적제의 도입, 헌법에 명시된 목적의 하나로서 정부의 인사제도 입법, 그리고 직업공무원제도의 증진을 지지하였다.
> 그러나 인사법과 규칙들은 너무 포괄적이어서 공무원에게 매일 발생하는 문제들을 처리하기 어려웠다. 심지어는 공무원체제가 아무리 훌륭하다고 하더라도, 그 공무원체제 역시 단체교섭 과정에 의하여 구속을 받지 않으면 안 되었다. 실제로 단체협상과 공무원의 실적제는 상호보완적이다.[200]

이러한 공무원 실적제에 대해 Jerry Wurf는 아래와 같이 기술하고 있다.[201]

> 공공관리의 의도가 아무리 좋을지라도, 공무원들을 완전히 객관적인 제3자로 취급하는 실적제를 엄격하게 적용한다는 것은 상상하기 어렵다.

공무원을 대표하는 강력한 노조가 없다면, 실적제 원칙이 왜곡되거나 혹은 고용, 승진, 해직 등 많은 분야에서 완전히 그 원칙들이 무시될 가능성이 매우 크다. 그래서 노조는 경제적 이익증진, 불만사항에 대한 중재, 승진·해고·전직, 그리고 징계처분 행위의 세부적 측면들에 관해 집중적으로 협상을 벌여 왔다.

---

200 Arnold Zander, "A Union View of Collective Bargaining in the Public Service," *Public Administration Review*(Winter 1962), p. 6.

201 Jerry Wurf, "Merit: A Union View," ed. Frederick Lane, *Current Issues in Public Administration* (New York: St. Martin's Press, 1978), p. 284.

따라서 공무원노조는 인사정책을 더욱 광범위하게 다루기 위하여 협상대상규정의 확장을 요구하는데, 사실 그러한 규정에 의하여 노조는 더욱 개선된 실적제를 원하고 있었다.

사실상 노조의 정책은 실적제를 보호하는 것이었다. 대부분의 노조 지도자들은 노조의 안정성을 지키는 유일한 방안은 현행의 실적제를 유지하는 것이며, 또한 실적제를 다른 영역으로 확산시키는 것이라고 믿는다. 실제로 이러한 실적제에 대한 지지는 공무원과 공무원노조가 직업의 안정에 관심을 가지고 있다는 사실에 근거하고 있다.

공무원이나 노조는 상대적으로 예측력 있고, 객관적인 기준과 과정에 따라 대우받기를 바란다. 예를 들면 특혜를 받기 위해 현직 정치인과 제휴한다는 것은 노조원들의 충성을 희석시키고, 노조의 보호자적인 역할을 약화시킨다.[202]

만약 제휴를 한 정치인과 경쟁자인 정치인이 당선되면 어떻게 될까? 그러한 정치인들이 공무원들을 임의적이고 직무와 무관한 이유로 해고하는 것으로부터 보호하기 위해 실적제를 강화시켜야 한다고 주장하지는 않을 것이다.

어떤 학자들은 공무원제도와 단체교섭체제는 양립될 수 없다고 주장하지만, Nigro 부부 교수는 공무원과 단체교섭체제는 양립할 수 있고 그러한 과정에서 더욱 강력한 인사체제가 발생할 것이라고 보았다.[203] 이에 대하여 Wurf는 다음과 같이 주장한다.

> 공무원제도와 단체교섭체제는 다른 것이며 독특한 것이다. 그러나 그들은 국민에게 질 좋은 공공서비스를 제공하려는 공통의 목적을 가지고 있다. 이러한 목적을 위하여 실적제가 유일한 방법은 아니지만 실적제가 담당하여야 할 역할이 있다. 실적제와 단체교섭의 혼합은 품위 있는 노사관계를 유지하고, 우수한 공공서비스를 제공하기 위해 노사의 협력관계를 확보하는 데 필수적이다.[204]

반대로 단체교섭이 공무원제도의 기반을 위태롭게 한다는 주장이 있다. 예를 들면 만약 노조가 엄격하게 연공서열제(seniority)에 따라 승진의 기회를 주는

202 Sterling D. Spero and John M. Capozzola, *The Urban Community and Its Unionized Bureaucracies* (New York: Dunellon Publishing Co., 1973), p. 207.

203 Felix A. Nigro and Lloyd G. Nigro, *Modern Public Administration* (New York: Harper & Row, Publishers, 1977), p. 369.

204 Wurf, *op. cit.*, p. 287.

방안을 협상으로 체결하게 된다면 실적제의 원칙이 무너질 것은 틀림없다. 그러나 장기간 근무하면서 더욱 훌륭한 능력을 쌓을 수 있다면 승진과정에서 연공서열제와 실적제와의 차이는 없을 것이다.

그러나 연공서열제하에서는 승진도 그렇지만 공무원의 엄격한 신분보장정책으로 인하여 나태하고 비능률적인 직원을 해고하거나 강등하기 어렵게 한다. 대부분의 관리자들은 노조가 자신들의 관리권한과 기본적인 정책승인권한을 박탈할 정도로 너무 지나치게 공동결정을 요구하는 것에 대해 경고하였다. 어떤 노조는 혁신에는 관심이 없을 수도 있다. 결과적으로 그러한 노조의 행위는 정부의 비용을 증가시키고 융통성을 감소시키며 혁신을 방해한다. 이러한 노조는 정부에 대해 강력한 압력을 행사하며, 변화와 발전을 저해하는 가장 보수적인 집단이 된다.

6. 공무원노조의 정치개입

Charles Felgenbau의 지적에 따르면 단체교섭은 일종의 권력과정이고, 공공부문에서 그 권력은 궁극적으로 정치인들의 협조 하에 더욱 영향력을 발휘하게 된다.[205] 사실상 노조는 공무원의 정치적 개입을 증가시킨다. 그러나 문제는 때때로 그러한 정치적 개입이 유익하지 못할 수도 있다는 점이다. "교사노조는 1972년에 의원후보에게 10만 달러 정도를 주었다. 1974년에는 그들의 기부가 60만 달러를 넘었으며, 1976년에는 더 많은 자금을 기부했다. 그리고 전국교육연합(National Education Association)은 대통령선거에서 처음으로 Jimmy Carter 후보를 지지했다."[206]

그들은 협상 테이블에서 얻을 수 없었던 이익을 얻기 위해 특정 정당에 가입하기도 하였다. 또한 그들은 인쇄물 배포, 전화걸기 등과 같은 선거운동을 하기 시작하였다. 공무원 노동단체가 고용한 로비스트들이 시청, 주, 의회에서 활동하고 있다. 어떤 비평가는 공무원들에게 단체교섭권을 허용하지 않는 州나 그리고 '머신'(machine)적인[207] 정치형태를 지닌 市에서 노조가 정치에 보다 적극

205 Charles Felgenbau, "Civil Service and Collective Bargaining: Conflict or Compatibility," *Public Personnel Management* 3(1974), p. 248.

206 Berkley, *op. cit.*, p. 187.

적으로 개입하는 경향이 있다고 설명한다.[208]

그 외에도 공무원들은 대규모의 선거 블록을 형성하였다. Robert A. Dahl은 New Haven시의 경우, 공무원노조에 가입한 공무원들과 그의 가족들이 전체 유권자의 36%를 차지한다고 보고하였다.[209] 그러므로 단체협상해결은 광역선거구를 겨냥하는 정치인들에게는 지지세력 구축의 원천으로 인식된다. 노조조직의 범위가 팽창하고, 노조가 정치적 연합과 합병하거나, 그와 유사한 정치활동을 할 때, 그러한 정치활동에서 발생하는 전체적 효과는 공무원들이 강력한 정치적 블록을 형성해 간다는 것이다.

정치인들은 일반적으로 갈등보다는 화해정책을 추구하는 경향이 있다. 이러한 경향은 공무원을 적대시하는 호전성을 일으키게 하는 원인이 된다. 그러므로 공익문제가 전례 없이 부상하게 된다. 사실상 고용조건은 공무원 노조와 정치인 간의 쌍무주의에 의해 결정되므로, 시민과 의원들은 그 결정에 참여할 기회가 없어 소외당하는 감정을 갖게 된다.

---

207 19세기 말 미국의 市에 나타나기 시작한 새로운 정치적 조직형태이다. 리더는 비공식적·초법률적인 조직에 기초하고 있다. 즉 machine의 장은 선출된 공직자, 공무원, 선거구의 정당지도자, 구역 내의 노동자를 포함하는 비공식적 계층조직의 長인 'boss'이다. machine의 근본적인 동력은 정부의 직업, 특허권, 계약, 주요 선거 혹은 정당지위에 대한 지명권이다. 공직이나 특권은 정당 머신(political machine)에 대한 개인적인 충성도에 기초하여 주로 배분되어지는 엽관체제(system of patronage)를 구성한다.

Machine은 인종적인 정치와 상향적인 사회·경제적인 이동을 갈망하는 갓 이민 온 사람들의 야심과 연계된다. 머신 정치(Machine politics)는 장점과 단점을 가지고 있다.

이러한 machine은 이민자들에게 미국 생활을 충분히 향유할 수 있는 기회를 제공했으며, 공동체와 복지기능을 수행했다. 즉 machine은 공동체의 단결과 일치감의 성숙에 기여했으며 긴요한 많은 사회 서비스를 제공하였다. 이러한 혜택은 이민 온 가족들에게 필요한 것이었다.

이러한 장점에 반하여 많은 machine은 정치부패를 가져왔다. 도시 산업발달에 필수적이었던 도시특허권과 계약에 있어 뇌물수수 등의 부패가 만연하였다. 이러한 machine의 병폐로 인하여 미국 청교도 정치인의 정신(Yankee-protestant politican ethos)인 개혁운동(Reform Movement)이 뒤따르게 된다.

자세한 내용은 Elmer E. Cornwell, Jr., "Bossess, Machines and Ethnic Groups," The Annuals of the American Academy of Political and Social Science (May 1964), pp. 27–39; Raymond E. Wolfinger, "Why Political Machines Have Not Withered Away and Other Revisionist Thoughts," *Journal of Politics* (May 1972), pp. 365–398; Martin Shefter, "The Emergence of the Political Machine: An Alternative View," in Willis D. Hawley, Machael Lipsky *et al.*, *Theoretical Perspectives on Urban Politics* (Englewood Cliffs, N.J.: Prentice-Hall, 1976), pp. 14–44.

208 Paul F. Gerhert, "The Scope of Bargaining in Local Government Labor Negotiations," *Labor Law Journal 20* (August 1969), p. 545.

209 Dahl, Who Governs? pp. 76, 253–254.

그 결과 공무원의 노조화는 관료제의 인사기능에 대한 의회 및 정치체제들의 강한 행정통제를 초래하였으며, 그러한 연유로 인하여 정부와 노조의 관계에 대한 행정부와 의회의 통제를 집권화할 여건을 조성할 수 있었다는 것이다.

Ralph J. Flynn에 따르면, 공무원 노사관계의 주요한 특성 중의 하나는 고용주 측이 매우 분열되어 있다는 것이다.[210] 이는 노조가 많은 문제에 대해 한 사람이 아니라 여러 사람과 협상해야 한다는 것을 Flynn은 다음과 같이 기술한다.

> 대부분의 공무원노조 리더들은 행정 및 관리에 대해 시의 최고 책임자의 권위가 강화되는 것을 지지한다. 공공 영역의 노사관계 협상관계에 있어 협상상대의 취약성이 반드시 노조에게 승리의 원인이 되지는 않는다. 사실 그것은 노조에게 많은 어려움의 원인이 될 수도 있다.[211]

Mosher 역시 다음과 같이 주장한다.[212]

> 노조의 규모가 커지고 영향력이 강화되는 현재 지방정부 수준의 추세가 계속된다면, 노조는 지방의회에 대해 더 많은 요구를 할 것으로 기대된다. 이러한 요구가 좌절되면, 노조는 단체교섭권, 최소의 기준, 그리고 중재를 보장받기 위하여 주 의회와 항소기관에 의존하게 된다. 대부분의 경우 지방·주 의회는 제한된 범위 내에서 협상권한을 공무원이나 특정한 행정기관에 위임해 왔다. 그러나 잠재적인 정치권력을 가지고 있는 어떠한 조직도 의회에 다시 항소할 가능성이 있다. 지방공무원들의 노조화가 증가됨에 따라 주 의회는 지방정부의 노사관계에 대한 통제를 집권화하려는 경향을 보이게 될 것이다

위와 같은 결과로 인하여 정치체제 전반의 민주주의 발전이 저해될 수 있다. 그러므로 공익에 대한 관심을 고양하기 위한 차원에서 정부의 단체교섭이 다루어져야 하며, 대중에게 개방되어야 한다는 논의가 있다.[213]

단체교섭이 공무원들에게 큰 부담이 되는 것은 틀림없다. 그럼에도 불구하고 공무원들의 노조가 행정적 다원주의를 확대하여 하위정부(subgovernment)를 더욱 개방시킬 수 있다면 그것은 가치 있는 일이다.

---

210 Ralph J. Flynn, Public Work, *Public Workers* (Washington, D.C.: New Republic Book Co., 1975), p. 40.

211 *Ibid.*, p. 40.

212 Mosher, *op. cit.*, p. 193.

213 Nigro, "Implications for Collective Bargaining Public Administration," p. 124.

7. 공무원의 파업권에 대한 논의

마지막으로, 공무원의 파업권은 공공 부문의 노조관계에서 가장 물의를 일으킬 소지가 있는 문제로 여겨왔다는 점을 지적할 필요가 있다. 예를 들면 파업권이 대중에게 미치는 영향이나 그 파업의 중요성에 무관하게 공무원에게 파업권을 보장해 주는 것이 건전한 정책인가? 국민의 건강, 안전, 복지를 침해하는 파업으로부터 국민을 어떻게 보호할 것인가? 공무원 노조의 파업권을 법적으로 계속 금지한다면 독재적인 고용주(정부)로부터 공무원을 보호하기 위해 어떤 조치를 취해야 하는가? 노조의 입장에서 보면 정의와 자유를 보호하여 주는 파업권이라는 무기를 고용주가 적절한 설명도 하지 않은 채 부인한다면 이를 어떻게 정당화할 수 있을까? 법적 금지조치를 무효로 하는 것은 옳은 일인가? 위와 같은 파업권에 관련된 의문들은 공무원노조운동이 활성화됨에 따라 계속 논의될 것으로 보인다.

그럼에도 불구하고 이미 공공서비스 영역에서 가열되고 있는 파업 열기는 공무원 노조파업을 현실화시키고 있다. 이제 미국은 공무원에게도 '와그너법'(Wagner Act)[214]의 적용이 필요하게 되었다.

노조원들은 파업금지 조항이 모든 민간 부문의 근로자에게 보장된 권리를 공무원에게는 부여하지 않음으로써 공무원을 2급 시민으로 강등시키는 차별적 조항이라고 주장한다.

Mosher는 이에 대해 다음과 같이 기술한다.[215]

> 공공 혹은 민간 분야에서 종사하는 근로자들의 권리와 기대를 구별하기 어렵게 만드는 것과 마찬가지로, 광범위하게 증대하고 있는 기업의 사회구조를 통하여 볼 때, 공공조직과 사조직의 혼합은 공과 사를 역시 구별하기 어렵게 한다.

그러나 파업금지를 지지하는 사람들은 공공영역에서 파업이 금지되어야 하는 이유를 다음과 같이 기술하고 있다.

---

214 Robert F. Wagner 상원의원은 1934년 3월 1일 사기업체의 근로자들이 노조에 가입할 권한, 임금과 작업조건을 협상할 권한, 그리고 어떤 위협과 맞고소로부터 자유로이 노조활동을 보장하여 주는 법안을 의회에 제출하였다. 그 법안은 하원에서 통과되었으며, 1935년 7월 5일에 서명되었다.

215 Mosher, *op. cit.*, p. 186.

> 주권국가는 정부 그 자체도 하나의 당사자라는 견지 하에서, 갈등하고 있는 주장들의 장·단점을 판단할 권리를 가진다고 주장한다. 정부가 그러한 권리를 갖지 못할 경우 반란, 봉기 그리고 궁극적인 무정부상태가 된다. 사회를 마비시킬 수 있는 파업권을 허용한다는 것은 입법과 예산의 우선순위를 결정하는 민주절차를 포기하는 것과 동일한 것으로 간주한다. 정부는 민간산업의 경우에서와 같이 폐업을 하거나 미리 상품을 비축하거나, 혹은 피고용자를 내쫓을 수 없다. 왜냐하면 정부는 서비스를 제공하고 사회를 보호하고 국민의 복지증진을 위하여 존재하기 때문이다.[216]

그러나 노조는 파업권을 당국에 대한 저항으로 여기는 것이 아니라 노동분쟁의 정당하고 유용한 무기로 간주한다. 그들은 파업권이 자유로운 근로자와 노예를 구별하여 주는 기준이라고 주장한다. 실제로 파업권이 없는 협상은 형식적인 청원이나 집단구걸에 지나지 않는다고 강력히 반박한다.

국가의 모든 부문에서 공무원이 파업하는 숫자는 점차 증가하고 있다.[217] 그것은 공공서비스 부문 가운데 가장 많은 공무원들을 고용하고 있는 곳에서부터 점차적으로 파업금지조치가 폐지될 것이라는 사실을 암시한다. 1970년대에 7개 주 – 펜실베니아, 하와이, 알래스카, 미네소타, 오레곤, 버몬트 및 몬타나(간호사만) – 가 제한된 파업권을 법률로 허용하고 있다.[218] 제한된 파업권은 갈등을 일으키는 문제를 해결하려는 모든 법적 절차를 거치기 전에는 조업중단을 허용하지 않는 제도로서 이는 국민의 보건, 안전, 그리고 복지에 대하여 명백하게 위험을 야기할 수 있는 행정기관에 근무하는 공무원에게는 파업이 금지된다는 가정에 근거를 두고 있다. 그럼에도 불구하고 현재 제한된 파업권을 인정하고 있는 주는 30개 이상이다.

Morstein Marx는 지나치게 난폭한 노조의 행위는 종종 관리자의 부정행위와 실수로부터 발생한다고 하였다.[219] 그러므로 공공노조와 공공관리자 사이에 조화롭고 상호보완적인 관계를 이룰 수 있는 비결은 보다 나은 공공관리자를 육성하는 것이다. 그 결과 공무원노조는 행정에 적극적으로 참여하게 되며, 더욱 생산적인 역할을 할 수 있게 될 것이다. 책임 있는 고위공직자와 공무원노조, 그

216 Spero & Capozzola, *op. cit.*, pp. 265–271.
217 Felix A. Nigro and Lloyd G. Nigro, *Modern Public Administration*, p. 365.
218 Felix A. Nigro and Lloyd G. Nigro, *op. cit.*, p. 365.
219 Morstein Marx, *The Administrative State* (Chicago: University of Chicago Press, 1957), p. 105.

리고 대다수의 공무원들은 인사행정의 가장 해결하기 어려운 문제점은 인사행정의 목적을 달성할 수 없을 정도로 비인격적이고, 느리고, 무반응적이며, 경직되고 낭비적인 인사과정이라고 입을 모아 불평하고 있다.[220]

8. 공무원노조 활동의 개방과 노조의 효과

이제는 공무원노조화의 효과를 살펴보려고 한다. Nigro는 공무원노조화의 효과에 대해 다음과 같이 지적한다.[221]

① 단체교섭은 고용주의 독단과 간섭에 건전한 견제역할을 하게 된다.
② 단체교섭은 관료제의 병폐를 보완할 수 있는 좋은 교정수단이다. 공무원은 강력한 노조를 통해 무엇인가를 달성할 수 있다고 느낀다. 그래서 관리자는 귀를 기울여야 한다.
③ 과도한 노조의 권력에 대한 제재가 필요하다. 경우에 따라서는 강제적인 중재가 해답이 될 수도 있다.
④ 계약체결에 따른 재정 부담을 해소하기 위해서는 조세개혁이 필요하다. 비전을 가진 노조 지도자들은 조세개혁을 위한 노력을 촉구하고 있다. 그들은 많은 도시를 파산으로 이끌었던 무거운 재산세에 의존하는 상황을 탈피하려는 지방공무원들과 공통적인 의견을 가지고 있다.
⑤ 의회는 자신의 역할을 수호해야 한다. 그 밖에 대통령과 노조는 의회를 노사관계의 문제에 있어서 점점 소극적인 역할만 맡도록 몰고 있다. 단체교섭과정은 행정부의 권력팽창에 기여하기 때문에 의회는 자신의 권력에 대한 침해를 막기 위해 단단한 자세를 견지해야 된다.
⑥ 시민단체와 시민들은 협상 전에 미리 강력한 지위를 확보하면서 협상활동을 진행한다. 확실히 너무 늦기 전에 대중이 협상과정에 참여할 수 있는 방법이 있다. 문제는 아직까지 어떠한 사람도 자신의 의사를 동태적인 의사결정과정에 효과적으로 투입하는 시기와 방법을 파악할 수 있는 사람이 없다는 것이다.

Sam Zagoria는 협상과정에 대중들의 참여가 계속 증가하고 있다고 지적하면서 '금붕어 어항'(goldfish－bowl) 같은 개방적인 협상방법이 급속히 증가하고 있다고 말한다. 이러한 개방적 협상방법은 언론과 대중이 협상기간 동안 참여하여 협상과정을 관찰할 수 있도록 하는 것이다. 따라서 이 방법은 협상자 쌍방이 더욱 책임 있게 행동하고 협상하도록 하는 데 도움이 된다. 이러한 방법으로 대

220 Chester A. Newland, "Public Personnel Administration: Legalistic Reform vs. Effectiveness and Economy," *Public Administration Review* (September/Octonber 1976), pp. 1, 21–22.
221 Nigro, "The Implication of Collective Bargaining for Public Administration," *op. cit.*, p. 125.

중의 알 권리는 보호되어야 하며, 개방이 보장되어 있어야 비로소 대중의 의사가 협상과정의 결과에 영향을 미칠 수 있는 것이다.

또한 노조가 패배를 만회하려고 비합리적인 정치적 위협을 사용하는 것을 포기시킬 수도 있다. 그럼에도 불구하고 개방적 협상방법은, 플로리다 주 이외에 미주리 주의 갠 사스 시, 캘리포니아 주의 산 라파엘 시, 왈너트 크리크 및 새크라멘토, 버지니아 주의 페어팍스, 아이오와 주의 수우지 등의 시를 제외하고는 거의 진척되지 못했다.[222]

앞의 분석에서 공무원노조는 관료제의 권력남용에 대한 견제역할을 하여 관료제의 병리현상을 감소시키면서 행정을 민주화하는 데 중요한 역할을 하며, 반면에 행정기관의 범위와 능력을 깎아내리면서까지 행정기관에 대하여 적대감 혹은 냉담을 나타내고 있다고 지적하였다.

공무원노조의 성장은 행정기능의 필요성을 감소시킬 수도 있고, 역시 직업공무원제를 활성화하는 데 중요한 역할을 한다.

1978년 Carter 대통령은 증가하는 공공문제를 좀 더 효율적으로 처리하기 위한 인사행정 개혁안으로 연방공무원 개혁법(the Federal Personnel Service Reform Act)을 제안하였다.[223] 이 법은 공무원위원회(Civil Service Commission)를 폐지하면서 인사관리처(the Office of Personnel Management)가 공무원과 관련된 법, 규정, 그리고 규제 등을 집행·감찰·강화하는 기능을 담당하게 하였으며, 독립된 실적제 보호위원회(the Independent Merit System Protection Board)와 그 위원회의 특별위원회로 하여금 행정기관들의 활동을 조사하고, 인사관리처의 규정과 규제를 검토하게 하였다.

이러한 재조정 조치는 실적제 원칙에 부응하기 위한 것이었다. 이 법을 통해 Carter 대통령은 효율적이고 개방적이며, 미국인들의 이해와 존경을 받을 만한 정부를 만들고자 했다.

1978년 Carter 대통령은 연방 노사관계국(the Federal Labor Relation Authority)

---

222 Sam Zagoria, "Attitude Harden in Government Labor Relation," *American Society of Public Administration*, News and Views 26(December 1976), pp. 1, 21–22.

223 James W. Fesler, *Public Administration: Theory and Practice* (Englewood Cliffs, N.J.: Prentice–Hall, 1980), pp. 118–120; George E. Berkley, The Craft of Public Administration, 2nd ed. (Boston: Allyn and Bacon, 1978), pp. 194–197: Nicholas, Henry, Public Administration and Public Affains ed (Englewood eliffs, N.J.: Prentice–Hall, 1980), pp. 290–293.

을 독립기관으로 신설하였다.[224] 연방노사관계국의 신설은 정부 내 노조의 역할을 명확하게 하기 위한 것이었다.

1978년 연방공무원 개혁법에 따르면 노조는 연방정부법이나 정부차원의 규칙과 규제의 대상이 되는 문제를 협상대상으로 다룰 수 없도록 되어 있다. 더욱이 연방공무원들은 노조에 가입할 권리는 있지만 파업이나 태업은 금지되었다.

동법은 행정기관의 수행임무, 예산, 조직, 직원의 수 그리고 행정기관의 내부보안과정을 결정하고, 공무원들의 채용, 책임할당, 일시해고, 유지, 전보 혹은 파면, 징계, 업무의 할당과 인사결정에 대한 권한을 각 행정기관에 위임하고 있다.

그 결과 각 행정기관의 중앙인사 관리부는 과거보다 기본적인 인사기능, 즉 채용과 좌천 등에 보다 많은 통제권을 갖게 되었다. 하지만 공무원들의 불만처리과정과 같은 과정은 여전히 협상의 여지가 있다.

민간영역과 비교해 볼 때, 공공영역의 협상은 여러 가지 법적 제한으로 인해 아직도 부족한 점이 많다는 것을 인정하지 않을 수 없다. 민간영역에서는 당연히 협상대상이 될 수 있는 보수, 신분보장, 승진 그리고 과외수당 등과 같은 중요한 의제들이 연방공무원의 단체협상대상에는 제외되어 있다.

정치활동에 종사하는 공직자들의 권리는 노조에 가입하여 집단적으로 협상하고 파업하는 공무원들의 권리와 유사하며, 그리고 양자의 권리는 서로 얽혀 있다. 사실상 공무원과 정치는 상당히 깊게 관련되어 있다. 그러나 공무원들이 정치에 참여하게 되면 공식적인 권위가 남용되는 것을 막을 수 없다는 문제가 있다. 왜냐하면 부하직원의 정치적 기여를 원하는 상관이 근무기간 동안 부하직원에게 투표, 정치헌금, 또는 정치활동에 참여를 강요하거나 그것에 영향을 미치기 위하여 임명, 승진 및 승급을 약속하거나 혹은 그것을 위협할 수 있기 때문이다. 이러한 잠재적 위험을 고려해서 공무원들이 당파적인 정치활동에 종사하는 것을 허용하지 말아야 한다고 주장하는 사람들도 있다.

어쨌든 공무원노조운동이 계속 확산되는 한, 파업권에 대한 찬반논쟁이 계속될 것으로 보인다. 특히 노조의 유권자수, 로비기술 및 단체교섭기술은 서로 보완 또는 강화될 것으로 예상된다. 그럼에도 불구하고 정부 내 보다 많은 소수민족과 여성을 임명하려는 노력, 공무원을 위한 정치적 표현의 자유를 확대하려

---

224 Fesler, *op. cit.*, pp. 118–119; Henry, *op. cit.*, p. 291.

는 시도, 파업, 노조주의 및 단체교섭의 현실화 등이 공공인사행정의 분야에 유익함을 주고 있다는 데 많은 학자들이 동의하고 있다.

공무원노조운동이 확산되면서 관료내부과정에 시민과 공무원들의 참여가 활발해지고 있는 것을 부인할 수 없다. 만약 관료제가 공무원, 일반대중 또는 공공정책이나 정책의 집행에 의하여 영향을 받는 특정한 부류의 사람들과 공개적으로 의사소통을 하지 않는다면, 각종의 행정업무에 대한 대중의 이해는 불가능할 것이며, 서로 견제와 균형의 역할은 기대할 수 없을 것이다.

다음 부분에서는 공개성이 어떻게 관료내부과정에 대한 강력한 통제방안이 되며, 외부통제기관의 통제기능을 활성화하는지에 대해 논의할 것이다.

제6절 공개성(Publicity)

미국 국방성 보고서의 폭로사건은[225] 정부가 중대한 결정사항에 대하여 의회나 국민에게 얼마나 오래도록 비밀을 지키는 것이 가능할 것인가를 보여준 사건이다. Richard Nixon 대통령의 사임 이후 정치적 풍토는 보다 개방적인 방향으로 급속히 변화하였다. Carter 대통령은 1976년 대통령 선거연설에서 국민들간에 널리 퍼져 있는 비밀보호주의가 미국을 타락으로 이끌고 있다고 주장하면서 정부의 공개성을 강조하였다.

Max Weber는 비밀에 대한 타성이 행정기관이나 공무원들의 고착화된 특징이라고 생각했다.[226] 공무원들은 가능한 한 대중의 비판과는 멀리 떨어진 상태를 유지함으로써 대중의 간섭을 받으려 하지 않는다. 이러한 경향이 행정조직의 능률성 또는 합리성에 뿌리를 두고 있긴 하지만, Weber는 그러한 합리적인 관심이 강박관념으로 전환되는 경향이 있다고 주장한다. 그래서 비밀주의는 관료에게는 직업적 풍토병이라고 볼 수 있다.[227]

---

225 미국 국방성의 비밀문서를 빼내다가 New York Times 신문에 폭로한 사건으로서 미국 내는 물론 세계에 충격을 주었던 폭로기사였다. 비밀문서를 폭로하다가는 결국 미국의 국익에 손상을 입히게 된다는 전제하에 대법원은 폭로를 금지하도록 판결하였다(New York Times, Co. vs. U.S. 403.US. 713).

226 H. H. Gerth and C. Wright Mills(eds.), *From Max Weber, Essays in Sociology* (New York: Oxford University Press, 1946), pp. 196-244.

특히 관료문화는 이러한 비밀 관행을 고무시키고 있다. 그러므로 공개성이 관료의 권력남용을 막는 보호장치 역할을 할 수 있다. 공개성은 민주제도의 초석이라는 주장은 의심할 여지가 없다. 더욱이 공개성은 성공적인 행정을 위하여 필수적이다. 만약 국민이 국가의 통치과정에 참여하려 한다면 우선 국가의 문제를 잘 알아야 된다는 것은 당연하다. 왜냐하면 Madison이 지적한 바와 같이 지식은 힘이기 때문이다.[228]

더욱이 어떤 행정기관이 국민의 주목을 피하려 하고 비밀스러운 장소에서 업무를 집행하기를 좋아한다면, 그러한 행정기관은 자신의 계획을 국민에게 수용하게 하고, 그로 인하여 국민의 지지를 확보하는 데 실패할 가능성이 많을 뿐만 아니라, 자신들의 실수를 은폐하려 함으로써 궁극적으로 국민의 불신과 의혹을 부채질하게 될 것이다.

최근 미국 정치의 위기를 조성했던 베트남 전쟁과 워터게이트 사건 이래로 행정기관의 비밀주의를 반대해 온 의회, 언론, 그리고 다수의 공익단체들은 다음과 같은 Woodrow Wilson의 주장에 공감하는 것 같다.

> 부패는 은밀한 장소에서 번성하며 대중적인 장소를 피하려 한다. 그리고 비밀이 부정을 의미한다는 것은 적절한 가정이다. 정부가 순수하고 올바르게 정책과정을 수행하려면 정부에게 영향을 미치는 모든 일에 대하여 공개하여야 한다.[229]

정부에 대한 정보를 국민에게 제공하기를 주저하는 행위는 정부에 대한 주민의 참여를 꺼리는 행위와 같다. 여론은 정확한 정보에 의하기보다는 주로 소문에 의해 형성된다. 부정확한 소문에 기초하여 형성되는 대중의 판단은 종종 크게 잘못될 수 있다.

이러한 관점에서 V. O. Key는 다음과 같이 지적한다.[230]

---

227 Morton H. Halperin and Daniel N. Hoffman, *Top Secret: National Security and the Right to Know*(Washington, D.C.: New Republic Books, 1977), p. 32.

228 William J. Barnds, *The Right to Know to Withhold and to Lie*, Published by the Council on Religion and International Affairs, 1969, p. 9.

229 Francis E. Rourke, *Secrecy and Publicity* (Baltimore: John Hopkins University Press, 1961), pp. 92-104.

230 V. O. Key, *Public Opinion and American Democracy* (New York: Knopf, 1961), p. 412.

인기 있는 정부는 몇 가지의 특징을 가지고 있다. 그 특징 중의 하나는 권위를 행사하는 기반이다. 통치자는 대중의 의견을 얻으려 노력할 것이며, 비록 그 의견이 정부결정에 결정적인 목소리를 내지 못한다 하더라도 인기 있는 정부는 그 의견에 무게를 실리게 할 것이고, 정부 밖에 있는 사람들도 들을 수 있는 권리를 갖도록 하는 특징을 갖는다.

요약하면 행정에 대한 완전한 공개 없이는 대중이나 여론도 존재할 수 없는 것이다. 공개성을 저해하고 제한하는 것은 문제를 왜곡시킬 가능성이 많다. 왜냐하면 행정체계가 여론에 부응하기 위해서는 의사소통이 대중으로부터 정부로뿐만 아니라 그 반대 방향으로도 이루어져야 하기 때문이다. 또한 행정의 부응성(responsiveness)은 행정기관의 불만스러운 집행에 대하여 불평을 하고 업무를 개선하려고 노력하는 시민의 자세에 크게 영향을 받는다. 다시 말해서 행정의 부응성은 국민이 행정기관에 관련된 정보에 대해 접근할 수 있을 때에만 개선될 가능성이 있다.[231]

민주주의에서도 얼마간의 정부비밀은 필요하다.[232] 그러나 한 정책에 대한 비밀주의는 그 정책의 비밀보호가 국가의 이익과 안전을 위해 필수불가결할 때에만 정당화될 수 있다. 정보의 무방비상태 하에서, 공무원들은 행정심의의 효과성을 위하여, 그리고 정부의 비밀업무를 수행하므로 시민을 보호하기 위하여 비밀의 필요성을 주장하고 있다. 이러한 주장은 적당한 한계 내에서 전적으로 정당한 것이지만, 이러한 한계가 지나치게 운영되지 않도록 극도의 주의가 요구된다.

일반적으로 비밀성은 값비싼 대가를 치러야 하며, 행정실무에 중대한 위험이 되기도 한다. 예를 들면 미국 국방성의 한 직원이 국민의 알 권리를 충족시키기 위한 명분으로 비밀문서를 빼내어 New York Times지에 실리도록 하여 전 세계를 놀라게 했던 국방성 보고서(the Pentagon Papers)사건은 행정정책의 효과성과 적절성 그리고 책임 있는 공무원에 대한 신뢰성에 대하여 참담한 의문을 제기하고 있다. 결국 대법원은 국익을 위해 New York Times를 통한 폭로를 중단시켰다. 그 결과 미국 정부는 국민들의 무관심, 혐오, 철저한 적의의 대상이 되었었다.[233]

231 Robert C. Fried, *Performance in American Bureaucracy*, p. 359.
232 Miewald, *op. cit.*, p. 66.

비밀주의는 실수나 비행을 은폐하거나, 혹은 불화를 유발시키거나, 비합리적인 정책의 시정을 지연시킬 뿐만 아니라, 공무원들이 외부의 집단과 상의하지도 않은 상태에서 정책을 결정하는 것을 허용할 수도 있다. 그러므로 비밀성은 정부정책결정의 합법성과 합리성을 위협하게 할 것이 분명하다. 예를 들면 베트남과의 관계에 있어, 미국 관료의 정보 독점과 의도적으로 정보의 왜곡으로 말미암아 정치가들은 필요한 정보를 입수하지 못하게 되어 베트남에서 평화를 증진시키려는 노력이 좌절되었다.[234] 더욱이 왜곡된 정보에 의한 미국의 정책결정은 베트남 전쟁을 속히 끝내지 못하고 시간을 끌면서 패전의 손실을 더 극심하게 가져왔다.

더욱이 왜곡된 정보나 혹은 정보의 결핍으로 인하여 국민의 이미지가 잘못 형성된다면 정부의 토론 자체가 의미를 상실하게 되기 때문에 결코 국정수행에 도움이 되지 못한다. 그릇된 성명서를 발표하거나, 국민을 기만하는 공무원은 정부 내의 잘못된 행위를 은폐하려 할 것이다. 근거 없는 낙관론은 국민에게 실현성 없는 망상을 갖게 할 수 있으므로 당장에 정치적 손실을 끼치지 않는 것처럼 보이지만, 결국 정부를 파괴시킬 수 있는 함정에 빠뜨리게 할 수 있다.

비밀은 의혹을 낳는다. 행정기관이 비밀스럽게 행동할수록 국민의 두려움과 불신은 증폭된다. 또한 정부활동이 비밀스러울수록 언론과 국민은 그 비밀을 캐내려는 노력을 증가시킨다.[235] 행정에 대한 비밀주의가 심화되면 결국 행정가들이 계획과 기획에 대한 국민의 지지를 창출하기 위해 언론 및 대중과 함께 일하는 것이 불가능하게 된다.

정치가들은 일반적으로 "언론과의 싸움에서 이길 수 없다"는 사실을 믿고 있다. 행정가는 그와 같은 정치가들의 신념을 기억하여야 할 것이다.[236] 행정가들은 기자들에게 솔직하고 개방적이어야 한다. 기자들은 비판적이고 의심나는 무언가를 찾으려는 경향이 있다. 결국 언론을 속이려는 의도는 언제나 역공격에 부딪히게 된다.

반대로 솔직함과 개방적인 태도가 종종 행정기관에게 유익하게 되는 사례

233 Anthony Lake, "Lying Around Washington," Foreign Policy 2(1971), p. 95.

234 David Kraslow and Sturt Loory, The Secret Search for Peace in Vietnan (New York: Random House, 1968), pp. 197–212.

235 George E. Berkley, *The Craft of Public Administration*, p. 274.

236 *Ibid.*, p. 462.

가 있다. 이 점에 있어 Berkley는 베트남전쟁중 공군의 개방정책과 육군의 비밀정책을 그 사례로 들고 있다.

> 공군은 베트남에서 중대한 실수를 솔선하여 발표하는 개방정책을 채택했다. 예를 들면 실수에 의하여 평화로운 마을을 폭격하였던 것과 같은 사실을 발표하였다. 예를 들면 어느 지역을 폭격하여 무고한 시민들이 어느 정도는 죽었을 것이라고 보도도 잊지 않았다. 그러한 발표로 인해서 공군이 시련을 겪기는 했지만 그들의 실수를 종군기자가 스스로 발굴했을 때 받았을 시련보다는 적은 손상을 입었다. 왜냐하면, 종군기자들은 자주 폭격보도를 들었기 때문에 익숙하여 그들에겐 새로운 사건이 아니었다.
> 불행하게도 육군은 미라이(My Lai)와 송미(Song My)의 대학살에 관해 그러한 개방정책을 채택하지 않았다. 서방 기자들이 이 내용을 발표하였을 때, 이 불행한 에피소드는 대단한 시련을 육군에게 안겨 주었다.[237]

Francis Rourke에 의하면 학문의 발전과 혁신을 위해서는 관련된 문제를 연구하는 과학자들 사이에 광범위한 의사소통이 필수적이라고 한다.[238] 한 과학자가 발명한 것을 비밀로 유지한다면 다른 과학자가 발명할 수 있는 속도는 그만큼 지연될 것이다. 따라서 과학자들 사이의 자유로운 정보교환이 이루어지도록 한다면 과학발전에 크게 공헌하게 된다.

군사적 혹은 외교적 이익을 유지하려는 의도에서 현대과학과 기술의 진보를 공개하지 않기 때문에 안전하게 보호하려는 중요한 비밀자료의 범위는 크게 확대되고 있다. 그 외에 국가의 안전, 관료제의 팽창, 넓은 규제활동의 범위, 그리고 우호적인 공공관계를 유지하려는 행정기관의 편견 등과 같은 요소들이 행정비밀을 증가시키는 데 기여해 왔으므로 단시일 내에 그러한 비밀성을 줄이기는 어려울 것으로 보인다.[239]

의회가 행정부의 비밀행위를 단순히 인정하는 차원을 넘어서 은밀히 지지하여 왔다는 사실은 놀라운 일이다. 널리 확산되고 있는 행정부의 비밀행위 가운데 특이한 예는 행정부의 기록을 보관, 사용 및 보존하기 위하여 각 부처의 장관에게 부여하고 있는 소위 부처관리권한(housekeeping power)[240]이라는 것이다.

---

237 *Ibid.*, p. 461.

238 Francis E. Rourke, *Secrecy and Publicity*, p. 31.

239 *Ibid.*, pp. 32–34.

240 Arthur M. Cox, *The Myths of National Security: The Peril of Secret Government* (Boston:

1946년의 행정절차법(the Administrative Procedure Act)은 행정기관의 내부 조직과 권한의 분배를 보여주는 자료의 공개를 의무화하고 있다. 그러나 다음과 같은 상황에서는 예외가 허용된다. ① 공익을 위하여 비밀이 요구되는 어떤 기능, ② 행정 관료의 내부관리에만 유일하게 관계된 문제들 등이 그것이다.[241] 이 절차법의 실제 문제는 공익차원에서 비밀로 해야만 할 정보가 있을 때, 의회가 이 정보들에 대한 충분한 고려도 하지 않고, 그 정보의 공개를 요구하는 일반 법률을 제정하는 것조차 꺼려했다는 것이다.

이런 문제점을 인식하고서, 1958년 John E. Moss가 위원장이었던 하원의 정부기밀 소위원회(the House Government Information Subcommittee)는 정부 관리법(the Housekeeping Law)이 국민에게 정보를 알리지 않는다든지 혹은 과학의 발전에 관한 기록의 접근을 제한하는 것이 정당하지 않다는 사실을 명확히 규명하기 위하여 의회에 법안을 제안했다. 정부의 비밀유지가 관련개인 혹은 집단 간의 의사소통을 방해한다면 이는 과학의 발전을 저해할 것이 분명하다는 것을 알고서 한 제안이었다.

그 이외에도, 역사적으로 비밀주의로 인하여 발생하는 문제와 위험을 보여주는 많은 사례들이 있다. 1970년대 미국 정치의 주요한 위기를 조성하였던 캄보디아의 비밀폭격, 앙골라에 대한 개입(간섭), Tonkin만 사건의 조작, 워터게이트 사건 등은 행정부가 그 사건들에 관한 중요한 정보를 의회와 국민에게 알려주지 않으려고 했던 기만적 행위에 관한 역사적인 증거이다.

사실 어떤 사람들은 미국 정부나 또는 미국의 지난 역사를 돌이켜 볼 때 비밀과 기만은 일상적으로 있어 온 것이라고 주장한다. 미국 정부의 신뢰성은 과거에 비해 점차 개선되고 있다. 그 이유는 부분적으로 국민이 과거보다 정보를 더 잘 제공받고 있기 때문이다. 그러나 과거 위기들이 우리에게 주는 교훈은 행정부가 상당한 기간 동안 정보를 숨길 수 있는 능력을 가지고 있다는 것이다.

민주체제하에서 좀 더 심각한 문제는 정부가 국민들로 하여금 그들이 결정해야 하는 문제에 대한 정보에 접근하지 못하도록 방해하기 때문에 국민들이 그들 스스로를 통치할 수 있는 능력을 배양하지 못하였다는 점이다.

또한 냉전으로 인해 국내외에서 안전에 대한 관심이 높아진 이래, 정책결정

Beacon Press, 1975), p. 33.

241 Rourke, *Secrecy and Publicity*, p. 57.

자들이 전례 없이 비밀에 대해 대단히 강렬한 필요를 느끼게 되었다. 행정환경이 복잡해지고 과학이 발달하며 국가 간의 경쟁이 치열해짐에 따라, Rourke는 행정에 있어서 비밀을 지키려는 압력이 감소하기보다는 증가할 것이라고 주장했다.

의회와는 별도로 대통령은 행정부의 정보공개를 저지할 수 있는 여러 가지 수단을 가지고 있다. 예를 들면 군사 및 외교문제에 관한 모든 비밀정보는 그 주제에 관한 법률규정이 없는 경우라도 공개하지 않을 수 있는 특권이 대통령에게 있다.

관료의 비밀체제는 공식적으로 잘 구조화되고 정형화되어 있다. 공식적인 비밀체제의 핵심은 대통령령에 의하여 제정된 분류체제(classification system)인데 처음엔 Truman 행정부, 그 다음에는 Eisenhower 행정부에 의하여 수정되었다. 대통령령 11652는 "국가안전 정보 및 자료의 분류와 비밀해제"라고 명명되어진 것인데, 이것은 1972년 3월 10일 Nixon에 의해 공포되었다.

해외담당부서(the Foreign Operation) 및 정부정보 소위원회(Government Information Subcommittee)는 대통령령 11652 전체를 상세히 조사한 다음 11가지 비판을 제기했다.

> Nixon 명령으로 인하여 특히 자료를 1급 비밀로 분류하는 공무원의 수는 크게 줄어들었고, 전반적으로 비밀을 분류하는 사람의 수도 다소 줄어들었다. 그럼에도 불구하고 정보의 공개는 최고 분류에서 최저분류에 이르기까지 효과적으로 봉쇄되었기 때문에 대중에게 최신정보의 공개는 미미한 정도였다. 원칙적으로 대부분의 정보는 확정된 계획에 따라 자동적으로 점점 낮게 등급이 매겨지고 해제되곤 한다. 그러나 대부분의 주요 정보는 이와 같은 스케줄로부터 예외이다. 왜냐하면 정보에 대한 계속적인 보호가 국가안전에 필수적인 국제관계 문제와 특별한 관계가 있기 때문이다.

1974년 의회는 국가안전정보의 해제를 용이하게 하기 위해 1967년의 정보공개법(the Freedom of Information Act)을 개정하였다. 1974년에 개정된 정보공개법은 1967년의 법에서 부당한 지연과 과도한 수수료를 부과하였던 모든 규정들을 수정하였다. 가장 중요한 변화는 10일 이내에 행정기관의 첫 응답을 의무화한 것이다. 이는 행정기관이 보유하고 있는 기록들을 재검토하여 그 기록들이 현실적으로 적절히 분류되어 있는지를 확인하라는 의미이다. 법원에 의해 정보가 자의적이고 변덕스럽게 비공개되고 있다고 판단된 곳에는 강력한 행정규제를 적용할 수 있게 하였다. 현행 기준 하에서는 '아홉 개의 면제 조항'[242]에 속하는 정보는 대중들에게 비공개되고 있다.

정보공개법의 다른 수정조항들은 정부 스스로가 개정한 것이라기보다는 국민이 국내문제에 대하여 더 많은 정보들을 얻고자 하는 여론을 반영한 것으로 볼 수 있다. 그러한 법조항들은 주요한 정보가 의회와 국민에게 개방되는 것을 활성화하였다. 그럼에도 불구하고 Saloschin은 "행정기관이 정보사용을 거절하거나 지연함으로써 발생하는 사용자들의 불평을 포함하여 그 법안의 사용 증가 현상은 그 법안에 따라 바람직한 행정을 달성하는 것이 얼마나 힘든가를 보여주는 증거"라고 지적하고, "그 어려움의 진정한 원인을 아직까지도 발견하지 못하고 있다"고 주장한다.[243]

민주정부가 행정을 공개하지 않고 존재할 수 없는 것은 당연하다. 정부의 비밀주의가 시민의 자유로운 의사소통을 방해하는 한, 시민들은 옳고 그름을 정확히 분별할 수 없다. 선거구민이 권력의 가도에서 무엇이 진행되는지를 알아야 한다는 것은 민주주의 이론의 핵심이다.

과도한 비밀은 국가 안보에도 해가 된다. 안보문제는 종종 국내의 정치적 필요에 의하여 악용되기도 하며, 의회나 국민의 반대를 제거하는 수단으로 사용되기도 한다. 관료의 비밀체제는 대통령조차 주요정보에 접근하지 못하도록 사용될 수 있다. 실제로 그렇게 사용되어 온 것이 사실이다. 주, CIA, 국방성, 법무성, 혹은 다른 부처들이 대통령에게 전달하는 정보를 차단하거나 혹은 특별한 정책 및 계획에 대하여 고도로 왜곡된 '사실들'을 전달하는 경우가 많았다. 피그만(the Bay of Pigs) 사건[244]이 바로 그러한 사례이다. 사실상 행정부는 정책결정

242 Rovert L. Saloschin, "The Freedom of Information Act: A Government Perspective," *Public Administration Review* (January/February 1975), p. 11.
이러한 9개의 면제조항들은 다음과 같다. ① 국토방위 및 외교관계 비밀, ② 순수한 내부관리 문제, ③ 다른 법에 의하여 원천징수된 소득세 신고기록들, ④ 대부분 사업의 성격을 띠고 있는 기업비밀과 어떤 다른 기밀 혹은 특별한 정보, ⑤ 여러 행정기관의 행위를 결정하는 데 도움이 되는 공무원의 자문이나 유사한 표현, ⑥ 개인의 진료기록 및 인사기록, ⑦ 법집행을 위하여 수집한 조사서류, ⑧ 은행조사기록, ⑨ 어떤 광물의 지질학적 정보 등이다.

243 *Ibid.*, p. 10.

244 1961년 미국 정부가 쿠바의 Castro 정부를 전복시키기 위하여 쿠바의 망명자들을 훈련시켜 쿠바를 침공하게 하였으나 결국에 실패로 끝난 사건이다. 이 실패한 피그만 사건에 대하여 Janis는 '집단사고'(groupthink)의 특징을 적용하여 실패요인을 분석하였는데, 그 중 과도한 낙관론과 극단적인 위험

을 합리화하기 위해 수집가능한 모든 정보를 수집할 필요가 있다.

집행기관 내부에서 서로 간에 경쟁이나 갈등이 발생하게 될 경우, 공개적으로든 비공개적으로든 기만적 행위를 하는 것이 훨씬 어려워지며, 이때 각 집행기관들은 자신들을 보호하기 위하여 정보를 더욱 통제하려 할 것이다. 뿐만 아니라 관료들은 자신들의 계획을 반대하거나 혹은 자신들의 잘못을 비판하는 사람들에게 그가 비록 부하직원이나 동료, 심지어는 상관일지라도 정보에 대한 접근을 막으려고 최선을 다하게 될 것이다. 그러므로 고위 공무원들에게도 그들의 문제를 해결하는 데 필요한 정보의 범위를 미리 알거나 혹은 알려고 하는 것이 항상 가능한 일은 아니다. 특히 행정 분권화로 인하여 초래되는 지식 및 정보의 구획화(compartmentalization)는 보다 정확한 정보를 얻기 위하여 상호교환의 필요성을 더욱 증가시키고 있다.

비밀체제가 효과적으로 비밀을 보존할 수 있을까? 의회에 정보를 흘림으로써 자신의 이익이 향상될 수 있을 때, 관료들은 종종 의도적으로 정보를 누출시키곤 한다. 최근 미국인들의 경험으로 비추어 볼 때, 워터케이트 사건에서도 보듯이 관료들은 정치지도자들이 숨기고 싶어 하는 정보를 폭로하곤 하였다. 그러한 현상이 자주 발생하는 것은 관료의 일상적인 업무가 정부의 주요한 비밀을 관리하는 것이기 때문이다. 정보누설은 때때로 개인적인 명예를 추구하기 위해서도 사용된다.

어떤 사람들은 정부가 비밀문서로 보관하고 있는 비밀정보 가운데 지킬 만큼 중요한 비밀은 하나도 없다고 주장한다. 비록 그러한 표현이 과장된 것이라 할지라도, 결과적으로 많은 정보가 불필요하게 되는 것은 분명한 사실이다.

Barnds는 미국 정부를 고위관료들에 의하여 정보가 누설되는 사회라고 표현했다.[245] 공무원들이 한쪽에서는 정보를 은폐하려고 노력하지만, 다른 한쪽에서는 위험을 무릅쓰고 정보를 공개하려고 한다.

부담을 택하게 되었던 집단적인 난공불락의 사고(collective invulnerability)와 재고려의 필요성을 느끼지 않을 정도로 집단의 사고를 고집하는 합리화(collective rationalization) 등 때문에 실패한 사례로 인용되고 있다. 집단사고(groupthink)에 관하여 자세한 것은 Irving Janis, *Victims of Groupthink* (Houston Mifflin Co. 1972), pp. 10–11 참조.

245 William J. Barnds, *The Right to Know to Withhold & to Lie*, Commentary by Wilson Carey McWilliams, Danial C. Maguire and Paul W. Blackstock (New York: The Council on Religion and International Affairs, 1969), pp. 18–19.

그러나 정보누출은 종종 실수를 덮어 주거나 혹은 중요한 정책문제의 논쟁거리에 대해 국민이 아는 것을 막기 위하여 정보의 분류체제를 악용하는 관료들의 행위를 견제할 수 있는 일종의 안전장치 역할을 할 수 있다. 그래서 정보누출은 정부 및 정부의 국내·외 정책에 대한 신뢰성을 증진시키는 역할을 하고 있다고 볼 수 있다.

끝으로, 정보를 과도하게 비밀문서로 분류하는 것은 정보의 공개를 보류하고 있는 전체정부체제의 신뢰성을 약화시키는 경향이 있다.

특히 Ashmore는 과도한 비밀보호에 대하여 다음과 같이 설명하고 있다.[246]

군의 비밀에 대해서 퇴역한 공군안보전문가인 William G. Glorence는 2백만 개로 분류된 국방성 비밀문서 가운데 1% 정도만이 옳게 분류되어 있다고 주장하였다. Arthur Goldberg는 유엔대사로 재직하고 있는 동안 그가 읽은 수천 개의 문서 가운데 75%는 제한할 가치가 없었으며, 또 다른 15%는 단기간만 비밀문서로 분류되어야 했다고 말한 바 있다. Dean Rusk 역시 정부의 업무 가운데 단지 1%, 혹은 2%만이 비밀정보로 분류될 수 있으며, 그것도 단지 일시적인 것으로 간주된다고 지적했다.

이 문제에 관한 명백한 해결책은 비밀이 자체의 유용성을 잃어버렸을 때 비밀서류를 자동적으로 해제하는 동태적인 행정체제를 발전시키는 것이라고 할 수 있다. 공개성은 민주제도의 초석이라는 주장은 의심할 여지가 없다. 더욱이 공개성은 성공적인 행정을 위하여 필수적이다.

제7절 요 약

관료제화는 시민과 정부의 관계를 변화시키고 있다. 이 과정에서 권력의 추는 선출된 대표자들이나 정치적으로 임명된 관료로부터 견고한 전문 관료들에게로 이동되고 있다. 이것은 실제로 국민의, 국민에 의한, 국민을 위한 민주주의의 근본원칙이 심각히 변하고 있다는 것을 의미한다. 그러므로 우리는 시급히

246 Harry S. Ashmore, "The Pentagon Paper as a Case History: Government by Public Relations," *Center Magazine* 4 (September/October 1971), p. 23.

관료제에 대한 통제방안들을 발전시키지 않으면 안 된다. 그렇지 않으면 관료는 과도한 권력을 장악하게 될 것이다.

민주주의 하에서 공공관료제가 국민에게 봉사할 수 있도록 어떻게 효과적으로 통제할 수 있는가? 전장에서 여러 가지 관료제의 통제 메커니즘을 간략히 설명한 바 있다. 그러나 어떤 통제 메커니즘도 애초에 정부가 의도했던 대로 정책이 집행되었는지를 완벽하게 보장할 수 없다.

하지만 본 저서에서 관료권력을 견제하기 위한 주요한 방법은 관료제 자체 내에 권력분산에서 찾을 수 있다고 논의를 하였다. 내부민주통제모델은 관료제 내에 경쟁하고 있는 권력의 분산된 축들 간의 견제로 인하여 권력의 남용을 억제할 수 있다는 가정에 기초하고 있다. 그래서 내부민주통제체제는 '권력은 상대적'이라는 John Lock의 견해와 매우 흡사한 권력과 인간의 본질에 기반을 두고 있다.

Lock는 권력을 가진 사람은 항상 부하들의 감시의 대상이 되어야 한다고 주장하였다. 같은 맥락에서 내부민주통제체제를 활용하는 행정기관이라면 관료들 자신의 행위에 영향을 미칠 수 있는 상관뿐만 아니라 다른 여러 외부환경요소들에게도 개방되어질 것이다. 그 결과 행정기관의 관료들이 다양한 견제방법을 활용할 수 있으며, 아울러 외부통제기관들에게도 그러한 견제방법들이 노출될 것이다. 이렇게 되면 Lock가 우려하는 것은 어느 정도 해소할 수 있을 것이다.

내부민주통제 하에서 어느 행정 관료도 절대적 권력을 독점할 수 없을 것이다. 따라서 이익집단의 활동은 반드시 고위 관료에 의하여서만 합법성을 부여받을 수 있는 것이 아니라, 행정기관의 하위계층에게서도 합법성을 인정받을 수 있는 기회가 생겨난다. 이렇게 되면 행정기관의 권력은 계층 간 혹은 행정기관 간에 어느 한 쪽이 일방적으로 지배할 수 없을 정도로 균등하게 분산되어 민주화될 가능성이 많아질 것이다.

설령 어떤 외부통제기관이 행정기관에게 부당하게 영향력을 행사하려 할 경우에도 행정기관 내의 관료들, 다른 행정기관, 그리고 다른 외부통제기관들의 견제를 당할 수 있기 때문에 어느 누구도 함부로 권력을 행사하는 데 신중을 기하게 될 것이다.

만약 불합리한 영향력이 공개되어 감당해야 할 정치적 희생이 상상할 수 없을 정도로 크다면, 권력을 행사하는 집단이 공개되었을 경우 피해를 당하지 않기 위하여 행동을 자제하는 편이 현명하다는 것을 알게 될 것이다.

그러므로 관료제 내의 권력분산에 기초를 두고 있는 내부민주통제체제의 모델은 외부통제기관으로 확산되어 외부통제기관의 개방성과 민주성을 촉진하는 역할을 할 수 있을 것이다([그림 7-1] 참조).

외부통제기관들 내에 내부민주통제모델이 확산되어 민주화가 발전된다면 상호작용을 하는 행정기관이 더욱 개방화되어 더욱 발전된 내부민주통제모델이 행정기관 내에 정착될 것이다. 결국 내부민주통제체제는 행정기관의 수준 높은 민주화와 개방화에 공헌하게 된다. 아울러 행정기관의 각 계층들이 서로 견제할 수 있는 권력을 나누어 가지고 있기 때문에 특정한 이익집단의 요구에 다 같이 부응할 수 있는 가능성이 확대되므로 경직된 행정기관 내에 엄격한 계층제로 인하여 발생하는 번문욕례(red tape)의 폐해도 감소시킬 수도 있을 것이다.

내부민주통제체제 하에서 행정기관은 외부통제기관들에게 더욱 공개될 것이며, 복잡한 정책문제에 대하여 책무성 및 책임성을 서로 공유하게 되는 분위기가 조성된다. 더욱더 관료제는 관료제 내에 있는 다양한 통제축들이 서로 감시하고 경쟁하기 때문에 국민에게 질 높은 서비스를 제공하게 될 것이다.

관료제 내의 경쟁은 관료제의 민주주의를 더욱 발전할 수 있는 많은 방안을 제공할 수도 있다. 관료들 간의 권력분화(fragmentation)는 정치적 환류 메커니즘들이 보다 효과적으로 작동하도록 자극할 것이다. 자연히 보다 많은 통제기관들이 관료제 내에 참여함에 따라 이들의 활동무대가 더욱 확장되어 관료제의 개방수준을 더욱 높은 수준으로 끌어올리게 될 것이다.

또한 분화는 관료제 내의 협력증진에도 도움을 줄 수 있을 것이다. 만약 분화가 중요한 목표를 설정하고 달성하는 데 서로 도움을 준다면, 사람들은 분화가 조직의 인간적 가치를 증진하는 데 공헌하기 때문에 관료제가 더욱 개방적이 될 필요가 있다는 것을 알게 될 것이다. 권력분화가 관료들에게 불만을 해소할 수 있는 탈출구를 제공할 수 있다면 관료들은 자연히 직무만족을 경험하게 될 것이다. 이러한 잠재적 직무만족은 관료들이 환경변화와 동태적인 환류과정에서 제기되는 정치적 문제들을 합리적으로 대처할 수 있도록 관료체제를 개방화하는 데 일조할 것이다.

Victor Thompson의 주장과 같이, 직무만족의 증대는 병리적인 관료행태의 가능성을 미연에 방지할 수 있다.[247] 그러므로 내부민주통제체제는 병마개를 꼭

막아 두면 궁극적으로 폭발할 수 있고 그로 인하여 행정기관에 막대한 손해를 초래할 수 있기 때문에 욕구불만의 탈출구를 제공할 수 있다는 점에서 의미가 있다. 관료제 내의 내부민주통제체제를 고양시킨 결과 이러한 긍정적인 효과가 발생하게 되면 관료들은 민주주의를 위한 책임 있는 공직자가 될 수 있을 것이다. 이것이 분화된 통제체제(fragmented control system)를 촉진시켜야 하는 이유이다.

우리가 지금까지 내부민주통제모델의 역할을 검토하였듯이, 본 저서가 제시하려는 것은 관료제 내에 내부민주통제모델로 시작하여 더 나아가 전체 정부가 스스로 통제하는 능력을 증진시킬 수 있는 정부통제의 기능을 수행할 수 있다는 것이다.

우리의 역사는 입법·행정·사법 기능을 수행하는 사람들이 관료제가 권력을 침해하고 남용하여 왔던 사례들을 충분히 보아왔다. 이제 관료들의 권한침해와 남용을 방지하기 위하여 내부통제(inner check)가 내부민주통제모델을 활용함으로써 관료제에 민주적 가치를 주입시켜야 한다.

관료들은 자신이 다룰 수 없는 복잡한 문제들에 직면하게 되는 경우, 그 문제들을 해결할 만한 이해력, 훈련 및 지식을 가진 사람들에게 국가운영에 대한 책임성을 위임해야만 한다. 왜냐하면 전문가가 공공정책의 주요 안건을 다룰 준비가 되어 있기 때문이다. 하지만 민주국가에서 정부의 기능은 국민의 요구를 충족시키는 것이지, 전문가가 원하는 것을 충족시키는 것은 아니다. 정책을 결정할 권한을 행정관료에게 부여하고, 전문가들이 해결해야 된다고 믿는 것을 관료들이 수행한다면 민주정치가 아니라 고작해야 지식 우월정치(intellectual aristocracy)라 할 수 있다. 그럼에도 불구하고 세상사의 모든 이치가 전문가의 편에 있으며, 전문가의 도움 없이 복잡한 기술사회를 통치하기는 어렵다는 것은 사실이다.

이와 같이 현대사회의 서비스 국가에서 전문성을 갖춘 관료제의 부상이 불가피하게 수반된다고 예측하는 것은 어려운 문제가 아니다. 그 결과 관료제는 사실상 입법가의 역할을 떠맡게 될 수밖에 없는 실정이다. 때때로 의회가 이에 대해 사소한 제동을 가하지만 주권이 의회에서 관료제로 점차 이동하는 것과 마

247 Victor Thompson, *Modern Organization* (New York: Alfred A. Knopf, 1967), pp. 152–177.

찬가지로 의회의 지위는 점점 더 낮게 침몰되고 있다. 그러므로 관료제 활동이 지속적으로 정책결정의 영역에까지 확대되고 있는 현실은 행정관료가 전체 사회에 대한 사회적, 정치적, 그리고 경제적 문제를 충분히 이해하지 않으면 안 된다는 것을 의미한다. 아울러 집행하여야 할 기본목적을 분명히 이해하지 못하고는 역시 능률적인 관료가 되기란 불가능하다.

불행하게도 현대정부는 행정의 기술과 절차의 중요성을 지나치게 인식하는 것 같다.

민주주의에 대한 건전한 존경과 지적인 이해에 대한 의식을 함양하고, 공무원들이 오직 기술과 과학적 관리를 위한 훈련만을 지나치게 강조한다면 민주정부의 미래에 중대한 문제를 야기할 것으로 판단된다.

사실상 민주주의를 추구하는 관료제는 책임 있는 관료의 출현이 필수 불가결한 조건이라는 것은 당연하다. 그러므로 책임 있는 관료제의 실현은 내부민주통제체제의 발전에 의하여 증진될 수 있다. 다른 말로 표현하자면 내부민주통제체제는 곧 민주체제하의 책임 있는 관료제의 출현과 민주체제의 향상에 기여할 수 있기 때문이다.

이미 설명한 바와 같이 내부민주통제체제는 적어도 여섯 개의 구성요소들, 즉 ① 엄격한 계층제로부터의 탈피, ② 민주적 리더십, ③ 대표성, ④ 시민참여, ⑤ 공무원의 노조화, ⑥ 공개성으로 구성되어 있다. 이러한 요소들 각각은 공무원들로 하여금 정책결정자가 결정한 정책에 집착하거나 혹은 그것을 수용하기를 거절할 수도 있다.

관료들은 이러한 여섯 개의 구성요소들을 극대화시키도록 노력해야 한다. 더욱이 6개의 조건들을 결합함으로써 관료들이 이상적으로 추구하려는 민주적 도덕성을 실현할 수 있다. 예를 들면 공무원의 노조화는 고위공무원집단의 권한 남용을 억제하고, 의회의원 및 정치공무원들에 의한 무시를 면할 수 있는 대책을 마련해 주기도 하며, 고위공직자들의 권위를 완화시키기도 하고, 하위직에 있는 공직자들의 경제력과 신분보장에 기여하기도 한다.

그러나 공무원노조화는 정치적 통제나 혹은 시민들의 요구를 묵살하면서까지 관료제의 개방성을 최소화하려고 압력을 행사할 수도 있다. 그러한 경우 시민참여나 공개성이 동시에 수반된다면 지나친 공무원노조화의 부당한 행위를 제어하여 주는 역할을 할 수 있을 것이다.

관료제에 관련된 문제는 행정부만의 문제가 아니다. 그것은 관료제 이외에 정치체제들, 즉 대통령, 입법부, 사법부, 이익단체 등 전체 정부를 포함한다. 이들 정치체제와 관료제와의 상호작용은 정책형성과 집행하는 과정에서 상호견제를 낳을 수 있다.

이러한 모든 정치체제와 관료제의 상호작용이 충분히 고려될 때에 관료제의 정치체제의 모든 요소들이 참여하였다고 확실히 말할 수 있다. 내부민주통제체제는 외부통제기관들이 정책형성에 참여하기 위하여 필요한 통로를 개방함으로써 정치체제들 간의 효과적인 상호작용을 유도할 수 있다.

내부민주통제체제는 공공기관의 많은 정책결정자들이 국민의 요구, 선호, 야망과 소망을 명확하게 인식하게 하고, 더 잘 이해할 수 있는 과정을 제공하여 줄 뿐만 아니라 강력하면서도 국민의 요구에 적절하게 부응하는 정부통제를 유지하도록 도와준다. 그러므로 내부민주통제체제가 효과적으로 통제기능을 발휘하기 위해서는 관료제와 다른 정치체제의 내부민주통체모델이 서로 상호작용함으로써 더욱 보완되어질 수 있다.

제7장

통제기관간의 상호작용과 내부민주통제모델의 발전

제1절 관료제 통제를 위한 새로운 내부민주통제모델
제2절 외부통제기관에 의해 관료제가 통제될 수 있는가?
제3절 관료제를 통제하기 위해 관료제가 필요한가?
제4절 어떠한 환경 하에서 내부 민주통제체제는 외부통제기관의 영향을 효과적으로 받을 수 있는가?
제5절 행정학의 1968년과 내부 민주통제체제를 위한 문화조성

제7장

통제기관간의 상호작용과 내부민주통제모델의 발전

일반적으로 대부분의 조직이론은 규모, 기능적 복잡성, 감독구조 및 구성원의 동기부여와 같은 조직의 내부구조와 과정을 강조하는 경향이 있다. 학자들 사이에 점차적으로 조직의 환경에 대한 관심이 증대하고 있으나, 공공기관의 조직 환경에 대한 연구는 극히 미미한 수준에 머물러 있다.[1] 이렇게 미진한 연구로 인하여, 행정기관이 존재하기 위하여 불가피하게 직면할 수밖에 없는 외부와의 환경적 상호작용들을 이해할 수 있는 능력을 향상시키지 못한 것은 당연하다. 그러므로 관료제를 설계함에 있어 공공행정기관의 중요한 환경변수인 정치성을 무시하는 결과를 초래하게 되었다.

물론 이러한 평가가 관료제와 외부통제기관들 사이의 연계연구(linkage studies)조차 진행되지 않았다는 것을 의미하지는 않는다. 비록 행정학이 조직간의 복잡한 연계의 중요성을 무시하지는 않았지만, 그럼에도 불구하고 체계적이고 지속적인 연구나 비교조사 연구가 많지 않았던 것은 사실이다. 정치는 어떠한 상황에서나 서로 연관되어 있으며, 따라서 관료제는 외부통제기관의 영향을 피할 수 없다. 관료제와 관료제의 외부통제기관의 연계연구가 공공관료제를 이해하는 데 중요하다고 앞 장에서 지적한 바와 같이 James N. Rosenau도 연계현상(linkage phenomena)이 너무 강력하고 영향력이 크기 때문에 무시될 수 없다는 것을 지적하였다.[2]

사실상 우리는 외부통제기관과 연계적인 고려 없이는 관료제의 통제를 이

1 John W. Meyer and W. Richard Scott, *Organizational Environments: Ritual and Rationality* (Newbury Park, Ca.: Sage Publications, Inc., 1992); Howard E. Aldrich, Organization & Environments (Prentice-Hall, Inc., Englewood Cliffs, New Jersey 07632, 1979); Marshall W. Meyer(ed.), Environments and Organizations (San Francisco: Jossey-Bass, 1978).

2 James N. Rosenau, ed., *Linkage Politics* (New York: Free Press, 1969), pp. 1-17.

해할 수 없을 것이다. 예를 들어 Friedrich의 내부통제 혹은 Finer의 외부통제 가운데 어떤 통제든 간에 관료제를 통제하는 데 중요한 의미를 가지고 있다. 그러나 그들 중 어떤 학파도 그들 각각의 통제 메커니즘의 기능이 어떻게 다른 통제 메커니즘에 의해 영향을 주고받는지 고려하지 않았다. 사실 그러한 문제는 경험적 자료를 충분히 활용한 이론이 부족하였기 때문에 일어난 것 같다.

그러므로 이 장은 관료제에 대한 통제 메커니즘의 개념과 외부통제집단과의 관계를 발전하기 위한 연계이론(linkage theory)의 필요성을 주장하고, 전장에서 제시한 정치체제(관료제)가 다른 정치체제(외부정치체제)들과 상호 작용함으로써 견제와 균형을 가져올 수 있는 내부민주통제모델의 함의를 설명하고자 한다.

제1절 관료제 통제를 위한 새로운 내부민주통제모델

지금까지 논의한 바에 의하면, 외부통제기관이나 혹은 관료제의 내부통제 중 어떤 것도 행정책임성을 보장하기에는 충분치 못한 것으로 보인다. 예를 들어 Friedrich의 통제에 대한 견해는 너무나 심리적이어서 외부통제력이 결핍되어 있을 때 관료의 권력남용이 발생할 수 있다는 Finer의 주장을 반박하지 못하였다. 처음에 지적했듯이 Friedrich의 내부통제는 윤리적 가치와 관료들을 지도할 수 있는 전문적 지식에 본질적으로 의존하고 있다. 그러나 사실 공무원들이 사기업에서 일하는 사람들보다 윤리적으로 더 선하거나 혹은 더 악하다고 판단할 수는 없다.

Downs는 이런 딜레마를 요약하였다.

> 관료들은 의사결정을 하는 데 대표성 가치를 적용해야 되는 강력한 동기를 가지고 있지 않다. 대표성을 추구하고자 하는 동기는 관료 자신들의 개인적 목표나 행정기관의 목표추구에 대한 동기보다 훨 씬 약한 것이다. … 공무원들은 그들의 정책을 책임지거나 정당화시켜야 하지만, 재선에 대한 두려움은 없다. 관료에 대한 통제의 부족현상은 대표성 있는 방법으로 관료들이 행동하게 할 수 있는 가능성을 더욱 감소시킨다.[3]

3 Downs, *Inside Bureaucracy*, p. 233.

그러므로 내부통제의 기본조건은 관료들이 천성적으로 자비롭고, 능력이 있으며, 사회적으로 책임을 지려하고, 국민에 대한 대표성을 가지고 있어야 하며, 그리고 궁극적으로 민주주의적 가치가 관료들의 마음속에 배어 있어야 된다는 것을 가정하고 있다. 만약 이러한 자비심이 많은 관료제에 의존하기를 원하고 사람들이 미래의 관료들에게서 이상적인 자질을 발견하기를 바란다면, 관료 채용방법의 변화를 지속적으로 추진해야만 할 것이다.

채용과 훈련방법은 Friedrich의 내부통제의 핵심을 구성하고 있다.

Friedrich가 믿는 바와 같이 전문가는 민주체제를 유지하는 것 이외에 의사결정 및 국민을 위한 서비스의 질을 향상시켜야 한다. 반면에, 전문화는 행정기관에 의한 무임승차(free riding)와 독재의 가능성을 열어 놓았다. 이러한 조직사회화는 외부통제집단의 영향력을 약화시키는 경향이 있다. 결론적으로, 전문화는 민주적 참여와의 갈등을 야기하는 딜레마를 초래할 것이다. 이것은 전문가가 개방정치를 반대한다는 것을 의미할 수도 있다.

사회의 변화가 복잡하고 과학화되면서 행정기관은 사회의 문제를 처리하기 위하여 전문화되지 않으면 안 된다. 자연히 행정기관의 부서장이나 하위 공무원들도 전문화되어야 새로운 변화에 적응할 수 있는데, 문제는 이러한 변화가 너무 급속도로 일어나고 있으며, 이에 적응할 수 있는 새로운 전문성이 계속 요구되고 있다는 점이다. 이러한 상황에서 상관의 높은 전문성 수준은 부하직원의 수준 높은 전문성을 요구할 것이며 이 반대도 성립한다는 것이 전문화의 악순환 이론의 명제이다. 새로운 전문성을 겸비한 부서장은 그의 기대에 충족할 만큼 높은 수준의 전문성을 부하에게 요구하게 될 것이다. 같은 논리로 더욱 새로운 고도의 전문지식을 쌓아서 행정기관에 들어온 젊은 부하직원들은 이미 퇴색한 전문지식을 가진 상관과 같이 일한다는 것이 대단히 어렵다는 것을 쉽게 발견하게 될 것이며, 따라서 그들은 자신들의 전문성 기준에 적합한 상관을 요구할 것이다. 그 결과 사회의 변화에 적응할 수 있는 고도의 전문지식을 가지고 있는 상관이 부임하게 될 것이며, 그는 다시 이미 퇴색하기 시작한 전문지식을 가지고 있는 부하직원들의 현재의 수준보다 더욱 고도의 지식을 갖춘 부하직원으로 교체할 것이다.

이와 같이 전문화의 순환이 거듭 계속될 때, 행정조직은 오직 고도의 전문지식을 가지고 있는 사람들만으로 구성될 것이 예상된다. 따라서 행정조직이 직면하고 있는 광범위하고 포괄적인 문제를 풀어나가는 데 전문인의 편견이나 지식의 협소성 때문에 많은 어려움을 겪게 될 것이 예상된다. 뿐만 아니라 조직 내 계층제 권위나 더 나아가 전문화의 권위가 지켜지지 않을 정도로 조직이 갈등 속에 쌓이게 된다. 전문화가 계속 수준 높은 전문화를 낳을 때 이것이 전문화의 악순환논리라고 지적할 수 있다.

요약하면, 비록 표면상으로 내부통제가 가장 저렴하고 효과적인 통제방법으로 보이지만 이것은 가장 비싼 정치비용을 지불해야 되는 경우가 발생할 수 있다. 예를 들면 각 계층의 관료들이 외부의 정치적 지지를 동원하여 서로 견제하고 통제하려고 할 때 관료제 내부는 온통 갈등에 휩싸여 전쟁터로 발전할 것이다. 이에 따라 상호 지불하여야 하는 정치적 비용은 막대할 것으로 보인다.

그 외에 내부통제 혹은 자율통제는 관료들의 이기심이 지배하는 곳에서는 작동하지 못한다는 단점이 있다. 그러므로 전문가가 관료제 밖의 외부인에게 평가를 받아야 하는 의무가 없다면 진정한 책임을 확보할 수 없으며, 더욱이 이러한 업무의 책임성은 사람과 과학의 관계나 혹은 도덕적 의무의 내면화에 의하여도 충족될 수 없다. 그래서 행정기관의 책임성은 대통령, 입법부 그리고 이익집단에 대한 책임성에 의하여 보완되어야 한다. 더욱이 이러한 책임성 보완의 필요성을 관련된 전문 분야나 혹은 행정기관과 연루되어 있지 않은 사람에게도 확신시켜 주지 않으면 안 된다.

외부통제가 행정기관의 활동에 대해 효과적이고 계속적인 통제를 할 수 있는지도 역시 입증되지 않고 있다. 예를 들면 입법통제는 의회와 의회위원회가 특정한 고객과의 이해관계에서 포로가 될 수 있기 때문에 관료제가 광범위한 공익에 부응하도록 통제하지 못하고 있다. 물론 의회만이 정책을 검토하고 이에 대한 논쟁을 벌이는 유일한 곳은 아니다.

의회는 전문위원회와 관계를 가지고 있는 다양한 이익을 가진 이질적인 집단들을 포함하고 있다. 의원들은 수많은 정책 영역 가운데 자신과 이해관계가 있거나 혹은 중요한 이익에만 관심을 갖고 전문가의 편협한 안목만을 가지고 관료제에 접근하는 경향이 있다. 그러므로 Finer 견해의 궁극적인 발전은 외부통제가 관료제의 책임성을 강화하기 위하여 빈틈없게 확대되어야 한다는 것이다. 그러나 그러한 확대로 인하여 예기치 않게 발생하였던 문제는 관료제를 통제하기 위하여 발전하고 팽창하였던 외부통제기관들이 스스로 관료제화를 초래하고 있었다는 것이다.

Downs는 이 문제에 대하여 다음과 같이 지적한다.[4]

> 관료제를 감시하도록 만들어진 감시자들 스스로가 관료제화된 부서(bureau)를 만들기 때문에 최고위 관료들은 오히려 감시자들을 통제하는 문제에 직면하게 된다. 이러한 문제에 대처할 수 있는 3가지 각기 다른 전술들이 있다. 첫째, 최고위 관료들은 감시관들을 감시하도록 새로운 감시부서를 만들 수 있다. 둘째, 그들은 운영과 감시하는 부서들이 가외성, 보좌기구 그리고 중첩된 관할 영역을 사용할 수 있다. 셋째, 최고위 관료들은 감독부서를 조사하기 위해 운영부서를 활용할 수 있다. 즉 운영부서가 감독부서에게 불리한 보고서를 제출하겠다고 위협하면, 운영부서는 감독부서에 영향력을 행사할 수 있다. … 최고 리더들은 감독부서의 효과성을 크게 감소시키지 않으면서 감독부서에 대하여 보고하는 운영부서에 많은 권한을 줄 수는 없다. 확실히 감시자를 감시하는 문제에는 만족스러운 해결책이 없다.

위와 같은 논리에 비추어 볼 때, 외부통제에 전적으로 의존하는 통제방법은 본질적인 해결책이 되기는 어렵다. 왜냐하면 외부통제기관을 다시 감독하는 통제기관이 재차 필요하기 때문이다. 결국엔 통제기관의 악순환논리에 빠지기 쉽기 때문에 궁극적인 해결책으로 악순환논리를 근절시킬 수 있는 통제방안이 모색되지 않으면 안 된다.

실제로 외부와 내부통제 중 어느 하나만으로는 행정 권력의 남용에 대한 통제를 충분히 달성할 수 없다. 즉 어떤 하나의 통제유형도 다른 유형의 협조 없이는 성공적으로 통제기능을 다할 수 없다. 동시에 각각의 통제는 그 자체의 결점과 한계점을 가지고 있으며, 이러한 약점을 개선하지 못한다면 내·외부 통제체제들이 결합한다고 하더라도 전문성과 관료제화라는 악순환의 논리에서 벗어나기는 힘들 것이다.

관료제는 진공상태에 존재하는 것은 아니다. 그러므로 관료제는 외부 환경에 민감한 역동적인 체제이며, 관료체제의 외부로 간주되는 수많은 주위 세력들의 상황과 밀접하게 결속되어 있다. 그럼에도 불구하고, Friedrich나 Finer는 관료제에 대한 통제방법이 끊임없이 서로 상호작용하는 것을 고려하지 않고 각기 다른 분리된 통제 메커니즘으로 잘못 생각하였다. 예를 들면 비민주적 통제를 선호하는 사람들은 비민주적 통제에 대한 지나친 강조가 외부통제기관의 통제

4 *Ibid.*, p. 153.

능력을 파괴 혹은 약화시킬 수 있는 가능성을 간과하고 있다. 다시 말해서, 그들은 행정기관의 통제유형이 외부통제기관의 통제유형과 밀접하게 관련되어 있는 것으로 또는 그 반대의 것으로 봄으로써, 통제가 쌍방 간(two way street)관계라는 것을 보여주지 못한다. 그래서 그들은 나무를 보고 숲을 보지 못하는 결과를 가져오고 있다.

조직의 민주화를 추진하고 스스로 자체 통제체제를 구축하기 위하여 William Scott는 민주주의, 참여 및 권력분산의 가치를 포함하는 조직정부(organization government)의 개념을 제안하였다. 그에 의하면 '조직정부'는 두 가지 필수적인 조건을 갖는다. 첫째, 조직을 국가단위로 보고 조직 내 입법, 사법 및 행정의 구조적 분립과 둘째, 조직 내 적법절차에 대한 구조적 보장을 수행하여야 된다고 주장하였다.[5]

실제로 Scott는 조직정부개념을 행정기관에 적용한다면 행정조직 내 정부개념을 도입하여 조직 내에 입법, 사법, 그리고 행정을 분리하는 구조를 설치한다면 이들 간에 견제와 균형을 가져오는 것을 기대하였다. 그는 행정의 객관성과 공정성을 유지하고 행정의 민주화를 보장하기 위하여 조직 내의 조직정부개념을 도입하는 것이 중요하다고 주장하였다. 물론 이러한 Scott의 주장은 행정통제를 연구하는 데 흥미로운 주장이 아닐 수 없다. 그러나 Scott의 주장에도 몇 가지 의문이 제기된다.

오늘날 정부조직에서 행정권한이 팽창하고 있는 것을 보듯이, Scott가 주장한 조직 내에 정부개념을 도입하여 입법, 행정 및 사법 간의 견제와 균형을 유지하기 위해 노력한다고 하더라도, 전문화되어 가는 행정관료의 권력을 어떻게 극복할 수 있을까? Scott는 문제가 되고 있는 관료제와 외부통제 간의 견제와 균형에서 발생하는 불균형을 단지 조직 내에 이전한 것 이외에 새로운 제안이라고 할 수 없지 않은가? 뿐만 아니라 그는 조직정부의 구조적 변화와 혁신을 가져오기 위해 외부통제기관의 통제영향력을 어떻게 발전해야 되는지를 고려하지 않았다. 이러한 의문점을 감안하여 볼 때, Scott 이론의 유용성은 주로 행정기관 내의 독재에 대항한다든지 혹은 행정조직의 민주화를 위하여 조직구조를 어떻

5 William Scott, "Organization Government: The Prospects for a Truly Participative System," eds. Jong S. Jun and William B. Storm, *Tomorrow's Organization* (Glenview, Ill.: Scott, Foresman and Glenview Co., 1973), pp.50-60.

게 구성해야 하는지에 대한 의견을 제시한 것은 분명히 의미가 있다. 그러나 내부민주통제체제(the internal democratic control system)는 행정기관의 내부와 외부 간의 상호작용을 강조함으로써 민주적 가치를 더욱 증진시킬 수 있다는 점에서 Scott의 이론과 차이가 있다.

따라서 아래 제시하는 내부민주통제체제모형은 한 정치체제가 다른 정치체제와 상호영향을 주고받음으로써 더 발전된 내부민주통제체제를 가져올 수 있는 동태적인 균형이론이다. 이 통제체제는 시민과 조직의 구성원들을 위하여 행정의 개방과 조직의 민주화를 향상시킬 수 있는 체제이다. 그리고 이 통제체제는 외부의 통제기능을 활성화하여 다시 행정 및 정치과정에 영향을 투입하므로 더욱 관료제가 민주적으로 재구조화할 수 있는 장점이 있다.

내부와 외부의 상호교환은 [그림 7－1]에서 나타나는 것 같이 계층제, 리더십, 대표성, 시민참여, 공개성, 공무원노조화와 같은 변수들에 의하여 매개된다. 이들 변수들이 서로 기능을 원활히 한다면 자연히 관료제는 자율통제의 가능성이 높아져 내부민주통제체제가 활성화된다.

또한 이것은 잠재적으로 행정을 통제하는 효과적인 수단이며, 아울러 외부통제체제의 통제능력을 증진시킬 수 있는 수단이 될 수 있다. 그 결과 내부민주

그림 7-1
내부민주통제유형(순환과정모델)

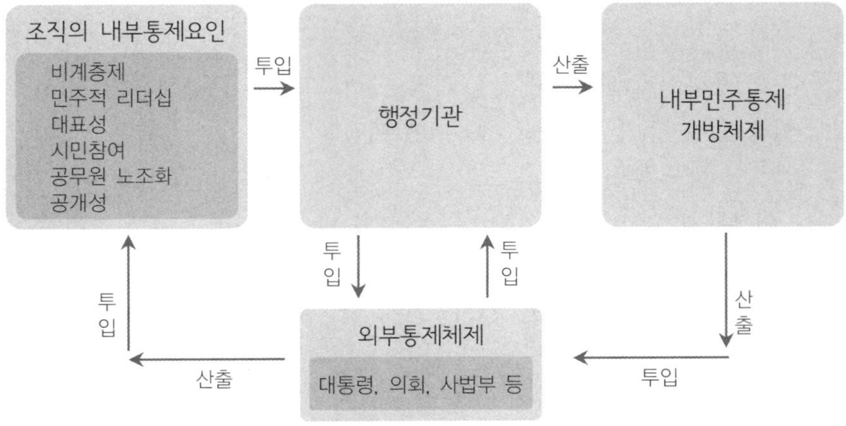

통제 모델은 정부통제를 이끌어낼 수 있는 견인역할을 할 수 있다.

요약하면 내부민주통제체제의 개념은 단순히 사후(ex post facto)에 불평을 개선하는 것이 아니라 불평을 미리 방지할 수 있다는 점에서 가장 효과적이며, 비용면에서도 저렴한 사전통제방식이다. 사후통제는 이미 낭비한 예산을 메꿀 수 없기 때문에 값비싼 통제라고 불린다.

[그림 7－1]는 내부민주통제체제의 접근법을 요약하고 있다. 이익집단과 전통적인 삼부를 포함하여 신분이 보장된 관료를 제외한 모든 공직자와 비공무원인 정치인들은 외부통제체제라고 명명된 박스(box) 속에 속한다. 부처, 행정기관 그리고 부서(Bureau)들을 포함한 모든 신분이 보장된 관료들은 행정기관으로 명명된 박스 속에 속한다.

또한 이 그림의 왼편에는 행정기관의 투입요소들이 있고, 오른편은 행정기관의 산출인 내부민주통제체제를 의미한다. 그리고 이 모델은 행정기관의 내부민주통제체제를 산출하기 위하여 6개의 투입요소들의 영향을 강조한다.

체제는 한 요인의 변화가 다른 요인에 영향을 미치는 일련의 상호 관련된 요인들(a set of interrelated elements)의 집합이라고 한다. 행정체제인 개방체제는 외부의 정치체제들과 상호작용을 한다. 즉 외부로부터 투입(inputs)을 받고, 이 투입을 산출(output)의 형태로 전환하는 체제의 순환논리를 내부민주통제체제모형에 활용하였다.

그림 속의 투입요소들이 관료제 내에서 적절히 역할을 하지 못한다면 관료제가 민주적으로 운영되고 있다고 볼 수 없으며, 어떻게 정책이 만들어지는가에 대해서도 거의 알 수 없다.

이전 장에서 지적한 것처럼, 이 두 박스 안에 있는 체제들 간의 관계는 상호작용을 한다. 그리고 투입 또는 산출 중 어느 것이나 관료제나 외부정치체제에서 먼저 순환과정을 시작할 수도 있다. 이는 정치민주화가 먼저냐 혹은 행정민주화가 먼저냐를 묻는 것과 같다. 다시 말하여 정치민주화는 행정민주화를 촉구할 수 있다. 이 반대도 성립된다. 일반적으로 개발도상국가의 경우는 정치발전보다 행정발전이 먼저 일어나는 것이 일반적 현상이다.

내부민주통제모델의 기본적인 명제는 한 체제의 민주통제가 다른 체제의 민주통제를 증진시킬 수 있다는 것이다. 다시 말하여 행정기관의 산출인 내부민주통제체제의 민주적 가치는 직접 혹은 간접적으로 외부통제기관으로 확산되며, 이는 다시 행정기관으로 투입되고, 그 결과 다시 외부통제기관에 영향을 끼쳐 외부통제기관의 내부민주통제체제를 더욱 활성화하게 한다. 그로 인하여 행정기관의 6개의 투입요소들은 행정기관과 외부통제기관에 민주적 가치를 극대화시키게 됨으로써 행정기관과 외부통제기관 간에 균형을 이룬 정부를 가져올 수 있는 정부통제의 장점이 있다. 요약하면 한 쪽의 민주화가 다른 쪽의 민주화를 확산시킬 수 있다는 것이다.

좀 더 구체적으로 설명하면 다음과 같다. 예를 들어 정치인들의 의사결정과 결정과정을 공개한다면 정치인들은 결정하는 데 신중할 수밖에 없다. 또는 관료들은 정치인들의 이기적이고 부당한 정치적 통제를 회피할 수 있는 기회를 줄 수도 있다. 때때로 정치인들은 관료들에게 비윤리적이고 심지어는 실제로 수행해서는 안 되는 요구를 하는 경우도 있을 것이다. 그들은 호의적인 공개라든지 혹은 불만을 신속하게 처리하여 주는 대가로 관료들에게 부당한 요구를 종용할 수도 있을 것이다.

반면에 관료들은 모든 것을 공개함으로써 또 여러 이익들을 얻을 수 있다는 것을 잊어서는 안 된다. 예를 들어, 공개함으로써 관료들은 자신들이 미처 알지 못했던 사실을 알게 될 것이며, 외부 정치인들이 관료들이 무엇을 하는지를 파악하게 되어 정치인들이 통제능력을 키워줌은 물론 잘못이 더욱 심화되기 전에 실수를 미리 지적하도록 할 수 있거나, 좋은 제안을 해줄 수도 있다. 마지막으로 공개는 외부 정치인들이나 이익집단이 관료들에게 자신들의 이익을 위해 부당하게 압력을 행사하는 것이 공개된다면 자신들의 정치생명에 큰 차질이 발생할 가능성이 있어 자제하게 될 것이다. 이와 같이 공개라는 돌을 하나 던져 3가지 이상의 이득을 보게 된다.

국민의 눈을 피해 은밀한 곳에서 업무를 처리하기를 좋아하는 행정기관이나 외부통제기관은 해당기관이 추진하고자 하는 사업에 지원이나 혹은 승낙조차 얻기 어려울 뿐만 아니라, 오히려 국민의 불신과 의혹을 불러일으키기 쉬울 것이다. 사실 공개는 행정이 성공하기 위해 필수적이고, 정치가뿐만 아니라 행정가들에게도 자제할 수 있는 효과를 줄 수 있는 장점이 있다는 것을 부인할 수 없을 것이다.

그 외에 공개성은 외부통제기관으로 하여금 감독하여야 할 행정기관에 대하여 보다 정확한 정보를 획득하게 하는 역할을 한다. 특히 외부통제기관과 관료제가 상호작용과정에서 공개성을 활용함으로써 얻을 수 있는 중요한 장점은 서로를 위한 책임성을 확보할 수 있다는 점이다.

공개성은 관료제, 외부집단, 그리고 그들의 상호작용에 대한 감시수단 중의 하나라고 볼 수 있다. 또한 공개성은 몇 가지 정치적 이점을 가지고 있다. 예를 들어 행정기관이 더욱 중요한 목적들을 실현하기 위하여 강력한 외부통제기관의 지지를 얻어내기 위하여 정치적 흥정을 한다든지 또는 관료들이 조직화되지 않은 약한 이익집단의 이익은 희생시키고 조직화된 강력한 이익집단의 이익만을 반영하는 정책을 채택할 위험성을 공개성이 감소시켜 줄 수 있을 것이다.

이 외에도 Weber가 관료들을 위한 보호장치로 간주하였던 관료의 비밀주의는 국민이 의사결정과정과 기록에 접근하려는 끊임없는 노력에 의하여 상당 부분 개선되고 있다. 의원들은 인기를 얻기 위해서도 관료제에 대한 조사를 열성적으로 수행할 수도 있다. 전국에 걸쳐 헤아릴 수 없이 많은 이해관계와 연류된 외부 집단들이 정부 프로그램(예, 빈곤구제계획)의 비효과성 또는 효과성을 들추어 낼 것이다. 실제로 비밀은 얼마나 오래 지켜지느냐인 것과 같이 시간문제이다.

정부가 의사결정하는 과정에서 너무 지나치게 기술적인 문제에 집착하면 책임성을 확보하는 데 방해를 받을 수도 있다. 문제의 성격상 고난도의 기술적인 지식이 요구되면 문제의 복잡한 성격과 해결방안을 이해할 수 있는 사람에게만 책임성은 제한될 수밖에 없다는 것이다. 이러한 사례는 미국에서 핵 원자로에 적용되고 있는 안전기준에 대한 최근의 관심이다. 대부분의 사람들은 에너지 상황의 복잡성과 석유가격 또는 국내·외의 공급정책을 거의 이해하지 못한다. 이슈가 공개성으로 인하여 정치화되고 직접적으로 대중의 관심을 끌게 됨에 따라 대중의 이슈가 되어 문제의 해결을 전문성에 의존하면서 독점하였던 관료제의 능력은 축소되고, 그 결과 대중의 의사를 반영하는 탈 관료제적 결단을 요구하는 사례들이 늘고 있다. 예를 든다면, 미국에서는 워터게이트 사건과 정부에 대한 불신을 가중시키는 몇 가지 사건들이 연쇄적으로 일어남에 따라, 특히 준입법권과 준사법적 기능을 수행하는 행정기관이 보유하고 있는 기록이나 회의 자료를 국민이 접근할 수 있도록 허용하는 정보공개법(the Freedom of Information Act)이 가결되었다.

정부공개 움직임은 코먼 코즈(Common Cause)[6]나 Nader의 소비자보호운동

등 시민운동에 의해 더욱 활발해지고 있다. 시민참여에 의해 활성화될 수 있는 이 정보공개법은 관료제에 대한 중요한 감시 메커니즘이 된다. 국민의 정치의식화와 정부에 대한 불신의 증가는 관료의 활동을 투명하게 하기 위하여 이에 관련된 행정절차를 개방하도록 정부에 압력을 가하고 있다.

실제로, 공공조사에 대한 정부의 개방성은 공적 행위의 책임성을 확보하기 위한 열쇠이다. 그러므로 내부민주통제체제는 관료제가 가능한 한 개방되어야 한다고 주장한다.

요약하면 통제는 본질적으로 불평등의 관계이다. 통제자는 통제의 대상이 자신의 의도대로 따라오게 하기 위하여 충분한 자원을 가지고 있지 않으면 안 된다. 정치인들은 관료의 행위를 통제할 수 있는 법적 권한을 가지고 있다. 그러나 관료들은 외부통제자들보다도 더 다양한 자원을 소유하고 있다는 것이 문제가 될 수 있다. 예를 들면 관료들은 자신들의 행정기관에서 매일 의사결정을 할 책임이 있고, 행정기관에 대한 비교적 정확한 정보를 가지고 있으며, 행정기관의 목적을 달성할 수 있는 전문성을 장악하고 있다. 이렇게 다양한 자원을 독점하고 있는 관료들은 행정기관 내에 무엇이 일어나고 있는지, 그리고 행정기관의 목적을 어떻게 달성할 수 있는지를 파악할 수 있는 유리한 위치에 있다.

관료들이 외부통제기관에 비해 더 많은 자원을 소유하고 있는 한, 정치인들의 공식적인 권위만으로 관료를 통제한다는 것은 거의 불가능하다. 이러한 자원의 불평등은 관료에 대한 통제를 촉진하지 못하고 오히려 방해한다.[7] 따라서 통제를 증진하기 위한 방안은 정치인의 공식적인 권위를 활용하여 관료들이 가지고 있는 자원을 외부와 공유하도록 하는 것이다.

행정기관을 국민이 감시할 수 있도록 공개함으로써 통제자와 관료 간에 자원의 불평등을 감소시키는 것이 통제의 활성화를 위하여 중요하다고 볼 수 있다. 예를 들면 관료제의 정책결정과정을 국민에게 공개할 것을 요구하는 의사공개법(Sunshine Laws)은 절차에 대한 규제뿐만 아니라, 내부 및 외부의 통제자들이 수집하려고 하는 행정기관에 대한 정보의 양을 증대시킬 수 있다.

외부통제기관들이 더 많은 정보를 확보할 수 있다면 통제시에 발생할 수

6 1970년에 미국에서 결성된 시민단체로 국민의 요구 및 호소에 따르는 행정개혁을 목적으로 함.

7 Janet A. Weiss and Judith E. Gruber, "Using Knowledge for Control in Fragmented Policy Arenas," *Journal of Policy Analysis and Management* 3(1984), pp. 225-247.

있는 통제상의 손실을 야기하지 않고 정확하고 세부적인 통제를 강화할 수 있다는 장점을 가지고 있다. 따라서 관료의 정보독점을 저지하는 전략이 통제의 효과성을 증진시킬 수 있을 것이다.

그 이외에도 통제의 기회를 확대하기 위하여 관료와 시민 혹은 선출된 공직자들 간에 상호 밀접한 접촉을 가질 수 있는 통제구조가 필요하다고 본다. 그러한 예로서 자문위원 혹은 상담위원들이 공식적 혹은 비공식적으로 상호접촉의 기회를 확대시켜 나갈 때 자연히 통제방안이 관료제 내에 조성되는 분위기를 기대할 수 있을 것이다.

공공관료제가 전체국민의 이익을 광범위하게 대변하지 못하고 있다는 것은 일반적으로 공통된 비판이다. 따라서 현대사회에서 증가하고 있는 관료제의 중요한 기능 중의 하나는 정책결정과정에 있어 효과적인 표현의 수단을 제공하는 능력이다.

[표 7-1]에서 보여주듯이 미국인의 대다수가 관료제의 산출물에 영향을 미치려 하지 않았다는 사실을 발견한 것은 매우 놀라운 일이다. 결국 시민들이 공공관료제에 영향을 끼치려고 하지 않았던 사실이 관료제의 지배를 더욱 강화시켰을 수도 있고, 그 결과 시민과 관료 사이의 간격을 멀어지게 하지 않았나 생각된다.

이러한 상황을 적절히 설명한 Mattew Dumont는 미국 정치체제에 있어 국민이 정치에 참여하지 않았기 때문에 야기한 권력의 진공상태를 관료가 채움으로써 정치체제에 대한 지배적인 영향력을 얻게 되는 경향을 다음과 같이 기술하였다.

표 7-1 시민들이 의도한 정부관료제와의 접촉(%)

당신은 전에 어떤 일을 하기 위해 지방/주/연방/정부의 공무원과 접촉한 적이 있습니까?	정부의 수준 (Level of Government)		
	지 방	주	연 방
그렇다	24	13	11
그렇지 않다	75	87	89
모르겠다	1	−	−
전 체	100% (16,073)	100% (16,098)	100% (16,111)

출처: U.S. Congress, *Confidence and Concern*, p. 2, p. 297, David Nachmias and David H. Rodenbloom, *Bureaucratic Government, U.S.A.*(New York: St. Martin's Press, 1980), p. 247.

관료제의 권력은 지위나 혹은 예산보다도 오히려 교환의 가치가 있는 정보의 확보에 달려 있다. 정보의 흐름은 최고 관리층에 의해 통제되는 것이 아니라, 중간계층에 의해 통제된다. 더욱 흥미로운 것은 행정기관들 사이에 정보의 수평적 교환은 거의 일어나기 어렵다. 왜냐하면 더 많은 예산을 확보하기 위하여 그들은 항상 경쟁하기 때문이다. 그리고 모든 정보의 수직적 흐름은 정부의 연속성을 유지하는 GS 14에서 GS 17까지의 관료들에 의해 좌우되는 것이 틀림없다.[8]

이와 같이 정책결정에 대한 핵심적인 권력은 정보를 독점하고 있는 행정의 중간계층에 놓이게 되며 정책의 결정권도 의회로부터 임명된 정부 관료제에게 이전하고 있는 상황이 불가피하게 발생하고 있다. 그러나 관료는 국민에 의하여 선출되지 않고 선출된 정치인에 의하여 임명되기 때문에 선출된 공직자들보다 국민의 의사를 어느 정도 충분히 반영할 수 있을지는 의문이다. 이러한 현상들이 오늘날 민주화를 실현하는 데 딜레마이다.

[표 7－2]에서 보는 것처럼, 1973년의 대부분의 사람들(71%)에 의하면 연방정부가 삶의 질에 영향을 많이 미치지 못하였을 뿐만 아니라, 더욱 나쁜 상태로 변화시켰다고 믿고 있다. 이러한 원인을 연방정부 내 시민참여가 활성화되지 못한 데서 찾는 것은 당연할 것이다. 그러나 내부민주통제체제는 시민참여의 가능성을 확대시킬 수 있는 장점이 있다.

시민참여가 없는 상태에서 행정체제는 체제의 순조로운 운영과 안정성에 집착하여 극도로 편협한 견해를 갖는 전문 관료들에 의해 지배될 것이다. 내부민주통제체제가 시민의 정치참여를 촉진함에 따라, 시민들의 불평을 평가하고

표 7-2 삶의 질에 대한 연방정부의 영향(%)

영향의 방향	1960	1973
① 삶의 질에 영향을 미침.	76	23
② 삶의 질에 영향을 미치지 못함.	3	37
③ 삶의 질에 아주 영향을 미치지 못함.	19	34
④ 잘 모르겠다	2	6
총계	100%(821)	100%(16,162)

출처: 1960년도의 자료는 Gabriel A. Almond and Sidney Verba, *The Civil Culture*, p. 48; 1973년도의 자료는 U.S. Congress, *Confidence and Concern*, pt. 2, p. 147과 Nachmias and Rodenbloom, op. cit, p. 243에서 인용.

8 Mattew P. Dumont, "Down the Bureaucracy," ed. Alan Shank, *American Polities, Policies and Priorities*, 2nd ed.(Boston: Holbrook Press, 1974), pp. 184–185.

조사하는 것이 권장될 것이다. 시민의 불만이 표출되면 이에 대한 행정부의 해소방안이 강구될 수 있으므로 행정적 정책결정은 시민의 욕구를 반영하는 것으로 개선될 것이다. 이렇게 되면 시민과 정부 간에는 계속적으로 유익한 영향력을 상호 교환하는 유기적 관계가 될 수 있을 것이다.

그 외에도 내부민주통제체제는 입법부와 행정부의 갈등을 감소시키며, 내부의 갈등과 지나친 외부의 간섭을 막을 수 있는 합법적이고 수용 가능한 수단을 행정기관에 제공할 수 있다.

특히 정책형성과정에 국민의 참여가 많으면 많을수록, 정책집행상의 어려움은 감소될 것이고, 비효과적이고 이기적인 외부의 영향력이 개입될 가능성도 감소시킬 수 있다.

참여에 의하여 얻을 수 있는 이러한 장점들은 정부기관의 관료들에게는 매우 중요하다. 왜냐하면 관료는 행정적 내부 네트워크, 의회, 그리고 행정기관의 주변에 잘 구조화되지 않은 이익집단들을 포함하여 모든 방향으로부터 복잡하고 다양한 압력을 받고 있기 때문이다. 더욱이 한 행정기관이 하나의 이익집단을 다루면서 개방되지 않을 때, 그 이익집단에 의해 포로가 될 가능성이 많다. 이러한 상황 하에서 관료가 외부집단으로부터 끊임없이 압력을 받을 때, 관료들은 합리적인 정책제안들을 선정하고 제안하기 어렵다.

보다 폭넓고 광범위한 시민참여는 더욱 현실적인 정보의 상호교환을 가능하게 함으로써 의사결정과정을 합리화하는 데 도움을 줄 수 있다.

이러한 점을 Herry S. Kariel은 다음과 같이 기술하고 있다:9

만약 정부기관이 서로를 확인하면서 서로 발전하기를 권장한다면(궁극적으로 서로 가깝게 느껴질 수 있도록), 각 기관은 자신들에 대한 이야기를 엿듣기 위하여 다른 사람들의 입장을 인정하고, 자신들에 대한 외부의 목소리를 들을 기회를 갖지 않으면 안 된다. 그렇기에 사람들은 다른 사람을 필요로 하게 되며 그들에게서 가능한 한 많은 것을 얻어 내기 위하여 그들을 동등하게 취급하지 않으면 안 된다. 참으로 이것은 그들을 위한 것이 아니라 자신을 위한 것이다.

사실, 관료들은 다른 정치체제들과 상호작용을 할 때 자신들이 지니고 있는 전문성과 계속성이 자신들을 상대적으로 유리한 입장에 놓이게 만든다고 믿고

---

9 Henry S. Kariel, *Open System* (Itasca, Ill.: F.E. Peacock Publishers, 1968), p. 44.

있다. 이러한 주장이 항상 옳은 것은 아니다. 관료의 영향력이 전적으로 그들이 소유한 전문적 기술에 있는 반면, 정치 엘리트의 영향력이 단지 다수의 지지에 의존하는 것으로 간주하는 것은 옳지 않다. 의원들도 정책문제에 집중적으로 관심을 모으면서 스스로 전문화되어 가는 경향이 있으며, 의회위원회에 강력한 권한을 부여하는 것도 이러한 의회위원회의 전문성을 반영한 것으로 볼 수 있다. 관료들에게도 자신들의 정책의 입장을 옹호하기 위해 대중의 지지를 동원할 수 있는 능력이 전혀 없는 것은 아니다. 따라서 관료와 정치적 엘리트 사이의 경쟁은 어느 쪽이 정치적 또는 전문적 자원을 동원할 수 있느냐의 경쟁이다.

외부정치체제들이 행정과정에 보다 충분히 접근할 수 있는 기회가 허용된다면 공공관료제는 각기 다른 고객들에게 더욱 좋은 서비스를 제공할 수 있을 것이다. 그래서 행정에 대한 진정한 도전은 그러한 참여를 고무시키기 위한 행정 능력에 달려 있다.

내부민주통제체제는 관료제가 정책에 있어서나, 국민이 원하는 것을 반영하는 면에서나, 그리고 관심, 의견, 그리고 가치를 합의하는 데 있어서 더욱더 대표성을 갖도록 도울 수 있다. 관료제의 대표성을 제고함으로써 관료제가 다른 집단을 희생시키고 특별한 집단을 선호하는 것을 방지할 수 있다. 물론 이러한 주장은 모든 사람에게 수용되는 것은 아니다. 예를 들면 모든 수준에서 대표성을 유지하려 한다면, 어떤 집단이 관료제 내에 어떠한 비율로 대표되고 있는지 계속적인 평가를 하지 않으면 안 될 것이다. 그러나 이것은 때때로 관료제의 실적주의 인사원칙을 포기하는 것을 의미할 수도 있다.

대표관료제의 논리에 의하면 공직자들의 책임성은 개인 자신의 양심, 그리고 책임감에 전적으로 의존한다는 것이다. 이것은 Friedrich가 주장한 내부통제의 방식과 동일하다. 더욱이 Mosher는 대표관료제의 논리에 기초한 관료의 책임성을 묻는 논리와 Friedrich의 내부통제가 주장하는 주민의 요구와 행정의 전문성에 의하여 관료의 책임성을 묻는 논리를 모두 비판하면서 "관료의 양심이나 전문지식에 의존한 대표성의 확보는 오히려 민주정부의 질서에 심각한 위협이 될 것이다"라고 경고했다.[10] 또한 흥미로운 것은 "효과적인 대표성을 이해하기 위하여 수많은 특정한 정책들을 검토하여 보았으나 관료의 전문성에 의한 정책

10 Frederick C. Mosher, *Democracy and the Public Service* (New York: Oxford University Press, 1968), p. 12.

이 반드시 대중의 관심사는 아니었다"라고 지적하였다.[11]

실제로 관료제의 책임성과 대표성의 확보는 동시에 달성될 수도 있지만 상호갈등적인 경우도 있어서 둘 중의 하나의 개선이 다른 하나의 약화를 가져올 수도 있다는 점을 간과해서는 안 된다. 예를 들어 관료의 전문지식과 시민들의 요구 사이에 갈등이 존재할 수도 있다.

그럼에도 불구하고 대표성은 관료제에서 서로 다른 기능들을 수행하기도 한다. 관료의 전문화와 기술능력을 요구하는 반면 다른 한편으로는 관료들이 정책결정을 할 경우 시민참여를 요구하기도 한다. 이 두 기능의 요구 사이에는 갈등이 항상 내재하고 있다. 만약 관료제가 모든 계층의 의견을 반영하길 원하면, 모든 집단에 대한 참여의 기회를 열어 놓아야 한다.

Tocqueville, Daniel Bell, Arnold Ross, Robert Dhal 등은 미국 사회가 개인들에게 무제한의 기회를 보장할 수 있을 정도로 매우 다원화된 사회(pluralistic society)라고 간주하였다. 그들에 따르면, 모든 미국 사람들은 집단에 소속하여 있으며, 다양한 이익집단에 의해 개인의 이익이 충분히 보호받고 있다고 한다. 반대로 이익집단이 민주주의의 발전을 저해한다고 언급한 학자들이나 문헌들도 많이 있다. 앞에서 지적했듯이, 경제에 관한 문제를 규제하는 행정기관이 쉽게 지배적인 이익집단의 시녀가 될 수도 있다. 그 결과 정치적으로 거의 무제한의 권력을 이익집단의 엘리트들이 공공정책을 좌우하게 되는 우를 범하게 되었다.

다원주의를 통하여 공공정책의 대표성을 보장하려는 시도가 오히려 강력한 기존 이익집단의 이익을 보호하는 효과를 가져왔고, 더욱이 국가는 이러한 이익집단의 이익을 대변하는 기관으로 전락하였다는 비판도 근거가 없는 것은 아니다. 이러한 현상은 지방정부에서 더욱 두드러지게 나타나는데, 그리 강력하지 않은 이익집단이라도 지방정부에게는 절대적인 영향력을 행사하는 것이 비교적 쉽기 때문이다. 따라서 국가는 지방분권화를 통해 권력을 지방주민들에게 준 것이 아니라, 조직화된 이익집단에게 넘겨주고 있다고 볼 수 있다. 다시 말해서 풀뿌리(grass-roots) 민주주의는 이익집단의 권력을 강화시켜 줌으로써 이익집단의 권력남용 가능성을 높이는 결과를 초래하였다고 볼 수 있다.

결국 조직화된 이익집단의 규모나 활동이 지나치게 팽창하면 소수의 잘 조

11 *Ibid.*, p. 12.

직화된 이익집단의 과두제 정치구조가 독재국가와 유사하게 개인의 자유를 극단적으로 제한할 위험은 언제나 존재한다고 볼 수 있다.

민주행정은 대표성과 능률의 두 가지를 함께 보호할 메커니즘을 요구한다. 관료들은 선출되지 않았고, 행정은 시민참여보다는 능률을 위하여 전문성과 지식을 더욱 강조하여 왔기 때문에 공공행정이 이 시점에서 민주화를 위하여 어려운 문제를 제기하게 된 것은 당연한 것 같다. 문제는 이 두 기능 간에 조화를 가져오는 것일 것이다.

내부민주통제체제의 중요한 개념의 하나인 대표성은 공직에 대한 기회균등과 참여를 강조한다. 그 이외에 관료의 대표성은 의사전달을 촉진하게 하고 주민들과 관료들의 문화적 장벽을 극복하는 데 도움을 줄 수 있다.

내부민주통제체제하에서는 정책결정과정에 참여하는 개인의 능력을 대단히 강조하기 때문에 관료제 내의 계층제의 중요성은 더욱 축소될 것이다. 이미 지적하였듯이 계층제는 체제를 비인격화하기 때문에 불신, 소외 그리고 궁극적으로는 불충을 조장하기 때문에 경직된 계층제의 통제는 관료제의 역기능을 교정하려는 노력을 무력화하여 오히려 더 큰 비효율성을 야기하게 될 것이다.

조직의 규모가 커질수록 계층제는 더욱 수직적이 될 수 있다. 계층수가 많을수록 명령계통이 더욱 길어지며, 상부에서 하부까지 의사가 전달되는 데 보다 많은 시간을 요하게 된다. 더욱이 하부에서 시작되는 정보가 상부에까지 왜곡되지 않고 전달될 가능성은 거의 희박하다.

상·하관계가 보다 밀접하기 위해서 원활한 의사소통을 위하여 조직의 구조를 개선하기 위한 많은 노력이 필요하다. 이러한 점에 있어서 Frederick Thayer는 "조직혁명의 성공적인 달성을 위하여, 그리고 우리의 생존을 위하여, 조직사회가 전환되지 않으면 안 된다. 그러한 조직사회의 변화는 개방성, 신뢰성 및 밀접한 상호 인간관계를 특징으로 하는 소규모의 대면(face to face)집단들과 유사한 사회를 만드는 것"[12]이라고 지적하고 있다.

Bennis는 전통적 집단의 능력으로는 기술변화의 속도, 고도로 복잡해지고 있는 노동자들의 세련성, 그리고 현대문제의 해결에 요구되는 다양한 전문기술 등을 이해할 수 없다고 하였다.[13]

---

12 Frederick C. Thayer, *An End to Hierarchy: An End to Competition* (New York: New Viewpoints, 1973), p. 50.

이와 같이 공공관료제의 숙련된 전문가의 권력이 증가하고 있으며, 분명한 것은 관료제에서 의사 결정하는 데 계층제 권위의 약화를 초래하였다는 현상이다. 또 다른 특징은 전문화가 관료제의 권위를 분권화하는 결과를 가져왔으며, 이러한 분권화는 신속하게 기존 전통적 정치기능을 대체해 나가고 있다.

정부조직은 항상 상위의 통제기구에 의해 창조된다. 의회위원회 같은 상위기구는 조직구조와 운영절차의 변화에 직접적으로 개입하기 때문에 관료제의 계층제 구조를 혼란시킬 수 있다. 반면에 하위 조직단위들은 강력한 선거구민의 지원을 조직화하여 그들의 계층제상의 상급자를 무력화시킬 수 있다. 이런 환경에서 행정기관의 관료들이 생존할 수 있는 방법은 행정부와 입법부 내에 개인이나 조직을 포함한 동맹관계나 협력에 의존하는 길뿐이다.

공무원의 노조화는 계층제에 따른 통제를 약화시킬 수 있다. 또한 노조화는 공무원의 정치적 개입을 증가시키며, 그로 인하여 정책결정에 관료들의 참여를 확장시킨다. 조직규모가 증가하고, 노조가 정치적 연합을 형성하거나 합병하여 활동하게 되면 공무원 집단은 강력한 정치적 블록을 형성하게 된다. 공무원들은 단체교섭을 통해 정치화할 것이다.

이러한 변화는 대단히 중요한 의미를 갖는다. 왜냐하면 점증하고 있는 관료의 전문화가 선출된 정치인들의 정책결정을 더욱 어렵게 만드는 것은 말할 필요없이 공무원노조가 정치과정의 참여를 통해 "정부가 무슨 일을 하고, 누구를 위해, 얼마나 빨리, 무슨 수단에 의해, 얼마나 많은 비용으로" 하고 있는지에 관련된 정책에 역시 많은 영향을 미칠 수 있기 때문이다.

그럼에도 불구하고, 계층제는 공공행정기관에 때로는 유익한 역할을 하기도 한다. 예를 들어 관료제의 활동영역이 증가하고 더욱 복잡하여짐에 따라 활동 간의 조정의 필요성은 높아지지만, 조정상의 어려움은 더욱 많아진다. 이러한 상황에서 의사결정권을 관료제의 상위계층에 집중시키는 계층제적 조정방안이 유효할 수 있을 것이다.

그러나 행정 리더는 각 공무원들의 독특한 능력이 서로 조화를 이룰 수 있도록 고려하여야 한다. 리더십은 점차적으로 지시보다는 합의의 도출형식을 취하게 된다. 계층제적 체제하에서 정책의 합리성은 권력과 지식의 분리에 의해

---

13 Warren Bennis, "A Funy Thing Happened on the Way to the Future," *American Psychologist* 25(1970), pp. 595-608.

달성될 수는 없다. Appleby에 의하면 계층제가 효과적으로 운영되기 위해서는 반드시 견해의 폭이 넓어야 하고, 관점이 너무 지나치게 기술적이거나 전문적이지도 않으면서, 정치적으로 고위 정책결정자나 혹은 적어도 고위 평가자가보다 중요한 결정을 하도록 하여야 한다.[14]

이 장을 통하여 우리는 내부민주통제체제가 투입과 환류과정을 통해서 외부통제기관의 민주적 가치를 증진시키고 행정기관과 외부의 통제기관이 상호작용하면서 행정기관의 민주적 통제를 향상시키는 개방체제로 이해하였다. 따라서 내부민주통제체제는 통제의 전통적인 개념과는 달리 정치체제 간의 상호작용과 상호견제 역할을 강조하고 있다. 관료제는 더 이상 관료제의 구성원만으로 이루어진 폐쇄체제가 아니다. 뿐만 아니라 통제체제도 진공상태 안에서 작용하지 않는다.

다양한 통제의 부정적 요인들이 행정기관에 심각한 영향을 미치게 되면 행정기관이 폐쇄체제로 되돌아갈 위험이 있다. 행정기관의 폐쇄체제로 인한 직접적인 효과는 관료제 안에서의 민주통제 능력의 약화로 나타날 것이다.

제2절 외부통제기관에 의해 관료제가 통제될 수 있는가?

앞장에서 공식 및 비공식적인 정치인들이 관료제를 통제하는 문제를 논의하였으나, 선거에 의해 선출되거나 정치적으로 임명된 공직자들이 관료제를 통제하는데 매우 심각한 문제가 있는 것으로 나타났다. 이러한 점에 있어, [표 7−1]과 [표 7−2]의 통계숫자가 최근 자료는 아니나, 미국 연방정부의 관료제화와 권한이 임용된 관료들의 수중으로 옮겨가는 것을 보여주고 있다.

[표 7−3]과 [표 7−4]에서 보여주듯이, 국민에 의해 선출된 정치적 공직자들은 자신들이 관료제에 대한 통제력을 상실하고 있는 것으로 인식하고 있다는 것을 인식하고 있다. 가까운 미래 공공관료제가 쇠퇴하거나, 작은 정부가 도래할 것이라는 암시는 아직은 없다. 오히려 관료들의 자유재량은 점증적으로 늘어날 것으로 보인다. 물론 관료제의 권력이 팽창하는 반면 다른 정치체제들이

---

14 Paul Appleby, *Morality and Administration in Democratic Government* (New York: Greenwood Press, 1952), pp. 243−253.

표 7-3 연방정부의 관료제화에 대한 시민과 선출된 관리의 인식(%)

연방정부가 너무 관료제화되었다	시민	선출된 공무원
동의함	73	80
동의하지 않음	16	12
확실치 않음	11	7
총계	100% (16,068)	100% (269)

출처: U. S. Congress, *Confidence and Concern*, Part 2. p. 114, and part 3. p. 60. 인용 David Nachmias and David H. Rosenbloom, *Bureaucratic Government, U.S.A.*(New York: St. Martin's Press, 1980), p. 244.

표 7-4 선출된 관리에 의한 관료제 통제력 상실(%)

정부의 문제점은 선출된 정치인들이 실제적으로 이 나라를 운영하는 관료들에 대해 통제력을 상실하고 있다는 점이다	임명된 공무원	선출된 공무원
동의함	67	57
동의하지 않음	17	29
확실치 않음	17	14
총 계	100% (16,142)	100% (270)

출처: David Nachmias and David H. Rosenbloom, *Bureaucratic Government, U.S.A.*(New York: St. Martin's Press, 1980), p. 244.

제대로 기능을 충실히 할 수 없는 정부가 바람직하지 않다.

Nachmias와 Rosenbloom에 따르면, "미국 국민의 약 60%가 가장 적게 통치하는 정부가 가장 좋은 정부라는 가정에 동의하지 않고 있으며, 단지 32%만이 그 가정에 동의한다"고 하였다.[15]

보건, 교통, 환경, 에너지, 교육, 복지 그리고 이와 유사한 서비스에 대한 국민의 요구가 증가하고 있으며, 소비자들은 전통적인 사기업의 영역에까지 정부가 간섭하기를 바란다. 따라서 가까운 장래에 미국의 관료제는 가장 빨리 성장하는 고용주가 될 것이다. 그러므로 관료제 사회의 중요한 문제는 시민과 선출된 공직자들이 어느 정도 관료제 정부에 영향을 미칠 수 있는가와 그들이 이러한 영향을 어느 정도까지 시도할 수 있는가 하는 것이다.

관료제의 특징은 상당한 자율권을 가지고 있다는 것이다. 이것은 부분적으

15 David Nachmias and David H. Rosenbloom, *Bureaucratic Government, U.S.A.* (New York: St. Martin Press, 1980), p. 242.

로 행정기관이 어떤 문제에 대하여 전문지식을 가지고 있지 않은 정치적으로 임명된 공직자들이나 선거에 의하여 당선된 의원들보다 정책을 결정하는 데 보다 더 유리한 입장에 있으며, 실제로 공무를 더 잘 수행할 수 있다는 사실에 기인한다. 예를 들어 공공기획은 관료제의 영향력을 확장하기 위한 가장 중요한 전략 중 하나이다. 일반적으로 정치인들이 매우 과학적이고 기술적인 정책에 대해 효과적으로 간섭하기가 쉽지 않다.[16]

다양한 정책문제에 관련하여 급격히 성장하는 관료제의 기술적 전문성으로 말미암아 부분적으로는 관료제 내에서도 자문집단, 평의회 또는 위원회의 영향력이 증가하고 있는 이유이다. 관료제가 더욱 복잡하고 과학화됨에 따라 문제를 신속하게 그리고 합리적으로 해결하기 위해 위원회나 자문집단의 수가 늘어나는 것은 피할 수 없을 것이다. 그들은 이익집단과 공무원집단에 의해 지지를 받고 있을 뿐만 아니라 실질적인 정보를 가지고 있기 때문에, 누구든지 정치적으로 그들을 반대한다는 것은 대단히 어렵다.

물론, 정치인들은 예산과정의 마지막 단계에서 영향력을 발휘할 수 있다. 그러나 이것은 예산의 전반적인 과정에 비해 상대적으로 미미한 영향이고, 이미 설정된 한계 범위 내에서 이루어지는 행위일 뿐이다. 또한 정치인이 어떤 정책문제에 전혀 지식을 갖고 있지 못하거나, 전문가에게 맡기는 것이 더욱 유리함에도 불구하고 계속 간섭하려고 한다면 오히려 국민으로부터 부정적인 감정을 불러일으킬 수도 있다. 따라서 외부 정치체제의 역할은 오히려 많은 한계를 가지고 있다.

프로그램의 기술적 내용이 증가하면 할수록, 정치인보다 오히려 직업 관료들에 의해 관리되는 것이 바람직하다. 따라서 정치가들은 정책과 예산에 대한 통제와 권한을 계속 확보하기 위해 새로운 수단을 찾을 필요가 있다.

정치적으로 최고지위에 임명된 내각의 장관들은 대통령의 정책을 수행할 수 있으며, 계층제를 통하여 과학적 관리와 관료제의 중립성을 유지하게 할 수도 있다.[17] 그러나 대통령에 의해 임명된 사람들은 그들이 관료제를 효과적으로 다루기 위해 필요한 모든 자원－시간, 정치적 자원, 제도적 관습과 프로그램들에 대한 철저한 지식, 정치적·행정적 기술, 리더십 능력 등－을 충분히 갖추지

16 Peter, *The Politics of Bureaucracy*, pp. 179-182.
17 Mosher, *Democracy and Public Service*, p. 166.

못하는 경우가 많다.[18]

반대로 계층제 내에서 신분보장을 받고 있는 관료들은, 자신들의 전문지식의 범주 내에서 정책을 수립하고 집행하고 평가하는 경향이 있다. 뿐만 아니라 실적주의 관료들은 그들의 고객과 이익집단, 그리고 의회에 쉽게 접근할 수 있는 기회를 가지고 있기 때문에, 이들과 싸움을 일으키는 정치인은 관료의 저항을 초래하고, 협조를 얻지 못하며, 의회의 적대감을 자극할 가능성이 많다. 관료들은 정치적 임명과 해임에 영향을 받지 않는 공무원법과 실적주의법에 의하여 신분을 보호받고 있기 때문에 민주적 또는 시민의 통제로부터 보다 자유로울 수 있다.

심지어, 대통령실(EOP)도 직업 관료를 통제하는 데 한계를 가지고 있다. 왜냐하면 대통령실은 연방관료제의 정치무대 밖에 존재하고 있기 때문이다. 대통령실은 대통령과 마찬가지로 관료제에 의해 제시된 정책에 의존하는 경향이 있다. 관리예산처(OMB)가 좋은 사례이다. 관리예산처의 기능은 대통령이 예산 지출을 독립적으로 감시하는 데 도울 수 있다.

또한 OMB는 고위 정치인들이 그들 자신들의 참모와 정보원을 이용하여 관료제의 권한을 통제하는 데 사용할 수 있는 하나의 중요한 통제수단이며, 역시 대통령이 지출과 정책에 대하여 정책보좌관들이 관료제를 통제하는 데 직접 관여하도록 허용하였다. OMB를 통하여 수집된 정보에 의하여 관료제의 편견을 제거할 수 있다고는 하지만, 대통령의 독립된 정보참모실이 관료제화될 가능성이 있다는 것을 또한 잊어서는 안 된다.[19]

이론적으로 행정기관에 대한 의회의 권한은 엄청나다. 예를 들어 1946년과 1970년 의회의 재조직법(the Legislative Reorganization Act)은 각 위원회가 관할권 내에 있는 관료제의 행위에 대하여 지속적으로 감독할 수 있는 권한을 주었다. 또 의회는 각 위원회에 행정활동에 대한 거부권, 행정기관의 예산에 대한 결정권, 그리고 행정기관의 의사결정에 대한 절차와 행정조직에 관한 권한을 부여하였다.

---

18 David B. Truman, "Presidential Executives of Congressional Executives," ed. Aaron Wildavsky, The Presidency (Boston: Little, Brown, 1969), pp. 488–491; Joseph W. Bartlett and Douglas N. Jones, "Managing a Cabinet Agency: Problems of Performance at Commerce," *Public Administration Review* (January/February, 1974), pp. 62–70.

19 Nachmias and Rosenbloom, *op. cit.*, p. 82.

그럼에도 불구하고 법이 위원회에 준 감독과 실제적으로 위원회에 의해 수행되는 감독 사이에 차이가 있음은 명백하다.

첫째, 위원회의 감독을 방해하는 요인은 관료제통제와 감독과 적절한 입법역할에 대하여 의원 개인들의 인식이 주로 정치적인 계산에 의하여 이루어진다는 점이다. 의회위원회 위원들은 감독을 공익차원이 아니라 자신의 재선을 위하여 선거구민들에게 봉사와 같은 사적 이해의 차원으로 이해하는 경향이 있다.

관료제 통제와 재선 사이에 밀접한 관계가 존재하지 않는 한 의원들은 강력하고 체계적인 방법으로 관료제를 통제할 필요를 느끼지 못한다. 원칙적으로 그들은 자신들에게 관련된 관료제 통제를 포함하여 모든 문제에 대하여 적극적으로 관여해야 하며, 또한 편견 없이 다루어야 한다. 그러나 시간은 제한되어 있고, 공적 및 사적 민원(casework)이 주는 부담이 과중하고 심지어 일상화된 감독 역시 엄청난 시간과 노력을 요구한다. 그러므로 의원들은 단지 그 문제가 자신의 재선에 중요하다고 생각될 때만 감독활동을 하게 되는 것은 당연한 일이다.

또한 문제가 정치적으로 가시화되거나, 감독활동이 조직적으로 의원들에게 지원이 보장될 경우에 의원들은 감독활동에 개입하려 할 것이다. 이러한 결과 의원들이 감독활동을 소홀히 하게 되는 것이 현실이다.[20]

둘째, 관료제에 대한 의회통제를 확고히 하기 위해 가장 효과적인 방법은 '공익을 위하여'와 같은 애매한 기준을 가지고 광범위한 권한을 관료제에 위임하는 것을 피하는 것이다.

지속적인 감독이 필요한 관료들에게 의회가 구체적인 지침을 주지 않는다는 것은 의회가 감독할 마음이 내키지 않는다거나 혹은 무능력 때문이라고 볼 수 있다.

모든 규칙들이 의회의 승인을 받아야 한다는 사실은 이론적으로는 행정부에 대해 의회가 매우 완전하고 직접적인 통제를 하고 있다는 것을 의미한다. 반면에 모든 규칙들이 의회의 승인을 받아야 한다면 의회는 지나치게 많은 시간을 세부적인 사항에만 매달리게 될 위험이 있다. 따라서 의회는 감독 이외에도 법제정과 같은 중요한 역할들을 수행해야 하기 때문에 의회가 세부적인 감독과 통제에만 파묻히게 된다면 의회에게는 바람직한 현상이 아니다. 그러한 이유 때문

---

20 Morris S. Ogul, "Legislative Oversight of Bureaucracy," eds. Larry B. Hill and F. Ted Hebert, *Essential of Public Administration (North Situate, Mass.*: Duxbury Press, 1979).

에 의회는 적절하고 효과적인 감독을 위하여 적절한 예산과 권한뿐만 아니라 참모들도 필요하다. 그러나 행정관료들에 비하여 “의원들과 그들의 참모들은 철저한 감독을 행사하기 위한 경험, 훈련, 지식, 혹은 창조성이 결핍되어 있는 실정이다.”[21]

셋째, 대부분의 영향력 있는 의원들은 행정기관을 통제하여 자신들과 행정기관 또는 고객과의 관계를 불편하게 만들 이유가 없다는 점을 알고 있다. 가장 널리 알려진 예는 국방성과 의회의 국방위원회 및 군수산업에 의해 형성된 ‘하위정부’(subgovernment)[22] 또는 ‘밀접한 삼각관계’(cozy triangles)이다. 그들은 상호협조적인 관계로 발전한다. 그러한 상태 하에서 입법부가 실질적으로 행정기관을 통제한다는 것은 거의 불가능하다. 그러므로 의회가 할 수 있는 관료제의 효과적인 감독은 의회의 자발성과 창의성보다는 시민과 집단의 역할강화에 달려 있다고 본다.

한편 관료제의 정책결정에 대한 통제가 법원의 판사들에게 위임되어야 한다는 제안이 있다. 그러나 사법부는 입법부 또는 행정부보다 대표성이 떨어진다는 점 이외에, 판사들은 현대국가에서 발생하는 복잡한 문제를 다루는 데 필요한 전문성이 부족한 실정이다. 그 결과 법원도 관료들의 의사결정을 완전히 또는 효과적으로 통제하기는 어려울 것이다.

Truman 등은 관료의 통제수단으로서 이익집단의 중요성을 주장하였다. 그러나 이익집단의 가장 큰 결점은 대표성이 없다는 점이다. 소수의 강력한 이익집단들은 의사결정과정에서 자신들의 이익만을 위하여 목소리를 높일 뿐 모든 시민들의 이익을 대표하지는 못한다. 만약 이익집단이 삼두정치(Iron－Triangle) 안에서 유력한 협동자라면, 그들이 정책결정과정에 포함되지 않은 개인과 집단을 대표할 가능성은 더욱 적다.[23] 그러한 상황 하에서 행정기관이 이익집단에 의해 심각하게 영향받거나 혹은 포로가 된다면, 결국 행정기관은 자신의 권력을 비정부집단들에게 넘겨주는 격이 될 것이다.

요약해 보면, 관료제의 전문화, 정보의 독점, 광범위한 자유재량권 그리고

---

21 *Ibid.*, p. 116.

22 Randall Ripley and Grace Franklin, *Congress, the Bureaucracy, and Public Policy* (Homewood, Ill.: Dorsey Press, 1976), pp. 166–170.

23 Allan Schick, "Toward the Cybernetic State," ed. Dwight Waldo, *Public Administration in a Time of Turbulence* (Scranton: Chandler Pub. Co., 1971).

기계적이고 일상적인 관료제 업무 등이 관료제에 대한 외부의 통제나 지시의 효과를 감소시킨다는 것이다.

행정기관은 어느 정도 대통령의 권력과 밀접한 관계를 가지고 있을 뿐만 아니라 의회의 위원회 및 조직적이고 영향력 있는 선거 민들과도 밀접한 업무관계를 가지고 있다. 그리고 행정기관은 어느 정도 자치권한(autonomous power)을 가지고 있다. 결론적으로 지금까지 제안한 어떠한 통제방법들도 관료제가 임의로 전문성을 사용하거나 혹은 남용하는 경우 이들을 거의 막을 수 없는 것 같다. 이의 해결을 위한 대안을 모색하기 위해 관료제 자체를 면밀히 분석해 보아야 한다.

제3절 관료제를 통제하기 위해 관료제가 필요한가?

우리는 전 장에서 이미 참모기능과 정보체제의 발달에 의하여 정치인들이 관료권한의 기반을 통제할 수 있을지에 대한 문제를 제기하였다. 그러나 관료제를 통제할 수 있는 적절한 방안을 찾지 못한 것은 사실이다. 만약 우리가 오늘날과 다른 정부형태를 찾지 않는 한 관료제가 주도하는 정부를 피할 수는 없을 것이다.

David Nachmias와 David Rosenbloom의 지적처럼, 때때로 공·사기관이 직면하고 있는 복잡한 문제의 해결책으로 제기되었던 정치체제의 관료제화는 오히려 정치체제나 민주정부에 문제를 제기하고 있다[24]는 점이다.

급속히 성장하는 관료제를 규제할 필요성과 대통령의 관심을 끄는 많은 문제들이 수적으로 증가함에 따라 대통령실과 백악관실(White House Office)이 이러한 문제들을 처리하기 위한 조직적 도구로서 계속적으로 성장해 오고 있다. 예를 들어 이전 장에서 논의했던 것처럼, 경우에 따라서 장관들은 대통령보다 다른 고위직 공무원, 이익집단 및 의회와 의회위원회의 말을 더욱 따를 수도 있다. 뿐만 아니라 부처의 장관들은 외부통제기관과 강한 유대관계를 형성해야 할 필요성 때문에 불가피하게 대통령과 멀어질 수도 있다. 결과적으로, 대통령은 내각의

24 Nachmias and Rosenbloom, *op. cit.*, pp. 235–251; Anthony Downs, *Inside Bureaucracy* (Boston: Little, Brown, 1967).

이러한 불만족스러운 태도 때문에 내각보다는 대통령실(Executive Office of President: EOP), 백악관실 및 다른 관련된 사람들에게 의존하게 되는 경우가 많다.

더욱이 대통령의 정책결정이 질적 및 양적으로 증대함에 따라 대통령실은 전문화·구조화·대규모화되었다. 이런 과정을 통하여 대통령실과 백악관실은 상당한 권력을 획득하게 되었으며, 그로 인하여 대통령실과 백악관실의 관료 및 관료제는 자연히 대통령의 지시나 개인적 직무에 덜 순종하는 경향을 보이는 것이 일반적 현상이다.

그러므로 대통령이 정책조언과 정보를 대통령실과 백악관실에 의존할수록 대통령은 참모들의 통제와 영향력에서 벗어나기는 힘들 것이다. Stephen Wayne는 1970년까지 백악관실은 대통령의 개인 비서실 이상으로 성장하였다고 지적하였다.[25]

대통령실은 규모와 복잡성이 증가함에 따라 관료제화되었으며, 더욱이 관료제와 연관된 몇 가지 병리현상들마저 수반하게 되었다. 대통령은 점차적으로 별로 중대한 문제가 아닌 관료 내부의 정치와 혹은 보좌관들의 갈등을 해결하는 데 더 많은 시간을 소모하게 되었다.[26] 더욱이 관료제 내의 지휘계층을 따라 올라가면서 정보의 왜곡이 유발되고 의사결정의 지연이 초래되었다.

워터게이트 사건은 대통령실이 관료제화됨에 따라 발생하였던 결과이며, 정부의 권력이 전문 관료의 수중으로 이동하고 있는 불가피하고 당황스러운 경향을 보여준 사건이다.

> Nixon 대통령 시절의 백악관실은 정치가 관료제화됨으로써 일어나는 특정한 어려움을 설명하여 준다. 대통령실과 특히 백악관의 관리는 정치권 외부의 사람들로 구성되어 있다. 그들 중 대다수는 홍보활동과 광고 분야에 종사하였으며, 특히 그들의 행태는 헌법 통치라는 미국 정치의 도덕적 기준에 덜 익숙하다.
>
> 일반적으로 그들은 정치권이나 입법부에서 오랫동안 강조되어 온 권력분립에 대한 존경심도 별로 없다. 그들에겐 백악관 그 자체가 목적이다. 백악관은 그러한 사람들을 채용함으로써 민주주의 이념과 정치적 윤리성을 상실하였으며, 궁극적으로는 대규모 관료제를 형성하게 되었다.

Nixon 대통령 시절의 백악관실은 대법원을 불신하고 의회를 싫어했다. 신

---

25 Stephen J. Wayne, *The Legislative Presidency* (New York: Harper & Rowy 1978), p. 203.

26 Stephen Hess, *Organizing the Presidency* (Washington, D.C.: Brookings, 1976), p. 160.

문과 방송매체를 의심하고 그들을 속임의 대상으로 간주하였다. 행정부에 대하여 비판하는 사람이나 조직들은 적으로 간주되어 국세청(Internal Revenue Service), 연방조사국(Federal Bureau of Investigation), '비밀정보의 누설을 막는 사람'(plumbers)과 같은 특별한 조사단에 의해 처벌을 받았다.

백악관 참모들의 충성은 오직 대통령실과 대통령에게 집중되었으며, 그들의 정신 상태를 온통 사로잡고 있는 것은 외부 세계로부터 백악관을 보호하는 것이었다. 대통령과 EOP가 외부와 고립되고 내부지향적일수록 외부의 환경을 무시하고 내부의 편협한 의견에 집착하는 마음은 더욱 강해졌다.

참모들의 전투적인 공격 자세는 완전히 보호적인 보수 세력이 되었다. 진실을 찾으려는 노력은 이미 실종되어 버렸다. 그리고 한때 민주주의의 상징이었던 방송매체들이 Nixon 행정부에서는 단지 미국 국민의 지지를 얻기 위한 수단으로 사용되었다. 따라서 관료제는 현실을 외면하는 인위적인 세계를 창조하기에 이르렀다. 결국 Nixon으로서는 어떤 비정상적인 일도 일어나지 않았고, 비난받을 만한 일을 하지도 않았으며, 단지 그의 적들에 의해 희생물이 되었다고 확신하고 있을 수도 있다.[27]

대통령실은 관료제화되었으나, 관료제화된 대통령실은 대통령을 잘 보좌하지 못했다. 대통령실의 관료제화는 대통령으로 하여금 백악관 이외에 보다 규모가 큰 연방관료제를 통제할 수 없게 하였다. 관료화된 대통령실의 문제를 어떻게 해결할 것인가가 중대한 문제가 된 것이다.

1976년 상원의원 Robert Morgan은 상원에서 다음과 같이 참모들의 상황에 대하여 발표하였다.[28]

> 이 나라는 근본적으로 상원의원과 하원의원의 참모들에 의해 운영된다. 우리는 다른 어느 곳에서도 발견할 수 없는 최고의 참모진을 가지고 있어야 한다. 왜냐하면 그들은 우리들에게 어떻게 투표하는가에 대하여 충고해 주고, 우리들은 때때로 그들의 권고에 따라서 투표하기 때문이다.[29] 1975년 하원의원의 개인참모 수는 하원의원의 수보다 14배 이상이나 되었다. 상원의 경우는 의원 한 명당 개인참모가 26명이나 되었다. 1978년의 개인참모와 위원회 참모를 합친 전체의 수는 13,376명이었다.

---

27 Nachmias and Rosenbloom, *op. cit.*, pp. 110–111.
28 James Reston, "Backstairs in the Congress," *New York Times*, 12 January 1979, p. A 23.
29 Nachmias and Rosenbloom, *op. cit.*, p. 118에서 인용.

개인참모 외에도 의회는 관료제의 업무수행을 통제하기 위한 기구로서 의회예산국(CBO), 감사원(GAO), 기술평가국(OTA)과 의회조사국(CRS)을 두고 있다. 이 기구들의 기관장을 제외하면, 의회의 위원회 참모들이나 각 위원회의 행정직원들은 선거에 의해 선출된 사람들이 아니다.

Keeffe, Ogul 및 Riley는 참모와 직원들의 증가추세에 대하여 다음과 같이 지적하고 있다:

> 의회, 위원회 및 의원들에게 봉사하였던 GAO의 수는 1960년에는 거의 8%가 증가하여 2,400명이 되었고, 1980년대 후반기에는 3,800명으로 증가하였다.[30]

1975년 중반 이래 예산이 증가하고 정부의 정책이 기술화·전문화됨에 따라 의회는 정책방향을 결정하기 위해 GAO에 더욱 의존하는 경향을 보이고 있다.

> 의원에 대한 요구가 증가함에 따라, 의회의 보좌관들은 정책결정과 통제에서 보다 큰 역할을 맡게 되었다. 예를 들어 행정기관이 법을 적절히 적용하고 있는지에 대한 감시활동은 거의 90%가 의회 참모에 의하여 수행되고 있다.[31] 1974년 의회예산 및 집행정지통제법(Congressional Budget and Impoundment Control Act)[32]은 주로 참모들에 의해 만들어졌다. 이 법안은 관련된 주요 위원회와 공동위원회가 선정한 소수 참모들의 협의에 의해 마지막으로 수정되었다. 사실, 상원은 세부사항을 운영하지 않고, 단지 지시만을 하는 대규모 조직의 감독자 또는 이사와 같은 기능을 하고 있다.[33]

---

30 William J. Keeffe and Morris S. Ogul, *The American Legislative Process*, 4th ed. (Englewood Cliffs, N.J.: Prentice-Hall, 1977), p. 407; Riley, *op. cit.*, p. 79.

31 Newsweek, 17 January 1977, p. 20.

32 1921년 예산회계법의 제정과 더불어 예산국에 관한 소재에 대해 상·하원 협의위원회에서 타협·조정되어 예산국은 재무성에 소속되었으며, 1939년 기구개혁법에 의해 루스벨트 대통령은 예산국을 재무성에서 대통령직속기관인 대통령실(EOP)의 한 기관으로 설치함으로써 대통령의 예산기능은 급속히 확대되었다. 그러나 워터게이트 사건 이후 의회가 대통령 권한통제의 수단으로 1974년 의회예산 및 집행정지통제법을 제정하였다. 예산지출 불이행의 관행은 대통령이 의회에서 승인된 사업에 지출을 하지 않고 그 예산을 다른 자금으로 전환시키는 것을 말한다. 특히 Nixon 대통령은 예산지출 불이행의 관행을 아주 많이 사용하였다. 이에 대하여 의회는 예산의 의회통제를 재확인하고, 모든 예산지출은 의회에서 승인된 대로 이루어져야 하며, 이에 따라 예산지출을 품목별로 엄격히 통제하겠다는 의도에서 이 법을 통과시켰다.

33 Harrison W. Fox, Jr. and Susan W. Hammond, "The Growth of Congressional Staffs," ed. Harvey Mansfield, *Congress Against the President* (New York: Academy of Political Science, 1975), p. 123.

그러므로 참모의 정치적 영향력이 의원들의 영향력보다 훨씬 클 것이라는 예측은 놀라운 것이 아니다. 간단히 말해, 참모들의 오랜 경험, 전문화 그리고 전문지식은 보다 큰 영향력을 발휘하는 경향이 있다.

그러나 이러한 참모조직의 발전에 따른 심각한 문제들이 있다.

첫째, 의회의 의원은 의회 외부의 출처에서 오는 정보와 의회 내 자신의 참모로부터 제공되는 정보 사이의 차이에 의해 혼란을 겪는 것은 물론, 참모들이 제공하는 정보의 편견에 대하여 평가할 수 없다는 점이다.

둘째, 의회는 연방예산에 대한 보다 철저한 통제와 관리예산처(Office of Management and Budget)의 효과적인 견제를 위해 의회 자체 내의 예산사무국(CBO)을 창조하였다.[34] 결과적으로 관료제를 통제하기 위하여 이에 대적할 만한 관료제를 가져야 하기 때문에 관료제화는 계속적으로 증가하기 마련이다.

심각한 문제는 관료제화된 입법부가 국민을 대표하는 기관이 될 수 있는가 하는 점이다. 의원들을 위한 의회 사무국 관료의 대부분은 의원과 동일한 지역구 출신이 아니며, 지역구에 관련된 제반사항도 잘 알지 못한다. 선거구민들의 요구에 대해 그들은 선출된 의원보다 덜 민감하다. 더욱이 그들은 보스를 즐겁게 하기 위한 방법으로 정보를 왜곡시킬 수도 있다. 결국 그릇된 해석과 오해의 여지가 많이 발생할 수 있을 것이다.

Weber는 행정업무의 양적 팽창이 관료제의 성장을 위한 적절한 토양을 마련한다고 주장한다.

최근에 연방법원의 업무량이 급격히 증가됨에 따라 보다 많은 법원 내부의 행정기구들이 설립되었고, 많은 직원이 새로 임명되었다.[35]

125,000건의 누적된 잡무와 함께, 지방법원 판사에 의해 처리된 사건들은 1968년 286건에서 1973년 349건으로 매년 증가하였다. 항소는 85건에서 156건으로 증가하였다. 특히 대법원은 현재 5,000건의 사건을 매년 처리하고 있다. Warren Burger는 만약 1984년까지 어떠한 해결책도 제시되지 않는다면 대법원은 고작 9명의 대법관만으로 매년 7,000건의 사건을 처리하게 될 것이라고 예측했는데, 이러한 업무량은 주말을 포함한 매일 낮·밤 동안 시간당 한 건의 사건을 처리해야 하는 양이다.

34 Daniel P. Moyniham, "Imperial Government," *Commentary* 65 (June 1978), p. 26.
35 New York Times, 7 January 1974, p. 16.

현재 법원이나 판사가 학교 혹은 구치소 등과 같은 기관의 행정업무를 감독하는 일은 아주 흔한 일이다. 이러한 업무들의 특성을 고려하여 볼 때 사법부를 다른 공공부문의 집행부와 유사한 것으로 간주하는 것 같다. 연방재판소의 관료제화는 대법관을 지원하기 위한 행정기관의 증가로 볼 수 있다.

이러한 발전의 논리는 대법관 Burger의 다음과 같은 설명으로 분명해진다. "어떤 복잡한 환경에서 전문화는 필수적이다. … 분명히 오늘날 어느 누구도 급속히 팽창하고 있는 법의 세계 이외의 행정기술을 마스터할 수는 없다."[36]

예를 들어 미국 법원의 행정국(Administrative Office)과 연방사법센터(the Federal Judicial Center)는 각각 1939년과 1967년에 설립되었다. 연방사법센터는 행정국과 사법협의회(Judicial Conference)를 위한 연구기구로서 기능한다. 행정부서에서 일어났던 것과 같은, 정보의 집권화 및 전문화로 인하여, 사법부의 관리부서는 점차로 많은 권위와 영향력을 얻게 되었다. 관리부서의 관료 수가 증가함에 따라 그들의 영향력도 비례하여 증대한 것이다. 또한 판사가 아닌 관료들이 법원에 제출된 청원서를 스크린 하는 역할을 할 가능성이 있다. 요약하면 이들 관료의 영향력은 법관의 의견을 통제할 수 있을 만큼 팽창할 수도 있다는 것이다.

물론, 증가하고 있는 법원의 관료제는 법관이 그들의 임무를 좀 더 효율적으로 수행하도록 도울 수도 있다. 그러나 전문화와 공식화는 불가피하게 관료제의 영향력과 권한을 증가시킨다. 문제는 이런 관료제화가 사법부의 필요를 충족시켜 주는가 하는 것이다.

정부기관의 경우와 마찬가지로 이익집단도 점차 관료제화하여 그들의 복잡한 환경에 대응하고 있다. 이것은 동태적인 환경에 대한 이익집단의 조직적 대응패턴이라고 볼 수 있다. 따라서 이익집단의 환경이 보다 복잡하고 관료제화될수록, 이익집단 역시 더욱 관료제화될 가능성이 크다.

이익집단이 자원을 동원하고 동원된 자원을 효과적으로 사용할 수 있는 조건은 이익집단의 조직력에 달려 있다. 이런 관점에서 조직은 이익집단에 가장 가치 있는 자원일 것이다. 이익집단의 조직은 활동을 조정하고 구조화하는 것보다 더 많은 문제를 가지고 있다. 그것은 목적을 달성하기 위해 권력과 활동을

36 "Forward: Symposium on Judicial Administration," *Public Administration Review* 31 (March/April, 1971), p. 112.

연계시키는 방법을 의미한다. 그래서 대부분의 이익집단 조직은 합리적인, 즉 관료제적 행정에 의존하게 된다.

Robert Presthus가 지적했듯이 이익집단들은 안전, 소득 및 영향력 등과 같은 자신들의 목적을 추구하기 위하여 관료제의 특징적인 요소들을 강화한다. 이런 의미에서 이익집단들은 전 사회가 합리성과 통제가 증가하는 방향으로 속도를 가속화하고 있다.[37] 그 결과 전 사회의 관료제화가 불가피하게 촉진될 것이다.

요약해 보면, 외부통제기관들이 그들의 관료제 구조를 강화하여 행정기관을 견제하려고 하는 한, 권력은 선출되지 않은 참모들의 수중으로 계속 축적될 것이다. 그러나 외부통제기관이 관료제화되지 않는다면, 행정부의 관료제를 견제할 수 있는 능력은 점차적으로 약화될 것이 분명하다. 그렇다면 행정기관은 강력한 권력을 행사하게 될 것이다. 여기에 관료제시대의 딜레마가 있는 것이다.

권력소재가 선출된 의원들과 정치적으로 임명된 공직자들로부터 전문 관료들에게로 이동하는 경우, 참여 민주주의의 실현가능성은 더욱 멀어지게 될 것이다. 그러한 상태 하에서 참여는 민주주의를 보호하기 위한 수단으로서의 역할을 다 하지 못하게 된다.

그 결과 국민들은 정치적 권위의 기반이 국민의 동의보다는 오히려 관료제 권력에서 나오는 것으로 오해하게 될 것이다. 정치의 관료제화는 시민과 정부 사이의 관계를 변화시키고 있다. 이런 과정에서 국민의, 국민에 의한, 국민을 위한 것이라는 민주정부의 근본적 원칙이 심각하게 도전을 받고 있다.

더욱이 외부통제기관 자체의 관료제화는 선출되지 않고 임명된 관료 및 참모들의 조직만으로 끝나는 것이 아니라, Weber가 제시한 관료제의 이상형이 내포하고 있는 대부분의 속성들이 외부통제기관 자체 조직 내에서도 나타나게 된다.[38] 예를 들어 의회조직과 행정기관의 관료제 사이의 유사성이 그것이다. 전문화는 의회위원회체제에서 강화되고, 계층제는 의회 리더십의 특성에서 보인다.

의회의 계층제적 성격은 어떤 지역의 의원들은 다른 지역의 의원들보다 더욱 많은 영향력이 있으며, 초선의원보다는 다선의원이, 능력보다는 연공서열제가 우선되는 경향 등에서 표출된다. 실제로 의회에서는 계층제, 전문성, 연공서열제 원칙의 결합이 위원회 의장을 선정하는 중요한 결정요인이다.

---

37 Robert Presthus, *Organizational Society*, *op. cit.*, p. 69.

38 Nachmias and Rosenbloom, *op. cit.*, chaps. 4–6, 8.

위원회와 분과위원회의 전문성이 행정부를 감독하기 위하여 주도적인 역할을 해야 한다. 그러나 전문인들끼리는 상호 통하는 감정을 가지고 있기 때문에, 행정관료의 전문인, 의회위원회의 전문인 및 이익집단의 전문인 간에 우호적인 상호협조관계가 형성되기 쉽다. 따라서 이들 3자는 상이하고 경쟁적인 관점을 제시하기보다는 오히려 서로 협조하는 친목관계로 발전될 수 있다는 것이다.

Nachmias와 Rosenbloom은 의회에 있어 계층제, 전문화, 연공서열제와 같은 조직특성은 효과적으로 법률을 제정하고, 행정부를 감독하고 또 심지어 국민을 대표하는 의회의 능력을 방해한다고 주장한다.[39]

이런 상황에서 관료제를 어떻게 통제할 것인가? 근본적인 해결책이 관료제에 의존한 관료제통제의 방식에서 나오는 것이 아니라, 민주적인 방법에 의하여 어떻게 관료제 스스로가 관료제를 통제하게 하는가이다. 또한 점증적으로 외부통제기관들 역시 관료제화가 심화되고 있기 때문에, 외부통제기관들은 그들 자신의 내부민주통제체제를 적용하는 것이 필요할 것이다. 행정 관료제나 외부통제기관들이 내부민주통제체제를 적용한다면, 기관 내부에서 상호간 견제와 균형체제를 달성하여 행정 권력의 남용을 막을 수 있다고 본다. 그 결과 관료제화가 관료제화를 가속화하는 악순환을 가져와 전 사회가 관료제화하는 위험을 피할 수 있을 것이다.

제4절 어떠한 환경 하에서 내부민주통제체제는 외부통제기관의 영향을 효과적으로 받을 수 있는가?

공공관료제의 내적 특성과 외부통제기관 간에 상호작용의 영향을 탐색하는 체계적이고 포괄적인 연구의 부족으로 여러 가지 심각한 문제가 발생할 수 있다. 앞 장에서 지적하였듯이, 이러한 현상은 부분적으로 기존 조직이론의 규모, 기능의 복잡성, 감독구조, 그리고 구성원의 동기부여와 같은 조직의 내적 구조와 과정에만 치중하고 공공관료제의 외부통제체제와의 상호관계에 대하여 상대적으로 관심을 적게 두었기 때문에 발생한 것이다. 따라서 앞으로 외부정치체제

39 *Ibid.*, pp. 105–127.

의 정치적 통제가 공공기관의 내부 구조와 운영 등에 어떤 영향을 미치는지를 탐색하는 연구가 진행되어야만 한다.

관료제의 내부 활동을 외부환경과 분리하여 개별적인 실체로서 연구하는 것은 과학적인 추상만으론 가능하다. 그러나 외부와 상호작용하는 것을 고려하지 않고 관료제의 한 쪽만 이해하려고 하는 이러한 연구는 관료제를 충분히 이해하였다고 볼 수 없다. 이러한 연구경향은 사회학자들이 행정 관료제를 연구할 때 관료제의 내부의 속성에만 강조하고 외부의 환경과 상호작용을 소홀이 한 결과 연구의 방향은 조직내부에만 맴돌 수밖에 없기 때문에 우리가 기대하는 더 이상의 연구의 진전을 가져오지 못했다. 같은 논리로 누가 한국을 잘 이해하는 가를 묻는 다면 당연히 우리는 우리의 주변 국가를 잘 이해하는 사람이 한국을 잘 이해한다고 말할 수 있을 것이다. 그래서 우리나라의 대통령이 되려는 사람은 우리의 주변국가인 중국, 러시아, 일본, 그리고 미국을 잘 이해하는 사람이 우리나라를 잘 이해한다고 볼 수 있을 것이다. 이와 같이 사회과학에서 연계학문(Linkage Theory)이 중요한 이유이다. 연계학문을 등한시한 결과 관료제와 대통령, 관료제와 의회, 관료제와 사법부, 그리고 관료제와 이익집단 등과 같은 상호작용에 대한 연구가 부족한 편이다.

실제로 행정 관료제의 외부 정치제제 영향력을 소홀히 하여 연구에서 배제하는 것은 위에서 지적했듯이 행정 관료제를 충분히 이해했다고 볼 수 없다. 예를 들어 우리가 리더십을 연구할 때, 추종자 없는 리더는 리더십을 발휘할 수 있는 구성원도 없다.[40] 또 다른 예로서 사업가들은 종업원들이 파업하였을 때 권력과 통제를 더 이상 발휘할 수 없는 당황스러움을 경험하게 된다.

이런 점에서 Mosher에 의하면 "조직에 대한 일반적인 연구는 주로 사조직 환경(non-public settings)에 대한 연구를 토대로 하여 이론화하고, 가설화하고, 일반화하고, 종합하고, 요약하는 경향이 있다"고 하는 그의 비판은 역시 옳았다.[41] 왜냐하면 사조직(private organization)을 기초로 한 조직이론들이 행정학에서 주로 다루는 공공조직(public organization)을 이해하기 어려울 뿐만 아니라,

40 Georage C. Homan, *The Human Group* (New York: Harcourt, Brace and World, 1950), pp. 418-419.

41 Frederick C. Mosher, ed., *Governmental Reorganizations: Cases and Commentary* (Indianapolis: Bobbs-Merrill, 1967), p. 475.

하물며 공공관료제와 외부 정치체제와의 관계를 설명하여 줄 수 없기 때문이다. 실제로 관료제가 깊은 관계를 가지고 있는 외부 정치체제와의 상호작용을 이해하지 못한다면 관료제를 충분히 이해하였다고 볼 수 없다.

내부민주통제체제의 성장을 방해하는 내적 또는 외적 조직변수에는 어떤 것이 있는가? 본 저서에서 제시하려고 하는 제안들은 공공행정기관에 관련된 의미 있는 변수들만을 주로 언급하고자 한다.

첫째, Louis Gawthrop이 지적했듯이, "의회의 모든 하위단위는 행정부의 어떤 하위부서와 유대관계를 맺고 있다." 이런 동맹관계는 계속적이고, 그 동맹관계는 상호 호혜적인 경우가 대부분이다.[42]

물론, 강력한 유대관계는 주로 행정부서의 과장들과 부서 내에 계장, 국장, 그리고 부서 내에 다른 영향력이 있는 사람들에게도 발전할 수 있다. 특히 신분보장이 되어 있는 직업공무원들은 계속 머물러 있어 동맹관계를 맺는다고 하더라도 어느 정도 안정적이지만, 신분보장이 되어 있지 않은 장관들은 자신들의 부처에 대하여 업무를 파악하지 못할 정도로 교체율이 빈번하게 발생하여 그 자신의 부처에 대해 통제를 한다는 것이 어렵다는 것을 알게 된다. 따라서 동맹관계를 맺는 데 좋은 상대는 아니다.

뿐만 아니라, 직업공무원은 자신들의 정치적 취약성 때문에 자신들을 보호하기 위하여 동맹관계를 맺으려는 강력한 동기를 갖게 한다. 그리하여 직업공무원은 그의 충성심의 일부분은 대통령 또는 부처의 장관에게 가고, 나머지 일부는 그에게 필요한 지원과 신뢰를 제공해 줄 수 있는 입법부의 하위체제에 보내는 이중적인 인간이 된다. 그 결과 계층제상의 직업공무원의 중하위 계층에는 항상 잠재적인 갈등이 존재한다. 그러나 불행하게도 잠재적 갈등이 현실화되면, 고위 집행공무원이 동맹관계의 영향력 때문에 효과적인 통제력을 발휘할 수 없어 상관에 의한 계층제통제의 효과성은 심각한 위협을 받게 된다.

이익집단은 행정부서와 서로 필요한 이해관계를 가지고 있기 때문에 양자는 쉽게 결속될 수 있다. 이익집단들은 그들의 이익을 위하여 도움을 줄 수 있는 사람으로 장관이나 차관을 임명하도록 영향력을 발휘할 수도 있다. 특정한 행정하위부서, 이익집단, 그리고 의회위원회로 구성하는 하위정부 또는 삼각동

---

42 Louis C. Gawthrop, *Bureaucratic Behavior in the Executive Branch: An Analysis of Organizational Change* (New York: Free Press, 1969), p. 77.

맹은 고도의 응집성을 가지고 있다. 관련된 고위집행부서의 고위 관료가 어떠한 노력도 그 하위체제의 다른 두 파트너로부터 협조를 얻을 수 없다면 부서의 업무를 수행하는 데 심각하게 제약을 받게 될 것이다. 관료제나 외부정치체제가 내부민주통제모델을 활용함으로써 삼각동맹 관계를 개방한다거나 공개하여 이들의 부적절한 행위를 저지할 수 있으나 역시 장애적인 요인인 것은 분명하다.

실제로 정부의 관료조직은 외부환경에 의하여 침투받기 쉬운 조직이며, 이러한 현상은 특히 중간계층과 하위계층에서 더욱 심하다. 그러므로 최고계층의 행정관료는 중하위계층의 압력을 극복하기 위한 특별한 노력을 해야 할 것이다. 만약 이런 특별한 노력이 발휘되지 않거나 발휘될 수 없다면, 최고위층의 통제능력을 상실하여 집행부의 전반적인 운영의 효과성은 감소될 것이 분명하다.

외부간섭 이외에도 행정기관 내부 및 행정기관 간의 갈등이 발생하는데 주로 서로 영역을 팽창하려는 관할권의 문제로 인한 갈등, 외부집단의 정치적 지지를 구하려고 할 때, 그리고 대통령 또는 의회의 지원을 받으려 할 때 등과 같은 경우에 일어난다. 실제로 자신의 이익들을 위하여 서로 다투는 관료들이 행정기관의 전반적인 복지문제에 대해 고민한다는 것도 어려운 일인데, 하물며 공익과 같이 추상적인 문제를 고려하는 것은 불가능에 가깝다.

그러나 행정기관의 기관장은 정책결정에서 발생하는 갈등을 관리하기 위하여 자신의 조직에 대한 통제를 확고히 유지해야만 한다. 조직의 긴장이 크면 클수록, 그리고 조직에 대한 계층제와 규칙의 영향력이 강해질수록, 조직 내에 서로 다투고 있는 당사자들은 가능한 한 외부에서 강력한 정치적 지원을 얻으려고 노력할 것이다. 그 결과 관료제 내는 다양한 외부통제기관들을 그들의 싸움에 불러들이기 때문에 관료제는 각종 이익추구를 위한 각축장이 될 것이다.

Riggs가 지적하듯이, 제도적 이데올로기와 강력한 이익집단에 의하여 행정기관들을 지배하는 것에 대항하여 각 부처의 장관들도 자신들을 보호하기 위해 외부의 세력을 끌어들이는 것은 아주 자연스러운 것이다.[43] 이런 현상은 아무리 관료제가 강한 권력을 장악했다고 하더라도 관료제 내에 이해관계를 가진 다양한 외부집단들이 서로 각축을 벌이기 때문에 자연히 견제와 균형이 이루어지고

43 Fred W. Riggs, "Bureaucrats and Political Development: A Paradoxical View," ed. Joseph LaPalombara, *Bureaucracy and Political Development* (Princeton, N.J.: Princeton University Press, 1963), p. 158.

있는 것을 예상할 수 있다.

따라서 관료들이 외부에 노출되면 될수록, 관료들의 충성을 요구하는 다양한 집단들이 많아지고 영향력을 행사하기 때문에, 행정기관이 직면하는 문제의 수와 종류는 더욱 늘어날 수 있을 것으로 예상된다. 이러한 현상은 내부민주통제모델을 활용함으로써 더욱 심각해질 수 있으나 이들의 관계가 공개된다면 많은 부분이 시정될 수도 있을 것이다.

Thompson이 결론내린 바와 같이, "조직의 특이성, 구성원의 노출비율, 그리고 구성원 노출의 빈도와 규칙이 변화함에 따라, 조직은 치열한 압력에 직면하게 되는데, 이에 따라 발생하는 문제를 해결하는 과정에서 갈등을 처리하는 통제의 방법을 습득하게 된다."[44]

"권력이 광범위하게 분산되었을 때, 관료제의 내부 집단들이 연합행동을 취하는 경향으로 나타난다."[45] "강력한 연합집단들 간의 갈등 가능성은 외부통제기관들이 관료제와 연합집단들과 자신들이 선호하는 목적과 일치하는 방향으로 타협을 요구할 때 더욱 증가한다."[46] 다시 말하여 다원론사회에서는 권력이 이익집단에게 분산되며, 이익집단은 자신들의 이익을 확보하기 위하여 의회의 상임위원장 및 관료제 내의 특정한 관료들과 동맹관계를 맺게 되어 삼두마차를 형성하게 된다. 때로는 외부통제기관들과 관료들이 상호의 이익을 위하여 깊은 관계를 맺는 경우도 허다하다.

그러나 문제는 관료제 내부에 다양한 외부통제기관의 이해관계에 따라 관련된 관료들과 서로 동맹관계를 맺게 되므로 관료제 내부엔 다양한 동맹관계가 항시 존재하여 이해관계의 선호도에 따라 갈등을 일으킬 가능성이 많다는 점이다. 이러한 갈등이 발생한 경우 정치적 분쟁으로 진전될 때 서로 크게 지불할 수밖에 없는 정치적 비용을 줄이기 위하여 타협을 하게 된다.

그러나 관료제가 그러한 갈등 속에서 혼란 속에 빠진다면 관료제 내의 고위 상관은 정책심의를 위한 아이디어의 자유로운 교환과 토론을 방해할 수밖에 없는 매우 중요한 요인이 된다. 특히 관료들이 외부의 통제기관과 갈등을 겪게

---

44 James D. Thompson, "Organizational Management of Conflict," *Administrative Science Quarterly* (March 1960), p. 396.

45 James D. Thompson, *Organizations in Action: Social Science Bases of Administrative Theory* (New York: McGraw-Hill Book Co., 1967), p. 140.

46 *Ibid*., p. 138.

될 때, 행정책임자들은 자신들의 행정기관을 보호하기 위한 수단으로 관료제가 폐쇄적인 형태를 취하게 된다. 관료제는 폐쇄적인 방법으로 강력한 공식화, 몰인간성, 보다 경직된 규칙과 공식적인 의사소통 등을 강조하면서 외부집단의 통제에 대항할 것이다.

그 결과 많은 사람들이 행정기관의 폐쇄적인 업무수행에 강한 불만을 갖게 되면 오히려 불안해진 행정기관의 책임자는 관료제를 더욱 강하게 폐쇄시키든지, 혹은 공무원의 채용이나 선발과정 등을 엄격히 하여 관료들을 보다 강력히 통제하는 방향으로 행동을 취할 것이다. 따라서 행정기관은 구성원들 간에 의견의 불일치를 가져오기보다는 결속을 강화시켜 응집된 힘을 조성하여 외부에 대항하는 경향을 보이게 될 것이다.

이런 제약조건에서 벗어나지 못한다면, 관료제의 의사결정체제가 참여를 통하여 충분하고 솔직하게 모든 의견들을 탐색하고 책임을 지는 민주사회의 모든 조건을 충족시킬 수 없는 것은 당연하다.

둘째, 관료제에 일어날 수 있는 갈등의 또 다른 근원은 전문성의 증가에 있다. 공공정책의 복잡성이 증가함에 따라 관료제의 전문성은 자연히 증가한다. 이런 상황은 종종 일방적으로 해결될 수 없는 조직 하위단위 사이의 갈등을 유발하게 한다.

만약 조직규모가 증가하면, 우선 갈등 조정자는 직원들의 업무가 상호 의존되어 있기 때문에 갈등을 해결하는 데 어려운 부담을 지게 된다. 따라서 다음 갈등 조정자가 조직 내 일부에서 발생하는 불일치를 다루기 위하여 불가피하게 임명된다. 그러나 두 명의 갈등 조정자들이 각기 다른 관할권 하에서 행하는 활동 사이에는 어느 정도 상호의존성이 있는 것이 분명하다. 그러므로 그들 스스로 자신들의 관할영역 활동을 조정하는 데 서로 동의하지 않으면 안 된다. 그들 서로간의 동의가 이루어지지 않을 경우 다음 상위계층의 갈등 조정자가 필요할 것이다. 만약 조직이 계속해서 성장하려면, 위와 같은 논리로 갈등 조정자의 수는 자연히 증가하게 된다. 궁극적으로 갈등을 해결하려는 한 계층의 공무원이 다음 상위계층의 갈등 조정자를 초래하는 것처럼, 그들 사이의 갈등을 해결하기 위하여 더 높은 권위체제에 의존해야만 할 때가 불가피하게 도래한다. 조직이 점점 커지고 조직의 최고 계층이 계속해서 더 과중한 부담을 지게 될 때, 계층수의 증가와 같은 유사한 변형이 불가피하게 일어날 것이다.[47]

실질적인 행정현상을 통해 볼 때, 다양한 하위 행정단위들의 행정책임은 불

47 Downs, *op. cit.*, p. 52.

가피하게 중첩될 수밖에 없는 경우도 많고 때로는 각 행정기관의 관할권에 대한 갈등이 종종 일어나기도 한다. 더욱이 참여의 확대로 다양한 견해가 관료제 내에 증가함에 따라 혼란이 야기될 수 있기 때문에 통제의 필요성이 아울러 증가할 것이다. 논의에 관련된 부서의 수가 많을수록, 그리고 표현한 관점이 다양하고 많을수록, 조직이 혼란에 빠지는 것을 막기 위하여 수직적 계층제의 요구가 더욱 많아질 수 있다. 그러나 관할권의 중첩이나 업무에 대한 다양한 의견차이로 갈등이 발생한다면 이는 상호작용을 통하여 완화시킬 수 있는 방안을 탐색하는 것이 중요하다. 예를 들어 이들의 갈등이 공개된다면 어느 쪽이 비합리적 행위를 하고 있는지 판단할 수 있을 것이며, 그러한 경우 정치적 불이익을 받게 될 것이기에 행위의 신중함을 택하게 될 것이다.

또한 잠재적인 갈등상황은 상급자가 하위 전문가의 판단을 무시하거나 거절할 때에도 일어난다. Presthus가 지적한 것처럼 "조직 내에서 전문적인 역할을 하는 사람과 계층제 권위를 가진 사람 사이에는 불가피하게 갈등이 일어난다"는 것이 사실이다.[48] 뿐만 아니라 전문행정가의 견해를 지나치게 무시한다면 관료제는 더 방어적이 되고, 그로 인하여 강화되어 가는 폐쇄적 관료제를 통제하는 데 더욱 많은 어려움이 따른다.

셋째, Scott는 다음과 같은 두 가지 이유 때문에 정부조직의 올바른 참여체제는 구축되지 않을 것이라고 주장했다. 이러한 주장이 내부민주통제모델을 관료제 내에 정착시키는 데 문제로 제기될 수 있다.

> 첫째, Scott는 조직적 시민의식(organizational citizenship)이 갈등하는 것 가운데 흔히 발견할 수 있는 것은 진정한 참여정부의 가치를 위하여 최소의 합리성조차 희생하지 않으려고 한다는 사실이다. 나는 이러한 도덕적 신념의 결핍자체를 반드시 조직적 시민의식의 탓으로 돌리지 않는다. 우리가 기술결정론에 너무나 사로잡혀 있기 때문에 조직적 시민의식의 기대는 거의 전적으로 기술 내지 물질적인 영역에 속하고 있다. 뿐만 아니라 모든 조직적 시민의식은 서로 다른 사람들의 조직적 시민의식으로부터도 합리적 행태를 기대한다.
> 조직적 시민의식에 대한 모든 것을 함께 고려하여 볼 때, 조직적 시민의식은 참여정부의 가치를 원하면서 동시에 능률적인 조직의 업적을 기대한다. 이러한 참여와 능률의 연쇄적 반응이 어디에서 중단될 수 있을까?

48 Presthus, *op. cit.*, p. 29.

첫째, Scott는 조직적 시민의식(organizational citizenship)이 갈등하는 것 가운데 흔히 발견할 수 있는 것은 진정한 참여정부의 가치를 위하여 최소의 합리성조차 희생하지 않으려고 한다는 사실이다. 나는 이러한 도덕적 신념의 결핍자체를 반드시 조직적 시민의식의 탓으로 돌리지 않는다. 우리가 기술결정론에 너무나 사로잡혀 있기 때문에 조직적 시민의식의 기대는 거의 전적으로 기술 내지 물질적인 영역에 속하고 있다. 뿐만 아니라 모든 조직적 시민의식은 서로 다른 사람들의 조직적 시민의식으로부터도 합리적 행태를 기대한다.
조직적 시민의식에 대한 모든 것을 함께 고려하여 볼 때, 조직적 시민의식은 참여정부의 가치를 원하면서 동시에 능률적인 조직의 업적을 기대한다. 이러한 참여와 능률의 연쇄적 반응이 어디에서 중단될 수 있을까?
둘째, 조직의 경영 엘리트나 산업 휴머니스트들이 이러한 연쇄반응을 중단시킬 수 있는 희망이 있을지 의문을 제기하지 않을 수 없다.
그러나 이러한 리더십이 지식인들의 의식 속에서 나오리라곤 기대하지 않는다. 경영이 진정한 대면, 의미 있는 대화, 개인 간의 능력 그리고 자애 등과 같은 이상적인 상태 하에서 행하여지는 한, 경영은 민주주의를 지지하게 될 것이다. 그러나 실제로 경영자는 입법과정에서 종업원이나 소유자에게 선거권을 주려고 하지 않는다. 그러나 마지못하여 택하는 방법이긴 하나, 현직 고위관리자를 판사로 임용하고 판사들이 직원이나 소유자들을 통제한다면 경영은 사법적 절차를 제도화할 수 있을 것이다.[49]

위에서 지적하고 있는 것과 같이, 확고한 관리 철학을 일순간에 개방체제로 전환하는 조직의 변화는 몇 가지 문제를 제기한다. 우선 이러한 전통적인 철학이 외부 통제기관에 의해 지지를 받을 수 있다고 생각하는 것은 잘못된 것 같이 보인다. 전통적인 철학의 기본적인 명제는 능률성을 확보하기 위해서는 한 조직의 최고 관리층으로부터 최하위층에 이르기까지 명백한 권위의 라인이 형성되어야 한다는 것이다. 그러나 아무리 개방체제로 조직이 전향하였다고 하더라도 능률이나 권위를 무시하는 반대되는 개념으로 생각해서는 안 된다. 개방이 능률을 더 촉진할 수 있고, 참여적인 분위기에서 자연스러운 권위체제가 발전될 수 있음을 잊어서는 안 된다. 관료제의 성장을 막는 것이 아니라 무한히 성장하도록 촉진하고 그 가운데 견제와 균형이 활성화된다면 자연히 역기능들은 조정될 수 있을 것이다. 이러한 관점이 내부민주통제모델이 추구하는 목적이다.

이 학파의 주장에 의하면 고위관료의 중요한 임무는 의회, 대통령, 또는 다른 상급자로부터 보내 온 정책지침을 충실히 집행하는 것이며, 그들에게 책임을 지는 것이다. 하위관료의 중요한 임무는 복종이다. 이러한 전통적인 경영철학을

49 Scott, *op. cit.*, pp. 59-60.

신봉하고 있는 고위 행정공무원은 의사결정에서 참여의 개방, 의사소통의 개방성의 확대, 그리고 참여적 관리와 같은 변화를 수용하려 하지 않을 것이다. 행정은 민주정부의 체제하에서 많은 독재적인 요소를 가지고 있는 것처럼 보인다.

Dwight Waldo는 이런 상황을 "퇴근 후의 민주주의를 누리기 위하여 근무시간 동안의 독재를 감수하여야 한다"고 표현했다.[50]

이것은 행정학이 민주주의와 능률의 가치관들 사이에서 혼란을 겪었던 격동기에 Waldo가 지적한 주장이다. 그러나 현대 조직사회에서 조직을 통하여 사회화된 가치관이 전 사회로 파급될 수 있다는 사실을 고려하여 보면 Waldo의 논리는 모순이다. 다시 말하여 조직 내 강압적이고 독재적인 문화가 조직 내 상관과 부하직원 간에 팽배하게 조성된다면 부하직원이 상관을 존중할 수 있는 사회문화가 생성되기는 어려울 것이다.

조직 내에서 상관으로부터 비인간적인 대우를 받고 스트레스가 쌓인 부하의 분하고 억울한 감정은 가정으로 확산되고, 가정에서 또 전 사회로 파급되어 전 사회를 오염시키므로 부하는 상관을, 부인은 남편을, 자식들은 어머니를, 힘이 없는 사람들은 힘이 있는 자를 서로 사랑하고 존중할 수 없는 인간성 파괴(human destructiveness)[51]를 초래하여 전 사회는 불행의 소용돌이 속에 빠지게 될 것이다. 그러므로 한 조직 내의 상호 존중의 문화가 다른 조직은 물론 전 사회의 민주화를 불러일으키는 데 공헌할 수 있는 가능성을 간과해서는 안 된다. 왜냐하면 상호존중은 민주주의 실현의 기본철학이기 때문이며 상호존중의 문화가 조성되지 않는다면 민주주의는 실현될 수 없다. 요약하면, 현대의 관료들이 사고는 현대적이나 행위는 전통적이기 때문에 불일치가 일어났기 때문에 우리의 사고가 현실에 맞도록 변해야 하는 것이 생존의 수단일 것이다.

이러한 전통적인 경영철학이 공공서비스 안에서도 새로운 관리과학으로 꾸준히 성장하였다. OR(Operation Research), 체제분석(System Analysis), 계획예산제도(PPBS), 비용·편익분석(Cost & Benefit Analysis) 및 컴퓨터 사용은 부처의 계층적 통제능력을 매우 강화시켰고, 관료제의 운영이 고도로 집권화하는 데 일

---

50 Dwight Waldo, "The Development of a Theory of Democratic Administration," *American Political Science Review* 46(1952), p. 87.

51 Lasswel, Harold D., Daniel Lerner, and G. Easton Rothwell, *The Comparative Study of Elites*, Stanford: Stanford University Press, 1952.

조했다. 그러나 행정의 효율성을 증진하기 위하여 고도의 집권화를 정당한 것으로 수용했던 고전적 행정학의 사고가 George Frederickson과 같은 신행정학자에 의하여 비판을 받게 된 것은 놀라운 것이 아니다.

Frederickson에 의하면 "신행정(New Public Administration)은 고전적 행정이념의 관심에 사회적 형평성을 첨가한 것이다"[52]라고 하였다. 사실, 행정의 효율성과 정치적 책임성 사이의 관계는 제로섬 게임(zero-sum game)이 아니라, 상호보완적인 포지티브섬 게임(positive-sum game)이다. 어떤 한편의 개선 없이 다른 하나도 개선되지 못한다.

넷째, 지나치게 다양한 감시자의 통제도 내부민주통제체제의 발전에 심각한 저해요인이다.

관료제의 다양한 감시체제에 관하여 Downs는 다음과 같이 지적하고 있다.[53]

> 고위담당공무원들은 단지 감시할 거대한 참모진 조직을 설치함으로써 그들의 권력을 확장할 수 있다. 왜냐하면 운영부서의 모든 직원들이 고위계층을 보좌하는 참모진에 의하여 감시를 받아야 되기 때문이다. 그러나 문제는 감시하는 참모들이 너무나 방대해져서 감시조직 자체가 계층제를 가진 목립적인 관료제가 된다는 점이다.
> 일단 감시하는 조직이 점차 독립적으로 방대해지면, 그 자체가 전형적으로 관료제의 행태를 지닌 부서(bureau)가 된다. 감시하는 부서의 관료들은 감시대상인 운영부서(the operating bureau)에 대하여 보다 큰 통제권을 원하는데, 이것은 감시부서의 관료들이 보다 강력한 기능을 수행하기를 원하기 때문이고, 동시에 그들의 중요성을 부각시켜 줄 수 있기 때문이다. 결과적으로 각 독립적인 감시기관의 공무원들은 운영부서들의 자유재량권에 대해 보다 큰 제한을 가하려고 노력하는 경향이 있다.[54]
> 독립적인 감시기구들에 의하여 감시받는 운영부서는 자연히 방어적인 행위를 취하게 된다. 예를 들면 운영부서들은 감시받지 않을 때보다 상관의 명령에 더 잘 순응하여 처신한다. 그렇게 함으로써 운영부서는 감시하는 관료들의 관심을 다른 곳으로 이동시키려고 시도한다. 더욱이 그들은 실제보다 더욱 충실히 상급자의 명령에 따르는 시늉을 하게 된다.
> 이러한 행동의 진정한 의미는 그들이 한 행위를 정당화하려 하고, 많은 정보와 분석을 산출하고, 그리고 비밀과 거짓보고를 통하여 다른 행위를 숨기려는 것이다. 운영부서는 때때로 그들이 받는 감시의 양을 감소시키기 위해 그들의 상관에게도 압력을 가할 것이다.[55]

---

52 H. George Frederickson, Toward a New Public Administration, ed. Frank Marini, *Toward a New Public Administration* (Scranton: Chandler Publ. Co., 1971), pp. 332–345.

53 Downs, *op. cit.*, pp. 148–149.

54 *Ibid.*, pp. 149–150.

55 *Ibid.*, p. 150.

Downs는 감시자 수가 증가하면, 부하직원의 자유재량을 축소하거나, 또는 상관이 감시해야 되는 속박에서 벗어날 수 있다는 것을 지적하였다. 자유재량권의 필요성에 대하여 Thompson은 "행정은 일반적으로 개방체제에서 나타나는 불확실한 상황을 처리하기 위한 자유재량의 필요성에서부터 출발한다"고 지적한다.[56] 사실상 재량권의 확대는 행정의 과정에서 권력의 팽창의 원인이다.

Downs는 재량권의 제한이 의사결정을 집권화하고, 공직자들의 위험 부담률을 감소시킨다고 보았다. 재량권이 극히 제한된 상황에서는 사소한 결정도 상부의 허가와 승인을 받기 위해 고위층에 송부된다. 이렇게 되면 고위정책결정관료는 정보의 홍수에 휩싸이거나 과중한 업무에 시달리게 된다.

이 문제를 해결하기 위해 고위정책결정자는 관료제 내에 새로운 계층을 만들어 과중한 업무를 검토하게 하고, 늘어나는 의사소통을 감시하며, 정책결정업무를 분담시키게 한다. 그 결과 행정기관 내 의사소통의 흐름이 지연되고 감독자를 감시하기 위한 상위 감독자의 신설필요성이 계속적으로 악순환되어 간다. 뿐만 아니라 공공기관에서 공직자들이 위험을 감수하지 않으려는 행태는 오히려 수직적 계층제의 출현을 초래하며 아울러 조직에 권위주의적인 의사결정체제를 만들 것이다. 그러나 내부민주통제체제는 조직 내에 견제와 균형이 이루어지도록 상호작용하기 때문에 고도의 수직적인 조직을 만들어 내지는 않을 것이다.

다섯째, 내부민주통제체제의 발전을 저해하는 또 다른 문제는 일단 폐쇄적 관료제의 특징이 공공기관에 뿌리내리면, 많은 공직자들이 폐쇄관료제의 특징을 유지하기 위해 노력하게 된다는 것이다.

이런 점에서 Gawthrop는 다음과 같이 주장하였다.[57]

> 합법적 권한을 부여하는 기구로서 의회는-지적으로, 행태적으로 또는 구조적으로-행정부의 혁신적인 계획을 수용하는 데 적합한 기구는 아니다. 각 의원들과 의회위원회는 거의 전적으로 현재 그리고 눈앞에 보이는 필요에만 반응하도록 습관화되어 있기 때문이다.

관료제의 부서들이 증가함에 따라, 의회의 각 위원회의 수는 비례하여 늘어

56 James Thompson, *Organization in Action: Social Science Bases of Administrative Theory* (New York: McGraw-Hill Book Co., 1967), p. 162.

57 Gawthrop, *op. cit.*, p. 258.

나며, 관련된 행정기관들을 할당하여 감독책임을 수행하도록 하고 있다. 그러나 심각한 문제가 되고 있는 것은 정책문제의 추상성과 복잡성 때문에 위원회에 소속하고 있는 의원들이 정책의 본질적인 문제를 논하기보다는 직원의 규모와 지출과 같은 단순한 주제에 대해 생각하고 논의하는 것을 더 선호한다는 점이다. 그러므로 의원들은 정책차원에서보다는 운영차원에서 행정기관들을 다루는 경향이 있다고 볼 수 있다.

그 외에도 의원들과 그들의 참모들은 자신들의 이익을 위해 행정기관의 운영부서에서 근무하는 직업공무원과 우호적인 관계를 구축하기를 원하기 때문에, 의원들이나 참모들이 현재의 행정기관의 구조와 그 동안 관심을 드렸던 인간적 관계의 혼란을 가져오는 어떠한 변화도 어떠한 변화도 원치 않는다는 것은 결코 놀라운 것이 아니다.

예를 들어 Johnson 대통령과 Nixon 대통령 시절 의회가 행정부처의 대규모 합병에 대해 냉담한 반응을 보였던 사례가 이러한 경향을 잘 설명하여 준다. 이익집단들은 많은 행정기관들이 중첩되어 권력이 분산되어 있다면, 이익집단들은 그들의 영향력을 극대화하기 위한 최적의 상황으로 간주한다. 왜냐하면 권력의 분산은 경쟁하는 행정기관들을 서로 반목시켜서 어부지리를 얻을 수 있는 기회를 제공하기 때문이다.

또 다른 예로 행정부의 비용감소와 명령계통의 획일성의 필요를 강조하면서 독립규제위원을 대통령의 지휘통제 하에 두고자 하는 대통령의 조직개혁이 의회와 이익집단으로부터 냉담한 반응을 받은 것은 그들이 대통령의 권한확대를 두려워하였기 때문이다.

실제로 독립규제위원들은 정치적 영향을 배제하고 거의 전적으로 국민의 생활과 건강에 관련된 문제를 준입법권 및 사법권을 가지고 처리하기 때문에 막대한 권한을 갖게 된다. 만약 이러한 독립규제기관을 어떠한 이유에서든지 대통령의 통제 하에 둔다면 대통령의 권력이 얼마나 강하게 될 것인지 상상할 만하다. 당연히 의회는 대통령의 권력이 지나치게 강화되는 것을 허용하지는 않을 것이다. 그러나 만약 관료들이 이러한 변화에 위협을 느껴 의회로부터 저항세력을 동원한다든지 혹은 아무런 일도 하지 않는 전술을 사용한다면 쉽게 사보타지를 할 수 있다.

사실 다원주의적 경향을 고려할 때 외부의 정치적 영향력이 행정기관에 침투할 가능성은 대단히 크다. 이러한 상황 전개는 행정기관 내부의 불화를 심화시켜 행정기관과 외부의 강력한 정치적 실력자들 사이의 대결로 쉽게 확산될 수 있다. 이런 모든 상황을 참작할 때, 관료들은 행정적 합리성보다는 타협이나 협상을 선택하는 경향이 있다.

여섯째, 또 다른 문제는 행정가들의 빈번한 교체로부터 발생한다. 안정성, 경험 그리고 응집력은 조직구조의 기능에 의미 있는 영향을 미칠 수 있는 중요한 요소들이다. 그러나 현실적으로는 신분보장을 위한 계속성을 유지하는 것이 더 중요한 요인이 될 수 있다. 계속성이 없다면, 냉담성, 소외, 사기저하, 또는 공격성 등 여러 가지 조직의 병폐들이 조직구성원들 사이에서 나타날 가능성이 매우 높다. 어떤 경우에서든지, 계속성의 정도가 증가할 때, 조직 간의 그리고 조직 내의 갈등은 관리하기가 보다 쉬워지고 반대로 계속성 정도가 감소함에 따라 점차적으로 갈등은 통제하기 어렵게 발전된다.

그러나 고위행정기관이 다양한 외부 기관의 상이한 가치와 목표, 의도를 만족시키지 않으면 안 될 때, 계속성이 유지되거나 달성하기가 어려운 경우가 많다. 예를 들어 의회위원회는 자신들의 이익을 유지하기 위하여 현재나 미래의 우호적인 관계가 방해받지 않도록 장관들보다는 계속성이 높은 부서의 장(bureau chief)들을 선정하는 데 영향력을 행사하려 할 것이다.

이러한 상황은 자연히 공공기관 내에 의회, 관료 및 이익집단들로 구성된 각기 서로 다른 권력집단들이 그들의 이익을 위하여 투쟁하도록 분위기를 조성한다. 그 결과 관료제 내에는 격렬한 갈등이 발생하고, 이로 인해 행정고위관료의 교체가 빈번해지고, 주변 환경에 민감해질 수밖에 없는 행정관료의 자유재량권은 제한된다. 동시에 고위공무원의 빈번한 교체를 겪어본 하위공무원들은 자신의 안전을 지킬 방어망을 구축하도록 만든다.

고위관료들의 교체율이 빈번하여 하위관료의 안전이 보호받을 수 없는 상황에서 하위관료들이 자신들의 안전을 위한 자구책을 강구하는 것은 자연스러운 일이다. 그러한 현상은 하위공무원들의 모험(risk-taking)회피 혹은 동조과잉(conformity)현상은 더 나아가 폐쇄관료체제로 나타난다.

이제까지 분석을 통해 지적하려고 한 것은 내부민주통제체제의 성공적인 역할은 관료제의 내적 및 외적 상호관계의 다양한 요인들에 달려 있다는 것이다.

이 분야의 미래연구는 관료제가 방어적인 자세를 취하려 하는 요인과 그들의 상호작용에 강조점을 두어야 한다. 예를 들면 관료제가 개방이나 참여를 허용함으로써 외부통제기관이나 다른 경쟁조직으로부터 공격을 받게 된다면 관료제는 자연히 개방이나 참여에 대하여 유보적인 자세를 취할 것이다. 뿐만 아니라, 참여하는 조직들이나 참여자들이 그들의 이익을 수호하기 위해 극단적인 정치적 저항을 수행할 때 관료제는 참여의 허용 여부를 재고하는 경우가 발생할 것이다.

또 다른 예로서 관료제의 축소에 관련된 문제를 고려하여 보자. 대체로 사람들은 관료제의 확장, 정부지출의 증가, 그리고 관료적 형식주의의 고조 등을 고려한다. 그러나 관료제의 축소가 이루어지지 않은 것은 공무원과 그들의 외부동맹세력의 저항 때문이다. 왜냐하면 외부 동맹세력들은 관료제가 축소되어 그들의 영향력이 줄어드는 것을 바라지 않기 때문이다.

관료제의 감소는 의회와 행정부 사이에 현존하는 관계의 개편을 가져올 것이 분명하다. 실제로 관료들은 심지어 잉여관료제의 비난을 감수하더라도 정치가들의 변덕에 대항하고 자신들을 보호하기 위해 또는 자신들의 직업을 보전하기 위해 관료제가 확장하도록 노력할 것이다. 입법부와 행정부가 함께 관료제와 공생을 위하여 서로 결속하는 한, 관료제 축소라는 변화가 일어날 가능성은 매우 낮다.

더 나아가서, 과감한 관료제의 감소는 관료제에 대해 아이러니한 영향을 초래할 수 있다. 예를 들어 관료들의 대규모 감원은 공무원의 모험심(risk－taking)을 감소시키고 공무원들이 적대적인 환경에 대항할 조직의 방어책을 모색하게 만들 것이다. 모험심의 감소는 많은 의사결정권이 정보부족으로 시달리는 상관들에게 이전된다는 것을 의미한다. 상관들은 결정권을 포기하는 부하들의 무능함을 실감하고, 자연히 조직은 지시형 관료제인 중앙집권체제를 구축하게 된다. 결정권을 포기하면서 능력을 인정받지 못하고 무능한 사람으로 평가받는 부하들이 피해를 받게 되는 경우 온갖 수단과 방법을 동원하여 해임의 위협에 대항하면서 그들 자신을 보호하려 할 것이다.

이러한 상황 하에서 관료제는 비능률을 면치 못할 것이며, 무능한 관료를 통제하고 보완하기 위해 강한 계층제와 규칙이 수반될 것이다. 그와 동시에 계층제에 많은 권한을 부여하면서 중앙집권적 관료제를 초래할 것이다.

폐쇄적인 관료제의 원인은 관료제 내부에서뿐만 아니라 관료제의 외부관계에서도 발견된다. 이 장에서 간략하게 토론했듯이, 상관과 부하들 사이의 갈등은 행정기관의 계층 수의 증가와 규제 및 규칙의 강화를 초래하며, 규칙과 갈등은 서로 동행하기 마련이다.

행정기관에 대한 외부통제기관들의 간섭은 행정기관 내의 내적 갈등을 강화시킬 수도 있고, 내적 갈등을 그들 자신의 목적을 위해 옳지 못한 방향으로 이용하곤 한다. 때때로 외부통제는 통제대상인 행정기관의 내부응집성을 강화시킨다.

또한 정치인들에 의한 강력한 통제는 관료들의 태도와 활동을 지나치게 경직된 것으로 만들어 행정의 전반적 효율성과 창조성을 감소시킨다. 또한 관료제는 정치인들의 통제에 대해 철저한 방어적인 자세를 취하게 된다. 그 결과 무능해진 관료제는 전문지식이 없는 일반 주민을 통제하는 데에도 약화될 수밖에 없다. 그리고 행정기관이 폐쇄적 관료제로 고착됨에 따라 민주적 사회에 대한 관료제의 적응이 약화되는 것은 불가피할 것이다.

조직의 고전이론에서 갈등을 나쁜 것으로 인정하였지만 갈등은 장점과 단점을 가지고 있다. 만약 갈등이 외부통제기관과 행정기관에 근무하는 사람에 의해 적절히 조정될 수 있다면, 갈등은 행정기관에 유익한 것이고, 행정기관의 공무원들이 봉사하는 국민들에게 도움을 줄 것이다. 반면에 갈등이 개인화되고, 갈등이 공익을 소홀히 하며, 그리고 갈등이 계층제와 규제·규칙의 강화로 이어진다면, 갈등은 정치체제에 백해무익한 것이다.

사실, 갈등이 행정기관과 외부정치체제들 간에 부정적인 영향을 미치느냐 또는 긍정적인 영향을 미치느냐는 그들이 그 상황을 어떻게 다루느냐 하는 데 달려 있다. 통제의 강화는 통제의 또 다른 어려움을 초래하고, 그 어려움을 막기 위하여 보다 강한 통제를 낳게 되어, 결국 통제의 악순환 증후군을 초래할 것이다.

결국 효과적인 통제를 위해서는 권위관계에 기초를 둔 통제의 전통적인 개념에서 탈피하여 상호작용이론에 의한 상호견제와 균형의 역할을 강조하는 것이 중요하다는 것이다. 다시 말해서 행정의 책임성을 확보하고 권력남용을 막기 위하여 1940년대부터 주장하여 왔던 전통적인 모델에서 벗어나 관료제와 외부통제체제와의 상호작용에 기초하고 있는 내부민주통제체제모델이 오늘날의 관료제 통제문제의 해답을 제시한다고 보는 것이다. 왜냐하면 내부민주통제체제는 행정기관의 내부운영에 외부인들을 참여시키고, 외부통제기관과 상호작용을 통해 통제의 악순환 고리를 끊을 수 있기 때문이다. 그러므로 내부민주통제체제의 효과성은 자신들이 선호하는 것을 관료제에게 알릴 수 있고, 관료제가 시민들의 선호와 일치하는 의사를 결정케 할 수 있으며, 시민들의 권리를 위배하는 어떠한 행정행위도 시정할 수 있는 시민들의 능력을 제고하고, 그리고 외부통제체제의 통제기능을 활성화함으로써 다시 행정기관의 내부민주통제체제로 환류하면서 내부민주통제모델을 더욱 발전시킬 수 있다는 데 있다.

결국 내부민주통제체제는 시민들이 여러 통로를 통하여 시민과 정부관료 사이의 관계를 통제할 수 있는 능력을 증진시킬 수 있음은 물론, 외부통제체제의 통제능력을 활성화하여 주므로 외부 정치체제(대통령, 입법부 및 사법부)와 관료제는 상호견제와 균형을 가져올 수 있기 때문에 균형정부를 달성할 수 있는 장점을 가지고 있다.

제5절 행정학의 1968년과 내부민주통제체제를 위한 문화조성

1968년 주변으로 행정학에는 다양한 일들이 일어났으며, 행정학계는 물론 내부민주통제체제를 더욱 발전할 수 있는 분위기를 조성해준 의미 있는 시기였다. 이 시기에 신행정학이 탄생했고, 정책학이 발전하는 계기가 되었으며, 그리고 무의사결정이론이 발전했다. 특히 이 시기에 분권, 시민참여, 사회형평, 정책 자체에 대한 연구 등은 본 모델이 성장하는 데 좋은 토양을 마련해준 해이다.

1968년 정치학회의 기조연설에서 미국의 원로 정치학자인 David Easton은 정치학의 새로운 혁명으로 후기 행태주의(post-behavioralism)를 선언하였다.

행정학 분야에서도 Waldo 교수 주관 하에 약 50여 명의 학자들과 실무가들이 Minnowbrook에서 능률을 치중하였던 1960년대의 행정학에서 민주적 가치가 요구되는 1970년대로 접어들면서 능률과 민주간의 가치관의 혼돈으로 인한 가치관의 갈등은 행정학의 격동기를 초래하였으며, 이에 따라서 발생하는 사회의 시급한 문제들을 해결하기 위하여 논의를 하였다. 이 시기도 역시 1968년이며, 이 논의에 참석한 사람들은 적실성(relevance), 참여(participation), 변화(change), 가치(value), 사회적 형평(social equity) 등에 기초한 행정학의 독자적 주체성을 주장하였다. 그 당시 Frank Marini는 논의에 참석한 학자들의 논문을 편집한 책이 「Toward a New Public Administration: The Minnowbrook Perspective」[58]이다. 실로 이 책이 발간된 이래 신행정학은 본격적으로 학자들 간에 대두되었고 주목을 받기 시작하였다.

이와 같이 후기 행태주의와 신행정학의 발생 시기는 같은 해에 일어났고, 이 두 학파의 주장도 가치문제를 다루었다는 점에서 서로 공통된 특징을 보이고 있다.

또한 같은 시기에 정책학이 발전한 것을 지적하지 않을 수 없다. 현대적 정치학은 Lasswell이 1951년 정치학의 필요성을 주장한 이후 행태주의의 영향으로 인하여 잠잠하다가 1968년 이후에 봇물 터지듯이 발달하기 시작한 것은 후기행태주의의 영향도 있었겠지만, 그 원인들은 아래 지적하는 바와 같이 다른 이유에서도 찾아 볼 수 있다. 거의 같은 시기에 발생한 후기 행태주의, 신행정학, 그리고 정책학의 등장은 1960년대의 능률위주의 행정학에서 1970년대 민주적 가치지향적인 행정학으로 방향을 전화하는 데 커다란 기여를 한 것으로 판단된다.

이러한 발달은 조직 내에 상호 존중하는 문화를 조성하여 관료조직 내에 내부민주통제체제를 발전하는 데 기여를 하였다고 볼 수 있다. 아래 행정학의 변화를 이끌어낸 배경은 다음과 같다.

1960년대 초에 미국 사회는 흑인과 소수민족에 대한 지나친 인종차별, 월남전에 대한 반전 데모, 그리고 강제징집에 대한 불만으로 미국 정부는 큰 혼란에 빠져들고 있었다. 이러한 격동기는 흑인 폭동과 월남전이 주된 원인이었다. 백인들의 지나친 차별에 견디다 못한 흑인들이 미국의 주요 대도시에서 폭동을 일으켰고, 겨우 군대가 출동하여 진압은 되었으나 엄청난 충격을 미국 사회에 남기게 되었다.

더욱이 다원론 사회의 부작용인 소수의 강력한 이익집단에 의하여 부의 편중이 심각하게 벌어지고 정부는 그들에 포로화되어 국가는 강력한 이익집단들의 이익을 대변하는 인상을 주었다. 민주주의 사회에서 주로 활용되고 있는 점증주의(incrementalism) 정책 결정방법은 오히려 계층 간의 갈등과 형평이 결여된 사회를 더욱 부추기는 데 일익을 담당하였다는 것은 참으로 아이러닉한 현상

58 Frank Marini (ed.), *Toward a New Public Administration: The Minnowbrook Perspective*, 1971, Chandler Publishing Co.

이다.

이러한 불평등과 혼란은 흑인들의 폭동을 초래하여, 미국 정부는 흑인 폭동의 원인과 대책을 마련하기 위하여 정치학자나 행정학자들에게 도움을 청하였다.

그러나 1945년경 Simon에 의하여 행태주의가 정치 및 행정학에 도입된 이래 행태주의 접근방법은 정치 및 행정학을 장악하였다. 지금까지 거의 모든 학문 분야에서도 지배적인 영향을 미치고 있다고 하여도 지나친 말은 아닐 것이다. 의심 없이 학문의 과학화를 설계하는 데 가장 유일하게 영향력이 있는 학자인 Smion은 그의 책 「*the Science of Artificial*」에서 엔지니어, 의학, 건축, 그리고 관리와 같이 인간이 만들어 낸 학문은 자연과학과 본질적으로 다르나, 그러한 학문들조차 똑같이 논리적이고 경험적인 접근법을 사용하여야 된다고 주장하였다. 그는 역시 자연과학의 특징인 가설의 실험실과 실지실험에 덜 의존하는 접근법을 제안하고 그리고 더욱 체제이론들, 합리성(실지로 제한된 합리성) 혹은 목적 지향적인 행태의 논리를 더 강조하였다.[59]

인간의 행태를 연구하면서 모든 사회문제를 해결하겠다는 포부를 가지고 시작한 행태주의는 지나치게 사실변수만 고려하고 가치문제를 다루지 못하였기에 사회가 당면한 문제를 해결하는 데 한계에 직면할 수밖에 없었다.

행태주의에서는 인간의 행태를 주로 연구의 초점으로 하였으며, 제도 내에서 인간의 행태, 그리고 실제의 활동을 중시하였다. 인간의 행태연구에서는 집단보다 개인의 활동을 더욱 연구하는 경향이 있으며, 주로 개인의 의견, 태도, 개성, 물리적 행동 등을 연구하게 된다.

또한 행태주의의 연구방법은 과학적 연구방법을 강조한다. 과학적 연구방법은 경험적·객관적 현상을 대상으로 법칙을 정립한다. 이것이 사회과학의 목적이라고 할 수 있다. 행태과학은 법칙 혹은 이론을 만들기 위하여 가설을 세우고 경험적이고 계량적인 자료를 수집하여 가치중립적으로 검증하여야 한다.

과학적 방법은 관념적 및 규범적(normative) 방법과 대립된다. 우리가 어떻게 행위를 하여야 되는가(sollen: 당위)에 비하여 행태주의는 실제 어떻게 되고 있는가(sein: 존재)를 밝히려는 것이다. 따라서 행태주의는 경험적·실증적 방법을 택하기 때문에 사실(fact)판단이 아닌 가치(value)판단은 피해야 된다. 그러므

---

59 H. George Frederickson, "Can Bureaucracy be Beautiful?" *PAR*, Jan 2000 v. 60 il, p. 47.

로 무엇이 옳고, 무엇이 그르며, 어떻게 해야 되는지와 같은 가치문제는 연구의 대상에서 피하게 되는 결과를 가져왔다.

특히 행태과학은 심리학, 사회학 및 인류학을 기반으로 하고 있고, 연구방법으로는 계량화에 집착하였기 때문에 주로 인간의 심리현상이나 이를 좌우하는 요소 등에 치중을 하고, 보다 중요하나 계량화할 수 없는 행정 및 정치현상의 연구를 경시하였다는 것이다.

그러한 결과 정치학에 대한 비판이 젊은 학자들 사이에 고조되기 시작했다. 이러한 가운데 위에서 지적하였듯이 정치학자인 Easton은 정치학의 새로운 혁명으로 1968년도에 후기 행태주의를 선언하였다. 가치중립적인 행태주의가 학문의 과학화를 발전시킨 것은 사실이나 과학적 연구방법 혹은 계량적인 접근방법을 고수한 나머지 학문 발전에 장애를 가져온 것을 인정하지 않을 수는 없을 것이다.

이에 비하여 Easton에 의하면 후기행태주의는 적실성(relevance)과 실천의 성격을 가지고 있다고 주장한다. 즉 사회의 급박한 문제를 해결하기 위하여 사회에 건설적으로 기여할 수 있는 적실성이 있는 연구가 이루어져야 한다는 것이다. 적실성이 있는 연구가 되기 위해서는 단지 사실만을 검증하는 것이 아니라 무엇을 어떻게 하여야 된다는 가치문제도 피할 수 없다는 것이다.

후기 행태주의 접근 방법은 가치중립적(value-neutral)인 과학적 연구보다는 가치 함유적(value-laden)연구를 지향하고 있으며, 정책학 발전에 영향을 미친 것으로 볼 수 있다.

행정학 분야에서도 1968년부터 신행정학자들에 의해서 후기행태주의 특성인 가치판단의 문제가 제기되었다. 그 이외에도 새로운 행정이념으로 사회 형평, 참여, 분권, 고객중심적인 행정 등 민주적 가치 규범에 관심을 가지게 되었다. 뿐만 아니라, 탈 관료제 조직 설계 대안들이 Warren Bennis에 의하여 제기되었고, 방법론에서도 논리실증주의와 행태주의를 비판하고 현상학(phenomenology)적인 접근방법을 제시하기도 하였다. 물론 신행정학은 오래 지속되지는 못하였다. 그 이유로서 가치중립적인 학문만이 과학이라고 주장하던, 즉 행태주의가 지배하던 시기에 규범적이며 기술적이기보다는 처방적인 신행정학이 오래 지속될 수는 없었지만 행정학에 시사하는 점은 많았다.

정책학 분야에서도 1950년도 정치학자인 Lasswell이 정책지향이라는 논문에서 정책학의 필요성을 주장하였으나, 미국 정치학계를 휩쓸었던 행태주의의 혁명에 의하여 정책학은 밀려나고 말았다. 그러나 그 이후 1968년에 정책 자체의 연구가 필요하다고 주장하면서 정책학이 재출발하기까지 아무런 연구가 없었던 것은 아니다.

어떤 학문이든 시대에 따라 주요한 관심영역이 있었다. 예를 들어 행정학에서는 1950년대 중반서부터 1960년대 초반까지 비교행정과 발전행정이 주요 분야여서 거의 많은 행정학자들이 이 영역에 속하여 있었다.

역시 정치학 분야에서도 1950년대에서 대략 1967년까지 권력(power)과 정치발전에 관한 연구가 정치학자들의 주요한 관심영역이었다. 이 기간 동안(1950~1967) 미국 사회의 정치학자들은 권력을 소수가 가지고 있는 엘리트 사회인지, 혹은 다수에게 분산되어 있는 다원론 사회인지가 중요한 관심대상이었다. 왜냐하면 소수가 권력을 장악하고 있으면 소수를 위한 정책이 만들어질 것이고, 권력이 다수에게 분산되어 있으면 다수를 위한 정책이 만들어진다는 가정 때문에 별도로 정책 자체를 연구할 필요는 없었다.

Floyd Hunter는 명성접근법[60]을 사용하여 조지아 주의 Atlanta city를 대상으로 연구하여 권력이 소수에 집중되어 있다는 것을 증명을 하였다.[61] 반면에 Hunter의 연구결과를 비판하면서 권력이 다수에게 분산되어 있다는 것을 검증한 학자는 Robert Dahl로서 미국의 New Haven 도시를 대상으로 과두적인 사회에서 다원주의 사회로 변화하여 왔다고 증명을 하였다.[62] 이 당시 이해할 수 없을 정도로 수많은 정치학자들이 Hunter를 위시하여 엘리트 사회라고 주장하는 그룹과, Dahl을 위시한 다원론적 주장으로 학자들이 나뉘어져 각각 서로 다른 학파의 주장을 비판하면서 수많은 저서를 출간하였다.

1967년에 와서야 비로소 자신들이 소모적인 논쟁을 거듭하였다고 반성하게 된 것은 아주 다행한 일이다. 두 학파들 사이의 이러한 논쟁을 소모전이라고 부르는 것은 소수가 지배하는 엘리트사회이거나 다수에게 권력이 분산되어 있다고 하는 다원론적 사회에서 주장하는 정책들이 서로 큰 차이가 없었다는 것이

---

60 조지아주 아트란타시에서 명성이 있는 사람들을 40명 선택하였는데, 아트란티시의 거의 모든 정책들이 이들 간의 상호작용에 의하여 결정된다는 것을 증명한 방법.

61 Floyd Hunter, *Community Power Structure* (Garden City, New York: Doubleday and Company Inc., 1963.

62 Robert A. Dahl, *Who Governs?* (New Haven: Yale University Press, 1961).

반성의 원인이었다. 왜냐하면 오늘날 선거에서 많은 득표를 위해서 정당들 간에 정책의 차이들을 쉽게 발견할 수 없듯이, 엘리트 사회나 다원론 사회의 후보자들도 득표를 위해서 다수를 위한 정책을 발표하지 않을 수 없는 후보자들의 입장에서 그 원인을 찾을 수 있을 것이다.

만약 양 학파들 간의 정책 특성 간에 차이가 없다면 굳이 이 두 학파들이 긴 기간 동안 서로 논쟁을 할 이유가 어디에 있었겠는가? 이러한 논쟁을 한 수많은 학자들은 1967년도에 와서야 비로소 그들의 논쟁이 별로 의미가 없다는 것을 인지하고 정책 자체에 대한 연구의 필요성을 강조하였다.

그 후 정책 자체에 대한 연구로서 거의 처음으로 발간된 책은 「*Comparative Public Policy: The Politics of Social Choice in Europe and America*」[63]이었으며, 여러 나라의 교육, 보건, 조세 등 정책의 쟁점을 다루었다. 특히 비교행정학회의 CAG(Comparative Administration Group)가 1973년에 폐쇄된 이후 이 그룹에 속하였던 비교행정학자들이 교통, 주책, 환경, 등에 관한 정책연구에 대거 참여하였다. 따라서 이후부터는 정책학이 활기를 띠게 되었다.

왜 후기 행태주의, 신행정학, 및 정책학이 등장하게 된 이유는 무엇인가? 그 배경을 이해하는 것은 흥미로울 것이다. 실제로 어떠한 학문의 이론도 배경이 없는 이론은 없기 때문이다.

[그림 7－2]는 위 학문의 배경을 설명하는 데 도움을 줄 것이다.

공원에 흑인과 여성은 들어갈 수 없다는 경고문이 공원 앞에 붙어 있었다고 하자. 공원에 들어갈 수 없다는 것은 그 사회가 흑인과 여성에게 차별대우를 하고 있다는 것을 의미하며, 실상 미국 사회에서 이들에 대한 불평등이 있다. 본 예에서 흑인과 여성은 약자, 즉 힘이 없는 가난한 자들을 상징적으로 표현한 것이다.

그리고 모든 사람들이 나름대로 편견이 있듯이 모든 나라들도 편견(mobilization of bias)이 있어 법, 규칙, 예식, 의식 등을 가지고 있다. 여성과 흑인이 공원에 들어가지 못하는 것이 그 당시 미국 사회의 편견이었다. 공원에 들어가지 못하는 법 혹은 규칙이 있다면 당연히 여성과 흑인은 공원에 들어가지 못할 것이다. 만약 공원에 들어가면 경찰에 체포되기 때문에 들어가고 싶은 마음을

63 Arnold J. Heidenheimer, Hugh Helco & Carolyn T. Adams, *Comparative Public Policy: The Politics of Social Choice in Europe and America* (New York: St. Martin Press, 1975).

그림 7-2
후기 형태주의, 신행정학, 정책학, 그리고 무의사 결정이론 등장

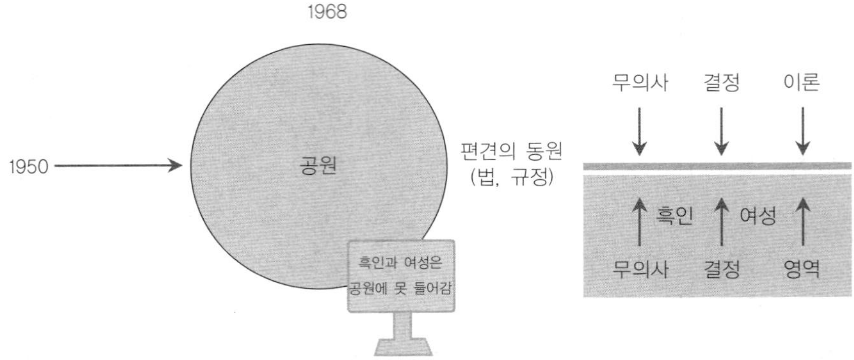

억제하면서 한을 품고 이러한 차별정책을 뒤집을 수 있는 기회를 기다릴 것이다. 즉 엘리트들이 자신들에게 안전한 문제만 다루려고 하고 불리한 문제인 흑인과 여성의 차별문제와 같은 곤란한 문제는 거론조차 하지 못하도록 봉쇄하는 것을 무의사결정(non－decision making)이라고 Bachrach and Baratz는 불렀다.[64]

그리고 의사결정을 하는 데 고려하지 않는 영역을 무의사결정영역(non－decision making area)이라고 한다. 예를 들어 흑인과 여성이 공원에 들어가지 못하도록 하는 방법으로 폭력을 사용한다든지, 현재 부여된 혜택을 박탈한다거나, 정치체제 내에 지배적인 규범이나 절차를 강조하여 변화를 위한 주장을 꺾거나, 그 이외에도 다양한 방법을 사용할 수 있다.

그 사회의 편견의 동원(법, 규정, 및 의식)에 의하여 공원에 들어가지 못한 여성과 흑인은 한을 품고 기회를 보다가 정부의 지배력이 약한 틈을 보다가 공원에 들어가기 시작하였다. 즉 법을 어긴 이러한 행위는 폭동을 의미하며 실지로 정부가 월남전에 의하여 더욱 혼란에 쌓여서 정부가 약하여진 틈을 이용하여 1963년에 폭동을 일으켰던 것이다.

우리의 세계 역사에서 볼 때 흥망성쇠가 있듯이 항상 강한 정부는 없었고,

64 P. Bachrach and M. Baratz, *Power and Poverty* (N.Y.: Oxford University Press, 1970), p.44.

또한 항상 강하게 내버려 두지도 않았으며, 약하여질 때는 억압받는 사람들이 거의 폭동 및 혁명으로 이어진 흥망성쇠의 역사이다. 이것이 왜 관료제 내에 내부민주통제모형을 발전시켜야 되는가 하는 이유이다.

Bachrach는 「*Who governs?*」를 저술한 Dahl에게 무엇이 중요한 이슈인가를 물었을 때, Dahl을 포함하여 다원론을 지지하고 있던 수많은 학자들도 중요한 이슈에 대한 정의를 적절히 답변을 하지 못하였다. 그가 Dahl에게 이 질문을 한 이유는 있다. Dahl은 위의 책을 저술하면서 decisional approach[65]를 활용하였으며, 사회의 중요한 이슈라고 하는 문제들을 지적하였는데, 이들은 즉 교통, 교육, 오염, 주택, 직업 등 우리가 사회에서 모든 사람들이 중요하다고 생각하는 문제들을 선택하였다고 하였다. 그런 다음, 이러한 이슈들에 대한 정책결정을 하는 데 사회의 소수의 엘리트들보다 사회의 각기 다른 분야에 속하는 다른 사람들에 의하여 정책들이 결정되었다면 소수가 권력을 장악하고 있는 것이 아니라, 권력이 분산되어 있는 다원론 사회라고 Dahl은 주장하였다. 그러나 Bachrach는 눈에 쉽게 발견되는 위와 같은 문제만이 중요한 문제들이 아니라고 Dahl과 그 동료들을 비판하였다.

Bachrach는 중요한 이슈(key issues)가 무엇인가를 정의하기 위하여 "권력의 두 얼굴"(Two Faces of Power)[66]이란 논문을 발표하였다. 이 논문에서 동전이 양면의 얼굴을 가지고 있는 것과 같이 권력도 양면을 가지고 있다고 지적하였다. 한 얼굴은 밝은 면인데 법, 절차, 규정 등과 같이 정부의 권력에 의하여 지켜지고 있기 때문에 우리가 쉽게 볼 수 있는 부분이고, 정책문제를 해결하는 데 영향력을 행사할 수 있는 것인 반면, 어두운 면의 얼굴은 처음부터 문제가 제기되지 못하도록 억압을 당하고 있기 때문에 겉으로는 쉽게 보이지 않으며, 사회의 명시적인 편견에 의하여 탄압을 받아 마지못해 법을 지키고는 있으나 언제고 기회가 있을 때는 거대한 폭발력을 발휘할 수 있는 무서운 힘을 가지고 있는 이 부분도 권력의 한 면이라고 Bachrach는 주장하였다.

Bachrach에 의하면 Dahl은 권력의 사실적 변수(fact)인 밝은 면만 보았기 때문에 권력의 가치 변수(value)인 어두운 면은 볼 수 없었다, 즉 억압을 받은

---

65 교통·교육·주택·직업 등과 같이 그 사회에서 중요한 문제들은 누가 결정하였는가를 분석하는 방법.
66 P. Bacharach and Baratz, "Two Faces of Power," *American Political Science Review*, Vol. 56(1962), pp. 947-952.

흑인들에 의하여 1963년 흑인 폭동이 일어난 원인을 보지 못하였다고 비판하면서 key issue는 권력의 양면을 볼 때에만 정확히 볼 수 있다고 하였다. 이러한 현상은 사회에 불평등이 존재하는 한 언제고 발생할 수 있다.

이와 같이 다원론 주장자들을 비판한 Bachrach를 많은 학자들은 그를 신엘리트론자로 부르고 있으나 그의 강의를 수강하였던 필자가 그에게 직접 문의하여 본 바에 의하면 그는 단지 다원론자들이 간과한 문제에 대하여 질문하였을 뿐이라고 하면서 "나는 엘리트론자가 아니라고 답변을 하였다."

결론적으로 사람들의 가치관을 파악하는 데 지배적인 접근법의 하나인 행태주의가 한계를 가지고 있는 것은 1968년 정치학회 기조연설에서 David Easton의 후기행태주의에서 잘 지적하고 있다. 의도와 행동이 일치하지 않는 경우가 있기 때문에 사람을 이해하는 데 가치를 배제하고 사실적인 측면만을 가지고 사람들을 파악하려 한다면 문제가 있다. 사회의 모든 문제를 해결하겠다고 자신을 가졌던 행태주의가 왜 미국에서 1960년대 흑인 폭동이 일어났는지를 행태주의학자들이 설명할 수 없었던 것은 당연한 것이다. 더욱이 외면적으로 나타난 행위만을 가지고 인간의 전체를 이해할 수 있다고 생각하는 것은 무리가 될 수 있다.

사회의 법규·문화·의식·권력 등에 의하여 자신들의 행동을 숨길 수 있기 때문에 행태주의가 사람을 충분히 이해하고 있다고 볼 수 없다. 물론 만약 행태주의가 무의사결정 영역까지도 파악할 수 있다면 폭동이 일어날 소지를 미리 예측하여 폭동을 제거할 수도 있지 않았겠는가? Bachrach가 주장한 무의사결정론(Non-decision Making)이나 Two faces of Power를 충분히 이해한다면 사회문제를 해결하는 데 정부에 큰 도움을 줄 수 있다.

정부 관료제의 고객은 대중이며 관료조직의 목표는 분명히 능률성·효과성·공정성·형평성의 가치들을 정책에 반영하여야 한다. 이러한 가치를 편견을 가지고 무시할 때 비록 힘이 없고 사회적인 제약 때문에 표현은 못한다고 하더라도 불만은 쌓이게 되며, 결국에는 사회의 불안을 초래하게 한다.

정책결정의 한 방법인 점증주의(incrementalism)는 정책을 결정하는 데 사회의 각 계층에서 참여하여 서로 논의를 거친다는 민주적 장점을 가지고 있으나 참여하는 사람들이 누구냐에 따라 참여하는 사람들의 이익을 대변하여 주는 단점이 노출되기 시작하였기 때문에, 미국은 사회의 형평을 충분히 실현하지 못한 나머지 불평등이 폭동으로 이어졌고, 이를 기화로 신행정학이 탄생하는 결과를 가져 왔다고 볼 수 있다.

이와 같이 1968년도에 일어났던 일련의 사건들은 행정학의 새로운 발전과 방향을 제시하여 주었고, 역시 관료제의 내부민주통제체제의 발달을 가능하게 하는 조직 및 사회의 분위기를 조성하여 준 것은 부인할 수 없다.

제8장

정부통제를 위한 균형정부: 내부 및 외부 민주통제체제의 폐쇄 및 개방성

제8장

정부통제를 위한 균형정부: 내부 및 외부민주통제체제의 폐쇄 및 개방성

마지막 장으로 접어들면서 그동안 우리 학계에서 행정통제를 보는 시각들이 문제가 있다는 것을 지적하여 학문발전에 기여하고자 내부민주통제모델을 제시했다. 앞으로 더욱 검증하고 새로운 모델을 발전시키는 초석을 쌓는 데 저자는 만족하고자 한다.

그동안 우리는 권력의 비교우위에 있는 관료들의 힘을 빼내기만 하면 행정통제가 자연히 이루어질 것이라고 생각했다. 이것은 잘못된 생각이다. 그렇기 때문에 행정통제의 문제를 푼다고 하는 대안들이 수없이 발표되긴 했지만 풀지 못한 이유이다. 발표된 대안들이 야기할 수 있는 문제점들을 고려하지 못했다. 병을 고치려고 처방을 했으나 오히려 다른 병을 감염시켰다. 즉 하나의 해결책이 다른 문제를 초래하는 격이다.

만약 의회나 법원의 힘이 강력해진다면 또다시 견제와 균형이 깨지기에 그들의 힘을 빼는 노력을 다시 해야 된다는 것인가? 관료제, 의회, 그리고 법원이 강력해진다는 것은 발전과 성장을 의미한다. 이러한 발전은 자연스러운 현상일 수 있으며 이들의 바람직한 성장을 굳이 막을 필요도 없으며 막아서도 안 된다. 성장을 막는다는 것은 오히려 저발전을 초래할 수 있다. 우리는 마음껏 이들이 발전하는 가운데 통제의 실마리를 찾아내야 한다. 권력의 불균형을 다른 통제체제에 이전하지 말고 근본적인 치유방안을 찾아야 할 것이다.

문제는 우리가 그동안 왜 행정을 통제해야 하는지, 행정통제의 결과는 무엇인지, 부작용은 없는지, 우리가 통제를 연구하는 방향이 맞는 것인지, 통제에서 발생하는 문제를 다른 쪽으로 이전만 하여 또다시 통제의 문제를 야기하는 것은 아닌지, 행정통제를 위한 첫 실마리를 어디에서 찾아야 하는지, 이러한 질문들을 심각하게 고려하지 않았고 더욱이 관료제를 폐쇄체제로 보았던 잘못을 인식해야 한다. 그러한 이유 때문에 아직까지 행정주도국가화 현상을 피할 길이 없는 이유이다. 문제 해결을 위한 연구의 시각을 바꾸어야 한다. 서로의 발전과 성장을 이끌어내도록 통제체제들을 개방체제로 보면서 이들이 상호작용하는 가운데 통제를 위한 단서를 찾아내는 것이 중요할 것이다.

따라서 본 저서에서 관료제의 권력남용을 막는 내부민주통제체제를 도입하여 외부통제체제와 상호작용을 통하여 자율통제는 물론 통제능력을 향상시켜 정부의 통제를 활성화하려 하였다. 실제로 정부의 통제능력이 발전하지 못한다면 균형정부를 가져오기는 어려울 것이다. 이러한 취지를 가지고 균형정부를 이루는 데 조금이라도 기여하고자 노력하였다.

아래 그동안 학계에서 행정통제에 대한 연구의 방향을 검토하여 봄으로써 미래를 연구하는 데 참고가 되리라 생각한다. 과거는 미래의 초석이 되어야 하기 때문이다.

1960년 중반부터 Fred Riggs를 중심으로 연구되었던 대통령·의회·사법부 및 관료 간에 견제와 균형이 이루어진 균형정부에 대한 관심이 비교행정그룹(Comparative Administration Group)이 해체되면서 실질적으로 중단되었던 과정을 우선 언급하지 않을 수 없다.

행정주도정부가 아닌 균형정부를 달성하기 위하여 누가 어떠한 주제를 가지고 어떻게 연구하였으며, 어디에서 그 연구가 끝났는지를 밝혀본 후, 중단되었던 균형정부 연구의 미래방향을 설정해 줄 수 있는 내부민주통제모델을 본 저서에서 제시하였다.

아울러 관료제가 이 모델을 적용하였을 때, 외부통제체제의 민주화를 자극하여 자연히 외부통제기관 자체의 내부민주통제체제를 발전시키게 되므로 균형정부를 가져올 수 있다는 순환모델을 제안하였다.

또한 이 장에서는 세계 각국의 정부를 관료제와 외부통제기관의 개방성과 폐쇄성에 따라 4개의 정체(정부의 형태: polity)로 분류(typology)할 수 있는 연역적인 분류방법을 제시하였다. 물론 귀납적인 분류방법도 고려할 수 있으나 시간이나 사회의 변화에 따라 매번 분류기준이 달라질 수 있기 때문에 학계에서는 연역적인 방법을 주로 사용하고 있다.

물론 분류는 복잡한 현상을 알기 쉽게 이해시키고자 하는 목적에서 사용한다. 그러한 견지 하에 개방(open)과 폐쇄(close)체제라는 두 변수(dimensions)만을 활용하여 세계 각국의 정부를 분류기준에 포함시킬 수 있다는 것은 역시 학문적인 공헌이라고 볼 수 있다. 보편적으로 개방체제(open system) 하에서는 내부민주통제체제의 구성요소들이 제대로 기능할 수 있기 때문에 내부민주통제체제가 더욱 발전할 수 있으며, 폐쇄체제(close system) 하에서는 비민주적인 내부통제체제가 존재하는 것이 일반적인 현상이기에 내부민주통제체제에 의하여 민주가 더욱 발전된 민주 혹은 균형이 더욱 발전된 균형정부를 산출하는 순환적 긍정적인 효과를 기대할 수 없을 것이다. 아울러 분류된 정부를 비교하고 불균형 정부를 균형정부로 전환하기 위한 발전전략을 언급하는 것이 본 장의 목적이다.

제1절 균형정부에 대한 행정학의 연구경향

전 장에서 우리는 관료제가 정치체제들 가운데 불가피하게 지배적인 영향력을 소유할 수밖에 없다고 가정하였다. 기술의 진보는 모든 국가에서 관료제화를 진전시키는 데 기여해 왔다. Henry Jacoby는 사회가 고도로 도시화, 산업화, 현대화됨에 따라 우리들은 「세계는 관료제화」[1]를 경험하고 있다고 언급하였다. 따라서 관료제 강화현상은 많은 학자와 실무자들에게 지속적인 도전이 되고 있다.

관료제의 확대에 영향을 미치는 내부요인과 외부요인을 밝히고, 영향력 행사의 과정을 설명하는 것은 흥미로운 일이다. 만약 관료제화가 외국의 기술원조와 같은 외부적인 요인에 의하여 야기되었다면, 그것은 관료제화의 외생적 압력(exogenous pressure)이라고 부를 수 있다. 반대로 관료제화가 주로 내부적 압력을 통하여 자극을 받았다면 그것은 내생적 압력(endogenous pressure)이라고 할 수 있다. 개발도상국에 있어 관료제화의 과정은 내생적인 압력보다는 외생적인 요인에 의하여 발생하기 쉬울 것이라는 가설을 세울 수 있다.

개발도상국가들의 의사결정은 주로 행정과정에서 이루어지는 경향이 두드러지는데, 이것은 개발도상국에서는 관료제 이외의 다른 정치체제의 기능이 취약하였기 때문이며, 행정부가 개발도상국체제 내의 유일한 제도는 아니지만 가

1 Henry Jacoby, *The Bureaucratization of the World(Berkeley,* Calif.: University of California Press, 1973), pp. 147–168.

장 효율적인 체제이기 때문이다.[2]

일반적으로 개발도상국가의 관료제는 입법부나 선거에 의하여 당선된 공직자, 그리고 다른 정부기관들의 역할을 침식하고 있다.

내부민주통제체제(또는 모델)[3]는 정부에 적절한 균형과 견제체제를 제공하고 관료제가 사회에서 더욱 대표성을 갖도록 시도함과 동시에 관료제 통제 상의 어려움을 감소시키기 위한 방법이라고 할 수 있다. 물론 위에서 제시한 모델을 도출하기 위하여 본 연구를 위한 경험적 사례로서 미국 관료제를 인용하였으며, 본 모델은 팽창하는 관료제의 권력남용을 견제하고 균형정부를 가져오는 데 도움이 되리라고 생각된다. 그러나 본 모델을 설정하는 데 많은 나라의 관료제들을 포함시켜 연구하지 않은 관계로 앞으로 본 모델을 가설로 하여 다양한 나라의 관료제를 비교 및 검증하는 것이 필요할 것이다.

Arora는 비교행정 분야의 비교를 위한 기준이 다양하고 애매모호하여 비교의 정체성이 없다고 비난을 받을 때 비교행정을 위한 분석의 단위로서 관료제를 선택하는 것이 유리하다고 주장을 하였다.[4] 그의 주장에 의하면, 각 나라마다 서로 문화적 차이는 있으나 관료제는 모든 나라가 공통적으로 가지고 있고, 약간의 다른 관료제를 가지고 있기는 하지만 관료제의 핵심적인 측면들은 유사한 특징을 공유한다는 사실은 이미 경험적인 연구를 통하여 널리 알려져 있다고 한다.

이와 같이 세계 여러 나라의 관료제들이 비교적 핵심적인 영역에서 서로 유사한 특성을 공유하기 때문에 비교연구는 가능하다고 Arora는 주장한다.

이러한 관계를 Conrado Santos는 다음과 같이 기술했다.

비교연구는 유사점과 차이점을 발견하고, 이들을 설명하는 데 활용되는 방법이다. 다르다는 것 자체가 비교하는 데 장애가 되는 것은 아니다. 사실, 차이

---

2 Fred Riggs, *Administration in Developing Countries: the Theory of the Prismatic Society* (Boston: Houghton-Mifflin Co., 1964), p. 222.

3 한 체제가 모델이 되는 것은 다음 2가지 조건을 만족하여야 한다. 첫째, 체제를 구성하는 요소 간에 논리적 관계와 상호작용의 법칙이 분명하게 구체화될 때이고, 둘째, 이러한 관계와 법칙들이 현실세계에서 일어나고 있는 일련의 요소들 간에 상호작용의 규칙과 일련의 관계가 논리적으로 비슷하게 일치할 때이다. 그러나 모델은 공식화된 체제요소와 일련의 관측가능한 사실들 사이에 정확하게 일치되는 규칙이 형성될 때까지 과학적 의미에 있어서는 이론으로 불릴 수 없다. 더욱 상세한 내용은, Lawrence C. Mayer, *Comparative Political Inquiry: A Methodological Survey* (Honewood: Dorsey Press, 1972), chap. 4를 참조.

4 Arora, *op. cit.*, *Comparative Public Administration: An Ecological Perspective*, 1972.

점이 있다고 하더라도 그 속에서 근본적으로 유사한 특성을 찾을 수도 있다. 이러한 일반적 유사성으로부터 학자들은 행태의 보편타당성 있는 패턴을 찾기 위하여 어떤 광의의 범주나 개념화 또는 실용적인 가설을 설정할 수 있다.[5]

그러나 비교접근법에는 많은 원천적 어려움이 내재되어 있다. 예를 들면 비교연구자들은 자신들의 문화적 편견과 가치를 배제하기가 어렵다. 그럼에도 불구하고 비교분석이 보다 과학적 방법으로 이론을 구성하는 데 도움이 된다는 것은 분명하다.

Etzioni 등에 따르면, 비교분석은 기본적으로 한 사람이 '자기중심주의' 및 '자기민족 중심주의'의 렌즈를 통하여 세계를 바라보는 경향을 극복하도록 도와주는 지적인 사고방식을 제공한다.[6]

비교연구를 통해 새로운 지식을 탐색하는 것은 지식을 위한 지식만을 쌓기에 목적이 있는 것이 아니라, 다른 정부의 성공적인 적용사례를 학습함으로써 학습된 내용을 자국에서 유익하게 활용하자는 것이다.

이 장의 관심은 관료제와 관료제의 외부통제기관들 사이에 '견제와 균형'을 가져오기 위한 이론적이고 분석적인 전략모델을 제시하고 국가 간의 정체를 비교할 수 있는 분류방안을 탐구하는 데 있다.

1976년에 Peter Savage는 "비교행정학 분야를 발전시키기 위한 10년간의 실험은 끝났고, 비교행정 발전의 미래전망은 불투명하다"[7]고 주장했다. 왜 비교연구의 관심이 감소되었는가? 그것은 비교행정학에 제기되었던 문제들이 사라졌다는 것을 의미하는 것인가? 만약 그렇다면 제2차 세계대전 이래 비교행정학을 연구하는 학자들에게 중요한 관심의 대상이 되어 왔던 관료제와 외부 정치체제 사이의 권력의 '균형'에 대한 관심이 왜 끊임없이 오늘날에도 중요한 주제로 대두되고 있는가? 현대 행정학의 비교연구 및 관료의 권력팽창에 따른 문제를 해결하기 위해서는 위에 제기한 문제들을 보는 것이 불가피할 것으로 보인다.

비교연구 분야의 전통적인 문헌들은 주로 서구의 국가와 제도를 연구하는

5 Conrado R. Santos, "The Use of Analytical Models in the Comparative Study of Bureaucratic Organizations," *Philippin Journal of Public Administration 9* (July 1965), p. 196.

6 Amitai Etzioni and Fredrick L. Dubow, eds., *Comparative Perspectives: Theories and Methods* (Boston: Little, Brown, 1970), p. viii.

7 Peter Savage, "Optimism and Pessimism in Comparative Administration," *Public Administration Review* (July/August 1976), p. 415.

서구의 문화 영역에 한정되었다. 그러나 제2차 세계대전과 그 이후의 변화는 편협하고, 규범적이고, 비생태학적이고, 형식적이었던 전통적 비교접근법을 변화시켰다.

많은 학자들은 점차 기술원조에 의하여 발생하는 개발도상국가의 현대화 문제에 관심을 갖게 되었다. 결과적으로 행정학의 비교연구는 특성상 생태학적이고, 사회적이며, 그리고 행정학적 발달의 역동성을 설명할 수 있는 개념적 틀을 형성하기 위하여 시도되었다. 뿐만 아니라, 제2차 세계대전 이후 행태과학운동은 과학적 연구와 체계적인 이론구성을 촉구하였다.

비교행정 연구의 이론적 신뢰성은 Fred Riggs가 지적한 비교연구의 바람직한 방향에서 명확해진다. 그에 의하면 '비교'라는 용어는, 엄격히 말하자면, 경험적이고, 보편적이고, 생태학적인 연구에 한정된다고 주장한다.[8]

일반적으로 비교행정에 있어서 3가지 중요한 개념적 접근방법이 있는데, 그것은 ① 관료모델, ② 구조-기능주의(프리즘 모델), ③ 발전행정 접근법이다.

이러한 3가지 초점은 미국에 있어서 비교행정학 운동의 지배적인 경향을 대변하는 것이다. '균형관점'은 각 접근법의 이론적 측면에서 분명하다.

관료제 접근법(Bureaucratic approach)은 문화 횡단적 환경에서 관료제의 발전 역할을 연구하는 데 사용되었으며, 관료제의 비교연구를 위한 생태학적 관점을 자극하였다. Weber의 관료제 이상형 모델에 의하여 크게 영향을 받은 관료제 접근법은 관료제의 비교연구에 상당히 많은 영향을 끼쳤다.

사실, Weber는 정치가와 관료의 권력균형을 선호했고, 관료와 정치 리더 중 어느 한편의 지나친 권력독점에 의한 역기능을 우려하였다. 그는 정치와 행정의 엄격한 분리를 통해 균형이 유지될 수 있다고 가정하였다. 이것은 관료들이 사회의 중요한 가치를 배분하는 의사결정을 해서는 안 되고, 단지 그러한 결정을 집행하는 역할을 수행해야 한다는 것을 의미한다.

오늘날 관료제의 상황을 고려할 때 이러한 가정이 잘못되었다는 것을 쉽게 알 수 있다. 그는 표면상으로 기술적인 문제에도 정치적인 의미가 내포되어 있기 때문에 모든 문제의 해결은 정치적인 고려에 의하여 영향을 받는다고 보았다. 그는 또한 정상적인 조건에서 발달한 관료제의 권력도 항상 "지나치게 강력

8 Fred Riggs, "Trend in the Comparative Study of Public Administration," *International Review of Administrative Science* 28(1962), pp. 9-15.

하여지는(overpowering) 특성이 있다"9고 주장하였다.

특히, 탁월한 능력과 전문화된 기능을 기준으로 채용한 행정관료는, 기술적으로 전문화되고 복잡한 사회의 결정을 다룰 수 있는 유일한 존재가 된다. 그 결과 의사결정과정에 행정 부문의 급격한 참여증가가 초래되었다. 더욱이 특권층의 권력남용이나 침투에 대항하면서 관료제를 보호하기 위한 노력은 관료의 권력을 더욱 강화시키는 결과를 가져왔다. 그러한 상황은 '어설픈 지식을 가지고 있는' 정치가에 비하여 상대적으로 높은 행정가의 전문성과 기술적 우월성에서 기인되었다.

그러나 Weber는 관료가 없는 민주주의는 엽관제, 공적 낭비, 불규칙성, 기술적 효율성의 결핍 등으로 고통받을 것이라고 예상하였다. 관료제가 집행뿐만 아니라 의사결정에 깊이 관여하고 있는 상황에서 Weber의 '균형주장'은 다른 관점에서 고찰되어져야 한다.

Weber가 주장하는 정치와 행정의 엄격한 분리를 기초로 한 균형이 달성되기 어렵다는 것은 이미 잘 인식되고 있다. 비록 Weber가 민주주의를 위하여 관료제의 제한된 역할문제에 관심을 가졌지만, 그의 주된 관심은 관료제에 규칙을 적용하는 것이었을 뿐 관료제와 정치체제 사이의 관계에 대한 분석은 거의 하지 못하였다.

Weber의 이상형은 비교적 자율적인 행정체제를 가정으로 하고 있기 때문에 개발도상국의 연구에는 적절치 않다. 일반적으로 개발도상국의 행정구조는 선진국가의 행정구조와 같이 자율성을 가지고 있지 않다. 다시 말해서, 개발도상국의 관료체제는 합법적·합리적 모델이나 또는 순수한 전통적 모델 어느 것과도 구별된다. 이러한 측면에서 Riggs는 전통적 그리고 현대적 구조의 특성들이 혼합되어 있는 사회를 연구하기 위하여 새로운 개념적 구조를 발달시킬 필요가 있다고 하였다.10

Riggs의 주요 관심은 과도기적 사회 혹은 개발도상국가 사회에 대한 행정문제를 조명하는 데 있었다. 이러한 과도기적 사회인 프리즘 사회(Prismatic

9 Max Weber, *Essays in Sociology*, trans. H. H. Gerth & C. Wrighty Mills (New York: Oxford University Press, 1946), p. 233.

10 Fred Riggs, *Administration in Developing Countries: the Theory of the Prismatic Society* (Boston: Houghton-Mifflin Co., 1964), p. 222.

Society)를 분석하기 위해 그는 행정구조 자체가 아니라 행정체제에 대한 환경의 영향에 관심을 가졌다. 따라서 환경에 대한 관료제의 영향은 크게 고려되지 못하였다.

이에 대하여 Ramesh Arora는 다음과 같이 기술하고 있다.[11]

행정학에 있어 '순수한' 생태학적 접근법은 행정체제와 환경 사이의 상호작용을 연구하는 것이고, 그들 각각이 다른 쪽의 행태에 영향을 미치는 방법을 분석하는 것이다.

그러나 Riggs의 분석방법은 행정과 환경 사이의 상호영향을 분석하지 못했으므로 이상적인 생태학적 접근법에는 훨씬 미치지 못한 것이었다. 예를 들면, 상호작용을 배제한 Riggs의 생태학적 접근법은 한국의 행정을 충분히 분석하지 못한다. 과도기 사회인 프리즘사회의 특징들이 일방적으로 한국행정에 미치는 영향은 분석이 가능했으나 반대로 한국의 정부 혹은 행정이 과도기 사회의 특징들에 영향을 미치는 것은 분석이 가능하지 않은 것은 그의 생태학적 분석방법에 모순을 드러낸 것이다. 다시 말하여 한국의 정부가 과도기 사회로 변화하면서 경제발전을 이끌었던 사례를 Riggs는 분석하지 못할 것이다. 따라서 그의 분석은 행정과 환경과의 상호영향이 무시되었기 때문에 상호작용에 대한 분석이 가능하지 못하였다. 사실, 그러한 불균형은 수정을 필요로 한다. 프리즘 모델은 발전하고 있는 사회체제에 있어 행정의 역할을 분석하기보다는 그 사회를 개념화하는 데 더욱 성공적이었다는 Robert Jackson의 주장은 옳았다.[12]

Riggs는 정치체제에 대한 관료제의 상대적 지배를 인정하고 있었기 때문에, 정치체제와 관료제 사이의 균형에 관한 관심이 적었을 것이다. 따라서 그는 두 체제 간의 균형잡힌 상호작용을 분석하지 않은 것으로 볼 수 있다. 그러한 Riggs의 생각은 정치적 환경 하에서 관료들의 권력역할을 기초로 한 가설에서 관료제의 유형이 판명이 된다.

그가 제시한 5가지 가설적 관료제의 유형은 보호자(Guardian), 카스트(Caste), 후견(Tutelage), 엽관(Spoil) 및 실적(Merit)형들이며, 과도기 사회에서는

11 Ramesh K. Arora, *Comparative Public Administration: An Ecological Perspective* (New Delhi: Associated Publishing House, 1972), p. 118.

12 Robert H. Jackson, "An Analysis of the Comparative Public Administration Movement," *Canadian Public Administration* 9(1966), p. 124.

후견인형이 주로 나타난다.[13] 비교행정의 지배적인 관심은 사회가 급속히 변화하고 발전하는 행정문제에 두고 있었다.

Ford 재단의 재정지원에 힘입어 비교행정그룹(CAG)은 발전행정 영역에 대한 커다란 관심을 가지고 1963년에 설립되었다.[14] 이때부터 많은 학자들이 개발도상국이 직면한 수많은 근대화 문제에 관심을 기울이기 시작하였다. 학자들의 관심 가운데 특별히 중요한 것은 균형정부와 불균형정부[15]가 발전행정을 위한 정치 및 행정적인 문제와 상관관계가 있는지의 여부였다.

Riggs는 서방선진국가가 개발도상국가에 기술적 지원과 더불어 서구 근대국가의 관료제를 도입하게 함으로써 개발도상국가가 불균형정부를 형성하는 데 일조하였다고 주장하였다. 그러나 이러한 과정은 다른 정치체제, 즉 입법부·사법부 및 대통령과 비교하여 관료제가 상대적으로 취약한 사회에서는 오히려 균형을 가져오게 하는 데 도움을 줄 수도 있다.[16]

이러한 관계를 Brain Loveman은 다음과 같이 언급하였다.[17]

> 행정발달과 발전행정은 미국의 외교정책과 일치하였다. 발전은 '공산주의자의 집권'의 기회를 줄일 수 있기 때문에 미국은 제3세계의 발전에 국가적 관심을 보였다. 미국의 기술원조(행정발달)의 성과는 다음과 같이 표현되고 있다. "50개국 이상의 국가에 행정전문가를 파견하고, 행정발달을 위한 수백 가지 프로젝트를 추진하고, 미국에서 개발도상국가의 수천 명의 공무원들을 훈련시키고," … 우리가 보듯이 이러한 경향들은 개발도상국가의 공직자들이 제3세계의 유일하고 가장 능력 있는 발전행정가가 되도록 하였으며, 그들에 의하여 구성된 권위주의적인 정부와 군사정부를 지지할 수밖에 없었던 미국의 외교정책과 학문적인 문헌(CAG 회원들이 저술한 문헌을 포함)에 영향을 주었다. 요약하면, 발전은 반드시 행정이 주도해야 한다고 ….

---

13 Fred Riggs, *Comparative Bureaucracy: A Focus for the Study of Comparative Politics*, Paper Prepared for the Subcommittee on Comparative Bureaucracy of the Committee on Comparative Politics of the Social Science Research Council(1958).

14 Milton J. Esman, "CAG and the Study of Public Administration," ed. Fred Riggs, Frontiers of *Development Administration* (Durham, N.C.: Duke University Press, 1970), pp. 43-52.

15 입법·사법 및 행정의 3府가 권력이 균등하게 분립되어 견제와 균형을 이룬 정부가 균형정부이며 3府 간에 권력이 불균등하게 분리되어 견제와 균형체제를 가지지 못한 정부가 불균형정부이다. 다시 말하여 내부 및 외부통제가 균형을 이루었느냐 혹은 균형을 못 이루었느냐에 따라 균형정부와 불균형정부로 불릴 수 있다.

16 Fred Riggs, "Bureaucratic Politics in Comparative Perspective," *Journal of Comparative Administration* (May 1969), pp. 23-26.

17 Brain Loveman, "The Comparative Administration Group: Development Adnministration and Antidevelopment," *Public Administration Review*(1976), p. 617.

따라서 비교행정그룹(CAG)은 정부의 능력향상에는 기여하였으나, 정부의 물리적, 인간적, 그리고 문화적 환경을 새롭게 변화시키지는 못하였다. 그로 인하여 발생한 중대한 결과는 강력한 관료제를 가진 불균형정부를 초래하였으며, 더욱이 사회 전반에 대한 관료제의 지배가 늘어나고 있었다. 개발도상국가에 있어서 '발전'을 어떻게 자유민주주의와 양립하게 할 수 있을까? CAG와 다른 사회과학자들은 발전행정을 연구할 때 정치적 발전보다는 우선적으로 경제발전에 더욱 관심을 가졌었다. 복지와 민주화보다 우선한 경제성장은 노동자의 희생, 불평등의 심화, 부익부 빈익빈을 초래하였으며, 군부 또는 소수 엘리트의 손에 권력을 집중시켰다. 이러한 결과는 경제적 성장이 정치적 발전을 가져올 것이라는 그들의 믿음에 대한 중대한 도전이었다. 발전행정가들은 경제성장이 균형정부를 초래한다고 믿었기 때문에, 경제성장을 촉진하기 위한 계획된 장기적인 원조 프로그램이 균형정부를 이끌어 낼 것이라는 가설을 신뢰해 왔다. 그러나 그 가설에는 많은 의문점이 있다. 사실, "누구를 위한 발전인가" 그리고 "누구의 문제인가"와 같은 매우 기본적인 의문이 제기되고 있다.[18]

강력한 관료제가 주요한 정치적 행위자가 되었을 때 민주주의를 위협할 잠재적 위험성이 고조되었고, 그로 인하여 국가발전을 위해 필수적인 사회 및 정치체제의 장기적인 발전이 지연되었다. 1963년에 일찍이 Riggs는 의회 및 대통령과 같은 정치체제의 성숙이 이루어지지 않은 상황에서 관료제의 조숙한 강화는 국민의 요구를 대변할 수 있고, 관료제에 행정적 책임을 부여할 수 있는 다른 정치체제(입법부, 정당체제 등)들의 발전을 위태롭게 한다고 지적하였다.[19]

Joseph LaPalombara도 "미국은 민주주의를 위한 단지 기술의 노하우(know-how)만 개발도상국에 수출할 것이 아니라, 정치적 이데올로기와 정치제도와 습관 그리고 민주주의의 정치철학들까지도 수출하기 위하여 개방적이고 의식적인 노력이 있어야 한다"[20]고 주장하였다. 그러나 이러한 민주주의 철학

---

18 Jong S. Jung, "Renewing the Study of Comparative Administration: Some Reflections the Current Possibilities," *Public Administration Review*(November 1976), p. 645.

19 Fred Riggs, "Bureaucrats and Political Development: A Paradoxical View," ed. Joseph LaPalombara, *Bureaucracy and Political Development* (Princeton University Press, 1967), pp. 120-167.

20 Joseph LaPalombara, "An Overview of Bureaucracy and Political Development," ed. Joseph LaPalombara, *Bureaucracy and Political Development* (Princeton University Press, 1967), p. 60.

수출에 관한 문제는 비교행정에 대한 관심이 시들기 전까지 이론 또는 실무 어느 수준에서도 만족할 만큼 해결되지 못하였다.

Fred Riggs는 다음 세 가지 근거를 기초로 하여 1968년대 비교연구의 전성기에 대해 언급하였다.

> 첫째, 해외경험을 쌓고 복귀한 미국 행정학자들의 행정 분야에 대한 관심. 둘째, 충분하지는 않으나 필요한 만큼의 재정지원의 가능성. 셋째, 영구적이지 않다 하더라도, 합의위원회 형태로서 제도적 기반의 존재.[21]

그러나 Riggs에 의하면 이러한 비교행정의 세 가지 기반이 실질적으로 사라져 버렸다는 것이다.[22] 더욱이 발전행정연구는 단지 개발도상국가의 행정에만 관심을 기울였다는 점에서 비판을 받고 있다. 사실, 현대 비교행정 활동과 관련된 문헌을 검토하여 볼 때, 발전도상국가의 관료제 연구에만 치중한 점이 인정된다. 반면에 선진국의 관료제에는 관심을 두지 않았기 때문에 비교행정연구는 단지 개발도상국을 이해하는 데에만 도움을 주었다고 볼 수 있다.[23] 실제로 비교행정은 개발도상국가는 물론 선진국의 관료제를 연구의 대상에 포함하지 않았던 것은 비교행정분야의 존속자체에 대한 모순을 가져와 비교행정그룹이 해체되는 중요한 이유중의 하나가 되었다.

따라서 발전행정연구나 비교행정연구는 선진국과 개발도상국의 관료제를 비교분석하는 데에도 유용성이 낮다고 할 수 있다. 따라서 서방국가들은 제3세계의 발전 분야에 기울였던 관심들을 이제는 그들 자신의 발전에 기울여야 한다고 주장을 한다. 서방국가들은 자신들이 발전의 완성체가 아니라 발전을 지속적으로 해야 할 많은 문제들을 안고 있다는 것을 인식하게 되었다. 그러한 문제들 가운데 특히 주목을 받고 있는 것은 인종문제, 도시화문제, 평등, 복지, 폭력 등을 지적하고 있다. 즉 비교행정이 개발도상국뿐만 아니라, 선진국의 행정을 포함하는 발전행정으로 발전되어야 한다고 주장하는 것이다.

---

21 Fred Riggs, "The Group and the Movement: Note on Comparative and Development Administration," *Public Administration Review* (November 1976), p. 652.

22 *Ibid.*, p. 652.

23 Ferral Heady, "Bureaucracies in Developing Countries," ed. Fred Riggs, *Frontiers of Development Administration* (Durham: Duke University Press, 1970), p. 459.

그러나 우리는 거의 학자들 사이에 의견의 일치를 보지 못한 근대화나 발전이란 개념을 사용할 때 주의를 하지 않으면 안 된다. 특히 정치체제의 변화가 반드시 불가피하다든지 진화론적이라고 볼 수 없음에도 불구하고 근대화이론은 정치진화를 결정론적이고 단선적인 과정으로 간주하고 있다는 비판을 받고 있다.[24]

근대화는 가장 포괄적인 의미를 가지고 있으며, 문화적 특징 및 시간성을 함축하고 있기 때문에 서구 근대국가의 특성을 의미할 수도 있고 현대 선진국가의 선진상태인 시간적 의미를 내포하기도 한다. 그러면 선진국가가 근대화된 국가이며 근대화된 국가로서 근대화시켜야 할 문제는 없는가? 발전도상국가들이 근대화국가가 되기 위해 선진국가의 모든 것을 모방하면 된다는 말인가?

더욱이 근대화를 연구하였던 학자들이 대부분 서구의 정치학자들이었기 때문에, 이들이 제시하는 근대화모델이 서구의 문화적 편견에서 중립적이 된다는 것은 거의 불가능할 것이다. 다시 말하여 근대화모델은 개발도상국가로 하여금 현재의 선진국 상태로 진화하라고 말하는 것과 다르지 않다.

선진국의 상황에 비추어 근대화를 묘사할 때 교육의 대중화, 도시화, 산업화, 관료제화, 정보화의 발달 그리고 교통 및 수송의 발달 등을 근대화의 특징으로 포함하는 것이 일반적이다. 그러나 이러한 변수들 간에 마찰이 일어난다든지, 혹은 정부의 능력은 한계에 도달되어 있는데 오히려 국민의 요구는 상승일로에 있음에 따라 정부와 국민 간에 마찰과 갈등이 심화되어 국내에 정치적 불안을 가속화시킴으로써 근대화에 역행하는 경우가 종종 발생하게 된다.

뿐만 아니라 선진국의 상황을 근대화의 목표로 설정하는 경우에는 오늘날 선진국인 근대화된 국가가 더 이상 근대화될 여지가 없는지 혹은 선진국에서 발달한 정치체제가 진정한 개발도상국가의 모델이 될 수 있는지에 대한 의문이 남는다.

근대화의 개념만큼 발전의 개념도 많은 문제점이 있다. 많은 학자들 사이에 발전의 의미가 합의에 이르지 못하고 있다. 어떤 학자는 정치발전을 정치근대화와 동일시하고 또 다른 학자들은 정치발전을 정치제도화와 능력 그리고 제도화와 근대화의 합으로 보기도 한다. 정치발전도 현재의 특정한 정치체제 및 사회

24 Joseph LaPalombara, ed., *Bureaucracy and Political Development* (Princeton, N.J.: Princeton University Press, 1963), pp. 35–39.

혹은 특정한 시기에 존재하고 있는 조건에 맞추어 정의한다면 논리적 모순을 면하기 어려울 것이다. 서구 선진국에도 정치발전에 관한 한 많은 문제가 있다.

근대화의 개념과 마찬가지로 서구문화의 편견을 가지고 있는 학자들이 만들어 낸 정치발전모델이 개발도상국가의 모델이 될 수 있는가? Binder는 평등(equality), 능력(capacity) 및 분화(differentiation)를 정치발전의 지표로 규정한 반면,[25] Huntington은 이로 인해 오히려 후진국에서는 정치 불안이 야기될 수 있으며, 이들 변수들 간에 갈등이 심화되면 오히려 정치붕괴(political decay)가 초래될 수 있다고 보았다.[26] 특히 Huntington의 "정치발전과 정치붕괴"논문이 발표된 이래 정치발전에 대한 연구의 중단을 가져오는 계기가 되었다.

아울러 선진국도 정치 미발전된 요인들이 많이 현존하고 있어서 후진국이 반드시 선진국의 정치상황을 모방할 필요가 없다는 발전이론에 대한 비판은 많은 학자들 사이에 일어나고 있다.

종속 이론가들은 저개발국가들이 선진국으로부터 자본, 기술, 제도 등의 요소들을 도입함으로써 저개발의 상태가 극복될 수 있다고 본 근대화이론의 가설을 비판하고 자본국의 자본 확산이 오히려 이자, 잉여이전 등을 통해 저발전을 초래한다고 주장하였다. 따라서 이들은 제3세계의 저발전 원인을 내부가 아니라 외부에서 발견하였다.[27]

그 실례로서 선진국과 접촉이 많은 국가일수록 가장 저발전되어 있다고 주장하면서 그 원인은 독점과 착취로 특징되어지는 세계자본주의 시장에 교환체계에서 찾으려 하였다.

이러한 비판은 사회과학의 연구방법론인 구조기능주의가 이상의 종말과 서구의 다원론을 지지하며 현상유지를 합리화함으로써 종속국가의 상황을 왜곡되게 설명하였다고 연구방법론의 오류와 연계를 짓고 있다.

앞으로 세계는 경제 블록화가 세계의 경제질서를 이끌어 갈 것으로 예상되

---

25 Leonard Binder *et al.*, eds., Crises and Sequences in Political Development(Princeton, #7 Series Studies in Political Development (Princeton, N.J.: Princeton Paperback, 1974): published for Social Science Research Council, Copyright 1971 by Princeton University Press. Experpts reprinted by permission of Princeton University Press.

26 Samuel P. Huntington, "Political Development and Political Decay," *World Politics* 17(1965), pp. 386–430.

27 Tony Smith, "The Dependancy Approach," in Howard J. Warda(ed.), *New Directions in Comparative Politics* (Boulder Co.: Westview Press, 1985), p. 116.

는데, 블록 내외의 경제적 종속은 물론 정치적·문화적 종속에도 중요한 관심을 두어야 할 것이다.

위에서 우리는 현재의 근대화나 발전개념이 지나치게 정태적(static)으로 해석되고 있으며, 따라서 후진국에 그대로 적용될 때 후진국의 정치적 붕괴를 초래할 수도 있다는 것을 설명하였다. 그 후에 Kausky는 정치발전이나 정치근대화란 용어의 사용을 억제하였다.[28] 왜냐하면 이 개념들은 일방적으로 서구 민주주의를 지향하는 패턴이나 혹은 방향으로의 발전을 의미하기 때문이다.

근대화나 발전개념의 오류를 피하기 위하여 근대화하면서 어떠한 방향으로 변화하는지는 그들의 의지에 맡길 수 있는 중립적인 개념으로서 정치적 변화(political change)라는 용어를 대신 사용하기로 학계에서는 주장하고 있다.

Keith Henderson은 비교행정 연구의 쇠퇴 이유를 다음과 같이 언급하였다.[29]

> 비교연구를 지원하기 위한 재정지원 결핍과 국가 횡단적 연구에 대한 학자들의 각성부족, 그리고 비교행정을 행정학 분야의 하나로 귀속시키려 할지도 모른다고 생각하는 비교행정그룹(CAG)의 지속적인 거부 때문이었다.

외국의 행정체제에 대한 미국 학자들의 관심이 감소한 원인으로서 신행정학의 출현을 들 수 있다. 신행정학은 미국 사회에서 흑인 및 소수민족에 대한 차별, 월남 전쟁, 점증주의의 부정적인 요인에서 발생하는 빈부의 격차, 가난한 자들을 위한 분배와 전달체계에 대한 관심의 결핍, 민주와 능률에 대한 가치관의 갈등 등에 의한 폭등에 의하여 탄생하였다. 폭동의 원인이 되었던 문제들을 해소하기 위하여 미국은 그동안 해외 국가의 발전을 위하여 사용하였던 엄청난 군사 및 경제원조 자금을 국내로 들여와 그동안 소홀히 하였던 국내의 교육, 직업훈련, 주택, 범죄, 교통 등 문제를 해결하기 위하여 사용하였다. 동시에 해외 국가의 발전을 위한 개입에 대한 인기가 떨어져 버린 데에도 그 이유가 있다. 무엇보다도 CAG가 이룬 업적의 적실성이 결여되었다는 비판이 실무자들에게서

---

28 Kautsky, *The Political Consequences of Modernization*, pp. 21–22.
29 Keith M. Henderson, "A New Comparative Public Administration," ed. Frank Marini, *Toward a New Public Administration* (Scranton: Chandler Publish. Co., 1971).

나타났다. 이러한 요인들이 미국 행정학회에 비교행정분야를 완전히 해체하도록 영향을 미쳤다.

Henderson은 그의 결론부분에서 이 점을 다음과 같이 명확히 하였다.[30]

> 미국이 직면하고 있는 현행 문제들을 적절하게 대처하지 못한다면 행정학은 생존할 수 없을 것이며, 행정학의 주요한 학문적 경향이 실무자들, 특히 도시행정관료들과 공동연구를 하지 않는다면 행정학은 적실성이 있다고 볼 수 없다. 그러나 학문과 실무적 관심 사이의 차이는 행정학적으로 명확히 문제를 이해시키고, 문제를 구체적으로 풀어나가는 연구를 통하여 좁혀질 수 있다.

비교행정이 선진국과 개발도상국 간에 지속적으로 거론되고 있는 문제들에 대처하면서 정책결정과 정책집행을 보다 많이 강조하는 방향으로 연구의 초점을 전환해야 한다는 인식이 증가되고 있다. 이제 중요한 관심은 정치체제의 투입측면에서 정치체제들이 무엇을 하는가에 대한 것보다 정책 산출의 측면에 더 많은 주의를 기울이고 있다. 그렇게 함으로써, 발전행정은 비교행정 연구의 재활성화 및 경험적 지식의 축적을 유도하고, 아울러 새로운 연구의 방향을 재정립하며, 특히 공공정책을 주요한 비교행정의 분야로서 설정할 수 있는 이론과 접근법의 필요성을 강조하지 않으면 안 될 것이다.

이것과 관련하여 Peter Savage는 다음과 같이 언급하였다.[31]

> 과거와 현재를 불문하고 전세계적인 문제인 기아, 질병, 저발전, 인구폭발, 극단적인 빈부의 차, 부적절한 인간적·물리적·제도적 자원, 인간해방을 위한 긴박한 동경과 같은 문제들이 우리의 주위에 산재하여 있다. 지금까지 우리의 이론, 모델, 개념, 공리들은 이러한 현실들을 충분히 언급하지 않았다.

사실상, 협소한 준거 틀로 모든 인류의 운명과 관련된 전세계적인 쟁점들을 해결할 수는 없다. 다른 실험연구들 간의 비교는 문화의 배경이 다른 국가들에서도 적용할 수 있는 새로운 방법을 제공할 수 있다. 이를 통해 공공 행정가들은 자신의 체제를 더욱 깊게 이해할 수 있게 되며, 더욱 포괄적인 이론들을 구

30 *Ibid.*, p. 243.
31 Savage, *op. cit.*, p. 417.

성할 수 있다.

Fred Riggs가 이미 언급한 것처럼, 우리의 문제는 국내적 차원에 국한해서는 해결될 수 없고, 행정학이라는 현실성이 있는 과학은 오로지 한 국가에만 국한될 수만은 없다.[32]

공공정책 발전의 중요성에 대하여 많은 연구가 있었다. 그러나 비교정책의 분야에 대한 연구는 미진한 표현이다. 예를 들면 Arnold Heidenheimer, Hugh Helco, Carolyn Adams는 영국, 서독, 스웨덴의 교육, 보건, 조세, 사회복지 정책들과 같은 정책 쟁점들을 연구하였다.[33] 그들이 위의 나라들을 선택한 이유는 그들이 관심을 두고 있는 사회정책의 많은 부분들이 그들 나라에서 먼저 개척해 왔기 때문이었다. Cynthia Enloe도 미국과 구소련, 일본, 영국의 환경관련 문제와 정책과정에 대하여 명확하고 유익한 윤곽을 제시하였다.[34]

환경문제들은 국가의 법적 국경에만 한정된 문제는 아니다. 예를 들어 한 국가에서의 대기오염은 다른 국가 시민들의 호흡을 힘들게 하며, 한 국가에서의 공장과 도시폐수는 이웃 국가의 식수까지도 위협한다.

사실 환경문제의 쟁점은 개별국가를 횡단하는 집단적인 정치적 차원의 정책결정을 필요로 한다. 그래서 Enloe는 환경에 대한 점증하는 인위적 위협을 정치체제가 어떻게 다룰 것인가에 대해 조사하였다. 그녀는 주로 환경보호를 수행하는 데 중요한 요인들인 관료의 응집성, 탐지, 정치화, 집행 등과 관련 있는 것들을 조사하였다.

물론 선별된 국가들은 정치의 문화적·이데올로기적 토대, 현대화의 결과, 경제에 있어서 주정부와 개인의 권위와의 관계, 집권화된 정치권력 정도 등에 있어서 현격한 차이를 나타내었다. 그럼에도 불구하고 그녀의 연구는 근대화에 의해 야기된 문제들을 해결하기 위한 방법을 탐색하려는 여러 국가들에게 도움을 줄 것으로 기대된다.

1970년대 후반으로 접어들면서 공공정책의 비교연구에 대한 관심이 비교행

32 Fred Riggs, "The Group and the Movement: Notes on Comparative and Development Administration," *Public Administration Review* (November/December 1976), p. 652.

33 Arnold J. Heidenheimer, Hugh Helco & Carolyn T. Adams, *Comparative Public Policy: The Politics of Social Choice in Europe and America*(New York: St. Martin's Press, 1975).

34 Cynthia H. Enloe, *The Politics of Pollution in a Comparative Perspective: Ecology and Power in Four Nations* (New York: David Mckay Co, 1975).

정의 전성기와 같은 수준으로 활기를 되찾기 시작하였다. 많은 학자들에 의하여 다양한 접근방법이 제시되었으며, 정책분류방법, 비교정책학의 패러다임과 미래 전망 등이 논의되기 시작하였다.

비교정책의 연구는 정부의 정책이 어떻게, 왜 그리고 어떠한 효과를 가지고 발전되고 있는지를 보여주는 국가 횡단적인 연구(cross-national study)가 중심을 이루고 있다.[35] 지금까지의 비교정책연구를 검토해 보면 환경정책, 교육정책, 경제정책 및 사회정책 등 4가지 정책분야가 특히 강조되었음을 알 수 있다.[36]

비교정책의 연구 분야는 다양하지만 대단히 유익한 분야인 것은 틀림없다. 비교행정이 미국과 같은 선진국의 국내문제에는 거의 관심을 가지지 못하였다는 비난을 받는 것에 비하여 비교정책은 비교의 토대를 국내에서 일어나고 있는 문제에 적용하는 데 성공하고 있다는 평을 받고 있다.[37]

또한 비교행정을 연구하는 학자들이 주로 서구 문화권 내의 학자들이기 때문에 이들의 연구업적이 문화적인 요인에 의하여 영향을 받아 제3세계 국가에 적용하는 데에는 한계가 있다고 비난을 받은 반면에, 비교정책은 비교행정과 달리 우선 서구의 국가를 연구한 후 제3세계의 연구에 이르는 순서를 택하기 때문에 문화라는 변수의 딜레마를 극복한 것으로 평가되고 있다.[38]

그러나 비교정책도 연구분야의 다양성으로 인하여 지식의 축적에 한계가 있다든지 혹은 정책결정자들에 대한 적실성에 문제가 있는 것으로 비난을 받고 있는 것도 사실이다. 그러나 비교정책연구는 비교행정에 대한 모든 비판을 고려하면서 서술적으로 정책결정과정을 분석하거나 공공정책의 내용과 과정을 증진하는 데 목적을 두고 처방적인 방법으로 정책의 산출과 결과를 분석하는 길을 열었다는 긍정적인 평가도 함께 받고 있다. 비교행정학자들이 오늘날 비교행정 연구의 부활을 위하여 무던히 노력을 하고 있다.

원래 비교행정은 행정학의 이론을 구축하는 데 그 목적이 있었으나 실제로는 미국의 외교정책을 수립하는 데에 더 큰 기여를 하였다.

---

35 Heidenheimer, Helco and Adams, *op. cit.*, p. i.

36 Meinolf Dierkes, Hans N. Weiler and Ariane Berthoin Antal, eds., *Comparative Policy Research: Learning from Experience* (New York: St. Martin' s Press, 1987).

37 Ferrel Heady, *Public Administration: a Comparative Perspective*, 4th eds. (New York: Marcel Dekker, Inc., 1991), pp. 47–48.

38 *Ibid.*, p. 48; Hugh Helco, "Comparative Policy Research," *American Political Science Review* 82, No. 2(1988), pp. 652–653.

비교행정연구의 부활을 염원하는 비교행정학자들은 그동안 비교행정이 걸어왔던 과정과 행적을 비판하면서 패러다임형성, 중범위 이론을 강조하는 한편 연구의 대상으로 관료제의 선택과 연구방법론으론 인식론(epistemology), 현상학(phenomenology)적 접근방법, 비교행정영역의 집중적인 연구, 조직이론 및 조직변화에 대한 문화 횡단적인 연구 등에 관심을 집중시키고 있다.

특히 1980년대 이래로 비교행정영역에서 현저하게 강조되고 있는 연구영역은 발전행정과 비교정책분야이다. 이들 분야의 연구는 주로 발전정책을 결정하고 집행하며 평가하는 것은 물론 사회변화에 따른 프로그램 개발에 중점을 두고 있다.[39]

초기의 발전행정은 서구 문화의 가치가 함유된 경제성장, 조직의 전문화 또는 행정기술의 발전에 치중하여 개발도상국가를 연구하였으나, 후기의 발전행정은 문화 횡단적인 조직이론의 연구 및 현상을 유지하는 차원에서 효과적이며 창조적인 행정의 부응성을 강조하고 있다.

비교정책연구도 초기의 연구가 후진국을 연구의 대상으로 삼고 있었던 반면 현재에 와서는 선진국을 연구한 후에 축적된 경험을 가지고 다시 제3세계로 관심을 돌리는 특색을 띠고 있다. 그동안 비교행정이 이론적인 언어, 지표, 그리고 경험적인 연구 등의 분야에서 비교정치에 뒤떨어진 것이 사실이나 이를 극복하려고 노력하는 움직임이 서서히 일어나고 있다.

따라서 공공정책과 이론형성이 비교행정연구의 중심적인 주제로 형성해 온 반면에, 관료제에 대한 효과적인 통제문제가 비교행정연구에서 철저히 소외되어 온 것은 이상한 일이다. 그 결과 많은 개발도상국가들은 행정독재국가의 출현을 막을 수 없었으며, 그 다음 단계로 폭동이나 혁명을 초래한 후 공산국가로 전향하는 수순을 밟았다. 원했던 원치 안 았던 간에 비교행정이 이러한 결과를 만들어 내는 데 기여를 했다면 누가 비교행정분야에 재정지원을 하겠는가? 그동안 비교행정 역사를 돌이켜 본다면 이러한 결과가 불가피 하였는지 아쉬운 점이다.

이미 논의한 것처럼, 제3세계에 제공된 선진국의 기술지원 프로그램이 제시하고 있는 정책이나 학설이 은연중에 제3세계의 민주주의와 사회적 형평성에 기여하기보다는 관료주의적 권위주의에 기여하였다. 그 당시 선진국의 민주주의

39 "From GNP to Basic Needs: A Critical Review of Development Administration," *International Review of Administrative Science* 45, No. 3(1979), pp. 253–267.

철학을 후진국들은 받아들이기에는 낯설고 준비가 되어 있지 않았다. 다시 말하여 좋은 약도 사람에 따라서는 독이 되는 결과를 초해한 경우이다.

Ford 재단의 지원이 중단된 후 비교행정그룹은 해체되면서 연구의 방향을 정하지 못하고 방황하였으며 대다수의 비교행정학자들은 비교정책분야로 전공을 찾아 흡수되었다. 동시에 일부 학자들은 비교행정분야의 재건을 위해 논의와 제안을 거듭하였었다.

다행스럽게도 최근에 많은 비교행정학자들은 관료제를 비교연구의 초점으로 삼는 데 동의하면서 연구의 주요한 목적을 다음과 같이 설명하고 있다.[40]

① 관료제의 구성요소, 계층제, 전문화의 패턴 그리고 행태적인 경향을 포함하여 관료제를 운영하는 지배적인 내부의 특징은 무엇인가?
② 관료제가 주요한 공공정책을 결정하는 데 참여하며 집행하는 것 이외에 어떠한 기능을 수행하고 있는가?
③ 관료제에 대한 외부의 통제는 효과적인가? 얼마나 실효성이 있는가?

위에서 지적하였듯이 미래의 비교행정의 관심이 단지 관료제의 구조적 변수뿐만 아니라 기능 및 관료제에 대한 통제를 포함하고 있다는 사실은 다행한 일이다. 더 나아가 관료제 간의 차이를 규명하기 위하여 행태적인 패턴을 고려하면서 분류하는 데 관심을 가지고 있는 것 같다.

물론 비교행정학자들은 비교행정연구의 분석단위로서 사회·경제적 환경에 적응할 수 있는 관료제가 가장 적합하다고 보지는 않는다. 그러나 학자들 간에 거듭된 논의를 거쳐 비교행정의 중심적인 분석단위로서 결국 관료제를 선택하였다. 그러한 이유로서 모든 나라가 관료제를 가지고 있기 때문에 이에 관한 축적된 자료가 있으며, 전체 정치체제를 연구하는 것보다는 정치체제와 상호작용하는 공공행정을 비교하는 것이 용이하기 때문에 관료제를 비교행정의 분석의 단위로 선택하고 있는 것 같다. 그렇다고 하여 관료제의 구조분석이 Almond의 기능주의보다 우월하다는 것은 아니다.

구조론의 반대주의자들은 구조가 체제마다 다르고 비슷한 구조라도 다른 기능을 가지고 있기 때문에 비교의 분석단위로 적합지 않다고 주장한다. 더욱이

40 Ferrel Heady, *op. cit.*, p. 77.

관료제는 구조와 기능 간에 상관관계가 높은 서구사회에서나 적합하다는 비난도 있다. 그럼에도 불구하고 비교행정의 연구영역이 너무나 광범위하고 다양하였기 때문에 주체성의 혼란이란 비난을 면하기 어려웠는데, 연구의 초점을 관료제와 관료제의 주변문제로 국한한다는 것은 비교행정의 재활성화를 위하여 옳은 판단이라고 본다.

특히 나중에 후회한 바이지만 비교행정분야는 관료제의 과도한 권력팽창으로 외부통제체제의 통제기능이 약화되어 불균형정부를 초래하였다는 비난을 받아왔다.

만약 민주주의를 활성화하고 정부의 발전프로그램을 성공적으로 달성하는 데 균형정부가 필수적이라고 한다면, 비교행정은 관료제와 외부통제체제와의 상호작용을 심층 있게 분석하여 견제와 균형을 이룬 균형정부를 회복하는 데 기여해야 할 것이다. 만약 비교행정이 이러한 노력을 미리 지속적으로 했다면 비교행정그룹이 해체되는 일은 없었을 것이라고 저자는 생각한다. 따라서 이 장에서는 관료제와 관료제를 둘러싼 외부통제기관들 간의 불균형문제에 관한 해결책을 제시하고자 한다.

제2절 통제체제의 폐쇄와 개방에 따른 정체의 분류와 균형정부를 위한 전략

관료제와 외부통제기관과의 관계를 연구하는 영역 가운데 의미 있는 것은 통제의 균형에 관한 것이다. 통제의 균형은 정부의 행정능력을 향상시키고, 정치적 부응성을 보장하기 위해 필수적인 조건이다. 균형이 존재할 때, 관료의 권력은 대통령, 의회, 이익집단 등과 같은 다른 정치체제의 권력에 의하여 견제되며, 관료제는 법과 정책을 형성하는 데 도움을 줌으로써 정부의 정치적 기능을 공유하게 된다.

이미 언급했던 것처럼, 대부분의 미국의 해외 원조정책들은 개발도상국의 불균형된 정부를 균형된 정부로 전환시키는 데 실패하였다. 오히려 행정관료의 권력을 불균형적으로 팽창시키는 결과를 가져왔다. 특히, 관료적이며 독재적인 개발도상국의 정부정책은 이러한 불균형을 증대시켰다.

이 장에서 우리는 내부민주통제체제를 향상시키기 위한 최선의 방법이 정치체제의 개방화이며, 동시에 정치발전을 위한 가장 가능성 있는 방법이 관료제의 내부민주통제체제를 향상시키는 것이라는 사실을 밝히려고 한다. 그러나 외부 통제기관의 견제 없이 단지 관료제에 의하여 지배되는 정치체제하에서 단순히 내부통제체제를 증진시키기 위한 노력만으로는 좋은 결과를 가져올 수 없을 것이다.

이미 미국 관료제를 통하여 살펴본 바와 같이 내부민주통제체제만으로는 고위공무원이 권력남용의 유혹에 빠지는 것을 막을 수 없기 때문에 이를 보호하는 방법으로 외부 통제장치를 마련함으로써 관료제를 보호하기 위한 안전장치로서뿐만 아니라, 정치인들이 공익을 위해서가 아니라 자신의 이익을 위하여 권력을 남용하는 기회를 미연에 방지할 수 있는 역할을 하게 하는 것이 필요하다.

마찬가지로 외부통제기관들이 책임 있고 성실하게 개방된다면, 그들은 정부의 정치적 반응은 물론 행정의 효율성도 증가시킬 수 있다. 반면에 폐쇄체제는 정부의 능력이나 반응성 또는 양자 모두의 발전을 저해한다. 예를 들면 개방화된 의회는 효과적인 야당의 적극적인 활동을 허용함으로써 의회 내 강력한 집단의 그릇되고 비효율적인 행태를 바로잡을 수 있는 견제역할을 할 수 있다.

더욱이 만일 의회가 대중의 실질적인 지지를 동원할 수 있을 만큼 충분히 개방되어 있다면, 의회의 결정을 관료제가 쉽사리 무시할 수 없을 것이다. 사실 외부통제기관에 대한 대중의 지지는 현대정부에 있어서 관료의 권력을 축소시킬 수 있는 기반이 될 수 있다.

만약 의회가 야당을 보호할 수 없을 정도로 폐쇄적이라면, 그러한 의회는 집권당에 의해 지배되기 쉽기 때문에 의회는 급격히 퇴화하며, 이에 따라 의회에 대한 대중의 지지는 떨어지게 된다. 그 결과 관료제와의 균형관계마저 심하게 위축될 것이다. 그러므로 외부통제기관의 폐쇄체제화는 관료제와 균형관계를 해칠 뿐만 아니라, 관료제에 의한 지배를 야기시킬 수 있다. 폐쇄체제보다는 개방체제가 대중의 지지를 효과적으로 성취할 수 있는 것은 당연하다.

일반적으로 행정의 효과성은 선거구민과 시민단체의 적극적인 지지, 참여 그리고 개방화할 수 있는 정부의 능력에 달려 있다.

따라서 개방체제는 관료제와 외부통제기관 간의 균형을 유지하는 것이 필요한 조건이다. 또한 관료제 역시 외부통제의 효과적 견제 없이는 관료제의 개방을 지킬 수 없을 것이다. 그러므로 갈등관계에 있는 정치행위자(actor)들 간 또는 체제들 간의 균형을 유지시켜 주는 기능은 정부체제가 개방되어 있느냐 혹은 패쇄적이냐에 의존하고 있다는 가설을 설정할 수 있다.

폐쇄체제 하에서 갈등은 극도로 억제되고, 축적되어 결국 심각한 불균형을 야기하게 된다. 그러나 개방체제하에서는 행위자들이 심한 비평, 다양한 여론을 생성할 수 있는 분위기가 조성되고, 기존의 규범을 검토하고 혹은 변화하는 것이 가능하며, 심지어는 행위자들의 비판적인 질문마저 허용된다.

그러한 개방체제의 우수성에도 불구하고, 개발도상국의 폐쇄적인 관료제가 급격한 사회·경제적 변화를 가져올 수 있는 유일한 사회체제라는 주장이 있다. 개발도상국의 정치·사회 및 경제발전을 위한 사회의 균형성장(balanced social growth) 접근방법이 해외기술원조에 의하여 결정되는 적절한 접근방법이라고 하나 이를 믿지 않는 학자들 가운데에는 사회의 불균형 성장전략(unbalanced social growth strategy)이 개발도상국의 발전에 오히려 더 적합하다고 극단적인 주장을 펴는 사람들도 있다. Ralph Braibanti와 Milton Esman의 주장이 그 대표적인 예이다.

사회 및 경제발전이 정부에 크게 의존하는 후진국의 상황에서 관료제는 급격한 변화를 주도하기 위해서 특히 강력하여야 되는 것이 필수적이며, 이러한 체제가 당분간은 유익한 체제라고 Esman은 주장하였다.[41] 따라서 그의 우선적인 관심사항은 "관료제의 권력남용을 억제하는 것보다 관료제의 능력을 향상시키는 전략"에 놓여 있다고 생각된다.[42] 이러한 개발도상국가에서는 관료제가 비교적 다른 정치체제들보다 더 능력 있고 발전되어 있기 때문에 국가의 발전을 관료제가 주도하는 것이 맞다. 허나 이러한 경우 발전을 위해 민주주의를 희생하는 사례들을 쉽게 발견할 수 있을 것이다.

Braibanti는 행정개혁을 가져오기 위해서는 전체사회의 정치적 성숙정도와 무관하게 관료제의 능력을 향상시키면서 자율적으로 행위 하지 않으면 안 된다"[43]고 주장하였다. 그는 또한 낮은 수준의 시민문화와, 그로 인하여 낮은 정치

41 Esman, *op. cit.*, p. 63.

42 *Ibid.*, p. 63.

43 Ralph Braibanti, "Administrative Reform in the Context of Political Growth," ed. Fred Riggs, *Frontiers of Development Administration* (Durham, N. C.: Duke University Press, 1970), p. 231.

참여도를 보이는 정치체제하에서 행정체제는 선진국에서보다 더 많은 리더십과 책임성을 가질 필요가 있다고 주장하였다.[44]

그 외에도 LaPalombara와 Edward Weidner 등은 급격히 변화하고 있는 상황 하에서 행정발달이 가장 시급한 것이라고 주장하였다. 이와 같은 시각이 지난 반세기 동안 미국의 해외정책의 기본 태도였으며 그 결과를 충분히 고려하지 않았기 때문에 발전도상국가의 행정주도 정부를 양산하였던 과정을 우리는 경험하였다.

그러나 관료제 정부가 반드시 능률적인 것만은 아니다. 행정발전은 발전 프로그램을 능률적으로 달성하기 위하여 다른 체제의 발전을 수반해야만 한다.

Lucian W. Pye에 의하면 행정을 강화하는 것이 행정과 정치 사이의 불균형을 심화시키기 때문에 정치지도자들은 이러한 불균형으로 약화되어가는 그들의 지위를 만회하기 위하여 정치가들이 행정 서비스를 정치적으로 이용할 필요성을 더욱 크게 초래하였다고 비슷한 견해를 제시하였다."[45]

S. N. Eisenstadt는 관료제 자체가 이익집단들의 결집기구가 되는 것은 물론, 관료제의 불균형 성장이 입법, 행정 및 정당의 기능들을 수행하는 정도 "자율적이고 분권화된 정치활동의 활성화나 조직 및 적응의 발달"을 저해하게 된다고 주장하였다.[46] 그러므로 개발도상국의 관료제에 대한 기술원조는 관료제와 외부통제체제 사이의 균형을 유지하고 달성하는 데 도움을 줄 수 있는 정도로 제공되어야 한다고 주장한다.

균형접근법의 대표적인 학자인 Riggs는 여러 학술적인 논문을 통해 헌법체제를 가지고 있는 대부분의 정부를 균형적 또는 불균형적인 정부로 분류할 수 있으나, 일부의 경우는 분명하게 분류될 수 없다는 경우도 있다고 주장하였다.[47] "관료제와 헌법체제 간에 권력의 안정적인 균형이 존재할 때, 우리는 그러한 정

---

44 *Ibid.*, p. 241.

45 Lucian W. Pye, "The Political Context of National Development," ed. Irving Swerdlow, *Development Administration: Concepts and Problems* (Syracuse, N. Y.: Syracuse University Press, 1963).

46 S. N. Eisenstadt, "Problems of Emerging Bureaucracies in Developing Areas and New States," eds. Bert F. Hoselitz & Wilbert E. Moore, *Industrialization and Society* (The Hague, 1963).

47 Fred Riggs, "Bureaucratic Politics in Comparative Perspective," *Journal of Comparative Administration* (May 1969): Context of Development Administration, *Public Administration Review* (1965): Fred Riggs, "Administrative Reform and Political Responsiveness: A Theory of Dynamic Balancing," *Comparative Politics Series*, No. 01-010 (Beverly Hills, Calif.: Sage Publication, 1970).

부형태를 균형이 이루어진 정부로 간주한다."48 따라서 그는 상호견제세력의 통제가 강할수록 균형체제가 형성될 가능성이 높다고 보았다.49

그리하여 근대화된 국가는 더욱 안정적인 관료제를 가지고 있게 되며, 관료제에 대한 효과적인 정치적 통제를 유지하고 있다고 보았다.

그러나 Riggs는 근대화 및 민주적인 다원주의가 반드시 균형정부와 긍정적 상관관계를 갖지 않을 수도 있다는 점을 지적하였다. 그에 의하면 쿠웨이트는 매우 부유한 국가임에도 불구하고 균형을 이룬 정치체제를 가지고 있지 못한 반면에, 빈곤한 인도는 균형을 이룬 정치체제를 가지고 있다고 하였다.50 그럼에도 불구하고, Riggs는 보다 더 근대화된 또는 다원주의 정부일수록 균형화된 정치체제를 가질 가능성이 많다는 것을 암시하고 있다. 그러나 그는 정치발전이 균형이 된 정치체제를 가져오기 위하여 어떻게 역할을 할 수 있는지에 대하여는 언급하지 않았다.

균형된 정치체제를 유지하기 위한 한 국가의 전략들은 관료제와 외부통제기관 간의 상호통제작용을 통한 matrix(종적 및 횡적 형태) 형태로 요약될 수 있다. 관료제와 외부통제체제의 민주적 통제정도는 체제가 개방되어 있는가 또는 폐쇄되어 있는가에 따라 다양하게 나타난다([표 8-1] 참조).

이 모델은 개방과 폐쇄의 2개 차원을 기초로 분류하는 4가지의 정체를 제시하였다. 우리는 이 모델을 가지고 한 정부형태로부터 다른 정부형태로 변화하는 역동성을 계속 논의할 것이다.

만약 한 체제의 개방이 다른 체제의 개방을 유도할 수 있다는 명제를 우리가 수용한다면, 내부민주통제모델은 정치체제의 균형을 이끌어 낼 수 있다고 볼 수 있다. 그러나 정부 내 권력 불균형을 초래한 변화가 국가의 위기에 의하여 촉진되었다면, 또다시 변화를 염원하는 사람들은 자신들을 위해 그 위기를 해소하려고 하기보다 오히려 자신의 권력유지를 위해 위기를 지연시키고자 노력할 가능성이 높다. 그러한 정부는 균형정부를 위해 자체의 변형을 증진시키기보다

48 Fred Riggs, "Bureaucratic Politics in Comparative Perspective," *Journal of Comparative Administration* (May 1969), pp. 23-26.

49 Idem, "Relearning an Old Lessons: The Political Context of Development Administrations," *Public Administration Review* (1965), pp. 70-79.

50 Fred Riggs, Bureaucratic Politics in Comparative Perspectives," *Journal of Comparative Administration* (May 1969), pp. 34-35.

표 8-1 관료제와 외부통제체제 간의 상호작용 유형

<table>
<tr><td></td><td></td><td colspan="2">외부통제체제</td></tr>
<tr><td></td><td></td><td>민주적(개방)</td><td>비민주적(폐쇄)</td></tr>
<tr><td rowspan="2">관료 내부의 통제체제</td><td>민주적(개방)</td><td>Ⅰ</td><td>Ⅲ</td></tr>
<tr><td>비민주적(폐쇄)</td><td>Ⅱ</td><td>Ⅳ</td></tr>
</table>

개방과 폐쇄정도에 따른 정부 유형

Ⅰ 유형: 균형된 정부
외부통제체제(개방)
강력한 내부민주통제를 갖는 관료제(개방)
Ⅱ 유형: 불균형 정부: 정치지향적 정부: 과도기
외부통제체제(개방)
관료제는 종속적이고 비민주적으로 통제됨(폐쇄)
Ⅲ 유형: 불균형 정부: 관료제 지향적 정부: 과도기
외부통제체제(폐쇄)
관료제는 자치권을 갖고 민주적으로 통제됨(개방)
Ⅳ 유형: 전통적 독재정부
외부통제체제(폐쇄)
관료제는 자치권 없고 비민주적으로 통제됨(폐쇄)

는 차라리 불균형된 정부를 더욱 영속시킬 경향이 있다.

[표 8－1]은 관료제와 외부통제체제 간에 통제체제가 균형을 이루고 있다면, 그에 따른 정부의 형태는 균형을 이룬 된 정체(정부형태 Ⅰ)로 간주될 수 있을 것이다. 그 이외 다른 정부유형들은 불균형 정체들이다. 즉 Ⅱ, Ⅲ, Ⅳ 유형은 불균형 정부형태이다.

관료제에 대한 입법부, 사법부, 행정부, 이익집단 등에 의한 효과적인 억제(서방국가의 본질적인 행정형태) 상황은 정부형태 Ⅲ과 Ⅳ에서는 대체로 존재하지 않는다. 정부형태 Ⅱ, Ⅲ은 '과도기체제'라고도 불린다.

과도기체제 하에서는 내부 민주통제체제의 특징들인 행정의 시민참여, 대표성, 수평적 계층제, 민주적 리더십, 공무원 노조화 및 공개성이 적절히 제도화되어 있지 않기 때문에 정치적으로 혼란이 계속되는 것이 일반적인 현상이다.

정부유형 Ⅲ에서는 관료제가 다른 정치체제보다 비교적 더 발달되어 있고 관료들의 권력이 상대적으로 크기 때문에 관료들이 정책결정을 주도하는 일이 자주 발생한다. 이 상황에서는 행정수단이 외부통제기관의 효과적인 견제를 거의 받지 않기 때문에 공무원들은 관료제의 목적을 달성하기 위하여 그들에게 유리하도록 마음대로 행정수단을 남용할 수 있는 권력의 진공상태에서 대부분의 행정활동이 수행될 위험이 있다. 더욱이 정부유형 Ⅲ에서는 관료제가 외부통제기관들을 교묘하게 조작할 수 있는 가능성이 높다.

그러나 만약 관료제의 내부민주통제체제가 활성화되어 외부통제체제의 민주화를 촉진시킬 수 있다면 외부통제체제 자체 내에 내부민주통제체제를 발전시킬 수 있기 때문에 불균형 정부유형 Ⅲ은 균형된 정부유형 Ⅰ로 변화할 수 있다.

정부유형 Ⅱ도 역시 과도기체제이다. 정부유형 Ⅱ에서는 비교적 발전된 외부통제체제가 관료제의 발달을 유도할 수 있고, 관료제에 대한 통제가 비교적 용이하다. 외부통제체제의 민주화가 관료제의 민주화로 확산하여 관료제를 개방함으로써 균형정부를 쉽게 달성할 수 있는 가능성이 많은 정부의 형태이다.

반면에 만약 관료제가 약하고 폐쇄적이고, 외부통제체제가 강하거나 지배적이고 개방적이라면, 관료제의 엽관제가 더욱 만연되기 쉽다. 따라서 여당의 지배집단의 친구들, 친척과 정치적 지지자들이 관료제의 중요한 직위를 차지할 가능성이 있다.

엽관제로 관료제에 입문한 사람들은 정부를 운영하는 데 필요한 경험이 적을 뿐만 아니라, 전문적이고 기술적인 능력을 향상시키기보다는 정치적 상관을 기쁘게 하는 데에 익숙하다. 그 결과 공공행정의 효과성은 낙후되기 마련이다.

정부유형 Ⅱ에서 관료제는 폐쇄적이기 때문에 국민을 대변하거나 국민의 요구에 부응하기 어려울 것이다. 만약 외부통제기관이 개방적이기는 하나 기술적으로 전문화되고 복잡한 사회의 결정을 다룰 수 있을 만큼 충분한 전문성을 가지고 있지 못하다면, 관료의 권력남용이 '아마추어' 정치인에 의하여 효과적으로 견제되기 어려울 것이다. 뿐만 아니라, 관료제가 폐쇄성을 띠고 있기 때문에 외부정치체제의 개방화 및 민주화가 관료제 내로 확산하는 데 단기적으로 어려움이 있을 수 있다. 그럼에도 불구하고 관료제는 외부정치체제와 상호작용을 피할 수 없기 때문에 외부정치체제의 민주화가 궁극적으로 관료제 내로 확산될 것을 예측하기는 어렵지 않을 것이다.

관료제 내의 민주화를 더욱 촉진하기 위하여 전략적인 차원에서 고려할 때 개발도상국가의 관료제에 내부민주통제체제를 정착시키기 위한 선진국의 기술지원 및 노력이 외부정치체제와 균형을 가져오기 위하여 추진되거나 외부통제기관의 내부민주통제체제가 관료제 내부로 확산될 때만 정부유형 Ⅱ에서 정부유형 Ⅰ로 전환할 가능성이 많다.

정부유형 Ⅳ는 전통적인 중앙집권적 체제의 일종으로서 Weber의 전통적 권위체제(traditional authority)와 Riggs의 융합사회(fused society)가 정부유형 Ⅳ에 속한다. 이 체재 내에서 군주는 관료제를 포함한 어떠한 외부정치체제의 견제도 받지 않고 자신의 뜻대로 통치한다. 군주는 국가의 어느 누구에게도 자신의 행위에 대해 설명할 필요가 없는 절대적인 지배자로 군림한다.

간단히 말하면, Weber식 분류의 기준은 권위체제와 관련된 합법성의 유형인 반면, Riggs식 유형은 구조적 분화를 분류의 기준으로 고려하고 있다. [표 8-1]에서 제시하고 있는 것과 같이 균형 또는 불균형을 분류하기 위한 유형은 관료제와 외부통제체제의 개방과 폐쇄와의 상호작용에 기초를 두고 있다.

Weber의 법적·합리적 권위주의 요소는 Riggs가 제시한 분화된 근대화 사회에서 두드러지게 나타나고 있으며, 정부유형 Ⅰ이 그러한 분화된 사회의 특징들을 가지고 있다.

이러한 분류체제는 다른 국가의 관료제 역할과 같은 그러한 행정적 측면의 비교를 가능하게 한다. [표 8-1]은 4가지 유형의 정부가 지닌 특징을 나타낸 것이다.[51]

이러한 분류는 행정체제의 분석을 위한 유용하고 실제적인 도구가 될 수 있다. 관료제의 내부민주통제모델 역시 관료제에 대한 통제문제의 준거 틀을 제공해 주는 분석도구의 하나이다.

관료제의 내부 민주통제모델의 요소들이 관료제의 민주화를 위한 경험적인 비교연구의 기준으로 유용하게 활용되기 위해서는 그 특징들에 대한 좀 더 세밀한 연구가 필요할 것으로 본다.

그럼에도 불구하고 이 장에서 제시한 모델과 유형들은 여러 국가들의 관료제를 비교·연구하는 학문적 활동에 하나의 방향을 제시하여 주는 역할을 할 수 있다고 본다.

이러한 분류방법은 행정 및 정치적 발전의 문제와 밀접한 관계가 있다. 이

---

51 [표 8-1]에서 설명된 각국의 가설 사례들은 다음과 같다.
1 유형: 미국, 영국, 캐나다, 독일, 이스라엘, 일본
2 유형: 멕시코, 튜니지, 가나
3 유형: 대만, 브라질, 필리핀, 파키스탄, 한국
4 유형: 이란, 에티오피아, 네팔, 파라과이, 태국, 요르단, 아프가니스탄, 북한, 버마.

분류는 서로 밀접하게 관련을 가지고 있는 내부민주통제체제의 주요한 변수들인 수평적 계층제, 민주적 리더십, 대표성, 시민참여, 공무원의 노조화, 그리고 공개성들이 조직 내부에서 서로 상호작용하면서 견제와 균형을 이루고 외부적으로는 외부의 압력에 순응하면서 전반적으로 좀 더 발전된 조직발전 패턴을 제시한다.

제시한 분석틀에 개발도상국가들을 대입하여 보면 항상 그런 것은 아니지만, 관료제와 외부통제체제들 사이에 불균형 관계가 자주 발견하게 된다.

과도기적 국가의 관료제와 외부통제기관 간의 상호통제관계는 적어도 서방 민주정치체제의 기준으로 볼 때 불균형적이다. 예를 들면 공식적으로 관료제를 통제할 수 있는 입법부, 대통령, 사법부 그리고 이익집단들이 너무 취약하여 관료제에 대항할 수 없는 경우가 허다하다. 이러한 상황에서 관료제를 효과적으로 통제한다는 것은 상상하기 어렵다. 결국 권력남용을 억제하고, 균형적인 정치성장을 가져올 수 있게 하기 위해서는 외부통제체제의 강화방안을 모색해야만 한다. 다시 말하여 동시에 권력 욕구가 강한 관료들에게 빼앗긴 정치적 기능을 다시 찾을 수 있는 잠재력을 가진 외부통제체제를 복원하는 방법밖에 없다. 이것이 이루어지지 않으면 균형체제의 희망은 영원히 사라져 버릴지도 모른다.

허나 외부통제기관이 관료제의 행정능력을 퇴색시킬 수 있을 발전의 가능성을 예상할 수 있을까? 물론 불가능한 것은 아니나 과도기 사회에선 특히 정치 및 경제발전이 시급하기 때문에 관료제의 책임이 막중하여 행정능력의 제고에 대한 관심이 지나치게 높은 관계로 당장 통제의 균형을 가져오는 문제가 결코 쉽지 않을 것이다.

경제발전은 민주주의 발전을 촉진한다고 한다. 그러나 이 역도 가능하다. 예를 들어 과도기 사회에서 선진국으로 변화하기 위해 외부정치체제가 관료제의 성장을 압도한 경우는 그리 흔치 않은 것 같다. 시민의 정치의식의 성숙은 민주주의를 발전하기 위해 필수적이다. 그러나 시민의 정치의식이 경제발전의 단계를 거치면서 성장하는 것을 과도기 사회에서 경험하고 있는 것이기에 외부정체체제의 성장은 시간이 필요할 것이다.

외부통제기관을 강화하기 위한 방안은 무엇인가? 과도기 사회에 있어서 정치 및 행정발전에 부작용을 최소화하면서 외부통제기관을 강화하는 방법은 무엇인가? 이와 관련하여 Riggs는 구조적으로 정부의 권한을 제한하고, 민주주의의 보편적 가치를 충족시킬 수 없는 과도기 국가의 정부에게는 행정지원을 하지 말아야 한다고 주장하였다.

그러나 이러한 제안은 관료제의 발전과 팽창을 가져왔던 미국의 원조 프로그램들이 중단됨으로써 발생할 수 있는 부정적 결과를 간과하고 있다. Riggs의 이러한 접근법은 관료제의 발전과 권력이 팽창을 저지하거나 제쳐두고 외부통제기관의 정치적 지배를 불러일으킬 수 있는 또 다른 원조 프로그램을 환영하거나 허용할 수도 있다는 것을 의미한다.

요약한다면, Riggs의 주장은 관료제를 위한 원조 프로그램을 외부정치체제를 위한 원조로 대체하여 한 쪽에서 발생하였던 지배현상을 다른 쪽으로 이동시키자는 주장에 불과하다. 그러나 균형체제를 위한 전략은 관료체제의 효과성을 파괴하지 않으면서 동시에 변화하고 증가하는 국민의 요구를 충족시키기 위한 정부의 능력을 향상시킬 수 있는 것이어야 한다.

저자가 제안하는 내부민주통제모델은 관료제와 외부통제기관의 성장과 통제력 능력을 감소시키지 않으면서, 상호통제를 통해 균형을 증진시킬 수 있다는 점에서 이러한 목적에 부합하는 전략인 셈이다.

관료제의 내부민주통제체제를 구성하는 6개 변수들을 이미 전 장에서 상세히 설명하였다. 그러한 변수들을 가지고 관료제와 외부통제기관 간의 상호작용을 연구하는 데 응용한다면 유용한 관계를 발견할 것이라 본다. 왜냐하면 그들 간의 상호작용과 상호 보완작용이 두 체제의 동시 성장을 위해 시너지효과를 가져올 것이기 때문이다.

이미 언급한 바와 같이, 외부통제기관 역시 관료제화되는 경향이 있고, 선거에 의하지 않으나 정치적으로 임명된 관료들의 정치적 권력이 외부통제기관에서도 팽창되고 있는 현상이 현저히 나타나고 있다. 예를 들면 대통령실의 관료제화와 대통령과 밀접한 참모들의 관료제화는 대통령의 통제활동에 심각한 장애요인으로 등장할 수도 있다.

또한 의회의 의원들에 대한 요구가 늘어나고 복잡해짐에 따라, 의회의 보좌관들의 정책형성과 정책감독의 역할이 점차 증대되고 있다. 의회는 일반적으로 자신들의 책임을 위해 행정기관의 정치적 능력향상을 자극하고, 반면에 관료제의 전문성에 대항하기 위하여 입법부의 관료제화를 추진하였다.

그 이외에도 사법부의 행정단위와 업무가 증가하게 됨에 따라 사법부의 관료제화현상이 나타났다.

사법부와 관료제 사이의 유사성은 아주 놀랄 만하다. 물론 이익집단도 예외는 아니다. 정부기관과 이익집단의 환경이 더욱 복잡해지고 관료제화될수록 이익집단도 다른 체제에 효과적으로 대항하기 위하여 관료제화를 강화하고 있다. 그러나 한 기관의 관료제화는 이에 대응하는 또 다른 관료제를 낳고, 이러한 현상은 전사회의 관료제화로 연결될 것이라고 예측하는 것은 지나친 것은 아닐 것이다. 그러나 이것은 결코 바람직한 경향이 아니다.

그러나 관료제화는 효과적이고 균형적인 정부를 유지하는 데 필수적인 것 같이 생각되는 것은 논리적으론 맞다. 만약 외부통제기관의 관료제화가 발달되어 있지 않으면, 외부통제기관은 행정기관을 통제하는 데 있어 비효과적일 것이 분명하다.

이론적으로 외부통제기관의 행정기구들을 관료제화함으로써 행정부처의 관료제와 견제 및 균형을 이루어 민주화에 공헌한다는 주장도 가능하나 실질적으로 실현성이 있느냐에 대하여 의문이 제기되고 있다.

만약 외부통제기관들의 관료제가 관료제화된다고 하더라도 행정부처의 관료제화와 힘의 균형을 이룰 수 있다고 기대하기는 어려울 것이다. 외부통제기관이 행정기관을 적절히 통제할 수 없다면, 국민이 관료제의 정책결정과정에 충분히 영향력을 행사할 수 있어야 한다.

따라서 행정부의 관료제가 내부민주통제모델을 활용하므로 관료제 내부에서 견제와 균형을 이루어 자율통제를 가져오도록 유도하는 것이 중요하다. 그리고 외부통제기관의 관료제화가 내부민주통제모델을 활용하게 함으로써 관료제화로 인한 부작용을 제거하는 방안이 모색되어야 한다.

내부민주통제모델에 따르면, 의회에서 민주적으로 통제되는 의회의 관료제는 오히려 의회를 도울 수 있을 것이며, 궁극적으로 의원들과 관료들이 정책결정과 집행에서 상호 통제할 수 있는 균형을 이룬 의회를 기대할 수 있다. 이러한 논리는 대통령과 대통령실, 사법부, 이익집단에게도 적용된다. 균형잡히고, 민주화된 외부통제체제는 관료제의 민주화를 더욱 자극시킬 것이며, 나아가 행정 관료제의 내부민주통제체제를 정착시키게 할 수 있다.

본 저서는 행정 관료제의 내부민주통제체제가 외부통제체제로 확산하여 외부통제체제의 민주화를 불러일으키며, 다시 외부통제체제 내의 발전된 내부민주통제체제가 관료제의 내부민주통제체제를 더욱 발전시킨다는 순환논리를 고찰하여 봄으로써 통제를 보는 다른 시각을 제안하고자 하였다.

결론적으로 저자가 제시한 내부민주통제모델은 관료제 내에 견제와 균형을 유도하면서 상호 민주통제를 발전시킬 수 있을 뿐만 아니라, 그로 인하여 관료제와 상호작용하는 외부통제기관 내에 내부민주통제체제의 성장을 유도할 수 있는 장점이 있다. 더 나아가 관료제와 외부통제기관이 상호작용하는 가운데 자연스럽게 견제와 균형이 작동할 수 있어 결국 전체사회의 민주화를 향상시키는 데 효과적일 수 있다고 믿어 본 저서에서 이 모델을 제시하였다.

오늘날 사회는 복잡하고 과학화하여 행정기관의 관료들이 정책결정에 더 많은 영향력을 행사할 수밖에 없는 상황이 전개되고 있다. 그러나 아무리 행정관료들이 정책결정과 집행에 지배적인 권한을 가지고 있다고 하더라도 정책은 관료들만에 의하여 결정되는 것은 아니다.

1960년대 행정학이 능률을 추구하는 데 관심을 두었다면 1970년대는 민주화를 포함하면서 가치관의 혼란을 경험하였다. 1980년대 이후는 능률과 민주의 조화를 가져오기 위한 선택을 피할 수 없었다. 이와 더불어 행정통제도 행정학 가치관의 변화에 따라 행정통제의 성격도 변화하여 왔다. 그럼에도 불구하고 합리성이나 능률성이 행정학에선 여전히 지배적인 개념으로 존속하고 있어 관료제화는 피할 수 없다는 대세이다.

정부의 활동을 체제적인 관점에서 본다면, 정책이 정치활동을 하는 행위자(political actors)들 간의 상호작용에 의하여 결정된다. 따라서 행정통제는 이들 간의 상호작용 속에서 관료들의 권력남용이 일어날 여지를 미리 발견하는 것이 현명하다.

1940년 이래 행정권한이 급속히 팽창됨에 따라 제기된 관료제의 책임성 확보방안은 그동안 내부 및 외부통제를 별개로 간주하여 어떠한 통제방식이 관료제의 통제에 더 유리한가에 논쟁의 초점을 맞추었다. 그러나 어떠한 통제방식도 장점과 단점을 갖고 있기 때문에 둘 가운데 하나를 선택한다는 것은 무리이며 상황을 보고 판단해야 되는 어려움이 있다, 예를 들면, 내부통제는 고양이에게 생선가게를 맡기는 잘못을 피하기 위하여 외부통제의 강화를 주장하였고, 외부통제는 오늘날 정치상황 속에서 통제의 한계를 여실히 드러낸 실정을 이미 전장에서 지적하였다.

고구마를 캐기 위하여 한 줄기만 잡아당기면 줄줄이 고구마가 따라 나오듯이 행정권력의 부패와 남용은 정치행위자들과 상호작용하는 가운데 발생하는 것이므로 권력남용의 줄기를 잡아당기면 줄줄이 이들의 열매들이 밝혀질 수 있을 것이다. 다시 말하여 이들의 상호작용하는 과정 속에서 권력남용의 줄기를 제거한다면 더 이상 남용의 열매는 자랄 수 없을 것이다. 그러므로 행정통제에 관한 연구는 정치체제 간의 상호작용 속에서부터 시작하여야 된다.

사실상 행정학의 이론들이 행정통제의 목적과 일치되는 것은 통제의 개념 자체가 행정학의 주요 이론을 형성하고 있을 정도로 의사결정, 합리성, 능률성, 개방성, 민주성, 대표성, 가외성, 목표관리, 행정절차법, 의사공개법, 리더십유형 등의 개념들이 사실상 행정통제를 확보하기 위한 노력과 긴밀히 연계되어 있음을 볼 때, 행정학 이론이 행정통제의 관문을 통과하지 않은 학문이 없다고 하더라도 지나치지는 않을 것이다.

비교행정 및 비교정치연구 분야에서 제시하였던 정치 및 행정발전전략들이 오히려 행정권을 강화시켜 권위주의적인 행정 독재국가를 지원한 사례가 1960년대에 많이 발생하였다. 이러한 뜻하지 않았던 부작용을 해소하기 위해 1960년 후반기부터 Riggs와 몇몇 학자들이 행정통제에 관한 연구를 활발히 진행하였었다.

그러나 1967년경 미국의 국내사정 및 신행정학의 바람이 일어나면서 국내문제에 관심이 집중됨에 따라 해외문제에 투자하였던 비교행정의 관심들이 서서히 도시문제, 주택, 범죄, 직업훈련, 인종문제, 오염 등과 같은 국내문제로 이전되었고 자연히 행정통제에 관한 관심이 차츰 식어가기 시작하였다.

한편 일부 행정학자들은 많은 연구자금이 국내의 문제에 집중적으로 투자되면서 학자들은 연구자금이 풍부하게 몰려 있는 학문영역으로 몰입하면서 지속적으로 연구하였던 주제에서 갑자기 이전하는 것을 좋게 바라보지는 않았다. 이를 보고 어떤 학자는 학문연구에 대한 지속성을 지킬 수 없는 학자들의 유행병이라고 꼬집어 말하면서 대단히 우려를 표시하였다. 비교행정학 분야에서 행정통제에 대한 연구를 갑작스럽게 종결하게 됨에 따라 행정주도국가화 현상이 더욱 촉진되었다.

본 연구는 위의 문제를 해결하고자 시작되었다. 다시 말하여 비교행정학자들이 연구의 영역을 도시, 교육, 취업, 주택, 오염 등과 같은 국내문제로 전향함에 따라 중단하였던 행정의 독주 내지 행정주도국가화 현상을 저지하고자 하는 의도에서 본서가 쓰였다.

본 연구의 목적으로 저자는 행정통제에 대한 비교행정 분야의 연구경향을 검토하여 보고, 연구가 지속하지 못하고 중단된 이유를 밝혀보면서 행정통제를 위한 통제모형 연구를 계속하였다. 행정통제 연구의 목적은 궁극적으로는 균형정부를 가져오는 데 있다. 또 다른 연구의 목적은 관료제와 외부통제기관들과의 상호작용을 기초로 하여 관료제와 외부통제기관 간에 견제와 균형이 잘 이루어지고 있는 균형정부와 그렇지 않은 불균형정부를 분류하는 데 있다. 관료제와 외부통제 기간 간에 견제와 균형이 잘 이루어졌을 때 정부통제가 잘된 정부라고 할 수 있다. 다시 말하여 정부통제가 잘 이루어져 있다면 균형정부가 달성됐다는 것을 의미한다. 정부를 분류하기 위해 각 국가의 정부를 비교하고 그들의 정치와 행정의 특징을 파악할 수 있는 정체모델(polity model)을 제시하였다.

그리고 불균형정부에서 균형정부로 발전하는 전략방안을 찾아보는 틀(frame-work)을 제안하여 정책방향을 결정하는 데 도움을 주고자 하였다.

마지막으로 내부민주통제체제를 더욱 발전시킬 수 있는 필수적인 변수들에 대한 지속적인 연구가 필요하다는 점을 지적하고 싶다. 물론 내부민주통제체제의 투입과 산출기능 및 환류과정이 그 사회가 가지고 있는 폐쇄와 개방성의 정도에 따라 달라질 수 있다. 비합리적인 방법으로라도 관료제를 통제하려 할 때 관료제는 자체 방어를 위하여 문을 굳게 잠그게 된다. 효과성 비용 및 집행비용을 초래하면서까지 통제를 강행하려 할 때 관료제는 통제에 저항을 하게 된다.

이러한 경우 외부통제기관의 통제역할이 활성화되기 어려울 것이다. 그 결과 통제가 더욱 심한 통제를 낳는 통제의 악순환이 계속될 수밖에 없다.

어떻게 내부민주통제모델을 발전시킬 수 있을까? 이미 제시하였듯이 비계층제, 민주적 리더십, 대표성, 시민참여, 공무원의 노조화 및 공개성을 포함하는 6개의 변수가 내부민주통제모델을 형성하고 있으며, 이들의 변수들이 서로 갈등하지 않고 상호보완적인 역할을 할 수만 있다면 내부민주통제모델의 기초는 확립된 셈이다. 내부민주통제모델을 형성하고 발전시킬 수 있는 기능적이고 필수적인 투입요인들에 대한 포괄적이며 체계적인 연구는 계속 진행되어야 한다.

끝으로 행정 통제를 연구하는 새로운 시각은 하나의 민주화가 다른 민주화를 낳을 수 있다는 명제 하에 내부민주통제모델의 확립을 주장하였다.

국문색인

[ㄴ]

[ㄷ]

[ㅈ]

[ㅊ]

[ㅋ]

[ㅌ]

[ㅍ]

[ㅎ]

인명 및 영문색인

[W]

저자소개

정우일

행정학 학사, 연세대학교 행정학과
행정학 석사, 미국 Temple University
정치학 박사, 미국 Temple University
한양대학교 발전협력처장·행정대학원장 역임
교육부 교육개혁평가위원회 소위원장, 대학헌장제정설립위원회 위원장 역임
교육부 대학설립 심사위원, 국책연구기관 평가모형개발위원장 역임
정부출연연구기관 장기발전계획수립위원회 팀장 역임
현재 한양대학교 사회과학대학 행정학과 명예교수

저서 및 주요논문

공공조직론(공저, 박영사, 2011)
리더와 리더십(공저, 박영사, 2010)
행정통제론(박영사, 2004)

금재덕

행정학 학사, 한양대학교 행정학과
행정학 박사, 미국 럿거스 뉴저지 주립대학교
한국행정학회, 한국정책학회 이사 역임
입법고시 1차 PAST 문제출제위원
경제인문사회연구회 기획평가위원 및 국책연구기관 평가위원 역임
현재 서울시립대학교 행정학과 교수

저역서 및 주요논문

글로벌시대의 행정학(공저, 오래, 2010)
Public Delibration and Performance Measurement(공저, VDM Verlag, Germany, 2008)
지방정부 성과주의 예산제도하에서 조직·목표·예산의 상호연계성 분석 한국행정논집 제24권 제3호 2012.9 외 논문다수

박선경

행정학 학사, 상명대학교
행정학 석사, 상명대학교
행정학 박사, 한양대학교
한양대학교 행정문제연구소 책임연구원 역임
현재 선문대학교, 평택대학교, 한양대학교 강사

저서 및 주요 논문

글로벌 시대의 행정학(공저, 오래, 2010)
리더와 리더십 제2판(공저, 박영사, 2010)
공공조직론 제3판(공저, 박영사, 2011)
2011 한국지방공무원의 직무관련 동기부여에 관한 연구
2011 동기부여와 직무만족과의 관계에 관한 연구
한국 NGO의 성과모형 개발에 관한 연구(2005 지방정부연구)
한국 여성의 정치자본에 관한 연구(2007 한국 사회와 행정연구)

양승범

행정학 학사, 한양대학교
행정학 박사, 미국 플로리다 주립대학교
미국 캘리포니아 주립대학교 행정학과 교수
한국행정학회 이사
국무총리실 정부업무평가위원회 위원
현재 건국대학교 행정학과 교수

저서 및 주요 논문

공공조직론(공저, 박영사, 2011)
리더와 리더십(공저, 박영사, 2010)
Factors Leading to Corrections Officers' Job Satisfaction(Public Personnel Management, 2011)
The Effectiveness of Self-Managed Work Teams in Government Organizations (Journal of Business and Psychology, 2011)

이영균

행정학 석사, 한양대학교 대학원 행정학과
정치학 박사, 미국 Temple University
가천대학교 사회과학대학장, 행정대학원장, 정책조정실장, 기획처장 역임
행정고등고시 및 입법고시 출제위원, 국가공무원 7급 및 서울시 7급 행정직 임용시험 출제위원 역임
한국정책분석평가학회장(2009), 한국행정학회 섭외이사(2005), 한국정책학회 연구이사(2001), 한국행정학회 온라인행정학사전 위원회 위원장(2012) 등 역임
2013년 성남시 인사위원, 전국시·도의회 의장협의회 자문위원, 감사원 감사연구원 자문위원으로 활동
현재 가천대학교 행정학과 교수

저서 및 주요 논문

행정학(2010), 공공조직론(공저, 2011), 글로벌시대의 행정학(공저, 2010), 세계의 감사원(공저, 2009), 자체감사론(공저, 2007) 등

이희선

행정학 학사, 한양대학교 법정대학 행정학과
행정학 석사, 연세대학교 행정대학원
정책학 박사, 미국 University of Pittsburgh
공공정책대학원장, 국제관광대학원장, 사회과학대학장 역임
한국정책분석평가학회장 역임
행정고시, 입법고시, 5급 승진시험 등 출제위원 역임
행정안전부 정책자문위원
대통령 정부혁신 지방분권위원회 팀장
현재 한양대학교 행정학과 교수

저서 및 주요 논문

정책분석론(공역, 법문사, 2013) 외 저서 8권과 논문 70여 편 발표

하재룡

영문학 학사, 국민대학교 영어영문학과
정치학 석사, 미국 Temple University
정치학 박사, 미국 Temple University
선문대학교 사회과학대학장 역임
선문대학교 행정대학원장 역임
미국 Temple University 객원교수
한국정책학회, 한국인사행정학회 이사 역임
공무원노동조합총연맹 자문위원
현재 선문대학교 행정학과 교수, 국제교류처장

저서 및 주요논문

공공조직론(공저, 박영사, 2011)
글로벌시대의 행정학(공저, 오래, 2010)
현대행정의 이해(공저, 대영문화사, 2002)

하현상

정치학 학사, 한양대학교 정치외교학과
행정학 석사, 한양대학교대학원 행정학과
행정학 박사, 미국 Florida State University
한국지방행정연구원 자치행정연구실, 수석연구원
현재 국민대학교 행정정책학부, 조교수

주요 저서 및 논문

Bargaining, Networks, and Management of Municipal Development Subsidies
The Influence of Network Externalities on Policy Diffusion Process: Theoretical Exploration and Research Agendas
지속가능한 에너지 개발 인센티브 제공에 대한 정치적 결정요인의 영향
지역경제개발 네트워크가 지역경제개발 입지인센티브에 미치는 영향: 미국 지방정부에서 경험적 증거
자치단체 도시행정의 한계와 지원기능 강화 방안 등

황성수

행정학 학사, 한양대학교 행정학과
행정학 석사, 미국 Syracuse University
행정학 박사, 미국 University of Pittsburgh
Visiting Assistant Professor, 미국 Grand Valley State University
현재 영남대학교 정치행정대학 행정학과 조교수

저서 및 주요논문

2012 스마트 정부 시대에 맞는 참여적 거버넌스 모색 한국지역정보화학회지 15(4)
2011 전자거버넌스와 정책의제 설정 정책학회보 20(2)
Hwang, Sungsoo &Hoffman, M. (2009) "In Pursuit of the Effective Neighborhood In-formation System: User-Friendliness and Training" Government Information Quarterly 26(1)

정부통제론

초판인쇄　2013년 3월　5일
초판발행　2013년 3월 10일

지은이　정우일 외 8인 공저
펴낸이　안종만

편　집　우석진 · 전채린
기획/마케팅　박세기
표지디자인　김지은
제　작　우인도 · 고철민

펴낸곳　(주) 박영사
서울특별시 종로구 평동 13-31번지
등록 1959. 3. 11. 제300-1959-1호(倫)
전　화　02)733-6771
f a x　02)736-4818
e-mail　pys@pybook.co.kr
homepage　www.pybook.co.kr
ISBN　978-89-6454-373-3　93350

정 가　28,000원